人力资源管理译丛

人力资源管理基础

第4版

[美] 加里·德斯勒（Gary Dessler） 著

江 文 译

Fundamentals of Human
Resource Management

（Fourth Edition）

中国人民大学出版社
·北京·

总 序

　　自我和我的同事们于 1993 年在中国人民大学创办中国的第一个人力资源管理本科专业以来，已经过去了很多年，在这期间，无论是中国的人力资源管理教学与研究，还是中国的人力资源管理实践，都有了长足的发展。全国越来越多的高校开始开设人力资源管理方面的本科专业和研究生专业或方向，与此同时，与人力资源管理有关的各种译著、论著以及教材可以说层出不穷。此外，中国企业对于人力资源在企业中的重要性以及人力资源管理对于企业竞争力的影响也有了越来越深刻的认识。可以说，中国已经开始进入一个真正重视人的价值的时代。

　　1999 年，鉴于当时国内的人力资源管理教学用书还比较匮乏，人力资源管理本身对于绝大多数中国人来说还是一个新生事物，甚至很多从事相关课程教学的学者也知之甚少，因此，在一批美国学者，特别是在美留学和工作的人力资源管理专业博士的帮助下，我们精心挑选了涉及人力资源管理各主要领域的比较成熟的图书，作为一套译丛介绍到中国来。在几位译者的辛勤努力下，这套丛书终于自 2001 年开始在国内陆续面世，成为国内第一套比较完整的、成体系的、原汁原味的人力资源管理教学用书。这套丛书对于从事人力资源管理教学、科研以及实践的中国读者系统地了解人力资源管理的概念、体系、框架以及理念、技术和工具等产生了很大的影响，获得了一致的好评，一再重印。在 2005 年前后，我们对这套丛书进行了第二次大规模的全面再版更新，得到了广大读者的认可。很多大学的本科生、硕士生甚至博士生，以及企业的人力资源管理从业人员，都将这套译丛作为学习人力资源管理知识的教学用书或参考书。

　　在这套丛书上一版出版时，大家广泛讨论的还是新经济、网络泡沫、"9·11"恐怖袭击以及中国加入 WTO 等重大事件，如今，以美国金融危机为起源的全球经济不景气以及由此引发的一系列政治、经济和社会问题，对于人力资源管理领域中的很多问题都产生了深远的影响，在这种情况下，本套丛书的原著大都重新修订，将这些新的内容和主题纳入新的版本之中。原著的新版本增加了人力资源管理领域中的一些新的理论、工具和方法，同时调整了原来的很多案例，从而使这些人力资源管理图书既保持了理论、框架、体系等的连贯性，又使得原本就来自实践的人力资源管理理论和教学体得以保持一种鲜活的时代特色。

　　我们在这些新版的重译过程中，一方面，立足于吸收中国学术界近年在人力资源管理领域的许多新认识以及中国人力资源管理实践的新发展，对原版本中的个别译法进行全面的修正；另一方面，将新版本所要传达的理念、方法和工具等忠实地传达给广大中国读者。

　　很多人对我们花费如此巨大的力量做这种翻译工作感到不理解，他们认为，中国已经跨过了知识引进阶段，完全可以创建自己的人力资源管理体系了。然而，我们却并不这样认为。人力资源管理作为一门科学，在西方国家已经有几十年的发展历史，而在中国，无论是人力资源管理研究还是人力资源管理实践，都还处于发展的初期阶段。我国企业中的很多人力资源管理者对于人力资源管理的理解都还不是很到位，尽管他们已经能够说出很多人力资源管理的概念、理论甚至工具和方法，但是在实际运用时，却由于对这些概念、理论、工具和方法的理解不深，结果导致无法达到西方很多企业的人力资源管理职能所能够达到的那种状态。因此，我们认为，在没有真正从根本上理解西方人力资源管理的理论起源、发展以及核心内涵之前，我们最好不要武断地说，西方的东西已经没有用了。就好比是一位没有任何武功基础的外国年轻人，仅仅看了两本少林寺的拳术图谱，跟着少林寺的和尚偷学了一招半式，便觉得自己可以创立美式或英式少林拳一样幼稚可笑。如果不进行反复的练习和长期的揣摩，没有扎实的基本功和一定程度的悟性，人们学到的任何武功都只能是花拳绣腿，中看不中用。同样道理，中国企业及其人力资源管理人员要想真正掌握人力资源管理的精髓，就必须继续加强自己的理论基础和综合修养，充分领悟人力资源管理的核心精神，从而在练就扎实基本功的基础上真正做到"形变而神不变"，只有这样，才能找到通过人力资源管理来帮助中国企业赢得竞争优势的机遇。在这一点上，我们非常欣赏深圳华为技术有限公司总裁任正非先生在引进西方管理系统和管理技术时所持的一种观点：要先僵化，再固化，最后再优化。也就是说，在没有真正学懂别人的管理系统和管理方法之前，先不要随意改动，否则会把人家有用的东西变成没用的东西，反过来还骂人家的东西没有用。总之，我们认为，对待西方的管理理论、管理思想、管理工具以及技术等应当坚持这样一个基本态度：既不妄自菲薄，也不盲目追随，但首先要做到充分理解，只有这样才能做到取舍有道，真正实现洋为中用。

翻译工作无疑是艰苦的，但也是充满乐趣的，我们愿意为中国人力资源管理事业的发展贡献我们的心血和汗水，同时也衷心地希望广大读者能够从中汲取对自己有用的知识，培养专业化的技能，从而使本套丛书能够为广大读者个人的职业发展以及中国企业人力资源管理水平的提高产生应有的作用。

最后，感谢广大读者长期以来对本套丛书的热情支持和厚爱，我们有信心让这套丛书成为一套人力资源管理领域中的经典译丛。如果您有什么样的要求和意见，请随时与我们联系。

我的联系方式：
中国人民大学公共管理学院
北京市海淀区中关村大街 59 号
100872
电子信箱：dongkeyong@mparuc.edu.cn

董克用
中国人民大学公共管理学院院长、教授、博士生导师
中国人民大学人力资源开发与管理中心主任

积跬步以至千里，汇小流以成江海

处于巨变中的中国时刻都在经历着各种各样的变革。在这些变革中，我们无处不感受到人力资源管理的存在。不仅在关于华为、海尔、联想甚至海底捞等各种企业的管理变革案例的讨论中少不了人力资源管理的元素，在关于很多社会热点问题的讨论中，同样需要人力资源管理的基本知识。比如，最近一段时间争论激烈的公务员工资问题，在本质上就是人力资源管理中的工资水平决定机制、比较机制、调整机制等薪酬管理问题；再如医疗体制改革中的诸多问题，医患纠纷、监管缺位、资源失衡等诸多矛盾的背后隐藏的同样是医院中最核心的人力资源——医生和护士的培养选拔、绩效管理、薪酬管理，以及组织文化建设等人力资源管理问题；在司法体制改革方面，法官、检察官等司法人员要逐渐脱离普通公务员队伍，进行单独序列的职业化管理，以维护司法的权威和独立，而这同样离不开人力资源管理中职位设置、职位分类的管理理念。可以说，在组织内部建立一套科学、合理的人力资源管理制度，已经成为释放我们这个时代改革红利、完成我们国家战略转型的一项必然要求。

西方的人力资源管理理论和方法自引入我国后已经过去了近30年，但仍有不少组织难以形成一套足以应对时代挑战的人力资源管理制度，难以真正依托人力资源赢得竞争优势。究其原因，有一点不得不提：我们的很多组织往往过于注重引入先进的人力资源管理理念和工具，却忽视了人力资源管理基础知识。根据我们多年的教学和咨询经验，组织人力资源管理进步的最大障碍，恰恰并不在于管理工具和方法的缺陷，而是对于诸如职位、绩效、薪酬等诸多基本概念及其应用的忽视。可以说，在追赶管理"时尚"、寻觅管理"仙方"、挖掘管理"神器"等方面，我们并不落后于人，但要论在人力资源管理基础上"打地基""深挖洞""广积粮"，我们还远没达到国际先进水平。而正是人力资源管理基础的薄弱，让我们的许多组织像一个虚胖的巨人，只能气喘吁吁地追逐目标，在面对社会变革的浪潮时只能是心有余而力不足。

"不积跬步，无以至千里；不积小流，无以成江海"，夯实人力资源管理基础，已经成为我们许多个体和组织必须回过头来补修的一门重要功课。久负盛名的加里·德斯勒教授所著的《人力资源管理基础》给我们提供了一个系统学习人力资源管理基础知识的平台，让我们看到了人力资源管理这门学科的本真之美。如果说人力资源管理的研究者和实践者能在系统地学习人力资源课程之前，首先接触到这样的正本清源之作，我想这对他们来说是一件非常值得欣喜的事情。

本书包括14章和两个专题，作者以其深厚的理论功底和丰富的实践经验，为我们构建了一个"简约而不简单"的人力资源管理知识框架体系。从行文风格、知识结构方面来看，本书是"简约"的：继承了德斯勒教授严谨的治学态度和流畅的表达风格，也在一定程度上沿袭了传统美式人力资源管理教学用书的知识模块划分，从最基本的人力资源管理概念出发，系统深入地阐述了人力资源管理各大重要知识点，同时以点代面，为广大读者呈现了一个360度的人力资源管理全貌。从写作理念、体系创新方面来看，本书又是"不简单"的：摒弃了以往机械地将人力资源管理分块研究的模式，创造性地以"员工敬业度"为主线，将招募、甄选、评价、报酬等人力资源管理模块有机结合到一起，有力地回应了当今时代组织对吸引和保留人才进行协同管理的需求；同时以丰富鲜活的案例展现了管理者在充满挑战和变革的时代进行有效人力资源管理的优秀实践，给全书打上了鲜明的时代烙印。

文如其人，书如其人。笔者与德斯勒教授有过深入的交谈和交流，与很多美国学者大大咧咧的性格不同，德斯勒教授给人的感觉是比较严肃甚至有些刻板，尤其谈到他撰写的著作时，他更是一丝不苟地关注每一个细节，生怕因翻译问题造成概念上的误差或是理解上的遗漏。

大道至简，我们坚信人力资源管理没有捷径可走，必须回归常识看问题。翻译本书的目的，并不是企图以一书之力教大家在管理方面"究天人之际，通古今之变"，我们最朴素的初衷，就是将西方人力资源管理最基本的概念原原本本地奉献给大家，厘清一些以往对于人力资源管理不准确的认识，让各位人力资源管理学习者从一开始就行走在正确的道路上。只有从理念和方法上真正将人力资源管理中的基本问题弄得一清二楚，我们才能真正把准人力资源管理相关实践问题的脉搏，才能在大变革时代既"扯开嗓子""甩开膀子"，又真正脚踏实地地"迈开步子"，走出一条既符合本国、本地、本组织实际情况，又能与国际同行在同一话语体系下进行对话的人力资源管理之路——这就是笔者的最大心愿。

在这本译著即将面世之际，我要感谢所有在本书翻译过程中付出过辛勤劳动的学生，没有他们在翻译过程中的协助，很难高效率、高质量地完成这么一本佳作；同时也要感谢中国人民大学出版社管理分社的编辑，是他们的敬业态度让这本书及时迅速地传递到读者手中。

由于本书翻译工作较为繁重，个别疏漏在所难免，敬请广大读者及时将问题反馈给我，以使本书不断完善、精益求精。

我的联系方式：

通信地址：北京市西城区车公庄大街6号北京行政学院

邮编：100444

电子邮箱：jiangwen@bac.gov.cn

电话：010－68003851

江　文

前 言

《人力资源管理基础》（第 4 版）以生动的形式和通俗的语言构建了综合而现代的人力资源管理知识体系。在即将付梓之际，我更加深刻地感受到不仅仅是人力资源经理，所有的管理者都必须要有一个坚实的人力资源知识基础。所以，此书献给所有管理类专业的学生。在这个新版本里，我加入了很多实战技术和公司案例。本书共分 14 章和两个专题，涵盖了人力资源管理的方方面面。本书融合了我的两部著作的特点，一部是包括 16 章内容的《人力资源管理》（*Human Resource Management*），另一部是《人力资源管理基础》（*Fundamentals of Human Resource Management*）。

本书第 4 版有许多鲜明的特点。本书仍然强调关键的人力资源管理职能，比如职位分析、测试、薪酬和评价，同时也将提升员工敬业度作为纵贯全书的主题。"管理者的员工敬业度指南"小节展示了管理者如何运用人力资源实践来提升员工敬业度。还有一些实践技能的应用为学生提供了管理技能的借鉴。比如怎样进行绩效评价、如何建立一个简单的工资计划以及如何处理纪律和惩戒问题。由于所有的管理者都具有人事管理相关职能，本书针对的不仅仅是那些以后可能成为人力资源经理的人，而是所有管理类专业的学生。"构建你的管理技能"专栏主要聚焦于人力资源管理技能。在"了解你的雇用法律"专栏中，你将看到人力资源管理面临的法律环境，比如公平就业、劳动关系和职业安全等。每一章都包含此类内容，并提供了相关启示。此外，每一章都有一个连续性的一线人力资源管理案例。

第 4 版的新变化

在修订这本书的时候，我非常希望本书既能够体现学科领域的最新变化，又能够尽可能自然地实现由第 3 版到第 4 版的过渡。因此，我在本书中设立了许多栏目，并且用"管理者的员工敬业度指南"作为纵贯全书的主线。读者可以选择阅读自己喜欢的栏目。本书的新变化主要有如下几点。

变化一：管理者的员工敬业度指南

员工敬业度指的是员工在心理上参与、联系和奉献于工作的程度。最近的研究表明，有七成的员工实际上并没有投入到工作中。在本书的第 3 章到第 14 章，我新设立了"管理者的员工敬业度指南"小节，用以告知管理者如何运用人力资源活动来提升员工敬业度。比如，第 3 章呈现了起亚汽车英国公司是如何提升员工敬业度的。第 6 章呈现了丰田公司是如何运用甄选技术来提升员工敬业度的。第 12 章呈现了"最佳雇主"（比如谷歌）是如何开发积极的员工关系以提升员工敬业度的。

变化二：构建你的管理技能

本专栏主要帮助学生和管理者知道如何学以致用，比如如何来进行雇用面试，为公司设计薪酬计划、对员工进行纪律惩戒等。

变化三：了解你的雇用法律

本专栏主要帮助读者在每一章的主题下了解相关雇用法律的实践应用。比如第 5 章的招募、第 6 章的甄选、第 7 章的培训和第 14 章的员工安全。

变化四：实践中的人力资源

你会发现在本书中有更多的公司实践案例。在第 3 版中就有一些人力资源实践板块的内容，本书中我加入了更多的实例，比如战略性人力资源管理方面的美捷步公司和员工甄选方面本田公司的实践案例。

变化五：构建积极的员工关系

员工关系指的是涉及建立和维持积极的雇用双方关系的管理活动。这些管理活动能够带来高生产率、激励、士气和纪律性，同时也能够营造一个积极、有生产力、有凝聚力的工作环境。大部分人力资源管理教材都将"员工关系"作为某个部分或者某一篇的题目，但很少会探讨管理者到底该如何来开发和维持积极的员工关系。我在第 12 章"保持积极的员工关系"中体现了相关内容。

变化六：人力资源可持续性

现在的世界海平面日益上升，冰川融化，越来越多的人对贫富差距感到愤懑。因此，人们越来越多地认为商业活动不能简单地将"绩效"等同于盈利。第 4 版大量地关注可持续性的相关材料，以及推动公司可持续发展过程中人力资源管理的作用问题。

变化七：全球化人力资源管理、小企业的人力资源管理

在以往的 3 个版本中，全球化人力资源管理和小企业的人力资源管理是出现在两个专题中的。在第 4 版中，我将全球化人力资源管理的大部分内容都移到了"全球人力资源管理实践"专栏中。类似地，小企业的人力资源管理被移到了"直线经理和小企业的人力资源工具"专栏中。新版本仍然保留了两个专题，但更多地聚焦于一些补充材料，比如不同文化是如何影响全球人力资源管理的。

目 录

第3篇　培训和人力资源开发

第 6 篇　人力资源管理的特殊议题

第1篇

导 论

第 1 章
当今时代的人力资源管理

本章要点

- 人力资源管理的含义
- 影响人力资源管理的各种发展趋势
- 对人力资源经理的主要影响
- 本书的总体安排

学习目标

学完本章后，你应该能够：

1. 回答这样的问题："什么是人力资源管理？""为什么了解人力资源管理的概念和技术对所有管理者都很重要？"
2. 举例说明影响人力资源管理的各种趋势。
3. 讨论各种发展趋势对人力资源经理的主要影响，至少列举五项。
4. 列出本书的总体安排。

引言

托里（Tori）出任一家新的塔吉特（Target）商店的运营团队主管（助理经理）一职不到一周时间，她为能够管理一支40人左右的销售团队感到异常兴奋。和其他塔吉特商店一样，该店有自己独立的人力资源部门，但托里还是惊讶于自己要承担如此之多的人力资源管理职能。这些职能主要包括对销售代表的面试、评价和薪酬管理。她将自己的经历告诉了另一个连锁店的朋友，那个朋友说："这没什么，大家其实都是如此——我花了1/3的时间在人力资源管理上。"

■ 1.1 什么是人力资源管理

要理解什么是人力资源管理，我们首先要回顾一下管理者的工作。该新的塔吉特商店是一个组织。**组织**（organization）是由一群有明确的角色分工且为了实现组织目标而在一起工作的人（在本例中包括销售代表和维护人员等）组成的。**管理者**（manager）是那些通过对组织中的人的各项活动加以管理来确保组织目标实现的人。大部分专家都认同一点，即**管理**（managing）包括计划、组织、人事、领导和控制五种职能。总的来说，这五种管理职能就代表了所谓的**管理过程**（management process）。这五种职能所包含的具体活动分别是：

- 计划：确立目标和标准；制定规则和程序；制订计划和进行预测；等等。
- 组织：为每一位下属安排一项具体的工作任务；设置部门；向下属授权；建立权力链条和沟通渠道；协调下属之间的工作任务；等等。
- 人事：决定应当雇用何种类型的员工；招募员工；甄选员工；制定工作绩效标准；向员工提供报酬；评价员工的工作绩效；为员工提供咨询；对员工进行培训和开发；等等。
- 领导：促使他人完成工作；保持员工的高昂士气；激励下属；等等。
- 控制：制定销售额、质量或产量等标准；对照这些标准检查员工的实际工作绩效；在必要时采取纠正行为；等等。

在本书中，我们将集中探讨这五种管理职能中的一种，即人事职能，或称人事管理职能或者人力资源管理职能。**人力资源管理**（human resource management，HRM）是一个获取、培训、评价员工和支付报酬的过程，同时也是一个关注劳动关系、健康和安全以及公平等方面问题的过程。下面所要讨论的这些主题将能够使你获得一些基本的概念和技术，帮助你完成在管理工作中涉及的一些与"人"或者人事有关的工作。这些主题包括：

- 进行职位分析（确定每一位员工承担的职位的性质）。
- 预测劳动力需求以及招募求职者。
- 对求职者进行甄选。
- 新员工的上岗引导和培训。
- 工资和薪酬的管理（向员工提供报酬）。
- 提供奖金和福利。
- 评价工作绩效。
- 进行沟通（面谈、提供咨询、进行纪律惩戒）。
- 培训和开发管理人员。
- 培养员工的组织承诺度和员工关系。

管理人员还需要了解以下几个方面的内容：

- 公平就业机会和积极的反歧视行动。
- 员工健康和安全问题。
- 处理争议和劳动关系。

为什么说人力资源管理对所有管理者都很重要

为什么人力资源管理的这些概念和技术对所有的管理者都很重要呢？如果我们把大家不希望在管理过程中出现的人事方面的错误列举出来，或许就很容易回答这个问题了。比如，你很可能不愿意看到以下情况：

- 员工和企业没有发挥出最大的能力。
- 雇用了不合适的人承担某一职位的工作。
- 员工流动率很高。
- 由于采取了歧视性的做法，企业被起诉。
- 由于存在不安全的情况，企业被起诉。

- 员工受到的培训不足导致本部门的工作效能受损。
- 发生了不公正的劳动关系行为。

认真学习本书能够帮助你避免类似的错误。更为重要的是，人力资源管理还可以帮助你借助员工达到你想要的结果。[1]*要记住，作为一位管理人员，即使你把每一件事情都做到位了——比如，制订了合理的计划，描绘了清晰的组织图，配备了现代化的生产线，运用了复杂的财务控制手段，等等，你仍然可能会因雇用了不合适的员工或者没有能够调动起员工的工作积极性等而失败。

另外，许多管理者——无论是总裁、将军还是一线主管人员——都有可能会在计划、组织和控制等职能不健全的情况下取得成功。他们之所以能够取得成功，恰恰是因为他们掌握了如何雇用合适的人来承担特定的工作以及对他们进行激励、评价和开发等方面的技巧。在阅读本书时，你应当牢记一点：达成结果是管理的最基本要求，而作为一位管理者，你必须借助他人达成这些结果。正如一位公司总裁所总结的：

> 许多年来，人们一直认为，对于一个正处于发展之中的行业而言，资本是瓶颈。而我却认为，这种说法已经不再是正确的了。在我看来，真正构成生产瓶颈的实际上是公司的员工队伍，还有就是公司在招募和留住一支优秀的员工队伍方面能力不足。我还没有听说过哪一个有完美的思路、充沛的精力以及满腔热情作为后盾的重大项目会因为资金短缺而中途夭折的。不过，我确实知道有这样一些情况存在：某些行业的发展之所以会受挫或者受到阻滞，恰恰是因为它们无法保持一支高效率的且充满工作热情的员工队伍。我认为这种结论的正确性会得到越来越明显的验证。[2]

这个论断在今天比以往任何历史时期都具有说服力。我们可以看到，当今国际竞争的加剧、技术的进步以及经济的不稳定带来了竞争性动荡。在这样的环境中，未来属于那些能够把握变化、提升绩效的管理者，这就要求他们具备通过高度敬业的员工达成结果的能力。人力资源管理的政策和实践能够有效帮助管理者实现这一目标。

这里也阐释了我们需要熟悉本书内容的另一个原因，就是你有可能在将来的某一天有意或无意之间成为一名人力资源经理。一个研究团队通过调查发现，美国大约有 1/3 的大企业会将那些没有任何人力资源管理工作经验的管理人员任命为人力资源管理人员。培生集团（Pearson Corporation）就将出版事业部的一名高管任命为集团总部的人力资源总监。为什么呢？因为这样可能会使企业的人力资源管理活动（比如薪酬政策）变得更加具有战略性（比如将高管激励与公司战略目标联系到一起）。[3]

不过，大部分企业的高层人力资源经理在晋升到这一职位之前，还是具有一些早期的人力资源管理经验的。在一项调查中，约 80％的人力资源高管一直在人力资源部门工作，并最终得到晋升。此外，大约有 17％的人力资源高管取得了由人力资源资格认证协会（Human Resource Certification Institute）颁发的高级人力资源师资格证书（SPHR），还有 13％的人取得了人力资源师资格证书（PHR）。人力资源管理协会（SHRM）提供了一个人力资源管理人员职业发展的手册[4]，可在 www. shrm. org 上找到。

小企业的人力资源管理

这里还有你需要学习本书的另一个原因，就是你可能最终成为你自己企业的人力资源经

　＊　为节省篇幅，本书注释放至中国人民大学出版社网站（www. crup. com. cn），读者可登录免费获取。——译者

理。美国有超过一半的劳动者是在小企业中工作的。美国每年要创立大约 60 万个新公司，其中绝大多数是小企业。[5]统计数据表明，大多数大学毕业生在刚毕业的头几年要么为小企业工作，要么创建自己的小企业。尤其是你在管理自己创建的小企业时，就更需要清楚人力资源管理的一些具体细节问题。要完成这项工作，你必须要做到招募、甄选、培训、评价员工，并为其支付薪酬。本书绝大多数章节都涵盖了为直线经理准备的人力资源管理工具。这些工具向小企业主展示了如何提升他们的人力资源管理实践。

直线管理和职能管理中的人力资源管理

从某种意义上讲，所有的管理者都是人力资源管理者，因为他们都要参与像招募、面试、甄选和培训等人力资源管理活动。大多数企业都设立了自己的人力资源管理部门，任命了该部门的负责人。那么，这位人力资源经理及其下属员工承担的人力资源管理职责与直线管理者承担的人力资源管理职责之间存在一种怎样的关系呢？还是让我们首先来了解一下直线权力和职能权力的简要定义，再来回答这个问题。

直线权力与职能权力

权力（authority）是指一种做出决策、指导他人工作以及发布命令的权力。在管理学中，我们通常把直线权力与职能权力区分开来。直线权力赋予管理者向其他管理人员或员工发布命令的权力，它建立了一种上下级之间的关系。职能权力则赋予管理者向其他管理人员或员工提供建议的权力，它所建立的是一种咨询的关系。**直线经理**（line managers）拥有直线权力，有权发布命令。**职能经理**（staff managers）拥有职能权力，有权向直线经理提供帮助和建议。人力资源经理通常是职能经理。他们负责在招募、雇用以及薪酬等方面对直线经理提供帮助和建议。

对于大多数人力资源管理活动而言，人力资源职能经理和直线经理都承担相应的责任。例如，一项研究表明，在大约 2/3 的企业中，人力资源经理和直线经理共同分担员工技能培训的责任。[6]（直线经理负责描述员工的培训需求，人力资源经理负责对培训进行规划设计，直线经理还要确保培训发挥预期的作用。）

直线经理的人力资源管理职责

无论如何，所有的直线经理都要在人力资源或人事类型的工作任务上花费大量的时间。实际上，在每一位直线经理——上到公司总裁，下到一线管理者——的职责中，直接处理与人有关的问题始终都是其整体管理职责中不可或缺的一个组成部分。

例如，一家大企业把其直线经理应当承担的有效管理人力资源的职责概括为以下几个主要方面：

1. 把正确的人安置到合适的职位上。
2. 使新员工融入组织（入职引导）。
3. 培训员工承担新职位上的工作。
4. 改进每一位员工的工作绩效。
5. 赢得创造性的合作，建立顺畅的工作关系。
6. 解释本组织的政策和程序。

7. 控制劳动力成本。

8. 开发每一位员工的能力。

9. 创造并保持本部门员工的士气。

10. 维护员工的身体和健康状况。

在一些小型组织中，直线经理可能会在无人协助的情况下独自承担上述所有这些人力资源管理职责。但随着组织规模的扩大，这些直线经理就需要得到独立的人力资源管理职能人员提供的帮助以及相关的专业知识和建议了。

人力资源部门的职责

在大企业里，人力资源部负责提供这样的专业支持。图 1-1 展示了你在大型组织里可能会发现的人力资源管理职位。典型的职位包括薪酬和福利主管、雇用和招募主管、培训主管以及劳动关系主管。

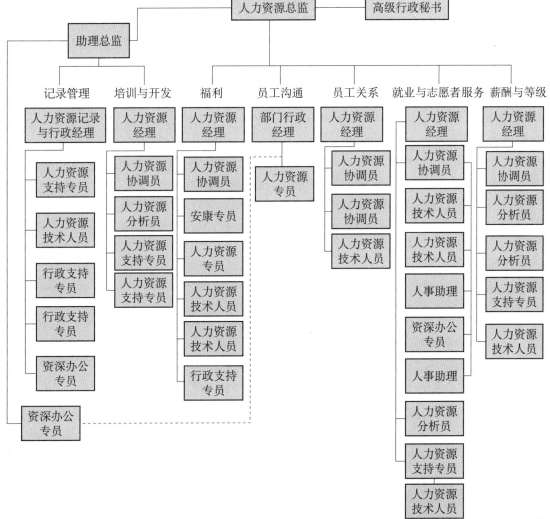

图 1-1　包含典型的人力资源职位名称的人力资源部门组织结构

资料来源："Human resource development organization chart showing typical HR job titles，" www. co. pinellas. fl. us/persnl/pdf/orgchart. pdf. Courtesy of Pinellas County Human Resources. Reprinted with permission.

人力资源管理领域中的一些专业职位的例子包括：

招募专员：维持同社区的关系，可能频繁出差以搜寻合格的求职者。

公平就业机会（EEO）和积极的反歧视行动协调员：调查和解决有关公平就业机会问题的争议；检查在组织中是否存在违反相关法律的潜在行为；撰写并向政府提交有关公平就业机会的报告。

职位分析专员：收集并核查相关职位的详细信息，为编写职位描述做好准备。

薪酬经理：制定薪酬计划并处理员工福利方面的事务。

培训专员：规划、组织和指导培训活动的开展。

劳动关系专员：就与劳动关系有关的所有各个方面向管理层提供建议。

很多大型公司正在重新审视人力资源管理职能。[7]IBM 的人力资源高级副总裁兰迪·麦克唐纳（Randy MacDonald）指出，传统的人力资源服务组织方式不恰当地将人力资源管理职能分割为诸如招募、培训和员工关系等这样一些"筒仓"，这种筒仓状的组织设计方式就意味着没有任何一个人力资源专业人员团队会去关注如何满足特定员工群体的需要。

于是，麦克唐纳重组了 IBM 的人力资源管理职能。他把 IBM 的 33 万名员工划分为三组"客户"：高层管理人员和技术类员工，管理人员，以及普通员工。现在，企业有三个不同的人力资源管理团队（每个团队中都包括招募、培训、薪酬等方面的专家），针对每一大类员工的需求提供服务。这些专业化的人力资源服务团队会帮助组织确保每一部分员工都能得到他们需要的测试、培训、胜任能力以及薪酬。[8]

一项调查表明有 44％的大公司都在尝试采用新的方式来提供人力资源服务。[9]许多企业计划运用科技手段来成立"共享服务"或者"交易型人力资源服务团队"。[10]这项工作重点是通过建立集中化的人力资源中心，其员工面向整个公司的各个部门来获取相关人力资源方面的建议（比如纪律惩戒）。中心的员工团队则通过内网或者借助集中化的呼叫中心以提供服务，在一些日常的事务性人力资源管理活动（比如更改福利计划）方面为企业的员工提供专业支持。另外，企业型人力资源服务团队的工作重点是在制定企业长期战略规划等"顶层"问题上为企业的高层管理团队提供帮助。嵌入型人力资源服务团队则是将人力资源管理的多面手（也称为"关系经理"或"人力资源业务伙伴"）安排到诸如销售和生产等部门中，为这些部门提供它们需要的，同时也是与部门的实际紧密结合的人力资源管理支持。最后，专家中心就像是企业内部的一个专业化的人力资源管理咨询企业，例如在组织变革等领域为组织提供一些专业化的支持。

小企业（比如员工数量少于 100 人的企业）通常并不需要专职的人力资源管理人员（更不用说成立人力资源部门）[11]，因此它们的人力资源管理一般是临时的和非正式的。小型企业倾向于采用那些缺乏创新性的招募方法，例如依靠报纸广告、上门自荐、口头传述等，很少甚至不进行正式的培训。但是现实中可以避免这样的做法，贯穿本书的方法技术能够有效提升小企业主的人力资源管理水平。

■ 1.2 影响人力资源管理的发展趋势

一个组织始终需要有人来为其提供人员配备，因而人力资源（或人事）管理者已经在很长的时间里扮演了重要的角色。例如，他们通过与直线经理相互配合，已经在帮助企业管理员工福利、甄选员工以及就可用的绩效评价表格提供建议等。然而，外部环境的变化使得人力资源部门愈发需要在组织当中发挥更为核心作用。这些趋势包括劳动力多元化趋势、技术和劳动力趋势、全球化和竞争、经济挑战以及经济和劳动力规划等。图 1-2 总结了这些发展趋势如何影响人力资源管理。

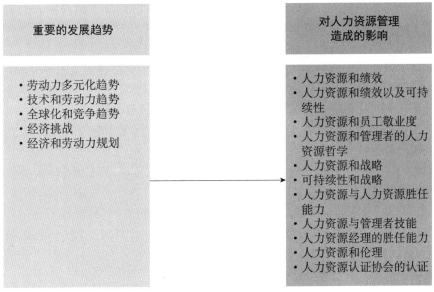

图 1-2 影响人力资源管理的重要发展趋势

劳动力多元化趋势

劳动力的构成将会在未来几年内持续变化，比如，劳动力队伍将会有更多的女性、少数族裔和年纪大的员工。[12] 表 1-1 为我们提供了一幅鸟瞰图。比如，1990—2020 年，属于美国劳工部（U. S. Department of Labor）定义的"非西班牙裔白人"的劳动者在劳动力队伍中所占的比例将会从 77.7% 下降到 62.3%，与此同时，亚裔劳动者的比例将从 3.7% 上升到 5.7%，西班牙裔劳动者的比例将会从 8.5% 上升到 18.6%。年轻劳动者的比例将会下降，而 55 岁及以上的劳动者的比例却会从 1990 年时的 11.9% 激增到 2020 年的 25.2%。[13] 很多人力资源管理专业人员都将"劳动力队伍老化"视为一个重大问题。其中的一个根本性问题是，没有足够的年轻劳动力能够取代那些在"婴儿潮"时期（1946—1964 年）出生的即将步入退休年龄的人。[14] 许多企业正在重新将已经退休的员工召回来（或者不让他们退休）。

表 1-1 1990—2020 年各人口群体在劳动力队伍中所占的比例* （%）

年龄、族裔、种族	1990 年	2000 年	2010 年	2020 年
年龄：16～24 岁	7.9	15.8	13.6	11.2
25～54 岁	70.2	71.1	66.9	63.7
55 岁及以上	11.9	13.1	19.5	25.2
非西班牙裔白人	77.7	72.0	67.5	62.3
黑人	10.9	11.5	11.6	12.0
亚裔	3.7	4.4	4.7	5.7
西班牙裔	8.5	11.7	14.8	18.6

资料来源：U. S. Bureau of Labor Statistics Economic News Release 2/1/12. www.bls.gov/news.release/ecopro.t01.htm.

---

* 表中个别组数据总和不等于 100%，原文如此，此处照录。——译者

与此同时，人口结构的发展趋势也使寻找、雇用和监督员工的工作更加富有挑战性。在美国，劳动力的增长速度达不到工作岗位数量的增长速度，到 2020 年，估计将会出现 1 400 万高等教育劳动者的缺口。[15]最近的一项研究对 35 家大型跨国企业的高层人力资源管理专业人员进行了调查，结果发现，"人才管理"——尤其是通过获取、开发和留住人才来满足企业的人力资源需求——成为他们最为关注的问题。[16]

随着退休引发预期中的劳动力短缺，如今的很多美国企业都在雇用国外劳动者来承担在美国境内的一些工作岗位。美国的短期非移民工作签证项目 H - 1B 等使美国企业在招不到合格的美国劳动者时，能够招募到国外技能丰富的专业人员到美国工作。根据这些项目，美国企业每年能够引进 18.1 万名外国劳动者。然而，在高失业率的经济背景下，这些项目遭到了反对。[17]

与此同时的另一种趋势是，企业正在逐渐将注意力从传统型劳动者转向非传统型劳动者。非传统型劳动者包括身兼数职的劳动者、"临时性的"或非全日制的劳动者，或者是从事轮班工作的劳动者（比如一对母女共同承担一个事务性的工作岗位）。还有为特定项目服务的"独立承包商"。如今，大约有 10％的美国劳动者——1 300 万人——可以被归入这种非传统型劳动者的范畴。

技术和劳动力趋势

技术的变化会持续将就业增长从一些职业转移到另一些职业中去，同时持续地对生产力提升做出贡献（尽管和前些年相比生产力进步正在放缓）。[18]人们提到"技术工作"的时候，往往会想到谷歌或者苹果这样的公司，实际上技术正在影响所有的工作。在艾奥瓦州美国铝业公司（Alcoa）的达文波特工厂，每一个工位上都配置了电脑，帮助员工控制机器、沟通数据。在一些老牌的汽车制造业工厂，你会发现有数以百计的机器人正在完成以往依靠手工的工作。一个大学生成为了汽车车间的团队领导者，他和他的团队正在往生产精密零件的数控机器中输入指令。[19]由于信息技术的突飞猛进，大约有 1 700 万员工现在每月至少有一次是远程工作。"协作性工作地点"给员工提供了自由的工作空间、无线网络和办公设备的权限。[20]人力资源经理的工作方式也转变了。比如他们会使用领英（LinkedIn）和脸书（Face-book）网络平台来招募求职者（例如 Facebook.com 上的美国空军招聘和www.criteriacorp.com 的在线测试服务）[21]，并进行招募前的测试。[22]他们还使用一系列可移动的在线工具来管理员工培训、评价、薪酬和健康。

服务型工作

与此同时，在西欧和北美有大量的工作岗位从制造业转向服务业。当前，美国 2/3 以上的劳动者都受雇于生产以及提供服务的行业，而不是产品制造业。到 2020 年，在现有的 1.5 亿个工作岗位中，服务业岗位就有 1.31 亿个（占 87％）。在接下来的几年里，美国新增的工作岗位几乎都将产生于服务行业，而不是产品制造行业。[23]

人力资本

对企业来说，一个重大的人口统计和技术变化趋势是，企业愈加强调"人力资本"，也就是说，重视员工的知识、正规教育、培训、技能以及经验。相较于传统的制造业工作而言，诸如咨询师和律师这样的服务型工作更加强调员工的教育和知识。而像脸书、谷歌这样的信息相关产业的公司也要求员工具有高度的创造力，这也是人力资本。但是正如我们所见到的，即使是传统的制造业也更加需要技术了。像银行出纳员、零售店柜员、收账员、抵押贷款业务员和包裹运输员这样的职业，过去根本不需要与科技打交道，今天也需要具备一定的科技知识了。在日益增长的知识经济中，"获取和开发高级人力资本已经成为公司盈利和成功的关键因素"。[24]

对于管理者而言，人力资本带来的挑战在于，他们必须转变管理方式。比如，向员工授权的管理方式就得假设员工能够自我管理。企业需要新的人力资源管理实践来选拔、培训员工，提升他们的工作参与度。[25]接下来的"作为盈利中心的人力资源"专栏展示了一个企业是如何利用它的人力资本的。

➡ **作为盈利中心的人力资源**

提升顾客服务

一家银行安装了一套特殊的软件，可以让银行的客户代表更轻松地应对顾客的咨询。然而，这家银行并没有转变客户代表的工作。虽然这套新的软件系统能够帮助客户代表应对更多的来电，但是，银行并没有看到太多的业绩提升。[26]

另一家银行安装了同样的软件系统。运用软件方便客户代表工作的同时，这家银行还让人力资源部门改进了客户代表的工作。银行教会了这些客户代表如何销售更多的银行产品，并赋予他们更多的决策权，还提高了他们的工资。现在，由于员工得到了授权和培训，这套软件系统显著地提升了银行的销售额和盈利能力。由此可见，诸如此类的人力资源政策能够提升员工绩效和公司盈利能力。[27]

全球化和竞争

全球化是指企业将它们的销售、所有权以及（或者）制造活动向国外的新市场扩张这样一种趋势。在我们周围，这样的例子比比皆是。丰田汽车公司在美国的肯塔基州生产凯美瑞汽车，苹果公司在中国生产苹果手机。自由贸易区———种降低关税和贸易伙伴之间壁垒的协定——则进一步促进了国际贸易的实现。北美自由贸易协定（North American Free Trade Agreement，NAFTA）和欧盟（Europe Union，EU）都是这方面的例子。

在最近 50 年左右的时间里，全球化迅猛发展。以美国为例，美国的进出口总额从 1960 年的 470 亿美元上升到了 1980 年的 5 620 亿美元，又进一步上升到了 2009 年的大约 3.4 万亿美元。[28]驱动这种全球化繁荣的是一些经济哲学和政治哲学。很多国家的政府都削减或降低了跨国交易税或海关关税的税率，组建经济自由贸易区，并且采取了其他一些措施来鼓励国家之间的自由贸易。这些做法背后的一个基本经济原理就是所有的国家都能从中获益。事实上，世界各地的经济体都出现了快速的经济增长。

全球化的程度越高就意味着竞争越激烈，而竞争越激烈就意味着企业需要承受更多成为"世界一流"企业的压力——进一步降低成本，使员工更富生产力，发现更好的和成本更低的工作方法。很多公司能够成功地回应全球化趋势，但是也有一些公司应对不力。比如当瑞典零售商宜家家居（IKEA）在新泽西开设新店时，全球化的压力促使当地的企业及其人力资源管理团队制定新的措施，以从员工那里获得最多的收益。这样的全球化竞争是双向的，IBM、微软、苹果和脸书以及无数其他的美国小企业都在世界各地开辟了重要业务。

跨国公司一边在创造工作岗位，另一边也在向国外转移工作岗位，这不仅仅是寻求更低廉的劳动力，更是在开辟新的市场。比如，丰田汽车公司在美国有数以千计的销售人员，而通用电气公司在法国的员工超过了 1 万人。对更高效率的追求促使企业进行离岸经营（把更多的工作转移到劳动力成本更低的国家）。例如，戴尔公司把一些呼叫中心的工作转移到了印度。一些企业还将诸如律师这样的高技术工作岗位进行离岸经营。[29] 对于开辟海外市场的公司及其人力资源管理人员来说，如何管理全球化中"人"的因素将成为一个重要的任务。现在，由于海外成本的上升和客户的回流，很多公司已经开始将工作岗位又搬了回来。[30]

各种经济挑战

尽管全球化和科技的发展助力了全球经济增长，但是过去几年的经济并不是很好。正如你从图 1-3 中可以看到的，美国的国民生产总值（Gross National Product，GNP）——一种对美国的总产出进行衡量的指标——在 2001—2007 年出现了迅猛的增长。在此期间，美国的住房价格大幅上涨（参见图 1-4），失业率则保持在大约 4.7% 的相对正常的水平上。[31] 此后，在 2007—2008 年，所有这些指标似乎都迅速下滑。住房价格迅速下跌（各城市的情况不同）。2010 年全美的失业率上升到 10% 以上。

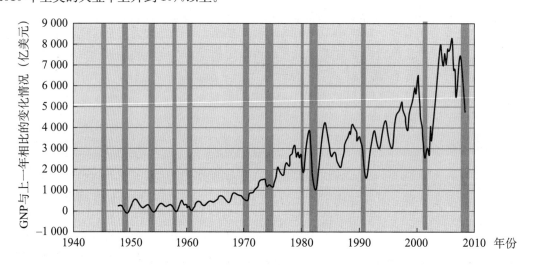

图 1-3　1940—2010 年美国国民生产总值

说明：深色部分显示的是美国的经济衰退期。

资料来源："Gross National Product（GNP）" by FRED Economic Data/St. Louis Fed.，from Federal Reserve Bank of St. Louis.

为什么会发生这种情况呢？这是个很复杂的问题。在许多国家，政府都解除了过去在许多方面进行的管制。以美国和欧洲为例，阻止商业银行涉足诸如投资银行业等领域的一些管制措施已经放松了，在这种背景下，像花旗银行这样一类巨大的跨国型"金融超市"迅速出现。然而，随着经济的迅速发展，更多的企业和消费者背上了沉重的债务负担。购房者在买房的时候通常只支付很少的现金，而银行则很随意地借钱给开发商，让它们去建造更多的房屋。在最近的 20 年时间里，美国消费者实际花的钱比他们赚到的钱还要多。从更高的层面

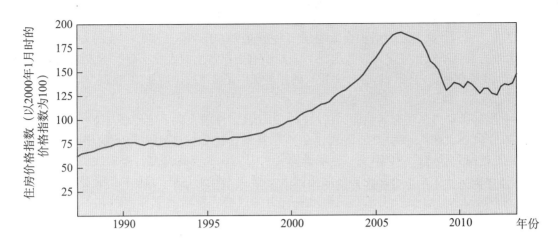

图 1 - 4 凯斯-席勒住房价格指数

资料来源：S&P Dow Jones Indices LLC. Assessed September 30，2013.

来看，美国自己也已经迅速成为一个债务国，它的国际收支平衡状况（出口与进口之差）已经由 1960 年非常正常的 35 亿美元顺差，发展为最近 4 970 亿美元逆差。[32]能够使美国持续保持从国外进口的东西多于销售给国外的东西的唯一方式就是借钱。因此，美国的繁荣大部分都是建立在债务基础之上的。

在 2007 年左右，这么多年累积的过多债务已经走到了尽头。银行和其他金融机构（比如对冲基金）发现其账目中有数万亿美元的毫无价值的贷款。美国政府介入其中以阻止这些金融机构崩溃。但借贷资源枯竭了，大量的企业和消费者停止了消费，这样经济就出现了衰退。

经济和劳动力预测

经济形势毫无疑问仍然会再次出现好转，甚至就在你看到本书这些内容时，经济就已经开始好转了。比如，失业率已经从几年前的超过 10% 下降到 2014 年的 6% 左右，经济的活力开始重现。

然而，这并不意味着经济的前景就是明朗的。整个世界在经历了 2007—2009 年的"大萧条"之后，每个人都紧张了起来。经历了这一事件之后，很多企业在用巨额投资拓展市场和购买设备的时候会犹豫不决。而对于银行来说，由于要清理过多的不良债务和财政的收紧，它们不大愿意提供新的借贷，这也使得小企业主很难创立新的产业。至于顾客，他们的抵押物还在冻结状态，他们的信用卡和教育债务仍然压在其头上，还有很多人没有找到好的工作，这使得他们在消费的时候会更加理智。[33]联邦储备委员会（Federal Reserve Board）在大萧条之后积极地支持了经济的刺激，但是在 2014 年开始就减少了支持力度（因为经济好转了，而继续支持经济扩张则需要背负巨额的债务）。与此同时，生产效率的增长开始放缓，这又阻碍了经济的发展。[34]经历了 2007—2009 年的大萧条以后，人们很难不去怀疑管制放松、杠杆机制以及全球化等在过去 50 年中推动经济增长的力量会在影响力方面有所减弱。

鉴于以上情况，美国的劳动力增长比预期的放缓更加明显（这并不是好消息，因为如果企业招不到足够的员工的话，它们就不能扩张）。准确地说，劳工统计局（Bureau of Labor

Statistics）预测在 2012—2022 年劳动力的年增长率在 0.5％左右，而 2002—2012 年这一数据是 0.7％。[35]为什么劳动力增长会放缓呢？主要原因在于"婴儿潮"一代的人已经开始老化，"劳动力参与率"正在下降。换言之，人口中有工作意愿的人在下降。劳工统计局预测，2012—2022 年美国国内生产总值（GDP）的年增长率是 2.6％，而从 20 世纪 90 年代中期到2005 年之间这一数据是 3％甚至更高。[36]

不平衡的劳动力 还有其他的经济动向。由于找工作的人数（工作参与率）在下降，失业率也在下降。此外，劳动力的需求也是不平衡的。比如，劳动力市场的平均失业率在6％，但是这掩盖了这么一个事实：刚毕业的大学生失业率要高得多，而软件工程师的失业率则要低很多。[37]事实上，有近半数的美国大学毕业生找的工作，都并不需要四年大学教育。[38]这种情况为什么会发生呢？简单地说，因为这些年新增的工作岗位并不需要大学学历。劳工统计局认为这种情况会继续。在 2012 年，那些不需要高等学历的工作岗位雇用了大约 2/3 的劳动力。[39]此外，在 2012—2022 年预期增长最快的 30 个职业中，也有 2/3 的职业并不需要高等学历作为门槛性条件。[40]

这就造成了不平衡的劳动力：在某些职业（比如高科技）的失业率很低，但是有的职业的失业率却非常高；有的公司的招募者找不到人，而有的公司又被求职者踏破了门槛。[41]还有很多人在那些低于他们专业水平的工作岗位上工作（这也有可能解释为什么有 70％的员工报告并不能在心理上投入工作）。不管怎样，放缓的经济增长和不平衡的劳动力意味着企业（以及其人力资源经理和直线经理）将承担更多的压力来激励员工全心全意地工作。

■ 1.3 对人力资源经理的主要影响

上面谈到的这些发展趋势导致企业对其人力资源管理专业人员的期望发生了变化。在20 世纪初期，人事部门首先是从一线管理人员手中接过了雇用和解雇员工的工作，同时承担工资发放以及管理员工福利计划等任务。随着在测试等领域出现一些新的技术，人事部门扮演的角色开始扩展到了诸如员工甄选和培训等方面。[42]随着 20 世纪 30 年代工会立法的出现，人事部门的工作职责中又增加了"帮助企业与工会打交道"这样的新内容。20 世纪六七十年代，美国国会颁布了新的公平就业机会方面的法律，人力资源管理专业人员增加了"保护者"的角色。[43]

如今，企业面临着新的挑战。人口趋势的变化使得招募员工变得更为困难，管理多元化的劳动力队伍也日益重要。企业还得专注于解决多元化带来的公平就业法律的问题。科技和服务的趋势意味着企业必须有效地管理员工的知识、技能和专业，也就是它们的人力资本。全球化要求特殊的人力资源专业技能。放缓的经济增长意味着企业要尽可能激励员工全心全意地工作。企业开始期望它们的"人事专家"——人力资源经理来应对这些挑战。接下来就看人力资源经理是如何回应的。

人力资源和绩效

企业期望它们的人力资源经理来引领公司的绩效提升工作。今天的人力资源经理所在的职位赋予了他足够的权力来推行这件事。人力资源经理可以通过三个杠杆来推动。第一个是人力资源部门杠杆。人力资源经理可以确保人力资源管理职能有效开展。比如，可以将诸如福利管理这样的一些人力资源职能外包给成本更低的外部供应商；还可以控制行使人力资源职能的人数，还能运用诸如门户网站和自动化在线员工甄选系统来降低服务的成本。

第二个是员工成本杠杆。比如，人力资源经理拥有向高层管理者提出公司人员规模水平建议的重大权力，还可以设计和控制公司的薪酬、激励和福利政策。

第三个是战略结果杠杆。人力资源经理可以推动一些政策和实践的落地，这些政策和实践会产生公司战略需要的员工胜任能力。比如，通过新的人力资源培训和薪酬政策，那个银行的新软件系统能够帮助客户代表提升绩效（参见前面的"作为盈利中心的人力资源"专栏）。我们在本书中还会看到很多这样的例子。

人力资源和绩效评价　在如今绩效为本的环境下，企业同样希望人力资源经理能够衡量其有效性。比如，IBM 的麦克唐纳需要公司提供 1 亿美元来重组人力资源职能的运营。他充分利用人力资源绩效指标告诉公司的高层管理人员："我将向您提供技能丰富、及时并且随时准备接受调遣的人才。我能够衡量这些技能，告诉您我们已经拥有的技能以及缺乏的技能，然后还可以向您说明如何弥补这些技能差距或者如何加强我们的培训工作。"[44]

人力资源经理可以运用人力资源衡量指标来使得上述承诺落地。比如，从中位值情况来看，人力资源成本在企业总运营成本中所占的比例平均在 1% 以下。此外，有趋势表明，在每 100 名员工中通常会有 1 位人力资源管理专业人员。[45]

人力资源和循证人力资源管理　提供类似这样的一些证据恰恰是循证人力资源管理的核心所在。即运用数据、事实、分析方法、科学手段、有针对性的评价，以及准确的评价性研究或案例研究，为自己提出的人力资源管理方面的建议、决策、实践以及结论提供支持。[46]简单地讲，循证人力资源管理就是审慎地将可以得到的最好证据运用于与某种人力资源管理实践有关的决策过程之中。[47]这些证据可能来自实际所做的衡量（比如，受培训者是否喜欢这个培训项目），也可能来自已有的数据（比如，在我们实施了这项培训计划之后，企业利润有什么变化）。此外，这些数据还有可能来自公开发表的评估性科学研究（例如，文献中有哪些方法可以让培训者记住培训的内容）。

有的时候，公司将这些发现纳入了管理大师们描述的"高绩效工作系统"中。高绩效工作系统是一套整合在一起能够产生优良的员工绩效的人力资源管理政策和实践。[48]比如，在北卡罗来纳州德拉姆的通用电气集装工厂里，受过专业训练的自我管理团队生产高度精密的飞机零件。我们将在第 3 章讨论绩效评价和高绩效工作系统。

人力资源和增加价值　今天的企业对人力资源经理的最低要求是，他们能够通过提升利润和绩效水平来为组织提供价值。大卫·尤里奇（Dave Ulrich）教授和韦恩·布洛克班克（Wayne Brockbank）教授将其描述为"人力资源价值主张"。[49]他们认为人力资源项目只是实现目标的一个手段。人力资源经理的最高目标一定是增加价值。增加价值指的是，通过人力资源经理的一系列活动，以一种可衡量的方式提升公司及其员工的绩效。在本书中我们将看到相关人力资源实践。比如，每章中的"作为盈利中心的人力资源"专栏就会展示相关知识。

人力资源、绩效和可持续性

当今世界海平面在上升，冰川在消融，越来越多的人对财务上的不公平越发气愤，越来越多的人认为企业不能为了达到利润的最大化而测量"绩效"。他们认为，公司的业务应该是可持续性的，这意味着不仅仅要衡量利润，还要衡量公司的环保责任和社会责任。[50]比如，百事公司的目标是产出"目的性绩效"，换言之，在获取经济绩效的同时还要实现人类、环境和人才的可持续性发展。百事公司想要在取得经济成功的同时也在社会上留下积极的影响（登录 www. pepsico. com，点击"我们的信念"（What We Believe），进入"目的性绩效"（Performance With Purpose））。百事公司并不是唯一这么做的公司。一项研究表明，有80％的大型企业公布了它们的可持续性绩效。[51]我们将看到这些可持续性发展的趋势会对人力资源管理产生重要的影响。

人力资源与员工敬业度

员工敬业度（employee engagement）是员工在心理上参与、联系和奉献于工作的程度。有敬业度的员工"能够高水平地与工作任务发生联系"，因此会更加努力地工作以实现相关目标。[52]。高敬业度的员工就像为自己的公司工作一样。

员工敬业度之所以重要，是因为它能够提升绩效。比如盖洛普公司（Gallup）的调查显示，高员工敬业度的公司中，有83％的公司表现得比普通公司要好（我们将在第 3 章进行更加深入的讨论）；而那些员工敬业度处于最低水平的公司中只有17％有这样的表现。[53]华信惠悦公司（Watson Wyatt）在全球范围内的一项调查显示，高敬业度员工平均每人能带来 26％的额外收益。[54]不过问题在于，这项研究发现，全国范围内只有21％～30％的员工是具备敬业度的。[55]比如，盖洛普最近发现只有30％的员工具备敬业度，50％的员工缺乏敬业度，还有20％的员工根本不具备敬业度（抵制管理）。[56]

在本书中，我们将看到很多经理人员采用具体的步骤来提升员工敬业度。比如，在面对前几年严峻的挑战之后，起亚汽车英国公司通过提升员工敬业度的方法提高了绩效水平。[57]我们在第 3 章中将会看到，他们通过新的人力资源项目来提升员工敬业度，包括领导力开发项目、员工认可计划、内部沟通提升项目、员工开发项目（比如通过评价来确定员工的培训需求）和调整薪酬政策。我们在第 3～14 章中都设置了一个小节"管理者的员工敬业度指南"，展示如何运用人力资源活动（比如招募和甄选）来提升员工敬业度。

人力资源和管理者的人力资源哲学

人们的活动经常是基于他们对某些问题的基本假设，这在人力资源管理中尤为适用。你对人的基本假设是：他们能被信任吗？他们讨厌工作吗？为什么他们会有如此表现？他们如何才能够被信任？这一切组成了你的人力资源管理哲学。你所做的每一个人事决策——招募什么样的人、如何培养人、你的领导风格等等，都反映了这个基本的哲学。

那么，你是如何开发这样的哲学呢？从某种程度上说，这是可预知的。毫无疑问，你在工作时也会带着自己的阅历、教育、价值观、假设和背景，这成就了工作哲学。但是这并不意味着这种哲学是一成不变的。随着你的知识和经验增加，这种哲学也会发生演变。比如，富士康承担着为苹果公司组装零部件的工作，它的工厂发生了一起罢工事件。此后，为了回应员工的诉求，富士康工厂的人力资源管理哲学变得更加柔性。[58]在任何情况下，管理者要想管理他人，必须首先要理解行动背后的人力资源管理哲学。

塑造你的人力资源管理哲学的动力之一，来自你所在组织的最高管理层。不管这种哲学有没有被明确地提出来，人们都可以从组织各个层次及部门的行动交流中感受得到。比如，多年以前宝丽来公司（Polaroid Corp.）的创始人就是这样阐释他的哲学的：

让公司的每一位员工享受充分历练其才能的机会，能够表达他的观点、能够在公司范围内展现自己的能力，并获得足够多的金钱报酬，这样他们就不会将金钱置于最重要的地位。简而言之，这个机会就是能够让他在公司的工作成为人生中一个重要且有回报的经历。[59]

现在的"最佳雇主"名单包含了许多持有相似哲学的组织。比如，软件巨头赛仕公司（SAS）的首席执行官说："我们着力在公司与员工之间构建一种信任文化，这种文化能够回报创新，鼓励员工尝试新事物的同时宽容他们的失误，这种文化同时关注员工的个人和职业成长。"[60]接下来的"实践中的人力资源"专栏展现了其中的一个例子。

➡ 实践中的人力资源

赛仕公司和谷歌公司将人力资源哲学运用于实践

具有积极的员工关系的公司有希望位列每年发布的"最适宜工作的公司"名单。比如，在赛仕公司，员工的福利非常丰厚，而且历史上也很少解雇员工。有一名老员工说："我很难想象自己会离开赛仕，我有这种想法已经很久了。即使有人出双倍薪水来挖我，我也根本不会考虑。"[61]软件行业的员工流失率在30%左右，而赛仕公司只有3%。[62]同样，拉里·佩奇（Larry Page）和谢尔盖·布林（Sergey Brin）在创办谷歌公司的时候，就想将谷歌打造成一个适宜工作的地方。谷歌不仅仅是提供优厚的福利（员工持股计划）[63]，谷歌的科学家们还会进行一些小型的试验，来决定成功的中层经理应该具备的技能，以及怎样促使员工为401（k）计划做贡献[64]。这些活动的目标都是要让员工快乐地工作，同时公司也得到成长。

人力资源和战略

提升公司的绩效水平和员工的敬业度已经将人力资源管理置于一个更加核心的地位。其中的一个结果就是，人力资源经理在公司的战略规划中起着愈发重要的作用。战略规划就是为了保持其竞争优势，企业有关如何使其内部的优势和劣势同外部的机遇和挑战相匹配的规划。大部分公司都有战略规划，但是从传统上看，开发战略规划的职能主要来自公司的直线经理。因此，某公司的总裁可能要决定进入新的市场、放弃产品线以及开始一项五年成本缩减规划，会或多或少地将这些规划的人事工作（比如招募和解聘员工）交给人力资源经理。今天，人力资源经理在战略规划的开发和实施上有了更深的涉足。

第 3 章就这个话题进行了展开。简而言之，**战略性人力资源管理**（strategic human resource management）是指在企业总体战略框架下对人力资源政策进行规划和执行，借以创造实现战略目标所需要的员工胜任能力和行为。战略性人力资源管理背后的理念是：在制定人力资源政策的过程中，造就战略目标所需要的员工胜任能力和行为。比如，雅虎公司的首席执行官在几年前想提升公司的创新力和生产力，她将这份工作交给了新的人力资源经理（此人曾经从事银行投资工作）。于是雅虎公司开始制定许多新的人力资源政策。公司取消了远程办公，这样员工可以在公司里持续地进行交流，还采用了一些新的福利政策（比如16周的带薪产假）。这些政策很能够吸引新工程师加入，让雅虎公司日益变得具有吸引力。[65]

我们将运用这个模型来展开第3章的论述。简而言之，这个模型包含了三个步骤：制订公司战略规划、总结实现这些战略规划所需要的员工行为和技能、决定有哪些人力资源政策和实践能够产生这些员工行为和技能。

可持续性和战略性人力资源管理

前面我们提到，可持续性的趋势对人力资源管理有着重要的影响。战略性人力资源管理是指在企业总体战略框架下对人力资源政策进行规划和执行，借以创造实现战略目标所需要的员工胜任能力和行为。当这些战略目标包括可持续性的要求之后，就意味着人力资源经理需要制定人力资源政策来支持这些战略目标的实现。

比如，百事公司的目标是产出"目的性绩效"，换言之，在获取经济绩效的同时还要实现人类、环境和人才的可持续性发展。百事公司有财务绩效的指标，比如利益相关者价值和长期财务绩效；有人力可持续性目标，比如产品上清晰的营养成分标注；有环境可持续性目标，比如保护全球水资源；还有人才可持续性目标，比如尊重工作场所的员工权利和创造一个安全健康的工作场所。[66]

百事公司的人力资源经理可以对以上目标的实现产生重要的影响。[67]比如，他们可以使用劳动力计划程序来决定保持环境可持续性的工作岗位的数量和种类。他们还可以与高层管理者合作来设计弹性工作安排，以减少通勤，从而实现环境的可持续性。他们还可以改变公司的新员工入职引导计划，更加强调新员工履行百事公司的可持续性目标责任。他们还可以修正绩效评价系统，以衡量管理者和员工实现个人可持续性目标的程度。他们还可以实施奖励计划以激励员工完成可持续性目标任务。他们可以推行健康安全计划，消除工作场所的不安全环境因素，提升员工的健康水平。他们可以通过强调构建一个互相尊重的工作环境，来将人才可持续性纳入公司的人力资源哲学中。[68]最后，他们还可以设计员工关系项目，该项目的目标是：实现积极的员工关系，保证员工在聘用期内健康、满意并受尊重。当然，要想实现上述目标，人力资源部门必须在公司的可持续性发展中处于核心地位。

人力资源和人力资源胜任能力[69]

今天对人力资源经理的要求更加复杂了。诸如构建战略规划、做出基于数据的决策都需要新的技能。人力资源经理不能仅仅将传统的招募或者培训等人事任务完成就算是合格了（虽然这些依旧很重要）。相反，他们必须能够通过运用可衡量的数据（比如投资回报率）[70]来捍卫人力资源决策，以此来讲述"首席财务官的语言"。人力资源经理要构建战略规划，还需要理解战略规划、市场、生产和财务。[71]当公司兼并或者海外扩张之后，人力资源经理还需要设计和执行大规模的组织变革，提升员工敬业度，重新设计组织结构和工作流程。这些工作都不容易。

人力资源和管理者技能

本书旨在帮助经理们开发人力资源管理相关技能，比如招募、甄选、培训、评价和激励员工，以及为员工提供一个安全和能够实现梦想的工作环境。[72]本书各章中的"构建你的管理技能"专栏就包含了诸如面谈技巧、培训新员工等方面的技能。"直线经理和小企业的人力资源工具"小节则为小企业主和经理们提供了提升企业管理水平的实用工具。"了解你的雇用法律"专栏着重强调了管理者应该具备的实用信息，以更好地做出人力资源决策。"管理者的员工敬业度指南"小节则展示了管理者应该如何来提升员工敬业度。

人力资源经理的胜任能力

除了以上提到的这些技能之外，高效的人力资源经理还需要具备哪些胜任能力呢？当问到"为什么你想成为一名人力资源经理"的时候，许多人回答说："因为我了解人。"当然具备社交能力是很重要的技能，但图 1-5 展示了专家们提供的其他一些胜任能力。

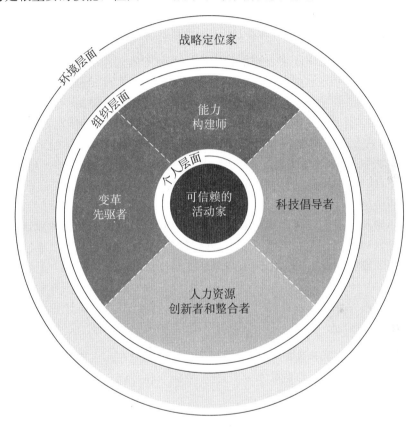

图 1-5　人力资源经理的任职能力

资料来源：The RBL Group，© 2012.

大卫·尤里奇教授和他的同事们认为，当今的人力资源经理需要成为"战略定位家"。比如，他们需要具备更为宽广的经营知识来帮助最高管理层开发战略规划。他们还需要成为"可信赖的活动家"。比如，他们需要一些知识、专业技能和领导能力来使自己既"可信赖"（被尊重、崇拜和信服）又"活跃"（提供观点、获得职位、挑战假设）。[73] 他们还应该是个"能力构建师"。比如，能够为员工创造一个满意的工作环境，并且能够将员工的努力和公司的计划结合起来。他们还应该成为"变革先驱者"。比如，能够引导组织范围内的变革，并且通过人力资源政策来维持变革的成效。他们还要成为"人力资源创新者和整合者"。比如，能够通过劳动力规划和分析来识别人事解决方案，以帮助公司提升绩效并优化人力资本。最后，他们还要成为"科技倡导者"。比如能够引入最新的科技手段帮助公司运用社交媒体进行招募工作。

人力资源和伦理

遗憾的是，新闻头条对于伦理道德滑坡（比如庞氏骗局）的关注是永远不会停止的。比如，检察官控诉艾奥瓦州的一些肉类加工企业的人力资源经理，他们雇用 16 岁以下童工的行为违反了就业法律。[74] **伦理**（ethics）就是用来决定一个人应当怎样采取行动的各种标准。我们看到许多严重的工作场所伦理问题（比如工作场所安全和员工隐私）都与人力资源管理相关。[75]

人力资源经理认证资格

人力资源经理正求助于认证来表明他们对现代人力资源管理实践的掌握程度。人力资源认证协会（HRCI）是一个独立的认证人力资源职业资格的组织（参见 www. hrci. org）。通过测试，人力资源认证协会会颁发一些资格认证，比如人力资源师（Professional in HR，PHR）、高级人力资源师（Senior Professional in HR，SPHR）。管理者可以在 www. hrci. org 网站上点击"准备考试"（Exam Preparation）和"样题"（Sample Questions）来进行人力资源认证测试。[76] 美国人力资源管理协会（Society for Human Resource Management，SHRM）最近也运用自己开发的胜任能力和知识测试，来认证人力资源师和高级人力资源师资格。[77]

人力资源师和高级人力资源师知识库（见附录 A）涉及了以下几个重要话题：战略性经营管理、人员规划和雇用、人力资源开发、全面报酬、员工关系和劳动关系、风险管理。本书留给这些话题的篇幅主要是遵循了人力资源认证协会的建议。

■ 1.4 本书的总体安排

本书的主旨是向现在和未来的所有管理者（并非只是现在和未来的人力资源经理）提供他们在管理人和人事方面的工作时需要运用的各种概念和技能。

篇章

本书篇章结构如下：

第 1 篇：导论

第 1 章：当今时代的人力资源管理。

第 2 章：公平就业机会和多元化管理。主要内容：你需要了解公平就业机会方面的法律以及它们是如何对面试、员工甄选以及绩效评价等人力资源管理活动产生影响的。

第 3 章：人力资源战略与分析。主要内容：什么是战略规划，以及人力资源管理如何为兼并、收购、战略制定和执行做出贡献。

第 2 篇：人员配置：人员规划和雇用

第 4 章：职位分析与人才管理。主要内容：什么是人才管理，如何进行职位分析并决定职位的要求、职责和责任，需要决定雇用什么样的员工以及如何招募到他们。

第 5 章：人员规划与招募。主要内容：人员规划和招募技术。

第 6 章：员工甄选。主要内容：应用像测试这样的技术以确保招到合适的员工。

第 3 篇：培训和人力资源开发

第 7 章：员工培训与开发。主要内容：通过对员工提供培训和开发来确保员工具备完成其工作任务所需的各种知识和技能。

第 8 章：绩效管理与评价。主要内容：绩效管理和评价的技术。

第 9 章：职业生涯管理。主要内容：员工流失的原因和解决方案，以及如何来帮助员工管理职业生涯。

第 4 篇：薪酬管理和全面报酬

第 10 章：开发薪酬计划。主要内容：如何开发具有市场竞争力的薪酬计划。

第 11 章：绩效薪酬与员工福利。主要内容：开发全面报酬计划，包括绩效奖励和员工福利方案。

第 5 篇：员工关系和劳动关系

第 12 章：保持积极的员工关系。主要内容：开发员工关系计划和员工参与战略；通过纪律和惩戒流程保证伦理和公平对待。

第 13 章：劳动关系和集体谈判。主要内容：工会与管理的关系，包括工会化、集体谈判。

第 14 章：提升职业安全与员工健康、风险管理。主要内容：造成事故的原因、如何保障工作场所安全、关于员工安全和健康的相关法律。

第 6 篇：人力资源管理的特殊议题

专题 A：全球人力资源管理。主要内容：在全球化的环境下采用的人力资源政策和做法。

专题 B：小企业及创业公司的人力资源管理。主要内容：规模较小的企业管理者可以使用特殊的人力资源管理方法，从而赢得竞争优势。

本章小结

1. 人事、人事管理或者人力资源管理包括招募、甄选、培训、薪酬管理、绩效评价、开发等活动。人力资源管理是每名直线管理者的职责的一部分，包括把合适的员工配置到合适的岗位上，然后为其提供指导、培训、报酬，以提升其绩效。人力资源经理及其部门向直线经理提供各种人事服务，包括协助完成各层级员工的雇用、培训、评价、报酬、晋升与惩戒。每位直线经理也要承担起人力资源管理的职责，包括实施人员配置、入职引导、培训，并为员工提供薪酬以提升其绩效表现。出于减少人力资源失误（比如高员工流失率）、取得绩效成果、扮演好人力资源经理的角色、在没有专业人力资源部门的小企业做好工作等方面的考虑，每位直线经理都需要学习人力资源管理专业知识。

2. 一些发展趋势要求人力资源管理在组织中发挥更具战略性的角色。这些发展趋势包括劳动力队伍的多元化、技术进步、全球化、经济动荡等。

3. 这些变化给人力资源工作带来了如下结果：更加注重绩效（包括测量绩效和提升可持续性）、提升员工敬业度和形成有建设性的人力资源哲学、开发战略性人力资源管理技能（包括实施公司可持续发展计划）、理解某项决策是否符合伦理要求、获得某项资质以开发人力资源经理的胜任能力。

4. 本书的目标是帮助经理们开发有关人力资源的各项技能，比如招募、甄选、培训、评价和激励员工，并为员工提供一个安全和能够实现自己梦想的工作环境。本书在构建管理技能和提升员工敬业度方面设置了一些特色栏目。"构建你的管理技能"专栏主要介绍诸如求职者面试、员工培训等具体方法。"直线经理和小企业的人力资源工具"专栏主要为小企业主和直线经理提供一些能够提升管理水平的技术。"了解你的雇用法律"专栏主要提供一些能够帮助人力资源经理更好决策的实用信息。"管理者的员工敬业度指南"小节主要为经理们展示一些提升员工敬业度的方法。

讨论问题

1. 什么是人力资源管理？

2. 至少举出五个例子说明为什么"了解和精通人力资源管理的概念和技术对所有的管理者都很重要"。

3. 举例说明"正处于变化之中的影响人力资源管理的外部环境"的含义。

4. 举例说明人力资源经理如何帮助实现公司可持续发展目标。

5. 举例讨论四个当今影响人力资源管理的重要议题。

6. 说明与所在企业的直线管理相关的人力资源管理角色。

7. 比较直线经理和职能经理的权力并各举出事例。

个人和小组活动

1. 以个人或小组为单位，同当地某家银行的人力资源经理取得联系。询问这位人力资源经理，在他所供职的银行的战略目标已经确定的前提下，他是如何以战略伙伴的身份来管理银行的人力资源的。回到课堂上之后，大家一起讨论不同银行人力资源经理对这一问题所做的回答。

2. 以个人或小组为单位，对一位人力资源经理进行访谈，在这次访谈的基础上，拟定一份简短的演示文稿，说明在创建一个更加富有竞争力的企业方面，今天的人力资源经理能够起到什么样的作用。

3. 以个人或小组为单位，将几份像《商业周刊》《华尔街日报》这样的商业出版物带到课堂上。根据这些商业出版物的内容，以"今天的人力资源经理和人力资源部门正在做什么"为题列出一份清单。

4. 根据你的个人经验，举出十个例子来说明你是如何在工作中或者学校里运用（或本来应该可以运用）人力资源管理技术的。

5. 泰科国际公司（Tyco International）的人力资源高级副总裁劳瑞·西格尔（Laurie Siegel）刚刚上任时，正值公司的前任董事会成员和高管人员因为受到一系列的指控被迫离开企业的多事之秋。由于西格尔受雇于公司新上任的首席执行官爱德华·布林（Edward Breen），因此她在刚刚就职时就不得不去处理大量很棘手的难题。例如，她不得不重新雇用一个新的企业管理团队，并针对关于企业文化存在伦理道德问题的外界看法采取一些措施。而且她需要改革企业高层管理人员的薪酬计划，因为很多人认为正是这个薪酬计划导致了企业遭到这样一种指控：企业过去的高管人员简直把企业当成了私人自动取款机。

在来到泰科国际公司之前，西格尔的工作履历就已经让人印象深刻了。比如说，她曾在联合信号公司（Allied Signal）担任高级薪酬负责人，并且是哈佛大学商学院的毕业生。尽管她的背景非常棒，但是当她接手泰科国际公司的人力资源高级副总裁职位时，她显然有很多艰苦的工作要做。

以个人或小组为单位，通过网络查询和图书馆搜索来回答以下问题：西格尔应该采取哪些与人力资源管理相关的措施来帮助泰科国际公司重新回到正确的轨道上来？你认为她采取了恰当的措施了吗？为什么？你会建议她现在做些什么？

6. 以个人或小组为单位，列出一张清单，说明像员工队伍多元化、技术创新、全球化以及工作性质的变化等发展趋势对于你目前所在的学校产生的影响。然后在课堂上向大家演示。

7. 以个人或小组为单位，举出一些事例来说明本章中提到的新型人力资源管理实践（如采用新技术和支持可持续发展等）是否已经在你所在的大学或者你就职的组织中得到某种程度的应用。

人力资源行动案例事件 1　杰克·尼尔森的难题

杰克·尼尔森（Jack Nelson）是刚刚进入一家地方银行董事会的一位新成员，此时银行方面正在将他介绍给总部的全体员工。当介绍到一位名叫露丝·约翰逊（Ruth Johnson）的员工时，尼尔森对她的工作感到很好奇，就问她所使用的机器是用来做什么的。露丝·约翰逊回答说，她实际上既不知道这台机器叫什么，也不知道是用来干什么的。她向杰克解释说，自己刚到这家银行工作两个多月。不过，她确实非常清楚地知道应当如何操作这台机器。按照露丝·约翰逊的直接上级的说法，露丝·约翰逊是一位非常出色的员工。

在一家分行的办公室里，这家分行的负责人私下告诉尼尔森说，她感觉到"这家银行有问题"，但是也不清楚到底问题出在哪里。她提到的一个问题就是，员工流动率实在是太高了，雇用一位新员工到岗的速度甚至还赶不上另外一位员工辞职的速度。她还说到由于需要拜访客户和发放贷款，她很少有时间去跟银行里这些不断进进出出的新员工在一起工作。

这家银行的所有分行负责人都是在与银行总部以及其他分行之间不通气的情况下自行雇用员工的。在一个职位空缺出现之后，分行负责人就试图去找一个合适的人去替代离职的员工。

在走访了 22 家分行并且发现在许多分行中都存在类似问题之后，尼尔森就在考虑总行应该做些什么，或者他他应该采取一些什么行动。总的来说，这家银行一直被认为是一家运作良好的金融机构。因此，尼尔森对这些问题考虑得越多，他的困惑也就越多。他还不能确切地把握问题的根源所在，同时也不知道是否应当把自己发现的这些情况向行长汇报。

问题

1. 你认为到底是什么原因导致在这家银行的总行和分行中存在这样一些问题？

2. 你认为在这家银行的总行设立一个人力资源部门是否会有助于问题的解决？

3. 人力资源部门履行哪些具体的职能？这些分行的负责人以及其他一些直线经理应当承担哪些人力资源管理职能？

人力资源行动案例事件 2　卡特洗衣公司

引言

本书的一个主题就是：招募、甄选、培训和给员工提供报酬等人力资源管理活动，并不仅仅是人力资源管理专业人员所应当完成的工作，而是每一位管理者都必须承担的责任。这种情况在一家典型的小型服务企业中表现得最明显不过了，因为在这种企业中，所有者或管理者往往没有人力资源管理专业人员可以依赖。然而，他们的企业是否能够取得经营的成功，却常常在很大程度上取决于他们是否能够有效地处理员工的招募、雇用、培训、评价以及支付报酬等方面的问题。为了说明和强调一线管理人员在人力资源管理方面所能够起到的作用，我们将会在本书各章中使用一个前后一体的连续性案例，这个案例是基于美国西南部的一家小公司的真实情况编写的。在每一章中讲述的该案例的每一个部分，分别向读者展示了本案例的主人公——公司的所有者同时也是管理者詹妮弗·卡特（Jennifer Carter）——将会如何运用各章中所介绍的相应的人力资源管理概念和技术，来面对和解决日常工作中的各种人力资源管理问题。下面是一些有关该公司的背景信息，你在回答以后各章中的问题时，可能会需要这些信息。（同时我们还会在每一章中提供与这个案例事件并不相关的另一个案例事件。）

卡特洗衣中心

詹妮弗·卡特于 2010 年 6 月从州立大学毕业，在考虑过几家企业提供给她的就业机会之后，她决定还是去做她一直都想做的一件事情——跟她的父亲杰克·卡特（Jack Carter）一起经营自己家的公司。

杰克·卡特先后在 1998 年和 2001 年开了他的第一家和第二家自助洗衣店。对杰克而言，这种投币式自助洗衣店最大的吸引力在于，它们是资本密集型的，而不是劳动力密集型的。因此，一旦对机器设备的投资完成，这种商店仅仅依靠一位并不需要太多技能的员工来提供一些服务就可以运行了，所以在这里不会出现在零售业中常见的一些劳动力问题。

尽管仅仅靠一名没有什么技能的员工就能运转的这种投币式洗衣店确实很有吸引力，杰克还是决定 1999 年在每个洗衣店里扩大服务范围，即提供干洗和熨烫服务。换句话说，他通过增加与现有的投币式自助洗衣服务有关的新服务，开始实施一种"相关多元化"经营战略。他之所以要增加这些服务，主要是出于以下几个方面的原因。首先，他希望更好地利用目前租下的这些洗衣店中尚未利用的一些空间。其次，正如他自己所说的那样，他很讨厌把来本店洗衣的顾客所需要的干洗和熨烫服务送给 5 英里以外的另外一家干洗店，那家干洗店拿走了他本应得到的大部分利润。为了反映服务领域的新扩张情况，他将自己的两家洗衣店重新命名为卡特洗衣中心。由于对洗衣中心的业绩非常满意，杰克准备在接下来的 5 年里再开 4 家以上同样类型的洗衣店。每一家洗衣店中都将配备 1 位值班经理以及 7 名左右员工，每家洗衣店的年收入大约为 60 万美元。詹妮弗在毕业后加入的她父亲的这家企业当时已经有了 6 家连锁店。

她和自己的父亲达成一项共识，即她将担任老卡特的问题解决者或者咨询顾问，一方面学习企业经营方面的知识，另一方面通过引入现代管理理念和技术来帮助企业解决经营问题，从而推动企业成长。

问题

1. 请列举出你认为卡特洗衣中心必须解决的五个具体的人力资源难题。
2. 如果你是詹妮弗，你首先会怎么做？

公平就业机会和多元化管理

引言

埃尔夫（Alf）拥有一家电脑咨询公司，他曾经觉得公司的员工应该都能快乐地为自己工作。销售额在攀升，每周都有新人加入，一切看起来都很美好。因此，当收到一封来自公平就业机会委员会（Equal employment Opportunity Commission）的官方质询函的时候，他感到很惊讶。很显然，几位有着宗教信仰的员工反映曾经受到埃尔夫的歧视。理由是他们留着长发和胡须工作，而埃尔夫却要求他们剃须和剪短头发，以便更好地与客户沟通。埃尔夫怎么也没想到自己的言论会引发这么一场涉及歧视的纠纷。

2.1 有关公平就业机会的法律

几乎每天都会有与公平就业机会相关的法律诉讼。[1]一项面向企业法律顾问所做的调查发现，与公平就业机会相关的雇用诉讼是这些公司受到的最大法律困扰。[2]如果管理者在日常管理（例如招募和绩效评价）时对这些法律不甚了解，那将是非常危险的。因此，让我们先来了解相关的法律背景。

背景

禁止歧视的立法行为早已不是什么新鲜的事情。美国宪法第五修正案（1791 年）就有这样的规定："未经正当的法律程序，任何人的生命、自由和财产权都神圣不可侵犯。"[3]到 20 世纪早期，其他一些法律和各种法庭裁决也都宣布针对少数族裔的歧视行为属于违法行为，至少在理论上是如此。[4]

但事实上，直到 20 世纪 60 年代初，历届美国国会和总统都未能采取有效的措施来保障公平就业方面的法律。当时，在少数族裔和女性中发生的抗议活动以及传统习惯的改变促使美国国会和总统必须采取行动。在这种情况下，国会通过了许多新的与公民权利有关的法律。[5]

1963 年《公平薪酬法》

1963 年《公平薪酬法》（Equal Pay Act of 1963，1972 年修正）是首批获得通过的有关公平就业机会的新法之一。根据该法规定，如果男性和女性承担的职位具有相同的工作内容，同时工作要求任职者具备同等的技能水平、付出同等的努力程度以及承担同等的责任，并且在相似的工作条件下完成工作，法律就不允许企业因为劳动者性别的差异而在薪酬方面实施歧视性对待。然而，如果企业依据资历、绩效或者生产产品的质量和数量来进行薪酬分配，则这是由于非性别因素造成的薪酬差异，是不违反该法律规定的。

1964 年《民权法案》第七章

1964 年《民权法案》第七章（Title Ⅶ of the 1964 Civil Rights Act）也是首批获得通过的公平就业机会方面的新法之一。1972 年《公平就业机会法》（Equal Employment Opportunity Act）颁布之后，修订的《民权法案》第七章规定，企业不得因种族、肤色、宗教信仰、性别和国家来源等而实施歧视行为。该法还具体规定了企业的下列行为是违法的：

1. 企业因为一个人的种族、肤色、宗教信仰、性别或国家来源等而拒绝雇用求职者或解雇一位员工，或者是在薪酬、工作期限、工作条件或就业特权等方面对员工采取歧视性对待。

2. 企业因为一个人的种族、肤色、宗教信仰、性别或国家来源等，以任何一种方式对员工或求职者施加限制、进行隔离或者是加以分类，从而剥夺或者倾向于剥夺其就业机会，或者是对其作为一位员工的地位产生消极影响。[6]

美国联邦政府依据《民权法案》第七章的规定建立了**公平就业机会委员会**（Equal Employment Opportunity Commission，EEOC）来负责该法的管理和实施。该委员会共有 5 名委员，他们经参议院建议和同意后由总统任命。每位委员的任期为 5 年。从广义上说，公平就业机会委员会还包括分布在全美各地的数千名工作人员。

公平就业机会委员会的成立极大地增强了联邦政府执行公平就业机会相关法律的力度。公平就业机会委员会的工作人员接受来自被侵权者的投诉，并对相关情况进行调查。如果公平就业机会委员会找到恰当的证据表明歧视的情况确实存在，它就会通过调解的方式来促成当事双方达成协议。如果调解未果，则可以诉诸法律。公平就业机会委员会可以代表被侵权者提起诉讼，也可以由被侵权者本人提起诉讼。我们将在本章的后续内容中讨论公平就业机会委员会的工作程序。

行政命令

在多任美国总统颁布的行政命令的规范下，大多数从政府获得合同的企业要履行比《民权法案》第七章规定的避免就业歧视的相关条款更多的义务。例如，第 11246 号和第 11375 号行政命令不仅禁止实施歧视，而且要求那些从联邦政府获得合同的承包商，必须采取积极的反歧视行动（affirmative action）来确保那些可能遭受过歧视的人得到公平的就业机会。根据这些行政命令还设立了一个**联邦合同合规项目办公室**（Office of Federal Contract Compliance Programs，OFCCP）。它负责执行这些行政命令并确保其得到遵守。[7]

1967 年《反就业年龄歧视法》

1967 年《反就业年龄歧视法》（Age Discrimination in Employment Act of 1967）规定，对年龄在 40 岁以上的员工或求职者实施歧视性对待是违法行为。该法有效地杜绝了强制退休的现象。[8]原告律师很喜欢《反就业年龄歧视法》，因为它能够打击那些有"故意的歧视行为"的雇主。[9]在奥康纳诉综合硬币餐饮公司（O'Connor v. Consolidated Coin Caterers Corp.）一案中，美国联邦最高法院（U. S. Supreme Court）认为，即使对于两个同是 40 岁以上的求职者，企业也不能因为年龄而偏好较年轻者，否则将依然构成就业歧视。[10]

1973 年《职业康复法》

1973 年《职业康复法》（Vocational Rehabilitation Act of 1973）要求与联邦政府签订合同价值超过 2 500 美元的企业采取积极的反歧视行动来雇用那些残疾人士。但是，该法并未要求企业雇用不符合任职资格条件的残疾人，只是要求企业在不是非常麻烦的情况下，采取各种措施来为残疾人就业提供可能的便利。

1978 年《反怀孕歧视法》

1978 年颁布的**《反怀孕歧视法》**（Pregnancy Discrimination Act）是对《民权法案》第七章的一个补充。该法禁止企业以员工怀孕、生育子女或者其他类似的医疗情况为由，在雇用、晋升、停职、解雇或其他雇用决策中实施歧视性对待。此外，该法规定，如果一家企业为员工提供伤残福利，则必须将怀孕和生育子女这种情形视同于其他伤残情况，从而作为一种适用的条件包含在这种福利当中。越来越多的女性员工正在以此法为依据提起诉讼。[11]

举个例子，一家汽车经销公司最近解雇了一位称自己怀孕的女员工。那么原因何在呢？这位员工指控说，企业这么做"是为了防止自己在经销商的车内出现呕吐或抽搐等状况。经销商认为怀孕的女性有时确实会出现这样的状况，而这有可能会造成事故"。[12]关键在于，经理们在决定员工做何种工作时，应该基于医疗方面的证明，而非个人主观判断。[13]

《联邦政府机构员工甄选程序统一指南》

起初，各联邦政府机构分别负责确保上述法律和行政命令的执行，同时也负责颁布本机构的实施指南。后来，公平就业机会委员会、公务员委员会（Civil Service Commission）、劳工部以及司法部（Department of Justice）共同颁布了规范化的指南。[14] 这些指南解释了为确保甄选程序的有效性和合法性而需要遵循的各种条件和方法。[15] 美国联邦合同合规项目办公室也制定了自己的指南。美国心理学会（American Psychological Association）也制定了本学会的教育和心理测试标准（但不具备法律约束力）。[16]

与公平就业机会相关的一些法庭判决

一些早期的法庭判决为后来美国联邦最高法院对公平就业机会法律做出相关司法解释提供了帮助。

格里戈斯诉杜克电力公司案（Griggs v. Duck Power Company）

此案被视为一个标志性的案例，因为最高法院通过此案界定了不公正歧视的概念。在该案中，一位应聘煤炭处理工职位的求职者维里·格里戈斯起诉了杜克电力公司。该公司要求该职位的求职者必须是高中毕业生，而格里戈斯宣称这种要求属于非法歧视。他认为，这种要求与一个人能否胜任该职位根本无关，而且它导致黑人更多地被拒之门外。

最终格里戈斯打赢了这场官司。法庭的判决是一致的，主审法官伯格（Burger）在书面意见中陈述了三点对公平就业法律产生重大影响的原则。首先，法庭认为歧视行为并不一定是故意违法的。换言之，原告并不需要提供证据证明企业是有意歧视员工或求职者，而只需要证明歧视现象确实已经发生了。其次，法庭认为，如果雇用方面的规定（在此案中是指要求任职者具有高中学历）对**受保护群体**（protected class）中的成员产生了不对等的影响，则这些雇用规定必须是与工作相关的。

用主审法官伯格的原话来说：

> 该法不仅禁止明显的歧视性行为，同时还禁止那些在形式上貌似公平但实质上却存在歧视的行为。其判断标准是雇用要求是否为胜任工作所必需。如果某种雇用要求对黑人产生了排斥性后果，却无法证明这种雇用要求是与工作绩效有关的，则这种雇用要求就是被法律禁止的。[17]

最后，主审法官伯格将证明雇用要求与工作相关的举证义务置于企业一方。因而，一旦企业的雇用要求对受保护群体中的成员产生了差别性影响，企业就必须证明这种雇用要求（在此案中是指要求任职者具有高中学历）是保证任职者取得令人满意的绩效所必需的。

奥尔比马纸业公司诉穆迪案（Albemarle Paper Company v. Moody）

在此案中，最高法院判定甄选工具必须是与工作相关的，或者说是具有效度的，也就是说甄选测试所测的绩效必须和实际工作需要的绩效相关。1975 年的奥尔比马纸业公司案是十分重要的，因为它澄清了企业必须做些什么来证明自己的甄选工具是和实际工作绩效相关的，或者说对实际工作绩效是具备预测效度的。例如，最高法院规定，如果一家企业想要对应聘某一职位的求职者实施甄选测试，那么首先必须保证这一职位的绩效标准是清晰的，而不是模糊的，这样企业才能鉴别出哪些员工的工作绩效要好于其他人。在做出这一裁决的过程中，最高法院还引用了公平就业机会委员会的甄选效度验证指南，并使其上升为国家法律。[18]

1991 年《民权法案》

20 世纪 80 年代美国联邦最高法院做出的一系列判决起到了限制公平就业机会法律对于女性和少数族裔劳动者提供的保护的作用。例如，在普华永道诉霍普金斯（Price Water-house v. Hopkins）一案中，法庭规定如果企业能够证明受到歧视指控的人事决定，是基于合法行为（例如对表现差的员工不予晋升）也完全有可能同样做出的决定，那就不构成就业歧视。这些判决的直接后果就是，美国国会修订了《民权法案》，并由乔治·布什（George H. W. Bush）在 1991 年 11 月签署通过。这部新法将公平就业机会方面的法律对劳动者提供的保护恢复到了 20 世纪 80 年代以前的状态。在某些方面，它则使企业需要承担的责任进一步增加了。

比如，**1991 年《民权法案》**（Civil Rights Act of 1991，CRA 1991）着重解决了举证责任问题。自该法颁布以来，提出和应对涉及就业歧视的指控时基本遵循这样一个过程：原告向法庭证明企业的人事行为或甄选工具对于特定的群体有差别影响。（**差别影响（disparate impact）**是指企业的某些人事政策或行为对受《民权法案》第七章保护的群体构成比其他人更大的消极影响，无论这种行为是不是故意歧视。）[19]例如，要求应聘某个职位的求职者必须具备大学学历就可能对于一些少数族裔造成消极影响。

差别影响指控并不需要证明这种歧视是故意的。但是原告必须能证明两件事：首先，必须能够证明，比如在劳动力市场上的潜在可雇用女性的比例与实际雇用的员工中女性的比例存在明显的差别；其次，原告必须能够明确指出是哪一企业行为导致差别影响，例如企业在口头的广告或者要求中提到求职者必须能够举起 100 磅的重量。[20]一旦原告证明了这种差别影响的存在，企业就负有举证责任来证明受到质疑的人事要求是与该职位必须承担的工作任务相关的。[21]例如，企业必须证明"能够举起 100 磅的重量"是胜任职位所需的要求，否则该工作就不能得到有效完成，即该要求是运营所需的。

1991 年《民权法案》使受害者在这些情况下更容易基于财务损失提出诉讼。它使受害者在能够证明企业存在故意歧视（律师们则称之为**差别对待（disparate treatment）**）的情况下，例如企业是"蓄意或肆无忌惮地对受害者受联邦政府法律保护的那些权利实施侵害"，可以要求得到补偿性赔偿金或企业的惩罚性赔偿金。最后，即使企业能够证明，在不存在歧视动机的条件下，也会因为其他一些合理理由（例如员工绩效较差）做出同样的人事决策，该法还是会判定企业应当承担责任。只要该行为涉及歧视动机，例如性别歧视，那么该行为就是违法的。[22]

《美国残疾人法》

1990 年颁布的《美国残疾人法》（Americans with Disabilities Act，ADA）禁止规模在 15 人及以上的企业在招募、任免、薪酬、晋升、培训等方面歧视那些能够胜任工作的残疾人。[23]它还规定企业在不会给自身带来不必要困难的情况下，要为在身体或心理上存在障碍的员工提供"合理的便利"。[24]

虽然该法并没有具体列出残疾情况的清单，不过，公平就业机会委员会的指南对残疾做出了界定：它是指一个人由于存在某种生理或心理上的缺陷而在主要生活活动上受到"显著限制"。这些缺陷包括生理上的紊乱以及对人的一种或多种身体系统造成影响的状况、容貌损害或身体功能缺失，或者是精神或心理上的紊乱。[25]同时，该法还就哪些情况不应被视为残疾做出了规定，其中包括同性恋、双性恋、窥视癖、赌博强迫症、纵火狂以及滥用药物导致的紊乱等。[26]公平就业机会委员会还确保《美国残疾人法》禁止对艾滋病病毒携带者的歧视行为。

在依据《美国残疾人法》提起的诉讼中，绝大多数都是有关精神损害的。[27]所谓"精神损害"指的是精神或者心理上的失调，比如情感或精神疾病。情感失落、焦虑、人格失调也都可以看作精神损害的一种。《美国残疾人法》还保护那些存在智力缺陷的员工（包括那些智商水平为70～75的人）。[28]企业要提高警惕，那些不受人欢迎的行为（比如经常性迟到）有可能与精神损害相关。因此企业可以提供一些合理的便利，比如在工作场所提供一些隔离带。

符合条件的员工

当然，不能仅仅因为一个人身患残疾就使其能够获得某一职位。该法律仅仅是禁止对那些尽管身患残疾但能够胜任工作的人——他们在得到（或未得到）企业提供的合理便利条件下，能够完成工作中的一些必要职能——实施歧视。这些人必须具备完成工作所需的技能、教育背景和工作经验。至于哪一种工作职能是必要的，判断的标准包括：这项职能是企业设置该职位的目的所在，或这种工作职能特别专业化，企业之所以雇用一位新员工，恰恰是因为他具备完成这项职能所需的经验或能力。[29]

合理的便利

如果按照当前的工作安排，一位身患残疾的员工无法顺利完成工作，则企业就必须提供一些"合理的便利"，除非这样做会给企业带来"不当的困难"。合理的便利可能包括修改工作日程安排，或者提供某些设备或其他设施（增加可控制的斜坡和拓宽门等）来帮助员工。[30]

例如，美国盲人联盟（National Federation of the Blind）预计，在处于工作适龄阶段的盲人中，有70％的人目前处于失业状态，而他们都具备所需的教育背景。[31]如今，有大量的科技能够帮助这些人胜任大部分工作职能。例如，一款被称为"Jaws"的屏幕阅读软件能够将电脑屏幕上的文本转化为盲文并读出来。[32]

律师、企业主和法院都在关注到底什么是"合理的便利"。[33]例如，一位在沃尔玛超市做门卫的员工被诊断患有背部残疾。当她返回工作岗位时，她问自己在上班时是否可以坐在轮椅上，沃尔玛给出了否定的答案，原因是站立是该岗位的一种必要的工作职责。于是该员工到法院提起诉讼。联邦政府的地区法院支持了沃尔玛公司的主张，认为门卫必须表现出一种"积极友好的态度"，而不能坐在轮椅上完成这一职责。[34]正如图2-1显示的，你可以运用科技和常识来实现合理的便利。

> - 有移动或者视力问题的员工可以从声音识别软件中获益。
> - 词语预测软件可以在上下文的基础上，通过一两个字母预测接下来的词语。
> - 同声传译系统能够让员工参与会议。
> - 当有信息传递的时候，震动的电话和短信提示能够提醒员工。
> - 亚利桑那州创制了一个对残疾人友好的页面，可以将潜在的员工和各种机构联系到一起。

图2-1　通过科技提供合理的便利举例

传统的企业应对以及新《美国残疾人法》

在美国联邦政府巡回法庭所做的几乎所有——96%的——涉及《美国残疾人法》的判决中，企业都取得了胜利。[35]一个最典型的判例是，一名装配工起诉丰田汽车公司，宣称由于腕关节病症，自己没有被录用。[36]美国联邦最高法院裁定，只有当该员工的这种腕关节缺陷不仅影响其工作绩效，而且对其日常生活产生影响时，才属于适用《美国残疾人法》的情形。这位员工自己也承认，她完全能够独立完成洗脸和做早餐等这样一些日常琐事。法庭指出，《美国残疾人法》中所指的残疾是以是否影响员工的日常生活（而不仅仅是影响工作）作为判断标准的。[37]

而2008年新的《美国残疾人法》修正案的出台，使员工更容易证明自身的残疾确实影响到了自己的"主要生活活动"。[38]新的《美国残疾人法》使企业不得不加倍努力确保自己遵守了该法律的规定，同时为残疾人士提供了合理的便利。[39]

大多数企业都采取了渐进的方法。举个例子来说，沃尔格林公司（Walgreens）制定了这样一个目标，即把自己的两个大型分销中心中至少1/3的岗位留给残疾人士。[40]企业对于雇用残疾人士的很多担心（如他们不能很好地胜任有体力要求的工作，生产效率更低，或者会发生更多的事故）都是毫无依据的。[41]

图2-2为管理者和企业总结了若干重要的指南。

> - 如果求职者具备任职资格并且能够承担必要的工作职能，则不要因为其身有残疾而拒绝录用。
> - 应尽可能为残疾人士提供合理的便利，除非这样做会对企业造成不恰当的困难。
> - 了解你能向求职者提问的问题。总之，在你向求职者发出入职通知书之前，你是不能询问与其残疾状况有关的问题。不过，你可以询问有关求职者是否有能力承担必要的工作职能方面的问题。
> - 在职位说明书中明确列出职位必须承担的工作职能。事实上，在任何一起与《美国残疾人法》有关的诉讼中，一个核心的问题都是职位的必要工作职能是什么。
> - 不要容忍不当行为或不稳定的表现（包括缺勤和迟到等），即使这些行为是与残疾有关的。

图2-2　为管理和企业提供的遵守《美国残疾人法》的指南

《退伍军人就业与再就业法》

1994年颁布的《退伍军人就业与再就业法》规定，在军人退伍后，雇主必须恢复退伍军人原先的工作职位。[42]

2008 年《反基因信息歧视法》

2008 年《反基因信息歧视法》（Genetic Information Nondiscrimination Act）禁止健康保险公司以及企业基于一个人的基因信息对其实施歧视。具体来说，它禁止在雇用的过程中使用与基因有关的信息，禁止故意获取求职者或员工的基因信息，要求对基因信息予以绝对保密。[43]

州政府和地方政府颁布的公平就业机会法

除了联邦政府的法律，美国所有的州和绝大多数地方政府也都禁止实施雇用歧视。州政府和地方政府颁布的法律的作用通常在于覆盖那些没有受到联邦政府法律管辖的企业。许多此类法律都覆盖那些没有受到联邦政府的公平就业机会法律管辖的企业（比如那些员工人数不足 15 人的企业）。[44]例如，在亚利桑那州，即使企业中只有一名员工，原告也可以向法院提出工作场所性骚扰的指控。此外，一些州还将有关《反就业年龄歧视法》的适用范围扩大至年轻人，不仅禁止对 40 岁以上的劳动者实施歧视，还禁止对 17 岁以下的劳动者实施歧视。（例如，如果在招募广告中提出需要更为"成熟的"求职者，则这种做法就属于违法，因为这种做法会阻止那些年轻人来求职。）夏威夷州和马萨诸塞州禁止雇主在求职申请中询问关于犯罪确认的问题。[45]

州政府和地方政府的公平就业机会机构（通常称为"人力资源委员会"或"公平就业委员会"）也在确保公平就业法律得到遵守方面发挥着重要的作用。当公平就业机会委员会接到一项有关就业歧视的指控时，它通常会在很短的时间内将其转交给有同等管辖权的州政府和地方政府的公平就业委员会。如果没有令人满意的解决方法，指控会重新交由公平就业机会委员会处理。

宗教和其他类型的歧视[46]

公平就业机会委员会禁止基于年龄、残疾、公平薪酬、基因信息、国家来源、怀孕、种族/肤色、宗教、报复、性骚扰的任何歧视。公平就业机会委员会还依据《民权法案》第七章中对性别的相关规定，认为对变性人的歧视也是违法的。此外，公平就业机会委员会还从《民权法案》第七章中找到依据，认为对女同性恋、男同性恋、双性恋等性倾向的歧视也是违法的。

宗教歧视是指由于某人的宗教信仰而对其产生的不公平对待。除非企业遭遇重大困难，企业主必须为员工的宗教信仰和活动提供合理的便利。这就意味着企业要对宗教活动或者宗教服饰打扮等活动做一些计划的改变。这可能包括：戴特定的头巾或者穿戴其他宗教服饰，或者是留特定的发型或者胡子。关于宗教歧视的指控正在增加。在一个案件中，一些卡车司机认为，让他们去运送酒精饮料违反了他们的宗教教义。[47]

表 2-1 总结了一部分公平就业机会方面的法律、判例、行政命令以及执行机构指南。随后的"直线经理和小企业的人力资源工具"专栏为小企业的管理者提供了一些指导。

表 2-1　部分重要的公平就业机会法律法规

公平就业方面的法律法规	内容或适用情况
1964 年《民权法案》第七章及其修正案	禁止基于种族、肤色、宗教、性别或国家来源而实施歧视；由公平就业机会委员会负责实施

续表

公平就业方面的法律法规	内容或适用情况
行政命令	禁止从联邦政府获得价值1万美元以上合同的承包商及其二级承包商实施雇用歧视；成立联邦合同合规项目办公室；要求企业采取积极的反歧视行动
《联邦政府机构员工甄选程序统一指南》	避免出现基于性别、国家来源、宗教等因素的雇用歧视以及确保采用适当的招募、甄选程序，例如，要求验证甄选测试的效度
最高法院判例：格里戈斯诉杜克电力公司案；奥尔比马纸业公司诉穆迪案	规定了任职资格条件要求必须是与能够胜任工作相关的；不必证明歧视是明显的；企业承担证明自己的任职资格条件要求是能够满足效度要求的
1963年《公平薪酬法》	要求为从事相似工作的女性和男性员工提供同样的薪酬
1967年《反就业年龄歧视法》	禁止在任何一个行业对40岁以上的人实施年龄歧视
州政府和地方政府的法律法规	通常适用于那些由于规模过小而未被联邦政府的相关法律覆盖的企业
1973年《职业康复法》	要求在雇用和晋升方面对那些符合任职资格条件要求的残疾人采取积极的反歧视行动，禁止对残疾人实施歧视
1978年《反怀孕歧视法》	禁止在雇用过程中对孕妇或处于类似情况的劳动者实施歧视
1990年《美国残疾人法》	强调了大多数企业都需要为残疾员工从事工作提供合理的便利；禁止对他们实施歧视
2008年《美国残疾人法》修正案	使员工更容易证明自己的残疾状况已经"显著限制"了自己的主要生活活动
2008年《反基因信息歧视法》	禁止基于员工或求职者的基因信息来对他们实施歧视

➡ 直线经理和小企业的人力资源工具

美国公平就业机会委员会负责对以下法律法规的执行：1964年《民权法案》第七章、1967年《反就业年龄歧视法》、1990年《美国残疾人法》第一章以及1963年的《公平薪酬法》。如果小企业中的管理者有任何问题，可以登录www. eeoc. gov来寻求相关建议。举例来说，点击链接后进入"企业"栏目，再选择"小企业"。公平就业机会委员会在该栏目下提供了一些典型问题的回答，比如：

如何来面对指控？

如果我的生意在公平就业机会法律的范围之内，我该如何决策？

谁有可能通过公平就业机会委员会提起歧视指控？

一个小企业可以不经过调查或者诉讼自行解决指控吗？

议一议

登录公平就业机会委员会的网站，找出去年涉及金额最大的报复性指控。平均而言，每一项指控涉及的金额有多大？

性骚扰

如果某种与性相关的行为显著地影响受害者的工作绩效，或者是制造一种威胁性、敌意或侵犯性的工作环境，则这种行为就违反了《民权法案》第七章的有关规定，可被认为是**性骚扰**（sexual harassment）。正如我们在前面提到的，1991 年《民权法案》规定，如果企业对一个人的权利实施了"蓄意或肆无忌惮的损害"，则它允许遭到蓄意歧视（包括性骚扰）的受害者提起法律诉讼并接受陪审团的审理，同时还可以因所受伤害得到补偿性赔偿金以及惩罚性赔偿金。[48]1994 年《联邦反对女性暴力法》（Federal Violence against Women Act of 1994）也为女性提供了另外一条法律通道来保护自己。该法认为"如果一个人出于性别的考虑实施了一项犯罪行为或者剥夺了某人的权利，那么他将为自己伤害的人负责"。

公平就业机会委员会提供的指南强调，企业有责任采取积极的行动维护一个远离性骚扰和恐吓的工作场所。美国联邦最高法院——通过对温卡尔诉日落离岸服务公司（Oncale v. Sundowner Offshore Services Inc.）一案的审理——表明了这样一个立场，即"同性间的性骚扰也可以依据《民权法案》第七章提起诉讼"。最高法院指出，如果同性别的下级、同事或上级制造了一种给员工带来敌对感的环境，也同样适用性骚扰相关法律。[49]公平就业机会委员会的网站指出，在最近一年，该委员会一共接到 11 717 件与性骚扰有关的指控，其中有 15％的案件是男性提出的。[50]

少数族裔女性最容易受到性骚扰。有一项研究表明，女性比男性经历了更多的性骚扰，少数族裔比白人经历了更多骚扰，少数族裔的女性总体上比男性和其他女性经历了更多的骚扰。[51]

什么是性骚扰

公平就业机会委员会提供的指南将性骚扰解释为在以下各种情况下发生的不受欢迎的性挑逗、提出的性服务要求以及任何带有性取向的语言或身体接触等：

1. 一个人之所以顺从这种行为，是因为这样做已经成为此人能够得到雇用的一个显在或潜在条件。

2. 一个人是顺从还是拒绝这种行为，会被作为决定此人能否得到雇用的一个决策依据。

3. 这些行为具有下列目的或者产生了下列效果：对一个人的工作绩效产生了不正常的影响，或者是在工作场所中制造出了一种威胁性、敌意或侵犯性的工作环境。

证明性骚扰

员工有以下三种主要途径可以证明自己受到了性骚扰。

1. 交易性。最直接的方法就是证明这样一个事实，即如果拒绝一位主管人员的性要求，则会造成受害者在公平就业机会委员会所谓的"有形雇用行为"方面——雇用、解雇、晋升、降级以及（或）工作安排等——处于不利的地位。例如，在一起案件中，一位员工指出，她自己能否继续获得工作的成功和职业进步会取决于她是否同意其直接上级的性要求。

2. 上级主管人员制造了一种敌意的工作环境。受到性骚扰的人无须证明这种侵犯确实产生了像降职等这样一些有形的结果。例如，在一起案件中，法庭发现，一位男性上级主管人员的性骚扰已经影响到了女员工的情绪和心理，以至于她觉得自己非辞职不可。在这种情况下，尽管此案中的这位男性主管人员并没有通过直接的威胁或许诺要求这位女员工提供性便利，但其举动确实影响了受害者的绩效并且形成了一种侵犯性的工作环境。这就已经足够证明性骚扰指控成立。对于尽管是在雇用过程中发生的，但是并未对雇用本身产生显著影响的性关系，法庭通常是不会将其解释为性骚扰的。[52]美国联邦最高法院也坚持认为，性骚扰法律管辖的范围并不包括那些正常的异性之间的调情。[53]

3. 同事或者其他非本组织员工制造了一种敌意的工作环境。这种饱受质疑的行为不仅来自一位员工的直接上级。例如，在一起案件中，法庭认为，正是企业强制要求员工穿着具有性挑逗意味的工作服，才导致顾客对这位员工的言语侵犯。当这位员工拒绝穿该制服时，她就被解雇了。因为企业无法证明要求员工穿这样的服装是工作所必需，也无法解释为何只要求女性员工穿这样的服装，因此，法庭判决企业应当对员工所受到的性骚扰负责。类似的一些令人憎恶的客户行为更有可能发生在客户处于更为主动的地位时，因为在这个时候，他们认为没有人敢反抗他们。[54]公平就业机会委员会指南同时指出，在了解骚扰行为的前提下，企业应该为普通员工的性骚扰行为负责。

什么是敌意工作环境？ 敌意工作环境通常意味着严重的恐吓、辱骂、奚落行为使得工作环境产生了改变。法院在判定敌意工作环境时通常会考虑一些因素，包括：歧视行为是否严重且频繁？是身体上的威胁、羞辱还是仅仅是言语的冒犯？是否无理地影响了员工的工作业绩？[55]法院同时还会考虑员工对敌意工作环境的主观感受。比如，他是接纳这种行为，还是马上表现出厌恶某种行为？[56]

最高法院裁决 最高法院通过美弛储蓄银行诉文森案（Meritor Saving Bank v. Vinson）进一步拓展了公平就业机会委员会针对性骚扰发布的指南。最高法院的其他两个判例则进一步对性骚扰法律做出了解释。

在柏林顿公司诉埃勒斯案（Burlington Industries v. Ellerth）中，一位员工指控其上级主管人员对其实施了交易性的性骚扰。她说老板不仅向她提出性要求，而且威胁说，如果她不答应就会被降职。她的老板并没有真的这么做，而她实际上还得到了晋升。在另一起案件，即法拉格诉博卡拉顿市政府（Faragher v. City of Boca Raton）一案中，一位员工指控其雇主的行为营造了一种敌意的工作环境。她指出，由于频繁地遭受其他同事的嘲讽，她不得不辞职。在上述两起案件中，法庭都做出了支持员工的判决。

法庭的书面判决书对于企业和管理人员有两个方面的含义。首先，在交易性的性骚扰案件中，员工不必证明自己遭受了某种实际的与职位有关的行动（比如降职）就可以赢得诉讼。

其次，法庭为企业提供了一种在面临性骚扰指控时进行自我辩护的重要方法，即企业需要证明自己已经采取了"合理的关注"来防止和及时纠正性骚扰行为，而员工却没有合理地利用公司制定的相关政策来获得帮助。也就是说，企业可以通过证明以下两点使自己在性骚扰案件中免责：（1）必须有情况表明"企业已经采取了合理的措施来防止和纠正性骚扰行为"[57]；（2）必须尤其要表明原告"没有正当理由地拒绝使用公司提供的预防或纠正性措施"。如果员工没有使用正式的报告系统，则第二点就能够得到满足。

理性的企业应该预先采取行动，显示自己在应对性骚扰方面采取了合理的照顾。[58]可供使用的方法包括[59]：

● 严肃对待一切性骚扰投诉。

● 颁布强硬政策来禁止此类行为。清楚地描述这类被禁止的行为，确保受害者不会受到报复，描述公司制定的严格保密的投诉程序，提供便利的投诉渠道，以及采取及时、全面、公正的调查和纠正行动。

● 采取各种措施阻止性骚扰行为的发生。例如，通过沟通让员工知道，公司绝对不会允许任何性骚扰行为的发生，一旦有人就此提出投诉，公司会立即采取措施。

- 对直接主管和管理人员进行培训，提高他们对类似问题的认知水平。

性骚扰问题的多元化

毫无疑问的是，性骚扰包含了一些特定的行为。比如，交易性的行为（如果拒绝一位主管人员的性要求，员工就会失去工作）就是一种明显的性骚扰。但是有些行为表现得并没有那么明显（但还是会引起性骚扰的敌意环境），此时要确定人们对类似行为的感知就非常复杂了。

此外，人们对于什么样的行为属于侵犯性的具有不同的认识。在一项研究中，大约有58％的员工报告在工作中受到了潜在性骚扰类行为的冒犯。总体上看，大约有 25％ 的人认为那只是逗趣或者调情而已，还有一半的人则认为那是善意和友好的。[60]（一个硅谷的评论员认为他们的行业中女性太少，于是想招募更多的女性。但是妻子担心她们的丈夫可能会与女性员工发生不正当关系。）[61]基于这些研究，女性比男性更容易报告自己经历了某种形式的性骚扰，也比男性更容易将一些社会交往中的两性行为看作性骚扰。类似地，相较于女性，男性不大可能将他人的行为指控为性骚扰，而且更倾向归罪于女性。[62]性骚扰培训项目（比如向男性员工解释性别差异）和反骚扰政策可以减少类似的问题。[63]

此外，导致性骚扰的原因还包括：绝大多数受害者既不去投诉也不诉诸法律。比如，美国国会办公室军队服务委员会（U. S. Congress' House Armed Services Committee）就要求空军的两名将军解释，为什么有 48 名女性空军培训者指控 23 名空军指导员对她们实施了性骚扰和保持非职业性的关系。空军方面批评了两种倾向：一是女性员工中蔓延的恐惧氛围（她们认为将性骚扰上报高级领导者是徒劳无益的而且适得其反）；二是"虚弱的指挥控制结构"。[64]解决的方案是积极地执行上述反骚扰政策。

员工应当做些什么

员工需要谨记，法院会考察那些受到骚扰的员工是否运用了企业的报告程序来及时提出申诉。正如公平就业机会指南里提到的："一个受害者有义务运用合理的方式来将自己受到的危害降到最低。"一般而言，当企业有完备高效的申诉程序而受害员工却不知利用，或虽然提出申诉但拒绝配合调查时，这项义务就没有实现。[65]

有鉴于此，员工应当做好以下三件事：

1. 遇到性骚扰时立即对实施者提出抗议并向实施者的上级投诉，要求立即停止这种不受欢迎的行为。

2. 如果对方仍然没有停止这种不受欢迎的行为，则可以向其直接主管人员或人力资源总监提出口头和书面报告，同时说明自己尽管努力过，还是未能让对方停止这种行为。

3. 如果写信给当事人以及向管理者投诉都未能解决问题，则性骚扰的受害者可转向当地的公平就业机会委员会办公室去提起必要的控告。如果性骚扰的情节严重，则员工可咨询律师，提起诉讼，指控对方侵犯、蓄意施加精神压力，要求法院强制其停止类似行为并支付补偿性赔偿金或惩罚性赔偿金。

下面的"全球人力资源管理实践"专栏提到了公平就业方面的一些国际化问题。

➡ **全球人力资源管理实践**

在全球背景下实施公平就业机会法

全球化使遵守公平就业机会法律变得更为复杂。例如，最近戴尔公司宣布大量增加其在印度的员工人数。那么，外派到印度的美国员工是否受公平就业机会法律的保护呢？那些在印度为戴尔公司工作的非美国公民是否受法律保护呢？那些在美国工作的非美国公民是否受法律保护呢？

实践中，这些问题的答案取决于美国法律、国际协定以及美国公司经营所在国的法律。例如，美国1991年《民权法案》特别规定，该法也保护那些在美国公司的国外驻地工作的美国公民。除了特别声明之外，美国国会的法律只适用于美国领土之内的公民。[66] 然而，1991年《民权法案》对第七章中的"员工"定义进行了修正，认为美国人在海外拥有或控制的公司雇用的美国公民都可以视为"员工"，这样一来就拓展了"员工"的内涵。[67] 至少从理论上来说，在海外美国公司中工作的美国人享有与在美国境内工作的美国人同等的就业机会保护（当然，第七章并不适用于非美国人控制的海外公司）。

然而，有两个因素限制了1991年《民权法案》对美国海外员工的适用性。第一，《民权法案》的保护并不是普遍适用，也不是自动生成的。如果《民权法案》第七章某些内容与员工所在东道国的法律不一致，那么员工还是应该遵守东道国的法律。（比如，有的国家明文禁止在管理岗位上雇用女性。）[68]

第二，更加令人烦恼的问题在于，在海外执行1991年《民权法案》有很多实际的困难。比如，公平就业机会委员会调查员面对海外案件的时候，其首要职责是分析调查对象的财务和组织结构，然而，在实践中几乎没有调查员就此职责受过培训，对此类调查也没有明确的标准。[69]

议一议

如果你在巴西运营一家美国公司，是否需要遵循公平就业机会委员会的相关法律？为什么？

社交媒体和人力资源

企业日益头疼的一个问题是，员工越来越多地在社交网络上对他人进行骚扰。企业必须要清晰地分辨非法在线骚扰（涉及种族、宗教、国家来源、年龄、性别、基因信息和残疾歧视）和普通的性格冲突。一些员工的确在使用脸书或者其他社交媒体来恐吓、骚扰同事（比如诋毁性的评论）。然而，解决的方式却并不是直接有效的。至少，企业应对社交媒体中的欺凌制定零容忍的政策。[70]

总结

表2-1总结了这些，并包含了其他一些公平就业机会法律、行政命令和最高法院判例。

反歧视法律的近期趋势

现在有一些趋势正在拓宽公平就业机会法律的影响力，也给这些法律带来了新的阻碍。

从积极的一面来看，比如美国联邦最高法院认定，联邦《婚姻保障法》（Defense of Marriage Act）中排斥同性婚姻的规定是违背宪法的。[71]美国劳工部颁布的一份指南中强调，根据《员工退休收入保障法》的规定，"配偶"可以被认为是州法律规定中的合法联姻的任何个体，其中就包括在承认同性婚姻的州当中合法结婚的个体。[72]类似地，美国劳工部通过了一项政策，要求联邦供应商对招募残疾员工设置量化的目标。[73]那些招募残疾员工的比重不足 7％的企业可能会面临惩罚，这些惩罚包括取消与企业的契约合同。除非企业能够立即整改。[74]2013—2016 年，公平就业机会委员会的主要工作就是消除招募壁垒。比如，更加重视检查企业运用的甄选工具（比如信用记录和犯罪核查），看看是否可能造成歧视。[75]

然而，近期的一些趋势却在增加阻力。比如，美国联邦最高法院主持了密歇根州的一项法律修改，该法律禁止州立大学在录取过程中采取的积极的反歧视行为。[76]这就有助于选举人抵制州立大学基于积极的反歧视行为的录取活动。美国联邦最高法院还颁布了两项决定，让员工对企业报复的申诉变得更为困难；同时对"直接主管"的界定更加严格，这就减少了企业中"直接主管"承担骚扰行为责任的可能性。[77]

■ 2.2　应对歧视指控

为了更好地了解企业应当如何为可能面临的就业歧视指控进行自我辩护，我们首先简要地介绍几个基本的法律术语。

歧视方面的法律会将差别影响和差别对待区分开来。差别对待意味着蓄意实施歧视。它"要求原告只需要证明女性（或其他受保护的少数群体成员）由于性别（或少数族裔的身份）而受到有意的差别对待就行了"。[78]比如"我们不雇用 60 岁以上的员工"就是差别对待的一个例子。

差别影响意味着"不管是否蓄意，企业的一些就业政策对《民权法案》第七章保护的群体造成了显著的影响"。[79]比如，"员工必须具备大学学历才能完成此类工作"，这样的规定就是差别影响的一个例子，因为白人男性比一些少数人群更有可能获得大学学历。

在差别影响指控中，原告无须证明企业存在蓄意歧视，相反，只需要证明表面上看起来明显属于中立的雇用要求（例如口头招募）却造成了一种**消极影响**（adverse impact），即存在一整套能导致在雇用、安置、晋升等方面，某个受保护群体中的成员在所有候选人中被拒绝的比例更高的雇用程序。因而，问题的关键是要证明企业的雇用规定导致了消极影响的发生。如果事实确实如此，企业就必须为自己进行辩护（例如，通过证明这种雇用规定确实是一种经营的必需）。

不利影响的关键作用

在歧视指控中展现不利影响是非常关键的。除非企业能够证明某项政策是与工作相关或经营必需的，否则就不能执行这种会对特定人群产生不利影响的政策。[80]1991 年《民权法案》第七章规定，当一个人认为他因企业的招募政策受到了非故意的歧视，并已经对歧视行为采取了初步的认定程序，那么这意味着企业的招募程序（比如要求大学学历）的确就对受保护的少数人群造成了不利影响。[81]此时，举证责任就落到了企业一方。

因此，如果一位少数群体求职者感到自己受到了歧视，他只需要证明企业的甄选程序对他所在的群体造成了显著的不利影响。（比如，如果有 80％的白人求职者通过了测试，但只有 20% 的黑人求职者通过同样的测试，那么黑人求职者可以初步认定这里面存在不利影响。）这时，将由企业承担举证责任。企业有义务来证明它们的测试（或者求职申请表之类）能够有效地预测工作绩效（而且它们将甄选程序公平公正地应用于少数群体和非少数群体）。

在实践中，求职者或员工可以运用以下方式中的一种来证明雇佣政策（比如甄选测试）会对受保护群体产生不利影响。

差别拒绝率

原告可以通过比较少数群体员工与其他员工（通常是剩余的非少数群体员工）的拒绝率，来证明差别拒绝率。[82]

联邦机构运用"五分之四"法则来确定差别拒绝率。对于任何种族、民族和性别的少数群体的录取率达不到多数群体录取率的 4/5，就被认为存在明显歧视行为；多于 4/5 则不会被视为歧视。比如，假设企业雇用了 60% 的男性求职者，却只雇用了 30% 的女性求职者。男性求职者录取率 60% 的 4/5 就是 48%。而女性求职者 30% 的录取率是低于 48% 的。这样的行为在联邦机构看来就是存在不利影响。[83]

标准差规则

同样的道理，法院可以通过标准差规则来确认不利影响。（标准差是衡量数据分数程度的测量方法。假设我们测量管理学课堂上每个人的身高，简言之，标准差可以用来描述最高的学生和最矮的学生之间的差距情况。）在甄选中，标准差规则认为，作为一条经验法则，我们期望招募的少数群体员工的数量和实际招募的少数群体员工数量之差不得高于标准差的 2 倍。

这里有一个例子。假设有 300 名求职者（其中有 80 名女性，220 名男性）申请 20 个岗位，结果有 2 名女性和 18 名男性被录取了。那么我们的甄选程序是否造成了不利影响呢？为了回答这个问题，我们首先计算一下标准差（见图 2-3），得出结果是 1.978，近似为 2。

在我们的例子中，求职者中女性比例为 26.7%（80/300），空缺岗位数量是 20。所以我们期望招募到 20×26.7%，也就是至少 5 名女性。但实际上我们只招募了 2 名女性。我们期望招募的女性数量和实际招募的女性数量之差是 5−2=3。我们可以运用标准差规则来考察是否有不利影响的存在。在我们的例子中，1.978 的两倍就大约是 4。由于我们期望招募的女性数量和实际招募的女性数量之差是 5−2=3，结果显示我们的甄选程序对女性没有不利影响（换言之，在这个案例中，仅仅招募 2 名女性而不是 5 名女性是一个很可能的结果）。[84]

$$标准差 = \sqrt{\frac{少数群体求职者数量}{求职者总数} \times \frac{非少数群体求职者数量}{求职者总人数} \times 最终入围的求职者数量}$$

在我们的案例中：

$$标准差 = \sqrt{\frac{80}{300} \times \frac{220}{300} \times 20} = \sqrt{0.266\,7 \times 0.733\,3 \times 20}$$

$$= \sqrt{3.911} = 1.978$$

图 2-3　计算标准差

限制性政策

限制性政策指的是企业有意或无意地将某些受保护群体的员工排除在外的政策。这里的问题是显而易见的。诸如此类的限制性政策的证据，足以证明不利影响，也容易使企业面临诉讼。

人口比较

这种方法将该组织内某少数群体/受保护群体和白人的比例，同劳动力市场（或其他候选人群体）的两个群体的人数进行对比。公平就业机会委员会通常运用标准特大城市区域的人口普查数据来确定劳动力市场。

"劳动力市场"也是根据工作的不同来确定的。对于某些工作来说，比如工人和秘书，就应当将这些工作中少数群体的员工比例与周边社区的少数群体比例相比较，因为这些人都来自周边社区。但是对于工程师而言，则是在全国范围内招募的。决定一家企业是否雇用了足够的黑人工程师，就意味着要在全国范围内对相关数据进行比较，而不是仅仅在周边的社区中比较。

企业运用劳动力分析来对公司各种职位中受保护群体和非受保护群体进行数据分析。这种分析公司内某个职位少数群体员工与劳动力市场中相关职位少数群体员工比例的过程，叫做效用分析。

麦克唐纳-道格拉斯（McDonnell-Douglas）测试

在差别影响的案件中，律师会运用前面介绍的方法（比如人口比较）来测试企业的政策、行动是否无意中将女性或少数群体过多地筛除出去。律师可以使用麦克唐纳-道格拉斯测试来检测故意的差别对待，而不是无意的差别对待。

这项测试因麦克唐纳-道格拉斯公司得名。公司拒绝了一个符合条件的求职者，同时还继续进行招募工作。这是否意味着公司的招募政策对女性和少数群体求职者有故意的歧视呢？美国联邦最高法院对麦克唐纳-道格拉斯测试给出了四条标准：

1. 求职者属于特定的受保护阶层。
2. 求职者符合企业给出的招募条件。
3. 尽管他符合条件，却被拒之门外。
4. 当求职者遭到拒绝后，工作岗位仍然空缺，企业还在寻找相似条件的求职者。

如果原告符合这四项条件，他就可以提起差别对待的诉讼。为此，企业必须从法律上对其招募行动的非歧视性进行说明，提供相关证据，但不需要证明它的行动是基于这样的理由。如果达到了这一相对简单的标准，原告需要承担举证责任，证明企业的解释只是在掩饰自己的歧视行为。

➡ 了解你的雇用法律

处理歧视案例

假设你拒绝了某位受保护群体成员的求职申请。你是根据测试得分（尽管可能还有面试提问等）做出这种决定的。又假设此人觉得自己因属于受保护群体成员而受到了歧视，并决定起诉你所在的公司。

一般来说，原告必须做的事情就是（向法院）证明企业的选拔测试对他所在的少数群体成员有不利影响。原告可以运用一些方法，比如差别拒绝率、标准差规则、限制性政策、人口比较等。一旦此人向法院证明了不利影响的存在，举证责任就落到了企业身上，企业得为这一歧视指控进行辩护。

如果没有一条法律认为你提供的程序会对受保护群体施加不利影响，那你就不能使用这种程序。事实上，如果某些测试筛除了更多的少数群体（比如黑人），那么这种不利影响就会存在。法律规定，一旦此人向法院证明了不利影响的存在，举证责任就落到了企业身上，企业得为这一歧视指控进行辩护。

为了证明对某些少数群体成员产生不利影响的雇用规则具有合法性，企业可以采用两种辩护方式：真实职业资格辩护和经营必需辩护。我们接下来看看。

真实职业资格

企业可以用来为自己辩护的一个途径是说明关于雇用的规定是确保候选人胜任职位的一种**真实职业资格**（bona fide occupational qualification，BFOQ）的要求。《民权法案》第七章中有对该辩护方式提供的特别许可："如果任职者的特定宗教、性别、国家来源是开展特定的业务或正常经营企业所必需的真实职业资格，则企业根据宗教、性别、国家来源雇用员工……不应被视为非法雇用实践。"

举个例子来说，如果联邦法律对某种职业做出了强制的年龄限制，则企业就可以把年龄作为一种真实职业资格要求，从而为自己对不同年龄者实施差别对待（故意歧视）的做法做辩护。[85]例如，美国联邦航空管理局（Federal Aviation Administration）规定，商业飞机驾驶员的退休年龄为65岁。[86]此外，出于演员扮演年轻或年老角色的需要，其年龄也可能成为一种真实职业资格。运用真实职业资格来为自己辩护的企业承认它们在进行人事决策时考虑年龄的因素，然而，它们一定要证明这样的决策是正常开展业务必需的条件（比如，公交公司认为驾驶员的年龄要求对于安全而言非常必要）。[87]

宗教作为真实职业资格

在某些宗教组织或者协会中，可能会要求员工信仰特定的宗教，那么此时宗教就会成为一种真实职业资格。比如，当教会学校招募一名教师的时候，宗教可能成为一种真实职业资格。不过要记住，法院对真实职业资格的界定是很狭窄的。

性别作为真实资格

对于演员、模特、洗手间侍者等需要某种特定性别特质的职位而言，性别是一种真实职业资格。然而，对于今天大部分的职业而言，很难将性别作为一种真实职业资格。比如，性别对一名假释或者缓刑执行官而言，就不能成为真实职业资格。[88]不能因为某个职位需要搬运重物，便将其视为真实职业资格。得克萨斯州的一名男子因猫头鹰餐厅（Hooters）拒绝招募自己而提起了诉讼，他认为"猫头鹰餐厅只是利用女性的魅力作为市场手段来吸引顾客，获得盈利"。[89]猫头鹰餐厅在达成保密和解之前，保护了自己只雇用女性的权利。

国家来源作为真实职业资格

一个人的国家来源也可能成为真实职业资格。比如，一个在露天游乐场开设中国展示区的企业可能会声称，对于那些与游客打交道的员工来说，中国国籍就是一个真实职业资格。

经营必需

经营必需（business necessity）方面的辩护要求企业能够证明自己的歧视性雇用规定是出于非常重要的经营目的，因而这种规定是法律所允许的。但要证明某种规定属于"经营必需"却并非易事。

要证明某项雇用决定是出于经营必需，是非常困难的。[90]美国联邦最高法院已明确规定，经营必需不能成为企业为回避不便或费用问题而采取的做法进行自我辩护的理由。例如，企业通常不能仅仅因为扣押债权的通知（要求企业代扣某员工的工资以代偿该员工的债务）会给自己带来不便，就解雇该员工。美国第二上诉巡回法庭（The Second Circuit Court of Appeals）裁定，经营必需是指一种"不可抗拒的需要"，并且，企业的做法"不能仅仅是直接提高安全和效率水平"，还必须是实现这些目标的一个根本要求。[91]此外，"商业目的必须充分覆盖任何种族"。[92]

但在实际中，许多企业还是成功地利用经营必需为自己进行了辩护。在斯普鲁克诉美国联合航空公司（Spurlock v. United Airlines）一案中，斯普鲁克这位少数族裔候选人提出指控说，美国联合航空公司要求飞行员候选人必须有 500 小时的飞行经验和大学文凭，这是一种不公正的歧视行为。法院承认这些要求对于斯普鲁克所属的少数族裔群体确实具有消极影响，但法院最终裁定，鉴于雇用不合格的求职者将会带来高额的飞行训练成本以及巨大的人身和经济风险，航空公司的这种甄选标准是一种经营必需，也是与工作具有关联性的。[93]

一般来说，当一项工作要求少量的技能和培训的时候，法庭会仔细考察那些可能会对少数群体不利的雇用资质要求和标准。当工作要求高度专业的技能和招募的人力、经济风险较大的时候，法庭的这项工作就会宽松一些。[94]

企业以经营必需为理由来为自己辩护的一个要求就是，证明自己的甄选测试或其他雇用工具是能够达到效度要求的。一般来说，如果企业可以证明这些测试或工具的效度，法院通常会支持它们，从而将这些测试或其他雇用工具视为一种经营必需。在这里，效度是指各种测试或其他雇用工具与职位相关的程度，或者是对求职者未来的工作绩效进行预测的准确程度。

■ 2.3　关于歧视性雇用行为的规定

《民权法案》第七章之类的联邦政府法律通常都未明确禁止企业在雇用之前提出与求职者的种族、肤色、宗教、性别、国家来源等有关的问题。除了公然歧视某些受保护群体成员的人事政策之外，法院驳斥的不是企业的人事政策本身的含义，而是以某种方式或在某种情况下因为这些政策的实施对一些受保护群体产生的消极影响。[95]换句话说，后文提到的那些描述性提问和人事政策本身并不违法。例如，询问一位女性求职者个人的婚姻状况并不属于违法行为（虽然这种提问看起来具有歧视性）。所以，你可以提出这方面的问题，不过接着你就需要证明你并未因此对求职者实施歧视，或者你还可以将这种要求辩解为一种真实职业资格或经营必需。

➡ 构建你的管理技能

反歧视法律——你能做和不能做的事情提示

在实践中，企业大多会避免诸如"你结婚了吗？"这样的提问。这主要是由于以下两个方面的原因。首先，虽然联邦法律并没有禁止此类提问，但是许多州和地方政府的法律却禁止提出这类问题。其次，美国公平就业机会委员会已经表示反对询问女性员工的婚姻状况或候选人的年龄等做法，因此有这些做法的企业会提高它们受到雇用歧视指控的风险。

因此，问这样的问题不仅是愚蠢的，也是极具风险的。让我们再仔细看看还有哪些管理者应该避免的歧视风险点。[96]

招募

口头信息

如果你的员工全部是（或大部分是）白人或者某个群体中的成员，比如女性或西班牙裔等，你就不能完全依靠口头方式来发布有关工作机会的信息，因为这样做会降低其他人得知职位空缺信息并前来求职的可能性。

误导性信息

对任何群体中的成员提供错误的或可能导致误解的信息，或者是未能或拒绝为他们提供有关工作机会的信息以及有助于他们获得工作机会的程序等做法，都是违法的。

招募广告

除非性别是职位的一种真实职业资格，否则，"招募：要求男性"和"招募：要求女性"这样的广告就是违法的。[97]同样，你也不能刊登带有年龄歧视的招募广告。例如，你不能在广告中表示要招募"年轻的"男性或女性。

甄选标准

受教育程度要求

法院裁定，在下列两种情况同时存在时，将"受教育程度"作为雇用标准是违法的：第一，少数群体中的劳动者不太可能具备那样的教育水平（例如高中毕业）；第二，这种任职资格要求与工作是无关的。

各种测试

根据前任大法官伯格的观点：

《民权法案》第七章并没有禁止使用测试或衡量程序的规定，很显然，这些工具和程序都是有用的。美国国会要禁止的是将这些工具和机制作为一种控制力量，除非能证明它们的确是衡量工作绩效的一种合理手段。

因此，如果测试以更高的比例淘汰了少数群体或女性劳动者，并且这种测试与工作是无关的，那么这种测试就是违法的。

亲属优先权

如果你现有的员工大部分是非少数群体的成员，你就不能给他们的亲属提供雇用优先权。

身高、体重以及身体特征

企业对求职者的最低身高等身体特征提出要求属于一种违法行为，除非企业能够证明这种要求是与工作相关的。类似地，"很少有企业能够证明候选人或员工的体重是一种事实上存在的肥胖残疾"（也就是说，他们必须至少比理想体重还超出100磅，或者是生理原因导致他们出现这种肥胖残疾状况）。《美国残疾人法》也很难对此提供合理的庇护。

但是，管理人员在界定肥胖群体时也需要多加小心。首先，这可能会对受保护群体产生不利影响，因为有些群体的肥胖率确实更高一些。[98]另外，很多研究几乎毫无疑问地发现这样一种现象，即肥胖者不太可能得到雇用，也更少得到晋升，但更有可能被安排承担不太有利的销售任务，并且在以消费者身份出现时更有可能得到恶劣的服务。[99]

健康问题

根据《美国残疾人法》，"禁止企业询问候选人有关其病史的问题，或是进行雇用前的身体检查"。然而，这样的问题和检查可以在发放录用通知以后进行，以决定候选人是否能够进行安全生产。[100]

拘捕记录

除非工作本身的性质要求对求职者进行安全背景检查，否则不能询问某位求职者是否曾经被拘捕或进过监狱，或者是将被拘捕记录自动作为拒绝某人申请某个职位的限制性资格条件。此外，总的来说，拘捕记录并不能有效预测一个人的工作绩效好坏，而且少数族裔群体劳动者的被拘捕率普遍高于白人。[101]

求职申请表

在雇用申请表中提出的问题一般不应包括求职者的残疾、工伤保险使用历史、年龄、被拘捕记录或是否为美国公民等信息。即使是收集那些有合法理由的个人信息（例如紧急情况下的联系人），也最好是在你已经雇用了此人之后再提出要求。[102]

歧视性晋升、调动以及解雇案例

公平就业机会方面的法律不仅保护求职者，也保护企业现有的员工。[103]例如，《公平薪酬法》规定，企业对从事大致相同工作的男性和女性应当支付相同的薪酬。因此，企业任何与薪酬、晋升、解雇、惩戒或福利有关的活动，如果同时满足以下三个方面的条件就有可能会被判定为非法歧视：（1）对不同群体中的人加以区别对待；（2）对某一受保护群体中的成员产生了消极影响；（3）不能证明这种做法是一种真实职业资格或经营必需。举个例子，公平就业机会委员会颁布了一项执法原则，明令禁止企业因为员工的福利状况而对其施以歧视。

着装

当涉及歧视性着装和具有挑逗意味的服装问题时，法院常常会站在员工的立场。例如，如果企业的雇用条件之一是女员工（例如女招待）必须穿着具有性挑逗意味的服装，法院就会判决企业违反了《民权法案》第七章的规定。[104]

文身和穿体装饰

一项调查显示，有38%的千禧一代有文身，而"婴儿潮"一代只有15%有文身。23%的千禧一代有穿体装饰，而"婴儿潮"一代只有1%有穿体装饰。在一个案例中，红罗宾美食汉堡餐厅（Red Robin Gourmet Burgers restaurant）的一位服务员在他的手腕上文有宗教图案，而餐厅要求他在工作期间遮盖这个文身，该服务员拒绝了。这名服务员声称遮掩文身对于他的宗教信仰来说是一种罪恶，后来，餐厅一纸诉状将这名服务员告上了法庭。[105]（基于此事，你会如何对本章开始案例中的埃尔夫提出建议？）

管理层渎职和报复行为

人力资源经理帮助公司应付上述问题，但是直接主管却常常是这些问题的制造者。即使是告诉一个女性求职者，你会在天黑以后照顾她的安全，都有可能引发控告。公司和直接主管都有可能遭遇法律的制裁。管理层渎职和报复行为是两个潜在的大问题。

管理层渎职行为指的是管理者违反常规的工作行为对员工的个人或健康福利造成了严重的影响，或者说"超过了社会容忍的行为边界"。[106]在一个令人气愤的案例中，企业主将一名经理降级至门卫的岗位，还用了很多别的方式羞辱他。后来陪审团建议赔偿这名经理 340 万美元。有渎职行为的直接主管可能要为这个判决支付部分经济赔偿。

此外，公平权利相关法律规定，报复是违法行为。公平就业机会委员会指出："当员工提出指控、向雇主提出投诉或者控诉其他关于歧视的行为，或者他们参与了关于歧视的调查和诉讼时，如果他们因此遭到解雇、降职、骚扰或者报复，那么企业的这种行为是不合法的。"[107]有关报复的诉讼是公平就业机会委员会收到的最多的诉讼。[108]

▍2.4 公平就业机会委员会的执法程序

如果某人提出了指控，那公平就业机会委员会就要介入了，其执法程序主要包括以下几个步骤。

歧视指控过程

提出指控

当原告向公平就业机会委员会提出指控时，这个过程就开始了（见图 2-4）。根据 1991 年《民权法案》，歧视指控一般必须在涉嫌违法的活动发生后 300 天内（如果有相应的州法律）或者 180 天内（如果没有相应的州法律）提出（但对《公平薪酬法》来说，这个期限是 2 年）。[109]指控必须经由受害者本人或有充分理由确信发生违法行为的公平就业机会委员会成员以书面形式提出，并通过宣誓证实本人指控的真实性。在实践中，公平就业机会委员会通常会首先将个人指控转交相关的州或本地管制机构，但如果后者放弃审判权或是没能找到一种满意的解决办法，它们会将案件返还给公平就业机会委员会处理。在一个财年，向公平就业机会委员会提出的私营部门歧视指控数量飙升到 99 947 件。[110]

公平就业机会委员会进行调查

在受理指控（或有关州政府或地方政府的延长期结束）之后，公平就业机会委员会须在 10 天之内向涉案企业发出通知。然后，公平就业机会委员会开始对有关指控的内容进行调查，以确定是否存在足以使人相信该指控成立的合理原因。[111]这种调查取证应在 120 天内完成。如果没有查明指控成立的合理原因，公平就业机会委员会必须驳回指控，控方可以在 90 天内以个人的名义提起法律诉讼。[112]

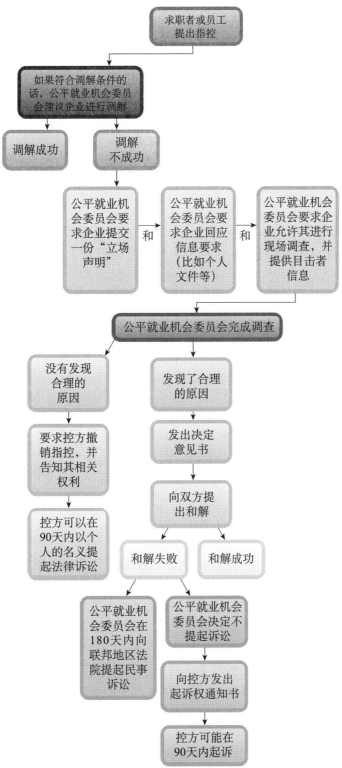

图 2-4　公平就业机会委员会受理指控流程

注：双方可以在任何时间解决。

资料来源：Based on information at www.eeoc.gov.

如果公平就业机会委员会查明了指控成立的缘由，则可以有 30 天的时间来让当事双方达成和解协议。如果控方不满意公平就业机会委员会提出的和解协议，公平就业机会委员会可以向联邦地区法院提起民事诉讼，或者向控方发出起诉权通知书。图 2-5 总结了企业在接到公平就业机会委员会的歧视指控通知后应该澄清的一些重要问题。一些企业还购买了雇用责任险来应对歧视指控。[113]

1. 你们受到的歧视指控是什么？你们公司属于相关法律法规的管辖范围吗？（例如，《民权法案》第七章与《美国残疾人法》一般只适用于员工人数达到或超过15人的企业；《反就业年龄歧视法》适用于员工人数达到或超过20人的企业；《公平薪酬法》事实上适用于员工人数达到或超过1个人的各种不同规模的企业。）员工是不是在法定时限内提出指控？公平就业机会委员会是否及时处理了这一诉讼？
2. 员工属于哪个受保护群体？
3. 公平就业机会委员会指控你们公司所实施的歧视属于差别影响还是差别对待？
4. 有没有明显的事实可以作为你们质疑或反驳该指控的依据？例如，如果员工不属于任何一个受保护群体，企业是否还会采取同样的做法呢？当事员工的人事档案能够对企业的做法提供支持吗？或者相反的情况，它是否说明可能存在一种未经证实的歧视性对待呢？
5. 如果这是一起性骚扰控诉，在公司中有没有公开存在的侵犯性的评论、日历、海报或电脑屏幕保护呢？
6. 为了在面临歧视指控时为公司辩护，需要搞清楚：到底是哪些主管人员实际采取了涉嫌歧视的做法？如果让他们作为潜在的证人，最终的有效程度有多高呢？你们有没有找法律顾问去咨询，就寻找可能的获胜机会去听取建议？即使你们最终确实获胜了，你们有没有估计过，为了顺利完成整个指控审理程序，你们需要付出哪些直接成本？你们能否以更好的方式解决这个问题？让各方都感到满意的解决方案是什么呢？

图 2-5 企业收到公平就业机会委员会的歧视指控通知后需澄清的若干问题

资料来源：Fair Employment Practices Summary of Latest Developments, January 7, 1983, p. 3, Bureau of National Affairs, Inc. (800-372-1033); Kenneth Sovereign, *Personnel Law* (Upper Saddle River, NJ: Prentice Hall, 1999), pp. 36-37; "EEOC Investigations—What an Employer Should Know," Equal Employment Opportunity Commission (www. eeoc. gov/employers/investigations. html), accessed May 6, 2007; and Equal Employment Opportunity Commission, "The Charge Handling Process," www. eeoc. gov/employers/process. cfm, accessed August 30, 2013.

自愿调解

公平就业机会委员会将指控案件的一部分（大约10%）交给自愿调解机制去进行处理。如果原告同意进入调解程序，企业也会被要求参加该机制。[114]如果没有达成协议，或者一方拒绝参加，该指控仍然通过公平就业机会委员会的常规机制来进行处理。[115]

面对调解的机会，企业通常会有三种选择：一是同意对指控进行调解。二是在不进行调解的情况下就达成和解。三是向公平就业机会委员会提交一份"立场声明"。如果该企业没有接受调解或提出解决方案，则需要准备一份"立场声明"。这一声明应是一份强有力的自我辩护书，其中需要包括以下这些信息：公司的业务以及控方承担的职位；对可适用的公司规章、政策及程序的描述；公司采取消极行为的侵犯性事件发生的时间表。[116]

歧视指控的强制性仲裁方案

许多企业都会在申请程序中要求求职者以书面方式同意接受强制性仲裁解决方案的条款。美国联邦最高法院的裁决（吉尔默诉州际公路/杰克逊·莱恩案（Gilmer v. Interstate/Johnson Lane）以及其他类似案例）明确了"在某些情况下，就业歧视的原告可能需要接受强制性仲裁"。[117]鉴于此，企业可能会考虑在它们的雇用指南和手册中加入强制性仲裁条款（传统上被称为可选争议解决方案）。[118]为了保护这样的申诉，申诉程序应该保护仲裁者歧视，让仲裁者提供一个索赔人广义救济（包括恢复原职等），并且在听证会前设置合理的事实调查程序。尽管公平就业机会委员会更倾向于通过调解的方式解决歧视争议，但是可选择争议解决方案变得越发流行。[119]美国的联邦机构也必须有可选择争议解决方案。[120]

　　图2-6总结了企业在应对雇用歧视指控时的指南。

在公平就业机会委员会调查期间：

自行开展调查活动以获取事实真相。

找出公平就业机会委员会的指控信息中缺乏法律依据的地方。尽可能限定所提供信息的覆盖范围。

尽可能多地收集原告指控方面的信息。

会见提出控诉的员工以澄清所有的相关问题。例如，到底发生了什么?涉及谁?有相关的证人吗?

请记住，公平就业机会委员会的调查员只能告知（不是强迫）企业提交文件，并且在誓词下询问证人证言。

提供一份书面的声明，在其中总结出产生不满的原因、事件详情、日期和相关问题，并且要求员工在该声明上签署姓名和日期。运用文件来支持声明。

在事实调查会议期间：

因为公平就业机会委员会调查员的记录是唯一的官方记录，所以注意做好自己的记录。

带一名出庭律师。

确保你明确地知晓案件的事实和指控。

在出庭前，证人（特别是直接主管）需要了解他们呈现事实的法律意义。

在公平就业机会委员会裁决和调解期间：

如果找到了相关原因，仔细地检视它，在向公平就业机会委员会提书面意见的时候要指出其中不准确的地方。

再次重申原因，以说服双方这样的指控是无价值的。

谨慎对待调解。如果你已经仔细地调查了这个案件，那么调解就没什么实质的优势了。

记住：公平就业机会委员会很有可能不提起诉讼。

图2-6　企业应对公平就业机会委员会申诉时的管理指南

资料来源："Tips for Employers on Dealing with EEOC Investigations," *BNA Fair Employment Practices*，October 31，1996，p.130;"Conducting Effective Investigations of Employee Bias Complaints," *BNA Fair Employment Practices*，July 13，1995，p.81;*Commerce Clearing House*，*Ideas and Trends*，January 23，1987，pp.14-15;http://eeoc.gov/employers/investigations.html，accessed October 4，2009;www.eeoc.gov/employers/process.cfm，accessed August 1，2012.

◼ 2.5　多元化管理与积极的反歧视行动

　　多元化（diversity）是指公司的员工队伍呈现出来的人口特征的多样性和复杂性，尤其是从种族、性别、文化、国家来源、残疾、年龄和宗教信仰等方面而言。[121]今天很多美国公司已经实现了员工队伍的多元化，现在的焦点是如何管理多元化。[122]

多元化的潜在问题和优势

　　多元化会带来员工行为方面的一些障碍，破坏工作团队的领导与合作。具体而言，一些潜在的问题包括：

- 刻板印象，是指基于个人明显属于的某个群体的体征来对个人的行为特征做出评价。[123]举个例子来说，有些人会认为"老年员工都不努力工作"。

● 偏见，是指基于某个人的部分特征对此人做出整体性的评价。例如，"因为他太老了，所以我们不想雇用他"。

● **歧视**（discrimination），是指用实际行动表达的偏见。歧视意味着基于某人所属的群体特征对此人采取积极或消极的行动。[124]我们看到，在美国以及很多国家，在通常情况下，基于某人的年龄、种族、性别、残疾或国家来源的就业歧视是违法的。举例来说，很多人认为"老男人圈子"（在高尔夫球场等场所建立的友谊）的存在造成的"玻璃天花板"在很大程度上阻碍了女性进入公司高级管理层。此外，由于对穆斯林的歧视涉及国家来源和宗教信仰，所以这也是被《民权法案》第七章所禁止的。[125]对女性的歧视还不仅限于职业发展上的"玻璃天花板"。职业女性还可能会遭遇**性别角色刻板印象**（gender-role stereotype），即倾向于将女性与一些特定的职位类型（常常是那些非管理类职位）联系起来。

● 形式主义，是指一些公司选用很少数量的女性或少数族裔员工进入高层职位，但没有真正做到这些群体在高层中的完全代表性。[126]

● 民族优越感，是指倾向于认为其他群体的成员比自己的群体低等的想法。例如，一项调查发现，管理者在评价少数群体的绩效表现时，很少会将其归因为他们的能力和努力程度，而是归因于从其他同事那里获得的帮助。而同样是这些管理者，在评价非少数群体员工的绩效表现时，则主要将其归为这些员工的能力和努力工作。[127]

多元化的潜在优势

多元化的关键问题是适当地处理好潜在的威胁。[128]例如在一项调查中发现，多元化氛围最强烈的店铺也是销售额增长最多的店铺，而在那些管理者和下属都认为公司的多元化氛围不足的店铺，其销售额的增长也最少。[129]下面的"作为盈利中心的人力资源"专栏会提供另一个例子来证明这一点。

➡ 作为盈利中心的人力资源

多元化如何带来更高的利润

员工队伍的多元化可以提升盈利能力。比如，有超过50家的美国大型企业（包括通用电气、微软和沃尔玛）都表明自己积极的反歧视行动可以提升销售额和利润。比如，当默克制药公司（Merck）的一种药品需要Halal认证的时候，它就向公司的穆斯林求助。这些穆斯林员工帮助默克更快地将药品推向市场，使药品赢得了市场的信任。

IBM专门创建了很多由少数族裔员工组成的任务小组。这些团队取得的一个企业内部成果是：在接下来的10多年时间里，IBM的少数族裔高层管理人员的数量增加了2.5倍。[130]此外，这一多元化计划还扩展了IBM的多元文化市场。例如，一个这样的任务小组决定扩展IBM在多元文化以及那些由女性掌控的企业中的市场。这个小组为达到此目标而采取的部分做法是："向中小企业提供它们急需的销售和服务支持——这些企业通常在购买者主要是少数族裔和女性的狭窄市场上开展经营。"[131]这种做法产生的结果是，在短短的3年时间内，这个市场的收入从1 000万美元飙升到了3亿多美元。

议一议

另外举两个例子，说明多元化管理可以增加公司的利润。

多元化管理

多元化管理意味着努力使多元化的潜在利益最大化，同时最大限度地减少可能会对公司绩效产生损害的潜在障碍——比如刻板印象和偏见。[132] 最主要的目标是让员工对个体的文化差异更加敏感、更加适应。麦当劳公司根本就没把多元化管理作为一个项目，而是当作一项持之以恒的努力。比如，员工可以到麦当劳的文化学习实验室，提升自己的对话和交流能力。[133]

自上而下的计划

一般而言，多元化计划要始于高层，由高层管理者来启动多元化管理计划。这样做的主要目的在于可以让员工对多元化有更深的理解，从而更好地适应个体间的文化差异。一位多元化管理专家认为，典型的自上而下在全公司范围开展的多元化管理计划主要包括五个方面。

1. 提供强大的领导力。在多元化管理方面具有极高声誉的公司通常都有非常认同多元化价值的首席执行官。例如，领导力就意味着要在多元化变革所要求的那些行为方面成为楷模。一项研究表明，在构建包容性组织方面有优异表现的高级管理者，本身就对多元化非常推崇。[134]

2. 评价现状。一项调查发现，评价公司的多元化水平的常用工具包括：公平就业雇用与员工保留综合指标、员工态度调查、管理层与员工评价，以及焦点小组等。[135]

3. 提供多元化培训和教育。多元化管理计划通常始于对员工的多元化培训和教育。这可以帮助员工重视文化差异，构建自尊和一个更有热情的工作环境。

4. 改变文化和管理体制。强化价值观和行为，例如，改变绩效奖励计划，基于管理人员在解决团队内部冲突上的表现来评价他们。

5. 评价多元化管理计划。例如，现在的员工态度调查是否表明员工对多元化的态度已经有所改善？

公平就业机会与积极的反歧视行动

公平就业机会旨在保证所有人，无论其种族、肤色、性别、宗教、国家来源或年龄，都能凭着自身的任职资格得到平等的工作机会。而积极的**反歧视行动**（affirmative action）则超出了公平就业机会的范畴，它要求企业采取额外的行动来消除以往的歧视产生的不良影响。因此，积极的反歧视行动包括很多特别的行动（主要是在招募、雇用、晋升、薪酬等领域中），以消除过去的歧视行为产生的现实影响。

根据公平就业机会委员会的规定，企业在积极的反歧视行动计划中一般会采取的步骤包括：

1. 发布一项书面的公平就业机会政策，表明公司是提供公平就业机会的企业，并且承诺采取积极的反歧视行动。

2. 委任一名高层管理人员来负责并授权其领导和实施此项计划。

3. 调查公司当前的少数族裔和女性员工的雇用状况，由此判断在哪些方面最需要实施积极的反歧视行动计划。[136]

4. 开发目标和时间表。

5. 开发并实施具体的招募、甄选、培训和晋升项目来实现这些目标。仔细分析公司的人力资源管理实践，以识别公平就业的障碍并做出必要的改变。

6. 建立内部审计和报告制度来监测和评价公司在积极的反歧视行动计划方面取得的进展。

逆向歧视

逆向歧视（reverse discrimination）意味着对非少数群体的求职者和员工的歧视行为。许多法庭案件都涉及逆向歧视，但是直到最近也没有明确的答案。

最早的逆向歧视案件之一是 1978 年贝克诉加利福尼亚大学案（Bakke v. Regents of the University of California）。在这一案件中，白人学生阿伦·贝克（Allen Bakke）声称，他报考的加利福尼亚大学戴维斯医学院（Davis Medical School）由于在积极的反歧视行动中规定要录取一定数量的少数群体申请者，因而将其拒之门外。后来，经过投票（5 票赞成、4 票反对），美国联邦最高法院否定了这项只考虑种族因素的招生政策，判定贝克应该被录取。贝克案之后还有很多其他的案例。2009 年美国联邦最高法院裁定了一起由康涅狄格州的消防员提起的逆向歧视诉讼案。在瑞奇诉德斯特法诺（Ricci v. DeStefano）一案中，19 名白人消防员和 1 名西班牙裔消防员声称，纽黑文市政府本应当鉴于他们在测试中的优良成绩而对他们予以晋升。但该市政府却宣称，如果根据测试成绩来决定晋升，市政府有可能会遭受来自少数群体员工的起诉，即指控市政府违反《民权法案》第七章的规定。[137] 最高法院的最终裁决有利于主要由白人组成的原告。

针对纽黑文市政府准备避免那些对少数群体产生影响的提案，大法官肯尼迪（Kennedy）写道："这座城市否决了测试结果，仅仅因为得分更高的求职者是白人。"观察家们的一致意见是，这样的决策会让企业更难忽视有效测试的分数，即使这些分数会对少数群体影响很大。[138] 为了解决这个问题，企业应当采取措施从外部招募以及在内部开发更符合条件的少数族裔和女性员工，同时"在做出雇用决策时要基于合法的标准"。[139]

本章小结

1. 禁止实施歧视的法律包括 1964 年《民权法案》第七章（以及修订版），该法禁止企业根据种族、肤色、宗教、性别、国家来源对员工实施歧视；《联邦政府机构员工甄选程序统一指南》（包括确保甄选工具有效的程序等）；1963 年《公平薪酬法》；1967 年《反就业年龄歧视法》。此外，很多法院判例以及州和地方法律也禁止很多歧视形式。公平就业机会委员会是根据《民权法案》第七章建立的。该机构被授权处理和调解歧视指控，但如果调解失败，该机构可以直接向法院提起诉讼。1991 年《民权法案》可以改变最高法院在公平就业机会方面的一些裁决，甚至"扭转乾坤"。

2. 如果一个人觉得自己受到了人事政策或决策上的歧视,他必须提供证据表明自己受到了非法的差别待遇(故意歧视)或是该政策或决策对其所属的受保护群体的成员产生了差别影响(非故意歧视)。一旦差别对待的指控正式立案,企业有两种应对指控的方式,即证明是真实职业资格或者是经营必需。

3. 管理者应当避免各种具体的带有歧视含义的人力资源管理行为。比如在招募中,企业对少数群体成员不能只依靠口头的招募广告或传达错误甚至误导性的信息。此外,企业不能在招募广告中注明自己青睐的性别,也不能以任何其他暗示求职者可能会受到歧视性对待的方式来刊登招募广告。在甄选中,企业应当避免在下列两种情况中将"受教育程度"作为雇用标准:第一,少数族裔中的劳动者不太可能具备那样的教育水平(例如高中毕业水平);第二,这种任职资格要求与工作是无关的。

4. 在实践中,向公平就业机会委员会提出的歧视指控首先由地方机构受理。如果公平就业机会委员会查明了指控成立的理由,它可能会建议当事双方达成和解协议,不过公平就业机会委员会的调查员只能提建议。

5. 要想让多元化为企业贡献力量就必须管理好多元化,换言之就是要最大化地发挥其潜在优势,同时最大化地减少其潜在劣势(比如成见与偏见)。多元化管理的主要目标是提升员工对个体文化差异的敏感性和适应性。

讨论问题

1. 列举雇主在招募、甄选、晋升和解雇方面应当遵循的基本法律。

2. 说明公平就业机会委员会的执法程序。

3. 列举五种有助于提高工作场所多元化水平的战略。

4. 《民权法案》第七章是什么?有哪些规定?

5. 格里戈斯诉杜克电力公司案创立的一个重要判例是什么?奥尔比马纸业公司诉穆迪案创立的重要判例是什么?

6. 什么是消极影响?怎样才能证明消极影响的存在?

7. 在面对涉嫌采取歧视性政策的指控时,你可以用来进行自我辩护和得到豁免的理由有哪些?

8. 积极的反歧视行动与公平就业机会之间有什么区别?

个人和小组活动

1. 以个人或小组为单位,根据在第 2 章中学到的内容,对以下三个场景做出反应:你们认为在什么条件下(如果有的话),以下情节构成性骚扰?其一,一位女性管理人员解雇了一名男员工,因为这位员工拒绝了她的性要求;其二,一位男性管理人员用"亲爱的""宝贝"等称呼女员工;其三,一位女员工无意中听见两位男员工在说与性有关的笑话。

2. 以个人或小组为单位，讨论你（们）如何制订一项积极的反歧视行动计划。

3. 以个人或小组为单位，运用网络搜索现实中公平就业机会委员会的起诉案例。这些案例中必须包含本章中讨论过的证明不利影响的方法（比如标准差规则）。

4. 以个人或小组为单位，写一篇题为《公平就业机会委员会如何处理一个人提出的歧视指控》的文章。

5. 假设你是一家小餐馆的经理，你负责雇用和指导下属员工，同时还要提出关于员工晋升的建议和意见。以个人或小组为单位，编制一份你认为应当注意避免的歧视性管理行为的清单。

6. 美国人力资源认证协会认为，人力资源经理要确保自身的劳动力规划和雇用活动与联邦、州和地方的法律一致。以个人或小组为单位，画出一个矩阵，纵向填写本章中提到的所有法律，横向填写每一项人力资源管理职能（比如职位分析、招募、甄选等）。画好之后，在矩阵内的每个方格都尝试写出案例，看看每一项法律是如何影响人力资源管理职能的。

人力资源行动案例事件 1　职业球队中的性骚扰指控

在纽约尼克斯（New York Knicks）篮球队前高层管理人员提起的性骚扰案的审理过程中，陪审团要求被告向受害者支付 1 100 多万美元的惩罚性损害赔偿金。陪审团是在听证了《纽约时报》所称的"肮脏的四周审讯"之后做出这项裁决的。麦迪逊广场花园（Madison Square Garden）（纽约尼克斯篮球队的所有者）表示将上诉。然而，即使麦迪逊广场花园能够成功地上诉（尽管里士满大学法学院的一位教授说这种情况不大可能发生），该案件仍然会对该球队及其管理层的声誉不利。

这起联邦诉讼案使负责纽约尼克斯队市场营销和业务运营的高级副总裁安查·布朗尼·桑德斯（Anucha Browne Sanders，曾是西北大学的篮球明星）与麦迪逊广场花园及其总裁伊赛亚·托马斯（Isiah Thomas）之间变得势不两立。该案件指控后两者存在性别歧视和报复行为。桑德斯指控托马斯在长达两年的时间里对她进行言语上的辱骂和性骚扰。她说，当她向高层主管人员抱怨托马斯对她进行性骚扰的行为时，麦迪逊广场花园在一个月后就解雇了她。她说："我对托马斯先生对我进行非法冒犯的行为做出了陈述和抱怨，但他们置若罔闻。"在审判过程中，麦迪逊广场花园引述了许多关于此次解雇决定的解释，说明解雇她的原因是她"没有履行好自己的工作职责"。在新闻发布会上，桑德斯说："托马斯并不想停止他的下流和令人厌恶的行为，而且，麦迪逊广场花园拒绝从中调解。"托马斯则据理力争，说自己是无辜的，并且说："我不会允许任何人把我当成他们获取经济利益的工具，无论这个人是男人还是女人。"根据判决报告，桑德斯关于性骚扰和言辞辱骂的控诉并没有足够的证人来佐证，但与此同时，麦迪逊广场花园关于她工作表现不佳的说法也没有充足的证据。当陪审团的判决做出之后，桑德斯的律师说："这个判决证实了我们一直坚持的说法，即桑德斯受到过性骚扰，并且因为抱怨此事而被解雇。"麦迪逊广场花园则说，从某种程度上，"我们期待着向上诉法院呈上我们的论据，并相信法官会认同我们的观点——事实上确实没有发生过性骚扰"。

问题

1. 你认为桑德斯有提起性骚扰指控的法律依据吗？为什么？

2. 就你对此案件的了解，你认为陪审团做出了正确的裁决吗？如果没有做出正确的裁决，原因是什么？如果做出了正确的裁决，原因又是什么？

3. 基于你所知道的这些事实，你认为麦迪逊广场花园公司的管理层可以采取哪些措施来避免公司为此事件负责？

4. 如果你是麦迪逊广场花园公司的高层管理者，除了提出上诉，还会采取什么措施？

5. "在此案件中，对麦迪逊广场花园公司的指控实际上反映了企业行为具有的伦理性问题。"请阐述你是否同意此说法，并陈述你的理由。

资料来源："Jury Awards ＄11. 6 Million to Former Executive of Pro Basketball Team in Harassment Case," *BNA Bulletin to Management*, October 9，2007，p. 323；Richard Sandomir，"Jury Finds Knicks and Coach Harassed a Former Executive," *New York Times*，www. nytimes. com/2007/10/03/sports/basketball/03garden. html？ em&-ex ＝ 1191556800&-en ＝ 41d47437f805290 d&-ei＝5087％0A，accessed November 13，2007；"Thomas Defiant in Face of Harassment Claims," www. espn. com，accessed November 13，2007.

人力资源行动案例事件 2　卡特洗衣公司

一个有关歧视的问题

詹妮弗在父亲的公司中面临的第一个问题就是，公司现有的人力资源管理方法和程序有很多不足。

她最担心的一个问题就是公司缺乏对公平就业问题的关注。每家门店的经理基本上都独自处理所有与雇用有关的问题，然而，这些经理并没有受过关于如何招募员工的基本训练，例如，在面试过程中有哪些问题不该问，等等。因此，下面这种情形并不少见——经理常常会向女性求职者提这样的问题："你在上班的时候，孩子由谁照顾啊？"此外，少数族裔求职者还会被问及关于拘捕记录和信用历史方面的问题。事实上，这似乎已经成为一种惯例。而詹妮弗在与各店经理——顺便说一下，有三家门店的经理是白人男性，另外三家门店的经理是白人女性——访谈后得知，非少数族裔的求职者不会被问到这些问题。在与父亲讨论之后，詹妮弗得出这样的结论：公司对于公平就业问题毫不重视的态度是出于两个方面的原因：其一，她的父亲缺乏对这方面法律知识的了解；其二，正如杰克所说的："事实上，我们雇用的几乎所有的人都是女性或少数族裔员工，所以不会有人来指控我们存在歧视行为，难道不是吗？"

詹妮弗决定好好思考一下这个问题，但在此之前，她还面临两个与公平雇用相关的严重问题。在公司的一个门店中，有两位女员工曾私下告诉詹妮弗，她们的经理曾对她们做出一些令人讨厌的性挑逗行为，其中一位女员工还说，她的经理曾以解雇她相威胁，逼迫她在几个小时后"顺从"他。而且，在调查取证的过程中，一位 73 岁的男员工还抱怨说，尽管他有将近 50 年的从业经验，但是他所得到的薪水却比从事相同工作且年龄是他一半的员工要少。詹妮弗通过对这些门店的审查引出了下列问题。

问题

1. 杰克的观点是，由于公司雇用的大多数员工都是女性和少数族裔，所以公司不会受到雇用歧视方面的指控。这种说法正确吗？

2. 詹妮弗和她的公司应当怎样处理性骚扰指控及其相关的问题？

3. 詹妮弗和她的公司应当怎样解决可能存在的年龄歧视问题？

4. 鉴于公司的每家门店都只有为数不多的几名员工，公司是否属于平等权利法律管辖的范畴？

5. 如果公司需要遵守平等权利方面的法律，除了要审查上述这些具体问题之外，还应该审查其他哪些人事管理政策（如求职申请表、培训等）呢？

体验式练习　**伦理与公平雇用之间的相互影响**

如果接受了公平就业机会至少在一定程度上属于道德问题这样一种观点，我们就会期望现实中的企业能够承认并重视这一问题，例如，在企业网站上说明这一点。举个例子来说，杜克能源公司（Duke Energy Company，就是我们熟知的多年前的杜克电力公司，曾经输掉了第一起也是最著名的一起公平就业机会诉讼案）在网站上发布了这样的内容：

公平就业机会：杜克能源公司的商业道德准则　杜克能源公司追求并且重视员工多元化。每个人都应当受到尊重，每个人的贡献也应当被认可。我们期望杜克能源公司的员工之间相互尊重、共同合作。我们不会容忍工作场所中的歧视行为。

我们遵从与就业歧视和公平就业机会相关的法律，尤其是那些禁止因某些方面的差异而实施歧视的法律规定。我们会基于员工的绩效水平、工作经验和其他与工作相关的标准来招募、甄选、培训员工以及向他们支付薪酬。

我们的责任　杜克能源公司的员工必须在工作上相互尊重，并且遵从公平就业机会法律，包括歧视和性骚扰方面的法律。

杜克能源公司的员工不得：

● 在雇用、解雇和晋升决策中将任何受法律保护的差别性因素作为标准。

● 在制定雇用待遇或条件时，比如工作任务安排、培训与开发机会、休假或加班等，将任何受法律保护的差别性因素作为标准。

● 因为某位员工提起了出于善意的歧视指控，报告了可疑的公司不道德行为、违法行为或公司政策，或是参加了某项（与歧视有关的）调查，而对其实施报复。

资料来源：www.duke-energy.com/corporate-governance/code-of-business-ethics/equal-employment-opportunity.asp, accessed May 28, 2010. © Duke Energy Corporation. All Rights Reserved.

目的：道德决策是一种重要的人力资源管理能力。本练习的目的在于提高你对道德和公平就业机会之间的相互关系的理解。

必须理解的内容：对本章中讨论的内容相当熟悉。

如何进行练习/指导：

1. 将全班分为若干个小组，每组有4～5名学生。

2. 每个小组需要登录至少5家公司的网站，找到强调道德与公平就业机会之间关系的内容。

3. 接下来，每个小组需要回答下列问题：

a. 基于你们的网络调查，指出企业在多大程度上强调了公平就业机会的道德含义的重要性。

b. 在道德与公平就业机会的相互关系方面，企业主要强调的是哪些主题？

c. 在你所学知识的基础上，谈一谈如果你要设计一项针对新任主管人员的公平就业机会培训计划，你会怎样强调公平就业机会的道德含义。

第 3 章
人力资源战略与分析

本章要点

- 战略管理的过程
- 战略性人力资源管理
- 人力资源衡量指标和标杆管理
- 建立高绩效工作系统
- 员工敬业度与组织绩效
- 管理者的员工敬业度指南：起亚英国公司通过提高员工敬业度水平的人力资源管理战略来提升公司绩效

学习目标

学完本章后，你应该能够：

1. 举例说明战略管理过程中包含的一些基本步骤。
2. 定义并列举出几个战略性人力资源管理的例子。
3. 举例说明为什么衡量指标在人力资源管理中很重要。
4. 回答什么是高绩效工作系统，并且举例说明它和非高绩效工作系统的区别。
5. 举例回答为什么员工敬业度很重要。
6. 描述你会如何策划一个项目来提升员工敬业度。

引言

安吉洛（Angelo）抱着极大的热情开了安吉洛比萨店，但是这份热情并没有长久地持续下去。在开业后的几天内，顾客被比萨店的广告"我们以最合理的价格提供最好的产品"所吸引，如潮水般涌入比萨店。但是两周后，他的比萨店收入仅仅够他支付租金。顾客们在网站上给他的评论有"我的服务员表现得好像给我点菜是帮我的忙一样""如果你想在吃饭的时候生气，那这会是一个好地方"。安吉洛怀疑自己的比萨店有人事方面的问题，但是并不确定。简单说，他感觉他的员工并不在意这些事情。

■ 3.1 战略管理流程

像其他企业一样，安吉洛需要人力资源管理政策来达成公司的战略规划，如他所总结的，比萨店的战略规划是"以最合理的价格提供最好的产品"。正如我们在本章中将要看到的，**战略规划**（strategic plan）是旨在使公司内部的优势和劣势与外部的机会和威胁相匹配，从而帮助组织维持竞争优势的一种规划。在战略规划的基础之上，人力资源经理会制定能够带来这些技能和行为的人力资源管理政策和实践，接下来的"全球人力资源管理实践"专栏展示了一家公司的做法。

➡ 全球人力资源管理实践

上海波特曼丽思卡尔顿酒店的例子

当丽思卡尔顿（Ritz-Carlton Company）接管位于上海的波特曼酒店（Portman Hotel）之后，新管理层总结了它的优势和弱点，并盘点了它的快速崛起的竞争者。他们决定去展开竞争，这需要提升酒店的服务水平。要达到这个目标，需要制定新的人力资源管理战略和实践活动，包括雇用、培训以及薪酬计划。公司的目标是运用新的人力资源政策来产生新的员工技能和行为，而这些技能和行为是酒店要实现其高品质服务所必需的。其人力资源战略包括以下几个步骤：

● 在战略上，丽思卡尔顿酒店的管理层决定通过提供一流的客户服务来使上海波特曼丽思卡尔顿酒店成为一家卓越的酒店。

● 为实现这一战略，上海波特曼丽思卡尔顿酒店的员工就需要展现出新的技能和行为。例如，他们需要发自内心地真诚关心客户。这样，酒店就需要对他们进行培训，激励他们在提供优质客户服务方面表现得更积极主动。

● 为了产生这些员工技能和行为，丽思卡尔顿酒店的管理层将本公司的人力资源管理系统引入了波特曼丽思卡尔顿酒店。他们知道这些人力资源管理政策和措施能够为酒店带来高品质服务行为。例如，公司的高层管理者会亲自面试每一位求职者。他们深入探究每一位求职者的价值观，最终只选择那些真正关心和尊重他人的员工："我们的甄选过程重点考察求职者的才干和价值观，因为这些东西是无法通过培训来教会的……它们直接关系到关爱他人以及尊重他人等方面的问题。"[1]

管理层的努力得到了回报。他们的新人力资源战略、实践以及计划帮助员工提升了服务水平并且吸引了新的顾客。这一切取得了良好的效果，从那以后，上海波特曼丽思卡尔顿酒店成为"亚洲最佳企业"、"中国最佳商务酒店"以及中国国家旅游局认证的白金五星酒店。利润的大幅度增长很大程度上取决于有效的人力资源管理战略。

议一议

亚洲的文化和美国的非常不一样。比如，在亚洲人看来，团队的激励比个人的激励更有吸引力。你认为这样的文化差异是如何影响波特曼丽思卡尔顿酒店新的员工甄选、培训、评价和薪酬管理方式的？

正如上海波特曼丽思卡尔顿酒店一样，管理者必须根据公司的战略目标认真制定人力资源管理制度和实践活动。本章着重讲述管理者需要了解的有关战略规划的知识，以及它与战略性人力资源管理政策和实践的关系。我们先来概览一下战略规划的流程。

基本的管理规划流程

基本的管理规划流程包括五步：确立目标，做出基本的规划预测，回顾可选择的方案，评估哪一个方案是最好的，选择并执行你的计划。一个计划就是使你从原地到达目标的驱动力。因此计划往往是以目标为导向的。

在公司中，各种目标在从组织的最高层向下传递一直到员工的各个层级工作的过程中，应当形成一条连续的目标链（或目标层级），而这些目标则会指引员工去完成他们的工作。图3-1中的组织目标层级结构图对于上述情况做了一个总结。在公司的最高层，总裁和他的助手们共同制定组织的总体战略目标（例如，在2016财年实现销售收入翻番，达到1 600万美元）。公司下一层级的管理者（在图中是副总裁）接着就需要制定本层级的相应目标，这一管理层级的目标应当是从上一层级的目标中分解下来的，同时还必须能够反映在下一管理层级的目标当中。接下来，副总裁的下属还要再设定他们自己层级的目标，依此类推，这条目标链将会持续贯通下去。[2]

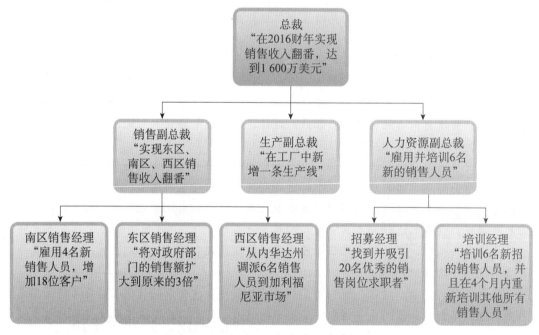

图3-1　一家公司的目标层级结构图示例

政策和程序

政策和程序为员工达到公司的预期目标提供了指导。政策确定了员工应该如何进行工作的指南。例如，"这家公司的政策与法律、规章制度和道德标准相符合，员工必须遵守这一政策"。程序规定了员工在具体的工作场景中应该如何做。比如，任何员工一旦发现有人违反公司的规章制度，都有责任向直接主管汇报。如果这样做有困难，员工应该向人力资源经理提交书面报告。[3]

企业制定属于它们自己的流程和规章制度，或者从已经存在的资源中选取采纳。例如，大部分企业都有相关人力资源制度的员工手册。

什么是战略规划

公司等级目标管理始于公司最高层。最高层为公司制定整体战略规划。战略规划是旨在使公司内部的优势和劣势与外部的机会和威胁相匹配，从而帮助组织维持竞争优势的一种规划。战略规划的实质是要回答这样几个问题：作为一家企业，我们现在身在何处？我们要去哪里？我们如何才能到达那里？然后，管理者再制定具体的（人力资源和其他）战略，来帮助组织从目前所在的位置到达预期的那个位置。当雅虎公司在思考它是否应当将自己的搜索引擎卖给微软公司时，或者是"爹妈超市"（Mom and Pop's Supermarket）在与"巨人超市"（Enomous Markets）竞争时，决定是针锋相对地开办大型超市，还是继续做地方的小型市场，这些都是在进行战略规划。

战略（strategy）就是一种行动方案。如果雅虎公司决定自己必须筹措资金，然后集中精力做好像雅虎金融这样的应用软件，那么，它的一项战略可能就是把雅虎搜索引擎卖掉。另一个例子是，百事和可口可乐都面临同样的基本问题——人们越来越爱喝低糖的饮料。百事应对这一问题的战略是分类销售更多的食物比如薯片。而可口可乐决定加大广告力度来提升可口可乐的销售量。

最后，**战略管理**（strategic management）就是一个通过将组织的能力与外部环境要求进行匹配，从而确定和执行组织战略规划的过程。

战略管理过程

图 3-2 概括了战略管理过程，包括：（1）界定公司业务；（2）评价公司内部的优势和劣势以及外部的机会和威胁；（3）制定新的业务发展方向；（4）将使命转化为战略目标；（5）制定战略或行动方案；（6）执行战略；（7）评估战略规划实施的绩效。

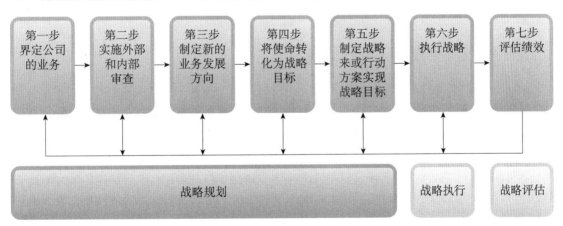

图 3-2　战略管理过程

下面让我们详细了解一下各个步骤的情况。

第一步：界定公司业务。战略规划的逻辑起点是界定公司目前所从事的业务。具体地说，就是公司现在销售什么商品，把它们卖到哪里去，以及我们的产品和服务与竞争对手有什么区别。例如，可口可乐公司销售大量的含糖饮料，包括可乐和雪碧，百事公司则既销售饮料，也卖桂格燕麦和油炸玉米片。

接下来的这个步骤要问这样一个问题："在目前自身的优劣势情况和外部环境的影响下，我们正在朝着正确的方向前进吗?"回答这个问题，公司经理需要对公司的环境以及公司所具有的优势和劣势进行审查。图 3-3 所示的环境扫描工作单（environmental scanning worksheet）为你整理与组织环境有关的信息提供了一个简单的指引。图中包括可能会对组织产生影响的经济、竞争以及政治等方面的发展趋势等内容。图 3-4 所示的 SWOT 分析图是战略规划过程中一个必不可少的工具，几乎每一家企业都在运用这种分析方法。管理者使用这种分析框架来收集并组织与公司的优势、劣势、机会以及威胁有关的信息。这种分析模型的一个主要思想显然是，企业所制定的战略必须与公司的优势、劣势、机会和威胁相吻合。

经济趋势（例如经济衰退、通货膨胀、就业、货币政策等）

_____

_____

竞争以及市场发展趋势（例如，市场或客户方面的发展趋势、竞争者的进入或退出、竞争者的新产品）

_____

_____

_____

政治趋势（例如，法律、法规或管制放松）

_____

_____

技术发展趋势（例如新的生产技术或分销技术的引进、产品淘汰率、各种可用的物资和原材料等的发展趋势）

_____

_____

社会发展趋势（例如，人口结构发展趋势、劳动力流动性、受教育程度以及价值观的变化）

_____

_____

地理区域的发展趋势（例如，新市场的开放或关闭、会对厂房或办公场所选址产生影响的各种因素）

_____

_____

_____

图 3-3 环境扫描工作单

潜在优势	潜在劣势
·市场领先 ·强大的研发能力 ·高质量的产品 ·成本优势 ·专利	·大量的库存积压 ·营销能力过剩 ·管理人员流动率高 ·市场形象差 ·缺乏管理深度
潜在机会	潜在威胁
·新的海外市场 ·贸易壁垒消除 ·竞争对手失败 ·多元化经营 ·经济复苏	·市场饱和 ·收购威胁 ·国外公司的低成本竞争 ·市场的缓慢增长 ·政府管制的加强

图 3-4 SWOT 矩阵（以一般情况示例）

在分析了竞争者都在做什么以及本公司的优势和劣势的基础上（也就是环境分析和SWOT 分析），第三步是确定新的发展方向。我们需要确定新的业务领域到底在哪里。这时，我们需要回答三个问题：我们将要销售何种产品？我们将在何处销售这些产品？我们的产品或服务怎样才能与竞争对手区别开来？管理者有时通过编写一份**愿景陈述**（vision statement）来概括他们将如何看待自己接下来要做的业务的实质。愿景陈述是对公司的未来发展方向所做的一种总体描述，如果用一种宽泛的方式来表达的话，它所要回答的问题是："我们想要成为什么样子？"[4]百事公司最新的愿景是"有目的地去做"。该公司首席执行官英德拉·诺伊（Indra Nooyi）表示，公司的高管层在选择公司进入的业务领域或者做出决策时，都会"有目的地去做"下面的三根支柱，即人的可持续性、环境的可持续性以及人才的可持续性。[5]比如说，这个愿景会促使百事公司将健康的桂格燕麦以及佳得乐加入它的产品生产线当中。

通常情况下，愿景陈述用一种宽泛的方式描述了企业的业务应当是什么，而公司的**使命陈述**（mission statement）则概括了企业对下列问题的回答："我们实际上是在做什么业务？"福特汽车公司当年采纳了"质量第一"的使命陈述，这让公司在接下来的几年中产生了强大的竞争优势。

接下来第四步，企业需要将前面的新方向转化为战略目标。以福特汽车公司为例，对于公司中每一个部门在改善质量方面所做出的努力而言，"质量第一"到底意味着什么呢？这个问题的答案是，管理者必须努力实现"每万台车中存在的初始缺陷不超过一处"这样严格的目标。

第五步是制定战略或行动方案来实现战略目标。接下来，管理者还需要选择有助于组织战略目标实现的具体战略——行动方案。例如，为了实现"每万台车中存在的初始缺陷不超过一处"这一战略目标，福特汽车公司应当实施什么样的战略呢？或许可以新建两家采用高科技的汽车生产厂，采用新的更加严谨的员工选择、培训以及程序更新。

第六步是执行战略。战略执行意味着要将战略转化为行动。在实践中，企业管理者可能要通过实际雇用（或解雇）员工、建设（或关闭）工厂以及增加（或减少）产品和生产线等方式来执行战略。

最后，第七步是评估绩效。在实际中，战略不是总能按计划按部就班地加以实施。管理者必须阶段性地评估他们所做的战略决策的优势和过程。

战略的类型

实践中，管理者需要运用三个层次的战略。每一个层次的战略分别对应公司的一个管理层级。这三个层次的战略（见图 3-5）分别是公司战略、业务单位战略（或竞争战略）以及职能战略（或部门战略）。下面我们将对这三种战略逐一进行探讨。

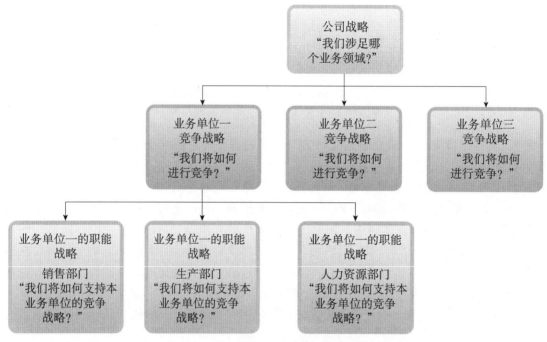

图 3-5 公司各层级对应的战略类型

公司的最高管理层（参见图 3-5）运用公司战略来回答这个问题：我们需要涉足什么样的商业贸易？在整个公司层面，**公司战略**（corporate-level strategy）明确了一家企业所从事的各种业务的总体组合情况以及这些业务之间所存在的关系。

● 集中战略（concentration）（单一业务战略）的情况下，一家企业通常只在单一市场上提供一种产品或者是从事一种产品的生产。生产工业润滑剂的 WD-40 公司就是一个例子。

● 多元化战略（diversification）意味着企业需要通过增加新的产品线的方式来实现扩张。百事集团就是分类生产的。例如，在过去几年，百事集团增加了菲多利薯片和桂格燕麦。

● 纵向一体化战略（vertical integration）是指企业通过自行生产原材料或者是自己直接销售产品这样一种方式来实现扩张。例如，苹果公司就开了自己的苹果专卖店。

● 收缩战略（consolidation）是指一种缩减公司规模的战略。

● 地域扩张战略（geographic expansion）——比如，百事集团所做的，去拓展公司的海外业务。

一旦我们知道了我们涉足哪一个商业领域，战略规划问题就会变成：在每一个业务领域中，企业将依靠什么来进行竞争？每一个业务单位（比如百事集团旗下的菲多利北美公司）还需要制定自己的业务层面战略或竞争战略（见图 3-5）。**竞争战略**（competitive strategy）实际上明确了应当如何培养和强化公司业务在市场上所具有的长期竞争地位。[6] 例如，它明确了必胜客将如何与棒约翰（Papa John）去竞争，或者是沃尔玛如何与塔吉特开展竞争。

管理者总是试图在企业所处的每一个业务领域中都获得竞争优势。我们可以将**竞争优势**（competitive advantage）定义为一切能够将公司的产品和服务与其竞争对手区别开来，从而提高公司在产品和服务中所占的市场份额的因素。竞争优势不一定是有形的，比如高科技机器。例如，通用电气在美国南卡罗来纳州格林维尔的通用电气铝箔厂（GE air foils plant），由受过高科技培训的高授权员工队伍操作数控化的机器，对有前景的员工进行面谈，并且自主调整生产线的运作。[7] 对于通用电气公司来说，员工通过知识、技能以及奉献（他们的人力资本）生产出了使得通用电气公司在航空领域成为领先者的高品质产品。类似地，肯塔基州乔治城的丰田生产厂的前人力资源部副总裁将人力资本归为竞争资本：

> 人是我们成功背后的因素。机器没有思想，也不会解决问题或抓住机会。只有人会参与到思考中并且产生影响。美国的每一个自动化工厂都有着相似的生产机器，人力资源的运用效果却各不相同。人力资源会给公司带来竞争优势。[8]

管理者可以运用不同的竞争战略来获得竞争优势。

● 成本领先战略（cost leadership）意味着要在一个行业中成为低成本领袖。沃尔玛就是一个典型的例子。

● 差异化战略（differentiation）是第二种可能的竞争战略。在实施差异化战略的情况下，企业试图在购买者非常看重的产品或服务特性方面占据一种独一无二的行业地位。[9] 正因为如此，沃尔沃强调其汽车的安全性，棒约翰比萨连锁店强调其食材的新鲜，而通用电气则强调格林维尔工厂飞机部件的可靠性。

● 聚焦战略（focusers）则致力于开拓某个有利可图的市场空间（例如法拉利汽车）。采用这种战略的企业所采取的竞争方式，通常都是只为特定消费者提供他们无法从其他渠道获得的产品或服务（比如丰田汽车）。

最后，**职能战略**（functional strategies）确定了公司的每个部门需要如何支持公司层面的战略目标。比如上海波特曼丽思卡尔顿酒店希望提供优质的服务来体现自己的特色，那么人力资源部门就需要实施一系列政策和措施来甄选具有服务意识的员工，并培训员工的服务能力。

战略规划中的管理者的角色

设计战略是高层管理者的责任。然而，高层管理者很少在没有基层主管的参与下制定战略规划。没有几个人能比基层主管更了解公司的竞争压力、供应商的能力、产品和工业发展趋势、员工的能力以及关注点。

例如，人力资源经理在"竞争智慧"中处于一个优势位置，他们知道竞争者都在做什么。比如竞争者的计划、关于顾客不满因素的员工意见调查，以及悬而未决的立法规定（比如劳动法）的信息。人力资源经理应该同时成为信息的掌握者，公司员工优势和劣势的情况知晓者。[10]

在实践中，制定公司的整体战略规划需要与高层和下属层级的经理人频繁开会。高层经理会根据获取的信息来制定他们的战略规划。

实例：提升并购的效能

并购是公司做出的最重要的战略决策之一。当并购失败的时候，通常不是因为资金和技术问题，而是因为与人相关的问题。这些问题可能会包括员工的反对、高水准员工的流失、低迷的士气以及生产率。[11]

并购会证明人力资源管理对战略规划的贡献程度。人力资源经理参与的重要并购活动包括：高层管理者选拔、有效地与员工沟通组织变革、融合公司的文化和保留关键人才等。[12]人力资源咨询公司，例如韬睿咨询公司（Tower Perrin），帮助公司处理与兼并相关的人力资源管理问题。比如说，它会发现潜在的资金短缺问题，确认关键技术并提供保留关键技术的战略规划，帮助客户规划合并薪酬系统，以及帮助将新组织中的员工配置到最合适的岗位上去。[13]

■ 3.2 战略性人力资源管理

管理者对他们的每一项经营业务制定公司战略以及竞争战略。然后我们就会看到，一旦一个企业决定进行竞争，它就会规划职能性（部门）战略规划来支撑它的竞争目标。这些部门之一就是人力资源管理部门，它的功能就是制定人力资源管理战略。

什么是战略性人力资源管理

每个公司都需要它自己的人力资源管理战略和活动来确保与宏观的公司战略步调一致。例如，高端零售商内曼马库斯（Neiman-Marcus）有与沃尔玛不同的员工选拔、培训以及薪酬战略。正如前面的例子所呈现的，高效的企业都使用战略性人力资源管理来激发员工形成有助于组织战略目标实现的技能和行为。我们将**战略性人力资源管理**（strategic human resource management）视为制定和实施有助于组织得到实现其战略目标所需的员工胜任能力和行为的一系列人力资源政策和措施。

战略性人力资源管理背后的基本程序十分简单。首先，决定战略目标是什么，然后界定实现这一目标所需的员工技能和行为，最后制定能够带来这些技能和行为的人力资源管理政策和实践。

图3-6说明了这一观点。首先，管理者制订战略规划和目标。反过来，执行这些规划和达到这些目标要依靠员工胜任能力和行为的一致。最终，要产生所需要的员工胜任能力和行为，人力资源经理需要将招募、甄选、培训以及其他人力资源管理战略、政策和实践置于正确的位置。[14]

前面提到的上海波特曼丽思卡尔顿酒店就是一个将人力资源战略管理付诸实践的例子。美国的联邦快递则是另一个例子。联邦快递的战略目标之一是打造一支高组织承诺度的员工队伍，以实现高水平的客户服务。该公司的人力资源战略就是，在非工会的环境中，锻造更

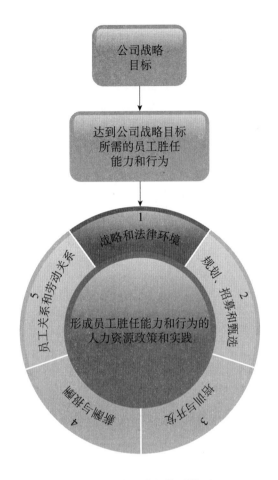

图 3-6　人力资源战略模型

说明：这个图开启了本书第 2～5 篇的主要内容，并传递了这样的信息：公司的人力资源政策和实践可以创造实现战略目标所需要的员工胜任能力和行为。

具有敬业度和奉献精神的员工队伍。联邦快递人力资源战略具体遵循以下基本目标：用多样的机制制定健康良好的双向沟通机制；将不能做到"人才第一"的经理人甄别出去；提供有竞争力的高薪以及绩效薪酬激励；确保给予所有员工最大限度的公平待遇以及安全保障；以及给予员工激励，给他们在实践活动中充分展示自己技能和天赋的机会。

接下来的"实践中的人力资源"专栏会提供更多战略性人力资源管理的例子。

➡ **实践中的人力资源**

美捷步的激情方式

当你的销售战略包括在网上卖鞋子和衣服，但顾客不能试穿时，你就需要那些有活力并且享受他们的工作的员工。顾定需要员工通过服务来传递出激情的感觉（http：//about. zappos. com/our-unique-culture/zappos-core-values）。[15]这就是为什么美捷步（Zappos）的创始者认为，他们需要有特色的雇用、开发以及留住员工的方法，这些是他们创造的方法。正如他们的网站上所说的："这不是你妈妈那个年代的人力资源管理了，招募、福利以及员工关系使得这艘巡航舰充满了有趣、有创新性的技巧，它们激励着员工，每一个人都在美捷步这个大家庭中受到教育，他们的福利与其他好玩的东西都在这里！"[16]

它们可能不是对每个人都有吸引力，这些"创新性的、有趣的技巧"包括：举办一场脱口秀一样的面试，要求员工提交他们自己对史蒂夫·马登（Steve Madden）鞋的设计，并且在（他们年度的光头和蓝日）会有一些员工志愿者剃头或者将头发染上蓝色。[17]顺便说一下，如果你在这里工作得不开心，公司会给你一笔钱让你离开——美捷步不想要那些不想在这里工作的人。

议一议

你认为美捷步的高管们为什么会认为给员工提供一些充满激情的方式非常重要？

战略性人力资源管理工具

管理者通常运用几种工具来帮助他们将组织整体战略目标分解为具体的人力资源管理政策和实践。其中三种重要的工具分别是战略地图、人力资源计分卡以及数字仪表盘。

战略地图

战略地图（strategy map）是一幅展示各个部门是如何为公司战略目标的达成做出贡献的"蓝图"。它有助于管理者以及员工理解本部门在实施公司战略规划方面所扮演的角色。管理专家有时会说，战略地图会通过将部门的工作与公司的基本目标联系到一起，使员工的视野更清晰。[18]

图 3-7 是美国西南航空公司的一个战略地图示例。西南航空采取的是成本领先战略。因此，举例来说，要提高收益和盈利，西南航空必须要使用更少的飞机，达到航班准点和保持低票价。准时起飞和低票价又要求飞机快速转场。飞机快速转场又需要对工作充满激情的地勤人员和机组人员。这张战略地图帮助每一个部门（包括人力资源部）清楚地看到，为了实现西南航空的成本领先战略，每个部门都应该做些什么。[19]比如，为了提升地勤人员的激励水平和奉献水平，西南航空的人力资源部门应该怎么做。

人力资源计分卡

许多企业都将战略地图中所涉及的各种活动加以量化和计算机化处理。平衡计分卡就可以帮助管理者做到这一点。**人力资源计分卡**（HR scorecard）并非一张计分的卡片。实际上，它是针对实现组织战略目标所需完成的一系列活动链而设计各种财务和非财务目标或衡量指标，同时对结果进行监测的过程。[20]简而言之，平衡计分卡就是要拿到一张战略地图，然后进行量化处理。（西南航空的计分卡中的指标可能就会包括飞机转场时间、航班准点率、地面机组人员生产力）。

管理者用特殊的计分软件来完成这项任务。数控化的计分软件过程帮助经理人量化这些关系：（1）人力资源活动（包括测试、培训等）；（2）员工行为（比如客户服务）；（3）公司层面的战略结果以及绩效（比如客户满意度和盈利性）。[21]

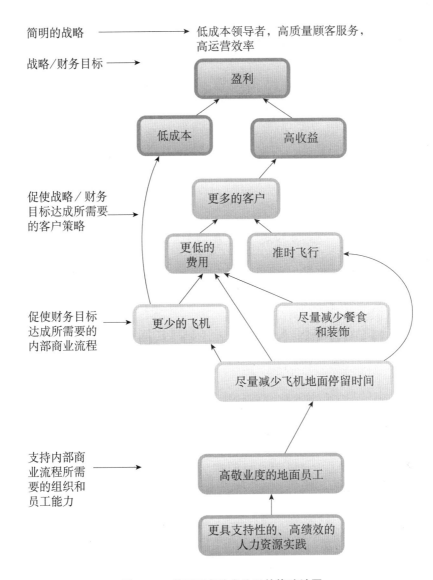

图 3-7 美国西南航空公司的战略地图

数字仪表盘

俗话说，"一图胜千言"，这恰恰说明了使用数字仪表盘的目的。**数字仪表盘**（digital dashboard）以桌面图形和表格以及计算机图片的形式向管理者说明了，在人力资源计分卡中的各项指标上，公司目前进展到了什么程度。正如下面所要描述的，西南航空高层管理人员的数字仪表盘可能就是在电脑屏幕上展现的战略地图中的各项活动——比如快速转场、吸引和留住顾客以及航班准点等——的实时进展情况。这种数字展示为管理者提供了采取修正措施的机会。例如，如果地勤人员今天为飞机提供转场服务的速度太慢，那么，除非管理者及时采取行动，否则明天的财务结果就会显现下滑。图 3-8 对这些工具进行了总结。

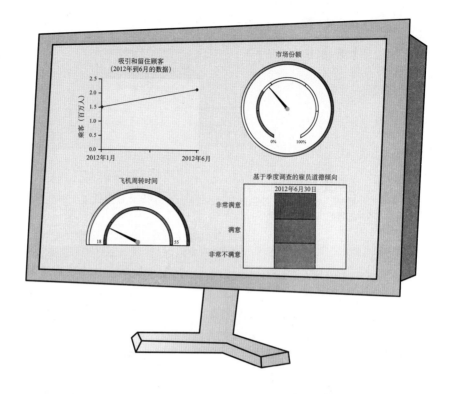

战略地图	人力资源计分卡	数字仪表盘
战略地图是形象展示为确保公司成功而需要完成的各种活动链的一种图形工具。这幅"蓝图"向员工表明了他们的绩效是如何为公司总体战略目标的达成做出贡献的。	人力资源计分卡是用来管理员工的绩效，并将员工与组织的关键目标联系起来的一个过程。它的主要内容包括确定财务和非财务目标、监测和评价绩效以及快速采取修正性行动。	数字仪表盘通过电脑桌面上显示的图表，向管理者形象地展示了在公司战略地图上出现的各项活动目前在公司中进展到了什么阶段，以及正在朝哪个方向推进。

图 3-8　三种重要的战略性人力资源管理工具

3.3　人力资源衡量指标和标杆管理

我们将战略性人力资源管理视为制定和实施有助于组织得到实现其战略目标所需的员工胜任能力和行为的一系列人力资源政策和措施。能够衡量工作状态是这个过程中的关键一环。例如，如果上海波特曼丽思卡尔顿酒店没有能够对客户服务进行评价，他们所提出的"为客户提供更好的服务"这一战略目标只能是无效的。[22]其他的方法可能包括，例如，每个员工的培训时间、每个员工的生产力以及通过客户调查得出的客户满意度。

衡量指标的类型

人力资源经理使用许多这样的衡量指标。例如，在有 100～249 个员工的公司中，大概每 100 个员工有一个人力资源经理。人力资源经理的比例在拥有 1 000～2 499 个员工的公司中下降到 0.79 个，在有超过 7 500 个员工的公司中下降到 0.72 个。[23]图 3-9 展示了一些其他的人力资源管理测评方法，例如员工任期、单位招聘成本以及年度总营业额。[24]

组织数据	雇用数据
收入	所需填补职位的数量
全职员工平均收入	填补所需时间
税前净收入	每次雇用成本
全职员工的平均税前净收入	年度总体员工流失率
组织继任计划中的职位	年度自愿性流失率
	年度非自愿性流失率
人力资源部门数据	
人力资源工作人员总数	**对收入和组织招募的期待**
人力资源工作人员占员工的百分比	与2010 年相比，2011 年组织期待的收入变化百
人力资源工作人员占管理岗的百分比	分比
人力资源工作人员占专业技术岗的百分比	与2010 年相比，2011 年组织期待的招募变化百
人力资源工作人员占管理辅助岗的百分比	分比
向人力资源总监汇报的结构	
2011 年组织期望雇用的人力资源职位类型	**更具盈利能力组织的衡量指标**
	人力资源工作人员总数
人力资源成本数据	人力资源工作人员与全体员工比率
人力资源成本	人力资源成本
人力资源成本与运营成本的比率	人力资源成本与运营成本比率
人力资源成本与全职员工成本比率	人力资源成本与全职员工成本比率
	年度工资增长
薪酬数据	非高管目标奖金
年度工资增长	高管目标奖金
作为运营支出的一部分的工资	每年可报销的最大额度的教育费用
非高管的目标奖金	参与可报销教育项目的员工的比例
高管的目标奖金	填补职位所需时间
	每次雇用的成本
	年度总体员工流失率
教育费用数据	
每年可报销的最大额度的教育费用	
参与可报销教育项目的员工的比例	

图 3-9　人力资源管理协会 2011—2012 年定制化的人力资本标杆管理指标报告

资料来源：

标杆管理

衡量一个人做得如何（比如说员工流失率和生产力），对于变革的决策来说是远远不够的。相反，一个人必须在与某些事情的比较中才能看出自己做得怎么样。例如，我们的事故率是上升还是下降了？类似地，你也会想要知道与高绩效公司比起来你的成绩怎么样，以了解它们为什么会做得那么好。[25]

人力资源管理协会会帮助公司将它们的人力资源衡量指标同其他公司做出对比。企业可以要求对比的数据不仅仅是行业数据，还包括公司的规模、公司的收益以及地理区域。

图3-10展示了许多种对比数据中的一种，它展示了企业在教育项目上的费用。

教育费用数据					
	n	25百分位数	中位数	75百分位数	平均数
每年可报销最大额度的教育费用	32	1 000美元	5 000美元	7 500美元	6 000美元
参与可报销教育项目的员工比例	32	1.0%	3.0%	5.0%	4.0%

图3-10　人力资源管理协会的数控化人力资本标杆管理报告

资料来源："HR Expense Date," from *SHRM Customized Human Capital Benchmarking Report*. Reprinted with permission from the Society for Human Resource Management. All rights reserved. www. shrm. org/Research/benchmarks/Documents/sample_human_capital_report. pdf.

战略和基于战略的衡量指标

标杆管理为你公司的人力资源管理系统如何运行提供了一个视角。[26]它展示了你的人力资源运行系统与竞争对手之间的比较。然而，它可能没展示你公司的人力资源运行系统如何支持你公司的战略目标。例如，如果战略目标要求通过提升客户服务来达到双倍利润，你的新的培训项目应该如何提升客户服务？

管理者用基于战略的衡量指标来回答这些问题。**基于战略的衡量指标**（strategy-based metrics）注重对公司战略目标有贡献的活动进行评价。[27]因此，对于上海波特曼丽思卡尔顿酒店来说，战略性人力资源衡量指标可能会包括100%的员工测试覆盖率、80%的顾客回头率、占总薪水40%的激励薪酬以及提升50%的销售额。然后，如果新的人力资源实践比如培训、激励薪酬达到了预期的效果，那其他的衡量指标如顾客回头率以及顾客的美誉度都会上升。

劳动力/人才分析以及数据挖掘

劳动力分析被很多企业采用，这就是通过运用特殊的软件来分析人力资源数据和指标，并从中得出结论。[28]比如说，谷歌公司的一个人才数据分析团队，会对员工背景、能力和绩效进行数据分析。这个团队能够识别出可能会导致员工离开公司的因素（例如员工觉得屈才）。在一个类似的项目中，谷歌分析员工的调查反馈数据和绩效数据，以识别那些优秀谷歌经理人身上的特质。微软则研究了员工毕业学校和前公司来源与绩效的关系。这使微软能够提升招募和甄选的实践。[29]赛仕软件公司的员工保留计划挖掘了技能、年资、绩效、教育和友谊这些方面的数据。它的项目能够预测哪些高价值员工会在不久的将来辞职。[30]安联技术系统公司（Alliant Techsystems）创造了一个"飞行危险模型"来计算员工的可能离职率。这使得它能够预测员工流失率，并采取补救措施。[31]IBM会分析哪些员工是意见领袖，也就是其他员工会经常向他咨询意见（例如根据同事在邮件中提到的）。

数据挖掘

以上这些努力通常需要数据技术。数据挖掘从大量的员工数据中发现规律，从而企业可以利用这些数据进行员工甄选或者其他活动的决策。数据挖掘是"一系列分析活动，用来在数据中寻找新的、隐藏的或者是未知的模式"。[32]数据挖掘系统用统计分析的工具来从数据中寻找联系。百货商店通常会用到数据挖掘。例如，梅西百货（Macy's）的数据分析会揭示哪些顾客会来兑换 8 折优惠券，他们会买什么样的商品。

管理者会用数据挖掘分析来发现规律并做出预测。下面的"作为盈利中心的人力资源"专栏会展示几个例子。

➡ 作为盈利中心的人力资源

运用劳动力/人才分析

人才分析能产生显著的盈利效果。例如，百思买（Best Buy）运用人才分析发现，员工敬业度每增加 0.1%，一个百思买商铺的年度营业收入将增加 10 万美元。[33]企业会通过人才分析来解决以下几种问题：

● 人力资本现状。例如，"组织整体健康的标志是什么？"捷蓝航空公司（JetBlue）员工敬业度与财务表现有关系。

● 分析型的人力资源部。例如，"哪个单位、部门或者个人需要关注？"洛克希德马丁公司（Lockheed Martin）收集数据来确认哪个单位需要提高。

● 人力资本投资分析。例如，"哪些行动会对我的生意产生最大的影响力？"通过观察员工的满意度水平，思科公司（Cisco）将它的员工保留率从 65% 提升到 85%，省下了将近5 000 万美元的招募、甄选和培训费用。

● 劳动力预测。陶氏化学公司（Dow Chemical）运用数控化的模型，通过对诸如销售趋势等问题的分析，来预测每个业务单位所需要的人员数。

● 人才价值模型。例如，"为什么员工选择留在公司或者离开？"再比如说，谷歌能够预测出一个员工什么时候想要辞职，然后减少员工流失的成本。

● 人才供给链。例如，零售公司会用特殊的分析模型来预测每日的店铺客流量，更及时地辞去小时工。[34]

议一议

百思买和其他的公司能够不使用这些烦琐的计算机化工具吗？该怎么运用？

运用人力资源审计

人力资源经理经常通过人力资源审计来收集像员工流失率这样的数据。一位人力资源实践者认为，**人力资源审计**（HR audit）是"一个关于评估公司当前的状况，以及未来为提升人力资源功能所要完成的任务的分析"。[35]人力资源审计通常需要运用清单来检查公司人力资源的功能（招募、测试、培训以及其他），并且确保公司符合法律、法规和公司政策的规定。

为了组织实施人力资源审计，管理者通常与其他公司做标杆比较。典型的审计内容包括以下这些方面[36]：

1. 角色以及人数统计（包括工作描述和根据豁免性/非豁免性或者全职/兼职来进行员工分类）。

2. 遵守联邦、州和地方雇用相关的法律。

3. 招募和甄选（包括甄选工具的使用、背景调查等）。

4. 薪酬（政策、奖励措施、薪酬调查程序等）。

5. 员工关系（工会协定、惩戒的程序、员工认可计划）。

6. 法定福利（社会保障、失业保险、员工薪酬等）。

7. 团队福利（保险、休假、灵活性福利等）。

8. 工资单（比如遵守法律）。

9. 档案和记录（例如，我们的文件中包括简历和申请表、录取信、职位描述、绩效评价、福利登记表格、工资单变化通知等信息吗？是否包括记录个人行为的文件，比如员工手册?）。[37]

10. 培训和开发（新员工入职引导、人员开发、技术和安全、职业规划等）。

11. 员工沟通（员工手册、时事通讯、认可计划）。

12. 解雇和调离岗位相关政策和实践。

循证人力资源管理和科学的做事方法

在本章中，在客观分析基础上做决定是非常重要的。管理者将其命名为循证人力资源管理。这意味着运用数据、事实、分析、科学的严谨性、关键评价和经过严格评价的案例调查和研究来支持人力资源管理的决定、实践和结论。[38]

你可能会感觉到循证管理跟科学方法很像，如果是这样，那你就对了。最近《哈佛商业评论》的一篇文章甚至认为，管理者必须更加科学化，做决定时要像科学家一样思考。[39]

但是如何让管理者像科学家一样思考呢？首先是收集证据，科学家（或者管理者）需要客观，不然没有办法相信他们的结论。例如，一个医学院对它的教授进行了惩罚。因为这些教授接受了制药公司支付的报酬，而这些公司的药品正是教授们所研发的。那么谁能够相信他们的客观性或者结论呢？

科学同样需要实验。一个实验就是管理者为更好地理解结果而进行的一项测试。例如，在《哈佛商业评论》的一篇文章——《有效商业实验的指导步骤》中，作者认为，如果你想要评判一个新的激励计划为公司利润带来的影响，不要一开始就对所有员工都实行这个计划。相反，要进行实验组的设立，一组执行有激励的计划，另一组不执行。这样做会帮助你测量绩效提升是由激励计划还是其他原因带来的（比如一个新的全公司范围内的培训项目）。[40]而且，它也会帮助你预测激励计划是如何影响绩效的。客观、实验和预测都是科学的核心内容。

对于管理者来说，科学的意义就在于迫使你去了解实际情况，来做出更好的决定。问题在于，"直觉"会误导人。"这个销售激励计划真的会刺激销售量吗？""我们已经在过去的5年中为教育补贴计划花费了4万美元，我们从中得到了什么呢？"证据到底是什么？下面的专栏会提供这样的例子。

➡ **直线经理和小企业的人力资源工具**

一家保险公司打算为减少成本而买下所有高级承销商的股权，因为它们大部分都拿着高薪。但是通过分析数据，人力资源总监注意到，这些高级承销商同样带来了公司收益的大部分份额。事实上，通过分析员工薪水和生产力数据会发现，如果减少一些低收入的话务中心员工而使用更低工资的员工，可能会使公司获得更多利润。

另外一个例子是，化学公司巴斯夫（BASF Corp.）分析了其美国总部 15 000 名员工的压力、健康和生产力之间的数据关系。根据这个分析，公司发现，在提高生产力和减轻压力方面，提供一些健康项目比给员工支付更多的薪水更管用。[41]

议一议

巴斯夫公司的员工健康项目看起来非常简单，那为什么其他的企业不这么做呢？你认为对一个只有 10 人的小商店来说，应该怎么运用这种方法？

3.4 建立高绩效工作系统

衡量、标杆管理和科学分析人力资源的实践过程，使得管理者能够识别并且建立高绩效工作系统。

什么是"高绩效工作系统"？一项研究调查了 17 个工厂，其中一些采用了高绩效工作系统。有高绩效工作系统的工厂会支付更高的工资（平均工资是每小时 16 美元，而其他工厂只有 13 美元），提供更多的培训，有更多严密的招募程序和雇用实践（比如测试、有效度的面试），运用自我管理的工作团队。[42]这些有高绩效工作系统的工厂比那些没有的工厂在绩效表现上要更好。**高绩效工作系统**（high-performance work system）是一套将政策和实践结合起来的能够实现高绩效的人力资源管理系统。[43]

高绩效工作系统的政策和实践

研究表明，高绩效工作系统的政策和实践与低绩效的不同。例如，就人力资源实践而言，有高绩效工作系统的公司会招募更多的工作候选人，运用更多的甄选测试，花费更多的时间来培训员工（见表 3-1）。表 3-1 实际上证明了三件事。

第一，它展示了**人力资源衡量指标**（human resource metrics）的例子。比如说培训员工的小时数，或者是每个岗位合格申请者的数量。（在表 3-1 中，高绩效公司中每个岗位合格申请者的数量是 37 个。）管理者用这些指标来衡量他们公司的表现并且与其他公司做比较。[44]

第二，它证明了企业应该怎样才能拥有高绩效工作系统。例如，高绩效公司每个岗位合格申请者的数量大约是低绩效公司每个岗位合格申请者数量的 4 倍。高绩效公司也根据甄选测试来雇用员工，并且会充分地培训员工。

第三，表 3-1 展示了高绩效工作系统激励员工的参与度和自我管理。换句话说，高绩效工作系统采用招募、甄选、培训以及其他人力资源管理实践的目标，是为了培养参与度高、见多识广、有能量、能够自我驱动的员工。[45]能高效率参与到工作管理过程中的员工就是敬业度高的员工。[46]

表 3 - 1   高绩效公司和低绩效公司在招募、甄选、培训、评价、薪酬和其他管理实践上的差异

管理实践	低绩效公司	高绩效公司
招募：平均每个职位合格申请者的数量	8	37
甄选：基于有效甄选测试成功招募到的员工比例	4％	30％
培训：新员工培训平均时长	35 小时	117 小时
评价：获得规律性绩效评价的员工比例	41％	95％
薪酬：激励型工资覆盖到员工的比例	28％	84％
团队运用：以自主化、半自主化、跨部门或者项目团队形式工作的员工比例	11％	42％
自我指导团队：自主或者半自主工作团队的比例	9％	70％
运营信息分享：获得相关运营绩效信息的员工比例	62％	82％
财务信息分享：获得相关财务绩效信息的员工比例	43％	66％

资料来源：Based on "Comparison of HR Practices in High-Performance and Low-Performance Companies," by B. E. Becker, et al., from *The HR Scorecard*: *Linking People*, *Strategy and Performance* (Boston: Harvard Business School Press, 2001); Barry Macy, Gerard Farias, Jean-Francois Rosa, and Curt Moore, "Built to Change: High-Performance Work Systems and Self-Directed Work Teams—A Longitudinal Field Study," *Research in Organizational Change and Development*, 16, pp. 339 - 418, 2007; James Gathrie, Wenchuan Liu, Patrick Flood, and Sarah MacCurtain, "High Performance Work Systems, Workforce Productivity, and Innovation: A Comparison of MNCs and Indigenous Firms," The Learning, Innovation and Knowledge (LINK) Research Centre Working Paper Series, WP 04 - 08, 2008.

▎3.5   员工敬业度与组织绩效

员工敬业度指的是员工在心理上参与、联系和奉献于工作的程度。高敬业度的员工与他们的工作有着高水平的联系，因此他们会努力完成他们的工作目标。[47]高敬业度的员工工作起来就好像是为他们自己的公司工作一样。

为什么员工敬业度很重要?

员工敬业度之所以这么重要是因为它驱动着绩效和生产力。例如，盖洛普的一项民意测验调查显示，有最高敬业水平员工的企业有 83％的可能性比有中等敬业水平员工的企业绩效要好。而那些有着最低敬业水平员工的公司只有 17％的机会在绩效上超过别的公司。[48]盖洛普将敬业、不敬业和特别不敬业的员工区分开来（后者在工作中起着阻碍生产力的作用）。

盖洛普发现，那些敬业员工和特别不敬业员工比例为 9∶1 的公司，其利润是其他公司的 1.5 倍。[49]根据最新的证据，员工敬业度与客户服务生产力有关联，而敬业度与销售量、产品质量、生产率、工作中的安全事件、员工保留和缺勤以及收入增长都有关系。[50]一家咨询公司预估，员工敬业度每增长 5%，就会有 0.7% 的利润增长。[51]有高敬业度员工的公司会有更小的可能组成工会。[52]调查显示，员工敬业度高的公司一年中只损失 7.5 个生产工作日，相比之下，员工敬业度不高的公司一年会损失 14 个工作日。[53]根据华信惠悦公司的调查报告，员工敬业度水平高的公司每个员工的收入会高 26%。[54]《哈佛商业评论》的一篇文章写道：对于最佳的顾客服务（例如在零售业），公司需要通过赋予员工工作意义、提升其服务客户能力、为其合适的行为付酬来提升员工敬业度。[55]这就是为什么像喜达屋酒店（Starwood Hotels）这样的企业会不仅仅考察员工的敬业度，还要考察员工敬业度带来的影响，例如顾客满意度、财务结果、缺勤率、安全、销售量、员工流失率和利润。[56]

员工敬业度问题

问题是，调查显示，全国范围内只有 21%～30% 的员工是具有敬业度的。[57]盖洛普公司（Gallup）将高敬业度员工定义为：带着激情工作并且感觉到和公司融为一体的员工。将不敬业员工定义为：只是上班打了卡的员工。将特别不敬业的员工定义为：对敬业员工完成的工作做出破坏性行为的员工。[58]盖洛普发现，有 30% 的员工是敬业型的员工，50% 是不敬业的，还有 20% 是特别不敬业的。

管理者能做什么来提升员工的敬业度？

管理者可以通过一些具体的步骤来提升员工的敬业度。我们会详细分析这些步骤是什么，其中一个重要的活动是提供支持性的监管（例如，盖洛普发现关注员工优势的管理者能够减少员工消极怠工的现象，而相反，关注员工劣势的老板只会扼杀员工的工作积极性）。[59]韬睿咨询公司的调查（见图 3-11）表明，其他可以提升员工敬业度水平的管理行为包括确保员工：（1）了解他们所在的部门对于公司的成功是多么重要；（2）理解他们自己的努力对于公司达到目标是多么重要；（3）在公司工作获得成就感。[60]高度参与的员工即使是在自我管理的团队中工作也是敬业的。[61]企业同样应该使得管理者对员工敬业度负起责任。例如，武迪公司会阶段性地调查员工的敬业度，然后管理者会同员工讨论如何改善结果。我们会在这章和接下来几章的"管理者的员工敬业度指南"部分为大家展示如何运用人力资源活动（比如招募和甄选）来提升员工的敬业度。[62]

如何测量员工的敬业度

盖洛普公司、韬睿咨询公司，还有其他的供应商都会提供综合性员工敬业度调查服务。除此之外，测量员工的敬业度并不是很复杂。在全球拥有 180 000 名员工的埃森哲咨询公司（Accenture）用三步法来测量员工敬业度：言语、留守和奋斗。第一步，埃森哲评估员工是怎么评价公司的以及如何向其他人推荐公司的。第二步，公司会观察员工是否和公司始终在一起并且原因是什么。第三步，公司再看看"奋斗"。例如，员工们是如何通过超越巅峰，而非仅仅完成工作任务，来在公司的成功中扮演积极的角色。[63]

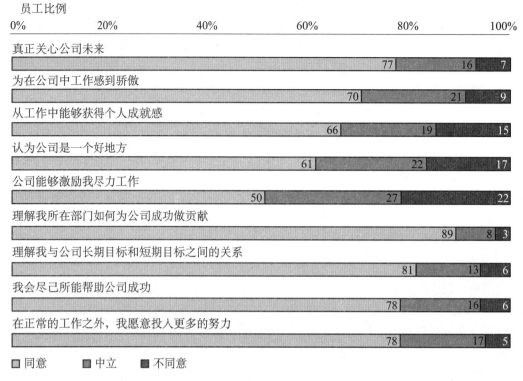

图 3 - 11　能够提升员工敬业度的企业活动＊

资料来源："Working Today：Understanding What Drives Employee Engagement，" from *The 2003 Towers Perrin Talent Report*. Copyright © Towers Perrin. Reprinted with permission of Tower Watson.

3.6　管理者的员工敬业度指南

起亚英国公司通过提高员工敬业度水平的人力资源管理战略来提升公司绩效

今天的起亚汽车公司是在全球拥有数以万计员工的汽车生产公司，并且以十年的产品保质期和高价值、高质量的产品而著称。然而，起亚并不是一直都这么成功。在 1997 年的 7 月，起亚正在经历破产保护，并且还要偿还 106 亿美元的贷款，深陷困境之中。[64] 在 1998 年，韩国现代汽车公司收购了起亚 51％的股份。从这之后，起亚开始了为期多年的绩效提升运动。今天，现代汽车公司仍然拥有起亚 1/3 的股份，但起亚仍然是现代汽车公司下面一个独立的公司。

挑战

在现代汽车公司领导下，起亚（与世界上大部分的汽车制造商一样）的运营环境在经历了数年的改善之后，在 2006 年由于信贷紧缩和消费者削减开支而遇到了阻力。了解到

＊　图中各别项目的三项之和不为 100％。原书如此，未做调整。——译者

2006—2007 年的情况之后，起亚的总裁在公司年度报告中写道：

> 在今天的汽车行业，竞争是如此强烈，即使是勇敢而消息灵通的人士，在预测未来汽车市场中的胜利者时也会犹豫不决。日本汽车公司对我们进行着持续的打压，而诸如中国这样的后来者，也正在以最快的速度追赶我们。世界经济的停滞，以及汇率风险的加倍，加上其他威胁因素，这些为全球化中的任何一位玩家都带来了不利的经济条件。[65]

面对这些挑战，公司总裁提出了应对恶劣全球竞争环境的战略。他说道：

> 我们打算在全球增长的基础上，在各个方面提升我们作为全球制造商的能力，包括生产、销售、市场、品牌以及售前和售后的服务。我们同样会关注多年来一直努力开展的全球质量管理。首先，我们会在生产成本和终端产品方面加强基础竞争力。其次，我们会通过先进的系统消除管理过程中的一系列不利因素，实现生产利润的基本稳定。最后，我们会运用特殊的研发方法与全球生产基地来有效地投资未来产业。[66]

同样，在 2006—2007 年，拥有 2 500 名员工的起亚英国公司也面临着可怕的状况。比如销售量下降、财务风险增加和员工敬业度下降等。公司的员工离职率为 31%，由此对公司 2006 年的成本造成了 60 万英镑的直接损失（主要是因为高于必要水平的招募、法律和员工解雇费用）。[67]

新的人力资源管理战略

盖里·汤姆林森（Gary Tomlinson）是起亚英国公司的新任人力资源总监，他认为公司员工的低敬业度既是公司绩效水平低的原因，也是其结果。事实上，一项对起亚英国公司员工的调查显示，公司存在许多严重的人事问题，比如道德低下和沟通不畅。他知道，公司需要新的人力资源管理战略来解决这些问题。他同样也知道这一战略必须支持母公司的战略，就是在全球增长的基础上，在各个方面提升公司作为全球制造商的能力，包括生产、销售、市场、品牌以及售前和售后的服务。

汤姆林森（在起亚最高管理层的支持下），很睿智地决定要开发一个"提升员工士气、降低员工流失率"的员工敬业度计划。[68]简单来说，这个想法就是：（1）将能够提升员工敬业度的新的人力资源管理战略和实践加进来；（2）改变公司员工行为（例如提高绩效，减少流失率）；（3）支持母公司的战略，"在各方面提升作为全球供应商的竞争力"。接下来的"构建你的管理技能"专栏展示了提升员工敬业度的做法。

➡ **构建你的管理技能**

如何实施员工敬业度计划

事实上，起亚英国公司的员工敬业度人力资源战略包含了六个步骤（这为其他类似活动提供了一幅路线图）。

第一步：起亚英国公司为计划设置了可衡量的目标，这些目标包括：直线经理行为的反馈调查分数提高至少 10%；沟通方面绩效反馈的质量；对工作的认可；管理者和员工之间的相互尊重。[69]其他目标包括：将因员工流失率造成的雇用成本（比如招募成本）降低至少 10%。

第二步：起亚英国公司设置了广泛的领导力开发项目。比如，将所有的管理者都纳入培训计划，以提升其管理技能。之后再通过 360 度评价工具（让管理者的上级、同级和下级来为其领导技能打分）来检测学习效果。

第三步：起亚英国公司制订了员工认可计划。这包括每个季度为特定员工颁发"杰出贡献奖"和对工作出色的人分发"起亚谢谢您"卡片。[70]

第四步：起亚英国公司完善了内部沟通机制。比如，公司每个季度都会运用更广泛的绩效评价方法召开员工报告会，同时建立了新内网"起亚视野"（为员工提供关键信息和其他有用的沟通工具）。基于员工的反馈，起亚英国公司还决定设立员工论坛来加强沟通。员工论坛中，每个部门都会有一名员工参加，通过分享观点、建议和对工作的看法来提升员工的参与度。

第五步：起亚英国公司设置了一个新型的员工开发项目，其中包括运用公司的评价流程来识别员工的培训需求，并为每一个员工定制培训计划。这些计划都是基于起亚公司的需求和员工展现出来的职业期待而制订的。

第六步：起亚英国公司对薪酬等政策做出了调整。比如，取消了分红计划，代之以固定比例的工资增长机制。同时，重新编写了员工手册和人力资源政策和流程，以保证新的政策与起亚的公司文化相一致。[71]

结果

新计划的结果很有成效。针对员工敬业度、一线经理沟通以及其他行为表现的调查数据都有明显的改善。员工流动率从 2006 年的 31% 降到了 2007 年的 15%，再降到了 2008 年的 5%，到 2009 年已经低于 2%。招募和员工流失率的花费在两年内减少了超过 40 万英镑，缩减了 71%。[72]

在本章的前面部分，我们认为战略性人力资源管理制定能够形成公司战略所需的员工胜任能力和行为的人力资源政策。起亚英国公司的员工敬业度计划展示了公司实现这类目标的途径。（本章开篇提到的安吉洛是否能将这些运用到他所在的服务行业中去？他应该怎么做？）

本章小结

1. 战略规划对于所有经理来说都很重要。所有经理的人事决策和其他的决策都应该和公司的整体战略规划相一致。这些目标形成了一个体系，上到董事长的整体战略规划（比如销售收入翻番，达到 1 600 万美元），下到管理者为配合公司整体战略规划而需要设置的目标。管理规划流程包括确定目标、做出预测、决定你的选择是什么、评价你的选择以及执行和评价你的计划。

2. 在商业领域中的每一项职能和每一个部门都需要自己的战略规划，战略性人力资源管理是指制定和实施有助于组织得到实现其战略目标所需的员工胜任能力和行为的一系列人力资源政策和措施。人力资源管理战略是为了支持公司战略目标而使人力资源管理政策和实践落地的特殊方法。人力资源管理重要且常见的工具包括：战略地图、人力资源计分卡和数字仪表盘。

3. 管理者会试图通过收集和分析数据做出决定。人力资源衡量指标（量化的人力资源管理活动测量方法，例如员工流失率）在创造高绩效的人力资源政策和实践中是至关重要的。

4. 高绩效工作系统是一套将政策和实践结合起来的能够实现高绩效的人力资源管理系统。

5. 员工敬业度很重要，因为它驱动了绩效和生产力。例如，调查显示，有最高敬业水平员工的企业有83%的可能性比有中等敬业水平员工的企业绩效要好。而那些有着最低敬业水平员工的公司只有17%的机会在绩效上超过别的公司。

6. 起亚英国公司的人力资源战略包括六步。包括：设置可衡量的目标；设置广泛的领导力开发项目，比如将所有的管理者都纳入培训计划；制订员工认可计划，这包括每个季度为特定员工颁发"杰出贡献奖"；完善内部沟通机制，比如公司每个季度都会运用更广泛的绩效评价方法召开员工报告会；设置一个新型的员工开发项目；对薪酬等政策做出调整，以保证新的政策与公司文化相一致。

讨论问题

1. 举一个组织中自上而下规划的例子。
2. 定义并举出最少两个关于低成本战略和差异化竞争战略的例子。
3. 什么是高绩效工作系统？提供几个典型而简单的关于高绩效工作系统的具体例子。
4. 解释为什么战略规划对管理者这么重要。
5. 举例解释战略规划的七个步骤。
6. 举例说明成本领先战略和差异化战略的例子。
7. 定义战略性人力资源管理并举例说明战略性人力资源管理是如何应用于实践的。

个人和小组活动

1. 你和三四个同学组成一个管理你们学院或学校的战略管理团队。你们的任务是为自己的学院或学校制订一份战略规划大纲。在这份战略规划大纲中应当包括使命和愿景的陈述，战略目标，公司战略、竞争战略以及职能战略。在准备这份战略规划的过程中，你们应当确保说明了你们学院或学校的优势、劣势以及所面对的机会和威胁，并明确基于哪个部分制订的此战略规划。

2. 利用互联网或图书馆的资源对5家公司的年报进行分析。在课堂上向同学们举例说明，这些公司是如何利用人力资源管理过程来达成其战略目标的。

3. 采访一位人力资源经理，并以"人力资源经理在××公司中的战略角色"为题写一份简短的调查报告。

4. 利用互联网或图书馆的资源，在课堂上与同学们讨论至少两家公司的案例，看它们是如何使用人力资源计分卡来帮助公司塑造能够支持组织战略目标的人力资源系统的。当提及人力资源计分卡的时候，所有管理者的理解都是一样的吗？有什么不同之处？

5. 几个学生组成一队，选择一个公司，设计出一个人力资源战略规划大纲。这家公司的主要战略目标是什么？这家公司的竞争性战略是什么？这家公司的战略地图是什么样的？你会如何对你针对这家公司做出的人力资源战略进行总结？

6. 本书附录 A 列举了人力资源认证协会考试的知识点，包括战略性经营管理、人员规划和雇用、人力资源开发等人力资源管理领域的知识点。四五个学生一组完成以下四件事情：（1）复习附录的内容；（2）找出这一章的材料中与附录相关的内容；（3）根据这些材料设计四个你认为可能会在人力资源认证协会考试中出的多项选择题；（4）如果时间允许的话，将你们组的问题在全班面前展示，各小组可以交换问题作答。

人力资源行动案例事件 1　西门子公司建立以战略为导向的人力资源管理系统

西门子公司是一家有 150 年历史的德国公司。直到最近这些年，西门子公司才集中生产电子产品。今天，这家公司已经进入了软件、工程以及服务等多元化的业务领域。它还是一家在 190 个国家雇用了 40 多万名员工的全球性企业。换言之，西门子公司通过在全球范围内实施一种以高科技产品和服务为中心的多元化战略，成为一个世界级的企业领袖。

在实施这种公司战略方面，西门子公司的人力资源管理人员起到了重要的作用。复杂的工程技术和服务要求西门子公司比一般的企业更关注员工的甄选、培训和薪酬，而全球化则要求公司能够在全球各地提供这些服务。西门子公司将其人力资源战略主题总结为以下几点：

1. 一家有生命力的公司是一个学习型公司。西门子公司经营的业务领域所具有的高科技性质就意味着，其员工必须能够持续学习。为促进员工学习，西门子公司通过其内部系统，在全球范围内将课堂教学与实践操作型的学徒制两种培训方式结合起来。它还为员工提供全面的继续教育和管理技能开发机会。

2. 全球性团队合作是开发和利用公司人力资源全部潜力的关键。西门子公司的全体员工都能感觉到，轻松地与同事合作和沟通是一件非常重要的事，这就要求员工应能够理解公司的整个工作流程，而不仅仅是其中的一小部分或某个片段。为了达到这种状态，西门子公司对员工进行了全面的培训和开发。公司还努力确保所有的员工都能感觉到自己是一个坚强有力、完整一体的公司的组成部分。例如，公司的人力资源经理将跨国和跨文化的管理经验作为取得职业发展的一个先决条件。

3. 相互尊重的氛围是公司内部乃至与社会之间的一切关系的基石。西门子公司主张，员工的不同国籍、文化、语言以及外貌等都是公司最宝贵的财富之一。因此，西门子公司开展了很多活动来营造一种公开、透明、公平、公正以及支持多元化的氛围。

问题

1. 基于上述信息，请你指出西门子公司至少需要达成的四项战略性组织成果以及对员工的胜任能力和行为提出的四个方面的基本要求。

2. 请说明为了使人力资源管理能够为公司战略目标的实现做出贡献，西门子公司至少实施了哪四项与战略相关的人力资源管理政策和活动。

3. 请为西门子公司描绘一幅简要的战略地图。

人力资源行动案例事件 2　卡特洗衣公司的高绩效工作系统

作为一名刚刚毕业的大学生以及紧跟商业潮流的人，詹妮弗非常熟悉全面质量管理和高绩效工作系统等项目所能带来的好处。

事实上，杰克已经在卡特洗衣店中实施全面质量管理项目大约 5 年了。这个项目的实施方式是召开员工会议。杰克会定期召开员工会议，尤其是当店里出现了某个严重问题的时候，比如工作质量较差或者是机器受到损坏等。当出现此类问题时，杰克不会试图自己单独或只是同詹妮弗两个人一起来诊断问题所在，他会与店里的所有员工进行接触，并且在关店后立即与他们开会。如果员工是按小时领取薪酬，那么他们在参加这种会议的时间段内是可以得到额外的薪水的。例如，在公司的一家洗衣店里，所有的女士白色衬衫在洗过之后颜色都变花了。后来发现，原来是负责清洗的工人忽视了公司的这样一条要求，即在清洗这种衣物之前，需要首先清洗干净四氯乙烯洗涤液。结果，这些白衬衫就被清洗其他衣物时残留的洗涤液污染了。

詹妮弗现在正在考虑是否应当将现有的员工会议的功能扩大，从而让员工在管理公司的服务质量方面发挥更大的作用。"我们无法做到时刻监督每一处发生的所有事情。"詹妮弗对她的父亲杰克说。杰克回答说："是的，但是这些员工每个小时只赚 8～15 美元的工资，他们真的愿意像微型经理那样去工作吗？"

问题

1. 你会推荐卡特洗衣公司扩展其全面质量管理项目吗？如果是，你建议他们采用哪种形式？

2. 假设卡特洗衣公司现在准备在其一家洗衣店里开展建设高绩效工作系统的试点项目。请用一页提纲简要说明这个项目应当由哪几部分内容组成。

体验式练习　为星巴克制定一项人力资源战略

2009 年，星巴克面临着诸多严峻挑战。每个门店的销售额都出现了停滞或下降，公司的增长率和利润水平也在下降。许多人认为，星巴克在店面中开始引入早餐食品的做法，实际上将其"咖啡调配师"的注意力从传统上从事的咖啡准备专家的角色分散开了。麦当劳和唐恩都乐（Dunkin' Donuts）都在引进尽管价格更低但是仍然属于高品质的咖啡。星巴克的前首席执行官重新回来执掌星巴克。现在，你需要帮助他为公司确定一个新的发展方向。

目的：让你获得制定人力资源战略的经验，这里是为星巴克制定人力资源战略。

必须理解的内容：你应当完全熟悉本章中所讲授的内容。

如何进行练习/指导：为完成这个练习，首先需要组建几个分别由3～4名学生组成的小组。你们可能已经非常熟悉在星巴克喝咖啡或茶的体验，如果还没有这种体验，你们应当在完成这个练习之前，到它的门店中去体验一下。各小组开会，讨论并制定出星巴克公司的人力资源战略纲要。你们的这份人力资源战略纲要应当包括四个方面的基本要素：星巴克的基本经营战略或竞争战略；这种战略对员工队伍提出的要求（根据员工的胜任能力和行为来描述）；为满足战略对员工队伍的这些要求，应当制定的具体的人力资源管理政策和活动；为了衡量这种人力资源战略的成功程度而建议采用的指标值。

第2篇

人员配置：人员规划和雇用

在第 1 篇 "导论"，我们学习了人力资源管理的基本概念、指导人力资源管理实践的基本公平就业机会法律和战略性人力资源管理的相关方法。现在我们开始学习如何真正管理人力资源。首先我们要明白如何来界定每个员工的工作，然后是招募和甄选新员工。第 2 篇包括第 4 章 "职位分析与人才管理"、第 5 章 "人员规划与招募" 以及第 6 章 "员工甄选"。

在第 2 篇我们学习的概念和技能会对战略性人力资源管理产生重要的影响。战略性人力资源管理是指在企业总体战略框架下对人力资源政策进行规划和执行，借以形成实现战略目标所需要的员工胜任能力和行为。仅仅完成对高潜质员工的甄选工作还不够，还需要让这些员工知晓工作的内容和做事的方式。在第 2 篇，我们将会看到，要让员工具备这样的能力和行为首先要对每个职位的职责进行分析（职位分析），并招募高潜质的求职者，从中择优选拔。然后在第 3 篇我们将学习如何去培训和开发员工。

第 **4** 章
职位分析与人才管理

本章要点

- 人才管理流程
- 职位分析基础
- 收集职位分析信息的方法
- 编写职位说明书
- 编写任职资格说明书
- 管理者的员工敬业度指南：员工敬业度管理者的职位说明书
- 运用胜任能力模型

学习目标

学完本章后，你应该能够：

1. 阐释人才管理的概念与重要性。
2. 描述收集职位分析信息的基本途径与重要性。
3. 阐释如何运用访谈法、问卷调查法和观察法等至少三种方法来收集职位分析信息。
4. 阐释如何编写职位说明书。
5. 阐释如何编写任职资格说明书。
6. 如果员工敬业度对工作非常重要，请列出几项你期望的员工人格特质和行为。
7. 阐释如何构建胜任能力模型。

引言

梅格（Meg）所在的安第研究有限责任公司（Andean Research LLC）有90名员工，主要致力于解决污染防控问题。梅格刚刚升任会计主管，手下有四名员工：一名会计兼内部审计专员、一名专职会计、一名出纳和一名工资办事员。工作了一个月后，梅格发现上个月的工资报告出现了错误。很明显，那个职员并没有将工资数据与美国国税局的数据进行比对。一个工资办事员怎么连这项工作都不知道呢？"你最好让你的员工懂得规矩。"公司总裁说。我们来看看梅格该做些什么。

■ 4.1　人才管理流程

对于大部分人来说，第4章到第11章是本书的核心部分，特别是有关招募、甄选、培训、评价、职业生涯和为员工付酬的内容。管理者过去就是按照下列逻辑顺序来完成这几项活动的：

1. 通过人力资源规划与预测，确定需要为哪些职位配置人员；
2. 通过内部和外部的招募渠道，建立一个求职者人才库；
3. 让求职者完成职位申请表，并进行初步的筛选面试；
4. 运用书面测试、面试、背景调查和体能测试等甄选工具来识别合格的求职者；
5. 决定向哪些人发出录用通知；
6. 为新入职的员工提供指导、培训并开发员工，使员工获得完成工作所需的能力和素质；
7. 进行绩效评价，以评价员工的工作进展如何；
8. 奖励员工并对员工支付报酬，以维持员工的积极性。

上述按顺序进行的步骤肯定有一定的道理。例如，不发布招募广告，你怎么能测试求职者呢？而如果不是已经招募并培训了员工，你怎么来给他们支付报酬呢？

然而，仅仅是将人员配置—绩效评价—薪酬管理的流程看作几个连续的步骤会有很多缺陷。这样做只是在表面上看起来这些活动是互相影响而且整合为一体的，实际上并非如此。例如，一名员工所需的培训和开发应当不仅仅反映他的个人绩效，还应当是公司的长期人力资源规划的需要。类似地，就像在谷歌一样，知道哪些员工的绩效最好可以帮助它确定需要雇用的人选以及雇用这些人的途径。如果你不确定你想要找什么样的人，那你怎么开始招募呢？

明白这些道理以后，如今企业越来越将以上八个步骤看作一个完整的人才管理流程的组成部分。[1]我们可以将**人才管理**（talent management）定义为包括人力资源规划、招募、开发、绩效管理和薪酬支付的以目标为导向的一整套流程。[2]这意味着什么呢？进行人才管理的经理会采用以下步骤：

1. 将人才管理的所有任务（例如招募、培训和薪酬）视为统一的人才管理流程的组成部分，就能确保管理者彻底地全盘考虑并集中于管理公司人才所必需的各项任务。例如，为了将合适的人才配置到合适的岗位上，求职者测试这项任务的重要性完全不亚于招募和培训。

2. 确保所有的人才管理职能都以目标为导向。为了有效地管理人才，管理者需要经常问一问："我需要采取什么样的招募、测试或其他行动来获得能帮助我们实现战略目标的员工胜任能力呢？"

3. 由于人才管理是全盘的整合的活动，这意味着，不管你是制订招募计划，还是对员工做出甄选、培训、绩效评价和薪资决策，都需要前后一致地使用同样的包括胜任能力、人格特征、知识和工作经验的能力人才特征框架标准。（比如，假设"设计复杂软件"是软件工程师的一项技能，管理者要询问面试问题来评价求职者的这项技能；培训员工的这项技能，并基于这项技能为员工提供评价和薪酬。）

4. 由于人才管理是全盘的整合的活动，这意味着管理者要对员工进行分层分类。比如，埃森哲公司建议识别出公司的"关键任务"型员工，并且在他们的培训开发和薪酬奖励上都与别的普通员工区别开来。

5. 整合并协调所有的人才管理职能，例如人力资源规划和开发。例如，人力资源经理通过会面，对诸如测评、绩效评价和培训等人才管理活动进行公开的探讨和分析（以确保公司对同一职位的招募、甄选、培训和绩效评价使用的标准一致），或者使用信息技术。

人才管理软件

许多企业运用人才管理软件来协调其人才管理活动。举个例子，人才管理解决方案公司（Talent Management Solutions）（www. talentmanagement101.com）的人才管理套餐中含有电子甄选软件、员工绩效管理、学习管理系统以及薪酬管理系统。此外，人才管理解决方案公司有一套"通过自动化程序减轻为员工撰写绩效评价的压力"的系统，能确保"组织的所有层级都连接在一起，都为了共同的目标工作"。[3]丝绸之路技术公司（SilkRoad Technology）的人才管理解决方案包括求职者记录跟踪、上岗引导、绩效管理、薪酬管理以及员工内网。它的名为"生活套餐"的人才管理系统"会帮助你招募、管理和留住你的优秀员工"。[4]

■ 4.2　职位分析基础

组织进行人员配置与管理，通常要先确定每个职位所应承担的责任和所需的胜任能力。而要确定这些要素，通常就得进行职位分析。

什么是职位分析

组织包含了一系列职位。图 4-1 中的**组织结构图**（organization chart）展示了每个管理职位的标识，以及职位之间的隶属关系，还有每个人的职权范围和沟通条线。**职位分析**（job analysis）就是一个确定企业中的职位所承担的工作职责以及这些职位需要具有哪些特征的任职者来承担的过程。[5]然后，管理者利用这些信息编写**职位说明书**（job description，职位承担哪些工作内容）以及**任职资格说明书**（job specification，应该雇用哪类人来承担该职位）。基本上所有的人事相关的决策——面试求职者、培训和评价求职者等都需要了解职位的信息以及做好职位工作所需的特质。[6]

职位分析通常由直接主管或人力资源专家来做，他们往往通过职位分析收集以下信息：

● 工作活动。关于实际工作的信息，比如清洁、销售、教导和绘画。这个清单还包括员工处理每项活动的原因、时间和方法。

● 人的行为。关于人的行为的信息包括：感觉、沟通、举起重物或者长距离行走。

● 机器、工具、设备和工作辅助。比如需要的工具、资料和知识（比如金融和法律）。

● 绩效标准。关于工作绩效标准的信息（比如工作职责的质量和数量）。

● 工作背景。关于背景环境的一些信息（比如物理工作环境、工作计划、激励以及要打交道的人数）。

● 人才要求。关于知识或者技能方面的信息（比如教育背景、培训和工作经验），以及所需要的个人特质（比如潜质、性格和兴趣）。

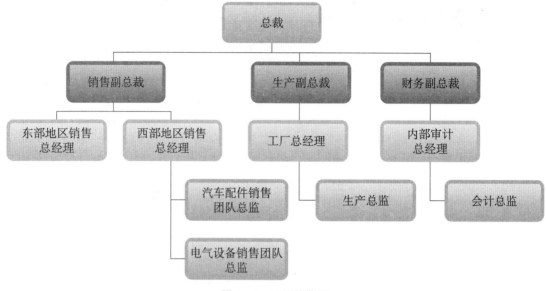

图 4-1　组织结构图

职位分析信息的用途

正如图 4-2 指出的，职位分析信息是确保各种主要人力资源管理活动有效的一个重要基石。

● 招募和甄选。职位分析可以提供关于工作职责的信息和胜任此工作员工的相关特质，以此来帮助管理者决定招募的人选。

● 遵守公平就业机会法律。比如，为了遵守公平就业机会法律，企业需要了解每个职位的核心职能，这也要求进行职位分析。

● 培训。职位说明书列举了职位的职责和所需要的技能，这为培训提供了方向。

● 绩效评价。绩效评价将员工的实际绩效与绩效标准进行比较。管理者运用职位分析来确定绩效标准。

● 薪酬。薪酬标准往往取决于职位所需要的技能、教育水平、安全风险、责任程度等，这些都需要通过职位分析获得。

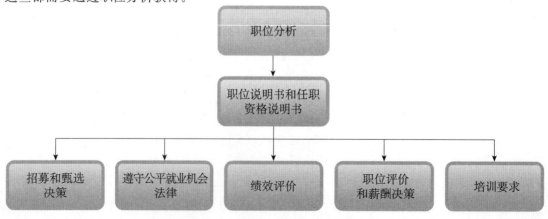

图 4-2　职位分析信息的用途

职位分析的步骤

典型的职位分析有六步。

第一步：识别信息的用途，这将决定你收集信息的方式。诸如面谈这样的数据收集技能对于撰写职位说明书是很有帮助的。当你在出于定薪的目的比较职位的时候，就可以采用其他的技能。比如职位问卷分析的方法就可以提供很多排名的信息。

第二步：回顾工作相关的背景信息，比如组织结构图和流程图。[7]组织结构图展示了职位在组织中的位置。**流程图**（process chart）展示了工作流的细节。在图4-3描绘的流程图中，质量控制员应该检视供应商的物品，检查流向工厂经理的产品并且检查产品的质量。最后，现有的职位说明书可能会为下一步的修订工作提供一个母版。

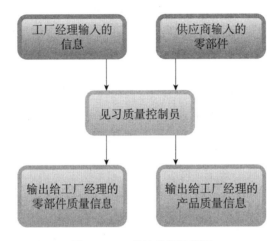

图 4 - 3　工作流分析流程图

资料来源：*Compensation Management*：*Rewarding Performance*，6th Edition，by Richard J. Henderson. Copyright. © 1994 by Pearson Education，Inc. Reprinted and electronically reproduced by permission of Pearson Education，Inc.，Upper Saddle River，New Jersey.

工作流分析　检视组织结构图、流程图和职位说明书可以帮助管理者理解职位责任和要求。然而，这并没有回答以下问题：这项工作如何与其他工作相联系？这项工作是否真实存在？我们是否应该重新设计工作方式？为了回答这些问题，管理者需要进行工作流分析。**工作流分析**（workflow analysis）指的是对工作流程中的不同岗位间工作流出和流入的研究。反过来这种分析可能会改变或者"再造"一项工作。接下来的"作为盈利中心的人力资源"专栏展示了工作流分析的过程。

➡ 作为盈利中心的人力资源

通过工作再设计提升生产力

美国亚特兰大保险公司（Atlantic American Insurance Company）采用工作流分析来识别其在处理保险申诉时的低效率。正如公司的一位人力资源经理所言，"我们跟踪了一项申诉的整个生命周期，从我们收到这样的申诉文件到最后解决这个申诉"，以此来寻找优化流程的方法。[8]

工作流分析对几项保险申诉工作进行了绩效提升再设计。公司将查阅邮件的人数由 4 人减少至 1 人，另外 3 人的工作由机器代替。一个日期加盖印章机器能够一次性盖 20 个印章，而手工只能一次一个。一个新的软件项目能够自动给每份申诉印上二维码，这也取代了手工工作。新的系统成本也更低。

议一议

基于你的经验，干洗店接受和处理洗衣订单的工作流是什么样的？这个流程该如何优化？

为了辅助工作流分析的过程，管理者可以使用流程分析图，它列举了流程的每一个步骤。管理者可能会将这个分步式的流程整合到一个流程示意图里面。通过箭线和圆圈来展示工作流程。

业务流程再造　美国亚特兰大保险公司采用工作流分析实现了申诉流程再造。**业务流程再造**（business process reengineering）意味着重新设计业务流程，通常是运用整合步骤的方式，使得小型多功能团队运用信息技术来做那些以前依赖很多部门的工作。基本的业务流程再造的步骤包括：

1. 识别一个需要再设计的业务流程（比如保险申诉流程）。
2. 衡量现有流程的绩效。
3. 识别提升流程的机会。
4. 对工作方式进行再审计和实施。
5. 将过去一系列独立的工作任务赋予个人或团队，由他们运用电脑来支持新的安排。

在美国亚特兰大保险公司，流程再造要求对员工个人的工作进行再设计。比如，公司的"日期印章"员工必须学习使用机器来盖章。相应地，工作再设计可能会造成工作扩大化、职位轮换和工作丰富化。

工作扩大化（job enlargement）意味着为员工分派额外的同等级别工作。**职位轮换**（job rotation）意味着系统性地将员工从一个职位轮转到另外一个职位。

心理学家弗雷德里克·赫茨伯格（Frederick Herzberg）认为激励员工最好的方案是工作丰富化。**工作丰富化**（job enrichment）指的是重新设计工作，增加员工对职责、成就、成长和认可的感知，因此可以带来更多的激励。在美国亚特兰大保险公司，工作丰富化体现在让一支团队负责申诉的全部流程。[9]这就可以授权员工来监督工作，而不是需要基层主管来做这样的事情。赫茨伯格认为授权的员工可以将工作做得更好，因为他们具备了意愿，因此工作的质量和产出都会提升。这就是今天世界范围内的许多公司运用基于团队的自我管理职位的理论基础。

第三步：选择代表性职位。比如，分析装配工的职位，不需要对公司的 200 名装配工都进行分析，选择其中有代表性的 10 个职位就可以了。

第四步：分析职位。管理者要真正开始着手分析职位时，可以运用我们在下一节中描述的方法。

第五步：将职位信息汇总之后，需要将这些信息同员工及其直接主管确认。这里的主要目标是确认信息（比如工作职责）是符合事实且完整的，并且有助于员工及其直接主管接受。

第六步：撰写职位说明书和任职资格说明书。职位说明书列举了工作的职责、活动和责任，以及一些重要的特征（比如工作环境）。任职资格说明书则总结了个人完成工作所需具备的资格、特质、技能和背景。

■ 4.3　收集职位分析信息的方法

管理者通常使用各种不同的方法进行职位分析，你应该根据不同目标选择不同的方法。比如，访谈法可能对列举工作职责清单有最佳效果，而职位分析问卷更适于对职位价值进行量化分析。

在大型公司，职位分析应该由人力资源专业人员、员工和员工的主管共同完成。人力资源经理主要是观察员工工作，并向员工及其直接主管发放职位分析问卷，之后再列举出工作职责清单和对员工特质的要求。此后，员工与其直接主管一起，对人力资源经理列出的工作职责进行确认。

在实践中收集职位信息是很简单直接的：对职位分析参与者表示欢迎并做简要介绍；向参与者简要说明职位分析的过程，以及他们作为参与者在这个过程中要扮演的角色；花大约15 分钟的时间对员工进行访谈，以便对职位的基本概况达成一致；确定职位所承担的大的职责范围，例如，"号召潜在的客户"等方面的职责；接下来，运用以下的某种标准职位分析方法来确定每个职责范围内特定的职责和任务。[10]确保员工理解问题和流程。

访谈法

管理者使用个人访谈对每个员工展开访谈，运用群体访谈对相同工作的员工群体进行访谈，运用主管访谈对了解工作的主管进行访谈。对拥有相同或者相似工作的员工进行群体访谈，可以相对快捷地取得信息。一般而言，员工的直接主管需要参加群体访谈，如果不行的话，可以对他进行单独访谈。

员工应该明确访谈的目的。有的时候员工将职位分析看作"效率评价"，因而不能准确地进行回答。

典型问题

面试中的典型问题包括：

你的工作是干什么？

你的职位准确的职责是什么？

你工作的实际位置在哪里？

你的工作在教育、工作经历、技能以及资质资格上有何要求？

你参加了什么活动？

你的职位职责和义务是什么？

你工作的基本责任或绩效标准是什么？

你的责任是什么？

你的工作环境是什么样的？

你的工作有何体力上的要求？有何精神和情绪上的要求？

你会暴露在一些危险或者不常见的工作环境中吗？

结构化面试

许多管理者运用问卷来将面试结构化。正如图 4-4 中展示的，结构化面试中的问题包括工作的目的、个人信息、工作职责、教育程度、技能和工作经历等。

职位分析问卷

目的和说明

由于没有人能够像处在职位上的员工那样了解这一职位，所以需要你来填写这一表格。这个表格的目的是获得工作职责和责任的信息。我们并不是询问你的工作业绩，只是了解工作知识。

员工个人信息（请打印）：

姓名：＿＿＿＿＿＿＿＿　　　　　日期：＿＿＿＿＿＿＿

员工证件号：＿＿＿＿＿＿＿

地址/部门：＿＿＿＿＿＿＿

职位名称：＿＿＿＿＿＿＿　　　　职位代码：＿＿＿＿＿＿

任职年限：＿＿＿＿＿＿＿

工作电话：＿＿＿＿＿＿＿

主管姓名：＿＿＿＿＿＿＿　　　　主管职务：＿＿＿＿＿＿

职责概要

对职位的主要职能进行简要描述，这个陈述应该将职责清单列举出来。

＿＿＿＿＿＿＿＿＿＿＿＿＿＿＿＿＿＿＿＿＿＿＿＿＿＿＿＿＿＿＿＿＿＿＿＿＿＿＿

＿＿＿＿＿＿＿＿＿＿＿＿＿＿＿＿＿＿＿＿＿＿＿＿＿＿＿＿＿＿＿＿＿＿＿＿＿＿＿

职责清单

你在这个职位上需要做什么事情？将职位职责和责任在下面列举出来。请将最重要的职责列出来，对每个职责进行分别陈述。在每个陈述的最后，写出每项职责占据日工作量的比例（比如 25％、7％等）。对最重要的职责标注 *。有必要的话可以附加一些职责。

＿＿＿＿＿＿＿＿＿＿＿＿＿＿＿＿＿＿＿＿＿＿＿＿＿＿＿＿＿＿＿＿＿＿＿＿＿＿＿

＿＿＿＿＿＿＿＿＿＿＿＿＿＿＿＿＿＿＿＿＿＿＿＿＿＿＿＿＿＿＿＿＿＿＿＿＿＿＿

＿＿＿＿＿＿＿＿＿＿＿＿＿＿＿＿＿＿＿＿＿＿＿＿＿＿＿＿＿＿＿＿＿＿＿＿＿＿＿

＿＿＿＿＿＿＿＿＿＿＿＿＿＿＿＿＿＿＿＿＿＿＿＿＿＿＿＿＿＿＿＿＿＿＿＿＿＿＿

（如果必要的话，列出额外的职责）

是否有一些你正在做的工作，却没有包含在职位说明书中？请将它们也列举出来。

职位对教育程度（或者同等学力）的最低要求

你的职位对教育程度的最低要求是什么？只能选择一个。

1. 初中

2. 一些高中教育

3. 高中毕业或同等学力

4. 正式的职业学校（大约一年）、学徒经历或者一些正式的大学教育

5. 大专学历

6. 本科学历

7. 研究生学历

8. 博士学历

9. 完成工作需要一定的资格证书吗？　　　　　　　　　是［　］　否［　］　列出类型_____

职位要求的培训经历

你的职位对在职培训或是课程培训有何要求？

1. 不需要培训

2. 一到两天

3. 一周

4. 一个月

5. 几个月

6. 一年

7. 两年或者更多

主管责任

你在工作中会对某人有主管责任吗？如果有的话，请简述这个主管责任包含哪些要素。

职位的身体要求

请简要描述职位的身体要求。比如，坐、走、站立、举重物、攀爬等。

工作条件：环境和安全要求

请列举出工作环境，比如有空调的室内工作、极度寒冷或者炎热的户外工作、噪声、工作危险、在升降的环境中工作等。

员工评论

还有哪些工作信息对于你的职位来说是很重要的？写在下方。

主管检查

根据你对工作的理解，请你对员工的回答进行检查，并将自己的评论写在下方。不要更改员工的回答。

图 4-4　开发职位描述的职位分析问题

资料来源：Adapted from：www.tsu.edu/PDFFiles/Human％20Resources/HR％20Forms/JAQ％20FORM _ rev％20100809％20a.pdf；www.delawarepersonnel.com/class/forms/jaq/jaq.shtml；www.uh.edu/human-resources/forms/JAQ.doc；www.tnstate.edu/hr/documents/…/Job％20Analysis％20Questionnaire.doc. All accessed July 24，2013. Copyright Gary Dessler PhD.

这些结构化的清单不仅仅是对访谈有用。通过观察法和问卷法收集信息的职位分析专家也可以使用这些清单。[11]

➡️ **构建你的管理技能**

面试指南

进行职位分析访谈的时候要记住以下方面。

第一，职位分析专业人员和主管应该通力合作。要识别对工作了解最深的员工，还要发现那些能够尽可能客观地描述工作职责和责任的员工。

第二，与访谈者快速建立信任。能够叫出员工的名字，使用能够被人理解的语言，简要地介绍访谈的目的，告知为什么选该名员工做访谈。信息的扭曲可能会成为一个问题。[12]职位分析经常会涉及职位的工资，因此有的员工会夸大一些职责。

第三，如果可能的话，遵循一个结构化的指南或者清单，同时列出问题并留有回答的空间。这能够帮助你提前确定关键问题，对于所有的访谈者而言也能够做到一视同仁。然而也要注意问自己："有哪些问题没有被纳入进去？"

第四，当工作职责没有以常规的方式展现时（比如员工并没有重复性地做工作），你应当要求员工将工作职责按照重要性和发生频率列举出来。这样就能保证关键却不经常发生的行为（比如护士的急诊任务）不会被忽视。

第五，向员工本人及其主管确认。

问卷调查法

很多公司都让它们的员工填写问卷来描述其工作职责和责任。

一些问卷是结构化的清单。有些问卷可能会为员工提供上百种备选的工作职责或工作任务（比如"更换和切割电线"等），员工只需要指出自己是否在执行每项工作任务就行了。如果在执行某项任务，那么需要进一步说明在每一项工作任务上通常要花费多长的时间。而在另一个极端，问卷完全是开放式的，它只对员工提出"请描述你的主要工作职责"的要求。

在实际中，最好的调查问卷往往介于这两个极端之间。如图 4-4 所示，它可能会包括一些结构化的问题，同时也可能会包括几个开放式的问题（例如，关注以前的经验要求）。

问卷是从大规模员工中获取信息的便捷和有效率的方式，比面试数百位员工的成本要低。然而，开发和进行问卷测试的过程（让员工明白问题）可能会耗时耗力。此外，和访谈一样，员工不一定会说出心中所想的。

观察法

当职位所承担的主要是那些可观察的身体活动时，管理者通常采用直接观察法进行职位分析。比如，门卫、装配线上的工人和会计员等都是如此。然而，当工作涉及更多的精神活动（比如律师、设计工程师等），观察法可能就不一定合适了。对于那些关键却不经常发生的行为（比如急诊任务中的护士），这种方法也不太适用。反应性——当有人观察时员工会改变他平时的做法，也会成为一个问题。

管理者可以将观察法和访谈法结合起来。其中的一个做法是，在员工完成完整的工作流程的时候（指的是员工完成工作需要的完整时间，比如对于一位装配工而言是一分钟、一小时、一天或者更长的时间）去观察他。你可以对所有的工作活动进行记录，然后再询问员工，让他阐明所有看得见的工作部分，并解释那些看不见的工作部分。

参与者工作日记或工作日志法

这种方法要求任职者本人把每天所做的事情都记录在**工作日记**（diary）或**工作日志**（log）之中。每一位员工都将自己在一天当中所从事的每一项工作活动，（按时间的先后顺序）以日志的形式记录下来。这样就可以生成非常完整的工作图景，尤其是在此后再辅以访谈的情况下。有些员工则用手持口述记录器记录他们所做的工作，并汇总成工作日记或工作日志。

定量职位分析法：职位分析问卷

像访谈和问卷这样的定量方法并不总是合适的。比如，你的目标是比较职位间的薪酬要素，那仅仅将工作职责列举出来就不够了。你可能需要回答"在挑战性方面，职位 A 是职位 B 的两倍，所以职位 A 值得两倍的薪酬"。在这种情况下，定量职位分析就很有必要了。

职位分析问卷（position analysis questionnaire，PAQ）是一种结构化的问卷。这种问卷由一位职位分析师填写，这个人必须非常熟悉分析的职位。[13] 它一共包括 194 个项目，每一个项目都代表一个在某职位上可能起作用的基本要素（例如"书面材料"）。这些要素属于职位分析问卷五个部分中的一个，这五个部分包括：(1) 决策/沟通/社会责任；(2) 展示有技能的活动；(3) 在身体上比较活跃；(4) 操作车辆/设备；(5) 处理信息。（图 4-5 展示了最后的部分。）职位分析问卷最后要对这五个部分给出分数。职位分析人员需要确定这 194 个项目中的每一个是否在职位上起作用，如果起作用的话，还要判断起作用的程度。例如，在图 4-5 中，"书面材料"这一项得到的评价是第 4 级，这就表明书面材料（比如书籍、报告以及办公记录等）在这个职位中具有相当重要的作用。分析师还可以使用职位分析问卷的在线版本对每一个职位进行分析。

职位分析问卷法的优势在于通过对每个职位在诸如决策/沟通/社会责任等五个方面的特质进行评分，为每个职位提供一个量化的分数值。在确定了所有职位的得分之后，便可以对职位之间的相对价值进行定量比较[14]，进而能够为每一个职位分配一个薪酬等级。[15]

电子化职位分析方法[16]

企业越来越多地使用电子或基于网络的职位分析方法。比如，管理者或者职位分析专业人员需要使用职位信息。与进行面对面的访谈和观察来进行职位分析不同，分析师使用在线系统将职位问卷发放给远离公司的职位分析专家。最后，职位分析专业人员通过网络电话与工作专家联系，来讨论并最终敲定职位所需的知识、技能、能力和其他特质。[17]

借助互联网进行职位分析显然是一个很好的解决方案。[18] 人力资源部门可以通过公司的内部网分发职位分析调查问卷，并附上填表说明和回收问卷的特定日期。要确保指导语清楚，另外要对这样的流程进行测试。

信息输入

1. 信息输入

　　1.1　职位信息来源

　　使用左边的回答量表，根据任职者在工作时对每一个信息来源使用的程度对以下项目分别进行评价。

　　　　1.1.1　职位信息的视觉来源

	使用程度
NA	不适用
1	很少/几乎不用
2	偶尔使用
3	一般使用
4	经常使用
5	使用非常多

1	4	书面材料（书籍、报告、办公记录、文章、工作指南等）。
2	2	定量材料（与数量或数字相关的材料，如图例、账目、明细表、数字表格等）。
3	1	图片材料（作为信息来源的图画或类似图画的材料，例如草图、蓝图、示意图、地图、线路图、X光胶片、电视图片等）。
4	1	模型或相关装置（在使用中被观察并被作为信息来源的模板、型板、模型等，不包括第3项中已描述过的要素）。
5	2	可视展示物（刻度盘、标准尺、信号灯、雷达示波器、速度计、时钟等）。
6	5	测量装置（用以获取关于物理衡量数据的可视信息的直尺、卡尺、轮胎压力仪、天平、厚度仪、滴管、温度计、量角器等，不包括第5项中已描述过的要素）。
7	4	机械装置（在操作中被当作信息来源加以观察的工具、设备、机器以及其他机械装置）。
8	3	在流程内的材料（在修正、处理或加工时被当作信息来源的部分、材料和物体。比如和好的面团、放入车床的工件、被剪断的纤维、更换鞋底的鞋子等）。
9	4	不在流程内的材料（没有经历被改变或修正程序的部分、材料和物体。当它们在被检查、处理、包装、分配和选择的时候可以当作信息的来源，比如库存、储存和分配渠道的材料，以及正在接受检查的物体等）。
10	3	自然的特性（可以通过观察和检查地平线、田野、地质标本、植物、云的形成等自然特性来提供信息）。
11	2	人造的环境特性（可以通过观察和检查结构、建筑、大坝、高速公路、大桥、码头、铁路等人造或改变的室内环境来提供信息，不需要考虑第7项中提到的装置和设备）。

图4-5　职位分析问卷的一部分

■ 4.4　职位说明书的编写

　　职位分析最重要的成果就是职位说明书。职位说明书是关于任职者实际上在做什么、如何做以及在什么样的工作条件下做等问题的一种书面陈述。管理者也需要利用这些信息来编写任职资格说明书——这份文件列举了任职者为了令人满意地完成一个职位要求的工作任务所必须具备的知识、能力以及技能。[19]

　　职位说明书没有标准模板，不过，大部分的职位说明书都包含以下要素：

1. 职位标识；

2. 职位概要；

3. 职责和责任；

4. 职位权力；

5. 绩效标准；

6. 工作环境；

7. 任职资格说明书。

图 4-6 展示了两份典型的职位说明书。

职位名称：电话销售代表	职位代码：100001
建议薪酬等级：	豁免性/非豁免性地位：非豁免性职位
职位族：销售类	公平就业机会：销售类员工
事业部：高等教育事业部	直接主管：地区销售经理
部门：室内销售部	工作地点：波士顿
	编写日期：2013 年 4 月

职位概要

该职位的任职者需要通过接听以及打电话的方式，向教授们推销在大学中使用的教材、软件以及多媒体产品，在公司划定的规模较小的大学或学院中通过执行公司销售战略达成销售目标。此外，该职位的任职者还要负责总结出既定数量的编辑线索，然后将产品反馈情况以及在公司划定领域中观察到的市场发展趋势等反映给出版团队。

职位的范围和影响

经济责任（预算以及/或收入责任）

该职位的任职者要完成约 200 万美元的销售额，运营费用不超过 4 000 美元，所用样书不超过 1 万册。

监督责任（直接下属或间接下属）

无

其他

知识和经验要求（完成本职工作所必需的知识和经验）

相关工作经验

最好有销售经验或出版经验。在客户服务或营销职能领域中有一年的公司工作经验，最好对公司的产品和服务有比较全面的了解。

正规教育或对等经验

要求有学分绩点较高的本科学位或对等的工作经验。

技能

必须有很强的组织和说服能力。必须有很强的口头表达和书面表达能力，必须熟悉计算机的使用。

其他

要求少量的出差（大约 5% 的时间）。

重要职责（根据重要性和花费时间的顺序填写）

提升销售额（60%）

• 在指定的小型大专院校的区域内实现量化的销售目标。

• 决定销售重心和区域销售战略，并为执行这些战略开发计划。

• 在每一销售学年中每天与 15～20 名教授面谈，以完成销售重点工作。

• 实施产品演示（包括文本、软件和网页）；高效清晰地总结作者的核心观点；运用 PSS 模型实施销售面谈；借助书籍和科技进行阐释。

• 使用电话销售技巧和策略。

• 将样书送至合适的教师处，运用好样书预算。

• 对第一版的产品样书进行课堂测试。

• 在公司的规定范围之内，就出版和特殊包装合同展开谈判。

- 通过最大化地使用差旅预算，来向教师们发起和实施产品展示，并做好移动销售活动。此外还要运用内部资源来支持区域销售目标。
- 策划和实施本区域内的特殊销售活动和图书展。
- 开发和实施本区域内的促销活动和有针对性的邮件促销活动。

出版（编辑/市场，25%）
- 报告、跟踪和签订编辑性项目。
- 收集重要的市场信息，并反馈至出版团队。

区域管理（15%）
- 在指定的数据库中跟踪和汇报所有即将完成和已经完成的业务。
- 在指定的数据库中维护顾客销售面谈记录和产品选择情况。
- 战略性地管理运营预算。
- 提交区域行程表、销售计划和销售预测。
- 在指定区域内提供高品质的顾客服务，与书店维持职业的关系。
- 职位的决策责任。

提交人：区域销售经理吉姆·史密斯	日期：2013 年 4 月 10 日
批准人：	日期：
人力资源部：	日期：
公司薪酬部：	日期：

图 4-6　职位说明书示例（培生教育出版公司）

资料来源：Reprinted and electronically reproduced by permission of Pearson Education, Inc., Upper Saddle River, New Jersey.

职位标识

如图 4-6 所示，职位说明书的开头部分包含了一些信息。[20] 职位标识部分包括职位名称信息，如销售经理或库存管理员；它还包括所属部门、编写日期等信息。《公平劳动标准法》则将工作分为豁免性工作和非豁免性工作（《公平劳动标准法》对某些职位的加班工资和最低工资要求进行了豁免）。日期这一栏显示了这份职位说明书通过的时间。

职位标识还留有一个空白栏，用于填写直接主管的职务和他的确认签名。此外，还可能显示工作的地点（设备、区域和部门），还可能包括职位的层次（比如程序员二级、程序员三级等）和薪酬等级。

职位概要

职位概要应该描述职位的主要特征，并列出主要的职能活动。在图 4-6 中显示的电话销售代表负责销售大学教材。而收发室的主管"负责合理接收、分类和运送所有接收到的邮件，同时处理所有将要发出的文件，包括文件的准确和按时寄出"。[21]

一些专家明确地说："一些常见的'逃避型'语句不能被纳入职位说明书中，比如'分配的其他工作'"[22]，因为给职位留出了空间。职位概要中的语句应该将员工职责高效清晰地展示出来。

工作关系

工作关系陈述表明了某一职位上的任职者与组织内外部其他人之间的相互关系。以人力资源经理职位为例，关于其工作关系的说明可能是这样的[23]：

工作报告对象：员工关系副总裁。

监督管理对象：人力资源专员、甄选测试专员、劳动关系主任以及一位秘书。

工作合作对象：其他所有部门的经理以及公司高层管理人员。

公司外部联系：就业机构、高层管理人员代理招募机构、工会代表、州政府及联邦政府就业服务办公室，以及其他各种服务供应商。[24]

职责和责任

这是职位说明书的核心部分。这个部分将展示某职位完整的职责清单，如图 4-6 所示，职位所承担的每一项主要工作职责都将会被列出并加以描述。图 4-6 中，工作职责包括实现量化的销售目标、决定销售重心。典型的其他工作职责包括准确地粘贴付款清单、维持令人满意的价格范围、修理生产线工具和设备等。这个部分还会决定职位的权限，比如决定 5 000 美元以下的购买行为。

➡ 构建你的管理技能

决定工作职责

现在的关键问题是：如何确定工作的职责？首先，职位分析中应该包括员工目前在职位上所做的工作。

其次，还有一些政府资源可以提供标准的职位说明书信息。比如，美国劳工部做了很多开发职位分析的前期工作[25]，它将多年的研究成果编纂成了《职业条目词典》（Dictionary of Occupation Titles）。这个鸿篇巨制几乎包含了美国所有职位的细节信息。现在，我们看到像 O*NET 等在线工具已经很大程度上取代了这个词典（接下来我们还会提供这样的例子）。另外一个选择就是政府的**标准职位分类**（Standard Occupational Classification，SOC，www. bls. gov/soc/socguide. htm），这里将所有的工作划分到了 23 个重要职位类型中，比如"管理型职位"和"健康型职位"。这些职位中又包含了 96 个小职位，而其中又包含了 821 个职位。管理者还会使用一些职位分析信息的在线资源，比如 www.jobdescription. com。

还有一个简单的解决方案就是上谷歌搜索职位说明书，你可以搜索到很多经验模板。想要编写诸如市场经理这样的职位说明书可以在线搜索以下信息：

登录 http：//hiring. monster. com，并且点击资源中心，然后点击招募建议和职位说明书，最后点击职位说明书模板，就可以下载市场经理的职位说明书模板了。[26]

登录 http：//www. careeplanner. com，点击职位说明书，就可以下载市场经理的职位说明书模板了。[27]

比如，本章开篇提到的会计主管发现她的职员并没有将工资数据与美国国税局的数据进行比对，到底有哪些职责缺失了？她可以使用一些在线工具比如 http：//www. americas-jobexchange. com/，然后点击资源，再点击浏览职位说明书，找到"办事员 & 管理"栏目，点击"工资&计时办事员"就可以了。[28]（也可以在 careerbuilder. com 上搜索。）

社交媒体和人力资源

有的时候，确定职位标识和职责最方便的方法就是运用像领英这样的社交媒体。比如，有人在领英上公开了他们公司的职位：我从 O* NET 下载了开发经理的职位说明书，我希望领英上的 IT 业的招募者可以帮助我更好地理解这一说明书。许多人对这一问题进行了回复，其中有 12 个关键任务，包括：（1）他的技术技能是否匹配职位要求？（2）这个求职者能够解决什么样的技术问题？（3）这个技术员知道云开发技术吗？[29]等等。

但是有时候你在社交媒体上寻找的职位名称可能更具创造力，比如 Pinterest 将它的设计师称为"Pixel Pushers"，将实习生称为"Pinterns"。[30]

在任何情况下，清晰地撰写工作职责都是很关键的。对于一个护士而言，她的一项职责是[31]：

不正确的：确保病人只要在需要的时候就能获得医护服务。

评论：护士的行为是模棱两可的，她的行动的结果也不甚明确。

正确的：对病人实施简单的医疗诊断和照顾（量体温、简单处理伤口、给患者服用阿司匹林或止咳糖浆），运用急救常识对病人的健康问题进行治疗，运用自己的判断并遵守制度化的医疗规定来决定患者的需求是否合理。

➡ **了解你的雇用法律**

编写符合《美国残疾人法》规定的职位说明书

职责清单对于遵守《美国残疾人法》非常重要。在该法案的要求下，员工必须具备职位所要求的技能、教育背景和工作经历以完成基本职能。公平就业机会委员会认为："所谓职位的基本职能就是不管是否经过合理调整，任职者都必须履行的工作职责。"[32]需要考虑的因素包括：

- 职位是否体现了这种职能？
- 能够展示这种职能的其他员工的数量。
- 现有职位上的员工是否符合展示职能的要求？[33]
- 完成这项职能所需要的专业技能的水平。[34]

比如，对于接待员来说，回应电话和引导来访者去指定办公室是一项关键职能。公平就业机会委员会认为，它会将企业对关键职能的判断和发布招募广告之前的职位说明书作为关键职能的证据。其他的证据包括，现有员工或者以前员工的实际工作经验；每项职能所需要的工作时间。虽然公平就业机会委员会不要求企业必须拥有职位说明书，但最好还是有一个。

如果残疾员工不能够根据现有的情形完成工作职能，那么企业就应该提供合理的便利，除非这种便利会带来特别的困难。根据公平就业机会委员会的要求，合理的便利包括：

- 获得或修正设备和装置；
- 工作再造；

- 兼职性或者修正工作安排；
- 重新提供一个空缺职位；
- 调整或者修改测试、培训资料和政策；
- 提供朗读者和翻译；
- 在工作场所为残疾人士提供便利。

绩效标准和工作环境

这部分内容说明了员工在履行职位说明书中的每一项主要工作职责时需要达到的绩效标准。设置标准的方法就是完成这样的句子："当我……我就会对你的工作完全满意。"如果对每个工作职责都回答这个问题，那么这对设置绩效标准是很有用的。

职责：准确粘贴应付账款单据

1. 将同一天收到的付款清单粘贴在一起。
2. 不晚于拿到收条的第二天，将所有的付款清单寄给部门经理。
3. 每个月的粘贴错误不超过三处。

职位说明书还可能包括工作环境。工作环境的内容可能包括噪声水平、各种危险环境或炎热程度等。接下来的"直线经理和小企业的人力资源工具"专栏展示了如何运用网络来创建职位说明书。

➡ 直线经理和小企业的人力资源工具

使用 O*NET

许多管理人员和小企业主在进行职位分析和编写职位说明书时，往往会面临两个方面的难题。第一，他们通常需要一种更为简便高效的方法来编写职位说明书；第二，在编写职位说明书时，他们担心会漏掉下属人员应当承担的一些工作职责。因此，他们需要一个能够将所有的职位及其职责列举出来的百科全书。

小企业至少有三种选择。前面提到的标准职业分类可以提供上千个职位的说明书和对员工特质的要求。www.jobdescription.com 这样的网站可以按照职位名称和行业分类，提供客户定制化的职位说明书。美国劳工部的 O*NET 系统是第三种选择。我们将聚焦于用这个系统来编写一份职位说明书。[35]

O*NET

美国劳工部的职业信息网络叫作 O*NET，它是一个很流行的工具，可以让用户（不仅仅是管理者，还包括员工和求职者）看到各种职业中最重要的特征，比如工作经历、教育背景和知识。标准职位分类和 O*NET 都对数量众多的职业列举出了清单。O*NET 还列举了一些技能，如基本技能（比如阅读和写作）、运营技能（比如批判性思维）以及转化技能（比如说服和谈判）。[36] O*NET 的职责清单还包括员工要求（比如知识）方面的信息、职位要求（比如汇总、编码和数据分类）以及经历要求（比如教育和职位培训）。企业和职业规划师还使用 O* NET 来查看职位的劳动市场特征，比如就业前景和收入数据。[37]

接下来是运用 O* NET 提升写作职位说明书水平的步骤。

步骤 1：制订一份计划。在理想情况下，你们公司需要完成的工作都是从部门工作计划或公司计划中衍生出来的。因此，你可能首先需要对你们的这些计划进行审查。你期望公司明年及以后若干年的销售额分别达到多少？你认为你们公司的哪些领域或哪些部分需要扩张或收缩？你认为公司需要设立哪些新的职位？

步骤 2：绘制一份组织结构图。你可能先要画一张公司的组织结构图，再绘制另外一份组织结构图，以说明你希望本公司在未来（比如未来的 1~2 年内）是一个什么样子。在微软的 Word 办公软件中就有组织结构图的绘制功能。[38]

步骤 3：使用一种简化的职位分析问卷。接下来要做的就是收集关于工作职责的一些初步信息（你可以用图 4-4 和图 4-7 所示的问卷）。

职位说明书背景数据

职位名称：_____　　　部门：_____

职位代码：_____　　　编写者：_____

日期：_____　　　适用代码：_____

1. 适用代码定义：

2. 职位概要：
（列举重要或者常规的工作任务）

3. 汇报关系：

4. 直接主管：

5. 工作职责：
（简单地描述员工每项职责的内容和完成方式，在写完职责后附上每项工作任务所需要的时间）
（1）日常职责：

（2）周期性的职责：
（指明是每周、每月还是每季度等）

（3）非常规性职责：

图 4-7　职位说明书问卷

步骤 4：从职位信息网上获取工作职责。你通过之前步骤找到的工作职责清单可能是完整的，也可能是不完整的。因此，我们需要利用职位信息网来整理出一个比较完整的工作职责清单。在阅读下面的内容时，请参考图例。

首先登录网站 http：//www. onetonline. org。点击"查询职位"（Find Occupations）。假设你想创建的是一份零售业销售员的职位说明书，在职位名称的下拉框中输入"零售售"（Retail Sales），然后点击查询职位。这一步操作会让你看到职位查询结果界面。

找到"零售业销售员"（Retail Salespersons），然后点击其后面概述项目，便可得到零售业销售员的职位概述以及具体的工作职责。对于一家小的商店来说，你可能想把零售业销售员所承担的工作职责与"零售业销售员的一线主管或经理"所承担的工作职责合并在一起。

步骤 5：利用职位信息网列出职位对任职者的要求。接下来，让我们回到"零售业销售员"的界面（概述）。在这里，我们不再选择特定的职位信息，而是点击诸如任职者的经验、职位要求以及任职者特征等条目。可以运用这些信息来编写一份关于某职位的任职资格说明书。这些信息可以用于员工的招募、甄选以及培训。

步骤 6：完成职位说明书。最后，编写一份合适的职位概要。利用在步骤 4 和步骤 5 中得到的信息，为每一个你需要找人填补的职位创建一份完整的工作任务、职责以及任职资格要求的清单。

■ 4.5 任职资格说明书的编写

任职资格说明书是在职位说明书的基础上回答这样一个问题："要做好这个职位上的工作，任职者必须具备什么样的特点和经验？"它说明了应当招募什么样的人来填补某一职位，以及在甄选测试时应当对求职者进行哪些方面的测试。任职资格说明书可以是职位说明书的一个部分，也可能是一份单独的文件。正如图 4 - 6 显示的那样，它是职位说明书的一部分。[39]

受过培训的员工和没受过培训员工的任职资格说明书

如果要替换有经验的任职者，比如受过培训的簿记员，那么确定该职位的人员要求通常不太难。你的任职资格说明书可能大部分都会集中在任职者的受教育程度、过去的工作经验以及过去的工作业绩等方面。

然而，当你需要用未受过培训的人来填补某一职位时，问题就没那么简单了。在这种情况下，你就要明确求职者必须具备哪些承担这一职位或做好这项工作的潜质，这些潜质可能包括身体特征、感知能力等。例如，假设某一职位要求任职者在电子器件生产线上进行比较精细的操作。你可能会希望求职者在手指灵活性测试中取得较高的分数。企业通常使用主观判断法或者统计分析法来确定这些职位对任职者的要求。

基于判断的任职资格说明书

大部分任职资格说明书都会对主管和人力资源经理这样的员工进行一个"教育猜想"。基本的程序是询问："做好工作需要什么样的教育水平、智力水平、培训等资质？"

那么，怎样才能做到这样的"教育猜想"呢？你可以简单地检视职位的职责，并以此来推测工作要求的技能和个人特质。你也可以从诸如 www.jobdescription.com 这样的网站列举的胜任能力（比如，一项典型的胜任能力是"提供创造性的解决方案"和"管理难应付和情绪化的顾客"）中去搜索相关特质和技能。O* NET 在线也是一个选择，该系统中列举了一些教育背景及工作经历和技能方面的要求。

在任何情况下都要使用常识。不要忽视那些对任何工作都很重要，但是不一定能从职位分析中发现的行为。"勤奋"就是一个例子。所有人都希望员工努力工作。一项调查收集了来自 42 个入门级职位的 18 000 名员工的信息和主管评价。[40] "一般的"的重要工作行为包括：细致深入、出勤率、不受控制和遵守计划的同时保持灵活性（在接受计划的同时保持必要的变化，比如在商店很忙的时候可以加班）。同样，在一项对超过 7 000 名高管的调查中，研究者发现高管行为包括：带头创新，自我开发，展示高度的正直，以结果为导向，开发他人。[41]

基于数据分析的任职资格说明书

基于数据分析而不仅仅是判断来撰写任职资格说明书时更具有说服力，同时也更加困难。它的目标是通过数据的方式来决定一些预测因素（比如人才特质：身高、智力和手指灵巧性）和工作有效性标准，比如主管认定的工作绩效。

这个流程包括五个步骤：（1）分析职位并且决定如何测量工作绩效；（2）选择一些可以预测绩效的个人特质（比如手指灵巧性）；（3）对员工的这些特质进行测试；（4）衡量员工的绩效；（5）通过数据来分析员工特质（比如手指灵巧性）和工作绩效的关系。你的目标是决定特质是否能够预测绩效。

这种方式比判断更加具有说服力。第一，如果特质不能够预测绩效的话，那么为什么要用它呢？第二，公平就业机会法律禁止企业使用那些不能够区分绩效高低的特质。如果企业要使用诸如性别、种族、宗教、国家来源或者年龄等招募标准，就必须要使用以上的五个步骤来证明这些特质是能够预测绩效的。但是在实践中，很多企业仍然基于判断来撰写任职资格说明书。

工作要求矩阵

虽然大部分企业使用职位说明书和任职资格说明书来总结工作的职责，但是工作要求矩阵也很流行。[42] 一个典型的工作要求矩阵包括下面五个维度。

第一个维度：每个工作的四到五个工作职责。

第二个维度：与每项职责相关任务的陈述。

第三个维度：每个主要工作职责的重要性。

第四个维度：每个主要工作职责所需要的时间。

第五个维度：与主要工作职责相关的知识、技能、能力和其他的个人特质。[43]

创建工作要求矩阵中最重要的步骤是撰写任务陈述。每个任务陈述都展示了员工每个独立工作职责的内容和方式。

■ 4.6　管理者的员工敬业度指南

员工敬业度管理者的职位说明书

正如此前提到的那样，在撰写任职资格说明书的时候管理者必须注意，有些工作行为对于所有工作都很重要但不一定体现在职位说明书当中。员工敬业度就是这样一种行为表现。员工敬业度指的是员工在心理上参与、联系和奉献于工作的程度。

职位说明书和员工敬业度

对于任职资格说明书而言，关键问题是有哪些个人特质更有可能提升员工的敬业度。人力资源咨询公司美国智睿咨询（Development Dimensions International）对 3 800 名员工开展了一项调查，并识别了一些预测员工敬业度的个人特质。[44]这些特质包括：适应性、工作热情、情绪成熟度、积极的性格、自我认可和成就导向。

过去的行为是最好的未来预测指标。一个良好的建议是，如果你想招募一个更有可能具备高敬业度的员工，那么要去找到他在生活中其他领域具有敬业度的例子。[45]比如，去寻找那些展示过奉献精神的求职者，比如护士、老兵和第一时间响应的志愿者。

高敬业度管理者的职位说明书

由于员工敬业度变得越来越重要，许多企业都设置了专门的员工敬业度管理者职位，比如员工敬业度经理和员工敬业度主任。接下来的职位说明书示例展示了一名员工敬业度经理的职业说明书，其中包括了该职位的职责和责任（见图 4-8）。仔细阅读这个职位说明书可以发现第 3 章和第 4 章中提到的三个知识点。

第一，人力资源部门的员工敬业度战略应该能够支持公司的整体战略规划。

第二，和其他的人力资源职能一样，员工敬业度战略应该是可以衡量的。理想的状况下，运用调查和其他的员工反馈来开发项目的目标，并用量化的方式来监测员工敬业度。

第三，员工敬业度项目在不同的公司各不相同，其中有一系列相似的元素。员工敬业度项目包括通过培训提升管理技能，提供基于绩效的员工培训计划和培训，变革人力资源政策和流程以将其与员工敬业度目标协调一致，提升组织参与度、交流和认可项目。

员工敬业度经理职位说明书[46]

职位概要

员工敬业度经理需要与人力资源经理和其他管理者一起，创建公司范围内的员工敬业度战略，支持公司的战略规划。员工敬业度经理需要引领并实施沟通战略、认可项目和其他项目，以支持和提升员工敬业度。员工敬业度经理还需要与公司的培训经理及其他有培训主管责任的管理者合作，将员工敬业度概念整合融入现有的主管培训项目中，使得主管支持成为提升敬业度的关键。员工敬业度经理还需要负责识别和实施衡量敬业度的指标，并且开发行动计划来持续地提升员工敬业度。员工敬业度经理还需要开发员工调查程序，公司可以监测员工敬业度水平，并且与其他管理者一起保证调查的有效管理。

主要职责

- 创建综合和可持续的员工敬业度战略
- 与其他高级管理者一起开发员工敬业度战略和目标，并且将员工敬业度和战略目标结合起来
- 开发一个调查程序和评价指标，使得公司能够对各部门及全员的员工敬业度进行跟踪
- 设立员工焦点小组来完成员工敬业度调查
- 对调查结果进行分析，并且提供报告以监测程序，创建一个行动计划来提升员工敬业度
- 开发一个"培训者培训"项目以分析员工敬业度数据，创建一个员工敬业度培训计划
- 监督内部沟通的附属产品，比如事件、新闻和脸书，方便内部员工的沟通交流
- 开发员工认可计划，包括回顾、评价和修正部门认可计划
- 开发员工参与项目，比如员工参与计划和论坛
- 监测员工留任及其战略
- 开发、评估、实施新的流程，以保证员工能够知晓公司相关计划、项目和声明
- 与其他的管理者一起，确保绩效评价流程能为员工的开发计划提供基础
- 与人力资源专业人员和公司高管一起，回顾所有的人力资源政策和流程，为提升员工敬业度计划提供修正建议
- 帮助所有的管理者理解员工敬业度和结果之间的联系，比如员工流失率、医疗卫生成本、惩戒和顾客服务

教育背景和工作经验要求

- 拥有商业、心理学或其他相关学科的硕士学位
- 在人力资源或者相关领域至少拥有五年的工作经验
- 至少拥有两年的员工管理经验
- 具备能够推进工作日程或创新的能力

优先考虑的经验

- 人力资源师证书
- 与所有管理层次和跨组织层次员工交流的经验
- 运用高效人力资源措施支持组织目标的经验
- 分析细节信息和海量数据的经验
- 变革管理以提升效率和效能的经验
- 展现实现服务他人的承诺的经验

图 4 - 8　员工敬业度经理职位说明书

资料来源："Employee Engagement Manager Position Description," www. mnodn. org/wp-content/uploads/2012/04/U-of-MEmployee-Engagement-Manager. pdf；"Human Resources/Employee Engagement Manager," www. LinkedIn. com；and "Job Title：Director of Employee Engagement," www. hrapply. com/mgmresorts/AppJobView. jsp? link＝17240，all accessed April 17，2014.

■ 4.7　运用胜任能力模型

许多人认为职位是一系列的工作责任，但是职位的概念正在转变。公司正在扩张其组织

范围，减少管理层次和管理者，同时让其余的员工更多地承担工作。还有一些公司正在重新组织它们的工作，使得工作团队能够用分享工作的方式来完成工作。美国亚特兰大公司正在对工作进行再设计，让员工更多地承担责任。戴姆勒的亚拉巴马州工厂则以工作团队的形式分享工作（参见本章的"全球人力资源管理实践"专栏）。诸如此类的职位消亡的变革正在席卷全球。关键问题在于，在这些情况下，想要通过工作职责来促使员工完成工作就常常变得不合实际了。[47]虽然许多公司还在使用传统的职位说明书，但是也有一些公司选择了新的方式。与聚焦于工作职责不同的是，这些公司强调完成工作所需要的胜任能力模型（或人才特征）以及知识和技能。这样的人才特征或者胜任能力模型列举了有效完成工作所需要的知识、技能和行为。[48]这里的假设是，只要新员工具备了相关的知识和技能，那么它就能够做好任何要求的工作。

建立人才特征框架的目的就是详细描述做好某项工作所必须具备的素质，包括必备的胜任能力（必要的行为）、个性特征（特质、人格等）、知识（技术性或专业性）和经验（必要的教育和工作成就）。每个职位的人才特征框架会成为组织为该职位制定招募、甄选、培训、评价以及开发计划的基准和参照。图 4-9 介绍了一种人才特征框架，该人才特征框架的形式被人力资源专家称为胜任能力模型。

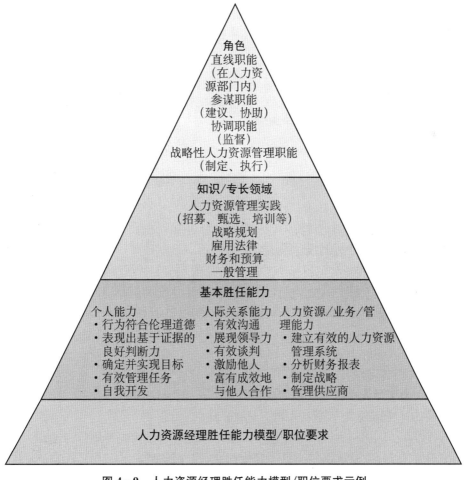

图 4-9　人力资源经理胜任能力模型/职位要求示例

胜任能力模型或人才特征框架可以成为人才招募、甄选、培训、评价和开发的基石。[49] 举例来说，管理者可以运用人才特征框架中的胜任能力清单来招募新员工，并且对其进行针对性的培训以提升胜任能力，最后对员工的胜任能力展开绩效评价。

➡ **全球人力资源管理实践**

戴姆勒的亚拉巴马州工厂案例

几年前，戴姆勒在亚拉巴马州开设了一个新的高科技奔驰汽车厂。[50]工厂强调运用一种即时库存方法，也就是生产汽车的零件能够及时运达，所以几乎不需要库存。工厂还将员工编入工作团队，强调员工必须聚焦于持续的绩效改善。

这些运营要求需要一些特定的员工胜任能力（技能和行为），比如人际技能和灵活性。

基于胜任能力的职位分析（competencies based job analysis）帮助了工厂的员工。招募和培训的标准是基于员工的胜任能力（比如团队合作），而不是工作职责清单。因为他们不需要完全遵循特定的职位说明书，所以这让他们更容易在不同职位间灵活转换。

强调胜任能力更甚于工作职责还鼓励员工放眼职位之外，寻找提升绩效的途径。比如，一个团队对装配零件的齿条移动流程进行了再设计，这每年为装配工节省了上千个工作步骤。

现在这个系统（包括基于胜任能力的职位分析）已经在亚拉巴马州工厂证明了其价值。戴姆勒的南非、巴西和德国工厂也在使用。

议一议

你是否对戴姆勒公司这种基于团队的生产系统能够在南非、巴西和德国工厂适用感到惊讶？你认为公司会遇到什么样的跨文化挑战？

如何撰写胜任能力陈述

挖掘职位的胜任能力要求与传统的职位分析方式相似。比如，你需要对员工及其主管进行涉及工作职责和活动的开放问题访谈。

但与汇总工作职责不同，你的目标是完成以下问题的陈述："为了胜任工作，员工需要……"运用你的工作相关知识来回答这个问题，或者运用直接主管的观察以及 O* NET 这样的在线工具和劳工部人事管理办公室的在线资料也可以达到同样的目的。对于每项胜任能力都要撰写一个胜任能力陈述。

理想状态下，胜任能力陈述包括三个部分。[51]第一，胜任能力的简介及名称，比如"项目管理：创造准确和有效的计划安排"。第二，描述能够反映胜任能力熟练程度的可观测行为，比如"个人为项目的执行和项目的成功负责，通过及时制定决策来持续地管理项目风险和依赖度"。第三，明确熟练程度的层次，比如：

- 熟练程度 1：识别项目风险和依赖度，规律性地与利益相关者进行沟通。
- 熟练程度 2：开发系统以监测风险和依赖度，汇报变革。
- 熟练程度 3：预测变化的情境，对风险和依赖度做出反应，采取预防性的措施。
- 熟练程度 4：积极识别相关内外部商业环境对风险和依赖度的意义。[52]

英国石油公司的案例

几年前，英国石油公司（British Petroleum）勘探事业部的管理者想要构建一种效率更高、行动速度更快的组织。为了达到这一目标，该事业部的高层管理人员希望员工的注意力不再放在"那不是我该干的工作"这样的职位说明书型想法上，而是去寻找一种能够激励他们为承担更大范围的职责而努力获得新技能的新方法。[53]

解决的办法就是采用一种类似于图 4-10 所示的技能矩阵。如图 4-10 所示，矩阵都包括两个维度：一是承担该职位所需要的一些基本技能（例如技术方面的一些专业经验）；二是该职位或职位族对每一种技能水平提出的最低要求。有了这些矩阵，勘探事业部把重点放在了招募、雇用以及开发拥有必要技能的人员上。

英国石油公司的技能矩阵也支持它的人才管理工作。英国石油公司这个业务单元的人才管理意味着它基于变革需要的胜任能力开展招募、雇用、培训、评价以及奖励员工的工作，以便达到建立一个行动更迅速、更灵活的组织的目标。

第六层次	**6**	6	6	6	6
第五层次	5	**5**	5	5	**5**
第四层次	4	4	4	4	4
第三层次	3	3	3	3	3
第二层次	2	2	**2**	**2**	2
第一层次	1	1	1	1	1
	技术/专业技能	决策和问题解决	人际技能	领导技能	商业意识技能

图 4-10 技能矩阵

说明：这是一个技术/产品开发员工的技能矩阵实例。图中列出了这名产品开发员工每项技能的层次要求。同时，从第一层次开始难度逐级上升，每个层次中的每项技能都会有详细的实例描述。比如，第一层次的技术/专业技能表现为"拥有或者正在获得完成此项工作的基本知识"，而到了第六层次则是"对那些高技能要求、高度复杂的分析性任务加以实施和监督"。阴影方框表示最低要求。

资料来源：Copyright Gary Dessler PhD.

本章小结

1. 企业现在将所有的人力资源配置、培训和付酬相关活动都视作人才管理的一部分。人才管理是指包括人力资源规划、招募、开发、绩效管理和薪酬支付的以目标为导向的一整套流程。当管理者使用人才管理方法的时候，他必须要：记住人才管理任务是互相联系的人才管理流程的一部分；确保诸如人员配置、薪酬管理这样的人才管理决策必须是以目标为导向的；持续性地在甄选、培训、评价和薪酬决策中使用同一个人才特征框架；积极地分类管理员工；整合所有的人才管理职能。

2. 所有的管理者都必须熟悉职位分析的基础。职位分析是确定一个职位所需履行的职责、要求的技能以及雇用何种人来承担这一职位比较合适的过程。职位说明书列举了一个职位所承担的职责、责任、工作汇报关系、工作条件以及监督职责等。职位分析需要收集以下信息：工作活动、个人行为以及机器、工具和设备要求等等。职位分析的基本步骤包括：识别职位分析信息的用途，回顾背景信息，选择代表性职位，分析职位，证实信息，撰写职位说明书和任职资格说明书。

3. 收集职位分析信息的方法有很多，包括访谈法、问卷调查法、观察法、参与者工作日记或工作日志法和定量职位分析法（比如职位分析问卷）。企业越来越多地从互联网收集相关信息。

4. 管理者需要熟悉职位说明书的编写。虽然这方面没有固定的规范，但是大部分职位说明书包括了职位标识、职位概要、职责和责任、职位权力、绩效标准、工作环境和任职资格说明书。企业可以使用一些互联网工具来提升这一过程。

5. 在编写任职资格说明书的时候，需要区分受过培训的员工和没有受过培训的员工。对于前者，任职资格说明书可能大部分会集中在任职者的受教育程度、过去的工作经验以及过去的工作业绩等方面。对于后者，需要明确求职者必须具备哪些承担这一职位或做好这项工作的潜质。大部分任职资格说明书都可以使用直接主管的判断。还有的企业使用数据分析来识别能够做好工作的人才特质。

6. 对于任职资格说明书而言，有些个人特质更有可能提升员工的敬业度。这些特质包括：适应性、工作热情、情绪成熟度、积极的性格、自我认可和成就导向。

7. 企业使用基于胜任能力的职位分析建立人才特征框架。建立人才特征框架的目的就是详细描述做好某项工作所必须具备的素质，包括必备的胜任能力（必要的行为）、个性特征（特质、人格等）、知识（技术性或专业性）和经验（必要的教育和工作成就）。基于胜任能力的职位分析就是基于承担某一职位的员工为了把工作做好所必须表现出来的那些可衡量、可观察、行为化的胜任能力（比如知识、技能以及/或工作行为）来对职位进行描述。

讨论问题

1. 简要回答，为什么管理者会将人员配置、培训、评价和薪酬管理视作一个人才管理流程？

2. 职位说明书中一般应包括哪些信息？

3. 我们讨论了几种收集职位分析信息的方法——问卷调查法和职位分析问卷等。对这些方法进行对比和比较，阐释其用途和作用，并列举出每项方法的优缺点。

4. 描述一下任职资格说明书中包含了哪些典型类型的信息。

5. 阐释你是如何实施职位分析的。

6. 你认为没有任何公司能够离得开职位说明书吗？

7. 阐释你将如何为一个职位设计工作要求矩阵。

8. 在一个少于25人的公司里，对职位说明书的要求是否就不那么高了？为什么？

个人和小组活动

1. 以个人或小组为单位，找到你们所在学校或公司的事务性管理岗位的任职资格说明书。这些任职资格说明书里包含什么信息？其中有没有给出足够的信息来说明工作包括哪些内容，要如何开展工作？你准备怎样改进这一任职资格说明书？

2. 以个人和小组为单位，运用 O*NET 上的资源来为你的教授开发一个职位说明书。基于这份职位说明书，运用你的判断来开发一个任职资格描述。将你的结论与其他小组的结论进行比较，有哪些不同之处？为什么？

3. 本书末的人力资源师和高级人力资源师知识库列举了一些人力资源认证资格考试的必备知识。4～5 人为一组完成以下四项任务：（1）回顾附录知识；（2）识别本章中与附录相关的内容；（3）依据人力资源认证资格考试的内容，编写四个相关知识的选择题；（4）时间允许的话向同学们展示你所在小组的题目，这样别的小组的同学可以互相借鉴题目。

人力资源行动案例事件 1　奥普蒂玛空气净化器公司：洪水

2011 年 5 月，洪水袭击了密西西比州维克斯堡市的奥普蒂玛空气净化器公司（Optima Air Filter Company）。许多员工的家园被毁。公司发现招募三个全新的员工是一件难事。问题在于，老员工对工作非常了解，因此他们都没有把编写职位说明书当一回事。所以，当公司新招募了 30 名员工之后，发现他们对自己的工作内容和方式都不是很了解。

很快洪水过去了，对于公司外部的客户而言，他们都需要净化器。公司总裁菲尔·曼恩（Phil Mann）感觉到无计可施了，他现在有 10 名老员工，30 名新员工，还有公司的总经理麦柏林（Maybelline）。曼恩准备与当地一所大学商学院的教师琳达·洛（Linda Lowe）见面，向她咨询一些办法。洛很快就让公司的老员工填写了一份列出所有职责的问卷，但是问题也因此显现出来。曼恩和麦柏林都认为这些老员工夸大了工作职责，以使自己的工作看起来更加重要，而老员工却坚称他们如实反映了情况，而客户则一直在催促他们的订单。

问题

1. 曼恩和洛是否应该忽视老员工的抗议，继续编写职位说明书？为什么？你如何解决这样的分歧？

2. 你认为应该如何实施职位分析？曼恩现在需要做什么？

人力资源行动案例事件 2　卡特洗衣公司：职位说明书

通过对这些门店的审查，詹妮弗认为她必须首先为门店经理撰写职位说明书和任职资格说明书。

詹妮弗认为，她在人力资源管理课程中学到的职位说明书的相关知识对于她的实际工作而言是不够的。在詹妮弗刚开始工作的几周里，她发现门店经理总是在不断地违反公司的政策和流程，而每当她询问这些经理原因的时候，得到的回答都是"我不知道我的工作职责是什么"或者是"我不知道该如何去完成工作"。詹妮弗知道，这时候就需要职位说明书和一系列关于工作内容和方式的标准来指引大家去解决这些问题。

一般而言，门店经理的主要职责是指导门店的所有活动，来提升工作质量、客户关系和使销售额最大化，并且通过有效控制劳动力成本和能源供应成本来提升盈利能力。为了完成这些工作职责，门店经理的主要任务是：质量控制、门店清洁、客户关系、单据管理和现金管理、成本控制和生产率、损耗控制、定价、库存控制、清洁、机器维修、采购、员工保险、危险废物清除、人力资源管理和害虫控制。

面对上述问题，詹妮弗的父亲要求她回答下面的问题。

问题

1. 门店经理职位说明书的表格和最终形式是什么？
2. 是否需要将工作流程和标准包含在职位说明书之中？还是运用单独的表格？
3. 詹妮弗如何去收集关于标准、流程和职位说明书的信息？
4. 你认为门店经理的职位说明书应该包含哪些信息？

体验式练习　**教授的职位说明书**

目的：开发一个教授的职位说明书，来锻炼你编写职位说明书的能力。

必须理解的内容：应当通过熟悉职位分析问卷来理解职位分析的机制。

如何进行练习/指导：组建4～6人的学习小组，每个小组都是独立的，不能相互交流。一半的小组使用如图4-4所示的职位分析问题的方式开发职位说明书，另一半的小组使用如图4-7所示的职位说明书问卷。每名学生在加入小组之前都必须熟悉问卷的内容。

1. 一半的小组使用职位分析问题的方式开发职位说明书，另一半的小组使用职位说明书问卷。
2. 基于这些信息，每个小组要开发自己的教师职位说明书和任职资格说明书。
3. 接下来，每个小组要选择一个使用不同方法的兄弟组。
4. 最后，配对的两个小组交换职位说明书和任职资格说明书。这两种方法有何不同？哪一种方法看起来更好？对于某种职位而言，是否其中一种方式的优点更多？

第 5 章

人员规划与招募

本章要点

- 人员规划与预测
- 有效招募的重要性
- 内部求职者来源
- 管理者的员工敬业度指南：内部招募和晋升
- 外部求职者来源
- 招募多元化的员工队伍
- 求职申请表的设计和使用

学习目标

学完本章后，你应该能够：

1. 解释人员规划和预测的主要技术。
2. 解释有效招募的重要性。
3. 列举和描述主要的内部求职者来源。
4. 讨论你可能用来提升员工敬业度的人员规划方法。
5. 列举和描述主要的外部求职者来源。
6. 解释为什么要招募一支多元化的员工队伍。
7. 讨论在设计求职申请表时的主要问题。

引言

玛琳（Marlene）不知道该怎么办。作为一家控股公司的销售经理，她负责带领销售团队销售楼房和公寓。问题在于，人力资源部向她推荐的员工人选都不合适。她怎么能够在不违反公司人力资源政策的前提下招募到好的求职者？我们来看看她有什么方法。

职位分析识别了公司职位的职责和人才特征要求，下一步就是决定哪些职位是要填补的，如何对职位候选人进行招募和甄选。

招募和甄选的流程可以看作图 5-1 中的一系列门槛，这些流程要求：

1. 通过人员规划和预测决定要填补哪些职位。
2. 通过内外部求职者来源构建一个求职者人才池。

3. 让求职者完成申请表，并进行事先的筛选面试。

4. 运用诸如测试、背景核查和体检这样的甄选工具来筛选求职者。

5. 通过主管对求职者的面试，决定向哪些人发放工作邀请。

本章主要聚焦于人员规划与招募，第 6 章将解决甄选测试、背景核查、体检和面试等方面的问题。

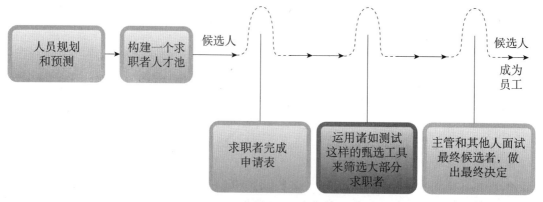

图 5-1　招募和甄选的流程

■ 5.1　人员规划与预测

雇员规划（**雇用规划**或**人员规划**）（workforce（or employment or personnel）planning）就是确定企业需要填补哪些职位以及如何填补这些职位空缺的一个过程，其目标是识别并解决企业现有人员和未来人员需要之间的空缺。

实例：咨询公司韬睿惠悦的人员规划系统展示了整个人员规划的流程。[1]第一。韬睿惠悦检视公司的战略规划和人员数据（比如销售对员工层次的影响）。这样可以帮助公司各方预测和更好地理解商业计划对顾客数量和技能要求的影响。第二，韬睿惠悦及其客户识别需要填补的职位类型和潜在人员缺口。比如，进行人员供给需求的预测，以更好地理解未来需要填补的职位，以及有哪些员工可能会晋升到这些职位。第三，开发一个人员战略规划的地图，在这里需要确定最重要的人员缺口（有哪些职位需要填补？我们有哪些人可以填补这些空缺？我们需要哪些外部招募活动？新员工需要哪些培训?），并且开发特定的计划来填补这些空缺。第四，通过进行变革（比如新的招募和培训项目）和运用合作指标来监测活动，执行并评价人员规划。韬睿惠悦可以使用它特有的软件（MAPS）来提升人员规划流程。MAPS包含了数据仪表盘，管理者可以运用这些仪表盘来监测关键的招募指标，实施企业现有人员和历史人员趋势分析，在现状的基础之上预测未来的人员和技能层次。

人员规划包含了所有未来职位（比如维修工和首席执行官）的预测。大部分公司都使用**继任计划**（succession planning）来决定如何填补高管职位空缺。[2]

战略与人员规划

正如韬睿惠悦公司的例子，人员规划最好被视作公司战略和商业计划流程的结果（参见图 5-2）。比如，进入新的商业领域、建设新的工厂和减少商业活动这样的战略都会影响需要填补职位的类型和数量。与此同时，填补职位的决策还必须与其他的人力资源政策相融合，比如，要与评价和培训政策相匹配。又如，IBM 准备从硬件领域转移到软件领域和咨询领域，那么现有员工的技能可能就不够了。[3]IBM 的人力资源经理会与其他管理者一起工作，回答"我们需要什么样的技能和胜任能力来执行战略规划"这个问题。[4]然后他们再实施开发和招募计划来解决这个问题。

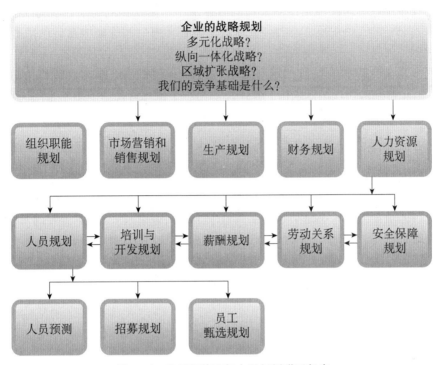

图 5-2 将组织战略与人员规划联系起来

和其他优秀的规划一样，人员规划基于对未来的预测。一个基本的人员规划就是决定从内部招募求职者，还是从外部招募求职者。因此，在制订雇用规划的时候，你通常需要进行三个方面的预测：一是人员需求；二是内部求职者供给；三是外部求职者供给。这样管理者就可以识别供求缺口，并开发一系列计划来填补这个缺口。我们将从人员需求预测开始。

人员（劳动力）需求预测

管理者在预测人员需求的时候应该考虑几个因素。从实用的角度而言，产品和服务的需求是最重要的。因此，在一个制造业公司，销售人员是最先需要预测的。接下来需要确定能够匹配销售需求的产品数量。最后，员工需要维持这种产出的数量。除了产品数量和销售需求以外，管理者还需要考虑另外一些因素，比如未来的人员流失率、产品和服务质量提升计划、能够提高生产率的技术和部门可利用的财务资源。

举个例子，当丹·希尔伯特（Dan Hilbert）被任命为瓦莱罗能源公司（Valero Energy Company）的招聘经理时，他分析公司的员工构成、离职数据和图表，发现公司面临着关键人才短缺的情况。预期的人才缺口是目前公司以现有招聘程序能招到的人的 4 倍之多。为了提升员工的保留率，招募到更多的求职者，他开始建立新的雇用规划。[5]

在瓦莱罗能源公司，公司的人员需求反映了产品和服务的需求，这需要与公司战略目标的变化、人员流失率和生产率的变化相匹配。[6]因此，人员需求预测开始于对产品和服务需求的预测。短期而言，零售商每天都要跟踪销售的变化，比如随着圣诞节的临近可能需要增加一名店员。[7]

从长远来看，管理者会事先使用行业出版物和经济预测来大致了解未来的需求。这样的未来预测不一定准确，但是可以帮你解决潜在的需求变化问题。

基本的程序是，管理者首先预测公司的收益水平，然后预测为了达到这种规模的销售额，公司需要怎样的人员规模。不过，管理者还需要考虑一些战略因素，包括员工流失率、提升产品和服务的决策、生产率变动、财务资源以及进入新领域的决策。

预测人员需求的基本工具包括趋势分析、比率分析和散点图。所谓**趋势分析**（trend analysis），就是研究公司在过去大约 5 年中的雇用水平变化情况来预测未来的需求。这种分析的目的在于确定那些可能会延续到未来的发展趋势。比如在过去五年的每一年年底都要统计一下各个领域（比如销售、生产和管理）的员工数量，以此来识别趋势。

趋势分析可以为未来的人员需求提供一个大致的前瞻性预测。然而，员工的数量水平不能仅仅通过时间线来预测。其他的因素（比如生产率）也会显著地影响人员需求。

另外一种简单的方式是**比率分析**（ratio analysis）。比率分析是基于以下两种因素的历史比率来进行人员预测的：一是某些因果因素（比如销售额）；二是所需要的员工数量（例如销售人员的数量）。举个例子来说，从过去的经验来看，每位销售人员每年通常能实现 50 万美元的销售额。那么，如果销售额与销售人员之间的这个比率保持不变，公司要想在来年增加 300 万美元的销售额，就需要雇用 6 名新销售人员（他们每人要完成 50 万美元的销售额）。

像比率分析和趋势分析这样的方法假定生产率是不变的。但是如果生产率上下浮动，那么每个销售员的比率也会改变。

散点图（scatter plot）分析以图形的方式生动地展现了两个变量——比如企业的销售额与销售人员数量——之间的相关性。如果它们之间是相关的，那么，若能够预测出公司的业务活动水平（例如销售额），就应当能够估计出公司的人员需求水平。

假定一个拥有 500 张床位的医院计划在今后 5 年中将床位数量增加到 1 200 张。该医院的人力资源总监想要预测出将来需要多少位注册护士。于是，这位人力资源总监意识到，她首先需要确定在医院规模（以床位数量为依据）和所需的护士人数之间存在何种关系。她通过与 5 家规模不同的医院通电话得到了以下数据：

医院规模（床位数）	注册护士人数
200	240
300	260
400	470
500	500
600	620
700	660
800	820
900	860

在图 5-3 中，横轴表示的是医院规模，纵轴表示的是注册护士人数。如果这两个因素是线性相关的，那么这些点通常会分布在一条直线的附近，正如这张图所显示的。如果你画

一条线，使这条线与每一个散点之间的距离最小，你就能够估计出各种规模的医院所需要的注册护士人数了。这位人力资源总监可以确定，对一家拥有 1 200 张床位的医院来说，需要大约 1 210 名护士。

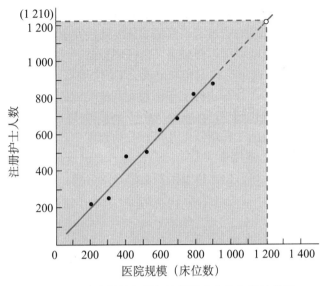

图 5 - 3　确定医院规模与注册护士人数之间的关系

说明：通过画这样的图，你可以预测未来所需的员工数量。

虽然非常简单，但像散点图这样的分析方法存在一些缺陷：

1. 历史销售和人员关系方面假定公司现有流程和技能需求还会持续。
2. 这种趋势会让管理者不断地增加人手，而忽视公司的需求。
3. 它可能会使得现行工作方式制度化，但面对变革时可能会不知所措。[8]

通过人力资源信息系统改进预测效果

计算机化的人员预测

计算机化的预测使得管理者可以在人员预测的时候引入更多的变化因素。[9]比如，某县的公共事业部负责开发的经理构建了一个数字模型，将员工年龄、工作年限、流失率和培训新员工时间等数据进行了分析。这让他分辨出了公司 33 个职业群组中最热门的 5 个职位。因此，公司更加聚焦于创建一些计划来保留和招募特定岗位的人员，比如系统运营师。[10]

计算机化的预测系统和 Excel 表格很快就能够将预测的生产率和销售水平转化为可预测的人事要求。许多公司都运用计算机化的预测系统来估计短期的需求。比如人员行程系统帮助零售商基于天气预报和商场交通情况，来预测人员的需求。[11]

管理人员判断法

除了数学分析以外，管理人员的判断也在人员规划中扮演着重要角色。很少有历史趋势会一成不变地持续下去。可能会影响人员预测的重要因素包括：产品和服务的质量升级或是打入新市场等战略决策；技术和管理创新或其他使生产率提高的变革；可获得的财务资源。

内部求职者供给预测

人员需求预测回答了"我们有哪些空缺职位？需要多少人？"然而，这对员工平衡问题只回答了一半。接下来，管理者必须要预测内部和外部的求职者。

大部分企业要从预测内部求职者做起，其主要任务是决定有哪些员工可能适合填补未来的职位空缺。部门经理和小企业主可以跟踪员工的任职资格。比如，你可以创建自己的任职资格数据库和开发记录表。[12]通过这些工具来记录员工的技能、受教育程度、接受的培训课程、职业生涯和开发偏好、语言、喜欢的工作任务和其他类似的经验。简单的电脑化技能库系统也是可以利用的。**人员替代图**（personnel replacement charts，见图 5-4）显示了每一个职位的内部潜在填补者当前的工作绩效以及可晋升的程度。此外，你还可以采用另一种替代方法，这就是设计一张**职位替代卡**（position replacement card），在卡片上记录可能的职位替补人及其当前工作绩效、晋升潜力以及所需的培训等内容。

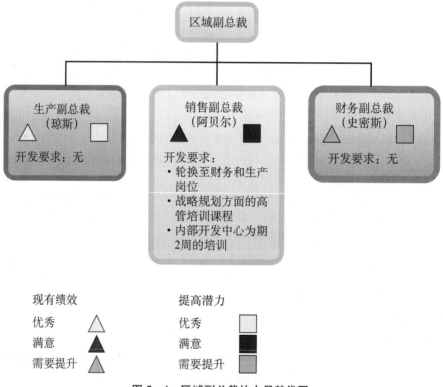

图 5-4　区域副总裁的人员替代图

大型的公司显然不能运用手工的办法跟踪成百上千的资格信息。于是，他们将这些信息输入计算机，运用各种软件系统。这样使得企业可以通过在线员工调查的方式实时收集汇总信息。这样的项目能够帮助管理者预测人员和技能的缺口，以此为人员规划、招募和培训计划提供便利。[13]

通常的程序是由员工、员工的直接主管以及人力资源经理通过公司的内部网录入员工的个人背景资料、工作经验以及技能等方面的信息。然后，当某位管理人员需要找人来填补某个空缺职位时，他就可以输入描述这个职位任职资格条件的关键词（比如所需的受教育情况以及技能等），接着，计算机化的技能数据库就会列出一份合格求职者的名单。在这种计算机化的技能数据库中通常会包括诸如工作经验、产品知识、员工对公司产品线或服务的熟悉程度、员工的行业经验以及所受正规教育情况等。

正如一名系统用户所说的，"这让我们跟踪和评价人才池并且从内部提拔员工，我们最新的数据显示有 75% 的关键职位空缺都是由内部求职者填补的。这样的继任计划可以帮助我们识别谁有可能是下一个高级经理，并对其进行有针对性的开发计划来帮助他挖掘潜力"。[14]

隐私问题

企业需要管控好组织中存储的员工个人数据，而所有的管理者都必须要重视保护员工的隐私。[15]有以下几个原因：第一，企业数据库中的员工信息量非常大。第二，对于员工信息的权限问题，诸如《医疗保险可转移性与责任法》（Health Insurance Portability and Accourtability）这样的法律赋予了员工知晓信息通道人选的权利。[16]互联网也使得获取员工的网络文件变得更加容易。[17]辉瑞公司（Pfizer Inc.）曾经有 17 000 名新老员工的个人数据被盗窃。[18]解决方案是运用加密文件夹等。[19]图 5-5 总结了确保员工数据安全的一些指南。

黑客可以从组织内部和外部对数据进行分析，人力资源部门可以通过以下四条规则来规避泄密的风险。

- 对那些拥有个人信息权限的员工进行背景核查。
- 如果有个人信息权限的员工请了病假或者事假，不要招募一名临时性员工来代替他，可从另外一个部门找一个值得信任的员工。
- 进行随机的背景核查（就如随机药物检测一样）。因为一个员工五年前的信息可能和现在的不一样。
- 仅限人力资源部门的相关人员有对诸如社会保障号码和健康信息等敏感信息的权限。

图 5-5 保证数据安全

资料来源：Taken from an interview with Linda Foley, co-founder of the ITRC. Published in "Safeguarding HR Information" by Dan Caterinicchia, in *HR Magazine*, November 2005. Copyright © 2005 by the Society for Human Resource Management, Alexandria, VA.

马尔科夫分析

企业还使用一种叫作马尔科夫分析的数学方法来预测内部求职者的数量。马尔科夫分析需要创建一个矩阵，这个矩阵能够展示员工填补职位链条上某一关键职位的可能性（比如从初级工程师到工程师、高级工程师、工程师主管和工程师主任），这样就可以发现有哪些员工可以填补关键职位空缺。

外部求职者供给预测

如果组织内部没有足够的求职者来填补职位空缺，你就可能需要从外部渠道获得求职者——那些还没有被你所在组织雇用的人。这可能会帮助管理者更好地评估和应对其在寻找足够多的外部合格者时面临的挑战。

对人员的预测在最开始依赖于管理者对本行业本区域发展趋势的认知。比如，失业率的攀升意味着寻找优秀的求职者更为困难。[20]然后，管理者要把这些观察和正式的经济预测——比如来自美国国会预算办公室（U. S. Congressional Budget Office）和劳工统计局（Bureau of Labor Statistics）——相互印证。你的预测还有可能需要聚焦于特定的职位。我们在第 4 章中提到的 O* NET 系统几乎对所有的职业都有预测分析。美国劳工统计局每年都会在网站上发布年度职业展望报告。

由于越来越多的工作都是基于科技的，许多求职者可能会缺乏相关的技能和知识，比如数学和团队合作，因此管理者需要在人员规划中将这样的培训和开发因素考虑进去。[21]

前瞻性的劳动力与人才管理

前面讲到的瓦莱罗能源公司没有足够的时间来实施解决替换退休员工问题的计划。积极主动的人才管理要求对人员规划问题倾注持续的关注。这种更新、持续性更强的人员规划方法称为"前瞻性劳动力监测"。下面是一些例子。英特尔公司每半年组织一次"组织能力评价"活动。招聘部门与公司的业务主管每年就人员需求进行两次评价：一次是对现有的人员需求进行评价，一次是对两年之内的人员需求进行评价。[22]阿美拉达赫斯公司（Amerada Hess）利用组织能力小组来监测员工队伍的消耗（例如退休年龄、经验和教育水平等）和人才需求预测水平。"然后与各业务部门合作，以更好地应对不断变化的全球化人才需求。这个小组还会考虑每个业务部门的运作情况，预测公司的工作岗位在未来会是什么样子，寻找获得最优秀人才的途径，并且协助现有员工和新雇用员工的开发。"[23]接下来的"全球人力资源管理实践"专栏展示了一个例子，"构建你的管理技能"专栏提供了一些建议。

➡ **全球人力资源管理实践**

预测劳动力需求

瓦莱罗能源公司创建了一条"劳动力供给链"来监测招募与雇用环节。这包括一种可以根据过去经验预测公司人员需求的分析工具，以及计算机化的筛选程序"仪表盘"——显示该供给链中的各个组成部分，例如职位公告栏上的招聘公告等的运作是否符合成本、速度和质量的要求。以前，公司雇用一名员工要用到 41 页文件，并花 120 天来填补一个职位。每雇用一名员工要花费约 12 000 美元。如今，有了这条"劳动力供给链"，只需要很少的纸质文件就能雇用到合适的员工，职位空缺的填补时间也缩短到了不到 40 天，每雇用一名员工的成本也降到 2 300 美元。[24]

议一议
解释一下瓦莱罗能源公司如何运用韬睿惠悦的人员规划流程。

➡ **构建你的管理技能**

开发一个行动计划以匹配人员供需

从逻辑上来说，人员预测最终要达成一项人员规划，这项规划要能够表明企业未来劳动力的技能差距，并且包含一个弥补这些差距的计划。

这样的计划需要包括一些要素。基于人员需求分析，这项计划要能够提供你所需要的职位和技能。然后总结劳动力供给（包括新职位的内部求职者）。接下来，总结每一个职位（或者职位群组）的人才和技能空缺，以及你填补技能和职位空缺的计划。在最低限度上，你的计划需要识别等待填补的职位、潜在的内外部招募来源、人员替代图或职位替代卡以及对未来人员的培训、开发、晋升、执行计划所需要的资源（比如招募费用、培训费用、安置费用和面试成本）。[25]

管理者可以在网络上找到人员规划的模板。典型的人员规划包括人员预测、弥补技能空缺的方法、展示招募及其他人员规划的具体行动。[26]

管理者可以将人员规划的定义进一步精简，以明确对特定项目（比如建造一座新建筑）的人才要求。[27]

▌ 5.2　有效招募的重要性

假设公司授权你去为某个职位寻找合适的求职者，那么，你下一步要做的就是通过招募来建立一个求职者人才库。**员工招募**（employee recruiting）意味着为企业的空缺职位寻找或吸引求职者。

招募非常重要。假设只有两名求职者来申请两个职位，那么选择的余地很小。但是如果出现了 10～20 名求职者，那么你最好使用面试或者测试的方法来选拔。

尽管现在的失业率居高不下，但是一项调查显示有 2/3 的制造企业面临一个"填补技术工人空缺"的困境。[28] 伦敦劳埃德保险公司（Lloyd）的风险指数将"人才和技能短缺"列为企业面临的第二大风险（第一大风险是客户流失）。[29] 随着制造业工作越发高科技，职位对数学和科技的要求更高了，而现有的求职者不一定能满足这些要求。[30] 纽约的一家有 85 名雇员的网络设计公司的高管说，他们公司有 10 个空缺的职位，但是一直找不到符合要求的求职者。[31] 最后他只能寻找虚拟的独立合同商（比如在希腊工作）。

有效的招募并不容易。首先，根据职位的不同，不同招募方法的优势也不同。其次，招募还会受很多非招募问题的影响，比如薪酬。[32] 最后，还有法律上的限制。[33] 可以参见接下来的"了解你的雇用法律"专栏。

➡ 了解你的雇用法律

雇用前的活动

正如我们在第 2 章中讨论的，有许多联邦、州以及地方的法律限制了企业招募工作中的行为。比如，当所有的劳动力群体都是白人或者一些其他群体（比如女性和希伯来人）时，企业不能用口头推荐的信息发布方式来公布工作机会。向任何群体成员发布错误或者误导性的工作信息都是不符合法律要求的。此外，拒绝告知他们求职程序的做法也是违法的。

在实践中最关键的问题是，所有的招募流程有没有限制符合要求的求职者申请工作。[34] 比如，带有性别色彩的招募广告"男公交乘务员""男消防员"都有可能引发法律问题。[35]

关键之处在于，不要只采用一种招募方法，运用多种渠道来拓宽招募的范围，不要做任何非法限制少数群体申请工作的事情。

招募金字塔

填补几个空缺职位可能需要招募成百上千的求职者。因此，招募者可以使用图 5 - 6 显示的**招募金字塔**（recruiting yield pyramid）的方式来显示需要解决的问题。在图 5 - 6 中，公司在接下来的一年中需要 50 名初级会计。从经验上看，公司还需要知道以下信息：

1. 发出工作邀请的员工和最终入职的员工比例是 2∶1。

2. 参加面试的员工和发出工作邀请的员工比例是 3∶2。

3. 邀请参加面试的员工和实际参加面试的员工比例是 4∶3。

4. 公司从各种招募渠道征集的每六位最佳的求职者之中，最终只有一人收到面试邀请，比例为 6∶1。

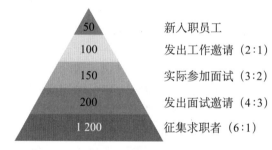

图 5 - 6   招募金字塔

因此，公司如果要发出 200 份面试邀请的话（其中 150 人实际参加面试）就需要征集 1 200 名求职者的信息。

然而，有效招募才是最重要的。比如，一项对校园招募的研究[36]对美国一所东北部大学的 41 名毕业生进行了调查。在春季学期时这些毕业生被询问了两次问题，一次是在这些学生结束第一轮面试的时候，另一次是在第二轮面试以后。

结果发现，公司招募流程的质量显著地影响求职者对公司的印象。比如，当公司在第一次面试后询问求职者对适合自己公司特点的描述，41 名参与者提到了职位的特点，还有 12 名参与者提到了对招募人员的印象。然而，相反的结论也是成立的。当公司询问求职者糟糕的公司有何特点时，有 39 人提到了职位的特点，但是有 23 人提到自己因为招募人员而对公司失望。比如，有的招募人员衣冠不整，有的看起来似乎没有受过教育，有的非常粗鲁，还有的说了一些冒犯的话。这些招募人员都不是有效的招募者。

开发品牌

同样，企业应当建立自己对潜在求职者的品牌和声望。最明显的是，如果公司声名狼藉的话，这对于招募工作而言是致命的。那么公司如何让自己看起来是个理想的工作场所呢？

建立品牌的过程主要聚焦于在公司工作的体验，包括公司的价值观和工作环境。[37] 比如，通用电气公司强调创新（招募聪明有趣的员工一起完成新的、令人兴奋的工作）[38]，其他的一些公司强调环境责任和社会责任，"那些被暗含强烈价值观的招募信息感召的员工更容易积极努力地工作"。[39]

主管的作用

直线经理和员工的合作至关重要。主管人员招募工作的人力资源经理对职位的了解是不充分的，因此他需要与主管进行合作来确认职位的职责和任职资格，还要加强对一些非正式因素的了解，比如工作团队是否融洽。

5.3 内部求职者来源

说到招募，人们总是会联想起领英、猎头机构和网上招聘广告，但是，现有员工（内部来源）却往往是填补职位空缺的求职者最佳来源。内部招募越来越流行。比如，思科系统公司运用公司的人才联络项目来寻找合格的内部员工，而这些员工可能并不会主动地去追求工作。[40]

通过内部渠道来招募求职者有一些优点。第一，内部招募可以事先了解求职者的优点和缺点，这个优势是无法取代的。内部求职者对公司的奉献精神也更高。当员工看到自己的同事因为其忠诚和胜任能力得到晋升的时候，公司的士气也会提振。第二，内部的求职者和其他的求职者相比不需要太长的入职引导。

从内部招募求职者也可能适得其反。提出工作申请却被拒绝的员工可能会产生不满，因此，告知那些没能成功应聘的员工他们失败的原因及补救措施就显得十分重要。同样，许多企业要求管理者张贴职位空缺公告，还要对所有的内部求职者进行面谈。然而，管理者通常会提前知道他到底需要什么样的求职者，因此对这些求职者进行逐一的面谈可能会浪费大家的时间。近亲繁殖也是一个缺点。

寻找内部求职者

理想状态下，企业会遵循内部招募的政策和流程。要想有效地找到合适的内部求职者，一般要通过**职位空缺公告**（job posting）、人事信息记录和员工技能数据库来完成。职位空缺公告指通过在公司的内网上或者公告栏中张贴职位空缺信息，罗列出空缺职位的一些特性，如任职资格说明书、上级职位名称、工作时间安排以及薪酬水平等。资格技能库可以展示适合培训和背景符合条件的员工类型。人事信息记录也很有用。查询人事信息记录（包括任职资格数据库等）可以揭示出哪些人是有潜力的，经过进一步的培训能够胜任空缺职位的工作，或者哪些人的个人背景已经达到了空缺职位的任职资格要求。

■ 5.4 管理者的员工敬业度指南

内部招募和晋升

如果企业能够激发员工的职业期望，那么一般而言该企业的员工会有更好的敬业度和奉献精神。比如，开发和保留员工的计划以及内部晋升的机制可以提升员工敬业度，而与之背道而驰的政策却会伤害员工敬业度。因此，当 IBM 的业务领域从硬件转移到软件以后，公司开始评价员工的技能缺口，并且构建了人员规划项目来培训新职位上的员工。这些做法都提升了员工敬业度。同样，国际纸业公司（International Paper）指定了专人负责"为其他业务单元提供支持"，并成立了"人员规划与敬业度员工群体和区域办公室"。[41]其他的企业在面对战略转折时，只是简单地解雇那些不符合要求的人。

联邦快递公司在成立之初就有很成形的内部招募和晋升机制。这种机制最早受到了公司的创始人弗雷德里克·史密斯（Frederick Smith）的理念的影响。他认为"当人被放在最重要的位置的时候，他们会做出最好的表现，接下来公司的业绩也会提升"。[42]联邦快递公司将内部晋升的政策和其他政策——比如年度员工态度调查、员工认可和回报项目、领导力评价流程、广泛的员工沟通、员工申诉程序联系到一起，以此来提升员工的敬业度和奉献精神。联邦快递公司的方式强调通过整合的方法来提升员工敬业度。比如，有效的内部晋升项目需要培训员工以提升其晋升潜力。这个项目还需要以职业生涯为导向的评价。在这里，主管人员和员工一起将后者的业绩、职业偏好和发展需求整合到一份计划中。

最后，在联邦快递公司，有效的内部晋升项目还需要评价员工的职业记录，并且及时公布职位空缺，这样可以使员工及时地了解职位信息。联邦快递公司将它们的职位公告系统称为 JCATS（职位转变求职者跟踪系统）。每周五都会在这个系统上公布职位的空缺信息。所有的求职者都会根据其工作业绩和服务年限获得一定的分数。然后他们再考虑自己是否能够成为候选人。

对于那些想要提升员工敬业度的管理者而言，我们可以从联邦快递公司的内部晋升系统中获得一些有用的指南：热切关注员工的职业期望；认识到你的员工需要得到培训来提升自我；保持优秀员工在学习进步和内部求职之间的平衡。

■ 5.5 外部求职者来源

仅靠内部求职者难以满足招募需求，有的时候他们也不想这么做。因此，管理者就会转向外部求职者来源。

非正式招募和隐性工作市场

很多职位空缺并不对外公布。当企业无意中发现合适的求职者时，职位空缺就产生了。《打开隐性工作市场》（*Unlock the Hidden Job Market*）的作者估计，大约有 50% 的职位空缺是通过非正式的方式填补的（没有正式的招募环节）。[43]同样，一项研究发现有 28% 的参与者认为他们最近的工作都是通过口头推荐得来的。[44]

通过互联网进行招募[45]

大多数公司会选择进行网络招募，并通过自己的公司网站（见图 5－7）进行。比如，凯业必达（CareerBuilder.com）的苹果手机应用程序可以允许求职者在上面搜索近 200 万个职位，这是美国最大的求职网站。[46]用户可以通过关键词寻找工作，阅读职位说明书和获得薪酬信息，将喜欢的工作添加到收藏夹，并且将职位链接发送给通讯录中的任何人。用户还可以搜索在自己附近的工作。越来越多的用户都在使用合适的职位公告板，比如 jobsinsports.com 和 vetjobs.com。[47]

图 5－7　一些知名的网上招募求职板

资料来源：www.quintcareers.com/top _ 10 _ sites.html，accessed September 9，2014. Used with permission of QuintCareers.com.

在线招募变得越来越复杂了。[48]德勤会计师事务所（Deloitte Touche Tohmatsu Limited）在自己的微博上张贴了一个虚拟的办公室介绍（类似于推特的信息服务）。[49]访客可以用虚拟的方式进入亚洲公司的每一个办公室参观，走近会议室并且虚拟地与当地的员工进行谈话，以获得工作的感觉。

智能自动化筛选是另外一个趋势。企业长期以来一直运用求职者跟踪软件，通过简历上的关键词识别潜在的求职者。但是有的时候，最适合职位的求职者恰恰在简历上没有体现一些关键词。与寻找关键词匹配不同，芒斯特网站（monster.com）的新型"第六感简历搜索工具"可以使得招募者更好地理解求职者的工作偏好（比如基于求职者以往的工作经历），以达到更好的人岗匹配。其他的工具比如 Jobfox 通过让求职者完成问卷，来获得更好的匹配效果。

社交媒体和人力资源

招募活动现在也从在线网络招募转为社交媒体招募。调查显示，有 90％ 的受访人力资源和招募专业人员计划运用社交媒体来招募经理和专业人员。[50]他们想要解决的问题是，通过工作板收集到的求职申请书并不符合职位的要求。正如一名招募者所言："招募者花了很多的额外时间来阅读求职申请表，但是并没有从中受益多少。"现在这些招募者充分挖掘社交媒体和竞争公司的公开出版物，来搜寻合适的求职者。[51]

旨在寻找被动求职者的招聘人员还可以通过诸如领英这样的社交网站寻找潜在的求职者。[52]马萨诸塞州的一家猎头公司运用其脸书和领英主页来发布职位空缺信息。[53]还有一些公司会用推特向那些与公司的推特账户互动的求职者发送职位空缺信息。就业阶梯网站（theladder.com）的"管道网络"工作可以使得招募者在未来的求职者表现出工作兴趣之前，就与之展开对话。"人才必应"（TalentBin）搜索网站上的 Pinterest 工具可以帮助寻找合适的技术工人。[54]像梅奥诊所（Mayo Clinic）这样的组织还有自己的社交媒体和职业发展主页，可以在线展示员工的福利政策。[55]

其他的在线招募实践

还有其他一些在线工具。比如求职网站 Jobfox 的 ResumePal 栏目是一个在线的标准化职位申请表，这是一项创新性的招募方式。求职者可以把简历提交给该网站的企业客户，这些企业可以通过标准化的简历关键词更方便地寻找合适的求职者。[56]麦当劳则将其员工的推荐信张贴在诸如第二人生（Second Life）等社交网站上，以此作为吸引求职者的一种方式。[57]其他还有一些管理人员只是简单地登录在线数据库，通过输入一些关键字来进行检索。[58]

德勤会计师事务所要求员工将他们在公司的经历拍成小视频，选择最佳者放在 YouTube 上。[59]芒斯特网站则帮助企业在职位公告中插入一些小视频。[60]许多公司还运用脸书的社交网络来进行招募。[61]在一次多元化的会议上，翰威特公司（Hewitt Associates）的代表让与会者发送短信"hewdiversity"到一个五位电话号码上，每个发送短信的人都自动加入翰威特的"移动招募工作"中，可以定期收到翰威特的职位空缺信息。[62]"职位点"领域则为求职者提供了一项服务，只需要一次点击就可以联系那些在 www.goto.jobs 上注册的企业。比如迪士尼公司的求职者在 www.disney.jobs 上进行搜索就可以打开公司的招募页面。视频面试公司 HireVue 可以"让求职者创建面试视频，然后将其送至企业。企业可以对视频进行审查、分享和与其他求职者比较"。[63]

虚拟（完全在线）的职位展会是另外一个选择。在这个在线展会上，他们可以听到演讲、参观展台、留下简历和名片，参加现场聊天，与招募者甚至是经理建立联系。[64]专业的虚拟职位展会网站包括 Milicruit 和 Unicruit。

优点和缺点

在线招募可以更快、更持久、更低廉地收集求职者信息，但是这种方式也存在两个潜在的问题。

第一，年长的员工和一些少数群体员工还是不大会使用互联网，因此在线招募可能不可避免地将较多年长的求职者和少数群体员工排除在外。为了证明它们遵守公平就业机会法律，企业应该持续地跟踪每一位求职者的种族、性别等。公平就业机会委员会认为，作为一名求职者，他必须表现出对职位的兴趣，企业方面必须采取措施来填补职位空缺，求职者必须遵守企业的标准申请流程。[65]

第二，企业需要处理大量的简历。自我甄选能够起到一定的帮助作用：奶酪加工厂将工作职责的细节公布出来，不感兴趣的求职者就不会申请。另外一个方法就是让求职者完成一个在线问卷，通过问卷来发现谁有可能参与到招募的流程中。[66]

通过人力资源信息系统提升绩效

求职者跟踪系统

求职申请的增多使得许多《财富》500 强公司运用求职者跟踪系统来筛选求职申请。[67] **求职者跟踪系统**（applicant tracking systems）是一种帮助企业吸引、收集、筛选、汇总和管理求职者的在线系统。[68]该系统还提供其他服务，包括申请管理（用来监测公司职位空缺）、求职者数据收集（用来将求职者数据扫描入系统）和报告（创建各种招募报告，比如每次招募的成本和不同渠道带来的招募人数）。[69]大部分系统都是来自求职服务供应商（ASP）。当求职者登录企业网站的招聘网页时，他们实际上登录的是应用服务供应商的网页。这些供应商可以利用自己的系统来收集求职者信息、预筛选求职者，并且帮助企业对求职者进行排序和安排面试。[70]比较有名的在线招募供应商包括自动数据处理公司（ADP. com）、HR 智能公司（hrsmart. com）、丝绸之路技术公司（silkroad. com），以及芒斯特（monster. com）等。[71]

比如，一家银行使用求职者跟踪系统来将不符合职位要求的求职者筛除出去，然后再运用电话面试和自动面试系统来削减求职者的人才池。接下来，公司的招募人员进行面试并使剩下来的求职者进入最后的甄选程序。[72]俄亥俄州的一家护理和生活辅助器材公司将招募仪表盘供应商的 jobs2Web 系统和求职者跟踪系统整合起来。现在负责招募的经理可以使用数据仪表盘来监测招募数据，并掌握通过哪些渠道可以将最好的求职者招募到手。[73]

提升在线招募的有效性

企业可以轻松地提升在线招募的效果。比如，大部分公司都在网站主页上设置了就业信息栏目。[74]在几乎所有的《财富》500 强公司的网站上，求职者都可以在线提交简历。不过能够让求职者在线提交求职申请表的公司要少一些，虽然有许多求职者期望得到这样的服务。[75]

此外，最好的网络广告并不是将纸媒上的广告移植过来就行了。正如一名专家所言："如何让招募者摆脱'招聘启事'的思维是至关重要的。"无效的广告就如图 5-8 显示的那样，充满了不必要的缩写，也没有了解求职者对工作的期待。[76]

现在看看图5-8中有效的广告，它提供了一个好的工作理由。这则广告的开头就很能够吸引人的眼球，并另起一行来提供更详细的工作信息。还有一些企业甚至将整个职位说明书都附上。[77]理想的状态下，广告能够给求职者提供一种考察自己是否匹配职位的方式（比如一项个人特质清单）。[78]

无效的广告（从杂志和网络收集而来）	有效的广告
程序工程师薪酬：65 000～85 000美元/年 佛罗里达州急需一名废水处理程序工程师，具备4～7年及以上废水处理行业经验。有意者请立即联系 KimGD@WatersCleanX.com。	你想加入我们让世界变得更美好吗？ 我们是世界上最优秀的废水处理公司之一，我们的工厂遍布世界各地，包括迈阿密和伦敦等。现在公司业务增长迅速，我们需要一名经验丰富的工程师加入我们的团队。如果你具备4～7年及以上废水处理工厂程序设计经验，同时致力于创造一个更美好的世界，我们很期待收到你的来信。根据经验的不同，薪酬范围是65 000～85 000美元/年，请联系 KimGD@WatersCleanX.com。

图5-8 有效和无效的广告

广告招募

虽然网络招募正在逐渐取代传统的广告招募，但是纸媒广告仍然很流行。为了成功地利用招募广告，企业必须明确两个问题：一是刊登广告的媒体；二是广告的制作。

哪一种媒体（比如当地的报纸《华尔街日报》（*The Wall Street Journal*）和《经济学人》（*The Economist*））是招募广告刊登的首选，取决于企业需要招募人员从事什么样的工作。如果企业所要招募的是当地的蓝领工人、事务性工作人员以及低层次的行政管理人员，那么，当地的报纸通常是最佳的招募广告载体。为招募那些专业化的员工，比如家具修整工，那么你最好在这个家具制造业比较多的地域来刊登广告。总而言之，要在你能够接触到顾客的地方使用广告。

你可以在《美国心理学家》（*American Psychologist*）、《销售管理》（*Sales Management*）、《化学工程》（*Chemical Engineering*）等行业性和专业性的杂志上做广告。在《华尔街日报》上刊登招募广告，则是招募中层或高层管理人员的一种有效手段。现在这些印刷物都提供在线版的广告。

科技让公司变得更加具有创造力。[79]比如，电子艺术公司（Electronic Arts，EA）在它的电子游戏操作手册上印了公司的实习广告，这为它带来了超过20万潜在求职者。

广告的制作（编写）

有经验的广告设计者会根据所谓的AIDA原则（即关注—兴趣—愿望—行动四个方面的要求）来制作广告。当然，你首先必须吸引大家注意你的广告，否则读者可能会错过或忽略它。图5-9是从一份报纸的广告栏中选取的一则招募广告。为什么这则广告会引人注目呢？"下一位关键选手"这样的字眼肯定起到了效果。

接下来要做的就是激起人们对职位的兴趣。你可以用下面这样的说法去激发人们的兴趣，比如"您正在找机会去做能够产生更大影响的事情吗？"

还可以通过突出"出差"或"挑战"等字眼来激发求职者的求职愿望。例如，如果公司附近有大学的研究生院的话，则会对工程师和专业类员工更有吸引力。

最后，要通过在招募广告中写上像"今天就打电话吧"之类的话鼓动人们立即采取行动。

求职者会认为那些包含更多具体信息的招募广告更具有吸引力，也更值得信赖。[80]但如果职位确实有很大的缺陷，那么可以考虑使用符合现实的招募广告（可根据你愿意承担风险的倾向而定）。当纽约市政府儿童服务局（New York City Administration for Children's Services）遭遇难以留住员工的问题时，它开始选择采用这样的广告语："现招募愿意进入危险小区中奇怪楼房，同时能够承受精神错乱者咆哮的人，男女不限。"尽管这种更真实的招募广告可能会减少前来求职的人数，但有助于提高员工的保留率。[81]当然，招募广告还必须注意一定要符合公平就业机会法律的规定，避免使用诸如"只招男性"之类的字眼。

您是我们的下一位关键选手吗？

工厂总会计师

新泽西州北部

　　您正在找机会去做能够产生更大影响的事情吗？您能成为我们的战略经营伙伴和团队成员，还是仅仅成为传统上的那种"数豆子的人"？我们的客户是位于新泽西州北部的一家有两处厂址的成长型制造企业，它需要一位精力充沛、能自我激励且技术能力过硬的工厂总会计师。您必须具有组织能力以及非常熟悉一般会计、成本会计以及制造业会计。我们要找的不是一个代理商，而是一个能亲自动手的人。如果您是一位有着积极肯干的态度，并且具有强化我们的会计职能的能力的人，快来看看吧！

工作职责和任职资格条件：
- 每月进行结算，提交管理报告，核算产品成本，编制年度预算。
- 准确进行库存估值、年终盘存以及内部控制。
- 要求具有4年制会计学士学位，并有5~8年的制造行业工作经验。
- 必须能够熟练使用Microsoft Excel，并且具有一般的计算机技能和能力。
- 必须具备分析能力和技术能力，同时具有影响员工、情境或环境的领导力。

　　如果您具备成为我们的下一位关键选手的条件，请在您的求职信上回答这样一个问题："除了数豆子的那些事情之外，一位工厂总会计师还需要扮演哪些角色？"只有在求职信中回答了这个问题的求职者才会予以考虑。请在求职信上说明您对薪酬的大致要求，并且通过电子邮件或者传真的方式将您的简历和求职信发送至：

Ross Giombetti
Giombetti Associates
2 Allen Street, P.O.Box 720
Hampden, MA 01036
邮箱：Rossgiombetti@giombettiassoc.com
传真：　(413)566-2009

图 5-9　引起读者注意的招募广告

资料来源：Giombetti Associates，Hampden，MA. Reprinted with permission.

就业服务机构

　　就业服务机构主要有三种类型：一是由美国联邦政府、州政府或地方政府开办的公共就业服务机构；二是由非营利组织开办的就业服务机构；三是由私营机构开办的就业服务机构。

美国各州都有公共就业服务机构。美国劳工部通过补贴和其他形式（比如就业数据库）赞助并协调这些机构的工作。国家就业数据库（National Job Bank）让它们的机构咨询师来对其他州的求职者给予建议。

一些企业在与就业服务机构打交道的时候会有一些不快的经历。一方面，申请失业保险的求职者必须登记并参加工作面试。有一些人不大愿意回到工作岗位上，这时候企业就可以中止与那些工作意愿很低的求职者的合作。还有的时候，企业认为这些就业服务机构的工作是懒散的。

然而这些机构还是有用的。这些就业服务机构会去考察企业的工作场所，审查企业所提出的职位要求，甚至帮助企业编制职位说明书。大部分州都在将其地方性的州政府就业服务机构转变为"一站式"服务中心。这种服务中心可以为企业提供的服务包括：人员招募服务、税收减免信息、培训计划以及对当地或全国劳动力市场信息的查询。[82]在俄勒冈州的就业服务中心里，求职者可以使用"iMatch"技能测评软件，企业也能获得最新的当地经济信息并使用这些在线招募工具。[83]

大多数专业协会和技术协会，比如电子电器工程师协会（Institute for Electrical and Electronic Engineers，IEEE），都会帮助会员寻找工作。类似地，许多公共福利机构也会努力安置那些属于某些特殊类型的人，比如残疾人。

私营就业服务机构也是文员类、白领类和管理类职位的重要招募来源。一旦成功地帮助求职者找到工作，它们会收取相应的费用（根据州法律规定）。它们大部分都是"付费"工作，企业需要为此付出费用。为什么要求助于这种私营就业服务机构呢？原因包括：

- 企业没有自己的人力资源部门，又感到自己不能很好地完成招募和筛选工作。
- 企业必须迅速填补某一特定的职位空缺。
- 企业感觉自己需要吸引较大数量的少数族裔劳动者或女性来求职。
- 企业想招募已经在其他企业中就业的员工，又觉得直接与公司目前的竞争对手进行接触不太好，而与就业服务机构接触会让它们感觉更舒服一些。
- 企业想减少招募的时间成本。[84]

不过，在使用就业服务机构提供的服务时，仍然需要注意避免一些潜在的问题。例如，如果没有选择好的就业服务机构，可能会使得那些不合格的求职者直接被推荐到负责招聘的直线主管人员那里去，而这些主管人员很可能会盲目相信就业服务机构的筛选水平，从而雇用这些不合格的人。

为了避免这些问题，你应该：

1. 向就业服务机构提供准确完整的职位说明书。

2. 确保机构的甄选程序包括测试、求职表和面试。

3. 定期查看公平就业机会委员会关于公司（机构）接受和拒绝员工的相关信息。

4. 筛选就业服务机构。与其他管理者一道进行检查工作，以确保就业服务机构能够高效填补你的职位空缺。检视互联网并将相关广告分类，以发现那些能够处理你的职位空缺的机构。

5. 在就业服务机构对求职者进行推荐信核查之后，至少要亲自检查一遍所录用人员的推荐信。

临时性员工和非常规性配置员工

很多企业越来越多地雇用非固定员工或临时性员工，将他们作为固定员工队伍的一种补充——企业通常会利用临时雇用服务机构来招募这类员工。在最近的经济萧条中，私营部门增加的工作岗位中有 26% 是临时性岗位，是前两次经济萧条时期的两到三倍。非固定员工队伍中的人已经不仅仅局限于事务性的员工或维修人员。每年都会有许多人在工程、科学或管理支持类职位中寻找临时工作。[85]

有一系列因素导致了招募临时性员工的潮流，如企业主对经济的信心不足。灵活性也是一个要考虑的因素。如果经济的好转是很短暂的，那么很多企业都希望减少它们的人员数量。[86] 还有一个因素是对短期工程的外包。比如，马基诺公司（Makino）将它的大型机器安装工作外包给了合同公司，而后者又是通过招募临时性员工来完成工作。

企业雇用临时性员工的方法有两种：直接雇用或通过雇用服务机构。直接雇用就意味着企业首先雇用这类员工，然后将他们安排到相应的职位上。在这方面，正如企业向其他员工发放薪酬一样，也直接向这些员工支付薪酬，只是企业会对这些人进行单独的分类，如非正式员工、季节性员工或临时性员工。此外，即使企业也会为这些员工提供福利，但通常会比为正式员工提供的福利少一些。[87] 另一种做法是让临时雇用服务机构为企业提供非固定员工。临时雇用服务机构负责处理临时性员工的招募、甄选、薪酬发放等所有的工作。例如，耐克公司雇用凯利服务公司（Kelly Services）来满足自己对临时性员工的需求。

遇到员工生病或者休假的情况，企业很早就开始使用临时性员工来填补空缺了。但是临时性员工还有其他的优势。临时性员工的小时工资更高，但他们并不能当天拿到报酬。如果经济不景气，解雇临时性员工也更容易。还有一些企业通过使用临时性员工来对那些将来可能会被自己正式雇用的人进行试用和考察。[88] 然而，与长期员工相比，临时性员工的小时工资更好，而机构还要收取服务费。[89]

为了让临时性的关系成功，监督临时性员工的人应该理解这些员工的担忧。调查报告显示，临时性员工面临以下问题：

1. 认为公司对待他们的方式是不人道的，而且令人失望。
2. 对雇佣关系没有安全感，对未来感到悲观。
3. 对保险和福利的缺失感觉到担忧。
4. 对工作任务有误解，尤其是关于临时性的工作任务是否会变为长期的工作任务。
5. "就业不充分"（特别是想要回到全职劳动力市场的人）。[90]

当与临时性机构合作的时候，要了解它们的政策。比如，一旦主管同意签署协议，就意味着要支付费用给机构。那么，如果企业想将临时性员工转为长期员工，需要遵守什么样的政策？这些机构如何计划招募员工？一个可行的建议是，企业可以与商业促进局（Better Business Bureau）核查临时性机构的背景和资质。[91]

➡ 了解你的雇用法律

与员工签订合同

几年前，美国联邦政府探员逮捕了在沃尔玛 60 家超市工作的大约 250 名非法"合同制"

清洁工。这次行动提醒企业，一定要了解那些在你的公司工作但事实上受雇于外部雇用服务机构的合同制员工的身份和具体来源。[92] 即使这些员工是为临时性机构服务的，但这并不能成为一个借口。一般而言，当临时性雇用机构的员工受雇于另外一个企业的时候，他们就同时属于这两个组织。[93]

企业的责任有赖于主管们对临时性员工活动的控制程度，这些机构在这方面做得越多越好。比如，让临时性就业机构负责这些员工的培训、协商和确定工资水平。

企业还可以采用一些其他做法。企业可以要求临时性就业机构遵循企业的背景核查程序，并且在双方同时负责的时候承担相应的法律风险。另外要仔细跟踪这些机构雇用了多少临时性员工。对那些拥有企业知识产权和电脑系统权限的临时性员工要加强监督。[94] 在企业名片、员工手册和员工身份证明方面，不要将临时性员工等同于正式员工。[95]

临时性员工是**非常规性配置员工**（alternative staffing）的一种——从本质上说，就是使用非传统的人员招募渠道的一个例子。其他的非常规性配置员工类型包括：企业内部的临时性员工（由公司根据一些明确的短期合同直接雇用的员工）和合同制技术型员工（即高技能员工，如工程师等，他们来自企业外部的某个技术服务型企业，按照一份长期项目合同为本公司工作）等。

外包和离岸经营

与招募员工进入公司工作不同，外包和离岸经营是把工作岗位送到外面去。外包就是指将以前公司自己员工在内部做的工作包出去，让外部的公司来提供岗位服务（如效益管理或加工）。离岸经营的含义更窄一些。它是指将以前公司员工在公司内的工作包给国外的卖主，让它们来提供服务。

外包和离岸经营的做法目前都饱受争议。尤其是在经济充满挑战的时代，员工、工会、立法者甚至是企业所有者本身都觉得，"把工作全方位送到外面去"（尤其是送到海外）是一种欠考虑的做法。尽管如此，很多公司现在仍然在把越来越多的工作外包出去，而且外包出去的还不仅仅是蓝领类工作岗位。比如通用电气公司的运输事业部就将一些中层职位从宾夕法尼亚州转移到了印度。[96]

这样也会引起一些人事方面的挑战。其中一个就是增加了文化误解的可能性（比如母国客户和国外员工之间）。其他的问题还有安全和信息方面的隐私，以及处理国外文件、责任和法律系统方面的问题。最后，海外的员工还要接受特殊的培训。

亚洲工资水平的上涨、声望问题和在本地投资的渴望正促使更多的美国公司将这些工作收回来。包括苹果和微软在内的许多美国公司都在将工作逐渐收回。[97]

高层管理人员代理招募机构

高层管理人员代理招募机构（也称猎头公司）是一种特殊的雇用代理机构，它们受雇于客户企业，帮助这些企业寻找其需要的高层管理人才。在一家公司中，需要通过这种服务来填补的职位可能是很少的，但是，在这些职位中却包括了企业最为关键的一些高层管理职位和关键的技术职位。为了填补高层管理职位的空缺，猎头公司可能是企业获得求职者的唯一来源。在这种情况下，企业通常要向猎头公司支付服务费。

根据收费方式不同，猎头公司可以分为"无定金寻访"和"不可逆型预付费搜寻"两种。高管搜索咨询联盟（Association of Executive Search Consultants）的会员一般都是针对年薪 15 万美元以上的高管，并且使用"不可逆型预付费搜寻"的方式，也就是说不管企业是否通过猎头公司招募到高管都要支付费用。"无定金寻访"一般针对年薪 8 万～16 万美元的初级或者中级职位。一些顶级的猎头公司（都是需要预付费的）包括海德思哲公司（Heidrick and Struggles）、亿康先达公司（Egon Zehnder International）、罗盛咨询公司（Russell Reynolds）以及史宾沙公司（Spencer Stuart）。今天，猎头的费用开始降低至高管第一年薪酬的 30%。

最大的挑战在于寻找潜在的求职者。基于互联网的数据库让这种搜索更加快速。猎头公司也正在创建针对特定业务的新的单元（比如销售）和行业（比如石油产品）。

高层管理人员代理招募机构有很多人际关系，它们特别擅长找到那些目前在换工作方面并不积极的合格求职者。它们能够做好客户企业的名称保密工作，一直到人才寻访过程的最后阶段为止。这些高层管理人员代理招募机构还可以通过找到求职者，同时对人才库进行筛选，来节约客户企业高层管理人员的时间。

在使用这类高层管理人员代理招募机构的服务时，一定要确保它们真正明白你的需求，并且为你推荐经过妥善审核的求职者。因此，很有必要对你们企业提出的要求进行深入的剖析，并且确保与高层管理人员代理招募机构中实际上负责你们公司项目的人进行会谈，问清楚这类高层机构如何收费，并签订书面协议，以及确保至少对最终的求职者自行进行背景调查（或核查）。

➡ **构建你的管理技能**

与招募机构合作

在与猎头公司合作的过程中要保持谨慎。特别要遵守以下指南[98]：

1. 确保这个公司能够全方面地搜索。根据猎头行业的道德规范，一个招募机构在对某客户的高管完成搜索后两年时间内，不能对同一客户的高管进行接触。因此，招募机构只能从一个日渐萎缩的人才池中找寻人才。[99]

2. 与最终负责搜索的人会面。

3. 一定要询问招募机构的中介费用，用书面的形式确定下来。[100]

4. 确认你和招募机构就目标人才的类型保持一致。

5. 询问招募机构是否核查了最后的求职者。如果对方的回答是"没有，我们只是接近了求职者，我们还没有真正开始筛选流程"，不要感觉到奇怪。

6. 不要寄希望于任何一个招募机构来做背景核查。如果要让它们来做背景核查，那么要获得这些核查的书面材料。对最后的求职者还需要亲自核查一遍。

7. 最好使用一个在你的目标领域经验丰富的招募机构，它必须对符合条件的求职者非常熟悉。

内部招募

今天越来越多的企业在自己的管理层内部进行招募。[101]它们要求管理层的招募者进行高管（首席执行官和总裁）以及董事会成员的人员安置，同时进行秘密的搜索。诸如通用电气和百事这样的公司都拥有内部招募办公室来处理大部分的管理层招募事宜（通用电气负责内部招募的员工有大约 500 人）。时代华纳公司（Time Warner）运用内部招募团队每年可以节省数百万美元。[102]接下来的直线经理和小企业的人力资源工具专栏解释了小企业的一些做法。

➡ **直线经理和小企业的人力资源工具**

招募 101

大部分小企业都会经历这样的时刻：企业老板开始需要新鲜血液来将公司带到更高的层面。这个老板应该亲自雇用这样的人吗？

对于绝大多数大型公司而言，选择猎头公司的时候根本不会花费太多思考的时间，但是对于小企业来说，要通过猎头公司寻找一名市场经理可能要花费 4 万～12 万美元的中介费用，这时候它们可能就会犹豫了。

然而，运用猎头公司来搜寻人才与寻找打字员是很不一样的。你要找的人很可能并不会看招募广告。有许多符合条件的求职者，但是你必须通过评价来发现他们。你很可能并不知道该如何编写招募广告，也不知道将其放在何处，不知道去哪里搜索、与谁联系，不知道如何筛选出那些看似有能力，实则名不符实的求职者。你可以做到以上几点，但也会浪费你大量的时间，分散你的精力。

如果你真的决定自己做这件事，可以考虑聘用一名心理学家，花费 4～5 小时来对你最感兴趣的求职者进行测试，以确定他们的问题解决能力、性格、兴趣和精力水平。

当求职者是来自竞争公司的时候更要小心。一定要记住检查他们的非竞争性和非泄密性合约。考虑到专利或者潜在不信任问题，在询问某些问题的时候最好与一名律师合作。[103]

即使你是一个《财富》500 强公司的经理，当你需要找人填补一个职位空缺的时候也经常面临两难境地。你会发现公司的人力资源办公室可能只会张贴在线招募广告。另外，你也不大可能自己张贴招募广告（这也是本章开始时玛琳面临的问题）。你需要联系其他公司的同事，运用口头推荐的方式来对你需求的职位做"广告"。

议一议

假设你拥有一个化学制剂公司并且想招募一名新总裁，基于你在本章所学，你将如何做这件工作？

员工推荐求职与自荐求职

员工推荐求职是公司招募的一种重要方式。公司将需要推荐求职者的空缺职位和职位要求以告示的形式张贴在公司的内网或电子公告栏上。在推荐求职者被雇用之后，推荐者将获得奖励。比如，凯泽永久公司（Kaiser Permanente）的员工只要能将人才推荐到"奖励资格职位"上，他就能获得至少 3 000 美元的奖励。[104]容器商店（Container Store）培训员工在公司的客户中招募求职者。

员工推荐方式最大的优势是，能够集聚"更多的求职者、更多的成功招募和更多的产出率（成功招募/求职者）"。[105]现在的员工一般都会将真实准确的信息提供给负责推荐他的员工，因为这关乎自己的名誉。美国人力资源管理协会的调查显示，在 586 个企业中，有 69％的参与者认为员工推荐项目比其他招募方式更具成本优势；80％的受访者认为员工推荐比就业机构成本更低。[106]

但是，这种招募方式成功与否的关键在于公司员工的士气。如果公司的现有员工（或者他们的推荐求职者）大部分是男性或者白人，只采用员工推荐求职者这种招募方式会被认为有歧视性质。如果公司拒绝了一个员工的推荐，一定要向他解释原因。

自荐求职——直接到企业求职——是一种重要的招募方式，特别是对于小时工的招募来说。招募者甚至可以在公司外面张贴"招募启事"来招募自荐求职者，这是吸引本地求职者成本最低廉的方式。对待自荐求职者要礼貌一些，这对企业的社区声望和求职者自身的自尊都有好处。许多公司都会对每一位上门求职者在人力资源办公室进行一次简短的面试。也许这仅仅是为了从求职者身上获得相关的信息，一旦将来有适合的职位空缺，就会通知他们。良好的商业惯例是，对于所有求职者的来信都及时恭敬地给予回复。

按需招募服务

按需招募服务（on-demand recruiting services，ODRS）是指企业按照服务时长或是以项目的方式而不是特定的比例向招募机构支付费用。比如，一个生物科技公司的人力资源经理想要招募几十名具有科学学位和制药经验的员工，他可能会使用一个按需招募服务公司。传统的招募方式可能会对每个成功招募的员工抽取 20％～30％的中介费用，而按需招募服务公司主要根据服务时长来收费。这样的公司一般处理招募和前期甄选工作，最终会列出一个简短的合格求职者名单供企业参考。[107]

大学校园招募

在**大学校园招募**（college recruiting）中，企业派代表去大学校园对毕业生进行预筛选，并创建一个求职者人才池。大学校园招募是企业招募管理培训生、专业人员以及技术人员的一种重要渠道。研究显示，在所有需要大学学历的外部招募职位中，新近大学毕业生填补了其中的 38％。[108]

好的校园招募并不容易。一是费用高昂且比较费时。企业必须在进行校园招募前提前制定好日程表，印刷好介绍公司的手册，保管好面试记录，还要花很多的时间在校园中。二是有些到校园中从事招募工作的人员不仅成事不足，有时甚至会败事有余。有些招募人员事先不做好准备，在求职者面前显得兴趣索然，做出一副高高在上的姿态。许多招募人员也并不去对求职的学生进行有效的筛选。

企业应该对进行校园招募的员工进行培训，告诉他们如何面试求职者，如何解释公司的待遇，如何让求职者放松。这样的员工需要善于沟通，并且有善于吸引求职者的经验。[109]通用电气公司每年要从大约 40 所大学招募 800～1 000 名学生，并且能够通过招募团队和实习生计划在这些学校中建立公司的声望。同样，IBM 有十名员工专门负责校园招募工作。[110]壳牌石油公司使用了诸如学术质量、入学人数和学生多元化程度等指标，来减少进行校园招募的学校数量。[111]

校园招募人员有两个主要的目标。一是确定对一位求职者是否值得进一步加以考虑。通常需要对一位求职者的以下个人特点进行评价：沟通能力、教育情况、工作经验以及人际关系能力。二是吸引优秀的求职者。真诚而随和的态度、对求职者的尊重以及尽快给求职者去信做出反馈，这些都有助于将企业推销给来接受面试的求职者。那些能够与意见领袖（比如职业咨询师和教授）建立良好关系的企业一般都会有更好的招募效果。[112]

企业通常会邀请优秀的求职者来公司现场参观。邀请信应该热情并符合商业规则，同时提供一些可供求职者选择的日期。公司还要在求职者下榻的酒店前台准备一份日程表以及其他资料，包括公司的年度报告和员工福利情况等。

对面谈做出规划并且遵守日程计划，要避免因为别的事情中止面谈。对每一个面试的学生都要给予关注，尽快地给出工作邀请，尽量在这次考察的过程中做出招募决策。经常性地追踪你的招募决策，这可能使得求职者更好地为公司所用。

一项针对 96 名毕业生的研究提供了一些建议。有 53% 的参与者认为，"现场参观的机会以及可以与相似岗位的员工或者更高职位的领导进行交流"能够产生积极效果。51% 的参与者提到了"令人印象深刻的酒店/餐饮安排和井然有序的现场安排"。有 41% 的参与者对"没有秩序和准备的面试行为，或者非正式的无效果答案"表示了拒绝。[113]

实习

实习能造就一种双赢的状态。对于学生来说，实习能训练他们的工作技能，了解潜在的未来企业，而且能够更清楚到底喜欢（或不喜欢）做什么样的工作。企业能使实习生利用他们的才能为公司做贡献，同时审核他们能否胜任全职工作。一项调查研究显示，在企业的实习生中，超过 60% 最终能留下来。[114]

还有一些实习却是梦魇般的。在时尚行业和媒体行业，有很多实习生抱怨自己长时间都没拿到工资。《纽约时报》引用了一名管理者的话："我们需要招募 22－22－22 的员工"，这就是一个 22 岁的能够每天工作 22 小时、年薪 22 000 美元的员工。[115]

远程工作者

远程工作者运用信息技术在家做大部分的工作。比如，美国捷蓝航空公司就用那些在家中工作的代理人来帮助自己处理客户的订票需求。捷蓝航空公司的机组人员都居住在盐湖城及附近地区，身在家中却从事着工作。他们利用捷蓝航空公司提供的电脑和技术，同时会受到公司的培训。[116]

退伍军人

美国退伍军人也为企业提供了一个获得训练有素的求职者的很好来源。有一些军事机构还专门设置一些项目来帮助军人寻找工作。例如，美国军队青年成才伙伴委员会（U. S. Army's Partnership for Youth Success）就会为参军的年轻人选择一个退伍后可能去工作的公司去进行面试，以帮助军人在离开军队后找到一份合适的工作。[117]

对于退伍军人而言也存在一些错误认识（比如压力失调会影响工作绩效），但是这些错误认识通常都是无根据的。[118]沃尔玛设立了一个项目，为一年内退役的军人提供一份工作保障。[119]网站 www. helmetstohardhats. org 将老兵们和相关贸易企业联系到一起。"构建你的管理技能"专栏提供了一些招募指南。

➡ **构建你的管理技能**

如何提升招募机构的效能

　　招募会显著地提升公司的成本，因此管理者需要有效地控制招募成本。比如，我们应该使用哪个招募机构？[120]哪种广告方式成本更低廉？通过网络广告还是周末的报纸？

　　如果不能衡量，也就不能控制。[121]最明显的指标就是"通过每种招募渠道我们征集了多少求职者"。[122]然而，这也不全面，管理者希望招募到符合要求的求职者，而互联网可以征集成千上万不符合要求的求职者。哪一个招募渠道获得的招募者更加优秀呢？这里面需要衡量的就是新招募人员的绩效、新招募人员的失败率、新招募人员的流失率和培训成功率。[123]（接下来的"作为盈利中心的人力资源"专栏展示了一个例子。）一项好的求职者跟踪系统能够帮助管理者比较各种招募来源。[124]

　　除此之外，研究提供了提升管理者招募有效性的指南，特别是[125]：

- 运用那些使求职者更可能留任和表现更优秀的招募渠道（比如内部员工推荐）。[126]
- 在招募广告中提供详尽的职位信息，比如薪资、地址和工作要求。
- 第一印象很重要。仔细检视你的广告、网站、宣传册和校园招募等。
- 向求职者提供一个现实工作和组织的预览，而不仅仅是积极的一面。
- 选择那些有优秀人际技能的求职者。
- 在招募信息中提供详尽完整的信息。

➡ **作为盈利中心的人力资源**

降低招募成本

　　通用电气医疗公司（GE Medical）一年内招募了 500 名技术人员来设计精密的医疗仪器，比如 CT 扫描机。公司将招募成本降低了 17%，填补职位空缺的时间减少了 20%～30%，绩效不达标的员工降低了 50%。[127]

　　通用电气医疗公司的人力资源专业人员通过调整与招募机构打交道的方式，实现了这些目标。比如，通用电气医疗公司告诉 20 个招募服务机构，它只会从中选择 10 家最好的机构。为了衡量"最好"这个指标，公司创建了一些指标，比如"转化为面试的简历占比""转化为工作邀请的面试占比"。同样，通用电器医疗公司发现收到的简历中只有 1% 转化为面试，而有 10% 的员工推荐信介绍的求职者成了最后招募的对象。因此，公司决定将员工推荐信招募的数量翻倍。公司简化了推荐信表格，优化了推荐信的提交流程，并且对成功推荐求职者的员工提供了小奖励（比如礼物）。通用电器医疗公司还提升了奖励的标准，如果员工推荐的求职者最后成功入职，推荐的员工可以获得 2 000 美元的奖励，如果被推荐的人是软件工程师，推荐者获得的奖励为 3 000 美元。

　　通用电器医疗公司还使用了更多的招募流程外包机构。招募流程外包机构可以完成公司大部分的招募流程。这些机构通常与企业签订短期合同，每个月根据实际招募到员工的数量获得一定的佣金。与企业内部的招募办公室相比，这种做法可能提升也可能会降低招募的成本。[128]大型的招募流程外包机构包括万宝盛华集团（Manpower Group Solutions）、IBM 和

Randstad Sourceright 公司。[129]

议一议

通用电器医疗公司可以利用本章中的哪些工具来提升招募效能？

5.6   招募一支更加多元化的员工队伍

我们在第 2 章中看到，招募一支更加多元化的员工队伍不仅仅是社会责任。由于少数族裔、年长员工和女性求职者越来越多，招募多元化的员工队伍已经是一种必要了。我们在本章介绍的招募方法对于招募少数群体求职者而言也很有效。当然，多元化员工招募还需要包含一些特殊的步骤。[130]

招募女性员工

由于女性员工在专业性、管理型和军队的职业中都取得了很大的成功，有人认为企业不应该为招募女性设置特殊的条件，实际上并不是这么回事。比如，女性还在许多职业中面临挫折，比如工程师。女性在高层管理职位中的人数还是比较少，与从事相似职位的男性员工相比，她们的工资大约只有男性员工的 70％。

最有效的补救方法就是最高管理层推动。[131]企业需要强调招募女性员工的重要性，识别招募和保留女性存在的问题，并且使用综合性的计划来吸引女性求职者。最主要的目标是展示企业是一个能够吸引女性的地方。比如，运用公司网站来强调女性员工正在从事一些"非传统"工作（比如工程师），强调公司的导师项目；提高工作场所的灵活性，比如，即使对于兼职工作的女性员工也为其提供合伙人身份；运用女性组织、女性就业网站和女子大学的就业机构等资源进行招募；确保福利能够覆盖家庭规划和产前护理；对性骚扰实施零容忍政策。

招募单亲家长

最近，大约有 1 000 万个由母亲抚养 18 岁以下孩子的单亲家庭，大约 2/3 的这种家庭中的母亲都有工作。还有大约 125 万个这样的家庭是由父亲维系的。作为单亲家长是不容易的，因此，要制订一项吸引和保留单亲家长的计划，首先就要理解他们在平衡工作与家庭生活方面所遇到的各种问题。[132]（当然，这对双亲健在但是很难会面的家庭同样适用。）一项调查指出，许多被调查者每天半夜回到家中筋疲力尽，连最基本的留给自己的时间都没有。他们经常要请假来照顾生病的孩子。正如一名母亲说的，我甚至连生病的时间都没有。[133]

考虑到这些方面的问题，吸引和保留单亲家长的第一步就是使工作场所尽可能更加友善。[134]调查建议，一个支持性的主管可以努力使得单亲家庭的工作生活平衡计划更加具有现实性。[135]还有的公司通过弹性工作时间计划为员工安排自己一天的工作时间提供一定的灵活性（例如在每天开始上班时或下班前有一个小时的机动时间）。但是，对于很多人而言这样的计划还是不够。美国有线电视新闻网（CNN）甚至还提供了一个"工作生活平衡计算器"来计算一个人的生活是否平衡。[136]我们将在第 11 章"绩效薪酬与员工福利"中讨论这个问题。

年长员工

在招募年长员工方面，企业没有太多的选择。[137] 在接下来的几年中，美国劳动力队伍中增长速度最快的部分将会是 45～64 岁的年纪较大的人。诸如家得宝（Home Depot）这样的公司就是以雇用年长员工著称的，因为公司认为这些年长员工可以通过他们的知识和处事方式对"婴儿潮"顾客产生吸引力。[138]

鼓励和吸引年长员工需要企业从多方面努力使公司成为一个适合年长员工工作的有吸引力的场所。最好的办法就是提供灵活的（更短的）工作安排。[139] 在一家公司，65 岁以上的员工可以逐渐减少他们的工作时间。另外一家公司使用"迷你调整"来帮助那些期望减少工作时间的员工进行调整。其他的建议包括：

- 让员工逐渐完成退休；
- 为那些希望在暖处过冬的"候鸟型员工"提供可移动的工作；
- 为退休者提供兼职工作；
- 对兼职工作者提供全部福利。[140]

和招募中的很多工作一样，塑造良好的形象是非常重要的。比如，编写广告的时候要传递这样的信息："我们对年长员工很友好。"最有效的招募广告会突出弹性的工作安排以及强调公平就业机会，而不是"给予退休人士机会，以在新的工作环境中来应用他们的知识"。[141]

年长员工是好员工。最近的一项研究聚焦于对于年长员工的六项刻板印象：工作动力缺乏，不愿意参加培训和职业开发，抵制变革，不值得信任，不够健康，更容易遭遇工作生活的失衡。研究发现，年龄与动机和工作参与度有一些微弱的正向联系（意味着随着年龄上升，动机水平也会上升）。[142] 他们也的确发现了年龄和可培训程度方面存在一定的负面联系。年龄也与变革意愿和信任程度存在一定的正向关系。与年轻的员工相比，年长的员工并不会更容易患上心理疾病和产生一些基本的健康问题，但是更容易患上高血压和呼吸系统疾病。所以，不能就此对老员工产生一些刻板印象。

企业应该怎么做呢？第一，扭转管理者、员工和招募者不正确的年龄刻板印象。第二，提供更多的机会来接触老员工，并且鼓励新老员工之间的交流。[143]

招募少数族裔

类似的方法对于招募少数族裔同样有效。[144] 第一，理解那些阻碍少数族裔求职的因素。比如，有些少数族裔的人达不到教育和工作经历的标准。意识到这些阻碍以后，企业就应该设计一些计划来修正招募政策，以吸引和保留少数族裔和女性员工。这包括补充培训、灵活的工作安排、模范带头作用和工作再设计。

最后，实施这些计划。许多求职者在找工作的时候都会向亲朋好友咨询。因此，鼓励你的少数族裔员工来辅助你的招募工作。多元化招募专业机构包括 www.diversity.com 和 www.2trabajo.com。

其他的公司与一些专业组织合作，这包括全美黑人 MBA 联合会（National Black MBA Association，www.nbmbaa.org）[145]、全美希伯来人 MBA 协会（National Society of Hispanic MBAs，www.nshmba.org）和全美华人组织（Organization of Chinese Americans，www.ocanational.org）。

一些企业在招募和吸引员工的福利方面存在困难。求职者有时候会缺乏一些工作技能，比如按时汇报工作，以团队的形式工作和服从命令。企业的培训前项目可以成为工作福利的关键。在这里，参与者可以得到持续几周的关于工作技能的培训和咨询。[146]

残疾人

研究表明，几乎对于所有的工作标准而言，残疾人都是能够胜任的，这相当有说服力。美国有成千上万的企业发现，残疾人不仅可能是胜任的和高效的，而且可以从事很多类型的工作，从信息技术类职位，到创意性广告类职位，再到接待类岗位，都不成问题。[147]

管理者可以使用很多种方法来利用这支高潜质的队伍。美国劳工部的残疾人就业政策提供了一系列项目，可以帮助企业和寻找暑期实习的残疾人毕业生牵线搭桥。[148]各州都设有本地的相关机构（比如田纳西州的"公司链接"（Corporate Connections）），为寻求残疾员工的企业提供招募、培训方面的工具和信息。企业还需要运用常识。举个例子，那些只在纸质媒体上发布广告的企业可能会错过潜在盲人员工。[149]

▉ 5.7　求职申请表的设计和使用

设计求职申请表的目的

一旦吸引来了一批求职者，企业就可以开始进入预筛选程序了。**求职申请表**（application form）通常是这个过程中的第一步（有些企业则要求首先对求职者做一个简单的筛选之前的面试或者是做一个在线测试）。

一张内容填写完整的求职申请表可以为企业提供四个方面的信息。第一，你可以对很多实质性的事情做出判断，比如，这位求职者是否具备承担该职位所要求的教育水平和工作经验要求。第二，你可以对求职者过去的工作进步和成长情况加以总结，这一点在招募管理类职位的求职者时尤为重要。第三，你可以根据求职者过去的工作记录来大致判断出其工作稳定性如何。（在过去的这些年中，企业裁员较多，因而在做出这方面的判断时需要小心。）第四，你可以运用求职申请表中的一些信息来预测哪些求职者在工作中可能会干得比较好，哪些人可能会干得不够好。下面的"构建你的管理技能"专栏提供了实用性的指南。

➡ 构建你的管理技能

直线经理和创业者的人力资源工具：求职申请表指南

如果求职申请表使用不当，可能会对管理者造成很大的经济损失。管理者需要记住几条规则。在"工作经历"这部分内容中，应当要求求职者提供此前就职的每一个组织的详细信息，包括当时的直接主管姓名以及电话号码，在进行背景核查时，这些信息是必不可少的。同时，求职者在求职申请表上签字的时候也应当确保自己了解以下几点：虚假的信息可能导致自己将来被解雇；自己已经授权用人企业对自己的信用记录、就业记录以及驾驶记录进行调查；公司可能要求自己去做一次体检；公司可能会要求自己去做药物筛选检测；雇用是没有明确时间期限的。

据估计,有 40%～70% 的求职者对某些经历(比如教育经历和工作经历)有夸大的成分。[150]大部分高年级毕业生都认为企业期待看到他们的简历有一定程度的夸大。这种夸大一般体现在简历中,也有许多在求职申请表中有体现。因此,必须要确保求职者对信息签署一个真实性声明。在涉及运用错误的信息来获取工作的时候,法庭往往是支持企业的。[151]

最后,完成求职申请表也是工作的一部分,可以显示求职者某些坏习惯。一些求职者会写上"参见附件中的简历",这是不可接受的。你需要的是签名的、完整的求职表。有的公司不会要求求职者提供简历,而是要求他们提供社交媒体的链接,比如推特和领英账号。[152]

议一议

在线查看一些求职者的申请表,他们是否遇到指南中提到的问题?

在实际工作中,大多数组织都需要准备好几种求职申请表。例如,如果所要雇用的是技术人员和管理人员,在表格中可能要求求职者详细回答有关其教育情况以及接受培训方面的情况;如果所要雇用的是工厂中按小时计酬的工人,那么求职申请表的设计重点可能会是考察求职者在使用工具和设备方面的情况。图 5-10 为一份雇用申请表。

➡ 了解你的雇用法律

求职申请表和公平就业机会法律

企业应当仔细审查自己使用的求职申请表,以确保它们符合政府关于公平就业机会的立法。在求职申请表中询问求职者的种族、宗教、性别、国家来源的问题是违反联邦法律的(不过在有些州的法律下是合法的)。公平就业机会委员会表示不赞成这样的行为。如果申请表以更高的比例淘汰了少数族裔或女性劳动者,举证责任就落到了企业身上,要证明那些可能存在歧视性的项目是与工作相关的,并且不存在歧视问题。需要注意的问题包括:

教育背景:询问求职者的入学日期和毕业日期有可能违反法律,因为这有可能表明求职者的年龄。

逮捕记录:如果企业因为求职者的逮捕记录就拒绝雇用他,这可能会被法院认定违反了《民权法案》第七章的内容。这个内容可能会对少数群体造成不利影响,而企业很难将其视作经营必需。

紧急通知:一般而言,要求员工提供紧急状态下的姓名、地址和电话号码是合法的。企业提供的指导语不能够包括可能会提示种族、宗教、身体残疾、婚姻状况和血统的信息。

身体残疾:一般而言,求职申请表中可以要求求职者提供身体残疾和既往病史的记录,特别是当这些问题可能会影响工作绩效时。类似地,也不能在申请表里询问求职者是否接受了工伤补偿金。

婚姻状况:一般而言,求职申请表不能询问求职者是否单身、已婚、离婚、分居的状况,也不能询问求职者配偶或者孩子的姓名、职业和年龄。

住房:询问求职者是否拥有或者租借房产也可能涉及歧视。这可能会对少数群体造成不利影响,也很难证实其是经营必需。

视频简历:越来越多的求职者选择提交视频简历,这是一种既有好处又存在潜在威胁的方式。在一项调查中,大约一半的受访企业认为,视频简历能让企业对求职者有一种更好的感觉。[153]但其潜在风险是，企业更有可能会受到被拒求职者的歧视指控。[154]

美国联邦调查局 荣誉实习项目初选申请表 （请用黑色墨水打印或填写） 日期：_____	仅限外勤人员使用 右拇指印：_____ 部门：____ 项目：____

Ⅰ　个人历史	
姓名：	请列举所上大学、专业及取得的学位以及平均学分绩点（如果有的话）：
出生（年/月/日）： 出生地点：	社会保障号码（可选）：

当前住址

详细住址：_____　　　　邮政编码：_____
住所电话号码：_____　　工作电话号码：_____

你有驾驶执照吗？　□ 是 □ 否　　你是美国公民吗？　□ 是 □ 否

你在美国军队服役过吗？ □ 是 □ 否	如果是，请填写部队番号和服役日期：	退伍类型：

你是怎么知道联邦调查局的这个实习项目的，或者为什么会对此感兴趣？

你懂外语吗？　□ 是 □ 否　请说明对每种外语的熟练程度。

你是否曾经因任何违法行为（包括交通违章，但不包括停车不当收到罚款单）被拘捕过？　　□ 是 □ 否
如果是，请在背面列出所有此类问题，即使最终你被判无罪，没有被正式起诉，没有上法庭，或者以支付罚金或没收抵押品的方式解决了问题。请详细说明具体的日期、地点、指控、处置、细节以及警察局的名称等。

Ⅱ　工作经历

列举高中毕业后，近三年来的全职工作经历（暑期、兼职和临时性工作除外）

开始时间	结束时间	工作经历描述	公司名称/所在地

Ⅲ　个人声明

残疾人士如果需要合理的便利才能完成申请表的填写，可以向联邦调查局提出申请。
在过去的 3 年之内，你使用大麻的次数是否超过 15 次？是/否
在过去的 10 年之内，你使用大麻之外的非法药物是否超过 5 次？是/否
申请者提交的所有关于药物的历史记录都要接受测谎仪的检测。

你是否了解所有的联邦调查局员工在被雇用前都要接受尿检？是/否

如果对本申请表信息进行隐瞒或造假，将违反《美国法典》第 18 条第 1001 款，对此本人充分知晓。如有违反，联邦调查局可以就此将本人遣散。本人同意以上声明，并保证申请表中所有陈述均为真实和完整的。

本人签名：_____　　（非昵称）

图 5-10　美国联邦调查局雇用申请表

资料来源：FBI Preliminary Application for Honors Internship Program.

前面提到，企业可以使用数据的方式来分析求职申请表的信息，以预测员工的绩效和可能的工作年限。一项研究表明，在上一家企业工作年限比较长的求职者不大可能离职，在雇用后六周内的工作绩效也更好。[155]其他的一些预测性履历指标包括"没有告知就自行离职""从大专院校毕业""旅行经历显著增多"。[156]

要仔细挑选履历性指标。公平就业机会法律限制了你对某些信息的使用（年龄、种族、性别等）。此外，有的求职者会使用虚假的履历数据来取悦企业。[157]

➡ 了解你的雇用法律

强制性仲裁方案

许多企业开始意识到就业诉讼的高成本，于是不少企业会在申请程序中要求求职者以书面形式同意接受强制性仲裁解决方案的条款。

不同的联邦法庭对强制性争议解决方案条款持不同的立场。但目前的基本情况是，强制性仲裁条款一般来说是具有强制力的。

但要注意两个方面的告诫。第一，这必须是一个公平的过程。[158]例如，协议应当是一份由双方共同签署并标明日期的单独协议；措辞应当简练；如果法律条文适用有误，可以复议并提起上诉[159]；企业必须承担仲裁的大部分费用；仲裁过程应当以合理的速度尽快完成；如果员工获胜，则他应当能获得相当于去法院起诉情况下能够得到的全部补偿。

强制性仲裁条款有时会拒绝一些求职者。在一项研究中，389 名 MBA 学员阅读了虚拟的就业手册。结果显示，强制性仲裁条款会对公司的吸引力产生极其显著的负面影响。[160]

本章小结

1. 招募和甄选始于人员规划和预测。人员规划就是确定企业需要填补哪些职位以及如何填补这些职位空缺的一个过程。人员规划始于运用趋势分析、比率分析、散点图分析和计算机化的方法来预测人员需求。此外，人员规划还要通过手工系统、人员替代图、计算机化的技能清单等预测内部求职者的供给。特别是失业率比较高、寻找求职者比较困难的时候，预测外部求职者是十分重要的。

2. 所有的管理者都需要了解为什么有效招募是重要的。如果候选人不够多，企业就不能有效地招募和甄选最优秀的人。有的企业使用招募金字塔来估计需要吸引多少求职者来填补职位空缺。

3. 运用内部求职者来填补职位空缺有一些优势。因为你对内部求职者的优势和劣势更熟悉，也不需要太多的入职引导过程。寻找内部求职者需要有效的职位公告。填补公司高管职位的继任计划——系统地识别、评价、开发组织领导力以提升绩效的持续过程——是一个很重要的流程。人员规划会影响员工敬业度。比如，开发和保留员工的计划以及内部晋升的机制可以提升员工敬业度，而与之背道而驰的政策却会有损员工敬业度。意识到这一点以后，联邦快递公司的内部招募和晋升机制在员工敬业度计划中起到关键作用。有效的内部晋升项目需要培训员工以提升其晋升的潜力。这个项目还需要以职业生涯为导向的评价。在这里，主管人员和员工一起将后者的业绩、职业偏好和发展需求整合到一份计划中。最后，在联邦快递公司，有效的内部晋升项目还需要评价员工的职业记录，并且及时公布职位空缺，有资格的员工可以及时了解职位信息。

4. 企业还使用很多外部的渠道来招募求职者。这里包括网络招募、广告招募、就业服务机构招募（包括公共部门、非营利组织和私营部门）、临时性机构和其他方式（比如高层管理人员代理招募机构、大学校园招募、员工推荐和自荐以及退伍军人招募）。

5. 理解招募一支多元化的劳动力队伍的重要性。不管是招募单亲家长，还是年长员工、少数族裔，最基本的规则是理解他们的特殊需求，并且创建一系列有效的政策来为他们提供一个更加友好的工作环境。

6. 企业开发和使用求职申请表来收集求职者的关键背景信息。求职申请表包括求职者的教育背景等信息，企业可以利用这些信息来判断识别员工的工作偏好。当然，求职申请表需要与公平就业法律相一致，比如在身体残疾方面。

讨论问题

1. 求职者的各种来源的优点和缺点是什么？
2. 求职申请表能提供哪些信息？
3. 在运用网络招募求职者时需要注意什么？
4. 你如何来招募和保留更多元化的员工队伍？
5. 你如何描述自己大学、前雇主和现在所在企业的"品牌"？你需要做哪些事情来塑造这个品牌？
6. 你会选择哪些指标来衡量企业的招募效能？为什么？
7. 选择两个雇用人员预测工具，并解释如何使用它们。
8. 简单介绍一下，你在提升人员预测流程的过程中如何运用人才管理原则。

个人和小组活动

1. 从周日的招募广告栏中摘取几则不同的招募广告，到课堂上进行展示。请运用我们在本章中讨论的那些指导原则，对这些广告的有效性加以分析。

2. 以个人或小组为单位，对5种职业（比如会计、护士、工程师等）在未来5年中的劳动力市场情况做出预测。

3. 以个人或小组为单位，拜访政府在当地设立的就业服务机构。回到课堂上准备讨论以下几个方面的问题：通过这种服务机构主要能够找到哪些类型的职位？你认为该机构在多大程度上适合作为专业人员、技术人员或管理人员等求职者的来源？该机构要求求职者完成哪些类别的文案工作，才会对他们的求职申请表进行处理？这种机构还会提供其他哪些方面的服务？你对政府的就业服务机构还有其他什么看法？

4. 以个人或小组为单位，在互联网上或者当地的报纸上找出至少 5 则雇用广告，要求这些广告能够表明这家公司是关心员工的家庭的，并且对女性劳动者、少数族裔劳动者、年长劳动者以及单亲家长是有吸引力的。请讨论这些企业为了关心员工的家庭做了些什么。

5. 以个人或小组为单位，对当地一家企业中的一位年龄在 25～35 岁，却管理着 40 岁及以上员工的管理人员进行访谈。请这位管理人员描述出他在管理这些比较年长的员工时遇到的 3～4 个最富有挑战性的事件。

6. 你会选择哪些指标来衡量你现在企业（或前雇主）的招募效能？为什么选择这些指标？

7. 选择两个人力资源经理所使用的人员预测工具，并解释如何使用它们。

8. 简单介绍一下，你在优化人员规划流程的过程中是如何运用人才管理原则的。

人力资源行动案例事件 1　寻找那些对工作充满热情的人

位于美国得克萨斯州奥斯汀市的泰乐琪公司（Trilogy Enterprises Inc.）是软件行业中一家成长很快的公司，它主要为一些全球性的企业巨头提供用于提高销售额和绩效的软件解决方案。这家公司为自己特立独行的文化而感到自豪。它的许多经营方式都不合常规，但在充满快速变化和激烈竞争的环境中，这些经营方式却似乎十分有效。

这家公司对于员工的着装没有什么要求，并且员工自定工作时间，但他们的工作时间通常都很长。员工都很喜欢待在一起（他们的平均年龄为 26 岁），无论是在办公楼中配置完善的厨房里，还是在公司主办的各种活动中，或者是在去当地跳舞俱乐部娱乐，抑或是去拉斯维加斯、夏威夷等度假胜地旅游的时候。员工逐渐形成了内部的一些行话，他们把一起在这家公司度过的这段历史奉为传奇。员工的工作职责很重，每天上班的时间很早，他们在长期做学徒的过程中形成了一种"现在马上动手去做"的工作态度。新入职的员工要接受为期几周的强化培训，这种培训被称作"泰乐琪大学"，这个培训的过程被受训者描述为"更像是新兵训练营，而不像是企业大学"。在这种培训中，各种信息就好像是被用"消防水龙头"传递过来的一样，企业期望新员工在每一件事情上都倾注自己的专业经验和活力。该公司的大学校园招募总监杰夫·丹尼尔（Jeff Daniel）承认，这种紧张的、非常规性的企业并不适合所有的人，"但是它绝对是一个人们对自己所做的一切都充满热情且全力以赴投入的环境"。

该公司雇用了大约 700 名这样充满热情的人。公司的管理人员知道，他们所追求的这种快速成长的状态取决于找到最优秀的员工，对他们进行快速的培训，然后尽快赋予他们广泛的职责以及工作的自主权。公司首席执行官乔·利曼德（Joe Liemandt）指出："在一家软件公司，人就是一切。除非你坚定不移地坚持这一点，否则你是不可能再建立起另一家伟大的软件公司的——这正是我们现在努力去做的事情。当然，每一家公司的领导人都会说'人就是一切'，但很多人并没有这样去做。"

公司将找到正确的人（他们称之为"伟大的人"）作为整个公司的使命。公司的招募人员积极到劳动力市场上寻找那些刚刚出炉的几乎最没有经验的人才，他们搜遍了大学的职业发布会和一些大学的计算机科学系，去寻找那些雄心勃勃且富有企业家本质的优秀人才。公司高层管理人员会对求职者进行第一轮面试，从而让这些潜在的员工明白，公司会逼着他们去完成任务，但也会给他们提供优厚的报酬。当公司刚刚招募的新人飞到奥斯汀市来进行一个为期三天的标准化现场访问时，同样优秀的公司员工会陪着这些最优秀的新人。在这种时候，通常的一天都是从让人筋疲力尽的面试开始的，最后却是以山地自行车、溜冰或者激光束游戏等活动结束的。而当那些热门的潜在求职者不能来公司参加这种访问活动时，公司的高层管理人员可能会专门飞过去见他们。

在最近一年中，公司一共审查了1.5万份求职简历，进行了4 000次校园招募面试，让850名求职者乘飞机到公司来参加面试，并最终雇用了262名大学毕业生，这些人占其现有员工总数的1/3以上。公司每雇用一名员工的成本为1.3万美元。杰夫·丹尼尔认为自己所花的每一分钱都是值得的。

问题

1. 泰乐琪公司所采取的非常规性人才吸引办法中，很显然运用了哪些既有的招募方法？

2. 泰乐琪公司文化中的哪些特定因素最有可能会引起该公司想要寻求的那类员工的兴趣？

3. 泰乐琪公司对你而言是一家有吸引力的公司吗？为什么？如果不是，该公司需要做些什么才能让你愿意接受它所提供的职位？

4. 你会建议泰乐琪公司怎样改进其招募流程？

人力资源行动案例事件 2　卡特洗衣公司：吸引更好的求职者

如果你去问詹妮弗和她的父亲，他们在经营自己的企业的过程中遇到的主要问题是什么，他们会直截了当地告诉你：雇用合适的员工。卡特洗衣公司原先是一家投币式的自助洗衣店，所以实际上并不需要什么有技术的员工。而现在，该公司已经开了6家分店，每一家分店都要求有技术的管理人员、清洁工（洗衣工）和熨衣工。公司所雇用的员工的学历通常都不超过高中毕业（经常是更低），但是这些人的竞争却很激烈。在一个典型的周末，通常可以在本地的报纸上看到几十则招募有经验的洗衣工或熨衣工的广告。这些人的薪酬水平通常是每小时15美元，他们经常换工作。因而，詹妮弗和她父亲就面临着一项持续性的任务，这就是从一群在他们看来总是随心所欲地从一个地方跑到另一个地方，从一个工作场所跑到另一个工作场所的人里面，招募并雇用本企业需要的合格员工。在他们的店里（正如他们的其他许多竞争对手一样），员工的流动率常常高达400%。"别再跟我谈什么人员规划和趋势分析了，"詹妮弗说，"我们正在打一场经济战，只要能有足够的活着的求职者让我把战壕填满，我就心满意足了。"

面对上述情况，詹妮弗的父亲要求她回答下面两个问题。

问题

1. 提供一份详细的建议清单，告诉我应当怎样增加可接受的求职者人才库，从而让我们不再是不得不雇用每一个自己撞上门的求职者。（你的后一个建议应当包括完整的文字在线广告词以及印刷版的招募广告，以及你建议我们采取的其他任何招募战略。）

2. 怎样降低洗衣店的员工流失率？

体验式练习　护士紧缺

2014 年 8 月，美国的失业率依然保持在令人沮丧的高水平，而企业很显然不愿意增加人员的雇用。但是，尽管很多人都遭遇了失业，护士这个专业却并非如此。事实上，几乎每家医院都在极力增加护士的招募。许多医院甚至开始把目光投向那些国外的护士，例如菲律宾护士。专家预测，护士在接下来的几年中将会出现极为短缺的状况。

目的：本练习的目的是为你提供设计一份招募规划的经验。

必须理解的内容：你应当非常熟悉本章中讲授的内容，并且了解一家医院的护士招募计划。

如何进行练习/指导：组成若干由 4～5 位学生参加的小组来进行这项练习。各小组在练习的过程中应该各自独立，不应互相交流。每个小组都要完成以下任务：

1. 根据这家医院在网站上提供的信息，为该医院设计一份在报纸的周日版上刊登的招募广告。你们会选择把广告放在这份报纸的哪一版面上（比如从地理区域的角度来说）？请说明为什么要这样做。

2. 分析这家医院目前在网上发布的护士招募广告。你们会怎样对这个广告进行改进？

3. 为这家医院制订一份完整的护士招募计划概要，其中包括你们将会用到的各种招募来源。

第 **6** 章

员工甄选

本章要点

- 员工测试与甄选的基本内容
- 测试的类型
- 面试求职者
- 使用其他甄选技术
- 管理者的员工敬业度指南

学习目标

学完本章后，你应该能够：

1. 解释测试的基本概念，包括信度和效度。
2. 至少说明四种基本测试类型。
3. 解释降低面试有效性的因素和问题，以及减少这些因素影响的措施。
4. 说明背景调查、推荐信核查和雇用前信息收集服务的优点和缺点。
5. 讨论如何运用员工甄选的方法来提升公司的员工敬业度。

引言

约翰（John）负责打理一个拥有 12 名员工的餐厅。餐厅老板住在一小时车程之外的地方，所以经常不在。为此，约翰要处理很多的餐厅事务，其中就包括要雇用一些服务员。上周他录用了一个看起来还不错的服务员，但是当有顾客向这个服务员反映自己点菜出现问题的时候，该服务员竟然向顾客喊叫起来。于是，约翰决定运用一些更有组织性的方式来面试求职者（餐厅老板不大愿意约翰采用甄选测试的方法）。

■ 6.1 员工测试与甄选的基本内容

在招募到一些求职者之后，下一步就是要为职位甄选出最佳的求职者。这通常意味着运用我们在本章中将要介绍的这些甄选工具——包括各种测试、评价中心、背景调查和推荐信核查等——来缩小求职者人才库的范围。员工甄选的目的是实现人与职位的匹配。人职匹配意味着基于职位分析的情况，将职位对员工的知识、技能、能力和胜任能力的要求与员工自身的知识、技能、能力和胜任能力匹配起来。

为什么认真进行员工甄选非常重要

雇用到正确的人之所以非常重要，主要是出于以下几个方面的原因：

首先，认真地对求职者进行测试和甄选能够改进员工和组织的绩效。其次，你自己的绩效总是在一定程度上取决于下属人员的工作绩效。那些不具备这些技能的员工或者妨碍他人工作的员工，会对你个人以及企业的绩效造成损害。再次，有效的甄选有助于减少员工工作中的不正当行为。根据一项统计，大约30％的员工承认他们曾偷窃企业的东西，其中41％的人是管理人员。[1] 所以，要在这些不受欢迎的人进入企业之前就把他们筛除出去。最后，员工甄选之所以重要，是因为招募和雇用员工的成本很高。即使是雇用和培训一名文员，企业也可能要花费10 000美元甚至更多的成本，还要搭上主管人员的时间。如果招到的员工不能发挥应有的作用，这些成本就都浪费了。

法律责任和疏忽雇用

此外，员工甄选之所以重要，是因为不当的甄选可能会带来法律方面的问题。在这里有两个方面的问题。第一，正如我们在第2章看到的，公平就业机会法律要求企业必须实施对受保护群体不产生歧视的甄选程序。

疏忽雇用是第二个方面的问题。当企业里有犯罪记录或其他问题的员工利用接近客户家庭的机会（或其他同类机会）从事一些犯罪活动的时候，法院就会认为企业要承担一定的责任。缺乏必要的防护措施而雇用有这样背景的员工就是**疏忽雇用**（negligent hiring）。比如，律师起诉了一家大型零售商，控告该公司的某些员工有因性骚扰而被定罪的背景，这些人对一些年轻女性进行了骚扰，在此之后该公司出台了一项新的进行犯罪背景调查的政策。[2] 此外，如果一个危险的员工伤害他的同事，法院也可能认定企业疏忽雇用。[3] 为了避免遭受疏忽雇用指控，企业应该：

● 仔细地检视求职者在求职申请中的所有信息，比如员工两次就业时间之间难以解释的空当期。

● 获取求职者的书面授权以进行背景调查。

● 保存所有关于求职者的信息和记录。

● 当员工提出不真实的资料，或者发现员工有确凿的与工作相关的攻击性记录时，要果断拒绝求职者。

● 如果问题出现，要果断采取惩戒措施。[4]

信度

在本章中我们将讨论主要的员工甄选测试和工具。任何一项测试或者甄选工具都具备两个重要的特征：信度和效度。我们先解释信度。

信度（reliability）指的是测试的一致性，即"一个人参加两种不同形式的同一测试时，或者是在两个不同的时间参加同一项测试时，取得分数的一致性"。[5] 测试的信度是非常重要的。如果某人在星期一的智力测试中得了90分，而在星期二的重测中却得了130分，你可能就会不太相信这个测试。

有几种方式可以用来评估一项测试的一致性或信度。你可以在两个不同的时间点对相同的人实施相同的测试，然后将他们在时间 2 的测试得分与其在时间 1 的得分加以比较。这种做法称为重测信度估计。[6] 你也可以先实施一项测试，然后再实施另外一项被专家认为与该测试等效的测试。这种做法称为复本信度估计。作为美国大学录取新生的参考标准之一的学术能力评价测试（Scholastic Assessment Test，SAT）就是一种复本信度估计。一项测试的内部一致性是另一个信度衡量指标。例如，假设在一项关于职业兴趣的测试中有 10 个题目，并且这些题目都从不同的角度测出了被试者对从事户外工作的兴趣。你可以先实施这项测试，然后再通过统计分析方法分析被试者对这 10 个题目所给出的答案的总体变化情况。心理学专家将这种做法称为内部比较信度估计。

有很多因素导致测试缺乏信度，包括：物理环境不同（第一天测试在安静的环境中，第二天在嘈杂的环境中）、接受测试的人的状态不同（第一天健康，第二天生病了）、管理测试的人的状态不同（第一天彬彬有礼，第二天态度不友好）。此外，就是测试的问题反映的重点不同，测试 1 重点关注第 1、3、7 章，而测试 2 重点关注第 2、4、6 章。

图 6-1 展示了这种关联。左右两个散点图中，心理学专家将每位求职者的测试成绩（横轴，时间 1 测试成绩）与后来的测试成绩（纵轴，时间 2 测试成绩）进行了分析。在左边的图中，这些点（每个点都表示求职者的测试成绩和后来的测试成绩）是分散的，似乎测试成绩前后之间没有什么关系。在测试的右边，心理学专家运用了一个新的测试。这里的散点位置就符合预期。这表明，求职者后来的测试成绩与他们以前的测试成绩紧密相关。

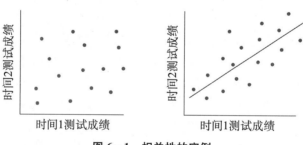

图 6-1　相关性的实例

效度

信度只是告诉你这项测试能够持续地测量一个问题。效度则告诉你测试是否衡量了你想要的东西。**测试效度**（test validity）回答这样一个问题："这项测试衡量了它想要测试的那种东西吗？"换言之，效度"指的是我们基于这种测试所得出的推断的正确程度"。[7] 在员工甄选测试中，效度常常指一项测试与一份工作是相关的——换言之，一位求职者在测试中的得分是对其在未来工作岗位上的绩效进行预测的有效指标。甄选测试必须有效度，因为如果没有效度，无论从逻辑上，还是从法律上，都没有任何理由继续用这种测试来对求职者进行筛选。

一项测试就是对一个人的行为所抽取的一个样本，但是有些测试却能够更清楚地代表那些被抽样的行为。例如，打字测试就是这方面的一个例子，它很清楚地代表了一种工作中的行为。另一个极端的情况则是，测试中包括的那些题目与行为之间并不存在明显的关系。投射人格测试就属于这种情况。在罗夏墨迹测试中，心理学专家要求被试者对一幅模糊的图片做出自己的解释。然后，心理学专家会根据被试者的解释来推断其人格和行为。这种测试就更难以证明，它所衡量的那些东西到底是否就是它说自己要去衡量的东西（在此案例中为一个人的人格特质）——也就是说，更难证明自己的效度。

在雇用测试中，有两种主要方法可以证明一项测试的效度，这就是效标关联效度和内容效度。**效标关联效度**（criterion validity）就是用数据展示测试程序的分数和接受测试员工的绩效之间的关系（比如，那些在测试中表现良好的人在工作中也会表现良好，而那些在测试中表现不好的人在工作中表现也不好）。在心理测量中，预测因子就是指你想要与某种效标（比如工作绩效）建立起联系的一种测量手段（在这个例子中即为测试分数）。效标和预测因子应该有密切的关系。而效标关联效度就是反映这种关系的一个专业术语。

内容效度（content validity）就是证明甄选程序的内容正是工作绩效的重要方面。比如，企业通过展示某项测试包含了工作内容的一个有效部分，以此来证明其内容效度。在牙医学院的选拔测试中，许多学校都会给考生一些大块的木头，让他们雕刻出牙齿的形状。如果你选择的这项测试是能够相当准确地反映工作内容的一个样本，那么这项测试就是有效度的。笨手笨脚的考生就不用去申请牙医学院了。

构想效度（construct validity）是另外一种可能的方法。这意味着要证明两件事情：测试程序能够测量一种构想（潜在的人类特质和性格，比如诚实）以及这种构想对高工作绩效有重要作用。

如何验证测试的效度

为什么研究生入学考试（GRE）之类的测试对大学入学管理部门的主管人员有用？为什么机械理解力测试对想招聘机械师的管理人员有用？

对上述两个问题的回答通常是：被试者在这些测试中的得分能预示他们未来的工作表现。因此，在其他条件相同的情况下，在研究生入学考试中得分高的学生在研究生院学习时表现也更好；在机械理解力测试中得分高的求职者在做机械师时工作绩效也更好。企业要采用统计方法确定机械理解力测试的分数与机械师工作绩效的关联程度。这个使测试有效化的过程（见图 6 - 2）通常是由工业心理学专家完成的。

对于很多企业（尤其是小企业）来说，对甄选工具进行效度研究是不经济的。这些企业识别出那些在其他情境下同样有效的测试和甄选工具，然后将它们引入自己公司，希望能够看到效果。[8]

经常出现的一个问题是，能否将某个公司中测试的效度推广到另一个公司中？**通用效度**（validity generalization）指的是"在没有进一步研究的情况下，某种情境下的测试工具效度在另外一个情境中也同样显著的程度"。[9]其中最关键的一点是，不需要进行进一步的效度研究就可以使用这项测试。需要考虑的因素包括：不同目的测试的效度证据、不同组织间测试对象的相似程度以及不同岗位的相似度。[10]

你也有可能发现，这项测试过于昂贵，即使你能招募到更好的员工，但是付出了更多的成本。"使用测试是否划算？"**效用分析**（utility analysis）可以帮助回答这个问题。有两位甄选专家说："通过使用经济方面的术语，效用分析展现了与没有使用某种测试相比，使用该测试能够在多大程度上提升员工的质量水平。"[11]在实践中，运用测试是否划算取决于甄选测试的效度、工作绩效的提升程度、求职者的平均测试成绩和接受测试的求职者数量。[12]接下来的"作为盈利中心的人力资源"专栏提供了一个例子。

步骤1：职位分析。这一步是要对职位进行分析以及编制职位描述和任职资格说明书。这里的关键点是，具体说明你认为任职者需要具备哪些方面的特性和技能才能在职位上达成充分的绩效。例如，求职者是否必须善于谈话、有良好的口头表达能力？这些要求都会成为预测因子，因为你认为这些因子是能够预测一个人在今后的工作岗位上能否取得成功的一些个人特性和技能。

在这一步中，还必须定义你所说的"在工作岗位上取得成功"意味着什么，因为正是为了预测这种成功才需要预测因子。成功的标准就是效标。在这里，可以用与生产相关的效标（比如数量、质量等），也可以用一些人事数据（比如缺勤率、服务年限等），还可以用对员工的工作绩效所做的判断（比如直接主管所做出的判断等）。对一个装配工岗位来说，你的预测因子可能包括手的灵巧性以及耐性。你希望通过测试去预测的效标可能包括每小时的产量，以及每小时生产的不合格产品的数量。

步骤2：选择测试。企业通常都是根据经验、过去的一些研究成果以及"最佳的猜测"来做出自己的选择的。它们通常不会从一开始就只选用一种测试，相反，它们都会选择几种不同的测试，然后将它们组合为一个测试组。这个测试组的目的是测量一系列可能的预测因子，比如进取性、外向性、数字能力等。

步骤3：实施测试。接下来就要实施这些选择好的测试了。预测效度估计是一种最为可靠的对测试的效度进行验证的方式。你可以在雇用求职者之前先对他们实施测试。然后，只利用现有的甄选技术——而不是你的新测试工具所测出的结果——录用合格的求职者。待他们已经上岗工作一段时间之后，再来衡量他们的工作绩效，然后将这种工作绩效与他们在雇用前所做的那次测试的得分进行比较。然后，你就可以确定你是否能够用他们在测试中取得的成绩来预测他们以后的工作绩效了。

步骤4：确定测试分数和效标之间的关系。下一步是要确定在测试分数（预测因子）与工作绩效（效标）之间是否存在一种显著的关系。在这方面通常采用的方法是通过相关分析来确定在测试中的得分和员工的工作绩效两者之间的统计关系——相关分析表明了两种统计变量之间的关系强度。

步骤5：效度的交叉检验与重新检验。在正式将测试工具投入使用之前，你可能希望通过交叉效度检验来对测试工具进行验证——换言之，通过对一批新的员工样本再次进行步骤3和步骤4的操作。此外，至少应当让某些人定期对测试工具重新进行效度检验。

图6-2 如何验证测试的效度

➡ **作为盈利中心的人力资源**

减少 KeyBank 的人员流失率

金融服务机构 KeyBank 需要一种更好的方法来筛选出纳和话务中心的员工。[13]分析者发现，KeyBank 每甄选并入职一名新员工要花费1万美元，然而在90天之内，有13%的新出纳和话务员离职。在 KeyBank 引入了一个虚拟工作试验的求职者评价甄选工具之后，这一比例下降到4%。KeyBank 的一名人力资源经理说："通过更好的招募决策、减少培训成本和提高招募的质量，我们在一年内降低了出纳人员的流失率，总共减少了170万美元的成本。"

议一议

选择一个你熟悉的职位，比如麦当劳餐厅的前台人员，并描述你将如何为他设立一个甄选的流程。

➡ **了解你的雇用法律**

测试与公平就业机会

各种联邦、州以及地方法律禁止种族、肤色、年龄、宗教、性别、残疾、国家来源方面的歧视。假设你运用了一项测试，没有通过这项测试的通过求职者认为遭受了不利影响。这个求职者要怎么做呢？其中的一个方法就是证明测试的通过率（比如求职者的种族通过率）比人群中该种族与非少数族裔之比的 4/5 还要低。因此，如果有 90% 的白人通过测试，而只有 60% 的黑人通过了测试，那么不利影响就是存在的。

企业至少有两种方法来调整其测试项目。一种就是构建一个新的、有效度的测试项目，从而避免不利影响的产生。另外一种就是证明现有的测试是有效度的，换言之，就是要证明测试是与工作成功与否相关的。理想状态下，你可以自己进行效度研究。在刚才提到的那个例子中，原告可能会证明你对测试的解释是不充分的。

企业不能只靠不做测试来回避公平就业机会法律，因为公平就业机会法律还适用于面试及其他方面的技术（包括绩效评价）。

➡ **构建你的管理技能**

保护员工个人权利和测试隐私

管理者会发现自己能够占有求职者的测试结果。如果是这样的话，运用这些信息就需要非常谨慎了。很多联邦法律都对这些信息的披露有严格的限制。民事侵权法也为员工的信息披露提供了有限的保护。这里广为人知的就是诽谤（包括文字诽谤和口头诽谤）。比如，如果员工所在的企业或者前雇主披露了一些错误乃至诽谤性的信息，他就可以起诉这些企业诽谤。美国心理学会（American Psychological Association，APA）制定了教育测试和心理测试标准规定（对专业的心理学专家进行指导，但不具有法律强制力），被试者有隐私权和获得测试结果反馈的权利。他们有权要求只允许那些有资格解释测试分数的人接触测试结果，或者测试分数必须附有充分的信息，以确保能够对这些分数做出恰当的解释；有权要求测试结果保密；任何参加测试的人都不得事先了解测试问题或答案。从伦理上说，管理者应该遵守这些限制规定。

即使是在那些最佳的实践中，测试的分数也只能解释工作绩效 25% 的差异。所以，不要把各种测试作为唯一的甄选工具，而是应当把各种测试作为面试、背景调查等甄选工具的一种补充手段。

▌ 6.2 测试的类型

测试可以是非常有效的。澳拜客牛排店（Outback Steakhouse）所要寻找的是那种社交能力强、做事一丝不苟、富有同情心、适应性强的员工，它把人格评价测试作为雇用前程序的一部分。求职者接受这样的测试，然后公司将测试结果与牛排店的优秀员工画像相比较。[14]尝试着做一下图6-3里的测试，看一看你有多大的可能在工作中造成事故。

企业通常使用测试衡量求职者一系列的特征，包括认知（心理）能力、运动和身体能力、人格以及成就等。我们会学习这些测试，并考察一些诸如评价中心的特殊测试。[15]

请回答"是"或"否"
1. 你喜欢自己的生活中有许多令人兴奋的事情。
2. 一位在工作中很轻松自如的员工一定是在偷懒。
3. 你是一个谨慎的人。
4. 在过去的3年中，你在学校或工作中与人发生过激烈的争吵。
5. 你喜欢开快车玩。
分析：根据工业心理学专家约翰·坎普（John Kamp）的观点，从统计学的角度来看，对问题1、2、3、4和5的回答分别为否、是、是、否、否的求职者，缺勤以及发生工伤事故的可能性都比较小。如果他们在工作中需要驾车，则他们在工作中出车祸的情况也可能会比较少。这项测试的实际分数要根据对130个问题的回答得出。

图6-3　测试样本

资料来源：*The New York Times*.

认知能力测试

企业通常希望考察求职者的认知能力或者智力。比如，你可能非常感兴趣的是，一名申请管理职位的求职者是否具有完成职位文书工作所需的智力，以及一名会计岗位求职者是否具备必要的数学能力。

智力测试，如智商（IQ）测试属于一般性的智力测试。这种测试所要测量的不是人的某种单一特质，而是人的多种能力，其中包括记忆能力、词汇能力、口头表达能力以及数学能力等。心理学专家通常用斯坦福－比纳测试（Stanford-Binet Test）或韦克斯勒测试（Wechsler Test）这样一类针对个体和群体的测试工具来进行智力测量。

还有些测试是用来测量某些特定的智力的，这种测试被称为能力倾向测试，因为它们的目的就是测量一个人在从事某种特定职位上的工作方面的能力如何。图6-4中的机械理解力测试所要测量的是求职者对于基本的机械原理的理解程度。它能够反映一个人在从事某些需要具备机械理解力的工作（比如工程师）方面的能力高低。

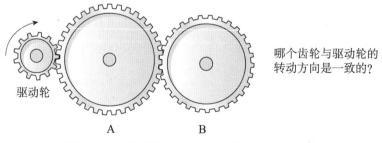

驱动轮　　　　　　　A　　　　　B　　　　哪个齿轮与驱动轮的转动方向是一致的？

图6-4　在机械理解力测试中可能会出现的题目

运动和身体能力测试

你可能还想测量运动能力，比如手指灵巧性、力量和手工操作灵巧性。斯特隆伯格灵巧性测试（Stromberg Dexterity Test）就是这方面的一个例子，它测量一个人做出简单判断的速度和准确性，以及手指、手、手臂的运动速度。

人格测试

仅仅依靠认知能力和身体能力还不能预测一个人的未来工作绩效。诸如动机和人际关系技能等因素对于绩效同样具有重要作用。正如一位咨询顾问指出的，大部分人都是因为他们具备相应的资格而被雇用的，同时，大部分人是因不能达到绩效要求而被解雇的。不能达到绩效要求的情况"通常是由一些个人特征决定的，比如态度、动机，尤其是性格"。[16] 澳拜客牛排店采用人格和兴趣测试来衡量和预测这些无形的内容。安克诚公司（Acxiom）则利用迈尔斯-布里格斯（Myers-Briggs）人格评价测试来帮助新员工更好地认识到他们最擅长的工作。[17]

图 6-5 展示了一些在线的人格测试题目的样本。

荣格人格类型测试	
在完成本问卷之后，你将会： • 根据卡尔·荣格（Carl Jung）和伊莎贝尔·迈尔斯-布里格斯（Isabel Myers-Briggs）的人格类型及其偏好强度确定你的人格类型； • 得出对你的人格类型的描述； • 根据荣格职业指数确定最适合你的人格类型的职业以及你可以接受相关程度培训的教育机构的名单。	给组织及专业人员： 对于荣格人格评价在团队建设、候选人评价、领导力、职业发展、心理统计特征等方面的应用感兴趣或希望验证其效度的组织和专业人员可访问以下网站：www.HRPersonality.com。

1. 你几乎从不迟到。
○是　○否
2. 你喜欢做积极的、节奏快的工作。
○是　○否
3. 你乐于拥有广泛的人际交往圈子。
○是　○否
4. 你看肥皂剧的时候会很投入。
○是　○否
5. 当突发事件出现时，比如电话铃声突然响起，或预料之外的事情出现时，你通常是最先做出反应的人。
○是　○否
6. 你对总体性的思考更感兴趣，而不是实现这些想法的细节。
○是　○否
7. 你倾向于保持公正，即使这样做可能会伤害到你与别人之间的良好关系。
○是　○否
8. 严格遵守既定的规则很容易让你无法达成良好的结果。
○是　○否
9. 你很难兴奋起来。
○是　○否
10. 愿意承担责任是你的本性。
○是　○否
11. 你经常思考人类及其命运问题。
○是　○否
12. 你坚信最佳的决定都是易于变通的。
○是　○否

13. 客观的批判主义在任何活动中都是有益的。
○是 ○否
14. 你倾向于立刻采取行动，而不是去对各种可能的选择进行反复斟酌。
○是 ○否
15. 你相信推理而不是感受。
○是 ○否
16. 你倾向于更多地依赖临场发挥，而不是事先做好周密规划。
○是 ○否
17. 你在闲暇时经常与一群人进行积极的社会交往，参加聚会、出去购物等。
○是 ○否
18. 你经常在采取行动前做好计划。
○是 ○否
19. 你的行动经常受到情绪的影响。
○是 ○否
20. 你是一个在与人交流时会有所保留和保持一定距离的人。
○是 ○否
21. 你懂得如何把每分每秒都花在有意义的事情上。
○是 ○否
22. 你很愿意帮助别人而不求得到回报。
○是 ○否
23. 你经常深入思考生活的复杂性。
○是 ○否
24. 在进行长时间的社交活动之后，你觉得自己需要离开大家，单独待一会儿。
○是 ○否
25. 你经常以较快的速度工作。
○是 ○否
26. 你容易看出隐藏在具体现象背后的普遍原理。
○是 ○否
27. 你经常很容易表露自己的感受和情感。
○是 ○否
28. 你觉得很难让自己大声说话。
○是 ○否

图 6-5　在线人格测试中的一些题目的样本

资料来源："Selection Assessment Methods：A guide to Implementing Formal Assessments to Build a High-quality Workforce" by Elaine Pulakos，from *SHRM Foundation's Effective Practice Guidelines*. Copyright © 2005 by SHRM Foundation. Reprinted with permission，all rights reserved.

　　人格测试要测量的是一位求职者的人格特征，比如内向性、稳定性、动机等。下面是一个人格测试的问项：

　　如果没有人注意，就没有必要努力工作：

　　a. 非常同意

　　b. 同意

　　c. 不清楚

　　d. 不同意

　　e. 非常不同意[18]

　　人格测试不仅应用在雇用招聘上，甚至是一些在线的约会服务网站都会让申请者首先进行在线的人格测试，从而通过软件的判断来将那些与当事人不匹配的人拒绝掉。

　　一些人格测试是投射性的。在进行这种测试时，心理学专家会给被试者展示模糊的刺激源（例如墨渍或云状图），然后让被试者对此做出反应。由于这些图片是模糊不清的，所以心理学专家假设被试者会将自己的态度投射到这幅图画之中。其他的投射技术还包括看图讲故事（Make a Picture Story，MAPS）以及福勒结构性完形造句测试（Forer Structured Sentence Completion Test）。另外一些人格测试则是自我报告式的，即由求职者本人来填写问卷。明尼苏达多相人格测试（Minnesota Multiphasic Personality Inventory，MMPI）则测量了诸如忧郁症和偏执狂等人格特征。[19]迈尔斯-布里格斯测试为做出职业选择和规划提供了有用的人格类型分类，我们能够在网上得到这方面的内容。DiSC 人格测量工具能够帮助使用者了解并更好地理解自己行为类型的优点和挑战。[20]

个性测试（特别是投射型个性测试）是最难以评价和使用的测试。这是因为在这种测试中，专家必须分析被试者对图片所做出的解释和反应，并借此推断出他们的人格特点。[21]这种测试的用处是建立在这样一个假设基础之上的，即你能够发现在可测量的人格特质（比如内向性）和在工作中取得成功之间存在某种关系。由于这些人格特征都包含个人的特质，所以企业在使用这些人格测试的时候必须小心谨慎。被拒绝的求职者可能会（合法地）控告测试结果是错误的，或者这些测试违反了《美国残疾人法》。

兴趣测试（interest inventories）是对被试者的兴趣与从事各种不同职业的人的兴趣进行比较。因此，凡是参加斯通-坎贝尔测试（Strong-Campbell Inventory）的人都会得到一份报告，这份报告会将被试者的兴趣与已经在从事某些工作——比如会计、工程或管理——的人的兴趣进行比较。[22]

人格测试的有效性

尽管存在诸多困难，人格测试毕竟能够帮助企业雇用到理想的员工。工业心理学专家通常关注"大五人格"中涉及的五大维度：外向性、情绪稳定性（神经质）、宜人性、尽责性和经验开放性。[23]

> 神经质反映个体情感调节过程，反映个体体验消极情绪的倾向和情绪不稳定性，比如焦虑、不安全感和敌对。外向性反映社交性、坚定性、积极性和体验积极情绪（比如活力、热情）。经验开放性描述一个人具有想象力的、新颖的、非传统的以及有创造性的能力。宜人性表明一个人具有值得信赖、可靠、关爱和温和的品质。尽责性将成就和可靠性连为一体。[24]

有人对大五人格预测专业人员、警官、管理人员、销售人员以及熟练/半熟练工人的工作绩效（例如对工作和培训的掌握度）的有效性进行了研究。结果表明，责任感与所有职业的所有工作绩效效标具有相同的关系；外向性是预测管理人员和销售人员工作绩效的有效预测因子；经验开放性与外向性适合预测所有职业的培训掌握度。[25]

最近，一批杰出的工业心理学专家对自我报告式的人格测试（也就是说求职者自己填写）是否能够有效预测工作绩效提出了质疑。[26]然而，关于人格测试的所有证据表明：这些测试的确有助于预测工作绩效。虽然有人会在人格测试和诚实测试中故意给出虚假的回答，但是企业可以警告他们，如果造假将失去被聘用的资格，这样可以减少测试造假的发生。[27]但是，最重要的事情是确保所有的人格测试（特别是自我报告测试）一定能够预测绩效。[28]

成就测试

成就测试所要测量的是一个人学到了哪些东西。你在学校里接受的大多数测试都属于成就测试。它们测量你在经济学、市场营销或会计等领域所掌握的知识。除了工作知识之外，成就测试还可以测量被试者的各种能力，打字测试便是其中一例。[29]下面的"全球人力资源管理实践"专栏展示了对外派员工进行的测试。

➡ **全球人力资源管理实践**

外派员工的测试

在国外生活和工作需要一些特殊的才能。并不是每个人都能轻易地离开家，并与自己文化价值观截然不同的人打交道。做到这些需要高水平的适应性和人际沟通技能。[30]

企业通常使用一些特殊的测试题，比如全球胜任能力测试（GCI）。这项测试关注三方面的跨文化适应性。

● "感知"要素衡量管理者在看待文化差异方面的灵活程度，看待这些差异的立场以及应对复杂和不确定性情境的能力。

● "关系"要素衡量一个人对关系重要性的认识导向，以及个人对自己影响他人的认识。

● "自我"要素假设外派获得成功，首先外派员工自己要有坚定的意念，并且保持身心健康。

议一议

你想看看自己是否适合海外工作，但又不想做任何正式的测试。为回答这个问题，你可能需要讨论另外一个问题：我是一个好的海外求职者吗？

计算机化测试和在线测试

本章提到的测试大多既有电子版本，也有纸质版本。针对工作场所基本技能测试的研究表明，纸笔测试和计算机化的测试得分是相同的。[31]测试提供商比如 PreVisor（www. previsor.com）如今提供在线自适应人格测试。当求职者回答问题的时候，这些测试会根据求职者对前一个问题的回答自动编写下一个题目。除了提高效度之外，自适应测试还能够减少欺骗行为。比如，能够减少求职者互通测试题目的情况（由于每个求职者做的都是自我定制的题目）。[32]

铁姆肯公司（Timken Company）运用在线测试来筛选小时工求职者。它的在线测试包含数学能力等能力特质。[33]许多公司在审查求职者简历和进行面试之前，都要求职者首先接受一个简短的在线测试，这样可以对求职者做出预先筛选，从而使后面的甄选测试变得更有针对性且能降低测试成本。[34]测试供应商还提供了一些在手机上就能做的测试。比如www.iphonetypingtest.com 就提供了一个在 iPhone 上可以做的测试。[35]

城市车库公司案例　城市车库公司（City Garage）总部位于得克萨斯州，公司的管理者意识到，如果不能改变公司原有的测试和雇用员工的方式，将无法支撑公司的增长战略。[36]公司原来的雇用程序包括手工填写求职申请表以及一次面试，接着就会很快做出录用决定。这种方法在低增长的情况下或许还能发挥作用，但是已经不能满足城市车库快速发展的运营要求了。一方面，各个地方的管理者没有时间逐个评价求职者，所以"如果人员紧缺的情况持续时间过长，我们就会一下子招进很多没有工作经验的员工"，公司的培训主管如此说道。另一方面，城市车库公司的竞争优势在于其"开放维修"的安排，即顾客能够直接和修理师进行互动。所以，要找到既有包容心又能够积极地满足顾客要求的修理师是至关重要的。

城市车库公司的高层管理者采取的解决措施是，从位于达拉斯的托马斯国际美国公司（Thomas International USA）购买了在线版的人格类型分析测试（Personality Profile Analysis，PPA）。在快速完成求职申请表的填写以及背景核查之后，可能的候选人要用 10 分钟的时间完成一项由 24 道题目组成的人格类型分析测试。然后，城市车库公司的工作人员会将求职者的答案录入人格类型分析的软件系统之中，测试结果会在不到 2 分钟的时间内显示出来。这种测试结果不但能够表明这位求职者在四种不同个性特征方面的得分高低，还可以在可能出现问题的领域跟踪生成一些新的问题。例如，这种测试可能会追问求职者，他们是如何处理缺乏耐心等缺点的。如果求职者对这些问题的回答令人满意，他们就会被邀请来继续参加一次时间长达一整天的面试，在此之后公司就会做出雇用决定。

通过人力资源信息系统提升绩效

数据分析

数据分析（data analytics）对员工测试程序有着革命性的影响。[37]这意味着运用数据挖掘软件来对现有的员工数据进行分析，以发现成功员工的特质，并以此为依据来招募合适的员工。比如，博通百货连锁公司（Bon-Ton）的化妆品零售商有很高的员工流失率，于是它让现有的 450 家化妆品零售商对员工特质进行了一个匿名调查。通过数据挖掘的方式来分析这些数据，公司确定了化妆品零售商优秀员工的特质，并将其与员工绩效和工作年限相联系。他们发现，最好的员工特质是友好、对化妆品行业有热情。不过，其中最佳的特质是要有解决问题的能力，这些员工需要考虑客户的需求信息，帮助他们解决问题。[38]这个发现帮助博通公司开发了更好的甄选工具。

工作样本和模拟

我们接下来讨论的工作样本测试，以及情境判断测试和评价中心等模拟测试，都是值得考虑的。然而，这些测试和我们之前讨论过的非常不一样，因为它们可以直接测试工作绩效。人格测试和兴趣测试主要是通过衡量诸如外向性、兴趣这些特质来预测工作绩效。

情境判断测试

情境判断测试是人格测试的一种，它"测量求职者对在工作场所中遇到的情境做出的反应"。[39]这里有一个例子。

假设你是佛罗里达州迈阿密市百思买商店的一名销售顾问。有许多顾客向你询问产品的质量和价格，然后以更低的价格在亚马逊网站上购买。作为销售顾问，你需要为三件事负责：向顾客提供优质的服务、熟练掌握产品知识和最大化地提升销售额。你的薪资是周薪制，而不是奖励制。请问你将如何应对以下情境（下面展示了一些典型情境）：

一位顾客拿着从亚马逊网站上打印下来的三星手机照片，向你询问这部手机的价格、电池寿命和操作方法，并说："亚马逊上这部手机的价格比你们店里的便宜 25%。"你已经和这名顾客谈了 45 分钟，还有一些顾客正在等待。你应该：

1. 告诉顾客让他上亚马逊购买。
2. 告诉顾客再等待 20 分钟，你先去应答其他的客人。
3. 告诉顾客可以去附近的另一家百思买商店，那有价格更低的同类产品。
4. 向顾客说明你店里同类产品的优势，这些优势能更好地契合顾客的需求。
5. 告知你的主管，让他去说服顾客在店里购买手机。

情境判断测试非常有效，而且应用广泛。

管理评价中心法

在**管理评价中心法**（management assessment center）中，10～12 名求职者会在 2～3 天的时间里完成现实中的管理任务（比如制作 PPT），同时会有一些专家对其行为进行观察，以测评他们的领导潜质。[40]评价中心本身可能就是一个简单的会议室，但它通常会是一个特殊的房间，装有一面单向镜，以便于专家观察。典型的模拟任务包括：

● 文件筐练习。在这个练习中，被评价者要面对一大堆报告、备忘录、来电记录、信函以及其他资料。求职者必须对每一份文件进行适当的处理。

● 无领导小组讨论。培训师会给出一个无领导小组的讨论题，然后要求这些参加讨论的成员达成一个小组决议。然后，培训师会对每一位小组成员的人际关系技巧、群体接受度、领导能力以及个人影响力等做出评价。

● 个人演说。在这种时候，培训师会为每个人指定一个题目来发表口头演讲，然后据此评价候选人的沟通能力和说服能力。

在实践中，企业通常运用管理评价中心法对员工进行甄选、晋升和开发。在挑选评价中心参与者的时候，直接主管人员的意见通常是很重要的。直线管理人员通常担任评价者，并且通过讨论达成一致意见，对参与者做出等级评定。评价中心的开发费用很高，但这些成本是值得的。[41]在一项针对 40 名警察候选人所做的研究中，研究人员总结道："这些候选人在评价中心法中的表现能够预测他们未来在警务工作中能否取得成功，能否做出独一无二的重大贡献，这证明了这种方法是有用的。"[42]

基于影像的情境测试

基于影像的情境测试通过影像的形式展示工作中有代表性的部分，随后给出一些选择题让求职者选择正确答案。[43]一个影像描述了工作当中的一个情境。在关键时刻，影像会终止，让求职者来对几个备选行动做出选择。比如 Knack 这样的企业还运用电子游戏的方式来测试求职者的创造力和多任务工作能力。[44]

微型工作培训和评价方式

通过**微型工作培训和评价**（Miniature Job Training and Evaluation），企业对求职者就某项工作进行培训，然后测量他们的工作表现。这种方式假设，如果求职者能够学会处理样本工作的方法并有好的表现，那么他们在工作中也一定能表现好。接下来的"实践中的人力资源"专栏给出了一个具体的例子。

在本田公司的新工厂里选拔员工

本田公司准备在亚拉巴马州的林肯市建立一个新工厂，需要招募数千新员工。通过与亚拉巴马州工业开发培训机构合作，本田开始准备制作广告。

本田公司和这个机构先把那些学历和工作经历不合格的求职者筛选出去，并重点关注那些离工厂比较近的求职者。有340名求职者在离工厂15英里的地方接受了为期6周的特殊培训，包括课堂授课、观看本田公司员工的工作录像，以及实际操作某项工作。有的求职者感受了工作的强度和重复性劳动之后，主动放弃了这一职位。

这种培训环节有两方面的作用。第一，求职者可以学习到在本田公司工作的实际技能。第二，这样的培训可以让亚拉巴马州相关机构的工作人员近距离考察和评价求职者，在此之后他们就会邀请那些成功结业的求职者去工厂应聘。本田公司的人力资源部门和业务部门的代表将会对这些求职者进行最终的筛选。[45]

议一议

你认为运用这种方式存在哪些问题？

电子化的多媒体评价工具

企业还会使用电子化的多媒体评价工具来评价求职者。比如福特公司就采用了一种工具招募装配工人。"公司可以测试各种技能，从工人如何拧紧螺栓到是否遵循固定的流程"。[46]接下来的"直线经理和小企业的人力资源工具"专栏将会展示直线经理如何设计自己的简单甄选工具。

➡ **直线经理和小企业的人力资源工具**

员工测试和选拔

作为大企业的直线经理，一个比较讽刺的事情就是，你经常要自己负责甄选员工。一些大公司的人力资源部门可能会与招募经理一起设计甄选工具。但事实上，许多公司的人力资源部门仅仅是做了一些事先的甄选工作（比如对文员采用打字测试），然后就是对求职者进行背景核查、药物检测和身体检查。

那么，如果市场部经理想要更为正式地甄选一些求职者，应该怎么做呢？你可能需要自己设计一些测试题库，不过也要小心为之。购买并使用打包的测试可能会造成问题。这么做可能会违反公司政策，造成效度的问题，甚至会让公司面临公平就业机会委员会的追责。

可行的方式是设计并使用那些表面效度（这项工具能够测试出所需要的东西）比较明显的工具。简单工作样本测试就是一个例子。对于市场部经理来说，让广告求职者花一个小时设计一个广告，或者让市场研究的求职者花上一个半小时设计出假想产品的市场研究的提纲，这都是可以做到的。同样，一个生产经理也可以让库存控制求职者花几分钟时间，运用库存控制模型解决一个库存问题。

有些测试使用起来十分容易，所以对小企业特别适用。万德里克人事测试（Wonderlic

Personnel Test）是用来测试求职者的总体智力水平的。其中的问题有些类似学术能力评估测试（SAT），参加测试者只需要花不到 15 分钟的时间来回答一份 4 页纸的问题。测试组织者首先向参加测试的人宣读测试指南，然后在测试参加者回答测试中的 50 个问题时开始计时。接着，测试组织者将回答正确的题目数量进行加总得出总分。最后，再通过比较测试参加者的实际得分与从事各种不同职业所要求的最低分数，来确定该测试参加者是否达到了从事这类工作所需要达到的最低要求。预测指数（Predictive Index）用两页纸的篇幅测试员工与工作相关的特质。例如，其中有一种所谓的"社交兴趣"特征，有这种特征的人通常不自私、友善、会说服人、有耐心并且很谦逊。这种人能很好地与他人相处，可能成为很优秀的面试官等。模板会让测试更加简单。

议一议

如果你拥有一家女装店，谈谈你将如何设置一个甄选测试来招募一名销售员。

6.3　面试求职者

并非所有的管理人员都使用测试或是推荐信核查等甄选方法，但是，也很少有管理人员在没有对求职者进行面试的情况下就做出雇用决定。**面试**（interview）是一个通过口头提问和口头回答的方式来获取一个人的信息的过程。而甄选面试则是"根据求职者针对面试官的口头提问做出的口头问答来预测其未来工作绩效的一个甄选过程"。[47]

甄选面试的基本类型

根据已有的经验，进行甄选面试的方式有多种。

结构

首先，各种面试的结构化和标准化程度不同。[48]在非结构化的面试中，面试官问的问题并不是提前正式设定好的，常常是即兴想到的。在更加结构化和指导性的面试中，企业会提前列出问题清单，甚至可能会列出可能的恰当答案以及相对应的分数。图 6-6 呈现了结构化面试指南。

■ 问题的类型

面试官还可能提不同类型的问题。情境性问题关注求职者解释其在给定的情境下的行为表现的能力。[49]例如，你可能会问一位应聘主管职位的求职者这样一个问题：如果一位下属连续三天迟到，你会做出怎样的反应？

行为性问题则要求求职者描述出在过去发生的某个真实情境中，他是如何做出反应的。所以，面试官可能会问："你曾经遇到过下属迟到的情况吗？如果有，你当时是如何应对这个问题的？"例如，位于密歇根州弗林特市的大众银行公司（Citizen's Banking Corporation）发现在其呼叫中心的 50 名员工中，竟然有 31 人在一年内离职，接着该呼叫中心的主管人员开始转为对求职者进行行为面试。很多人之所以离职，是因为他们不愿意回答那些偶尔会发

第一步——创建一个结构化面试指南

指导语：在第一步，为每一个工作需要的胜任能力创建一个结构化面试指南（包括胜任能力定义、先导问题、范例和答案）。

胜任能力：人际技能

定义：表现出理解、礼貌、机智、同情心和关心；开发和维持关系；与刁钻、敌意和不幸的人打交道；与来自各种背景和情境的人处理好关系；对人与人之间的差别敏感。

先导问题：当一个人对某个问题感到生气的时候，请描述你是如何与他相处的。你采取了什么措施？达到了什么结果？

标杆层次	层次定义	层次举例
5	与管理层、员工、内外部利益相关者和顾客建立并保持持续的工作关系；当与不情愿提供信息的人讨论高度敏感或争议性的信息时能够保持礼貌；能够有效应对有高度敌意与不满的人，以及高度紧张和不快的环境。	涉及新安装的电脑程序、软件程序和相关设备时，能够机智地将有争议的材料展示给高层管理者。
4		涉及新安装的电脑程序设计和构造、数据管理能力、系统资源分配或其他相关争议的时候，能够降低争议的影响。
3	在短期项目中与管理层、员工和顾客进行良好的合作；当与不情愿提供信息的人讨论中度敏感或争议性的信息时能够保持礼貌；能够有效应对有中度敌意与不满的人，以及中度紧张和不快的环境。	礼貌地、有策略地向愤怒的顾客提供有效的指导。就沟通或安全系统、数据管理程序等信息技术问题向顾客提供技术建议。
2		引导新员工熟悉管理程序和办公流程。
1	与管理层、员工、内外部利益相关者和顾客进行良好的合作；当与不情愿提供信息的人讨论低度敏感或低争议性的信息时能够保持礼貌；在与低度敌意、不满的人，以及低度紧张和不快的环境中时能够应对自如。	礼貌地回答顾客的询问，对公司的访客进行迎接和帮助。

第二步——个人评价表格

指导语：在第二步，创建一个表格，使得每个求职者都能够评价其胜任能力。

求职者：

面试日期：

胜任能力：问题解决

定义：识别问题；决定信息的关联度和准确性；运用慎重的判断来确定和评价不同选择并做出修正。

问题：描述一个你判断问题和评价不同选择以提供建议和做出决定的情境。问题是什么？有谁受到影响了？

补充性问题：你是如何做出和评价不同选择的？结果如何？

详细描述行为表现：（必要的话使用背面）

1（差）	2	3（平均）	4	5（杰出）
运用逻辑去识别方案以解决常规问题。解决问题时从有限的、常规的渠道和材料中去收集和应用信息。	.	运用逻辑去识别方案以解决困难问题。解决问题时从多种渠道和材料中去收集和应用信息。		运用逻辑去识别方案以解决复杂问题。预测问题，识别和评价潜在的信息来源，运用多种方案解决没有标准答案的问题。

最终评价： 姓名： 签名：

第三步——小组统一评价表格

指导语：最后，在第三步，创建一个小组统一评价表格，使得面试小组的每一位成员都能够评价求职者的表现。

求职者：

面试日期：

小组统一评价表格

导语：将对每一项胜任能力的个人评价都转移到这张表中来。如果所有的个人评价都在一个评分范围之内，就需要将其平均值计算出来，填写在"小组评价"的栏目里。如果出现与其他两人评价不一致的意见，那么小组内部就需要展开讨论，陈述各自理由，以达成一致意见。面谈中的小组长（或者他任命的某位组员）应该将讨论的过程记录在案。评价中的任何变动都要进行标记，并在每项胜任能力下给出最后评价。

胜任能力	个人最终评价			小组评价
	1	2	3	
人际技能				
自我管理				
推理				
决策				
解决问题				
口头沟通				
总分				

共同讨论意见：

签名1：

签名2：

签名3：

图6-6 结构化面试指南

资料来源：www. state. gov/documents/organization. 107843. pdf，and United States Office of Personnel Management. Structured Interviews：Interview Guide and Evaluation Materials for Structured Interviews. United States Department of State.

怒的顾客提出的问题。有鉴于此，威尔逊不再通过询问求职者是否愿意和生气的顾客打交道来预测他们的实际工作表现，而是提一些行为方面的问题，例如："请描述一下你曾经与一位正在气头上的人谈话的情形，说说你是如何扭转这种局面的。"威尔逊指出，这种问题使得求职者更难糊弄面试官。事实上，在采取这种措施之后，在接下来的一年中，呼叫中心只有 4 人离职。[50]美国先锋集团（Vanguard）运用 STAR 的行为面试方法进行面试。公司的管理者会询问面试者面临的情境（S）、任务（T）、采取的行动（A）和达成的结果（R）。[51]

知识和背景性问题考察求职者与工作相关的知识和经验，比如，"你的大学数学课程得了多少分？"

"脑筋急转弯式问题"正变得非常流行（比如，为什么网球是有绒毛的？如果你想排除美国的一个州，你会怎么选？为什么？）[52]谷歌公司就喜欢招募那些能够适应其创造力、灵活性和开放性文化的员工。[53]为了寻找到这些员工，谷歌设计了很多有意思的面试问题。比如"一个男人将他的车推到了酒店里，并失去了他的财产。发生了什么？"[54]

如何进行面试

我们还可以根据实施面试的方式对面试进行分类。比如，大多数甄选面试都是一对一的面试：两个人单独见面，面试官提问，面试者作答。在顺序（或系列）面试中，会有几位面试官按照一定的顺序依次一对一地对求职者进行面试，然后他们再做出雇用决定。在小组面试中，求职者被分到小组里，一个小组的求职者同时进行面试，而不是按顺序进行。

企业有时通过视频和电话来进行面试。在评价人际沟通技能等内容方面，电话面试实际上比面对面的面试更为准确。这可能是因为双方都不必担心衣着、握手一类的事情，因此双方可以更为专注于实质性问题的回答。一项典型的研究发现，相对于面对面的面试而言，在电话面试中，面试官倾向于对求职者做出更为积极的评价。但是，无论是通过面对面的方式进行面试，还是通过视频会议方式进行面试，面试官往往能够对面试者得出相同的结论。此外，求职者也更喜欢面对面的面试。[55]

不管怎样，有些企业在用"快速约谈"的方式来面试求职者。一家企业为一个广告类的职位向所有的求职者发送邮件，联系的求职者总共达到 800 人，其中 400 人参加了面试。在之后几个小时，求职者首先和在职的员工进行交流，然后花几分钟的时间（在所谓的"快速约谈区域"）与员工进行面对面的交谈。招募团队以此为基础选择 68 名求职者继续参加接下来的面试。[56]

通过人力资源信息系统提升绩效

在线和计算机化的工作面试

随着视频通话工具 Skype 的普及，通过网络进行"面对面"面试开始多了起来，最近一年大约有 18% 的求职者通过这种方式接受了面试。[57]这样的面试形式当然会降低交通和招募成本。[58]面试通公司（www. InterviewStream. com）给企业客户提供了提前录制或直播的视频面试系统，可以对远在天边的求职者进行面试和预甄选。在提前录制的面试中，求职者运用网络摄像头对企业录制的问题进行回答，这样企业可以在方便的时候浏览这些回答。企业和求职者也可以运用面试通公司提供的直播视频会议平台来进行一次直播式面试。通过公司的 360 度视频面试系统，诸如大学职业中心和安置公司可以让学生和求职者录制面试视频，既可以为他们的工作提供方便，也可以将视频留给未来的招募企业。[59]其他的企业包括微软和惠普运用在线虚拟社区"第二人生"来进行工作面试。求职者用网名来代表他们自己。[60]

计算机化的甄选面试是通过计算机设置的语言、视觉、书面问题和情境对求职者进行口头和关键提问。大部分这样的面试都包含一系列关于背景、经验、教育、技能、知识和工作态度的选择题。还有一些面试让求职者在线回答一些现实情境（比如愤怒的顾客）问题。[61]

多元化的重要性

对职场母亲的偏见

你是否会雇用有孩子的母亲为你工作？尽管这个问题看起来非常愚蠢，但是管理人员必须清楚这样一个糟糕的事实：企业倾向于对职场母亲持一种消极的看法。[62]这里有一个例子。研究者将一份职位描述的概要副本发给了100名MBA学员（其中34%的人是女性，她们都从事全职工作）。这个职位是财务副总裁助理。这些MBA学员同时还得到了一份"晋升申请者信息表"，让他们对其中的每一位虚拟申请者进行评价。研究者设计的信息包括婚姻状况以及直接主管的评价等。其中有些申请者是职场母亲。

这些学员评价者对于职场母亲是存在歧视的。他们认为她们的能力更差一些，因而更不可能推荐她们去得到这个职位。正如这些研究者所说："这些数据与越来越多的下列证据是一致的，即女性在成为母亲后会在职场中处于不利地位，这种问题被称为'生育墙'。"[63]

面试的有效性如何

尽管看起来所有的企业都在使用面试，但是关于面试效度的统计证据却并不统一。[64]面试有用与否的关键在于面试的方法是否正确。[65]总结如下：

- 在预测工作绩效方面，情境面试的（平均）效度比行为面试高。
- 不管面试内容是什么，结构化面试在预测未来工作绩效方面的效度和信度（一致性）要比非结构化面试更高。[66]
- 一对一面试的效度比顺序面试高。[67]

总之，在预测工作绩效方面，一对一的结构化的情境面试（即提问求职者在特定情境下如何做出反应）最有效。

如何避免面试中的常见错误

大多数面试官都觉得自己是优秀的面试官，但实际上情况并非如此。[68]事实上，一些常见的面试错误会影响面试的效用。

轻率判断

面试官通常会在面试的最初几分钟就得出结论——做出轻率判断。实际上，甚至是在面试开始之前，仅仅是根据测试成绩或个人简历资料，就已经做出这种决定。一位心理学专家在对80家顶尖公司的首席执行官进行访谈之后得出结论，大部分管理者在面试者甚至没有开口说话之前就根据其姿势、手势、微笑等做出了评判。[69]

如果你是一名被面试者，一开始就表现好非常关键。对面试官而言，从一开始直到面试结束要一直保持开放的心态。

强调负面信息

轻率地做出结论还证明了以下三个事实：（1）面试官主要寻找负面信息；（2）与对求职

者有利的信息相比，面试官更易受到对求职者不利的信息的影响；（3）面试官对求职者的印象从好变坏容易，从坏变好却很难。

作为被面试者，要记住你只有一次给别人留下好的第一印象的机会。作为面试官，要避免这个错误就必须始终保持开放的心态，警惕毫无根据的负面印象。

不能准确把握职位要求

如果面试官不能准确地把握职位的工作内容，以及什么类型的求职者最适合这一职位，他们往往就会依据错误的印象或者是对所谓好求职者的刻板印象来做出决定。然后，他们会把求职者与他们脑海中的那种错误的刻板印象加以匹配。因此早有研究证明更多的工作信息有利于更好地进行面试。[70]

雇用压力

雇用压力会降低面试的效度。在一项研究中，研究者告诉一组管理人员，他们的招募定额还没有完成，而告诉第二组管理人员他们已经超出了招募定额。结果发现，对于同样的求职者，第一组管理人员的评价要比第二组管理人员给出的评价高得多。[71]

求职者面试顺序（对比）误差

求职者面试顺序（对比）误差是指求职者参加面试的顺序会影响面试官对他们做出的评价。在一项研究中，管理人员需要在评价了几位"不理想的"的求职者之后，再去评价一位"水平很一般"的求职者。结果，他们对这位实际水平很一般的求职者做出了比其他情况下要高的评价。这是因为与那些不理想的求职者相比，水平一般的求职者看上去比其实际水平要高得多。[72]

非言语行为的影响

求职者的非言语行为会对他们的面试成绩产生影响。面试官会对那些有更多的目光接触、点头、微笑和相关的非言语行为的求职者评价更高，这些行为甚至能够在 80％ 的时候预测求职者的评价情况。[73]在一项研究中，声音线索（比如面试者的声调、语速和停顿等）和视觉线索（比如微笑以及身体倾向等）都与评价者的判断存在相关关系，影响到他们认为被面试者是否会被人喜欢和信任。[74]类似地，求职者的自我推销与面试官对求职者是否与职位匹配的知觉是高度相关的。[75]

吸引力

人们通常认为更有吸引力的人往往具备更好的个人特征，同时也能有更为成功的生活。[76]一项研究中，研究者让一群参加实验的人通过看照片来评价哪些候选人将会获得晋升。结果，这些人认为，相对于同样合格的女性来说，男性更适合被雇用，并且更有可能被提升到高层管理职位；与缺乏吸引力的候选人相比，他们更喜欢比较有魅力的求职者（尤其是男性）。[77]尽管这种刻板印象正在改变，但是女性在高层管理人员中的比例仅为 16％，在《财富》500 强企业里，女性首席执行官的比例仅为 1％。[78]

研究洞察力

在一项研究中，研究者操纵了"求职者"的长相，比如在一部分求职者的脸上放一块

"伤疤"，而其他的求职者没有。管理者对脸部有印记的求职者评分更低，面试后对他们的相关信息的印象也不足（很显然，面试官都把精力放在他们的伤疤上了）。[79]

讨好面试官

被面试者能够通过自我推销和讨好面试官的方式来增加得到工作的机会。讨好面试官的行为包括：同意面试官的观点，使面试官觉得自己和面试者有共同的信念。自我推销是指向面试官推销自己的技能和能力，从而给面试官留下一个自己具备工作所需的胜任能力的印象。[80]自我推销是一项有效的技能，但是如果造假或者撒谎的话就得不偿失了。[81]

非言语的影响

那些能力不足但是"表现好"的求职者得到的评价，甚至能比那些具备充分能力但是缺乏足够的非言语面试技巧的求职者更高。因此面试官要看穿这些行为，关注求职者本身以及他们所说的内容。而且，由于吸引力、性别和种族等特征一般与工作绩效无关，所以面试官要清楚这些特征可能带来的影响，并且在进行评价时不受这些因素的影响。"构建你的管理技能"专栏展示了应该如何有效地实施面试。

➡ 构建你的管理技能

实施有效的面试

为什么这些面试问题变得如此麻烦？是因为管理者们对待面试太随意了。他们经常会问一些与工作无关的问题（比如你的优势和劣势是什么），他们也没有将面试问题标准化。接下来是成功面试的步骤。有两种基本方式可以避免面试错误。第一种方式是记住这些错误，努力避免犯这些错误（例如，不要匆忙地做决定）。第二种方式是围绕与职位相关的情境以及行为性的问题，使用结构化面试。我们接下来就要讨论如何运用这种结构化面试。

第一步：设计面试。在进入面试室之前，你就应该想好该问什么问题，以及应该如何把问题提出来。你最好将面试标准化、结构化，这样一来对每位求职者而言都是一致的。本章的结尾部分展示了创建结构化面试的过程。不过还有一些相对简单的方法来提高面试的标准化（结构化）程度。[82]

1. 确保你知道工作对求职者的要求。

2. 根据职位描述中的实际工作职责来提问题。[83]提出知识性、情境性或行为性的问题。通过一些简单的问题来询问求职者的观点和态度、目标和理想以及自我描述和自我评价等，这样会使求职者以一种更有利的方式来表达自己或者是避免暴露自己的弱点。

提出的问题可以包括：（1）情境提问，如"假设你在做推销演示，有人提出了一些你回答不了的技术难题，你会怎么办？"（2）以往行为提问，如"你能否举一个具体的例子说明你非常圆满地设计了一次推销演示的情况？"（3）背景提问，如"你有什么在团队环境开展工作的经验、培训经历或其他资历？"（4）工作知识提问，如"在设计一次电视广告活动的时候你应当考虑什么因素？"[84]

3. 对所有的求职者提出相同的问题。对所有候选人使用相同的提问可以减少偏见。

4. 利用评价量表对答案做出评价。为每一个提问设定一系列可能的标准答案，并给每个答案确定一个量表。然后，你可以用这个量表去评价每位候选人的回答。

5. 利用多位面试官或面试小组。这样做可以减少偏见，因为能够降低一位面试官的特殊看法的重要程度，并且能够得到多方观点。

6. 如果可能，使用一种结构化面试表。按照图6-6中的结构化面试指南来进行面试。

第二步：了解求职者背景。一开始的时候要阅读求职者的求职表和简历，并标注出不清楚的地方。回顾职位任职资格要求，面试开始的时候心里面就要有关于理想的求职者特征的清晰图景。

第三步：营造和谐的气氛。面试的主要目的是要了解接受面试的求职者。要做到这一点，在一开始的时候应当让求职者感到比较轻松自在。所有的求职者——即使是对那些没有收到面试邀请的不速之客——都应当得到友好、礼貌的对待，这不仅是出于人道主义的考虑，还因为这也直接关系到你们公司的声誉。

第四步：提问题。尽量遵循事先确定好的结构化的面试表格，或者按照提前写好的问题进行提问。

● **不要**提那种求职者只需要说是或不是就可以回答的问题。

● **不要**把答案直接告诉求职者，比如在听到正确答案的时候点头或者微笑。

● **不要**像提审罪犯那样审问求职者。

● **不要**让闲聊占据整个面试过程，也不要让求职者主导整个面试过程。

● **要**提出一些开放性的问题。

● **要**倾听求职者的回答并鼓励其充分表达自己的想法。

● **要**通过提问题的方式来重复求职者最后说的某句话，总结出求职者的观点和感受。（例如，"你不喜欢你之前做的那份工作吗？"）

● **要**问一些实际的例子。[85] 例如，如果求职者说自己有某种长处，你应该紧接着问这样一句话："在这方面有什么具体的例子吗？"

你在图6-7中还能找到其他一些补充性问题。

组织和规划能力

1. 请描述一个你如何制定要达到的目标的场景。

2. 请告诉我当你不得不在两个甚至更多的重要机会中做出选择时，你如何决定哪个对你最重要。

3. 请告诉我你如何制定日常的时间安排以完成每天的任务。

4. 请你描述一个你在组织的重要事件中扮演主要角色的场景，以及你是如何完成这项工作的。

5. 请你想一下你写过的一篇较长的论文或者报告，描述一下你是如何组织、调研以及撰写报告的。

6. 举出一个例子说明你是如何整理笔记和其他材料来准备一次重要的考试的。

7. 请你描述出在某个时间你对某个事项进行了重新组织，从而变得更有效率，你是如何做到的。

8. 请你想一下在某个时间你做的计划出现了问题，你的反应如何，你做了些什么。

人际互动和领导力

1. 请告诉我一个过去深刻影响你与他人进行联系的方式的事件。

2. 请你举出一个最能表明你有能力应对那些不配合的员工的例子。

3. 有些人具备"大事化小"的能力，请描述出你表现出这种能力的例子。

4. 当你不得不和对你有负面看法的人一起合作的时候，你是如何克服这个问题的?

5. 回想一下在某个时间你加入某个团队中，你从中学到的至今最有用的东西是什么。

6. 请你举出一个你在学校里、工作中、家里处于不利状况的例子，说明你是如何做的。

7. 请描述一个最能表现你的领导力的场景。

8. 请想一下你很欣赏某人的领导力，他的哪方面能力最打动你。

自信和动机

1. 请你描述一些你在过去的工作中为自己设定的工作标准，为什么这些对你很重要。

2. 请告诉我一个你觉得内心动力不足的时刻，什么导致了这种情况，你是如何应对这种情况的。

3. 请你描述一种你不得不和一个你觉得不诚实的人打交道的情况，你是如何处理这个问题的。

4. 请你描述一个非常让你生气的场景，你是如何做出反应的。

5. 请告诉我一个最能表现你在艰难时刻"坚持不懈"的场景。

6. 请描述一个场景，你是如何有效地激励动机不足的人做你想让他做的事情的。

7. 请你举出一个例子说明当你受到组织政治的影响的时候，你是如何做出反应的。

8. 请你举出一个例子说明当有人想利用你的时候，你是如何做出反应的。

决策制定和问题解决

1. 请你举出一个最能表现你做出艰难决定的能力的例子。

2. 请你举出一个你在并不知道所有事实的情况下做出决策的例子。

3. 请你描述一个你不得不坚持自己做出的但是并不受人欢迎的决策的场景。

4. 请你描述一个虽然你当众做出承诺但又改变想法的场景。

5. 请你描述一个能够表现你的分析和解决问题能力的场景。

6. 请告诉我一个你在两人之间作为中间人解决问题的场景。

7. 请你描述一个看起来就要打倒你的难题，说明你是如何解决它的。

8. 请告诉我一个你用创新和独特的方法解决一个复杂问题的例子。

以下通用问题也有助于你准备面试：

1. 请向我们简要介绍一下你自己。

2. 你为什么要进入印第安纳州立大学？

3. 什么让你选择了你的专业和职业领域？

4. 你最喜欢/最不喜欢哪些大学课程？你最喜欢/最不喜欢这些课程的哪些方面？

5. 你在大学里面临的最大挑战是什么？

6. 请描述出你觉得最有意义的大学经历。

7. 你觉得你的学历能很好地证明你的学术能力吗？

8. 如果你能够改变你在大学里曾做出的某个决定，你会改变什么？为什么？

9. 你参加了哪些大学活动？从中获得了什么/贡献了什么？

10. 你对研究生学习有什么计划吗？

11. 这份工作哪方面让你产生了兴趣？在这份工作中你将寻找哪些方面的挑战？

12. 你的教育和工作经历如何帮助你为这份工作做好准备？

13. 哪些工作经历对你最为重要？为什么？

14. 你为什么对我们有兴趣？你觉得你能够通过什么方式为企业做出贡献？

15. 你如何描述你自己？

16. 你认为自己最大的优点和缺点是什么？请举例说明。

17. 如果我要询问一个了解你的人，请他说明一个不录用你的原因，你觉得他会说什么？

18. 什么成就让你得到了最大的满足感？为什么？

19. 你长期的职业目标是什么？你是如何计划实现它们的？

20. 请描述一下自己理想的工作是什么。

21. 对你的工作而言，哪两项或三项事情是最为重要的？
22. 你有没有偏好的地域？为什么？

图 6－7　面试问题样题

资料来源：Figure showing "Sample Interview Questions" from Indiana State University Career Center website. Copyright © 2012 by Indiana State University. Reprinted with permission of Indiana State University Career Center. All rights reserved.

第五步：结束面试。留出时间来回答求职者可能提出的任何问题。在合适的情况下，可以向求职者宣传一下你们公司。尽量以一种肯定的语气结束面试。告诉求职者你们是否对其感兴趣，如果感兴趣的话，告诉他们接下来的步骤会是什么。而在拒绝求职者时则要讲究策略。（例如，可以采取以下的说法："虽然您的背景给我们留下了深刻印象，但其他求职者的工作经验更接近我们公司的要求。"）

第六步：回顾面试。被面试者离开后，要检查面试记录，填写结构化面试指南（如果你使用结构化面试指南并且在面试过程中没有填写的话）。然后再做出相关决定。

本章开篇案例中提到的约翰准备写几个知识、行为和情境的问题来面试求职者，其中一个行为化的问题是："描述一下你是如何对付讨厌的人的？你做了什么？奏效了吗？"你还可以为约翰想其他一些问题吗？

➡ 了解你的雇用法律

面试求职者

回忆一下第 2 章，通常来说，询问一位女性求职者的婚姻状况或者一位看起来年纪很大的求职者的年龄可能会违反法律。你只能问非歧视性的问题，除非你能够证明这些问题是真实职业资格或者是经营必需。然而，有的地方法律明确禁止问这些问题，公平就业机会委员会对此持否定态度。

最好的方法就是避免求职者首先提起诉讼。不要问触及底线问题，向求职者展示面试的过程是公平的，面试官尊重每一个人，同时面试官愿意解释面试和问题的程序。[86]尽可能地强调与工作相关的客观问题，将面试流程标准化（对所有人一视同仁），同时让更多的面试官参与面试。

使用胜任能力模型和人才特征框架进行员工面试

最佳人才管理实践需要运用统一的胜任能力模型和人才特征框架进行招募、甄选、培训、绩效评价和员工薪酬管理。比如，我们看到 IBM 识别了员工可能扮演的 500 种角色，并制定了 IBM 的战略目标。然后 IBM 确定了各种角色需要的技能组合，IBM 据此评价员工的技能水平，从级别 0 到级别 3 不等。

当为某个职位或者角色甄选员工时，管理者可以利用人才特征框架来制定和工作相关的情境性、行为性、知识性的面试问题。表 6－1 总结了机械工程师所要求的胜任能力、知识、特质和经验等。根据这种人才特征框架来甄选工程师，有助于保证把你的问题聚焦于求职者必须能够熟练地完成工作这方面。同样，人才特征框架还能够为决定如何招募求职者，如何对他们进行培训、开发和确定报酬提供类似的指南。

表 6-1　询问人才特征框架导向的面试问题

人才特征框架	例子	面试样题
胜任能力	能够使用计算机制图软件	请告诉我一个你使用 CAD Pro 这款计算机设计软件的情况。
知识	高温会对盐酸产生什么影响？	假设你有一台设备，里面的盐酸加热到了 400 华氏度，气压为 2 个标准大气压，盐酸将会发生什么反应？
特质	愿意每年花 4 个月的时间在国外参观工厂	假设下周有一件重要的事情要你处理，但是我们公司通知你要立刻到国外 3 周，那么你会如何处理这个问题？
经验	为酸洗工厂设计过污染过滤器	请告诉我一个你为酸洗工厂设计污染过滤器的情况。这台机器是如何工作的？你遇到了哪些问题？你如何解决这些问题？

6.4　使用其他甄选技术

测试通常是企业甄选流程的一部分。企业还可能使用其他的甄选方法，比如背景调查、推荐信核查、雇用前信息收集服务、诚实性测试、药物滥用筛查等。

背景调查和推荐信核查

80％的人力资源经理说他们对求职者进行背景调查和犯罪记录调查，35％的人检查员工的信用记录。[87] 一份政府报告提到了一个后果极其严重的招募事故，对美国国家安全局（NSA）分析师爱德华·斯诺登（Edward Snowden）的背景核查"没有全面地考查斯诺登先生"。[88]

进行背景调查的主要原因有两个：一个是要确认求职者提供的信息的准确性；另一个是发现一些不利的背景信息，如犯罪记录。（有一些企业提供虚假的职位推荐服务。在收取了一定费用之后，这些机构为求职者伪造虚假的工作经历和推荐信。）[89]

核查内容

通常要验证的数据包括：就业资格的合法性（是否符合移民法的规定）、过去的就业时间段、在军队服役的情况（其中包括退伍的类型）、教育情况、个人身份（包括出生日期和可以确认身份的有效住址）、县级犯罪记录（在现居住地和前居住地的犯罪记录）、机动车记录、信用记录、驾照、社会保障号码以及推荐信验证。[90] 诸如马萨诸塞和夏威夷等州禁止企业在事先的书面求职表中询问员工的犯罪记录。[91]

至于对员工的背景要进行多么深入的调查，则取决于企业需要招募人员的职位是什么。例如，与雇用一名场地管理员相比，在雇用一名会计时，对求职者的信用记录和教育情况进行审查的重要性就高得多。无论如何，企业应当定期审查那些容易接触到公司资产的员工（如出纳）的信用评级；此外，对经常使用公司汽车的员工的驾驶记录进行审查也同样很重要。

收集背景信息[92]

大部分企业起码会尝试通过电话向求职者现在或原来的就职企业了解其职位以及薪水情况（假设你向求职者明确说明自己会这样做）。还有一些企业会打电话去询问求职者现在或过去的直接主管，以进一步了解此人的动机、技能以及与同事共事的能力。

很多企业还通过商业信用评级机构和雇用筛选机构获得一些背景报告，这些机构提供关于求职者的信用状况、负债情况、声誉、特征、生活方式和求职信息的真实度等方面的信息。如今已经有数千个数据库和信息源能够提供此类背景信息，其中包括性犯罪者档案、工伤保险历史、医疗救助记录以及犯罪、工作和教育经历等方面的信息。[93]

核查社交网站

越来越多的企业还到社交网站上进行核查。在脸书上，一家企业发现，它的一名求职者将自己的兴趣描写为吸食大麻和朝人射击。这个学生或许是在开玩笑，但是他却因此没能得到那份工作。[94]一项调查发现，通过在线搜索，招募人员发现31%的求职者在自己的任职资格条件方面存在造假，19%的人存在酗酒和滥用药物的情况。[95]《华尔街日报》一篇名为《你无法控制的推荐信》（Job References You Can't Control）的文章提到，企业可以利用社交网站找到求职者过去的一些同事，然后与他们取得联系。[96]

社交网络政策　随着企业在招募活动中越来越多地使用脸书、领英以及其他社交网站，这也带来了一些新的法律风险。比如，虽然求职者一般不会在简历中标明他们的种族、年龄、残疾情况和国家来源，但是他们的脸书主页上可能会有这些信息的暗示，这就有可能会引起公平就业机会委员会的诉讼。或者，一名过于急切的主管可能在脸书的主页上主动设置"背景核查"的程序，并以歧视性的标准为依据做出了招募决定。[97]马里兰州的一项新的法律限制了企业向员工索要社交账号和密码的行为。[98]

要解决这一问题，并不是说要禁止合法地使用社交媒体上的求职者和企业信息（除非像马里兰州那样明文禁止），而是说企业应该形成明智的社交媒体招募政策和程序。比如，提前告知员工和求职者企业希望在网上获得的信息，指派一到两名人力资源专业人员去搜索网站，禁止那些没有授权的主管（比如未来的主管）获得这些信息。此外，对每个人平等相待，比如，如果有求职者没有领英账号，那就不要在领英上发布信息。[99]还有，企业不要在社交网络上使用虚构的登录名，否则求职者不知道企业是否到访过他们的个人主页。

推荐信核查的有效性

如果处理得当，背景核查可以很有效，它是核实有关求职者实际情况（如现在及以往的职位名称）的一种简便方式。然而，得到公正的回复是一件很难的事情。实际上，要证实对所推荐者的坏评价的客观公正性并非总是那么容易。被拒绝的求职者有各种合法补救方式，包括以"诽谤名誉"为由对信息提供者提出控告。这无疑会打击雇主的积极性。[100]例如，在某起案件中，一位求职者在因其他原因被拒绝后却得到了法院判给的56 000美元赔偿，因为其前雇主称其为"怪人"。此外，还有许多上司不想破坏其前下属的工作机会，还有些上司可能是为了摆脱不能胜任工作的员工而宁愿为其出具比较好的推荐意见。

➡ **了解你的雇用法律**

给出推荐信

许多管理者不大情愿地为以前的员工提供推荐信，当然他们都有很好的理由这么做。有很多法律都赋予了一些员工了解推荐信息及其隐藏含义的权利，比如他们的信用记录和政府机构的相关文件。

此外，管理者提供的任何信息都适用常规的法律。如果推荐信有错误，或者是通过降低员工所在社区和团队对他的评价来损害他的名誉，那么这样的推荐信就可能会造成诽谤。以前的员工甚至可能会雇用推荐信核查公司来对诽谤性的推荐信采取法律行动。[101]

事实并不总是能够起到辩护作用。在一些州，如果企业披露了员工一些真实但是尴尬的信息，员工也可以向企业提起诉讼。在一个案件中，一名主管生气地指出一名员工的妻子与他人有不正当的性关系。陪审团认为企业侵犯了员工的隐私，故意伤害了员工的情感。[102]

这样造成的结果就是，大部分企业和管理者都限制推荐人的资格以及推荐信的内容。作为一条规定，只有收到授权的管理者才能够提供信息，很多企业将写推荐信的权力上移。其他的建议还包括："不要自愿地提出信息""避免模糊的评价""不要回答一些陷阱问题，比如你会重新雇用这个员工吗？"在现实中，许多公司除了会提供前员工的雇用日期、最后的薪水和职位名称之外，不会提供任何信息。[103]

➡ **构建你的管理技能**

使背景核查更加有效

那么直接主管或者企业该怎么做呢？有没有获取信息更好的方法？

当然有。第一，让求职者必须签署一项声明（通常在求职申请表中），授权企业进行背景核查。[104]

第二，获得两种形式的信息以相互验证。

第三，保证求职者完全填写好申请表，并将求职申请表和简历做一个比较（求职者在他们的简历中要比在求职申请表中往往更加富有想象力，因为求职表往往要求求职者确认自己所提供的各种信息）。[105]不要接受一个求职者只写了参见简历的求职申请表。

第四，使用结构化的推荐材料核查表（见图 6-8）。这将帮助你不遗漏任何重要的问题。

第五，对某些危险信号保持敏感并持续关注。比如，当问及"你会重新雇用这个员工吗？"的时候，如果前雇主表现出迟疑或者是掩盖的态度时，你先不要直接进入下一个问题，而是要进一步追问，看看员工的哪些表现让前雇主展示了这样的态度。电话推荐能够提供更诚实的评价，可以更多地使用电话推荐的方式。

第六，将求职者提供的推荐人作为寻找其他可能了解求职者绩效的推荐人的一个信息源。你可以向求职者的每一位推荐人提出这样的问题："你能告诉我另一位可能也熟悉这位求职者的工作绩效的人的姓名吗？"通过这种方式，你可能从更为客观的其他推荐人那里得到信息。至少联系求职者的两名上级、两名同事和两名下属。提一些开放式的问题，比如"求职者在工作中需要多少组织机构支持？"这样可以让推荐人更多地谈论到求职者。[106]自动

（在进行推荐材料核查之前应当确认求职者授权你采取这种行动。）

求职者姓名：_____

推荐人姓名：_____

公司名称：_____

雇用日期始于：_____ 终于：_____

职位：_____

薪酬：_____

离职原因：_____

向求职者过去的主管人员解释自己为什么要打这个电话，然后确认上述各项信息（其中包括离职原因）。

_____

_____

1. 请描述这个人所负责的工作的类型。

_____

2. 您认为这个人和同事、下级（如果有的话）以及上级之间的关系如何？

_____

3. 这个人的工作态度是积极的还是消极的？请具体说明。

_____

4. 您如何描述这个人过去在你们公司的工作产出数量和质量？

_____

5. 这个人在工作中的优势是什么？

_____

6. 这个人在工作中的缺点是什么？

_____

7. 您对这个人的总体评价如何？

_____

8. 您会推荐这位求职者来担任我们公司的这个职位吗？为什么？

_____

9. 你们公司有可能会重新雇用这个人吗？为什么？

_____

您对此人还有其他评价吗？

_____

_____

图 6-8 推荐材料核查表

资料来源：Reprinted with permission from the Society for Human Resource Management. All rights reserved.

化的在线推荐信核查系统也能够优化结果。通过 Pre-hire 360 这样的系统，企业招募人员输入求职者的姓名和电子邮件地址，就可以通过一个问卷调查来根据求职者技能对其推荐信进行匿名筛选，该系统再将求职者的推荐信进行汇编，供企业参考。[107]

社交媒体和人力资源

利用雇用前信息收集服务

很多雇用筛选服务机构为企业提供招募前的甄选服务。比较大的背景核查供应商包括 ADP、Hireright、LEXIS-NEXIS Screen Solutions 和就业背景调查公司（Employment Background Investigations）。[108]它们利用数据库来搜索员工的薪酬、信用记录、犯罪记录和驾驶记录等。比如，零售商就使用第一优势公司（First Advantage Corporation）来查看求职者是否曾经有商场偷窃行为。[109]然而，有的犯罪背景信息是错误的，比如错误地把同姓名的员工列为犯罪对象。[110]

因此，这有一些警告提供给企业。第一，企业必须确保这种服务没有违反公平就业机会法律的规定。第二，确保供应商具备《公平信用报告法》授权的背景核查权力，并且使用合法的数据来源。第三，确保供应商提供求职者的准确和完整的信息。[111]

诚实性测试

企业可以采用很多工具测量求职者和员工的诚实性。

测谎器

测谎器是一种对一些心理变化（比如排汗增加的现象）进行测量的仪器。它的基本假设是，这些心理变化能够反映出与说谎相伴随的情绪状态变化情况。

对测谎器的攻击性所产生的诸多抱怨以及对测谎器的准确性所产生的严重怀疑，最终导致 1988 年《员工测谎保护法》（Employee Ploygraph Protection Act）。除了极少数例外情况，这部法律禁止企业对所有的求职者和大多数员工进行测谎器测验。

纸笔诚实性测试

对测谎器事实上的禁止催生了其他诚实性测试工具的市场。诚实性测试用来预测求职者的不诚实倾向。这些测试大多用来测量人们对于这样一些事情的态度，比如对他人盗窃行为的容忍度、对偷盗行为给出的合理理由的接受度以及认可与偷盗有关的活动等。

心理学专家对纸笔诚实性测试有一些担心。比如，这些测试可能会有很高的误测率，而且一旦被试者接受过辅导，测试结果就容易受到较大的影响。[112]但是，很多研究证明了这些测试的效度。研究人员专门对某大型零售便利连锁店雇用的 111 名员工进行了研究，这些员工在商店或加油站从事柜台工作。[113]研究人员发现，员工在诚实性测试中的得分可以有效地预测他们的偷盗行为——在这里是用他们因盗窃而被解雇的情况来衡量的。在"作为盈利中心的人力资源"专栏中描述了另外一个例子。[114]接下来的"构建你的管理技能"专栏提供了识别不诚实的求职者的方法。

➡ 构建你的管理技能

如何识别不诚实的求职者

在实践中，识别不诚实的求职者不但需要依靠测试，还需要一些综合性的鉴别程序。一位专家建议采取以下步骤：

● 直言不讳地提问。[115]比如，向求职者直接提问总不会有什么错误的："你在原来工作的企业偷过东西吗？""你的求职申请表上有什么不真实的或伪造的信息吗？"

● 多听少说。让求职者多说话，这样你就可以尽可能多地去了解他。撒谎的人往往会回避直接的问题。比如，如果你问他们是否曾经使用药物，他们可能会回答"我不用药物"。[116]

● 注意身体语言。比如，说谎的人往往会使身体远离自己。[117]当员工说出事实真相的时候，注意观察他的身体姿势。成人说谎者在说谎时也会看着你的眼睛，所以有的说谎者对此欲盖弥彰。[118]

● 在求职申请表中注明一个条款，要求求职者授权你去进行背景核查，其中包括信用核查和机动车驾驶情况报告。

● 实施纸笔诚实性测试。

● 进行药物检测。制定药物检测计划并给每一位求职者一份关于这项政策的副本。

● 制定一项调查处理政策并实施调查。这种政策应当规定："公司中的所有带锁的储物柜、办公桌以及同类财产都是本公司财产，公司可随时进行常规检查。"给每一位求职者提供一份这种政策的副本，并要求他们在签字后交回。

● 清晰地向员工传达，公司绝不允许违反相关协议和伪造记录，将会对这些行为进行惩罚。[119]

● 使用警告。由于诚实性原因拒绝员工，会比因为较低机械理解力测试分数拒绝员工带来更多的麻烦。而且，有些州，如马萨诸塞州和罗得岛州的法律就限制使用纸笔诚实性测试。

笔迹分析

笔迹分析是指通过分析书写者的笔迹来确定一个人的基本人格特质，因此，笔迹分析有点类似于投射人格测试。

尽管有人估计美国有超过 1 000 家公司在使用笔迹分析来测试求职者，但是笔迹分析的效度仍然值得怀疑。有位评论家就说："在笔迹分析和工作绩效的各项衡量指标之间没有直接的联系……"[120]所以为什么这么多的企业在使用笔迹分析仍然是一个争论的话题。也许在很多人看来，笔迹分析有一定的表面效度。也可能在一些特定的情境下笔迹能够有效地预测绩效。[121]

> ➡ **作为盈利中心的人力资源**
>
> 运用正直性测试
>
> 　　医院管理集团（Hospital Management Corporation）运用正直性测试作为招募流程的第一步，如果求职者不能通过这一步，那么他们就不能进入下一个环节。医院管理集团认为这种测试可以将行为不端的求职者筛除掉。比如，运用测试几个月后，新招募员工对薪酬的申诉变少了。[122]
>
> **议一议**
>
> 　　上网搜索四个表明正直性测试可以节省招募成本的案例。

身体检查

　　一旦企业准备向求职者发出录用通知，甄选过程中接下来的一个步骤通常就是体检。验证求职者是否达到了职位的身体条件要求；发现在对求职者进行工作安排时应当予以考虑的身体限制因素；为未来的保险或工伤保险申请确定一个基准线。根据《美国残疾人法》的规定，如果求职者在其他方面是合格的，并且在企业提供合理的便利措施的情况下可以履行基本的工作职能，则企业不得拒绝为其提供工作机会。该法案允许企业在发出录用通知和正式开始工作之前这段时间里对员工进行体检，但前提是这种体检是针对应聘该职位的全体求职者的一种标准做法。[123]

药物滥用筛查

　　许多企业都进行药物检测。企业可以采取尿检以检测出任何形式的药物使用，还可以运用呼吸检测来测量血液里的酒精含量。验血可以测量员工在接受检测时血液里的药物或者酒精含量。发毛检测、唾液检测、皮肤检测都可以发现员工是否使用药物。[124]

　　最常见的方法就是在正式雇用他们之前进行检测。还有很多公司在怀疑某位员工正在使用药物时（比如出了工作事故），也会对员工进行药检。一些公司对员工进行随机尿检，还有一些是在给员工调岗的时候进行药检。[125]许多企业都是通过采集尿样的方式对员工进行药检。有很多供应商都能够提供相应的检测服务。[126]

问题

　　然而，药物检测还存在诸多问题。[127]尽管针对酒精的呼吸检测和血液检查（就像那些警察对路边醉酒的司机进行的检查一样）能够说明酒精的损害程度，但是尿检和血液检查只能表明当时是否有药物残留，不能说明使用者对那类药物的依赖程度或上瘾程度。[128]而且，"有众多的产品承诺能够帮助员工（无论男女）在（尿检）药物检测中蒙混过关"。[129]不过，头发毛囊检测以及更新颖的唾液检测则不大容易造假。

　　药物检测引发了一些问题。如果没有强有力的证据证明血液或尿液中的药物量与健康损害程度之间的联系，那么有人就会认为药物检测侵犯了求职者的隐私权和正当程序，而且这些程序本身会降低人的尊严，干扰人的生活。还有人认为工作场所药物检测可能识别出那些在空闲时间服用药物但和工作没有任何关系的人。[130] 而且，并没有充分的证据表明药物检测提高了安全性和工作绩效。起码有一项研究认为，除了酒精外，并没有明确的证据表明哪些药物降低了工作场所的安全性和工作绩效。[131]

现实工作预览

有时，现实中的工作是最好的筛选工具。例如，沃尔玛发现，很多新员工在入职后的90 天之内就离职了。于是，沃尔玛开始明确解释公司的工作时间表，同时询问求职者的工作偏好，结果员工的离职率有所下降。一项研究甚至发现，一些求职者在接受工作的时候就有离职的想法，正是由于这种情况，更多的现实工作预览应运而生。[132]

联系朋友和熟人

除了测试和面试之外，不要忽视那些你认为直接了解求职者的人的意见。这看起来有点夸张，但是正如大陆航空公司（Continental Airlines）前首席执行官所说的：“再好的面试都比不过那些和求职者共事过几个月的人。”[133]

做出雇用决策

进行完测试、核查完出现的问题后，你应该如何整合所有的信息以做出最终的雇用决策？当然，如果你只用一项指标（如测试分数）的话，这个决定就会比较简单直接。比如，申请工程师职位的求职者在万德里克人事测试中至少应该答对 30 道题目才可能被雇用为工程师。如果求职者分数较低，你就不太可能雇用他；如果分数比较高，就可能会雇用他。

但是在现实中，事情并不是那么简单。首先，你可能不会只根据一个指标（在这个例子里就是测试成绩）来做出最后的决定。你可能考虑这个人的推荐信、面试情况以及简历上的信息（如所上大学），可能还考虑其他测试的结果。也就是说，你会利用多种指标而不只是一种指标。而且，你不只有一名求职者。[134] 你会选择万德里克人事测试得分最高的那个人吗？可能不会。所以，你需要通过多种方式对每名求职者各种来源的信息进行综合衡量。

你如何衡量所有的信息从而做出最终的甄选决定呢？用最简单的话说，你有三种选择。第一，你可以使用诊断性（或者说是直觉、判断）的方法。你可能已经非常了解这种方法。你通过直觉来衡量通过各种渠道得到的关于求职者的信息，然后做出最后的决策。第二，你可以采用统计的或者“客观”的方法。纯粹意义上讲，客观的方法包括对所有你收集到的关于求职者的信息（如通过推荐信得到的客观信息）进行量化。然后综合所有这些定量信息，其中可能会利用能够预测求职者职业成功的方程模型。第三，当然，你可以采用综合的方法，综合你通过方程模型得到的客观结果以及自己的主观判断。严格意义上讲，客观和统计的方法通常最具有说服力。[135]

测试和甄选工具有效吗？

企业运用的测试和甄选工具到底是否有效呢？有很多证据表明，设计良好的测试和甄选工具能够提升公司的绩效表现。比如，俄亥俄州代顿市的一家护理设备公司实施了一项甄选项目。[136]这家公司面临很多问题，比如每年员工流失率高达 146％。公司和咨询顾问一道，设计了一个护理助理测试题库。这个题库包含了三项测试：一项测试可以识别那些在工作上具有同情心的员工；一项人格测试可以识别更具人际思维、更能够与他人积极互动的员工；还有一项工作偏好测试可以将工作情境与员工的偏好相匹配。

这个测试项目取得了成功。公司的员工流失率在项目实施的第一年下降到 71％，在两年之后降到了 51％。由于护理助理的员工流失率下降，生产效率提升，公司每年节约了超过 30 万美元。

任何甄选项目的有效性取决于测试的效度。高表面效度的测试，比如工作样本、同辈评价和评价中心都非常有效。诸如心理测试这样的间接测试有效性要低一些。[137]

遵守移民法

根据 1986 年《移民改革与控制法》（Immigration Reform and Control Act），在美国受雇的员工必须证明自己有资格在美国工作。在美国就业的人并不必须是美国公民。但是，雇主应当询问将被雇用者是不是美国公民，或者是不是具有合法身份在美国工作的外国侨民。

如何遵守

求职者可以通过两种方式证明自己的就业资格。一种是出示诸如美国护照或能证明个人身份和就业资格的带有照片的外国人登记卡，许多求职者既没有美国护照也没有这种登记卡。另一种证明其就业资格的方式就是具有能证明该求职者身份的文件，同时查看说明其就业资格的文件，比如工作许可证。求职者要填写政府制作的相关的就业资格验证表。然而，企业面临收到虚假文件的风险。在雇用求职者之前的甄选内容应当包括就业证明文件核查、犯罪记录核查、药物检测以及背景调查等。你可以通过打电话给社会保障管理机构核实社会保障号码。

更多的企业使用自动化的、带有下拉菜单的 I9 就业资格验证系统，来将求职者的 I9 数据进行汇编和上传。[138]更多的企业则利用联邦政府的自助电子雇用验证程序来完成这项工作，以确认员工是否具有在美国合法工作的权利。[139]对于一些签订特定的联邦合同的企业，这个程序是强制性的。企业使用电子雇用验证程序无须缴纳任何费用。[140]

企业不能仅仅依据就业资格的要求，就拒绝雇用外国人或者侨居在美国的外国人。不过求职者必须能够证明自己的身份和就业资格。[141]为了避免企业歧视的控告，企业要验证所有求职者的材料，而并不仅仅是那些自己认为可疑的求职者。[142]

通过人力资源信息系统提升绩效

综合利用求职者跟踪和甄选系统

我们在第 5 章中介绍的求职者跟踪系统不仅能够整理通过网站获得的简历，而且能在整个雇用过程中对求职者进行跟踪，还能帮助企业进行测试和甄选。大部分企业利用求职者跟踪系统来剔除那些不能达到最低的不可通融条件的求职者，例如没有驾照的求职者。大部分企业也利用求职者跟踪系统来通过在线方式对求职者进行测试和甄选。包括基于网络的技能测试（如数学）、认知测试（如机械理解力），甚至是心理学测试。[143]最新的求职者跟踪系统不仅能把不合格的候选人甄别出去，还能发现一些"潜在的人才"。好的求职者跟踪系统能够从求职者中发现企业需要的人才，有时甚至这些求职者自己都不知道他们什么时候到这家企业求职过。[144]

制作和发送工作邀请

在确定了工作邀请发放对象以后，企业就该制作一个真正的工作邀请了。这样的工作邀请应该包括薪酬水平、求职者身上的优点、职位的层次和类似职位的薪资水平。接下来，企业要对求职者进行口头的工作邀请。企业会指定一个人（比如人力资源专业人员）与求职者对接，他们会就工作邀请中的重要问题（比如薪资水平、福利和工作职责）进行沟通或是谈判。一旦达成共识，企业就会发送一个正式的书面邀请。

有一些问题是需要考虑到的。最重要的就是明白工作邀请信和合同的区别。在工作邀请信中，企业会列出基本的工作相关信息。邀请信经常是以欢迎语开头的，接下来就会包含一些工作描述的基本信息（比如薪酬水平）以及福利信息、带薪休假信息和其他就业条款（包括完成工作测试和体检）。[145]最为关键的是，邀请信中要明确地表明雇佣关系是自愿的。接下来就是结语，要再次欢迎员工并告知他接洽的相关人员，并且指导有签约意向的员工在邀请信中签名。[146]出于谨慎的考虑，在发放工作邀请之前需要让律师检查一遍。

另外，在招募的过程中（尤其是招募高管）需要准备合同。与工作邀请信相反，工作合同经常会细化一个期限（比如三年）。有鉴于此，合同中必须描述合同中止、改签和分割的相关条款。合同中还需要包含保密、非披露性要求的条款，以及竞业禁止协议（在一些对某些特定工作岗位，比如工程师的工作邀请信中也会包含这种条款）。[147]

根据职位的不同，一些就业合同（有时工作邀请信也涉及）可能会包含一个搬迁准备金条款，这一条款阐明了企业有意愿为员工提供搬迁（比如搬家）的资金。州法律一般都会监督就业合同的执行。可以登录 www. unh. edu，输入"邀请信"来搜索工作邀请信和就业合同的模板[148]，也可以在 jobsearchtech. about. com/的搜索栏里输入"工作邀请信"来完成搜索。[149]

■ 6.5　管理者的员工敬业度指南

敬业度指的是员工在心理上参与、联系和奉献于工作的程度。管理者如何确定求职者具备敬业度的特质呢？

有一些可测量的特质可以区分这些求职者。比如，美国智睿咨询公司的专家将员工敬业度特质总结为：宜人性、情绪稳定性、对经验的开放性、成就导向和自我效能感（我可以做这件事）。[150]还有一项研究认为，有敬业度的员工能够控制外部的活动影响（控制点），在自尊、自我辩护和情绪平衡性方面得分较高。[151]密西西比州蓝泉的丰田装配工厂培育了一种持续改进的绩效文化，工厂的员工具备高度的敬业度和承诺度，通过自我管理团队生产高质量的汽车产品。一位公司高管说："我们期待招募一支多元化的员工队伍，这些员工能够将高度的工作道德和担当精神以及问题解决技能结合到一起。"[152]通过以上这些研究观察，有敬业度员工的形象就出来了。他一定是拥有宜人性、情绪稳定性、对经验的开放性、成就导向和自我效能感，能够控制外部的活动影响，具有高度的自尊、自我辩护和情绪平衡性，还具备高度的工作道德和担当精神。

既然如此，直线经理能够通过什么方式来识别求职者身上的这些特质呢？最简单的就是要问对问题。在面试之前，直线经理就要准备一些关于行为或者情境的问题，比如（对于宜人性和工作道德而言）"假设有一次你准备在周末和朋友出去玩，但是最后时刻你的老板要你加班，请问如何应对此事？"

提升敬业度：一项整体甄选项目

在实践中，"敬业度潜质"是未来企业期待在求职者身上发现的特质之一。企业应该创制一项整体甄选项目，将那些具备满足企业所有要求特质的员工选拔出来。丰田公司选拔自动装配工人的项目正好体现了这一点。丰田公司在求职者身上寻求以下特质。由于装配工作强调团队工作，所以公司希望员工具备良好的人际交往技能。丰田公司还要求"持续改善"——通过员工承诺来将工作绩效提升到最高标准，这解释了公司为什么强调员工的推理能力、问题解决能力、聪明、受过良好的教育、具有高敬业度。[153] 所有丰田公司的员工至少都具备高中学历，许多工厂的员工（包括装配工）都具有大学学历。质量是丰田公司的核心价值观，所以公司也要求提升招募活动的质量。所以，丰田公司对求职者举行聚焦于成就的群体面试，通过询问求职者最骄傲的成就，公司可以对员工关于质量和工作的价值观进行深入的审视。丰田公司还寻求有强烈学习动机的员工，这样的员工不仅以自己的方式学习，还能够以团队和公司的方式学习。丰田公司的生产系统依赖共识性决策、工作轮换和灵活的职业路径，这些都要求员工要有开放的心态，同时是一名灵活的团队员工，而不是教条主义者。

丰田之道

丰田公司对装配工的招募就希望选拔这样的员工。这需要在几天内经历20小时左右的六个阶段招募流程。[154]

第一步：一次有深度的在线申请（20～30分钟）。

第二步：一次2～5小时的以计算机为基础的评价。

第三步：一次6～8小时的工作模拟评价。

第四步：一次面对面的面试。

第五步：一次背景核查、药物检测和身体检查。

第六步：发出工作邀请。

比如，在第一步中，求职者需要填写一个包括他们经历和技能的申请表，观看一个有关丰田公司工作环境和甄选系统的视频。在这一步中，求职者可以对工作有一个现实预览，了解招募流程。许多求职者在这一阶段就退出了。

第二步的目标是评价求职者的技术知识和潜质。求职者需要接受各种有关问题解决技能、学习潜质和职业偏好的测试。技能型求职者（比如有经验的机械工）也接受工具、冲模或者维修测试。

第三步中，求职者需要在丰田公司的评价中心接受现实生产活动的模拟测试。在单独的环境中，求职者的测试会由丰田甄选专家进行观察。生产测试可以评价求职者对实际中的装配工作任务操作的熟练程度。在这里，群体讨论练习还可以发现求职者是如何与团队成员互动及解决问题的。比如，在一个模拟情境中，求职者扮演一家生产电气电路公司的管理者和员工的角色。在计划和制造的过程中，团队必须要决定生产哪种电路，并且统筹人、财、物的资源。在另外一个典型的练习中，参与者所在团队需要决定来年上市的新车的特征。团队成员首先要根据市场需求确定 12 个特征，此外还要建议一个没有在清单上出现的特征。他们必须要对特征进行排序并达成一致。一位通过了这项测试的求职者说："有三个测试地点，每一个都需要花费两小时左右的时间。此外你还要在团队中完成一个特殊的项目，这又得多花一个小时左右。我早上五点就出门了，回到家已经晚上六点半了。这真是漫长的一天。"[155]

求职者在访问过程中投入丰田公司的时间和努力并不是偶然的事。丰田公司寻找的是敬业的、灵活的、以质量为导向的团队型员工，不具备这些特质的员工是很难通过这一系列甄选流程的。这种严酷的流程会把那些没有高敬业度的员工筛除出去。

总结来说，类似丰田这样的高敬业度公司会使用整体甄选项目来选拔员工。尽管不同的公司有不同的做法，但是从丰田的流程中我们可以发现五个共同点。第一，公司知道它想要什么。基于价值观的招募意味着，公司在启动甄选项目之前就能够明确自己的价值观。不管这个价值观是优秀、持续改进质量、正直还是其他，招募开始时就要澄清公司的价值观，明白公司需要什么样的员工。

第二，类似丰田这样的高敬业度公司会在令人疲倦的甄选流程中投入大量的时间和精力。对入门级员工进行 8～10 小时的面试是很正常的事情，在正式雇用一个员工之前，丰田这样的公司要至少花费 20 小时。许多求职者都被拒绝了。

第三，甄选过程不仅仅识别知识和技能，求职者的价值观和技能还必须能够匹配公司的需要。丰田公司的价值观是团队精神、持续质量改进和灵活性，因此员工的问题解决能力、人际交往能力和对质量的专注就是必备的要求。

第四，类似丰田这样的高敬业度公司一般都会使用现实工作预览。这些公司都对"销售"型员工感兴趣。但更为重要的是，让员工知道公司是什么样的，公司所珍视的价值观是什么样的。

第五，自我筛选是这些公司的一个重要的甄选实践。有的公司使用现实工作预览，而另外一些公司还会对准员工要求极其长的试用期，这也有助于将不合适的人筛选出去。丰田的甄选过程就要求在时间和精力上有牺牲精神。

本章小结

1. 在本章中，我们讨论了甄别和选拔工作候选人的几种技术，其中第一种就是测试。测试效度回答这样一个问题："该测试测量的是什么？"我们讨论了效标关联效度和内容效度。效标关联效度是要证明那些在测试中表现好的人在工作中表现也好，而那些在测试中表现不好的人在工作中表现也不好；内容效度则通过说明该测试是由直接反映特定工作内容的工作行为样本构成的来证明。与心理学专家所使用的含义一样，"信度"这个术语总是指"一致性"。衡量信度的一种方式是，在两个不同时间点对相同的人实施同样（或相当）的测试。或者你可以强调内在一致性，对同一测试中大致等值的项目的回答情况进行比较。根据公平就业机会法律，雇主可能必须证实其所实施的测试能预测任职者在实际工作中的绩效优劣。这通常需要进行预测效度研究，尽管其他效度手段往往也可以作为证据。

2. 实际投入使用的测试有许多类型，其中包括认知能力测试、成就测试、人格测试等等。管理评价中心也是一种人员甄选手段，它让求职者完成一系列实际工作练习。专家对被试者的工作表现进行观察和评价，然后，通过观察被试者回到本职工作后的表现来检验所做的评价。实际工作练习的样本包括文件筐练习、无领导小组讨论和个人演说等。

3. 有几个因素和问题可能破坏面试的效用。它们是：仓促决定，为负面信息所主导，不了解职位要求，迫于雇用的压力进行面试，受候选人排列顺序的影响，以及受非言语行为影响等。面试的六个步骤是：设计面试，了解求职者背景，营造和谐的气氛，提问题，结束面试，回顾面试。

4. 其他的甄选工具包括背景调查、推荐信核查、身体检查和现实工作预览等。在对求职者进行甄选之后，企业需要决定如何制作一个真正的工作邀请。这份工作邀请中需要包括求职者身上的优点以及薪酬水平等。接下来，企业要先给员工一个口头工作邀请。一旦达成一致，企业就会发送一个书面的工作邀请。

5. 有敬业度的员工拥有宜人性、情绪稳定性、对经验的开放性、成就导向和自我效能感，能够控制外部的活动影响，具有高度的自尊、自我辩护和情绪平衡性，还具备高度的工作道德和担当精神。直线经理和直接主管可以询问行为性或者情境性问题来识别这些特质。企业可以构建一个综合性的甄选项目来识别那些具备工作要求的求职者。像丰田公司这样的高敬业度公司运用全面招募规划来选择员工，包括澄清公司的价值观，投入时间和精力，将求职者的价值观与公司价值观相比较，进行现实性工作预览，鼓励自我甄选流程。

讨论问题

1. 解释信度和效度的含义。二者的区别是什么？有哪些共同点？
2. 至少说出四种基本的测试类型。
3. 说明背景调查、推荐信核查和雇用前信息服务的缺点，以及如何克服这些缺点。
4. 你认为计算机化面试最适合哪些类型的工作？为什么？
5. 简短讨论并举例说明常见的面试错误。为了避免这些面试错误，你会提出哪些方面的建议？
6. 对比和比较工作邀请信和合同的异同，并解释这两者的基本构成。
7. 就"公平就业法律如何影响员工甄选"这一主题撰写一篇短文，至少举出五个实例。
8. 假设你有一家小企业，你会如何为一个职位选择一个甄选测试？在这个过程中有哪些实践的和法律的问题需要考虑？

个人和小组活动

1. 以个人或小组为单位，列出一张清单，具体说明你们会建议你们的校长利用哪些人员甄选技术来雇用你们学院的下一位人力资源管理教授。请说明你们为什么选择这些甄选技术。

2. 以个人或小组为单位，与像学术能力评价测试这样的一些标准化测试的出版商联系，获取关于这些测试的信度和效度方面的书面信息。在课堂上做一个简短的报告，说明这种测试所要测量的是什么，然后根据出版商报告的信度和效度来指出，你认为这种测试在多大程度上测试出了它所要测量的内容。

3. 以"如何做一位有效的面试官"为题写一篇文章，并就此做一个简短的演讲。

4. 写一篇短文，讨论一下在测试中可能遇到的某些伦理道德和法律问题。

5. 举出一些例子说明一些有趣的问题如何能够改进甄选程序。举出一些你认为能够预测在一些行业中获得成功的职业兴趣的例子，这些行业包括大学教授、会计、计算机程序员。

6. 本书附录中的人力资源师和高级人力资源师知识库列举了一些人力资源认证考试的必备知识。4～5 个同学为一组完成以下四件事情：（1）回顾附录知识；（2）识别本章中与附录相关的内容；（3）依据人力资源认证考试的内容，编写四个相关知识的选择题；（4）时间允许的话，在同学们面前展示你所在小组的题目，这样可以与别的小组的同学互相借鉴。

人力资源行动案例事件 1　道德的和失控的面试

道德是"管理个人和群体时遵循的原则"——人们根据原则来决定如何进行管理。[156]

公平对员工甄选而言非常重要。比如，"如果员工有这样的感受，即雇用程序并没有公平地对待每个人，那么他们可能就会觉得在这家企业里道德行为并不是非常重要，那么官方关于道德重要性的声明就会大打折扣"。[157]

玛丽亚·费尔南德斯（Maria Fernandez）就遭遇了一个令人烦恼的情况。玛丽亚是一位聪明、有人缘、见多识广的机械工程师，她 2014 年 6 月毕业于州立大学，并获得工程学位。在毕业前的那个春季，她多次参加工作面试。她觉得这些面试大都进行得礼貌得体，有助于让她和潜在的雇主都能清楚地看到，在彼此之间是否存在某种大家都认为很重要的东西。因此，她对到自己特别向往的尖峰环境公司（Apex Environment）去参加面试抱着极大的期望。她对净化环境一直怀有浓厚的兴趣，并且坚信，在像尖峰环境公司这样的企业中工作，最能充分地应用自己所受过的培训以及所掌握的技能。同时她认为，在这样的企业中工作不仅能使她取得职业发展方面的成功，而且能使这个世界变得更加美好。

但是，这次面试对她来说却是灾难性的。当玛丽亚走进面试室时，看到那里有 5 个人——公司总裁、两位副总裁、一位市场营销总监，还有一位工程师。他们开始劈头盖脸地向她发问，但是她觉得他们提这些问题的主要目的只不过是给她挑毛病，而不是考察她能够通过自己在工程技术方面的能力为公司做出什么贡献。这些提问包括一些完全没有必要的很失礼的问题（比如，"如果你是一个如此聪明的人，那你为什么在上大学的时候还会去做一份服务员的工作呢？"）、与工作不相干的问题以及一些有性别歧视的问题（比如，"你有没有计划安定下来，并且准备很快组建自己的家庭呢？"）。在面试过后，她分别与其中的两位先生（其中包括总裁）单独进行面谈，这次的讨论几乎完全集中在她的技术专长方面。她觉得后来的这两次讨论进行得非常好。由于第一轮的小组面试看上去漫无目的，甚至有些卑劣，所以，当她在几天后收到该公司的录用通知时，她非常惊讶。

这份录用通知促使她思考了几个问题。在她看来，这份工作本身是很理想的，她喜欢自己将要从事的这份工作、这个行业以及这家公司的位置，事实上，正如与该公司管理团队中的其他成员进行交谈时一样，这家公司的总裁在后来的讨论中也表现得相当有礼貌。她想知道的是，那次小组面试的目的是不是故意制造出一些紧张气氛，从而观察她承受压力的能力。如果事实确实如此，那么他们又为什么要这样做呢？

问题

1. 你会怎样解释玛丽亚所经历的这种小组面试的性质？具体而言，你认为这种面试到底是该公司的一种经过深思熟虑的面试策略，还是暴露出该公司管理层的疏忽大意？如果这是一种疏忽大意，你会做哪些事情来改进尖峰环境公司的面试过程？

2. 你认为管理者对待玛丽亚的方式是道德的吗？为什么？如果不是，你现在将采取什么步骤来确保面试过程是合乎道德的呢？

3. 如果你是玛丽亚，你会接受这家公司提供的工作吗？如果你拿不准，是否还有其他信息能帮你做出决定？

4. 玛丽亚所应聘的应用工程师职位要求求职者：（1）具备机械工程方面的优秀技术能力；（2）愿意献身于环境污染控制领域的工作；（3）具备妥善而自信地与有工程问题的客户打交道的能力；（4）愿意到世界各地去出差；（5）非常聪明，人格健全。请列出你在面试这个职位的求职者时可能会问的 10 个问题。

人力资源行动案例事件 2　卡特洗衣公司的诚实性测试

卡特洗衣中心的詹妮弗·卡特与她的父亲需要完成一项既容易又困难的工作，这就是对求职者进行甄选。说它容易，是因为对两种重要的职位——熨衣工和污渍清洗工——只需要通过 20 分钟的在职测试就可以很容易甄别出哪些候选人是合格的。就像詹妮弗指出的，这种测试跟甄选打字员是一样的道理，"求职者要么知道如何很快地熨烫衣物，知道如何使用化学清洁品和机器设备，要么不知道如何完成这些工作，只要让他们上手做一做这些工作，我们很快就能知道结果"。但是，要想为各个洗衣店甄选求职者又是令人很沮丧的一件事情，这是由詹妮弗希望甄选的其他一些个人特质所决定的。她的公司所面临的两个重要问题是员工的离职率和诚实性。詹妮弗和她的父亲非常需要采取一些措施来降低员工的离职率。如果有一种员工测试和甄选技术能够帮助他们做到这一点，詹妮弗会很想了解它，因为目前她的公司由于没完没了地需要招募和雇用新员工而浪费了很多金钱和管理人员的时间。更让詹妮弗和她的父亲关注的是，采取哪些新的措施能够甄别出那些具有盗窃公司财物倾向的员工。

对于卡特洗衣中心来说，员工盗窃是一个很严重的问题，而且存在这种盗窃问题的不仅仅限于那些能够接触到现金的员工。例如，污渍清洗工和（或）熨衣工常常在经理不在场的情况下自己打开店门，开始一天的工作，这些人当中的个别人或某些人偷窃店里的各种物品或"干私活"的情况并不罕见。干私活是指一位员工拉拢自己的邻居去四处收集别人需清洗的衣物，然后偷偷地拿到卡特的洗衣店来，利用店里的物品、煤气和电等对这些衣物进行清洗和熨烫。另外一种同样并不罕见的情况是，一位员工在没有人监督的情况下（或者就是监督者本人），在收到了一份在一个小时以内需要完成的加急衣物清洁或熨烫订单之后，在将衣物快速进行清洗、熨烫后交给顾客时，并不开具正确的票据或根本不在洗衣店登记这笔业务。这笔钱当然就进了个人的腰包，而没有交到店里。

更为严重的问题是，各个洗衣店的经理和柜员实际上必须接触现金。正如杰克·卡特所说："你简直无法相信，为了逃避我们为遏制员工盗窃而制定的各种管理手段，员工到底有多大的创造性。"作为这种极其可恶的创造力的一个极端例子，杰克讲了这样一个故事："为了减少员工偷窃的现金数量，我印制了一个小标牌，放在我们的每一台收银机的前面。这个标牌上写着：'如果在你付款之后，我们没有给您提供收银机打印的收据，那么您的全部费用都将会被免除。有问题请拨打电话5520235。'我写这个标牌的目的是迫使接触现金的员工将他们所收到的所有现金都放进我的收银机，收银机会记录这些进项，从而便于会计记账。而如果所有的现金都进入收银机的话，我们就能够更好地处理店里的偷窃问题。对不对？但是，我们的一位经理却找到了一种恶毒的办法来逃避这种控制措施。一天晚上，当我来到店里的时候，我注意到这位经理正在使用的收银机有点不大对头，尽管我打印的那个标牌还忠实地立在那里。后来查明，在每天下午5点左右，当店里的其他员工离开后，那个家伙就从他藏着的一个盒子里拿出他自己的收银机。来店里取活的顾客会注意到我的那个标牌，当然，还会注意到他小心翼翼地将每笔钱都放入收银机这样一个事实。但是，不为我们和顾客所知的是，在将近5个月的时间里，每天大约有一个小时的销售收入都进了他个人的收银机，而不是我的收银机。我们花了很长时间才弄清那个店里的现金都流到哪里去了。"

问题

1. 对于詹妮弗来说，如果想常规性地对所有员工实施诚实性测试，会有哪些好和不好的地方？

2. 具体来说，该公司可以使用哪些其他甄别技术来甄别员工的偷窃倾向和流动倾向？

3. 该公司应当怎样解雇那些偷窃被抓的员工？当这些员工到其他公司去求职时，这些企业可能会打电话来对这些员工的推荐材料进行核查，针对这种情况，这家公司应当建立一个什么样的程序来应对？

体验式练习　你雇用过的最重要的人

目的：为你提供一些实际运用在本章学到的这些面试技术的机会。

必须理解的内容：你应当熟悉本章中提供的那些信息。然后阅读下面的内容：对于父母而言，孩子是他们的心肝宝贝。然而有趣的是，很多父母在找看护自己孩子的保姆时，却只是问为数不多的几个面试问题，至多再马马虎虎地对她们提供的相关材料做一下核查。由于这种面试的效度经常令人怀疑，加上这些父母在面试方面的经验又不多，也就难怪父母为孩子找来的保姆后来并不令人满意。从本章的内容中你可以知道，除非你非常清楚地了解你正在寻找的是具备什么条件要求的人，同时最好能使面试结构化，否则你将很难进行一场效度很高的面试。但是很显然，绝大多数父母都完全没有接受过这方面的培训。

如何进行练习/指导：

1. 组成若干个练习小组，每组由 5～6 名学生组成。由其中的两名学生扮作被面试者，其他学生作为面试小组的面试官。扮演被面试者的学生要设计一张面试官评价表，而扮演面试官的学生则要针对来面试的"保姆"设计一场结构化情境面试。

2. 关于被面试者的说明：被面试者应离开面试室大约 20 分钟。在离开期间，被面试者应当根据本章中介绍过的有关可能会影响面试作用发挥的那些因素，设计一张"面试官评价表"。在进行小组面试期间，被面试者应当针对面试官的表现在面试官评价表上进行评价。在参加小组面试的面试官完成面试之后，被面试者应当离开面试室，去讨论他们所做的记录。这些面试官有没有表现出可能会影响面试作用发挥的那些因素？如果有，表现出来的是哪些因素？你们会向这些面试官提出哪些建议帮助他们改进面试效果？

3. 关于面试官的说明：在被面试者离开面试室期间，面试小组的面试官将会有 20 分钟时间针对看护儿童的保姆设计一份简短的结构化情境面试表。面试小组将对应聘该职位的两名求职者进行面试。在面试小组的面试官对求职者进行面试期间，每一位面试官都要在结构化情境面试表上做记录。在面试结束后，面试小组成员应当讨论他们所做的记录。你们对每一位求职者的第一印象如何？你们的第一印象相同吗？你们一致决定选中哪一位求职者，为什么？

附录 结构化情境面试

毫无疑问，结构化情境面试——由面试官向应聘同一职位的所有求职者提出一系列与职位工作相关且预先准备好正确答案的相同的问题——能够产生最好的效果。[158]在理想情况下，一种基本做法是：由熟悉招募职位的专家（例如，该职位的直接主管人员）写出一些情境性的问题（询问求职者在这些情况下将怎么做），或者行为性的问题（询问求职者过去是怎么做的），或者是工作知识性的问题，然后由他们列出每个问题的可能答案，同时对这些答案按照从好到差的方式加以排序。负责对求职者进行面试和评价的面试官则根据这份标有答案优劣示例的评分表来对求职者进行打分。[159]

在设计结构化情境面试的过程中，由熟悉相关职位的人根据该职位的实际工作职责来设计一些问题。然后，他们再来讨论什么样的答案是能够接受的，而什么样的答案是不能接受的，最后达成共识。整个过程包括以下几个具体步骤[160]：

第一步：分析职位。编写一份职位描述，在上面列出相关的工作职责，要求任职者具备的知识、技能、能力和其他任职资格条件。

第二步：评价职位的主要工作职责。确定职位承担的主要工作职责，根据每一项工作职责对于在该职位上取得成功的重要性，以及完成这一项职责与完成其他工作职责的时间要求对比来对每一项工作职责做出评价。

第三步：设计面试问题。根据工作职责来设计面试问题，对于那些重要的职责要多设计一些问题。情境性问题会给出一个假设的工作场景，例如"如果机器突然开始升温，你会怎么做"；工作知识性问题所要评价的是完成工作所必需的知识（例如，什么是 HTML 语言?）；意愿性问题衡量求职者是否具有满足工作要求——例如，从事一些重复性的体力劳动或需要出差的工作——的意愿和动机；行为性问题则是要询问求职者他们过去是怎样处理相似情境下的问题的。

设计问题的人通常要以关键事件为基础来进行问题的开发。例如，对于应聘一个主管职位的求职者，面试官可能会问这样一种情境性问题：

> 你的配偶和两个十几岁的孩子都因感冒而卧床，并且没有什么亲戚或者朋友能够帮助你来照顾他们。而你要在三个小时后去换班，这时你会怎么做？

第四步：设计基准答案。接下来，针对每一个问题都需要设计一些想象出来的（基准）答案，其中包括好的答案（5分）、一般的答案（3分），还有较差的答案（1分）。例如，以上面那个关于配偶和孩子生病的情境为例，其三个基准答案（按得分从低到高排列）分别是："我会待在家里——我的配偶和家庭最重要"（1分）；"我会打电话给我的直接主管解释一下我现在面临的状况"（3分）；"因为他们仅仅是感冒，所以我还是会去工作"（5分）。

第五步：指定面试小组成员并进行面试。企业通常会用面试小组，而不是一对一面试的方式来进行结构化面试。面试小组通常由3～6人组成，最好就是那些设计问题及其答案的人，还可以包括职位的直接主管人员、当前任职者以及人力资源部门的代表。相同的面试小组要对应聘同一职位的所有求职者进行面试。[161]

面试小组的成员通常要在面试前审阅职位描述、面试问题及其基准答案。（为确保一致性）应当始终由面试小组中的一位成员负责介绍所有的求职者，并按照顺序向所有的求职者分别提问所有的问题。而面试小组成员应当根据评价尺度表来记录和评价求职者的回答情况。他们记录和评价求职者的方式，就是将求职者的答案与评价表中每一个问题后面的基准答案进行比较，从而判断出求职者的答案是属于较差的、一般的，还是好的。在面试快要结束时，由面试小组中的某个人来负责回答求职者可能提出的问题。[162]

一些基于互联网的程序可以帮助面试官设计和组织以行为为基础的甄选面试。例如，SelectPro软件（www. selectpro. net）就能够帮助面试官设计基于行为的甄选面试、客户面试指南和自动化的在线面试。

第3篇

培训和人力资源开发

在第 2 篇"人员配置：人员规划和雇用"中，我们解释了如何确定工作的职责、责任和人才特征要求，学习了如何甄选和测试员工。在招募和甄选之后，管理者就需要引导、培训、评价、吸引和保留员工。现在我们将学习培训、开发、评价和保留人力资源的方法。第 3 篇包括第 7 章"员工培训与开发"、第 8 章"绩效管理与评价"、第 9 章"职业生涯管理"。

第 3 篇学习的概念和技能会对战略性人力资源管理产生重要的影响。正如人力资源战略模型所展示的，战略性人力资源管理是指在企业总体战略框架下对人力资源政策进行规划和执行，借以形成实现战略目标所需要的员工胜任能力和行为。仅仅完成对高潜质员工的甄选工作还不够，还需要让这些员工知晓工作的内容和做事的方式。在第 3 篇中，我们将看到，要让员工具备这样的能力需要对其施予培训、开发、评价和保留方面的人力资源政策。在第 4 篇，我们将学习如何进行薪酬管理。

第 **7** 章
员工培训与开发

学习目标

学完本章后，你应该能够：

1. 总结入职引导的目的和过程。
2. 举例说明如何通过入职引导的设计来提升员工敬业度。
3. 列举培训的五个步骤进行并简要的解释。
4. 解释如何运用五种培训方法。
5. 列举并讨论四种管理技能开发方法。
6. 什么是组织发展？它与传统意义上的组织变革有何区别？
7. 解释如何对组织的培训实施评价。

引言

亚历克斯（Alex）曾任多家餐馆的主厨，现在他终于获得了足够的资金，满心欢喜地开了以自己的名字命名的法式餐馆。该餐馆位于迈阿密市中心附近的新"中区迈阿密"楼群。他雇用了原来在其他餐馆共事的工作伙伴来填补餐馆后厨的各职位空缺，这是因为亚历克斯知道这些同事经过了良好的培训，能胜任工作，并且清楚该做什么。然而，雇用餐厅服务生时就没这么得心应手了。其实亚历克斯并没有管理餐馆前厅的经验，他只是在橱窗上张贴了招聘餐馆服务生的告示，结果雇用到了六名服务生，而他们在面试中似乎表现出了亚历克斯心目中胜任服务生职位所需的能力，如具有认真负责和喜欢与人打交道等特质。亚历克斯用开业前一小时的时间向六名服务生解释了工作细节（例如，如何使用电子化点餐系统）

以及对他们的期望（相互支持和帮助、保持手的清洁）。没想到，开业那天完全乱了套。开业当天，餐馆服务生甚至无法回答诸如"这道菜是什么食材做的"这样的基本问题；他们弄错了将近一半的菜单；上菜时也忘记究竟是谁点了这道菜，结果顾客不得不自己把菜换回来。当天晚上，亚历克斯回到家打电话给之前的老板询问究竟问题出在哪里。这位老板说："你是说你几乎没怎么培训服务生就开业，难道你想让他们对你的顾客任意妄为吗？这简直难以想象。"

■ 7.1 员工入职引导和培训

甄选到合适的新员工并不意味着就能够有好的绩效表现。如果没有人进行引导，即使是高潜质员工也不会完成自己的工作。入职引导和培训的目的就是让新员工知道工作的内容和方法。员工入职引导项目通常是由人力资源部门设计，但员工的直接主管实际上承担了大量的日常工作。因此，每一位管理者都应该知道如何去引导和培训员工。我们将从入职引导开始讲起。

员工入职引导的目的

员工入职引导（employee orientation）（现今多将其称为"入职培训"）为新员工提供有助于其有效开展工作的各种基本背景信息，例如公司规章制度和电脑的密码。在理想的情况下，今天的员工入职引导更为重视让新员工欣赏并认同公司的文化和价值观。[1]

成功的入职引导应当完成四件事。首先，应使新员工感到自己是受欢迎的。其次，帮助新员工在广泛意义上理解组织（它的过去、现在、文化和愿景）。再次，帮助新员工了解诸如政策和程序等关键的事项。最后，应使新员工了解公司对于其工作和行为的期望。这样，如果顺利的话，就可以开启新员工的社会化过程，使其按照公司期望的行为和处事方式做事。[2]

员工入职引导的流程

入职引导的长短取决于其内容。传统的入职引导大概需要几个小时。通常由人力资源专业人员（在小公司通常是经理）负责实施员工入职引导计划的第一部分，即解释工作时间、工作规则、福利和休假等这样一些基本事项，然后把新员工介绍给他们的直接主管。这些直接主管会继续对新员工进行入职引导，内容主要包括解释工作的性质，将新员工介绍给大家认识，使新员工熟悉工作场所的环境。对于新员工而言，其融入和社会化受同事和主管的影响很大。[3]主管应该保持警惕，监测并鼓励新员工参与活动（比如和现有员工一起休息）可以使得他们学习到一些惯例并且更有效率。[4]正如图 7-1 指出的，入职引导一般要阐明员工福利、人事政策、日常工作、组织结构和运营以及安全措施和规章制度。[5]新员工通常会收到纸质或电子版的员工手册。

在另一个极端，化妆品公司欧莱雅（L'Oreal）的入职引导时间长达两年，包括特殊培训和圆桌讨论、与关键人物面谈、在职培训、个人指导以及特殊经历（比如现场参观）。[6]

新员工部门入职引导清单 （在入职 10 日内上交人力资源部门）			
姓名：	入职时间：	社会保障号码：	职位名称：
部门：	入职引导时间：	入职引导管理人员：	
话题	审查日期		不适用

1. 人力资源信息
a. 部门出勤政策与加州大学圣迭戈分校医疗中心的工作时间和出勤政策   a. _____   ☐
b. 检视职位说明书   b. _____   ☐
c. 年度绩效评价和同事反馈程序   c. _____   ☐
d. 实习期信息   d. _____   ☐
e. 仪表和衣着要求   e. _____   ☐
f. 年度结核病筛查   f. _____   ☐
g. 执照或证书更新   g. _____   ☐

2. 部门信息
a. 组织结构和部门核心价值观   a. _____   ☐
b. 部门或业务单元的特殊政策和流程   b. _____   ☐
c. 顾客服务实践   c. _____   ☐
d. 持续质量改进努力和项目   d. _____   ☐
e. 参观和平面图   e. _____   ☐
f. 设备信息   f. _____   ☐
   • 分发钥匙   ☐
   • 语音呼叫器   ☐
   • 其他_____   ☐
g. 邮件和充值代码   g. _____   ☐

3. 安全信息
a. 部门安全计划   a. _____   ☐
b. 员工安全/伤病报告流程   b. _____   ☐
c. 风险沟通   c. _____   ☐
d. 感染控制和锐器处理   d. _____   ☐
e. 年度安全会议的出勤（强制性）   e. _____   ☐

4. 设备信息
a. 应急动力系统   a. _____   ☐
b. 机械系统   b. _____   ☐
c. 水   c. _____   ☐
d. 医用气体   d. _____   ☐
e. 病房   e. _____   ☐
   • 床   _____   ☐
   • 床头墙   _____   ☐
   • 洗浴间   _____   ☐
   • 护士呼叫系统   _____   ☐

5. 安保信息
a. 代码分类任务   a. _____   ☐
b. 蓝色代码任务   b. _____   ☐
c. 红色代码任务——撤离流程   c. _____   ☐
d. 代码 10——炸弹威胁流程   d. _____   ☐
e. 部门安保措施   e. _____   ☐
f. 加州大学圣迭戈分校紧急呼叫号码：611 或 911   f. _____   ☐

    这个清单可能没有完全包括部门入职引导或评价的内容，请将补充的入职引导材料汇编入人力资源档案。
    我已经根据以上清单得到了入职引导：_____

图 7-1　新员工部门入职引导清单

资料来源："New Employee Departmental Checklist" from http: //www. opm. gov/policy-data-oversight/human-capital-management/hiring-reform/sample-employee-checklist. pdf. Used with permission of UC San Diego Medical Center. United States Office of Personnel Management.

➡ **了解你的雇用法律**

员工手册

企业需要仔细地检视它的员工手册。法院可能会发现员工手册的内容是具备法律效力的。一些比较敏感的政策（比如，"公司不会就员工在工作场所发表言论而报复他"），如果不合理地陈述的话，会适得其反。所以企业通常会在员工手册中做出一些免责声明。这类手册应该包括这样一种免责声明："本手册中的任何内容都不应视为在企业和员工之间建立具有约束力的合同，并且所有雇用行为都是双方自愿的。"[7]这种免责声明明确指出，员工手册中有关公司政策、福利以及规章制度的陈述并不构成明确或隐含的雇用合同条款和条件。千万不要声明"没有员工会因为正当理由而被解雇"，或者是暗示员工享有终身雇用的权利。[8]

入职引导的相关科技

企业可以使用各种科技手段来支持自己的新员工入职引导计划。例如，辛辛那提大学（University of Cincinnati）的新员工要通过 45 分钟的在线学习来了解他们学校的使命、组织、政策和流程。IBM 则使用类似"第二人生"这样的虚拟环境来支持新员工入职引导，尤其是对海外的新员工。新员工通过选择虚拟人物，就可以与公司中代表其他员工的虚拟人物进行互动，例如学习如何注册参加公司的福利计划。[9]离子地球物理公司（ION Geophysical）运用了一个在线的入职引导平台 RedCarpet，其中包括一个欢迎视频以及新同事的照片和图像。[10]通过 iPhone 的应用程序"Workday"，企业为员工提供便捷的移动词典。用户可以在这个词典上搜索新员工的姓名、图像和合同信息、电话和电子邮箱，还可以在谷歌地图上搜索地址。[11]一些企业还在入职引导流程的某些点放置可扫描的二维码，提供部门的信息和员工的角色。[12]

■ 7.2　管理者的员工敬业度指南

丰田公司的入职引导

在许多公司，入职引导不仅仅是提供一些有关工作的基础信息（比如工作时间）。[13]丰田美国公司就展示了这一点。虽然丰田的入职引导包含了一些常规性的主题（比如公司福利），但是它最主要的目标是让工厂的新员工更加接受公司质量、团队、个人发展、开放沟通和互相尊重的文化理念。[14]这一项目大概需要四天。[15]

第一天：包括入职引导项目概览、欢迎致辞。此外，公司的人力资源副总裁会引导大家熟悉公司组织架构和人力资源规定，他会花 1～1.5 小时讲解公司的历史和文化，2 小时讲解员工福利。此后，丰田还会花几个小时来介绍公司对质量和团队工作的承诺。

第二天：主要聚焦于丰田员工的交流、互相尊重、团队工作和开放式交流。剩余的时间包含安全、环境事务和丰田的生产系统。

第三天：由于团队工作很重要，这一天的最开始将采用"提出要求和进行反馈"的方式进行 2.5~3 小时的沟通培训。剩余的时间则培训一些丰田特色的问题解决方法、质量保证、风险沟通和安全等课程。

第四天：上午的主题是团队工作训练和丰田的建议系统。这部分依然包括了团队工作的责任和方法。下午的主题包括防火和灭火训练。在这一天的最后阶段，新员工应该逐步地接受丰田的理念，特别是质量目标、团队价值观、持续改进和问题解决。[16]

管理者可以学习到的是，引导员工不仅仅是互相认识。即使没有丰田公司那样的全公司范围的项目，也可以运用入职引导的机会让新员工逐渐接受公司价值观和传统。

■ 7.3　培训流程概览

在最先的入职引导环节之后，培训就开始了。培训意味着教给新员工或现有员工工作需要的技能。培训可能包括：教会销售人员如何销售公司产品；教导机械师如何操作新机器；告知基层主管如何表扬下属。在任何情况下，培训都是不容忽视的。一方面，如果员工不知道工作的内容和方法，那么他们只能即兴发挥，或者根本就做不出什么有效的工作，绩效和安全也会受到影响。[17]越来越多的企业还利用培训来增进员工的敬业度。比如，英国的可口可乐公司运用员工开发、培训和领导力开发来吸引和保留最佳员工，并且通过激励员工成为"最好的自己"来增进他们的敬业度。另一方面，如果培训不足可能会引发**"疏忽培训"**（negligent training）的责任。正如一位专家所说的："案例法明确规定，如果一个企业没有对员工展开充分的培训，而员工对第三方做出了伤害，那么法院会认定该企业负有责任。"[18]企业应该确认员工和求职者的技能和经历，并提供足够的培训（特别是当员工需要运用危险设备和与公众打交道时），并且对培训进行评价以保证它确实能够减少风险。

→ 了解你的雇用法律

培训和法律

除了疏忽培训以外，培训的决策还可能引发公平就业法律相关的问题。在反歧视方面，1964 年《民权法案》第七章和其他相关法律要求企业避免在人力资源所有领域显示歧视行为，这同样适用于选拔受训者。正如选拔员工入职和晋升的过程一样，在选拔受训者的时候企业也经常会面临对受保护阶层的歧视问题。此外，公平就业机会委员会强调，如果可能的话企业应该向所有员工提供培训，确保他们明白自己的权利与义务。[19]在实践中，法院会考虑企业是否对员工进行了充足的性骚扰培训，以确定员工是否能够运用合理的保护来应对骚扰。[20]

将战略与培训连接起来

企业的战略规划应该指导培训目标。[21]最为重要的是，其目标是识别公司需要的能够执行战略的员工行为，以此来发掘员工需要的胜任力（比如技能和知识）。然后，落实这些培训目标和项目以创造这些胜任力。[22]比如，惠普公司最近将提供实物产品服务转向同时提供云数据服务。这样一来，公司的销售人员从简单介绍产品功能，直到与客户就其期待的结果进行深度交谈。惠普公司的销售人员需要接受这方面能力的培训。[23]接下来的"作为盈利中心的人力资源"展示了梅西百货的培训工作是如何帮助其实现战略目标并提高收益的。

➡ **作为盈利中心的人力资源**

扭转梅西百货的培训项目

在收购了五月百货商场（May Department Stores Co.）以后的六年时间里，梅西百货进入了一个成本收缩模式。在这些年里，梅西百货的客户服务遭遇了问题，许多销售代表不能提供客户期望的服务。问题在于：梅西百货应该怎么做？

梅西百货的高管开始了一项新的战略。它的首席执行官说："我们的企业文化开始转变了，我们开始变成一个成长型公司。"[24]然而，梅西百货的高管们深知，如果销售代表对待客户的方式不改变的话，这样的目标是实现不了的。

为了提供梅西百货新战略所期待的客户服务，公司采用了一项新的培训项目。与过去提供的 90 分钟视频教学不同，现在的销售代表们要参加一个 3.5 小时的培训项目，以获得高水平的客户服务。梅西百货的管理层认为，这种培训及其带来的服务水平的提升，是公司业绩提升的最主要因素。在 2011 年，一些门店的销售额增长了 5.3%，在 2012 年增长了 3.7%，2013 年增长了 3.5%，均高于同类公司。[25]

议一议

用提纲的方式将梅西百货通过培训提升销售额的战略地图描绘出来。

ADDIE 五步培训流程

企业需要运用一个理性的培训流程。直到今天，绝大多数的培训和开发流程仍遵循第二次世界大战后发展的 ADDIE 模型，即分析—设计—开发—实施—评价。[26]简而言之，我们将其概括为如下五个步骤：

1. 分析培训需求。
2. 设计培训项目。
3. 开发课程（编制/创造培训内容）。
4. 实施培训项目，即运用在职培训或在线培训等方法对目标员工群体实际实施培训。[27]

接下来我们分别看看这些步骤。

分析培训需求

分析培训需求可以明确战略性/长期性培训需求和现有培训需求。

战略性培训需求分析

战略目标（比如进入新的生产线或者海外扩张）通常意味着公司会产生一些新的岗位。战略性培训需求分析就是识别受训员工完成新工作需要具备的技能。比如，威斯康星州的

Signicast 公司决定建立一个新的高技术工厂，公司高管认为员工需要掌握一些新的技能以运营计算机化的机器。高管们与人力资源团队密切合作，以构建招募政策和培训项目来确保公司具备能够运营新工厂的人力资源。

现有培训需求分析

大部分的培训都是为了提升现有的绩效水平，特别是培训新员工和绩效不足的员工。

分析现有培训需求的方法取决于是培训新员工还是老员工。新员工的主要任务是决定做什么样的工作以及如何将工作划分为多种"子任务"，然后再将分割后的工作一一教给员工。

对现有员工的培训需求分析可能会复杂一些，因为必须确认培训是否能够解决问题。比如，绩效不足可能是糟糕的激励措施所致。管理者运用任务分析来识别新员工的培训需求，运用绩效分析来识别现有员工的培训需求。

任务分析：分析新员工的培训需求

特别是对于低层次员工而言，管理者经常会招募一些没有经验的求职者并对其进行培训。管理者的目的是给新员工提供有效完成工作所需的技能和知识。**任务分析**（task analysis）通过对职位的详细研究来决定这一职位要求任职者具备哪些特定的技能——例如 Java 语言（针对网页设计人员）或面试能力（针对主管人员）。职位说明书和任职资格说明书在这里很有用处。这些文件列出了一个职位上的具体工作职责和所需的技能，从而成为决定培训需求的一个基本参照点。还可以通过审阅绩效标准、实际承担某一职位以及询问职位的当前任职者及其主管人员来进行培训需求分析。[28]

有一些管理者通过任务分析记录表对职位说明书和任职资格说明书进行补充。表 7-1 包含了任务和技能的相关信息。

表 7-1 任务分析记录表总结示例

任务列表	何时操作/操作频次	绩效标准	工作条件	所需的技能或知识	如何使效果最好
1. 操作裁纸机	每天 4 次		噪声很大的印刷车间，容易分心		
1.1 打开机器	每天 4 次				干中学
1.2 设置裁纸宽度		最大公差 ±0.007 英寸		读取量规	干中学
1.3 把纸放在裁剪托盘上		必须放整齐以防止边缘不齐		正确地抬起纸	干中学
1.4 把纸推到裁纸刀上				必须与裁纸刀对齐	干中学
1.5 用左手抓住安全器		为了安全要一直抓住安全器		安全意识	干中学，但要练习不分心
1.6 用右手抓住裁纸刀释放器				两只手都要抓住释放装置	干中学，但要练习不分心

续表

任务列表	何时操作/操作频次	绩效标准	工作条件	所需的技能或知识	如何使效果最好
1.7 用左手抓住安全器，同时右手放开裁纸刀				两只手都要抓住释放装置	干中学，但要练习不分心
1.8 等待裁纸刀收回		为了安全要一直抓住安全器		两只手都要抓住释放装置	干中学，但要练习不分心
1.9 抽出纸张				耐心等待，直到裁剪托盘撤出	干中学，但要练习不分心
1.10 关闭机器		为了安全要一直抓住安全器			干中学，但要练习不分心
2. 开始打印					
2.1 发动机器					

人才管理：运用胜任能力模型

胜任能力模型是另外一个选择，它在一个表格中包含了员工胜任工作所需要具备的能力概览。

许多企业使用胜任能力模型来帮助其概括某职位的培训需求。**胜任能力模型**（competency model）通常通过一张图来呈现某职位胜任能力的总体概览（知识、技能和行为）。

比如，美国培训与开发协会（American Society for Training and Development，ASTD）对"培训开发专员"的岗位构建了一个胜任力模型。作为一个例子，模型将"指导性设计"描述为"设计、创造和开发正式的学习解决方案以满足组织的需要；分析并选择最适合的战略、方法和技术以将学习经验和影响最大化"。[29] 培训一名培训者则要求他在培训结束的时候，能够展示他的技能和知识以帮助设计、创造和开发正式的学习解决方案，满足组织的需要。[30]

绩效分析：分析现有员工的培训需求

对于当前存在绩效缺陷的员工，单纯进行任务分析是不够的。换言之，这是因为培训不足还是别的原因？**绩效分析**（performance analysis）是一个确认是否存在绩效缺陷，并且判定这种绩效缺陷是否能通过培训或者其他手段（比如工作调动或者改变薪酬计划）来予以解决的过程。

你可以通过许多方法来识别员工的绩效缺陷以及培训需求。第一步往往是比较员工的绩效和标准的差距。通过这种方法能够发现绩效缺陷，并且有助于识别其原因。诸如以下情况就构成绩效缺陷：

1. 我期望每位销售员每周可以签订 10 份新的订单，但是约翰平均每周签订的订单只有 6 份。

2. 和我们规模相近的其他工厂平均每个月发生的重大事故不到 2 起，而我们却平均每个月发生 5 起。

企业还可以通过如下途径来了解当前员工的绩效状况，包括审查：

- 绩效评价；
- 与职位相关的绩效数据（包括生产率、缺勤率和迟到情况、争议、浪费、交货时间太迟、停工期、维修、设备利用以及客户投诉等）；
- 员工的直接主管或其他专家观察到的情况；
- 对员工本人或者其直接主管进行的访谈；
- 对工作知识、技能以及出勤状况等所做的测试或考察；
- 员工态度调查；
- 员工个人的工作日志；
- 评价中心的评价结果；
- 特殊的绩效缺陷分析软件，比如 Saba 软件公司提供的相关软件。

能力与意愿问题

绩效分析的核心是要确定员工绩效不佳的原因是不会做还是不愿做。所以，管理者需要区分哪些是能力问题，哪些是意愿问题。首先，要判断是否存在不会做的问题，如果确实如此，则需要找到不会做的具体原因。例如，可能的原因包括：第一，员工可能不知道自己应该做什么，或者说企业的绩效标准不清楚；第二，在工作系统中存在像工具或者备件缺乏等障碍，缺乏必要的工作协助（例如，缺乏能够让装配人员很容易知道哪条线连接到哪里的那种带彩色标记的电线）；第三，员工所受培训不足。

其次，也可能是员工不愿做才导致绩效不佳。在这种情况下，如果员工愿意做的话，他们能很好地完成工作。对于那些由于所受到的激励不足而绩效欠佳的员工来说，指望通过培训来提升绩效的做法将会是徒劳的。[31]此时管理者真正该做的是改变激励方式。[32]

设计培训项目

在得到了培训需求分析的结果之后，管理者下一步需要设计培训项目。设计意味着对培训进行整体规划，包括培训目标、培训方法和培训效果评估。接下来就是设定培训目标、创建一个培训大纲（从头到尾的所有培训步骤）、选择一个培训方式（比如讲座或者网络培训），并将项目设计同管理层确认。培训设计应该包括总结你如何计划去创建一个培训环境，以激励受训者学习和转换培训内容。设计过程还需要管理者回顾可能的培训项目内容（包括工作手册、练习和活动），并且估计项目的预算。[33]如果这个项目要使用科技手段，那么管理者应该将对技术手段的分析包含在设计中。[34]他们还需要决定如何组织各种培训内容以及培训评估的方法，为项目开发一个简要的计划，并且获得管理层的首肯以进一步推动项目。我们会在接下来的内容中考察一些设计的内容，先从设定目标开始。

设定培训目标[35]

在明确培训需求之后，培训实施者就要设置可衡量的培训目标。培训、开发或者指导性目标具体阐述了预期培训能够带来的员工个人和组织绩效改善的结果。换句话说，培训目标应当将受训者通过完成培训项目所能获得的内容具体化。这些目标为培训者和受训者提供了关注重点以及评价培训项目是否成功的标杆。[36]例如：

　　　　在接受过培训之后，技术服务人员应当能够根据设备说明书的指导，在 10 分钟之内调整好惠普喷墨式打印机的颜色指示。

　　培训目标应该首先解决你通过需求分析得到的绩效缺陷。因此，如果销售团队的业绩低了 40%，那么培训目标应该是确保他们获得提升销售业绩的知识、技能和态度。与此同时，培训目标也必须符合实际，有所限制。

　　其中一个限制是财务上的。企业需要获得并通过一个培训项目预算。一般而言，培训的成本包括：开发成本（比如让人力资源专业人员花一到两周的时间跟项目）、培训者的直接和间接时间成本、受训者的薪酬（对他们受训时间而言），以及培训项目评估的成本。成本问题不仅仅是"我们能支付培训成本"那么简单，而是"我们花费那么多成本进行培训，是否从中获得了利益——这是否提高了绩效？如果是的话，多大程度上提高了绩效？"因此，我们要从成本收益的角度来维护培训项目。

　　还有一些其他的限制条件需要考虑，比如由于时间的限制，原本学习效果最好的 3～4 小时的学习可能被减少为 1～2 小时。

创建激励学习的环境

　　学习需要能力和激励，所以培训项目需要考虑这两方面。第一，在能力方面，受训者要有必要的阅读、写作和数学技能。在设定学习氛围方面，管理者需要解决几个与受训者能力相关的问题。比如，培训项目如何适应不同受训者的能力差距？我们是否需要提供一些补充性的培训措施？

　　第二，学习者需要被激励。没有一位管理者会浪费时间来培训一位对任何事情都不感兴趣的受训者（即使他有一定的能力）。

　　很多书籍都在讲授如何激励员工，但是有一些特殊的中肯建议。[37]如果受训者回到工作岗位上之后，同事对他的培训评论是"我希望你喜欢你的小假期"，那么培训项目的效果就会减弱。因此，要保证受训者的同事和直接主管对他的培训提供支持。理想状态下，高管层需要对培训项目给予大力支持。参见下面的一些指南。

➡ **构建你的管理技能**

如何激励受训者

　　除了这些之外，激励理论还提供了一些有效的指南。我们将这些激励要点总结如下。

　　让学习变得有意义　学习者对有意义的事情更有学习动力，因此：

　　1. 在培训开始之时，先对你的讲座内容进行一个概括，比如，讲座内容的重要性，并且提供一个概览。[38]

　　2. 运用熟悉的例子。

　　3. 有逻辑地组织你的信息，分成有意义的独立单元。

　　4. 运用受训者熟悉的概念和术语。

　　5. 运用视觉辅助。

　　6. 让受训者明白培训需求。[39]一项研究表明，在培训前经历了事故相关事件的飞行员，与那些没有经历过类似事件的人相比，能够从降低事故相关培训中收获更多。[40]至少，在培训之前，管理者应该与受训者坐下来，谈一谈培训的原因、目标和如何运用这些知识。[41]

强化学习过程 确保学习者获得足够多的反馈，比如：

1. 当施训者立即对员工给出正强化的反馈时（比如干得好），员工学习的效果是最好的。

2. 学习曲线在一天中的晚些时候会降低。半天的培训往往比全天的培训更有效。

3. 在培训结束之前提供一些任务，这样员工可以通过学以致用来获得正强化。[42]

4. 激励。一些公司，比如户外装备公司 Hudson Trail 奖励每名完成培训项目部分的员工一套户外装备。[43]

5. 受训者以自己的节奏学习时效率是最高的。如果可能的话，让他们控制自己的节奏。

6. 目标设置非常重要。一项研究表明，一些受训者在培训开始之前就为收获相关技能确立了目标。培训结束以后，他们比那些没有设置目标的受训者评分要高。[44]

让技能转化变得明显和轻松 一年以后，只有不到 35％的员工能够将其培训所学运用到工作中。[45]要让新的技能和行为轻松地从培训现场转移到工作现场。

1. 将工作情境和培训情境的相似度最大化。

2. 提供充足的实践机会。

3. 对流程或机器操作的每一个步骤和特点进行标识。

4. 将受训者的注意力转移到工作的重要部分中来。比如，如果你正在培训一名客户服务代表如何处理来电，那你就需要告诉他不同类型的来电。[46]

5. 提供"事先提醒"的信息。比如，主管们经常会遇到有压力的情境。你可以通过告知受训者这种可能性来降低类似事件的影响。[47]

开发课程

项目开发意味着将项目的培训内容和材料整合起来。项目开发需要选择合适的培训内容和设计（选择）特定的培训方法（比如讲座、案例、网络培训）等。培训装备和材料可能包括 iPad、工作手册、讲义、PPT、网络或电子活动、课程活动、培训资源（比如操作手册）和支持性材料。

一些企业自己开发培训内容，但是线上和线下都有很多的选择（比如，登录美国培训与开发协会的网站 www.astd.org，以及 www.trainerswarehouse.com 和 www.gneil.com，这些网站上有很多培训供应商）。[48]一般而言，培训包常包含一份培训者指南、自学书本、视频和其他内容。

一旦你设计、通过并开发好了这个项目，管理层可以对其加以实施和评价。"实施"意味着运用一种或多种培训工具来实际操作培训。

7.4 实施培训项目

在你明确了员工的培训需求，激发了员工接受培训的动机，并设定了培训目标后，你就可以设计和实施培训项目。这就意味着运用以下培训方式来实际操作培训。

在职培训

在职培训（on-the-job training，OJT）意味着让员工边工作边学习。每名员工（从收发室职员到首席执行官）刚开始工作时都会接受一些在职培训。在许多公司，在职培训是唯一的培训方式。[49]

在职培训的类型

最常见的在职培训技术是手把手地指导或观察学习，这指的是一名有经验的员工或者主管对员工进行在岗培训。这意味着让员工观察其主管，或者由一名主管或专家向员工一步步地展示工作方法。在男士衣柜公司（The Men's Wearhouse），在职培训是多维度培训的一个部分。这些培训将在职培训和综合性的项目和持续性培训研讨会结合到一起。每一位管理人员都要对其直接下属人员的能力开发承担起正式的责任。[50]职位轮换是另外一种在职培训技术，在这种培训中，员工（通常是管理职位的受训者）按照计划好的时间间隔，从一个职位转换到另外一个职位。特殊任务安排也以类似的方式让那些级别稍低的高层管理人员获得解决某些实际问题的一手经验。

不要小看在职培训项目。要将在职培训项目好好规划，并将其结构化。管理者（尤其是基层主管）要自己培训受训者并提供培训材料。他们要明白如何激励受训者，因为较低的期望可能会演变为糟糕的绩效，所以主管们一定要提出高期望。一种四步骤的在职培训方法可能会有用。第一，让受训者准备好。让受训者放松，并告诉他工作职责以及为什么要对其进行培训。第二，展示工作操作。将工作流程正常走一遍，然后再慢速复盘一遍，以确定其中关键的步骤。第三，让受训者自己开展几遍工作，以提升他的技能和速度。第四，接下来逐渐减少监督，更正错误，对好的工作表现进行赞美。

许多企业运用"同辈培训"的在职培训方法。比如，专业类的员工参加"电台节目"来回答同事关于工作技术方面的来电，或者在固定的时间回电。[51]其他的公司运用员工团队来分析工作并准备培训材料。专家类员工要比培训专家更快和更高效地进行任务分析。[52]

学徒制培训

学徒制培训（apprenticeship training）是指通过将正式学习和长期的在职培训相结合的方式使一个人成为技术工人。这种培训的传统方法是，让受训者或学徒在一位技能熟练的师傅的指导下学习。当多法思科钢铁公司（Dofasco）发现公司的许多员工将在未来5～10年退休时，公司决定重新启动其学徒制培训项目。公司会对求职者进行预先筛选。新招募的员工将用32个月的时间参加企业内部的学徒培训计划，在那些技能熟练的员工的指导下学会完成各种工作。[53]

美国劳工部的国家学徒制系统促进了学徒制项目的开展。有超过46万名学徒参加了2.8万个学徒制项目，登记注册的学徒制项目能得到美国联邦政府和州政府提供的一些合同及其他方面的帮助。[54]图7-2列出了近期最流行的一些学徒制培训项目。

美国劳工部登记在册的学徒制项目涉及近 1 000 种职业，其中包括以下几种排在前几位的职业：

- 熟练水手
- 木匠
- 厨师
- 儿童保育发展专家
- 熟练建筑工
- 牙医助理
- 电工
- 电梯工
- 法律执行代理
- 卡车司机
- 水暖工

图 7-2　一些流行的学徒制培训项目

资料来源：www. doleta. gov/oa/apprentices _ new. cfm # apprenticeships，accessed August 23，2014. U. S. Department of Labor.

非正式学习

美国培训与开发协会的多项调查显示，员工在工作中学到的 80% 的知识都来自非正式途径，而不是正规培训，其中包括每天与同事合作来完成工作这种学习途径。[55]

管理人员可以采取一些措施来促进这种非正式学习。例如，位于北卡罗来纳州罗利市的西门子公司就把一些工具放在自助餐厅中，试图引发大家讨论一些与工作相关的问题。太阳微系统公司（Sun Microsystems）实施了一种名为"Sun Learning eXchange"的非正式线上学习工具，该工具已发展成为容纳 5 000 余种非正式学习项目的平台，涵盖从销售岗位到技术支持岗位的多个主题。[56]奶酪工厂的员工运用 YouTube 的平台"餐厅视频"来让员工"上传和分享工作相关主题的视频，包括问候客户和准备食物"。

工作指导培训

很多工作包含了一系列步骤，这就需要一步步地学习。这种分步骤学习的培训方式叫作**工作指导培训**（job instruction training）。第一，列举出工作要求的步骤（比如使用碎纸机）。接下来同时在每个步骤旁边列举出一个"关键点"。工作指导培训表中向受训者展示了工作的步骤，以及每一步骤的关键点。

比如，美国联合包裹服务公司（UPS）对新司机的培训包括：挂最低挡或者驻车挡，关闭点火器，拉手刹，用左手解开安全带，开门，将钥匙挂在无名指上。[57]

讲座

讲座是一种将知识传授给大规模培训群体的简单快捷的方法，比如，当销售团队需要学习一种新产品的特征的时候。[58]做讲座需要注意以下方面[59]：

1. 不要以蹩脚的方式开场，比如一个不相关的笑话。
2. 只说你熟悉的内容。
3. 给听众以信号。比如，你有很多要点要介绍的时候可以说"销售报告之所以必要，有四个方面的原因，第一……"

4. 运用故事和奇闻来展示，而不是仅仅通过讲授。

5. 对观众敏感。注意观众的那些有消极信号（比如烦躁）的身体语言。

6. 与观众进行目光接触。

7. 让每个人都听见你说话，不时地重复你的问题。

8. 双手自然地摆放。

9. 运用 PPT 展示，而不仅仅是使用讲稿。

10. 不要仅仅是给出简介以后就花一小时长篇大论，将冗长的讲座划分为十分钟左右的短话，每篇讲话都有自己的主题介绍。制作简洁的 PPT，每张 PPT 花一分钟左右时间。[60]

11. 如果可能的话，模拟讲座的场景演示一遍。

程序化学习

程序化学习（programmed learning）是一个分步骤的自主学习过程，主要包括三个部分：

1. 向学习者展示疑问、事实和问题。

2. 让学习者回答。

3. 提供问题的准确反馈，并对下一步行动给出指导。

一般而言，程序化学习逐步展示问题及答案。下个问题是什么取决于学习者对上一个问题的回答。而反馈的过程则对问题的答案进行了强化。

程序化学习降低了培训时长，同时还能够通过让学习者以自己的节奏学习、获得及时的反馈和降低错误风险来提升学习的效果。一些人认为程序化学习的效果并不比教科书好多少，但是研究的确证明了这种学习方式的有效性。[61]

智慧教育系统让程序化学习更进一步。通过计算机化的智慧教育系统，学习者能够知道哪种方式奏效、哪种方式不好，然后根据自身的需求调整指导的方式。

行为模仿

行为模仿（behavior modeling）包括以下几个方面的内容：（1）向受训者展示做某种事情的正确方式（或"模式"）；（2）让受训者练习采用这种做事的方式；（3）对受训者在练习中的实际表现提供反馈。行为模仿培训是应用最为广泛、研究非常充分的培训方法之一，它被视为与心理学高度相关且基于培训干预手段的一种培训方法。[62]基本的行为模仿程序包括如下几个步骤：

（1）行为示范。首先，让受训者观看实际的行为事例或者录像，从而了解在面临某一问题情境时，模范的有效行为是什么样的。如果向受训者传授"应当如何对员工进行惩戒"是培训项目的目的，那么，在录像中就可以演示一位主管人员是怎样有效地对下属员工进行惩戒的。

（2）角色扮演。下一步，受训者可能被要求在一个模拟环境中扮演某种角色；他们需要反复练习和演示在录像带中展示的模范行为。

（3）社会强化。培训师就受训者在角色扮演过程中的表现提出表扬或建设性的反馈，从而强化他们的行为。

（4）培训成果转化。最后，鼓励受训者把他们学到的新技能运用到今后的工作当中。

影像培训

虽然现在越来越多的公司使用网络培训，但是一些影像培训技巧（比如 DVD、电影、幻灯片、视屏录像带）还是很流行。[63]福特汽车公司在汽车销售商的培训中，就运用网络培训的方式来模拟应对各种客户投诉的问题。

仿真培训

在仿真培训中，受训者利用实际工作中需要用到的真实设备或模拟设备进行学习，但培训是在工作岗位之外的地方进行的（可能是在一个独立的房间里）。当在职培训的成本很高或者可能会很危险时，这种仿真培训就很有必要。把新的装配工直接安排到生产线上作业可能会放慢生产速度。另外，如果考虑到安全问题——比如飞行员——这种模拟性质的训练可能就是唯一可行的选择。[64]

比如，美国联合包裹服务公司就利用一个与实际大小相仿的学习实验室，为将来做司机的求职者提供长达 5 天共计 40 小时的模拟现实训练项目。

电子绩效支持系统

电子绩效支持系统（electronic performance support system，EPSS）是计算机化的工具，它展示了自动化的培训、文件和电话支持。[65]当你咨询一名戴尔的服务代表时，他可能正在回答电子绩效支持系统推送的问题，同时这也需要你一步步地根据指令进行分析。如果没有电子绩效支持系统，戴尔可能要训练服务代表记忆数量巨大的解决方案。安泰保险公司（Aetna Insurance）通过电子绩效支持系统，将原本 13 周的呼叫中心新员工培训减少至 2 周。[66]

电子绩效支持系统是现代的工作辅助。**工作辅助**（job aid）是工作现场用以指导员工的一系列指令、图表和同类方法。[67]当有复杂步骤的工作，或者每一个步骤都至关重要的时候，工作辅助是特别有用的。比如，飞行员就使用工作辅助（比如起飞前的确认清单）。

视频会议学习

视频会议是一种对分散在各地的员工进行培训的盛行方法。它是一种"通过视听设备将两个以上团队联系起来的方法"。这种沟通通常包括利用宽带、互联网或卫星传输声光信号。像思科这样的一些供应商提供诸如网讯（Webex）和思科网真（TelePresence）等视频会议产品。这些产品使得公司创建以网络为基础的视频会议培训项目更为容易。一般而言，企业会将视频会议与其他的科技手段结合起来使用。比如，思科的联合视频会议产品线就将视频会议、视频电话和现实"电子现场"能力与思科团队合作和决策软件结合到一起。[68]

计算机辅助培训

计算机辅助培训（computer-based training，CBT）是指受训者使用计算机通过一种互动的方式来学习知识和技能。比如，企业运用计算机辅助培训来教导员工如何预防跌倒。这种方法能够让受训者反复观看课程并回答问题，特别是配合培训者现场教导的话效果会更好。[69]

计算机辅助培训变得更加具有现实性。比如，交互性多媒体培训综合运用文字、视频、图表、照片、动画和声音来营造一个综合性的培训环境，并与受训者在环境中展开互动。[70]在培训医生的过程中，这样的系统可以让医学生处理一个虚拟的病人医疗记录、进行虚拟体检和化验等。医学生之后再跟进检查做出诊断结论。虚拟现实培训则更进一步，将受训者放置在一个模拟的环境中。

模拟式培训

对于不同的人来说，模拟式培训的含义是不同的。最近一项调查询问了一些培训专家什么样的培训体验才能算得上模拟式培训。这些培训专家选择的结果及其所占的百分比如下：

- 19％的被调查者选择了虚拟仿真游戏。
- 8％的被调查者选择了分步骤的动态指导。
- 19％的被调查者选择了以动画演示方式展示的问题和决策树。
- 14％的被调查者选择了依托照片和视频实施的在线角色扮演。
- 35％的被调查者选择了通过点击屏幕进行互动问答的软件。
- 6％的被调查者选择了其他形式的培训。[71]

虚拟现实技术将受训者置于一个虚拟的三维环境中，这个环境将模拟工作中会遇到的事件和情境。[72]情境性装置将员工的回应传输到电脑中，然后受训者通过特殊的谷歌眼镜或其他装置对发生的事件"看见、感受和听见"。[73]

美国空军就对士兵和军官采取了虚拟现实培训技术。比如，空军为城市战争中的士兵们开发了一款"全范围命令和士兵"的游戏培训项目。在这个项目中，受训者会接触到现实特征的情境，培养现实领导力和决策制定技能。[74]

其他的例子

企业使用计算机模拟技术为员工培训注入更多的现实性。例如，位于奥兰多的环境技术公司（Environmental Tectonics）为培训能够做出紧急医疗反应的受训者，开发了一个名为高级灾害管理的模拟环境。其中的一个场景是一架客机坠毁在跑道上，极为真实地模拟了现场的一片骚乱。包括消防员和机场工作人员在内的受训者通过点击感应设备和无线电设备来对计算机模拟的视听场景做出反应。[75]思科公司将学习内容融入一款视频游戏当中，其中包含音乐、图片和声效等。[76]芝乐坊（Cheesecake Factory）则模拟了员工如何制造"完美汉堡包"的情境。[77]

诸如俄勒冈州波特兰市的 Graphic Media 这样的专业化多媒体软件公司提供了大量的类似项目。公司提供了定制标题或者一般化项目服务（比如价值 999 美元的工作场所安全教育培训包）。

通过人力资源信息系统提升绩效

企业运用基于网络的学习来进行几乎所有类型的培训。比如，ADP 公司使用黑板学习管理系统（类似于大学中所使用的）为全体新销售人员提供线上服务。[78]意大利 Luxottica

眼镜公司通过在线新产品与规定的信息系统向世界范围内的 38 000 名员工提供培训。[79]

学习门户

学习门户是公司网络的一部分，主要用于方便员工获取胜任工作所需的一些甚至是全部培训课程。许多企业都是通过学习门户来发布供应商提供的课程。现在更通常的做法是企业与应用软件服务供应商订立合同。这样一来，当员工登录公司的学习门户时，实际上他们进入的是应用软件服务供应商与该公司合同中协议的为员工提供的所有培训课程的菜单。用谷歌搜索一下就可以看到很多在线学习公司，比如 SkillSoft、Plateau Systems、Employment Law Learning Technologies 等。

学习管理系统　学习管理系统（LMS）是一些专门的软件包，能够通过帮助企业确定培训需求并设计、实施、评价和管理网络培训，来支持公司的网络培训活动。（Blackboard 和 WebCT 是两款主要针对高校的常见学习管理系统软件平台。）通用汽车公司使用新款的学习管理系统帮助南非和中亚的经销商实施培训。这款基于互联网的学习管理系统由三部分组成：课程目录、经主管批准的自行登录、在课程开始之前以及结束之后的测验。经销商、直线经理人员和员工可以登录该系统查询课程清单，然后基于他们自己的需要来选择课程。该系统还自动化地给个人培训制订计划。[80]

基于互联网的学习

通过使用电子学习系统，大多数学生认为基于网络的学习是有效的。然而，互联网学习并不意味着学习进度快、效果好。一项基于一些证据所做的综述表明，如果培训的目的是让受训者记住一些事实和原则，则网络学习比传统的课堂讲授式学习效果会略好一点，而在向受训者传授如何完成一项任务或者采取某种行动方面，这两者的效果是相当的。[81]当然，如果组织需要对众多分散在各地的员工进行培训，或者希望学生在自己的闲暇时间学习，网络学习的效率优势就会凸显，这种优势使网络学习与传统的课堂讲授式学习之间存在的微小差异变得无足轻重了。[82]

一些企业比较喜欢采用混合培训的方法。受训者通过多种培训方法（比如操作手册、课堂讲授、网络研讨会等）来学习。[83]比如，工具制造商 Stihl 公司给未来的员工提供在线学习和线下的手把手技能培训课程。[84]

虚拟课堂

虚拟课堂（virtual classroom）通过使用专门的协同软件，使众多的远程受训者可以使用自己的台式电脑或笔记本电脑来参与实况视听讨论，通过在电脑上输入信息来进行交流，通过 PPT 演示文稿等进行学习。

虚拟课堂将 Blackboard 和 WebCT 等最好的网络学习系统与现场的声像相结合。以 Elluminate Live! 软件为例，学习者能够通过清晰的双声道设备进行交流；通过用户头像和实况视频来建立虚拟社区；通过对话商讨和共享白板来展开合作；借助像 PPT 演示文稿这样的共享应用软件来进行学习。[85]

移动式学习

绝大多数大公司都使用移动设备进行内部交流和培训。[86]移动式学习（或者说"即时学习"）是指在学习者有学习时间和学习愿望的情况下，可以随时随地通过手机、笔记本电脑和台式电脑等移动设备来学习的情形。[87]例如，利用多明诺公司（dominKnow）的 iPhone 专属 Touch Learning Center Portal 程序，受训者就能够登录并学习全部的在线课程。[88]

企业运用移动式学习提供诸如"从如何完成一个销售大单到优化组织变革"的培训主题。[89]IBM 则利用移动式学习为其销售人员队伍提供及时的信息（例如有关新产品性能的信息）。为了学习的便利性，该公司的培训部常常将 1 小时的学习内容分拆成若干个 10 分钟的小片段。这样一来，员工就无须拿出整整 1 个小时的时间来收听培训内容。[90]摩根大通公司（J. P. Morgan）鼓励员工利用即时通信工具作为一种快速学习的方法，例如及时告知同事有关新产品的一些知识。[91]

企业会使用诸如领英、脸书和推特这样的社交媒体和"第二人生"这样的虚拟世界来提供培训。[92]例如，英国石油公司就利用"第二人生"这种软件来培训在加油站工作的新员工。这种培训的目的是向加油站的新员工说明，应当如何使用储油罐的安全装置。英国石油公司则利用"第二人生"建立了储油罐的三维立体图。受训者通过这些模拟图可以"看到"地下的情况，还能观察到使用安全设备所产生的影响。[93]

网络学习 2.0（web 2.0 learning）是整合社交网络、虚拟世界（比如"第二人生"），以及混合使用博客、聊天室、书签分享和 3D 模拟等途径的培训方式。[94]调查显示，有 40％的学习专家认为他们的公司正在使用网络学习 2.0，而有 86％的人表示他们希望使用这种方法。一家大型公司运用网络学习 2.0 来向全国范围内的服务代表培训信用卡销售工作。协作式同辈论坛要求 6～8 名员工的团队虚拟地向高管汇报销售问题和解决方案。[95]

终身学习和读写培训

终身学习

终身学习（lifelong learning）是指企业为了使员工能够获得完成本职工作所需的技能以及进一步开发其能力，在员工受雇于本企业的整个任职期间为其提供持续的学习机会。终身学习计划的内容十分广泛，从一些补救性技能的学习到贯穿员工职业生涯的高级决策技能培训。课程可以包括学习一门实用的外语，如英语以及基本的公文写作、基本数理能力和计算机能力培训，还可能包括大学课程以及工作相关的培训。例如，一名在芝加哥的 Rhapsody 餐厅工作的高级服务生就借助企业设立的终身学习账户（LiLA）计划，获得了学士学位，还在攻读社会工作硕士学位。这种计划类似于 401（k）计划，企业和员工要共同为终身学习账户注入资金（不过没有 401（k）计划能得到的那种税收优惠），员工可以利用这笔钱来提升自己。[96]

读写培训

一项研究估计，大约有 3 900 万美国人缺乏学习能力，这导致他们在阅读、写作以及数学运算方面存在困难。[97]然而，今天的企业对于团队合作以及质量的强调却要求员工具备基本的读写以及数据理解能力。而最近的一项研究称，美国的劳动力队伍在这方面的准备存在明显不足。[98]

企业通常会通过像教育管理公司这样的私营企业来提供所需的一些教育。[99]另一种简单的读写能力培训方法是，让主管通过给员工布置写作和朗读练习任务来教给他们一些基本的读写技能。这样做的途径之一就是将在员工工作中需要用到的一些知识转化为指导性的工具。[100]例如，如果一位员工需要使用手册来找出如何改变某个零部件，其主管就应当教会这位员工如何通过使用目录来找到相关内容所在的页码。另一种方法是聘请外部专业人员（比如当地高校的一位教师）来教授一些读写知识。最后，还可以让员工参加成人教育或者高中夜校等方式来弥补他们的读写能力缺陷。

多元化培训

多元化培训的目的是培养更高水平的跨文化灵敏度，在员工之间建立一种更为和谐的工作关系。多元化培训可以包括改进人际关系技能的一揽子计划、理解和尊重文化差异、改进技术能力、使员工融入公司文化、向员工灌输美国的工作伦理、提高英语为母语者的双语技能等内容。[101]比如，IBM 的在线培训项目中就包含了多元化培训、包容性领导力和性骚扰方面的内容。培训资料包括可以帮助受训者实践他们所学知识的交互式学习模型、公司高管的指令和自我评价工具。[102]

大部分企业都喜欢运用一些现成的多元化培训项目，比如 VisionPoint 公司提供的 Just Be F. A. I. R 项目。其中包括了流视频、协调者讨论指南、参与者材料和工作手册，以及带印制材料的 DVD 光盘和 PPT。视频简介将这些东西描述为可能会对某些人造成刻板印象。[103]接下来的"实践中的人力资源"专栏将描述多元化培训。

➡ 实践中的人力资源

ABC 虚拟通信公司的多元化培训

ABC 虚拟通信公司（ABC Virtual Communications，Inc.）是艾奥瓦州得梅因市的一家软件开发供应商。公司需要高质量的员工，特别是软件工程师。招募这些工程师在任何地方都非易事，在艾奥瓦州尤其困难，因为很多近期毕业的学生都搬走了。

公司于是招募了一些在外国出生的员工。然而，公司需要一个多元化培训项目来将这些新员工以及公司现有员工转化为高生产力的骨干。

公司的新员工来自 14 个国家和 45 个族裔群体，他们在美国公司需要强制性地接受 8 小时的入职引导。所有员工都必须接受一个"有效沟通"的课程。公司还通过 Rosetta Stone 软件对员工及其家庭提供传统英语培训。公司还与当地的一所大学合作，向有特殊需要的员工提供课程。在 ABC 虚拟通信公司，全球多元化的员工队伍是提高绩效的关键，而多元化培训帮助他们管理多元化。[104]

议一议
列举出多元化项目应该培育的五种能力。

团队培训

团队合作能力并非顺其自然就能获得。很多公司每年花大量时间培训员工如何倾听及合作。比如巴尔的摩的可口可乐工厂遭受高员工流失率和缺勤率的影响。[105]新的工厂经理想通过再组织团队的形式来解决这些问题。于是他运用团队培训来支持和提升团队的效果。

团队培训专注于技术性、人际性和团队管理的主题。在技术培训中，管理者鼓励团队员工互相学习工作技能，并且运用灵活的任务安排。**交叉培训**（cross training）指的是训练员工处理职责之外的工作任务。正如你希望员工有时候进行职位轮换一样，这种方式可以提升员工的灵活性。

人际问题经常会让团队的能力下降。因此，工厂的培训项目包括了人际技能的课程，比如倾听、争议处理和谈判。[106] 有效的团队还需要团队管理技能，比如问题解决、共识性决策制定、团队领导力等。很多团队也接受此类培训。

许多企业运用团队培训来构建更强大的管理团队。比如，一些公司通过户外探险类培训建立团队合作。这种拓展训练往往将培训场所选在崎岖、多山的地方[107]，其目标是提升团队信任度和合作能力。例如，一家大型银行的首席财务官就为多达 73 人的财务和会计人员组织了一次这样的培训。正如他所说："这些人在工作方法上过于个人主义，我所要做的是向他们展示团队合作的力量有多大。"[108] 其他的团队培训方式包括行动学习和团队构建，我们会在本章的后面继续学习。接下来的专栏展示了管理者是如何构建他们的培训项目的。[109]

➡ **构建你的管理技能**

直线经理和小企业的人力资源工具

虽说大公司的基层主管们期待得到成系统的培训项目以培训那些新员工，但事实上很难如愿。然而，你还有其他一些选择。

创建你的五步培训项目 记住 ADDIE 分析法：分析（培训要解决的问题）、设计（包括学习目标和激励受训者）、开发（需要哪些渠道和方法）、实施（培训员工）、评价。大部分工作从设置培训目标（明确你的员工在受训后应该掌握哪些技能）开始。如果没有现成的职位说明书（工作职责清单），需要自己撰写一份。还要撰写一份任务分析记录表以展示员工任务中的步骤，撰写一份工作指导培训表以展示一些关键点（比如"认真阅读范围"）。最后，将培训目标、职位说明书、任务分析记录表和工作指导培训表一起放在培训操作手册中。同时，还要包含一个工作介绍并解释该岗位与其他岗位的关系。

使用私营供应商 小企业主可以接触数以百计的培训项目供应商预先打包好的训练方法，从美国管理协会（www. amanet. org）和美国战略性人力资源管理协会（www. shrm. org）的自主学习项目到特殊项目。比如，企业可以联系 PureSafety 公司，从 www. puresafety. com 购买职业安全相关的课程。

SkillSoft 公司是另外一个例子。其课程包括软件开发、商业战略和运营、职业有效性和桌面电脑技能。比如，"有效面试"的课程就展示了主管如何运用行为问题来面试求职者。[110]

美国培训与开发协会（www. astd. org）网站的指南部分可以寻找到很多优质的供应商。

借助中小企业管理局 中小企业管理局（Small Business Administration）提供了一个虚拟校园系统，为创业者提供在线课程、工作坊、刊物和学习工具。[111]

借助美国制造业联合会 美国制造业联合会（National Association of Manufacturers, NAM）是美国最大的工业贸易组织，代表了 14 000 名制造商（其中有 10 000 个中小企业）。

美国制造业联合会帮助员工维持和提升工作技能以及进行职业开发，还提供了课程和技能认证程序。[112]但是，它不提供长期的合同。企业只是为员工的每次课程支付 10～30 美元。

运用非正式培训方法 培训专家斯蒂芬·科维（Stephen Covey）认为，管理者可以通过非正式的方式提供一些培训。他的建议是[113]：

- 为一些特殊的课程付费。
- 识别在线培训机会。
- 在往返班车途中提供 CD 和 DVD，供员工进行系统化、统一化的学习。
- 鼓励同辈间就最佳实践进行分享。
- 必要的时候将员工送往特别的研讨会和协会会议上进行学习。
- 创造一种学习文化，让员工之间互相学习。

议一议

你建议本章开篇的亚历克斯如何解决他餐馆的问题？

7.5 实施管理技能开发项目

管理技能开发（management development）是指一切通过传授知识、改变态度或者提高技能的方式来改善管理绩效的努力。因此它包括诸如讲师授课、导师指导和轮岗在内的各种室内培训，还包括像战略性人力资源管理论坛这样的专业项目以及高校为高层管理人员开设的高级工商管理课程。

管理技能开发之所以重要，主要原因如下：一方面，内部晋升是人才管理的主要渠道，而几乎所有的新晋升经理都需要为新的工作岗位做好技能准备；另一方面，管理技能开发让现有的和后备的经理们能更顺利地晋升至更高职位，以此提升组织的可持续性。

管理技能开发的战略地位

管理技能开发应当反映公司的战略规划。[114]比如，进入新市场或者海外扩张的战略，就要求企业使用继任计划来获得和开发具备这些新技能的管理者。管理技能开发项目可以使管理者具备做好工作的知识、态度和技能。[115]

一些管理技能开发项目是覆盖整个公司范围内的所有新任经理的。因此，刚毕业的 MBA 可能会参与通用电气公司的管理技能开发项目，在各种工作任务和培训中进行轮换。公司会将表现优异的培训生纳入"快车道"（这个项目可以让他们更快地达到高管的相关要求）。

其他的管理技能开发项目旨在填满特定的高级职位，比如首席执行官。例如，通用电气公司会花上数年的实践来开发、测评和观察现任首席执行官的继任者。

继任计划

管理技能开发通常是继任计划的一部分。[116]**继任计划**（succession planning）是指为公司高层管理岗位开发人员规划，持续性地识别、评价、开发组织领导力以提升绩效水平。[117]

继任计划包括以下阶段。[118]第一，设计一个组织规划。以公司战略性经营目标为依据，高管和人力资源经理需要一起来确定未来公司的核心岗位。企业要根据扩张或者收缩的需求来预测管理需求。

第二，人力资源专业人员要与管理层一起，检视公司的管理技能库以识别现有员工的能力。[119]这个技能库包括员工的教育背景、工作经历、职业偏好和绩效评价。在这个阶段，管理替代表可能需要画出来。这个表可以对各个管理层次的潜在员工和员工开发需求进行匹配。对于分区副总裁而言，他的开发需求包括职位轮换（在公司的财务和生产岗位上获取更多的经验），以及在企业内部管理开发中心接受为期两周的培训。在这个阶段，管理层还可能决定招募一到两名求职者。

第三，继任计划的开发阶段，这就意味着向可能的候选人提供公司要求的培训经历。企业通过内部培训、跨职能经历、职位轮换、外部培训和全球化任务等方式对员工进行培训。[120]

第四，继任计划要求对候选人进行评价，以确定特定重要岗位的人选。[121]

通过人力资源信息系统提升绩效

继任计划系统

都乐食品公司（Dole Foods）的新总裁通过减少冗员以及将一些特定的活动——其中就包括继任计划——进行集中化处理来改善财务绩效。[122]网络技术为都乐公司的这些举措提供了便利。它与应用系统供应商（ASP）签订合同，让它们来帮助自己处理像薪酬支付管理这样一些事情。[123]而在继任计划方面，都乐公司则选用 Pilat NAI 公司开发的软件，这家公司将都乐公司的所有数据都存储在它自己的服务器上，按月向都乐公司收费。都乐公司的管理者很容易就能操作 Pilat NAI 公司的继任计划系统。他们输入密码就能进入该系统。他们可以在网上为自己填写简历，其中包括职业兴趣等，还可以注明他们的一些特殊考虑因素，比如地域限制等。

管理者还要根据四种胜任能力来对自己进行评价。当管理者完成信息输入之后，这一程序会自动通知他们的上级主管人员。这些上级主管人员会对他们的下属做出评价，并指明他们是否能够得到晋升。接下来，这些评价结果以及网上的简历就会被自动送达各部门的负责人及人力资源总监。都乐公司中负责北美大区事务的高级人力资源副总裁会利用这些信息为每一位管理人员制订一份职业发展规划，其中包括参加各种研讨会和其他一些开发项目。[124]

求职者评价和九宫格

企业如何选择由谁来参与如此昂贵的培训项目呢？九宫格法是其中的一个工具。九宫格以"潜力"为纵轴，包含低度、中度和高度三个层次；以"绩效"为横轴，也包含低度、中度和高度三个层次，总共九种组合。

这种方式能够简单地选拔参加培训的员工。在极端的情况下，潜力和绩效都很差的员工肯定不能参加培训，而高潜力、高绩效的明星员工肯定是可以的。大部分企业都将培训资源向高潜力、高绩效的明星员工倾斜，而接下来就是给高潜力、中等绩效或者高绩效、中等潜力的员工培训的机会。[125]

最流行的开发方式包括在职培训、高管教练、行动学习、360度反馈、体验学习、外出静思会（管理者与员工一起学习）、传帮带和职位轮换。[126]我们来看看这些方式。

在职管理培训

在职管理培训方法包括职位轮换、教练/见习方法以及行动学习。

职位轮换（job rotation）是指将接受培训的管理人员在不同部门之间进行调动，以拓宽他们对企业各方面情况的了解。受训者可能在各部门都待上一段时间，这不仅有助于开阔他们的视野，还可以帮助其发现自己真正感兴趣的工作。受训者通过实际从事有关销售、生产、财务或者其他职能工作学习各部门业务。其他的在职培训方法包括教练/见习方法等，借此，即将获得提升的新经理将从其前任那里得到持续的建议。

➡ 全球人力资源管理实践

全球化的职位轮换

随着全球化进程的加快，职位轮换也有了新的含义。对于像壳牌和英国石油这样的巨头来说，在全球范围内对经理人员进行职位轮换是公司保持灵活性和回应性的重要方式。

全球化的职位轮换（比如将管理者从瑞典调到纽约，或者从纽约调到日本）的优势是构建了一个非正式的网络——一种信息网络，来在强化单元间协调控制力的同时保证不同国家间的交流和理解。

随着管理者在公司的不同区域工作，他们的人际关系网络愈发扩大了，沟通和理解也同步提高。这些活动同样提升了组织控制力。如果来自全国各地的公司员工聚集在一起参加哈佛大学商学院或者欧洲工商管理学院组织的管理培训项目，那么他们就绝对不只是学一些基础知识了。他们还要更多地学习公司的价值观和文化。诸如此类的管理技能培训项目创建了共享的价值观和公司的持续发展观，促进了员工间的高效交流，并通过价值观和政策加强了这种交流能力的提升，不再需要传统的控制方式来实现。[127]

议一议

讨论一下跨国公司如何运用职位轮换来开发它们的管理者。

教练/见习方法

在这个项目中受训员工与高级管理者或者他即将取代的员工一起工作。后者要为受训员工的教练活动负责。一般而言，见习项目让渡了高管的一些特定职责，让受训者有学习的机会。

行动学习

行动学习（action learning）计划使管理人员和其他人可以把自己的时间解放出来，去分析和解决其他部门中存在的问题。行动学习法的基本要求是：精心选择一个由 5～25 人组成的团队；给这些团队指派一个超出他们通常的专业经验领域范围的实际经营难题；通过教练辅导和反馈实现学习的结构化。通常情况下，企业的高层管理人员会负责选择研究哪些项目，然后决定是否采纳这些团队最终提出的建议。[128]比如，太平洋燃气与电力公司（Pacific Gas & Electric Company，PG&E）的行动论坛流程就包括了三个方面：

1. 设计一个 6～8 周的框架体系构建过程，在这个过程中团队就某一问题确定和搜集相关数据。

2. 行动论坛阶段——用 2～3 天的时间在公司的学习中心讨论问题并开发行动计划建议。

3. 责任阶段，在这个阶段团队与公司领导层每月定期会面来检视进步。

工作之外的管理技能培训和开发方法

还有很多工作之外的管理技能培训和开发方法。

案例研究法

案例研究法（case study method）就是为一位受训者提供一份关于组织中存在的问题的书面描述，然后让这位受训者去分析案例，诊断问题，再与其他受训者一起讨论自己得出的研究结果以及解决问题的方案。[129]

整合案例场景法则创建了长期的、综合性的案例情境。比如，一个联邦调查局学院（FBI Academy）的整合案例一开始描述"一个关切的市民的电话响了，在 14 周以后进行了模拟审判。在此期间是一个真实的调查"。编剧（培训团队的员工）撰写案例剧本。剧本包括背景故事、个人历史的细节、角色扮演指导语。这种方法的目的就是开发某种特定的技能，比如与目击者面谈。[130]

管理游戏

管理游戏（management games）通过虚拟情境中的现实性决策来提升受训者的能力。比如，"解释型"管理游戏可以"开发团队的沟通、信息管理和对战略的计划与开发"。这种方式提升了管理员工的沟通技能，对团队和个人的信息管理能力，以及计划能力和问题解决能力。[131]每一个团队都要决定花多少广告费，生产多少产品，保有多少库存。

人们从参与中能学到最多东西，而管理游戏中有很多这样的参与环节。管理游戏帮助提升员工的问题解决能力，将更多精力集中在计划上，而不是忙于应付。这种方式还能够开发领导技能并提升团队运营能力。

外部研讨会

许多公司和大学都提供线上和线下的管理开发研讨会和会议。美国管理学会提供许多为期 1～3 天的培训项目。例如，最近它就提供了内容广泛的培训项目，涉及开发情商、管理人员自信力培训、商业中女性自信力培养、有效沟通所需的倾听技巧以及成本会计的基本知识。[132]人力资源管理协会也为专业的人力资源人员提供大量的培训。[133]

大学提供的各种项目

许多大学都提供领导、管理等方面的高层管理人员教育与继续教育计划。这些高层管理人员开发项目既有 1～4 天的，也有 1～4 个月的。

哈佛大学商学院的高级管理课程是这种项目的一个众所周知的范例。[134]参加这种课程的学员都是来自世界各地的有经验的管理人员。这种课程用案例和课堂讲授的方式介绍一些最新的管理技能。在一个项目中，哈斯布罗（Hasbro）想要提升自己的高管创造力技能。

达特茅斯大学（Dartmouth University）的阿莫斯塔克商学院（Amos Tuck Business School）提供"从基础教起的培训项目来帮助哈斯布罗以客户的方式来设计项目"的服务。[135]

角色扮演

角色扮演（role-playing）的目标是创造一个现实的情境，同时让受训者扮演特定人物角色。每位受训者都有一个角色。比如：

> 你是一支电话维修员工队伍的领导者，每个人需要开一辆小型服务卡车为客户服务。因此你经常要做将卡车以旧换新的工作，你的问题在于应该将新卡车发放给哪位员工。要想做到公平是很困难的。[136]

角色扮演还包括指导语和其他角色，这样一来就很容易引起受训者的争议。培训目标是开发员工的领导力和谈判力。比如，一位主管可能要在角色扮演中同时体现民主型和独裁型领导风格，但是在现实工作中这样很难。角色扮演还可以使员工更在乎他人的情绪。

企业大学

许多公司有**内部开发中心**（in-house development centers），或称为企业大学。通用电气、卡特彼勒和 IBM 是典型的例子。企业可能会与学术机构合作，或者通过培训开发项目供应商和在线教育机构来为它们的中心提供学习材料和项目包。最好的企业大学一定是：（1）积极地将课程设置与企业目标联系到一起；（2）专注于开发能够支撑企业经营需要的技能；（3）评价学习效果和绩效；（4）运用技术手段来支持培训；（5）与学术机构合作。[137]

许多企业提供在线企业大学学习方式。比如，塞纳公司（Cerner）向员工提供"塞纳知识工作库"。这给员工提供了三种形式的知识。"活力型知识"是在线虚拟性内容，比如电子邮件、即时消息和会议电话。"稳健型知识"包含了最佳实践，比如案例研究收集了公司正反两方面表现的案例。"汇编型知识"是更加正式的公司文件，比如安装指南、问题文件和正式的培训项目。[138]

高管教练

很多公司都利用高层管理人员教练计划来提升高层管理人员的工作有效性。**高管教练**（executive coach）是指由一位外部的咨询师来对高层管理人员的上级、同级、下级（有时甚至）包括他们的家人提出各种问题，从而识别出高层管理人员的优势和劣势，通过为他们提供专业建议来帮助他们充分利用自己的优势，同时克服存在的问题。[139]每位高管的教练费用大约是 5 万美元。很多专家建议在进行教练式辅导之前，应当对高层管理人员首先进行正式的评价，以发现这些高层管理人员的优势和劣势，再提供更有针对性的辅导。[140]

高管教练领域还没有受到管制，所以管理者需要依靠自己的努力来应用。管理者可以进行背景核查，同时咨询国际教练联合会（International Coach Federation）来获得一些信息。

人力资源管理协会的学习系统

人力资源管理协会鼓励人力资源经理通过考试以取得相关资质。协会提供了一些预备性的培训项目（比如登录 www.shrm.org/，然后点击"教育"）。它提供自学、在线学习和高校项目，包括与导师和其他学习者互动。[141]

通用电气公司的领导力开发

通用电气公司因其高管人才开发项目而闻名。它近期的高管开发项目有以下环节[142]：

●领导力项目：这种持续多年的培训项目每年以多种形式轮训3 000名员工，以提高他们管理大型公司项目的能力。

●C阶段：这是通用电气公司内部的中层管理者绩效评价过程。每年公司的首席执行官都要回顾公司排名靠前的625名管理者的绩效。

●克罗顿维尔：这是通用电气公司在纽约设立的公司培训项目，可以提供传统的课堂学习和以团队为基础的培训和文化游学。

●博卡拉顿：在这个有625名高管参加的年度会议上，他们互相交流分享最好的观点，并且就公司来年的战略达成理解。

●下一件大事：不管公司的生产力和绩效提升是通过"六西格玛管理"还是"创新"得来的，通用电气公司让它的员工聚焦于主题和创新。

●月度大餐：通用电气公司的首席执行官杰弗里·伊梅尔特（Jeffrey Immelt）定期与高管们在早餐和午餐上会面，以更多地了解下属，并且"强化他与高管团队的联系"。[143]

人才管理和特别的开发任务

在当今激烈竞争的环境下，传统人力资源实践中按照绩效或在全体员工中平均分配培训开发机会、提高工资或分配其他稀缺资源的做法将不再奏效。具备人才管理理念的企业更强调将公司开发的资源投资于对公司未来成长至关重要的高潜质关键员工。这就是人才管理最佳实践的理念。比如，强生公司实施了一项名为"LeAD"的领导力开发项目。参与该项目的都是具备高潜力的管理者，他们将得到来自外部导师的建议和定期评价。[144]有些公司则采取与高潜力管理者分享公司未来战略的方式来实施人才开发。例如，这些高潜力者会在每个季度与高管面谈一次。[145]

7.6 管理组织变革项目

实施变革对于公司来说非常有必要。比如，微软公司最近更换了首席执行官，重组了公司，将公司战略转为既重视软件，也重视硬件（比如平板电脑）。

变革都非易事，而变革当中最大的挑战则是如何克服变革阻力。个体、团队甚至整个组织可能都反对变革，这源于他们已经习惯了以前的方式，或者变革危及他们的自身利益。[146]为了应对这样的情形，专家建议管理者使用下面的"构建你的管理技能"专栏中提到的流程来实施变革。[147]

➡ **构建你的管理技能**

如何在工作中实施变革

在工作中实施理想的组织变革需要：

1. 树立紧迫感。营造一种紧迫感来开始组织变革。例如，展示一份某位分析师的分析报告，这份报告指出了公司缺乏竞争力的问题。

2. 通过共同诊断问题调动大家的共同承诺。组建一个或多个任务小组来诊断公司所面临的各种问题。这些任务小组会就公司能够而且必须在哪些方面有所改进达成共识，从而形成一种共同的承诺。

3. 建立一个指导同盟。没有人可以依靠单打独斗实施一场重大的组织变革。要建立起能够把那些有影响力的人纳入其中的指导同盟。他们共同承担变革宣传者和实施者的角色。

4. 形成并传播一个从组织变革中传达出来的共同愿景。确保愿景是很简单的（比如，我们将比任何人更快地满足客户需要），并且用实例来引导。[148]

5. 帮助员工做出改变。去除变革的阻碍因素。是公司的政策、程序或是组织结构使员工的行为难以改变，还是顽固的管理人员阻碍了员工的改变？

6. 巩固短期变革成果。通过这些短期成果带来的信心进一步推动持续的改变。[149]

7. 通过改变公司的系统和流程来强化新的行为方式。企业可以使用新的评价体系和激励政策来强化理想的行为。

8. 监控和评价变革所取得的进展。简而言之，就是要根据一些可衡量的指标来比较公司目前的情况和理想情况之间存在的差距。

利用组织发展

有许多方法可以减少组织变革过程中存在的阻力。其中的一些建议包括：管理人员可以采取一些对员工实施奖励或惩罚的措施，来引导员工的行为；向员工解释为什么需要变革；与员工进行商讨；发表鼓舞人心的演讲；或者是让员工参与到变革设计过程中。[150] **组织发展**（organizational development，OD）正是要利用这些方式来实施变革。组织发展是一个变革过程，在这个过程中，员工常常是在一些受过专门培训的顾问的帮助下，制定他们认为需要实施的变革方案，并且付诸实施。组织发展有一些显著的特点。

1. 组织发展一般包括行动调查，它意味着收集有关团队、部门或组织及其运营的数据，将这些数据反馈给相关的人员并开发关于问题的假设。

2. 组织发展应用行为科学知识来提升组织的有效性。

3. 组织发展引导组织朝一个方向发展，比如朝向授权、提升问题解决能力、回应性、工作质量和有效性。

比如，根据专家弗兰奇（French）和贝尔（Bell）所言，组织发展的方法之一是团队建设会议。[151]典型的团队建设会议通常是从咨询顾问与团队中的每一位成员及其领导人进行面谈开始的。在这种面谈中，咨询顾问通常会问他们有什么问题，他们如何看待本团队的功能发挥情况，还有哪些障碍使本团队一直不能做得更好。然后，咨询顾问会对通过访谈得到的数据按主题进行分类（比如"沟通不够"），并在团队建设会议开始时展示这些主题。接下来，团队成员会根据这些主题的重要性对其进行排序，那些最重要的主题便成为这次会议的议题。这个团队于是就研究和讨论这个问题，探究这个问题背后的原因，并开始设计解决方案。

组织发展的另外一种方式是调查研究。这种方法通过问卷来调查员工的态度并提供相应的反馈。然后，促进者运用调查得来的数据进行问题分析和制订行动计划。它的目的是向管理者清晰展示组织存在问题的事实，管理者可运用调查的结果开展讨论和解决问题。[152]

7.7 评价培训效果

当员工完成了培训（或者是培训的间歇），就可以对培训项目进行评价，以确定培训目标是否完成。比如，博维斯出租公司（Bovis Lend Lease）运用学习管理系统软件来监测员工参与了何种课程，技能是否得到提升。[153]

对培训项目进行评价时，有两个基本问题需要解决：一是评价方案的设计，特别是要不要进行控制实验；二是应当评价什么。

设计评价研究

在决定如何设计评价研究时，最需要关注的一点是：我们如何确保培训带来了我们想要衡量的结果？时间序列分析是一个选择。如图7-3所示，在培训项目前后展了一系列绩效评价。这可以让你洞察项目的有效性。[154]然而，还不能确定是培训（而不是公司的薪酬计划）造成了这些变化。

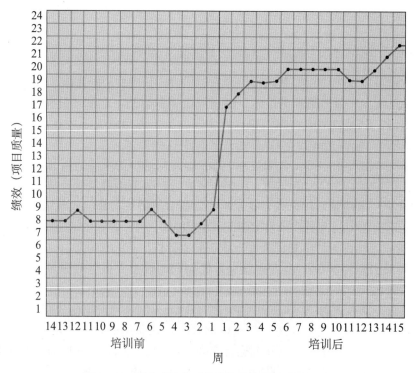

图7-3　运用时间序列表来评价培训项目的成效

控制实验（controlled experimentation）是可以选择的一种评价过程。控制实验需要利用一个培训组和一个不接受培训的控制组来进行。分别采集培训组和控制组在参加培训之前和参加培训之后的一些数据（比如销售量或服务质量等），同时采集控制组在与此相对应的某一工作时期前后的同类数据。通过这种方法就可以确定，培训组中员工的工作绩效变化到底有多少是培训带来的，而不是因为整个组织的某些变化——比如加薪——而引起的（因为加薪对于培训组和控制组中的员工会产生相同的影响）。[155]

培训效果的衡量

实际上，管理者可以对培训的以下四种基本效果进行评价：

1. 反应，即评价受训者对培训项目的反应。他们是否喜欢这个培训计划？他们是否认为这个计划是有价值的？

2. 学习。对受训者进行测试，以确定他们是否学会了要求他们掌握的那些原理、技能和事实。

3. 行为。问这样一个问题：受训者的工作行为是否因为参加培训项目而发生了变化？例如，百货商店投诉部的员工对待前来投诉的客户是否比过去更加友善了？

4. 结果。需要问的最重要的一个问题可能是："根据预先设定的培训目标来衡量，培训项目取得了哪些最终成果？"例如，客户的投诉数量是否减少了？反应、学习和行为都是很重要的，但如果培训项目不能得到与绩效相关的产出，就没有达到预期的目标。[156]一项对500家美国公司的调查显示，有77%的公司评价了员工对培训项目的反应，有36%测量了学习，只有10%～15%评价了行为或结果。[157]

评价这些要素是很直接的。图7-4展示了一个一页纸的培训评价表样本。

美国人事管理办公室培训评价表（讲师讲义）					
课程名称：工作和生活事宜——主管和管理者模块					
培训开始时间：_____ 结束时间：_____					
讲师姓名：_____					
机构：		办公电话（选填）：		办公地址（选填）：	
个人知识和技能评价（在你的选项下面画圈）： 课程开始前（从低到高）：1　2　3　4　5 课程结束后（从低到高）：1　2　3　4　5		对课程的整体评价： 优秀（ ）　非常好（ ）　好（ ） 一般（ ）　很差（ ）			
课程评价					
评价项目：课程在以下哪方面提升了知识和技能？	优秀	非常好	好	一般	很差	不适用
1. 工作和生活项目有哪些					
2. 谁来使用工作和生活项目					
3. 如何认识和处理工作和生活事宜					
4. 对你的实际工作的帮助					
讲师评价					
1. 演示、组织和表达					
2. 知识和主题的掌控					
3. 使用视听设备或其他的培训辅助手段					
4. 开放的意见交换、学员参与和小组互动					
课程的优势：					
课程的劣势：					
你认为课程还需要补充哪些资料：					
评论和建议：					

资料来源：U. S. Office of Personnel Management.

图7-4 培训评价表

你可以通过测试知识的方式来评价培训项目的"学习"维度。对于"行为改变"维度，可以通过询问受训员工的下属"当你的主管表扬你的绩效时，他有没有举一些正反两方面的例子"来评价培训项目的有效性。最后，可以通过诸如"呼叫中心员工应答电话的正确率"的方式来测量"结果"维度。

仔细比较培训项目的成本和收益可以让管理者计算项目的投资回报率。在线的计算系统可以为这种分析提供便利，比如在谷歌上搜索"培训评价计算器"。[158]

本章小结

1. 让员工进入新岗位始于对其进行引导和培训。员工入职引导为新员工提供有助于其有效开展工作的各种基本背景信息，并且让新员工在情感上融入组织。员工入职引导一开始需要提供给员工引导资料和员工手册，但是有的时候也包括一个渗透公司价值观的过程。

2. 入职引导不仅仅是将员工介绍给同事那么简单，即使没有丰田公司那种全面的入职引导计划，也要善于利用入职引导来渗透公司的历史和价值观，从而有助于提升员工的敬业度。

3. ADDIE 模型包含了分析—设计—开发—实施—评价的流程。在培训员工之前，很有必要分析他们的培训需求并且设计培训项目。在培训新员工的过程中，员工可以运用任务分析——通过对职位的详细研究来决定这一职位要求任职者具备哪些特定的技能。对于现有员工可以采用绩效分析的方式——确认是否存在绩效缺陷，并且判定这种绩效缺陷是否能通过培训来予以解决。了解这些信息之后，你就可以设计和开发培训项目。

4. 培训项目包括在职培训、学徒制培训、非正式学习、工作指导培训、讲座、程序化学习、行为模仿、影像培训、仿真培训、电子绩效支持系统、视频会议学习、计算机辅助培训和模拟式培训等。计算机辅助培训已经越来越流行，包括很多打包的项目。今天的培训项目越发地计算机化，企业通过学习平台来推进其学习管理系统。

5. 和员工一样，新晋管理者需要通过职位轮换和教练辅导来进行在职培训。此外，企业还需要提供工作之外的培训和开发资源，比如运用案例研究法、管理游戏、外部研讨会、大学提供的各种项目、角色扮演、企业大学、高管教练和人力资源管理协会的学习系统。

6. 当面对经济挑战和竞争环境的时候，管理者需要实施组织变革项目。一般而言，组织变革项目最重要的部分就是克服员工的阻力。步骤包括：树立紧迫感；通过共同诊断问题调动大家的共同承诺；建立一个指导同盟；形成并传播一个从组织变革中传达出来的共同愿景；帮助员工做出改变；巩固短期变革成果；通过改变公司的系统和流程来强化新的行为方式；监控和评价变革所取得的进展。组织发展是一个变革过程，在这个过程中，员工常常是在一些受过专门培训的顾问的帮助下，制定他们认为需要实施的变革方案，并且将其付诸实施。

7. 衡量培训的效果非常重要。你可以衡量反应、学习、行为和结果，通常通过一个培训组和一个不接受培训的控制组来进行。

讨论问题

1. 设计精良的员工入职培训项目对于那些几乎没有工作经验的毕业生来说尤其重要。解释你是否同意这种说法。

2. 约翰·桑托斯（John Santos）是一名主修会计的商科大学生，最近他因没能通过会计学专业课考试而十分沮丧，请说明你将如何通过绩效分析的方法来识别其培训需求。

3. 在职培训的类型有哪几种？你认为对新进员工开展非正式的在职培训有哪些主要的缺点？

4. 进行全球化培训项目的原因之一，就是减少"缺乏文化敏感性"导致的商业损失。你认为这样的"文化敏感性"缺失有哪些表现？是如何导致商业损失的？你建议就此开展什么样的培训项目？

5. 解释至少五种培训技术的优缺点。

6. 你认为工作轮换是开发管理技能的好方法吗？为什么？

7. 什么是组织开发？它与传统意义上的组织变革有何区别？

8. 列举并简要介绍培训流程的步骤。

个人和小组活动

1. 你是一个员工班组的主管人员，这个班组的任务是装配计算机硬盘。你发现本班组员工的工作质量不能达到标准要求，许多产品都必须返工；你的直接上司告诉你："你最好从改善对下属员工的培训入手来改进你们班组的工作。"

a. 有哪些人员方面的因素可能会导致上述问题？

b. 说明你将如何评价这种问题是否能够通过培训得到解决。

2. 挑出一些你熟悉的工作任务，比如剪草坪、做沙拉或者是为参加测验做准备，为这项任务制作一份工作指导清单。

3. 以个人或小组为单位，以"有效课程讲授指南"为题设计一个程序化的学习项目。

4. 找到一家提供管理技能开发研修班的公司。获取这家公司最近举办的一些研修班的目录。这些研修班所针对的是哪一层级的管理人员？哪种开发计划看起来是最受欢迎的？你为什么这样认为？

5. 以个人或小组为单位，编写几个具体的案例来说明一位讲授人力资源管理课程的教授如何能够在其教学中使用至少四种本章中介绍过的培训与开发技术。

6. 以个人或小组为单位，为那些即将进入你们大学学习的高中毕业生设计一项引导计划。

人力资源行动案例事件 1　再造阿派克斯门业公司

　　阿派克斯门业公司（Apex Door）的总裁吉姆·德莱尼（Jim Delaney）遇到一个难题。这个难题就是，无论他怎么不断地告诉公司的员工应当怎样去工作，他们都依然"我行我素"；这导致在吉姆、公司员工以及员工的直接主管之间发生了多次争论。公司的设计部门就是这方面的一个例子。公司期望该部门的设计师能够与建筑师一起进行各种大门的设计工作，以使这些门符合某些具体的规格要求。然而，正如吉姆所说，虽然这种工作并不需要"火箭科学"那么高深的学问，但这些设计师总是不可避免地犯错误，比如说在设计中使用了过多的钢铁。试想一下，如果这是为一栋 30 层高的写字楼设计的门，这种问题可能要使公司多花数万美元的成本。

　　订单处理部门是另一个例子。吉姆希望订单处理部门用一种非常明确、具体的方式来填写订单，但是大多数订单处理员却不知道应当如何填写这种好几页的订单表格。只是在遇到一些非常具体的问题时——比如应当将客户划分为"工业"客户还是"商业"客户——他们才临时应付一下。

　　该公司目前的培训过程如下。虽然有一些职位有已经过时的职位说明书，但没有一个职位有自己的培训手册。对新员工的所有培训都是通过在职培训方式进行的。通常情况下，都是由准备离职的人用临走前的 1~2 周的时间来对新员工进行培训。如果准备离职的员工和新员工之间在时间上有冲突，公司就会派一位过去偶然在这一职位上工作过一段时间的其他员工来对新员工进行培训。整个公司的培训——例如，无论是对机械工、秘书、装配工、工程师还是会计人员等——基本上都是一样的。

问题

　　1. 你认为阿派克斯门业公司的培训过程如何？这种过程能否有助于解释为什么该公司的员工总是"我行我素"？如果能，请说明是怎样解释该公司存在的现象的。

　　2. 职位说明书在该公司的培训中能够起到的作用是什么？

　　3. 请详细说明你将采取哪些措施来改进该公司的培训过程。确保提供具体的建议。

　　资料来源：Copyright © Dr. Gary Dessler.

人力资源行动案例事件 2　卡特洗衣公司：新的培训计划

　　目前，卡特洗衣公司并没有正式的新员工入职引导或培训方面的政策或程序。詹妮弗认为，这正是公司员工通常没有遵守她和父亲杰克制定的那些标准的主要原因之一。

　　卡特洗衣公司希望通过一些特定的管理实践和程序来应对前台服务人员在与客户打交道时存在的问题。例如，前台服务人员应当像杰克要求的那样，热情地欢迎每一位来店的客户。然后前台服务人员应立即检查客户拿来清洗的衣物，看看衣服上是否有损坏或者是不易去除的污渍，并当即告知客户，以防等到客户来取回衣物时再误将这些问题归咎于洗衣店。此后，前台服务人员应当立即将客户交来的衣物放入一个尼龙袋里，以便与其他客户拿来的衣物区分开。此外，前台服务人员还应当仔细填写相关的票据凭证，准确且清晰地注明客户的名字、电话号码以及送洗日期。前台服务人员还应该抓住机会向客户推销其他服务，比如衣物防水等，或者是简单地提醒客户"由于现在都在清洗春装，所以我们对客户在这个月洗涤的毛织物有一定的折扣"。最后，当客户离店时，前台的服务人员应当很有礼貌地道一声"祝您愉快"或者是"请小心开车"等。洗衣店内的其他一些工作岗位——熨烫衣服、清洗污渍、定期保养投币洗衣设备等——同样有一些希望员工遵循的工作步骤、程序以及最为重要的相应标准。

詹妮弗认为，洗衣店里之所以存在这么多的问题，主要是因为缺少足够的培训和新员工岗前引导工作。例如，上个月就有两名新员工由于没有在周末（即周五）拿到工资，而是（像公司其他员工一样）等到下一个周二才拿到工资而感到非常惶恐。他们并不知道卡特洗衣公司一般额外需要两天的时间来统计员工的工作小时数，然后计算出员工应得的工资。而杰克还道出了公司这样做的另外一个原因，"说实话，这样一种晚几天支付工资的做法可以确保员工在辞职时会提前几天通知我们。虽然我们绝对有义务支付他们应得的所有劳动报酬，但是我们发现，从心理学的角度来说，如果员工还没有拿到上周的工资，他们就不会在周五晚上离开公司后在下周一早上不回来了。这样就可以确保离职员工至少会提前几天通知我们，以便我们可以有几天的时间去找接替的人"。

詹妮弗认为，新员工入职引导和培训计划中还应当包括其他一些内容。例如公司针对下列问题所做的政策规定：带薪休假、迟到缺勤、健康福利（除工伤保险外没有什么其他内容）、药物滥用、在岗位上吃零食和抽烟（这两项都是严格禁止的），还有工作场所清洁和安全、个人仪表和卫生、工作时间表、私人电话和电子邮件等一般性的规定。

詹妮弗认为，实施新员工入职引导和培训计划有助于确保员工知道，应当怎样用正确的方式来完成本职工作。她和她的父亲都深信，只有当员工了解了完成本职工作的正确方式之后，这些员工才有可能按照企业期望的方式做事。

问题

1. 具体地讲，卡特洗衣公司的新员工入职引导计划应当包括哪些内容以及应当如何传达这些信息？

2. 在詹妮弗学习的人力资源课程中，教材上建议采用工作引导清单来确定员工需要完成的各项工作任务。卡特洗衣公司应当针对前台接待员职位采用这样的表单吗？如果是，那么，针对前台接待员的这种表单在填完之后大致会是什么样子呢？

3. 詹妮弗应当采用哪些具体的培训方法来对衣物熨烫工、污渍清洗工、店面经理以及前台接待员进行培训呢？为什么应当运用这些培训技术？

体验式练习　**飞过友好者的天空**

目的：为一家大型航空公司的机票预订员职位制订一项培训计划。

必须理解的内容：你应当非常熟悉本章中讲授的内容，然后阅读下面的关于一位机票预订员的工作职责的描述：

客户与我们的机票预订员联系来获得关于航班时刻、机票价格以及飞行路线等方面的信息。机票预订员应当在我们航空公司的在线飞行时刻表系统上查找到客户要求提供

的信息，这个飞行时刻表系统是随时更新的。机票预订员表达清晰、彬彬有礼且迅速地
对客户的要求做出反应，并且要能够迅速找到可替代的航班，从而提供与客户的需要相
吻合的飞行路线。机票预订员应当能够迅速找到备选的航班和价格，从而不至于让客户
久等，也只有这样，我们的机票预订小组才能保持自己的效率标准。通常必须在各种不
同的路线中进行查找，因为在客户的出发地和目的地之间，可能会有十几条路线供选
择。你可以假设我们刚雇用了 30 名新员工，而你需要为我们制订一份为期 3 天的培训
计划。

如何进行练习/指导：将整个班级划分为几个练习小组，每组由 5～6 人组成。

很显然，机票预订员必须掌握多种技能才能完成这项工作。捷蓝航空公司要求你迅速为
它的新雇用的机票预订员制订一份培训计划大纲。你可能想首先从了解该职位的主要工作职
责以及复习在第 6 章最后的练习中所做的那些准备工作入手。无论怎样做，都请制订出企业
要求的大纲，确保非常具体地说明你希望教给这些新员工哪些方面的内容，以及你建议在对
他们进行培训时使用哪些方法和提供哪些帮助。

第 **8** 章
绩效管理与评价

引言

格拉迪斯（Gladys）虽然仅仅为海洋工程公司（Ocean Engineering）工作了 6 个月，但是她已经爱上了这份高级工程师的工作。因此，当与自己的主管菲利斯（Phyllis）坐下来进行第一次绩效面谈的时候，她是满怀热情的。然而，这次面谈简直是灾难性的。菲利斯一进办公室，就带上了这几个月格拉迪斯工作中的失误清单。菲利斯接下来甚至表示，格拉迪斯连一半的工作量都没有完成。"总的来说，我准备给你打 6.5 分（满分 10 分）"，菲利斯说完后就离开了。格拉迪斯呆坐在办公室里。

8.1 绩效评价的基本概念

大多数公司都会运用一些正式或者非正式的方式来评价员工的绩效。**绩效评价**（performance appraisal）通常包括以下三个方面的内容：（1）制定工作标准；（2）根据这些标准对员工的实际工作绩效进行评价；（3）为激励员工消除绩效缺陷或者继续保持优良的绩效水平而向员工提供反馈。对大多数人来讲，"绩效评价"一词会让我们想到与图8-1中的绩效评价表格类似的各种评价工具。但是，评价远远不止这些表格。有效的评价也需要上级设定良好的绩效标准。同时，员工能够得到改进绩效缺陷所需要的那些培训、反馈和激励。

对下属进行绩效评价可能是管理者最难面对的一个问题。员工往往会对他们的考核等级过于乐观。而且，他们知道自己的晋升状况、职业生涯、心态平衡很可能依赖于绩效评价的结果。更糟糕的是，很多评价过程并不像企业想象的那样公正和透明。在这个过程中，存在很多明显的或潜在的问题（比如偏见、居中倾向等）。然而，尽管存在这些风险，绩效评价在人力资源管理中仍然扮演着核心角色，其核心挑战在于如何以正确的方式评价绩效。

说明：有深度的测评能够帮助教师更好地理解和提升其教学实践。对于以下八个项目请给出你的分数。7分代表优秀，4分代表平均，最低分是1分，表示需要提高。如果觉得问题不符合实际，也可以回答"无可奉告"。

测试项目
1. 教师进行了充分的备课。
2. 课程与课程目标是一致的。
3. 教师在评分的过程中是公平的。
4. 教师对课程的计划和组织非常精细。
5. 教师在课余时间也能够联系上。
6. 教师能够及时地回答在线问题
7. 教师具有上课的知识和能力。
8. 课程总体分数。

图8-1　在线能力评价表格

资料来源：Copyright Gary Dessler, PhD.

绩效评价的步骤

绩效评价过程通常包括以下三个方面的步骤：（1）制定工作标准；（2）根据这些标准对员工的实际工作绩效进行评价；（3）为激励员工消除绩效缺陷或者继续保持优良的绩效水平而向员工提供反馈。如图8-2所示，管理者一般把上述三个步骤称为绩效评价循环。

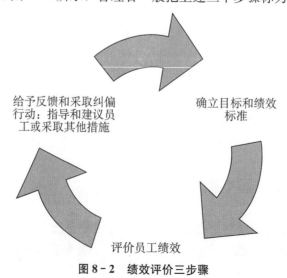

给予反馈和采取纠偏
行动：指导和建议员
工或采取其他措施

确立目标和绩效
标准

评价员工绩效

图8-2　绩效评价三步骤

为什么要进行绩效评价

之所以要对下属的工作绩效进行评价，主要有以下五个方面的原因：

第一，大多数企业仍然把员工的绩效评价结果作为确定员工基本薪酬以及做出晋升、留用决策的依据。[1]

第二，绩效评价在企业的绩效管理过程中扮演着核心角色。绩效管理就是确保每一位员工的工作绩效有助于实现组织整体目标的一个持续性过程。

第三，绩效评价可以使上级和下属员工共同制订一项计划，来纠正已经发现的一些绩效缺陷，同时巩固员工已经做好的工作。

第四，绩效评价提供了一个根据员工已经表现出来的优势和劣势来对他们的职业规划进行审查的机会。

第五，上级利用绩效评价来识别员工的培训与开发需求。通过正确实施绩效评价，可以帮助上级发现员工绩效表现与其需要达到的绩效标准之间存在的"绩效差距"。同时，它也有助于识别存在这种绩效差距的原因以及所需要的补救措施。

界定员工的工作目标和绩效标准

仅靠职位描述通常不足以概括出员工的工作职责，虽然它能够列举工作责任，但是没有具体目标。因此，绩效评价的第一步就是让员工知道企业对他们的期望，这可以通过设置绩效目标来实现。管理者通常运用三种方法来设置目标：目标、工作维度和胜任能力 。

首先，管理者可以衡量员工在多大程度上完成了数字目标。这些目标从公司的总体目标分解而来。比如，公司层面的目标是降低 10% 的成本，那就应该计算出每个员工或者团队应当承担的目标。"作为盈利中心的人力资源"专栏展示了这样一个案例。

➡ 作为盈利中心的人力资源

在鲍尔公司设置绩效目标

鲍尔公司（Ball Corporation）向全球范围内的顾客（比如食物加工商和油漆制造商）提供金属包装服务。[2]公司车间的一个管理团队认为，可以通过制度化地提升目标设置流程，并确保员工行为与目标一致的方式来提升车间的绩效水平。[3]这个计划在一开始就培训车间的管理者，使其明白如何提升绩效，并就每日的绩效目标与员工进行沟通。他们还通过向车间的工作团队分配计分卡的形式，来促使团队成员对绩效目标进行跟踪和沟通。车间的员工还接受了特殊的训练和技能培训，以保证具备实现目标的相关能力。车间管理层发现，该计划实施后，在 12 个月内，车间的生产数量提升了 8 400 万罐，顾客的投诉减少了 50%，获得了 300 万美元的投资回报。[4]

议一议

谈谈鲍尔公司的绩效管理包括哪些行为。

你应记得设置的目标要符合 SMART 标准。目标应该是具体的（specific），清晰表述了要达到的结果；应该是可衡量的（measurable），能量化；应该是能达到的（attainable）；应该来源于管理者和公司想要达到的目标，并与之相关（relevant）；最后，目标是有时限的（timely），能够表明目标截止期限和重要节点。[5]行为科学研究为制定激励性目标提供了有益的视角。下面的专栏总结了这些结论。

➡ **直线经理和小企业的人力资源工具**

如何设置有效的目标

行为科学研究为设置绩效目标提供了四项指南：

1. 设置具体的目标。有具体工作目标的员工往往会比那些没有这种目标的员工做得更好。

2. 设置可衡量的目标。尽量用数字来表述目标，并且说明预定的目标达成日期或最后期限。如果目标无法量化，那么圆满完成任务——比如成功参与研讨会或顺利完成学业——将是最好的结果。在任何情况下，都要设定目标截止期限。

3. 设置有挑战性但是可实现的目标。使目标具有挑战性，但是不能到难以实现的程度。

4. 鼓励参与。在整个管理职业生涯中，你都会面临这样的问题：我应该仅仅告诉员工他们的目标是什么，还是让员工参与目标设定？证据表明，员工参与设定的目标并不总是比给员工直接分配的目标更有助于达成更高的绩效。只有当员工参与设定的目标比分配给他们的目标更难时，才能带来更高的绩效。因为当员工参与目标设定时，往往更容易设置较高的标准，参与的过程也往往有助于制定标准和提高绩效。[6]

议一议

为什么说仅仅告诉员工"尽力把工作做好"不是一个好主意？

其次是"工作维度"（比如质量和数量）。比如，指导人员的评价表格中就包括了基本的工作维度（或者标准）。"指导人员做了充分的准备"就是一个例子，其假设就是，"做了充分的准备"是其工作职责的一个有效标准。

最后是"对胜任能力的掌握"，也就是对工作要求的技能、知识和个人行为的把握。正如我们在第 4 章中看到的，英国石油公司运用技能矩阵来评价员工的技能（参见图 4 - 10）。这个矩阵展示了一项工作所需要的基本技能和每项技能的最低层次。如果被评价的员工具备表格中展示的技能，就可以成为职位的候选人。

谁来评价

主管常常是绩效评价的实际操作者。因此，他们必须熟悉基本的评价技术，理解和避免绩效评价中的常见问题，并且公平地实施绩效评价。人力资源部门通常的角色是政策制定者和顾问。比如，人力资源部门会对使用绩效评价工具提供建议和协助，但是最终的决定权在公司的直线主管手中。在某些公司里，人力资源办公室还会向所有部门提供细节表格和程序。

在任何情况下，仅仅依赖上级的评价并不是明智的选择。比如，一名员工的上级很难了解到与该员工打交道的顾客和同事是如何评价其绩效表现的。而且，上级可能会存有对员工有利或不利的偏见。如果是这样，管理者会有几种选择。

同级评价

由于越来越多的企业使用自我管理团队，由员工的同事对其进行评价（同级评价）越来越流行。在典型的情况下，由一名适逢年终考核的员工选择一位考核负责人，后者再挑选该员工的一位上级和三位同事对其工作进行评价。

研究表明，同级评价是非常有效的。一项研究把大学生安排到了自我管理型工作团队中。研究者发现，同级评价对于改善开放交流、任务动机、社会惰性、团队活力、凝聚力和满意度等有着非常积极的作用。[7]换句话说，员工似乎被激励着去满足同事的期望。最近美国的军队系统中出现了很多关于行为不当的指控，开始要求将军和上尉接受同级和下级的评价。[8]

评价委员会

一些公司设有评价委员会。评价委员会一般由员工的直接主管和 3～4 位间接上级组成。[9]

评价者多元化是有一定优势的。它有助于避免诸如单个评价者会持有偏见等问题。[10]它还提供了一个通过不同评价者全面了解该员工绩效表现的途径。多元化的评价者常常会看到一个员工不同方面的表现。研究发现，通过不同渠道获取的评价很少会趋同。[11]因此，在评价员工时，最好至少能获取其直接主管、主管的上级或者熟悉该员工的其他管理者的评价。[12]至少，绝大多数企业要求员工直接主管的上级应对员工直接主管做出的评价给予签字确认。

自我评价

一些企业也会获取员工的自我评价，通常与上级评价一起使用。当然，最根本的问题是，相比他们的上级或同事，员工往往会给自己更高的评价。[13]一项研究发现，当被要求评价自己的工作绩效时，40％的员工都会把自己排在前 10％的位置，剩下的所有员工几乎都认为自己至少应该排在前 50％。[14]在另一项研究中，被考核者的自我评价实际上与他们随后在评价中心里的表现呈负相关关系，即他们的自我评价越高，他们在评价中心里的表现越差。相反，一个人的上级、同事和下属所给予评价的均值却能预测这个人在评价中心里的表现。[15]

下属的评价

许多企业常常会出于培训的目的而非薪酬方面的考虑让下属评价他们的管理者。匿名评价会影响这种自下而上的反馈。从公开身份的下属那里获得反馈的管理者会比那些只获得匿名反馈的管理者更积极地看待这种自下而上的反馈过程。然而，下属更喜欢给予匿名回应（这并不奇怪），并且那些必须公开身份的人往往倾向于给予夸耀式的评价。[16]

自下而上的反馈能够改善管理者的绩效。有一项研究曾经聚焦于一个针对 252 名管理者实施的连续 5 个年度的自下而上的反馈项目。那些最初获得较差或中等评价的管理者，在 5 年内都取得了较为显著的进步，那些与下属见面并讨论反馈的管理者比那些没有这样做的管理者有更大的进步。[17]

360 度反馈

企业通常会出于开发的目的而非薪酬方面的考虑，使用 **360 度反馈技术**（360-degree feedback）——从员工的上级、下属、同事以及内部或外部顾客那里——收集关于某个员工的所有绩效信息。[18] 一般的程序是让所有的评价者完成对被评价者的在线评价调查。计算机系统会汇总所有的反馈，然后形成关于每个被评价者的个性化报告，如图 8-3 所示。然后，该员工可能会和他的上级面谈并制订一份自我改进计划。

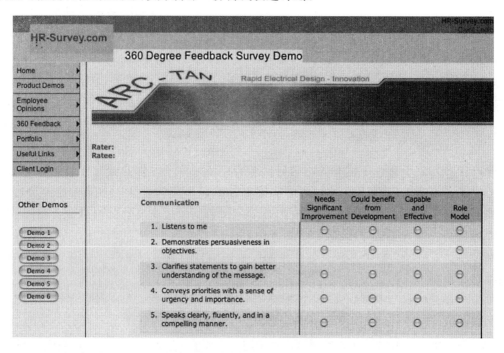

图 8-3　在线 360 度反馈

资料来源："Online 360-Degree Feedback," from http：//hr-survey. com/. Copyright © 2012 by HR-Survey, LLC. Reprinted with permission. www. hr-survey-com/sd3609q. htm.

结果是有利有弊，参与者似乎喜欢这种方式。但是，一项研究表明，多元化的反馈往往导致被评价者在随后上级、同事、下属给予的评价中仅仅取得很小的进步。只有当得到的反馈表明变革势在必行，同时反馈获得者也深有同感并对变革过程持积极态度时，改变才极有可能发生。[19] 当然，当下属知道这种评价不涉及奖励或晋升时，360 度评价往往更公正。

以下有几种方式来改进 360 度评价：

● 把 360 度评价方法中的每个评价维度（如冲突管理）都配上具体的行为事例（比如，能有效处理冲突）。[20]

● 认真培训那些给予别人反馈或从别人那里获得反馈的人。[21]

● 由于有这么多评价者的参与，每个人可能都另有企图，因此要确保被评价者得到的反馈是建设性的、公正的和以发展为导向的。[22]

● 通过使用基于互联网的系统（见图 8-3）来收集多渠道的反馈，以达到减少管理费用的目的。评价者首先进入系统，打开评价量表，然后逐一评价某个人的一系列胜任能力，比如"能干且高效"。[23]

社交媒体与人力资源

"群体"评价

越来越多的企业正在使用基于社交媒体的评价来让公司中的每一个人互相评价。Workforce Rypple 就是这样一个"社交绩效管理平台"。[24]这个平台提供了传统的评价方法。员工和管理者可以运用这个平台来设置目标、提供反馈和认可。[25]

比如，总部位于华盛顿的 LivingSocial 公司运用 Workforce Rypple 平台来对每一位员工进行互相评价。LivingSocial 公司将这些评价作为正式绩效评价的一个补充。[26]太阳能公司 Sunrun 同样也使用 Workforce Rypple 平台。公司的一位发言人说："将大家的观点公布在这个平台上非常不错，你可以看到整个团队的目标，互相询问意见和看法，并一起为目标努力。"我们每周都进行 360 度反馈。[27]萨巴社交绩效管理软件（Soba Social Performance Management Software）也是一种工具。[28]员工也经常在诸如 Globoforce（www.globoforce.com）这样的网站上进行绩效评价，在这里可以为同事们提供即时的回报和认可。

8.2 评价方法

一般来说，管理者会使用本章下面将要介绍的一种或多种正式评价工具来进行实际的绩效评价。

图尺度评价法

图尺度评价法（graphic rating scale）可能仍然是大家最熟悉、最欢迎的绩效评价方法。如图 8-4 所示，一份典型的量表既包括所要评价的特征要素（比如"沟通交流""团队合作"等），也包括为每个特征要素所列举的绩效标准（从"低于期望"到"杰出榜样"）。主管人员找出其中某个最能反映下属员工在某一项特征要素上的实际表现的分数，然后在这个分数上画圈或者打钩，最后再将员工在所有要素上的得分进行加总。

基于胜任能力或者技能的图尺度评价法是另外一个选择。这种方法能够评价员工的胜任能力和技能。比如，图 8-5 就展示了一个比萨饼主厨评价表的一部分。在这个表中，餐厅想评价比萨饼主厨的工作相关技能，比如"能够保证充足的比萨饼面团存货"。此外，这个评价表还体现了员工展现胜任行为的程度。

作为另外一个例子，图尺度评价表格主要聚焦于员工展现出工作所需胜任能力的程度。图 8-6 的第一部分体现了这一点。[29]这里"有效地领导和激励护士"就是护士长的一个胜任行为。最后，正如图 8-6 的第二部分显示的那样，该表格还会评价员工在每个特定目标上的工作绩效。比如"在诊疗期内医疗单元的患者误诊率为零"就是一个例子。

绩效评价表格样本		
员工姓名：_____ 层级：入门级员工		
主管姓名：_____		

关键工作职责：	需要实现的结果或目标：
1. _____	1. _____
2. _____	2. _____
3. _____	3. _____
4. _____	4. _____

沟通交流

1	2	3	4	5
低于期望		达到期望		杰出榜样

低于期望	达到期望	杰出榜样
即使是在得到指导的情况下，也不能及时准确地准备好一些简单的沟通材料，包括各种表格、文书和记录；所完成的工作需要得到最低限度的修正。 即使是在得到指导的情况下，也不能通过灵活调整沟通风格和使用沟通材料来沟通一些简单的信息。	在得到指导的情况下，能够及时准确地准备好各种简单的沟通材料，包括各种表格、文书以及记录；所完成的工作需要得到最低限度的修正。 在得到指导的情况下，能够通过灵活调整沟通风格和使用沟通材料来沟通一些简单的信息。	能够及时、清晰、准确地独立准备好各种沟通材料，其中包括各种表格、文书和记录；所完成的工作几乎无须修正。 可以独立通过灵活调整沟通风格和使用沟通材料来沟通信息。

组织知识

1	2	3	4	5
低于期望 （在这里描述绩效标准）		达到期望 （在这里描述绩效标准）		杰出榜样 （在这里描述绩效标准）

个人效能

1	2	3	4	5
低于期望 （在这里描述绩效标准）		达到期望 （在这里描述绩效标准）		杰出榜样 （在这里描述绩效标准）

团队合作

1	2	3	4	5
低于期望 （在这里描述绩效标准）		达到期望 （在这里描述绩效标准）		杰出榜样 （在这里描述绩效标准）

完成经营目标

1	2	3	4	5
低于期望 （在这里描述绩效标准）		达到期望 （在这里描述绩效标准）		杰出榜样 （在这里描述绩效标准）

图 8 - 4 图尺度评价型的绩效评价表样本

资料来源："Sample Performance Rating Form from Performance Management: A Roadmap for Developing, Implementing and Evaluating Performance Management Systems" by Elaine D. Pulakos from *SHRM Effective Practice Guidelines*. Copyright © 2004 by SHRM Foundation. Reprinted with permission. All rights reserved.

职位：比萨饼主厨			
技能 1：能够保证充足的比萨饼面团存货	等级		
每个圆形的比萨饼面团都必须为 12～14 盎司，揉捏 2 分钟以上后才能进入恒温恒湿箱，需放置至少 5 小时。面团必须足够，且不能超过每日的需求	需要提升	满意	优秀

图 8-5　根据特定工作技能评价员工绩效的表格（其中一部分）

第一部分：胜任能力

该员工展现工作需要的胜任能力了吗？

展示领导力方面的胜任能力

有效地领导和激励护士；构建一个有助于提高护理能力的开放型文化；为护士设定清晰的目标；对护士提供支持；激励护士实现目标。

超过期望	达到期望	没有达到期望

展示指导技术胜任能力

有效地指导护士的技术性活动；展示有效指导护士技术性活动的知识和技能，比如保证护士能够准确地进行药物治疗、护理病人、有效地对症状进行干预和准确地实施医疗指导。

超过期望	达到期望	没有达到期望

展示指导管理胜任能力

有效管理：在医院计划的框架之下开发年度、月度和日常计划；有效地组织和分配护士工作；维持护士的人员规模并进行护士培训；运用医院层面的衡量指标来有效监督和管理护士绩效。

超过期望	达到期望	没有达到期望

展示沟通胜任能力

有效沟通：有效地倾听和理解他人的谈话；在写作和口头交流的过程中有效地将事实和观点相结合。

超过期望	达到期望	没有达到期望

展示决策胜任能力

有效地识别和解决问题并做出决策；运用数据分析方法支持结论；在高度复杂的情境下解决问题。

超过期望	达到期望	没有达到期望

第二部分：目标

在评价期间，这名员工达成他的目标了吗？

这段时期内员工应达成的主要目标（列举具体目标）	评价等级 5 超过目标 3 达到目标 1 没有达到目标				说明或者实例
目标 1	5	4	3	2	1	
目标 2	5	4	3	2	1	
目标 3	5	4	3	2	1	
目标 4	5	4	3	2	1	
目标 5	5	4	3	2	1	

员工姓名和签名	评价人员	评价日期

图 8-6 培生宾夕法尼亚医院胜任能力和基于目标的护士长评价表格

资料来源：Copyright Gary Dessler，phD.

交替排序法

绩效评价的另一种方法是，根据一种或多种特征要素来对员工进行从绩效最好到绩效最差的排序。由于一般来说，从员工中挑出绩效最好和绩效最差的人往往会比较容易，因此交替排序法是一种运用较为普遍的绩效评价方法。使用这种方法时，在如图 8-7 所示的表格上标注出，在被评价的某一特征方面表现最好的员工是哪一位，表现最差的又是哪一位。接着，再在剩下的员工中挑出表现次好的和次差的，以此类推，直至所有需要接受评价的员工都被排列完毕为止。

交替排序评价表
所依据的特征要素：＿＿＿＿＿＿＿＿＿＿＿
针对你所要评价的每一种特征要素，将需要加以排序的所有员工的姓名都列出来。将绩效水平最高的员工的姓名列在第 1 行的位置上；将绩效水平最低的员工的姓名列在第 20 行的位置上。然后再将绩效次好的员工的姓名列在第 2 行的位置上；将绩效次差的员工姓名列在第 19 行的位置上。将这一交替排序继续下去，直到所有员工的姓名都被列出来。
员工绩效水平排序（从高到低）：

1. ＿＿＿＿＿＿＿＿＿＿	11. ＿＿＿＿＿＿＿＿＿＿
2. ＿＿＿＿＿＿＿＿＿＿	12. ＿＿＿＿＿＿＿＿＿＿
3. ＿＿＿＿＿＿＿＿＿＿	13. ＿＿＿＿＿＿＿＿＿＿
4. ＿＿＿＿＿＿＿＿＿＿	14. ＿＿＿＿＿＿＿＿＿＿
5. ＿＿＿＿＿＿＿＿＿＿	15. ＿＿＿＿＿＿＿＿＿＿
6. ＿＿＿＿＿＿＿＿＿＿	16. ＿＿＿＿＿＿＿＿＿＿
7. ＿＿＿＿＿＿＿＿＿＿	17. ＿＿＿＿＿＿＿＿＿＿
8. ＿＿＿＿＿＿＿＿＿＿	18. ＿＿＿＿＿＿＿＿＿＿
9. ＿＿＿＿＿＿＿＿＿＿	19. ＿＿＿＿＿＿＿＿＿＿
10. ＿＿＿＿＿＿＿＿＿＿	20. ＿＿＿＿＿＿＿＿＿＿

图 8-7 交替排序法

配对比较法

这种方法要求你根据每一种特征要素将每一位员工与其他所有员工进行配对比较。假定你需要对 5 位员工进行绩效评价。那么，在运用配对比较法时，你首先应当画出如图 8-8 所示的图表，然后针对每一种特征要素将可能出现的所有员工配对情况都列举出来。接下来，针对每一种特征要素，将一个配对中哪位员工的表现更好一些、哪位员工的表现更差一些标注出来（分别用"＋"和"－"来表示）。最后，再将每一位员工得到"＋"的个数进行加总。在图 8-8 中，员工玛丽亚在工作质量方面排在最前面（她在这一要素上得到的"＋"最多）；而员工阿特在创造性方面则排在最前面。

| "工作质量"特征 | A. 阿特 | B. 玛丽亚 | C. 查克 | D. 蒂恩 | E. 琼斯 | "创造性"特征 | A. 阿特 | B. 玛丽亚 | C. 查克 | D. 蒂恩 | E. 琼斯 |
比较对象	A. 阿特	B. 玛丽亚	C. 查克	D. 蒂恩	E. 琼斯	比较对象	A. 阿特	B. 玛丽亚	C. 查克	D. 蒂恩	E. 琼斯
A. 阿特		＋	＋	－	－	A. 阿特		－	－	－	－
B. 玛丽亚	－		－	－	－	B. 玛丽亚	＋		－	＋	＋
C. 查克	－	＋		＋	－	C. 查克	＋	＋		－	＋
D. 蒂恩	＋	＋	－		＋	D. 蒂恩	＋	－	＋		－
E. 琼斯	＋	＋	＋	－		E. 琼斯	＋	－	－	＋	

在这里玛丽亚排在最前面　　　　　　　　　　　在这里阿特排在最前面

图 8-8　运用配对比较法对员工绩效进行评价

说明："＋"意味着"优于"；"－"意味着"次于"。在每一张图表上，将每一列的加号数量相加就能找到排序最靠前的员工。

强制分布法

在使用这种方法时，管理者需要按照一些预定的比例将被评价者划分到几个不同的绩效等级中，就像某个教授给出的"成绩曲线"一样。在《财富》500 强企业中，有超过 60% 的企业采用了强制分布法。在 Lending Tree 公司，排名前 15% 的员工被视为"1"，中间的 75% 的员工被视为"2"，最后 10% 的员工被视为"3"，只有"1"能够得到晋升。[30] 这种方法的优点在于：（1）避免上级在评价员工时出现"宽大化倾向"，而对绝大多数员工给出"满意"的评价；（2）让最优的和最差的员工凸显出来。

通用电气公司是第一家普及应用强制分布法的企业，现在，这家企业已经在强制分布法中注入了更多的灵活性。例如，它现在告诉管理者应当更多地利用常识来进行绩效等级的确定，而不是再严格坚持它原来一直采用的那种非常有名的 20%、70% 和 10% 的等级划分方法。[31]

缺陷

尽管这种方法被广泛使用，但是也有一些人对其持有异议。正如大多数学生知道的，强制分布系统是不通人情的。在强制分布法中，你要么是在成绩最好的 5% 或 10% 的组中（即能拿到 A 的人），要么就不是。毫无疑问，如果你在成绩最差的 5% 或 10% 的组中，你就只能拿到一个 F 了。你的教授没有给每个学生都打 A、B 或者 C 的自由。一项调查发现，77％的采用强制分布法的被调查企业都对这种方法至少存在"一些不满意"，其余 23％的企业则对这种方法不太满意。最大的抱怨在于：有 44％的企业说它损伤了员工士气。另外，47％的企业说它造成了各部门之间的不公平性。当高绩效的团队要将其中"最差"的员工（其实这部分员工和那些最差团队中最好的员工表现相当）裁掉的时候，这种不公平性会进一步增加。[32]一些人很不客气地把强制分布形容为"评级与封杀"（rank and yank）。[33]

正因为如此，企业毫无疑问需要小心谨慎地确保这种评价方法不会被管理者滥用。办公室政治和管理的偏见可能会破坏这种评价。为避免员工对偏见的抱怨，管理者需要采取一些措施。[34]比如，指定一个审查委员会来对绩效排序靠后的员工的情况进行复核；通过培训让评价者了解保持客观性的方法；考虑在运用强制分布法时利用多位评价者来进行评价。

多年以来，微软公司要求管理者在一个包含 5 个等级的评分表中互相打分。[35]最近，微软取消了这种打分的方式，而是采用更加频繁的定量反馈的方法评价员工。

关键事件法

在采用关键事件法时，主管人员需要记录下属员工的工作相关行为中好的或差的绩效事例（关键事件），然后在预定时间与下属一起回顾这些事件。企业常常汇总这些关键事件，作为员工评价或排序方法的补充。这些关键事件记录可以提供一些具体的例子，帮助下属员工搞清楚可以通过做哪些事情来消除自己的绩效缺陷。如果有必要，它还可以提供年终纠正偏差的机会。汇总整个年度的关键事件还可以尽量避免上级只关注员工在最近几周的绩效表现，减少评价误差。

行为锚定等级评价法

行为锚定等级评价法综合了定量评价和关键事件法的优点，即用一些特定的代表优良绩效和不良绩效的具体事例（心理学家所谓的"行为能力"）来对一个量化的评价尺度加以解释或进行锚定。图 8－9 展示了行为锚的一个例子。它是为推销员的"推销技能"这一特质所开发出的一个行为锚定等级评价尺度。该评价尺度包括 10 个等级，分别代表了从工作绩效"非常好"（10）到工作绩效"非常差"（1）的不同绩效水平。然后，他们用一些具体的关键事件（"顾客说他不喜欢我们汽车的外观，而销售员告诉顾客'我们卖的就是这种款式'，那么顾客可能更乐意光顾我们的竞争对手"）来明确界定或说明不同等级的绩效到底是什么样的。

实践中的评价表

在实践中，绩效评价表格往往会综合运用几种绩效评价方法。如图 8－4 所示，它是一种用具体的行为胜任能力预期（好的或差的绩效表现）加以支撑的图尺度评价方法。这些预期指出了评价者应当在员工身上寻找哪些内容。即使企业所使用的图尺度评价方法不混合更复杂的行为锚定等级评价法，企业也能通过在评价尺度中增加一些行为锚定的内容（见图8－4）提高绩效评价量表的信度和效度。

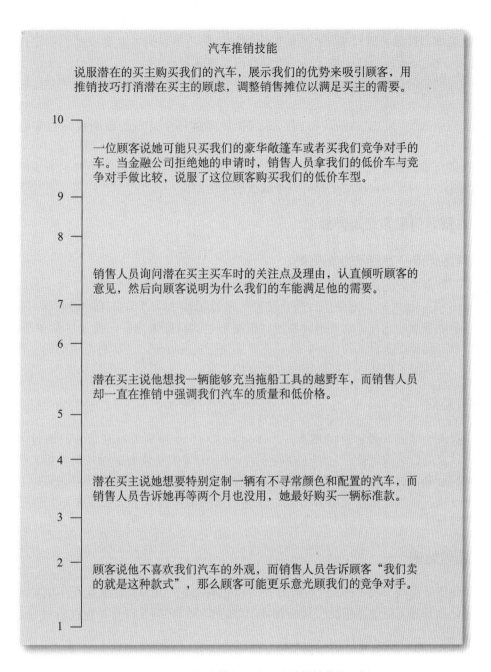

图 8-9　行为锚定等级评价尺度的推销技能示例

目标管理法

目标管理法通常是指一种多步骤的且在整个组织范围内使用的目标设立和评价计划。它要求管理者与每个员工一起设立具体的、可衡量的且与整个组织相关的目标,并且定期讨论员工的目标完成情况。虽然这种方法仍然很常见,但是其影响力已经不如以前了。[36]其步骤如下:

1. 设立组织目标。确定整个企业在下一年的计划和目标。

2. 确立部门目标。部门领导和他们的上级共同设立各部门的目标。

3. 讨论部门目标。部门领导和他们的下属讨论部门的目标，并要求他们制定自己的个人目标。他们应该要问：每个员工如何帮助部门实现其目标？

4. 界定期望的结果（设立个人目标）。部门领导和他们的下属共同为后者制定短期绩效目标。

5. 进行绩效评价。经过一段时间，部门领导要拿每个员工的预期目标与实际绩效相比较。

6. 提供反馈。部门领导要定期与员工进行绩效评价面谈。他们需要讨论下属的绩效表现，并且制订一些计划来让员工保持高绩效或纠正偏差。

通过人力资源信息系统提升绩效

计算机化和基于互联网的绩效评价

如今，越来越多的企业开始运用计算机化的或基于互联网的绩效评价工具。希捷科技公司（Seagate Technology）则使用"企业套件"来管理其 3.9 万名员工的绩效。[37] 在希捷公司的第一个财务季度，员工就要进入系统，根据公司的目标来为自己设定目标和开发计划。员工每个季度都要更新自己的计划，然后在年底进行自我评价，之后再由他们的主管加以审查。图 8-10 展示了另外一个很好用的在线评价工具。

虚拟评价游戏

由于对现行绩效评价程序的不满，Persistent System 技术公司开始转向通过"评价游戏"的方式来施行绩效评价。它们让游戏公司 eMee 开发了一款虚拟游戏，使得公司的员工可以互相奖励和评价。每一位员工在游戏中都有一个虚拟身份，通过这个身份可以互相之间进行即时反馈，包括虚拟的礼物和分数。这样的系统似乎减少了员工流失率并提升了绩效水平。[38]

电子化绩效监测

电子化绩效监测（electronic performance monitoring，EPM）系统在利用电脑网络技术的基础上，使管理人员能监测员工从事在线工作的频率、准确性以及花在电脑和办公电话上的时间。[39]

电子化绩效监测系统也能够起到提高生产率的作用。例如，在那些工作较为常规的职位上，与技能熟练但不受监测的人相比，那些技能熟练同时受到监测的人通常能够用键盘输入更多的信息。但是，电子化绩效监测系统有时也会适得其反。在同一项研究中，那些技能水平较低且受到严密监测的人反而比那些技能水平同样较低但不受监测的人做得更差。此外，电子化绩效监测系统似乎还会增加员工的压力。[40]

人才管理和员工评价

在第 4 章中我们将人才管理定义为包括人力资源规划、招募、开发、绩效管理和薪酬支付的以目标为导向的一整套流程。大部分的企业还是倾向于将员工的绩效与工资和报酬的提

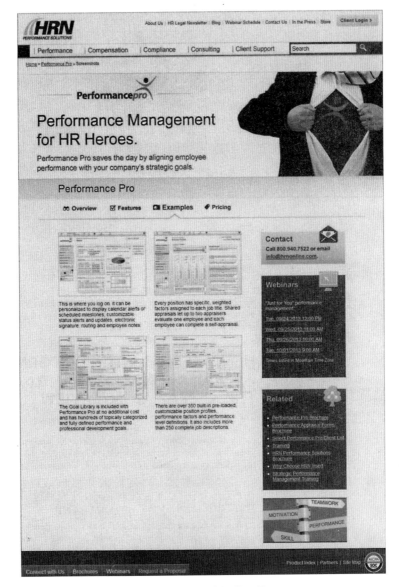

图 8-10　在线评价工具

资料来源："Online Appraisal Tool," from HRONLINE. COM website. Copyright © 2012 by HRN Performance Solutions. Reprinted with permission. All Rights Reserved. www. hrnonline. com/Screenshots-1128. html. accessed September 13, 2013.

升联系到一起。然而，在一些人才管理的最佳实践中，这种理念是存在问题的。人才管理强调将人力资源决策与企业目标联系到一起。因此人才管理的理念认为，仅仅基于绩效表现来加薪或提供发展机会以及其他稀缺资源的方式已经意义不大。今天，企业需要把它们的注意力和资源放在承担企业关键任务的员工身上，而这些员工对企业实现其战略目标至关重要。

图 8-11 介绍了一种分类方法。埃森哲公司使用一个 4×4 的战略角色评估矩阵来划分员工。其中，横轴表示员工绩效（分为优秀、高、中、低四个等级），纵轴表示员工对组织的价值（分为关键、核心、必要、不必要四类）。比如，这里有一家生产先进的污染

控制设备的化学工程公司。该公司里面有经验的工程师可能是关键员工；工程培训生是核心员工；销售、会计和人力资源是必需人员；而外设和能够外包的员工（比如负责维护工作的员工）一般不是必需的。公司会将薪酬、开发、解雇和其他人事决策同每个员工在矩阵中的位置结合起来。

		绩效		
	优秀	高	中	低
关键	(1)	(2)	(2)	(3)
核心	(1)	(2)	(2)	(3)
必要	(2)	(2)	(3)	(4)
不必要	(3)	(3)	(4)	(4)

员工对组织的价值

区域（1）：为员工提供额外奖励、经验和发展机会以使个人和组织受益

区域（2）：为员工提供培训和经验以使其准备好承担关键任务

区域（3）：让员工意识到处境不利，并对其提供额外培训和加强关注以改进激励和绩效，促使其向必要或核心角色转换

区域（4）：剥离或寻求外包服务

图 8 - 11　埃森哲战略角色评估矩阵

资料来源："The New Talent Equation" from *Outlook*，June 2009. Copyright © 2009 by Accenture. Reprinted by permission. All rights reserved.

对话日

瞻博网络公司（Juniper Networks，Inc.）的员工对他们的年度绩效评价和贫乏的绩效反馈表示不满之后，公司决定改变流程。对每年一次的绩效评价取而代之的，是半年一次的"对话日"。这种形式强调管理者和员工对绩效提升领域进行对话，并将目标设置与员工的职业兴趣联系到一起。这里不涉及明显的绩效等级。

8.3　处理绩效评价问题和绩效评价面谈

瞻博网络公司的担忧体现了绩效评价中一个令人不快的事实。正如前面所述，员工可能会将绩效评价看成是不公平、没有帮助、适得其反的。[41]同样，当主管人员在进行绩效等级评价时也感到不舒服。要想解决这种问题，必须知道问题之所在，明白解决的方案。正如接下来的"构建你的管理技能"专栏中谈到的，解决公平性问题是重中之重。

➡ 构建你的管理技能

如何确保公平

第一项任务就是确保下属把绩效评价看作公平的。研究表明，在实践中，一些管理者忽视了绩效评价的准确性和诚实性。相反，他们利用绩效评价过程来达到自己的政治目的（比

如，迫使那些与他们关系不好的人离开公司）。[42]

直接主管与员工的关系可能是最重要的因素。[43]直接主管应该通过公开的关系、进行可持续的正式的绩效谈话、诊断和解决绩效问题、运用结构性的方法进行反馈谈话等方式构建信任。[44]图 8-12 概括了一些有助于实现公平的绩效评价的最佳实践。

- 员工应该事先知道他们的绩效是被如何评价的，而且他们的目标应该是有效设置的。根据可观测的工作行为、客观的绩效数据和职位描述进行绩效评价。
- 确保员工的目标与组织的目标保持一致。
- 让员工事先知道绩效评价的方式。
- 确保你有足够的机会来观察员工的工作绩效。
- 确保你了解评价的程序。
- 考虑自己的人格特征。在"责任心"上得分更高的评价者倾向于将其同事定在更低的等级上——因为他们更加严格。在"宜人性"上得分更高的评价者会对他人给出更高的排名。
- 确保整个过程是连续一致的。当评价者对下属的加薪进行评价时会比给予职业生涯建议时更加宽容。
- 记录绩效评价的结果。
- 与员工讨论评价的结果。
- 根据你们的评价情况让企业提供相应的投入。
- 指出员工在哪些地方需要改进。
- 让直接主管对绩效评价结果进行评估。
- 建立一套绩效评价结果申诉机制。

图 8-12 有助于实施公平的绩效评价的最佳实践精选

资料来源：Based on Richard Posthuma, "Twenty Best Practices for Just Employee Performance Reviews," *Compensation and Benefits Review*, January/February 2008, pp. 47-54; www. employeeperformance. com/PerformanceManagement Resources/Best Practicesfor PerformanceAppraisals. php, accessed July 2010; and www. successfactors. com/articles/ optimizeperformancemanagement, accessed July 2010. Reprinted with permission of the Society for Human Resource Management (www. shrm. com), Alexandria, VA, Publisher of *HR Magazine*, © SHRM.

明确标准

通常情况下，评价量表中的绩效标准过于宽泛而无法准确理解。如图 8-13 所示，尽管这个评价量表看上去很客观，它却很可能会导致不公正的评价结果。原因是，这张表对绩效特征及其好坏程度所做的说明都非常模糊。比如，不同的主管人员可能会对何谓"良好"的绩效做出不同的解释。同样的情况也会发生在"工作质量"这一绩效特征上。解决这个问题最好的办法就是用一些陈述性的语句来界定或描述每一项绩效特征及其好坏程度。

	优秀	良好	一般	较差
工作质量				
工作量				
创造性				
完整性				

图 8-13 一份没有明确标准的图尺度评价量表

避免晕轮效应

晕轮效应通常是指这样一种情形，即你对下属某个具体特征（比如，"与他人的相处状况"）的评价影响了你对该下属其他方面（比如，"工作质量"）的评价。比如，在对那些不能友好对待他人的员工进行绩效评价时，主管人员往往会对这些人在其他所有方面的绩效都给出较低的评价，而不仅仅是对其在"与其他人友好相处"这一绩效特征上的表现给出较低评价。评价者本人要想避免这一问题，首先要能够意识到这一问题的存在。

避免居中趋势

居中趋势是指许多管理人员基于绩效评价尺度给员工打分的时候，喜欢将评价结果确定在中间的位置上。比如，如果评价尺度的等级范围是从1级到7级，那么，他们倾向于避开那些较高的等级（6级和7级），同时也避开那些较低的等级（1级和2级），而是把他们的大多数员工都评定在3～5级的水平上。这种评价结果对于企业做出晋升和薪资决策，或者是向员工提供咨询来说就没有什么用处。如果对员工进行排序，而不是采用图尺度评价法来进行评价，就能够在一定程度上避免这种居中趋势的出现，因为排序本身就意味着你不能把他们全都排在中间位置上。[45]

避免宽大化或严格化倾向

相反，也有一些管理者存在着对下属员工的工作绩效做出较高或较低评价的倾向。正如一个研究者所言："在各种可以观察到的绩效评价误差中，绝大部分都是由评价者的个人偏见所导致的。"[46]同样，解决办法就是要求主管人员必须对员工加以排序，那么他们就必须在员工中区分出绩效优异者和绩效较差者。

可能你做出的评价并没有想象中的那么客观。一项研究关注了性格如何影响学生之间的相互评价的问题。在"责任心"这一人格特征上得分较高的评价者，往往倾向于对他们的同事做出等级较低的评价；而在"宜人性"特征上得分较高的评价者，则倾向于做出等级较高的评价。[47]

多元化的重要性

避免偏见

同样，被评价者的个人特征（例如年龄、种族和性别等）也会影响到他们自己的评价结果，甚至与他们个人的实际绩效相去甚远。例如，有研究发现，评价者常常倾向于贬低女性员工的绩效表现，尤其是当这些女性员工在那些看似只有男性才能胜任的职位上表现优异时。[48]在一项新的研究中，研究者让受控的评价者浏览某人的信息，而这个人是30个已经完成为期一年的管理培训项目的人之一。研究者努力让人们认为这个培训计划主要是针对男性员工的。研究者发现评价者会对在这些任务中表现好的女员工进行惩罚。正如一位研究者说的："有很多因素导致个体不受欢迎，比如表现出令人讨厌的行为、显得傲慢、固执和吝啬等，但是，只有女性会因为其在非传统的工作领域中取得成功而导致其不受欢迎。"[49]

表 8－1 概括了这些最普遍的评价方法是如何解决上述问题的。

表 8－1 各种绩效评价工具的主要相同点/不同点和优缺点

绩效评价工具	相同点/不同点	优点	缺点
图尺度评价法	这两种方法都是依据所列的客观标准来衡量员工的绝对绩效值	使用简便；能为每一位员工提供一种量化的评价结果	评价标准可能会比较模糊；晕轮效应、居中趋势、宽大化或严格化倾向、个人偏见等都可能会成为问题
行为锚定等级评价法		能够为评价者提供一种"行为锚"；可能会非常精确	开发设计难度较大
交替排序法	这两种方法则是依据客观标准来比较员工的相对绩效的高低	使用简便（但还是不如图尺度评价法简便）；能够避免居中趋势和图尺度评价法的其他一些问题	可能会引起员工的不同意见，并且如果所有员工的实际绩效都很优秀，这种做法也可能是不公平的
强制分布法		按照事先确定的数量或百分比最终将被评价者放入每一个绩效等级之中	员工最终得到的评价结果取决于评价者将临界点选择在哪里（比如"前 10％"）
关键事件法	它们都是主观的、描述性的绩效评价方法	可以帮助评价者确认在员工的绩效中什么是"正确的"，什么是"错误的"；它能迫使主管人员对下属员工的绩效进行持续性的评价	很难对员工做出评价或者是难以对员工的绩效进行排序
目标管理法		能够把评价者和被评价者的注意力紧紧地吸引到双方都认可的绩效目标上来	比较耗费时间

➡ **了解你的雇用法律**

绩效评价

绩效评价会影响加薪、晋升、培训机会和其他人力资源决策。如果管理者在评价时持有偏见或没有能力做出合适的评价，那么他如何依此做出晋升决策呢？例如，一位 36 岁的主管人员把一名 62 岁的员工的绩效评为本部门中最低的一级，然后解雇了这位老员工。后来美国第十巡回上诉法庭认为，这位年轻上司的歧视性动机有可能使他做出了带有偏见的评价和解雇决策。[50] 图 8－14 总结了确保你的绩效评价符合法律的步骤。

- 通过职位分析确定绩效评价标准。
- 在开始阶段，要以书面形式与员工沟通绩效标准。
- 通过评价每个绩效维度（比如质量、数量和与人相处状况等）来给出你的评价，而仅仅使用一个笼统的整体评价或员工排名是不被法庭认可的。* 法庭经常认定这样的评价系统含糊不清。

- 包括员工申诉程序。在评价盖棺论定之前，员工应该有机会以口头或书面形式查看或评论你给他们的评价，而且应该有正式的程序保证他们为自己的评级申诉。
- 单个评价者不应该有绝对的权力去裁定一个人的行为表现。
- 以书面形式记录对个人决策有影响的所有信息。无一例外，法庭会谴责那些没有文件记录的、非正式的绩效评价实践。**
- 培训上级主管如何使用评价工具。如果无法组织针对评价者的正式培训，至少为他们提供文字说明书，告诉他们如何使用评价量表。***

图 8-14　确保你的绩效评价符合法规的步骤

* James Austin, Peter Villanova, and Hugh Hindman, "Legal Requirements and Technical Guidelines Involved in Implementing Performance Appraisal Systems," in Gerald Ferris and M. Ronald Buckley (eds.), *Human Resources Management*, 3rd ed. (Upper Saddle River, NJ: Prentice Hall, 1996), pp. 271-288.

** Austin et al., op. cit., p. 282.

*** Manuel London, Edward Mone, and John Scott, "Performance Management and Assessment: Methods for Improved Rater Accuracy and Employee Goal Setting," *Human Resource Management* 43, no. 4, Winter 2004, pp. 319-336; Wayne Cascio and H. John Bernardin, "Implications of Performance Appraisal Litigation for Personnel Decisions," *Personnel Psychology*, Summer 1981, pp. 211-212; Gerald Barrett and Mary Kernan, "Performance Appraisal and Terminations: A Review of Court Decisions Since *Brito v.* Zia with Implications for Personnel Practices," *Personnel Psychology* 40, no. 3, Autumn 1987, pp. 489-504; Elaine Pulakos, *Performance Management*, SHRM Foundation, 2004.

接下来的"构建你的管理技能"专栏介绍了你可以采取一些步骤使你的评价合乎法律。

➡ **构建你的管理技能**

如何进行绩效评价面谈

绩效评价过程最终都会发展到绩效评价面谈阶段。在这个面谈过程中，主管人员及其下属共同对绩效评价结果进行讨论，然后共同制订计划来弥补一些绩效缺陷，同时强化员工的绩效优势。很少有人会喜欢得到或者提供负面的反馈。[51]因此，充分的准备和有效的执行对于绩效评价面谈取得成功来说是非常必要的。

首先是为面谈做好准备。研究员工的职位描述，将其绩效与之比较，并回顾该员工的历史业绩。接下来，至少能够提前一周通知员工让其回顾自己的工作，阅读职位说明书，分析问题，并把问题和意见汇总起来。最后，要选定一个对于双方来说都比较合适且比较充足的时间段来进行面谈。与办公室文员这样一些低级别的员工进行绩效面谈的时间不要超过 1 小时。而与管理类员工进行绩效面谈，常常要花 2～3 小时的时间。确保绩效面谈是在一个不被电话或者访客影响的私密环境中进行。

在实际进行绩效评价面谈时，你应当牢记以下几个要点：

1. 根据客观的工作数据进行谈话。要记住，面谈的主要目的是巩固令人满意的绩效或诊断和改进令人不满意的绩效表现。因此，面谈应该是直接而具体的。根据客观的工作数据，比如使用质量记录、迟到等方面的例子来进行面谈。

2. 不要涉及个人品质。不要说"你这报告写得太慢了"，相反，要将员工的绩效和标准进行比较（比如"一般而言这些报告要在 10 天内完成"）。同样的道理，不要将员工的绩效同他人比较（比如"他比你干得快"）。

3. 鼓励员工开口说话。停下来倾听员工说的话，询问开放性的问题，比如"你认为应该怎么做才能改善局面？"运用诸如"继续""再说下去"等命令语气。重申员工最后的观点来作为一个问题，比如"你不认为能把这个工作做好吗？"

4. 用一个行动计划结束面谈。不要涉及个人，但是一定要让员工在离开的时候知道自己行为的正确与否。列举一些详尽的例子并确保员工理解它们；在员工离开的时候与其就改进工作的方式和时间节点达成一致意见。开发一个包含具体步骤和期望结果的行动计划。

如何处理抵触的下属

抵触是我们生活当中既熟悉又重要的一种反应。例如，当一个人被指责绩效不佳时，他的第一反应通常是否认。员工通过否认错误来避免对其能力的质疑。

在任何情况下，理解抵触、处理好抵触行为都是一种很重要的评价技能。心理学家莫蒂默·范伯格（Mortimer Feinberg）在他的著作《有效管理心理》（*Effective Psychology for Managers*）中给出了下列建议：

1. 认识到抵触行为是很正常的。

2. 不要攻击这个人的自我防御性。例如，这样跟他说，"你自己很清楚，你找这种借口的真正原因是，你无法忍受别人对你的指责"。相反，把面谈的焦点放在他的绩效表现上（比如"你的销售额正在下滑"），而不是他本人身上（比如"你没有卖出足够的商品"）。

3. 推迟行动。有时候最好的方法是什么也不做。人们在应对突然的威胁的时候，往往会立刻把自己隐藏在"面具"之下，而给他们足够的时间以后，他们就会更加理性地行动。

4. 认识到你自身的局限。不要期待能够把所有问题都解决，特别是人的问题。更为重要的是，管理者并不一定要做一个心理学家。展现出理解是一方面，而解决心理问题是另外一方面。

如何批评下属

当一定要批评员工时，要确保批评的方式能够给予员工尊重和价值。批评需要私底下进行，而且结构化。在批评的时候要给出具体的事例，并且就未来能做和不能做的事情给予特定的建议。要每天向员工反馈问题，而不是一年才进行一次评议，这样就不会让正式的绩效评论变得意外。永远也不要说这个人"总是错的"（因为没有人总会是对的或者错的）。最后，批评应该是客观的，不带任何个人偏见的。

如何确保绩效面谈能够提升绩效

下属是否对绩效评价面谈感到满意，取决于以下几个方面：在面谈过程中没有感到被威胁、有机会阐明自己的观点、实施面谈的主管乐于帮助。但是，并不是说下属对绩效面谈满意就可以了。面谈的主要目的是提升绩效。因此，与员工一起应对工作相关的问题，设定可衡量的绩效目标以及实现目标的行动计划就显得非常必要了。

许多管理者对绩效评价还是有个错误的认识：展示员工的绩效差距就能够提升绩效。在许多情况下，这并不足够。为这些员工提供工具和支持就显得非常必要了。[52]

如何处理一份正式的书面警告

有的时候员工的绩效的确很差，这就需要一份正式的书面警告了。这种警告具有两种目的：（1）它可以使员工摆脱坏习惯；（2）它在公司老板和法庭面前保护你做出的等级评价。书面警告需要确定员工被衡量的标准，让员工更加清楚地认识标准，将员工未能达标的地方更加细化，并告诉员工改进绩效的机会。[53]

理解这些以后，你觉得在本章开篇中，菲利斯在对格拉迪斯的评价中做错了什么，应当如何纠正？

■ 8.4 管理者的员工敬业度指南

通过绩效面谈提升员工敬业度

研究发现，管理者可以通过绩效面谈来提升员工敬业度。这里展示了相关研究结论和启示。

1. 那些知道自己及其所在部门对公司成功有重要作用的员工更具敬业度。[54] 因此，抓住机会来展示员工对"大局"——他所在团队和公司成功的贡献。

2. 另外的研究显示，当员工感受到"心理意义"（比如感觉到自己在组织中的作用有价值和意义）时，其敬业度水平会提升。[55] 运用绩效面谈来强调员工对公司的重要作用。

3. 当员工感受到"心理安全"（比如在承担责任的时候不用担心破坏自身的形象、地位和职业生涯）时，其敬业度水平会提升。[56] 因此，更加真诚和客观地对待员工，避免损害员工的形象。[57]

4. 运用绩效面谈来确保员工具备把工作做好的工具。用一个作者的话来说，就是"有效地为员工提供内部支持、资源和工具"。[58]

5. 员工和管理者面对绩效评价时都会表现出惊恐，这是因为评价总是关注负面因素。管理者应当真诚、诚实，但许多人还是不可避免地强调负面因素。而这样一来员工的敬业度就会降低。在一项调查中，盖洛普公司要求 1 000 名美国员工对以下两种陈述做出回答："我的直接主管专注于我的优点或者积极的性格""我的直接主管专注于我的弱点或者消极的性格"。研究发现，与聚焦缺点的管理者相比，将注意力放在优点上的管理者下属的高敬业度员工数量是前者的三倍。[59]

6. 研究表明，让员工参与决策制定并说出他们的想法和意见能够提升员工敬业度。[60] 在运用绩效面谈的时候，管理者要展示自己对员工意见的倾听和对他们贡献的珍视。

7. 当员工有机会开发自己职业生涯的时候，他们的员工敬业度会上升。[61] 在绩效面谈期间，要让员工看到自己是走在正确的职业轨道上，并谈谈你对他的评价。[62]

8. 研究表明，"分配公平（人们获得的结果）和信息公平（人们获得的信息）与员工敬业度之间存在明显的正相关关系"。[63] 底线是，要确保被面谈者将评价的结果和修正机制看成是公平的。

■ 8.5 绩效管理

绩效评价在理论上看来还不错，但在实践中通常运行得不好。绩效管理是指识别、衡量以及开发个人和团队绩效，并且使这些绩效与组织的战略目标保持一致的一个持续性过程。本部分我们将详细地讨论绩效管理。

全面质量管理与绩效管理

管理专家很久之前就认为，绩效评价既不能激励员工，也不能指导他们的发展。[64]一些全面质量管理的支持者甚至认为，应当完全取消绩效评价。[65]所谓全面质量管理，指的是在组织范围内整合所有经营功能和流程的计划，比如设计、计划、生产、分配、服务等企业活动的方方面面，以通过持续的改进将顾客满意度最大化。[66]全面质量管理的哲学是基于以下原则：不要依靠监督来达成质量；目标聚焦持续改进；提供大量的培训；去除员工内心的恐惧以使他们有效工作；排除夺走员工工作中主人翁精神的因素（比如年度绩效排名）；构建有活力的自我提升项目；等等[67]。总的来说，全面质量管理认为组织是一个各部分互相联系的系统，员工的绩效不仅仅具备激励功能，还具备培训、沟通和监管的功能。

那持有这样的哲学的公司又是如何推动绩效评价的呢？前往肯塔基州莱克星顿的丰田公司凯美瑞工厂的参观者可以发现这样的系统：自我管理团队监控本团队的产出，无须任何管理者的干预；在频繁的会议交流中，团队成员持续地将工作产出与绩效标准、工厂的整体质量、生产率目标进行比对；所有需要培训和教练辅导的员工都得到了指导；需要改进的流程也得到了改进。

什么是绩效管理

这是指实践当中的绩效管理。在对绩效管理与绩效评价进行比较时，"两者的区别在于，一种是在每年年底发生的事件——填写绩效评价表格，另一种则是从年初的绩效计划开始的一个过程，它与一年当中的员工管理方式是紧密结合的"。[68]**绩效管理**（performance management）是识别、衡量和开发员工个人及团队绩效，并将他们的绩效与组织目标联系到一起的持续性的过程。[69]

我们可以将绩效管理的六项基本要素概括如下[70]：

● 目标共享意味着在整个公司中沟通企业的目标，然后将这些目标转化为可实现的部门目标、团队目标以及个人目标。

● 目标整合意味着用一种方法使管理者和员工都能看清楚员工的工作目标与其部门的目标以及整个公司的目标之间存在的联系。

● 持续性绩效监测通常涉及运用计算机化的系统，对一位员工在实现其绩效目标的过程中所取得的进展情况做出评价，然后通过电子邮件发送进度报告或异常报告。

● 持续性反馈包括通过面对面的方式以及通过计算机的方式来对在实现目标过程中所取得的进展提供反馈。

● 教练辅导和开发支持是整个反馈过程必不可少的一个组成部分。

● 认可和奖励通过提供某种结果性因素，来确保员工的绩效能够在有利于实现目标的预定轨道上前进。

利用信息技术支持绩效管理

绩效管理并不一定都是高科技的。然而，信息技术的确能够帮助管理者实现绩效管理的自动化，并实时监测和纠正偏差。我们可以把这种以信息技术作为支撑的绩效管理过程总结如下：

● 沿着能够导向公司整体战略目标实现的战略地图上的活动链，为每个团队的活动分配财务目标和非财务目标。（例如，某家航空公司用"今年将飞机的地面周转时间从每架飞机 30 分钟降低至每架飞机 26 分钟"这样一种目标，来衡量公司地勤人员实现的飞机周转时间。）

● 告知所有员工，让他们知道自己的目标。

● 使用诸如在线绩效管理软件以及数字仪表盘等信息技术支持工具，持续性地展示、监测和评价每一个团队以及每一位员工的绩效。特殊的绩效管理软件能够帮助管理层实时检查每一个团队的绩效，并确保团队能够在问题失控之前就采取纠正措施。图 8-15 展示了一份在线版的员工绩效管理报告样本。

PERFORMANCE GOAL MANAGEMENT

Report Card · Link · Edit · Options · Copy

Details - 2013 Performance Goal Scorecard — In Progress (01/01/2013 - 12/31/13)

Goals for Brown, Lisa — Score 4.5

Employee's Individual Performance Goals

Goal	Target	Weight	Score	Date
Achieve 10% Sales Increase	8	45	7.0	June 2013
Improved Customer Satisfaction Rating	4.2	25	4.0	June 2013
Meet Budgetary Constraints	5	15	2.5	June 2013
Improved Leadership Ratings	4.8	15	4.5	June 2013

Departmental Performance Goals

Goal	Target	Weight	Score	Date
Achieve 15% Sales Increase	5	50	3.5	June 2013
Increase Online sales 10%	3.5	25	2.8	June 2013
Meet Budgetary Constraints	5	10	4.2	June 2013
All Employees Cross-Trained on All Products	4.5	15	3.5	June 2013

图 8-15 在线员工绩效管理报告

资料来源：Based on "Personal Goal Management" from the Active Strategy website. Copyright © 2012 by Active-Strategy, Inc.

最后，如果已经对员工的绩效提出了明确的期望，那么在事情失去控制之前就要对其采取矫正计划。"全球人力资源管理实践"专栏提供了一个例子。

➡ **全球人力资源管理实践**

GDAS 公司的绩效管理

GDAS 公司为军队、工业和商业用户设计、开发和生产高标准的产品。[71] 该公司根据不同的项目来组建团队，每个团队及其成员都有收入、销售、运输和顾客满意度的责任。正是由于这样的组织方式，公司必须更好地跟踪团队的绩效，监控和管理整个公司的绩效水平。

公司的绩效衡量报告系统通过商业指标计分卡来处理和汇报绩效指标情况。计分卡从三个方面展示了每个团队的绩效指标：实际情况、最低计划、现有计划。该系统计算并展示了实际绩效与计划绩效的差异。

公司采用了多种计分卡来显示团队和分区绩效指标。同时，计分卡还确保了公司在一个系统内就可以保持关键绩效数据，管理者也可以通过内网方便地处理信息。该计分卡向公司提供了大约 450 份绩效报告和图表。而如果让员工手工制作这些报告的话则需要 13 个人。这一绩效衡量报告系统仅耗资 100 万美元，它将整个报告和图表都自动化了。

资料来源："Best Practice：Performance Measures Reporting System," Best Manufacturing Practices Center of Excellence，www.bmpcoe.org/bestpractices/internal/gdas/gdas_11.html，accessed April 5，2013.

管理者在绩效管理中的作用

技术虽然很有用，但对于运用绩效管理方法来进行评价的管理者而言并不是强制性的要求。管理者必须具备的是正确的管理哲学和工作行为。在管理哲学方面，绩效管理反映了全面质量管理中的一些理念，比如不要依靠监督来达成质量、目标聚焦持续改进、提供大量的培训、去除员工内心的恐惧以使他们有效工作、排除夺走员工工作中主人翁精神的因素等等。在行为方面，这意味着将员工绩效目标与公司目标相连接，对下属进行持续的反馈，提供必要的资源并且指导、回馈好的绩效表现。[72]最为重要的是，管理者要记住，员工的绩效不仅仅反映了他是否得到了激励。

本章小结

1. 绩效评价意味着根据绩效标准对员工过去或现在的绩效进行评估。管理者评价其下属的绩效主要是基于以下目的：为晋升和加薪决策提供依据，为纠正绩效缺陷制订计划，或者是为了职业生涯规划，等等。上级评价仍然是绩效评价的核心所在。

2. 管理者通常用一种或多种流行的绩效评价方法或工具来进行绩效评价。这些方法包括图尺度评价法、交替排序法、配对比较法、强制分布法、关键事件法、行为锚定等级评价法、目标管理法和电子化绩效监测等。

3. 绩效评价过程首先可以通过消除积重难返的问题——这些问题常常影响评价过程，尤其是使用图尺度评价法时——来得到改进。这些常见的问题包括绩效标准模糊、晕轮效应、居中趋势、宽大化或严格化倾向以及偏见。绩效评价过程最终都会发展到绩效评价面谈阶段。面谈一般要做好以下准备，包括：提前通知下属、查看下属的职位说明书和过去的绩效、选择合适的场所进行面谈、留有足够的面谈时间。

4. 管理者可以通过绩效面谈来提升员工的敬业度。在进行面谈时，要记住面谈的主要目的是巩固令人满意的绩效或诊断和改进令人不满意的绩效表现。应该准确分析客观的工作数据，并制订一定的行动计划。员工的自我防御性是正常的，管理者要恰当处理。

5. 绩效管理就是指识别、衡量以及开发个人和团队绩效，并且使这些绩效与组织的战略目标保持一致的一个持续性过程。与绩效评价不同，绩效管理绝不意味着只是与下属在一年中会面1～2次，并评价其绩效。它意味着持续的、每日或每周的接触和反馈，以确保员工和团队的能力和绩效持续得到改进。

讨论问题

1. 绩效评价应该由谁来做？
2. 请至少对八种绩效评价方法的优缺点进行讨论。
3. 说明如何进行绩效反馈面谈。
4. 举例说明五个潜在的绩效评价问题。

5. 说明如何实施一项绩效管理计划。

6. 说明如何进行员工分类和积极的人才管理。

7. 请说明你将会如何使用交替排序法、配对比较法以及强制分布法来进行绩效评价。

8. 请讨论安排不同的潜在评价者对一个人的工作绩效进行评价的优点和缺点。

个人和小组活动

1. 以个人或小组为单位，为以下几种职位开发图尺度评价的标准：秘书、教授、查号服务台话务员。

2. 以个人或小组为单位，描述采用强制分布法来对大学教授进行绩效评价的优点和缺点。

3. 以个人或小组为单位，用一周的时间，以你们班的一位老师为对象，编制一份反映其在课堂上的工作绩效的一系列关键事件。

4. 以个人或小组为单位，评价图 8-1 所示的评价量表，并讨论如何对其进行改进。

5. 为你工作的地方或大学创建一个类似的埃森哲矩阵，并说明你将如何把员工分为四组。

人力资源行动案例事件 1　斯威特沃特州立大学秘书的绩效评价

罗伯·温彻斯特（Rob Winchester）最近被任命为斯威特沃特州立大学（Sweetwater State University）负责行政事务的副校长，刚工作不久他就面临着一个严峻的问题。9 月（也就是在他刚刚上任 3 周的时候），校长就告诉他，他的首要任务之一是改进对斯威特沃特州立大学的秘书和行政人员进行绩效评价的系统。这件事的麻烦之处在于，绩效评价在传统上往往都是与年底的加薪直接联系在一起的。斯威特沃特州立大学原来在对秘书和行政人员的工作绩效进行评价时所使用的工具是图尺度评价法，因此大多数管理人员的评价往往不够精确。事实上，管理人员经常简单地将其下属秘书或行政人员的绩效等级评为"优秀"。而这样做的结果就是学校中所有支持类员工每年都能得到最高等级的加薪。

但是，学校当前的预算已经不可能确保在下一年度中再为每一位事务类职员提供"最高"等级的加薪了。此外，校长也感觉到，这种对秘书和行政人员提供无效反馈的惯常做法对于学校的生产率提高并没有什么好处，因此，他希望这位新到任的副校长能够再造绩效评价系统。10 月，罗伯给大学的每一位行政主管人员都发了一份备忘录，告诉大家，在接下来的绩效评价中，任何一位行政主管所属的秘书及行政人员中，只能有一半的人被评为"优秀"。这种做法实际上是强制要求每一位主管人员都对其所属秘书的工作质量进行等级排序。罗伯的备忘录立即受到来自各方的广泛抵制——行政主管人员害怕他们的秘书和行政人员会离开学校，到待遇更高的地方找工作；而秘书们则认为新的绩效评价系统是不公平的，秘书得到最高等级加薪的机会减少了。许多秘书甚至开始在学校中的校长居所外静坐示威。面对此起彼伏的示威活动、行政主管人员发布的刻薄言论以及正在蔓延的关于秘书（斯威特沃特州立大学一共有 250 名秘书和行政人员）准备消极怠工的谣言，罗伯开始思考自己要求行政主管人员对下属员工的工作绩效进行强制排序的做法是否妥当。不过，他知道，在本校的商学院中有几位绩效评价方面的专家，他决定约见这几位专家来讨论一下这个问题。

第二天上午，他见到了这些专家。他首先说明了他发现的各种问题：现有的绩效评价系统是斯威特沃特州立大学在刚刚成立时建立的。这些绩效评价表格是由当时的秘书委员会制定的。根据这一绩效评价系统的要求，斯威特沃特州立大学的行政主管人员只需在一张类似于图 8-13 的那种表格中填上一些内容就可以了。这种每年一次的绩效评价（在 3 月完成）几乎是在开始启动时就立即陷入了困境。这是因为从一开始，各级行政主管人员对于工作标准的解释就差别很大，而他们在填写评价表格时的认真程度以及对下属员工进行监督的程度也各自不同。问题还不仅限于此，到第一年年底时，所有的人都清楚地看到，每一位秘书的年度加薪实际上都是直接与 3 月的绩效评价结果联系在一起的。比如，那些被评为"优秀"的秘书得到了最大幅度的加薪，那些被评为"良好"的秘书则得到较小幅度的加薪，那些没有得到上述两种评价结果的秘书只得到了标准化的生活成本加薪。由于大学——尤其是斯威特沃特州立大学——支付给秘书的薪酬通常比私营部门支付的通行薪酬低一些，因此，在第一年年底，有些秘书人员就在一怒之下离职而去。从那时起，大多数行政主管人员为了降低下属员工的流失率，就开始将下属秘书人员的工作绩效一律评为"优秀"，因为这样可以确保每一位秘书都能得到最高一级的加薪。在这一过程中，他们也避免了因将下属员工的工作绩效等级区分过大而导致下属产生不良的感受。

斯威特沃特州立大学的两位专家答应帮忙考虑一下这个问题，两周后，他们向副校长提出了以下几点建议：首先，用来对秘书的工作绩效进行评价的表格总的来说是无效的。比如，"优秀"和"工作质量"的含义到底是什么并不清楚。因此，他们建议使用图 8-4 的那种表格来代替现有的绩效评价表格。此外，他们还建议副校长取消他先前发出的那份备忘录，即不再强制性地要求行政主管武断地将他们下属秘书中的一半人评价为绩效不够"优秀"。这两位专家指出，这种做法实际上是不公平的，这是因为在一位行政主管手下工作的每一位秘书很可能确实都是十分优秀的——或者是出现另外一种不太可能发生的事情，即一位行政主管的所有下属秘书的工作绩效都达不到正常绩效标准。这两位专家还指出，要想使所有的行政主管都能严肃认真地对待绩效评价，就必须停止将绩效评价结果与加薪挂钩的做法。换言之，他们建议，每一位行政主管至少应当在每一年当中，针对每一位下属秘书填写一份类似于图 8-4 的表格，然后将这些表格作为面谈的基础。至于加薪决策，则应当以绩效评价结果之外的其他因素作为基础，这样，行政主管人员在对秘书的工作绩效进行评价时，就不会再犹豫是否要诚实地对下属人员的实际工作绩效做出评价。

罗伯对两位专家道谢之后回到自己的办公室，开始对他们所提出的建议进行推敲。他感觉到，在这些建议中，有些建议（比如用新的绩效评价表格取代老的评价表格）似乎是有道理的。但是他对于图尺度评价这种绩效评价工具的有效性仍然持怀疑态度，尤其是考虑到这种方法与自己当初提出的强制排序法之间的对比时。这两位专家的第二项建议——停止将绩效评价结果与加薪自动挂钩——听起来还是很不错的，然而这又带来另外一个非常现实的问题：如果加薪不是建立在绩效评价基础之上，那么它应当建立在什么基础上呢？他开始怀疑：这两位专家的建议会不会只是从他们的象牙塔理论中得出来的呢？

问题

1. 你认为两位专家的建议是否能够确保这所大学的大多数行政主管人员都能准确填写绩效评价表格呢？为什么？你认为还应当采取哪些必要的附加措施（如果有的话）？

2. 你认为副校长罗伯如果放弃使用图尺度评价法的那种表格，而代之以我们曾经讨论过的其他绩效评价工具（比如排序法），结果是否会更好一些呢？为什么？

3. 如果你是罗伯，你准备为秘书建立一种什么样的绩效评价系统？请解释你的想法。

人力资源行动案例事件 2　卡特洗衣公司的绩效评价

到任几个星期之后，詹妮弗非常吃惊地发现，她的父亲在经营公司的这些年中一直都没有正式地评价过员工的绩效。杰克的说法是，他还有"100件更重要的事情要去处理"，比如增加销售额、降低成本等；另外，很多员工也不会在公司里干到足以等到绩效评价的时候还不走。此外，杰克说，像熨烫工和洗衣工这样的体力劳动者，已经可以通过在干得好的时候得到他的赞赏获得积极的反馈，当然，如果杰克在巡视店铺时发现他们有做得不好的地方，他们也会受到杰克的批评，从而得到消极的反馈。同样的情况，杰克从来都是很坦率地告诉他的这些洗衣店管理者，在他们管辖的门店中存在哪些问题，因此他们是能够获得关于洗衣店情况的反馈的。

虽然这种非正式的信息反馈已经存在，但是詹妮弗却认为，公司仍然需要更为正式的绩效评价方法。她认为，应当定期根据工作质量、工作数量、出勤率和准点率等标准对员工进行评价，即便是那些领取计件工资的员工也不例外。此外，她非常强烈地感觉到需要给管理者提供一份涉及商店清洁度、效率、安全和遵守预算等内容的质量标准清单，同时让他们知道，公司将会根据这些标准对他们进行正式的绩效评价。

问题

1. 詹妮弗认为应当对员工进行正式的绩效评价，你认为她的这种观点正确吗？为什么？

2. 针对每一家洗衣店中的员工和经理设计一种绩效评价方法。

体验式练习　为教师设定目标并对其进行绩效评价

目的：获得一次设计和使用绩效评价表格的经验。

必须理解的内容：你将为一位教师设计一份绩效评价表格，因此你应当非常熟悉本章中讨论过的绩效评价的内容。

如何进行练习/指导：将全班分为若干个小组，每组由4～5人组成。

首先，根据你目前对绩效评价的了解，你认为图8-1中的那种评价尺度是对教师的工作绩效进行评价的有效工具吗？为什么？

其次，你们小组应当自己设计一份用来对教师的绩效进行评价的工具。你们要决定自己将使用哪一种评价工具（图尺度评价法、交替排序法等），然后自行设计出这种评价工具。

应用本章所学的目标设置的有关知识为教师确定实际可行的目标。

　　然后，每个小组推举出一名发言人，将本小组设计出来的评价工具张贴到黑板上。不同小组设计出来的绩效评价工具彼此相似吗？它们所测量的是相同的绩效要素吗？哪些绩效要素是大家都用到的？你们认为在所有这些评价工具中，哪一种是最有效的？你能想到用什么方法把几种工具的优点集合起来形成一种新的绩效评价工具吗？

第 **9** 章
职业生涯管理

本章要点

- 职业生涯管理
- 提升教练技能
- 管理者的员工敬业度指南：职业生涯管理
- 管理员工保留和员工流失
- 管理晋升和转岗
- 解雇管理

学习目标

学完本章后，你应该能够：

1. 讨论管理者和主管如何支持员工的职业生涯开发需求。
2. 列举并讨论有效教练的四个步骤。
3. 解释职业生涯开发为什么能够提升员工敬业度。
4. 描述保留员工的全面的方法。
5. 列举企业关键的晋升决策。
6. 解释解雇员工需要考虑的因素。

引言

工程师保罗（Paul）已经为一家民营工程公司工作了 12 年，却不知道自己下一步该怎么走。在过去的五年里，他向公司的创始人兼首席执行官弗雷德（Fred）提过多次，希望能够转向管理层。弗雷德看起来接受了他的提议，但实际上总是岔开话题。今天，在年度绩效评价会议上，弗雷德居然说："你是一个很好的工程师，却不一定是好的管理者。你可以决定留下还是离开。"保罗感到十分震惊。

■ 9.1 职业生涯管理

在做完绩效评价以后，通常就需要解决职业生涯相关问题并与下属展开讨论。

诸如甄选、培训和评价这样的人事管理活动对组织起到了两个作用。第一是这些活动的传统作用在于为组织配置人员——用具备要求的特质、能力和技能的员工填补空缺的职位。然而，这些活动越来越多地在执行第二种职能，也就是确保组织提升员工的长远利益，特别是激励员工成长并实现其潜能。其中的假设是，企业有责任将员工的潜能开发至最大，并为每一位员工提供成长和开发的机会。企业这么做不仅仅因为这是一件正确的事情，而且是因为这会给企业带来双赢的局面：员工能够得到一个更圆满的职业生涯，企业则可以通过提升员工的敬业度、员工关系和员工保留率来增进其盈利能力。这种趋势现在越发明显，企业对职业生涯规划和开发也更为重视。我们将在这一章解决职业生涯规划及其相关问题。

首先我们要对相关概念进行定义。我们将**职业生涯**（career）定义为：一个人在一段时间内从事的职位。**职业生涯管理**（career management）是一个让员工更好地理解与开发自己的职业技能和兴趣，并且在企业内或离开企业后能更好地利用这些技能和兴趣的过程。**职业生涯开发**（career development）是贯穿一生的一系列活动（例如进修会），它们将有助于一个人职业的探索、确立、成功和取得成就。**职业生涯规划**（career planning）是一个有计划的过程，通过这个过程，一个人可以了解自己的技能、兴趣、知识、动机和其他特征，获得关于机会和抉择的信息，确定与职业生涯有关的目标，并为实现相应目标制订行动计划。

今天的职业生涯

曾经人们把职业生涯看成是一个在公司内或多个公司间逐级向上的工作阶梯。今天，经济的萧条、公司并购、外包、重组、裁员等趋势改变了这些情形。许多员工还是向上晋升，但是更多的员工已经发现自己必须要转变了。比如，刚刚被兼并的出版公司的一名销售代表离职之后，可能会在媒体广告公司做会计人员。[1]

今天的职业生涯和过去还有很多不同。越来越多的女性员工追求管理职位和专业性职位。随着职业压力的增加，家庭与工作平衡的问题也越发凸显。与此同时，员工期待职业带来的回报也在变化。"婴儿潮"一代马上就要在未来几年退休，这也会引发企业的关注。今天新进入公司的员工也越来越注重工作和生活的平衡。

心理契约

企业和员工相互的期望一直在变化。企业和员工相互期望的部分就是心理学家所称的"心理契约"。这是在雇用双方之间不成文的契约。[2] 比如，员工对企业的一个不成文契约是，管理者应该公平地对待员工，提供令人满意的工作环境以及一个长期的关系。企业对员工的期望是"展示良好的态度，执行指令并且对组织忠诚"。[3]

但是由于今天动荡的劳动力市场，雇用双方都不指望会有长期的关系。这个事实削弱了传统的心理契约，同时让职业生涯管理变得更加重要。

职业生涯管理中员工的角色

我们将会看到上级和企业对员工职业生涯的指导和开发都有重要作用。比如，管理者应该提供及时客观的绩效反馈，提供开发性的任务和支持，与员工进行关于职业生涯的谈话。他的角色是教练、评价者、建议者和导师，需要倾听并澄清员工的职业生涯规划，给予反馈，提供职业意见，并且将员工与组织的资源和职业选择结合到一起。在这一方面，企业需要提供职业生涯导向的培训、开发和晋升机会，提供职业信息和项目，并且给予员工一系列职业选择。

最终，员工必须对以下事情负有完全的责任：自己职业生涯的开发，评价自身的兴趣、技能和价值，寻找职业信息资源和采取行动来保证一个幸福成功的职业生涯。对于员工而言，职业生涯规划意味着将自己的优势和劣势与工作中的机会和威胁相比较。一个人想追求同自己兴趣、资质、价值观和技能相匹配的职位和职业生涯。同样，员工想要选择那些对未来职位有意义的职位和职业生涯。理想的状态下，他应该知道如何去追求理想的自我。[4]

例如，职业生涯指导专家约翰·霍兰德（John Holland）认为个性（包括价值观、动机和需求）是一个人职业生涯选择的决定因素。例如一个有强烈社交导向的人会被那些需要人际活动的工作吸引而不是需要智力或体力的工作，这些人也就会更喜欢像社会工作一类的职业。霍兰德发现了 6 个这样的个性特征或是心理定位（他把这些分别叫作实际型、研究型、艺术型、社会型、企业型与传统型）。人们可以通过他的霍兰德职业兴趣测验来评估自己的职业定位和偏好的职位。自我导向研究享有很好的声誉，但是职业生涯探索者还需要留意其他职业生涯评估网站。一项对 24 家免费评估职业生涯的网站的调查发现，这些网站易于使用，但遭受信度和效度不足的困扰。不过还是有一些诸如职业生涯之匙（Career Key, www. careerkey. com）等在线职业生涯评估工具能提供足够的信息，也足够可靠。[5] O* NET 提供了一个免费的综合性职业评价系统。你可以在 www. workday. com、下面的两个练习和本章附录中寻找到有用的相关职业工具。

练习 1

对于识别职业技能，一项有用的练习就是找一张白纸，想想"在学校或是职业中我最擅长的任务"，然后在纸上简短地描述这项任务。记住尽量用细节描述它的责任和职责，还有让你很快乐的地方。（顺便说一下，描述的并不一定是你从事过的工作，而是你完成过的任务——有的工作你可能并不喜欢，但是其中的一两项任务却能让你很快乐。）然后在另外的纸上写出两项你完成过的任务。现在看看这三项任务，标出你提到最多的技能。例如，在你当办公室职员的时候，你有没有特别享受在图书馆做研究的时光。[6]

练习 2

这项练习具有启发性。在一页纸上回答这个问题：如果必须从事一项工作，那会是什么？如果需要的话，创造你的工作。不要为你能做什么感到担忧，只需要了解你想要做什么。[7]

企业在职业生涯管理中的角色

员工的直接主管和企业都有职业生涯管理的责任。企业和员工直接主管的角色部分取决于员工在企业工作的时间。

在雇用之前，实际的面试工作有助于求职者准确判断这份工作是否能和自己的技能和兴趣很好地匹配。尤其是对刚毕业的大学毕业生，第一份工作对建立信心和认清自己适合做什么有重要的影响：从事有挑战性的工作（而不是把他们限制在"必须万无一失的工作"上）和有一位能帮他们了解行情、有经验的导师是十分重要的。有种情况叫作**现实冲击**（reality shock），即一些职场新人高度期待、热切盼望新工作，结果现实中这份工作既无聊又没有挑战性。同样，定期的职位轮换能帮助员工更好地找到自己擅长的工作，从而使员工的职业生涯朝更好的方向发展。

➡ 实践中的人力资源

财捷集团的职位轮换项目

财捷集团（Intuit）向新毕业生员工提供了职位轮换项目。[8] 这个为期两年的综合性项目首先要求新员工学习公司的产品、顾客、员工、战略和价值观。接下来，员工要完成为期六个月的职位轮换，在不同的业务单元和职能部门（比如生产管理、市场、财务和运营、软件工程、体验式设计和人力资源）获得工作经验。所有的职位轮换项目参与者都配有一名高管导师，为员工提供职业生涯教练和职业生涯开发指导。

议一议
这样的项目你会感兴趣吗？为什么？

当员工在职一段时间之后，这家新企业的职业生涯管理的角色就显现了出来。职业生涯定位评估——上级领导会被培训不仅对员工进行绩效评价，也会将员工的优势、劣势同可行的职业生涯路径、发展工作相匹配——是重要的一步。比如，丰田公司为新近毕业的大学生提供了一项 18 个月的毕业生开发项目。新员工会花上几个周的时间，以团队成员的身份在丰田工厂实际进行装配操作，并且体验公司的生产系统。接下来的几周时间里，他们将在公司不同的部门流转实习，以理解不同部门的职能。同时，丰田公司还将这些任务与课堂讲授相结合。比如，在课堂里新员工要学习公司的企业文化和身份、如何进行项目管理、解决产品问题、撰写报告和有效沟通。[9]

企业职业生涯管理方法

大部分企业不会提供一个宽泛而昂贵的职业生涯开发选择。然而，职业生涯开发系统也并不需要太过复杂。对于大部分企业而言，管理者适时提供绩效反馈，设计开发计划和提供相关培训已经足够了。除此之外，职位公告、正式的以职业生涯为导向的绩效评价、正式的教练和导师项目以及对高潜质员工的个人继任计划都是可贵的。[10] 比如，哈罗根软件公司（Halogen Software Company）提供了电子评价系统，这个系统帮助雇用双方识别那些既能满足企业商业需要，又有助于员工职业生涯开发的活动。然而，一项调查显示，只有大约 1/4 的企业具有这样的个人计划。[11] 图 9 - 1 展示了一个简单的员工职业生涯规划表格。

还有一些方法比较流行。职业生涯规划研讨会是一项"有计划的学习活动，每位员工都被期待积极地参与、完成职业生涯规划练习和评价，并能参与到职业生涯技能练习会议之中"。[12] 一个典型的职业生涯规划研讨会包括：自我评价练习（技能、兴趣和价值），对重要职业趋势的评价，目标设定及行动规划。

正如我们在第 7 章中讨论的那样，一些企业为员工提供类似于 401（k）计划的终身学习账户。企业和员工要共同为终身学习账户注入资金（不过没有 401（k）计划能得到的那种税收优惠），员工可以利用这笔钱来提升自己。职业生涯教练帮助员工设置一个职业发展的五年规划。[13] 例如，全美金融公司（Allmerica Financial Corp.）有 20 位职业生涯开发教练来帮助 850 位信息技术员工。这些教练帮助每一位员工找到自己职业生涯发展所需的东

员工职业生涯开发计划

姓名：＿＿＿＿＿＿＿＿　　职位：＿＿＿＿＿＿＿

主管：＿＿＿＿＿＿＿＿　　部门：＿＿＿＿＿＿＿

评价日期：＿＿＿＿＿＿＿＿＿＿＿＿＿

1. 这位员工下一步的计划是什么？你认为他应该在什么时候准备好？

可能的未来职位	价时准备好			
	现在	6个月	1年	2年
1.				
2.				
3.				

2. 未来五年中最有可能的职位是什么？

3. 员工需要如何为晋升做好准备？

● 知识：＿＿＿＿＿＿＿＿＿＿＿＿＿＿＿＿＿＿＿＿＿＿＿＿＿＿＿＿＿＿＿＿＿

＿＿＿＿＿＿＿＿＿＿＿＿＿＿＿＿＿＿＿＿＿＿＿＿＿＿＿＿＿＿＿＿＿

行动计划：＿＿＿＿＿＿＿＿＿＿＿＿＿＿＿＿＿＿＿＿＿＿＿＿＿＿＿＿＿

＿＿＿＿＿＿＿＿＿＿＿＿＿＿＿＿＿＿＿＿＿＿＿＿＿＿＿＿＿＿＿＿＿

● 技能培训：＿＿＿＿＿＿＿＿＿＿＿＿＿＿＿＿＿＿＿＿＿＿＿＿＿＿＿＿＿

＿＿＿＿＿＿＿＿＿＿＿＿＿＿＿＿＿＿＿＿＿＿＿＿＿＿＿＿＿＿＿＿＿

行动计划：＿＿＿＿＿＿＿＿＿＿＿＿＿＿＿＿＿＿＿＿＿＿＿＿＿＿＿＿＿

＿＿＿＿＿＿＿＿＿＿＿＿＿＿＿＿＿＿＿＿＿＿＿＿＿＿＿＿＿＿＿＿＿

● 管理培训：＿＿＿＿＿＿＿＿＿＿＿＿＿＿＿＿＿＿＿＿＿＿＿＿＿＿＿＿＿

＿＿＿＿＿＿＿＿＿＿＿＿＿＿＿＿＿＿＿＿＿＿＿＿＿＿＿＿＿＿＿＿＿

行动计划：＿＿＿＿＿＿＿＿＿＿＿＿＿＿＿＿＿＿＿＿＿＿＿＿＿＿＿＿＿

＿＿＿＿＿＿＿＿＿＿＿＿＿＿＿＿＿＿＿＿＿＿＿＿＿＿＿＿＿＿＿＿＿

图 9-1　员工职业生涯开发计划

资料来源："Employee Career Development Plan" Copyright © 2012 by BLR-Business & Legal Resources (www. HR. BLR. com). Reprinted with permission.

西，然后帮他们获得培训、专业发展和建立关系网络的机会。[14]在壳牌中国公司（Shell China），"职业生涯管家"定期与"崭露头角的领导者"会面。接下来的"直线经理和小企业的人力资源工具"专栏展示了管理者可以采取的支持员工职业生涯开发的步骤。

职业生涯管理中的性别问题　尽管情况一直在变好，男性和女性在职业生涯发展过程中仍会遇到不同的挑战。一项研究发现，女性晋升需要比男性得到更高的绩效评价，"这说明女性员工的提拔有更严苛的标准"。[15]女性员工说自己有更大的阻碍（例如被排除在非正式的圈子外），相比于男性员工，她们更难获得发展或海外任命的机会。为了让上级考虑给自己这些机会，女性员工不得不更加积极主动。现在的问题是企业需要注意打破这些阻碍女性职业生涯发展的障碍。一项研究总结说，有三种职业发展行动，女性的机会要比男性的少——快车道计划、个人职业生涯指导、职业生涯规划工作坊。[16]许多人把这种微妙的和没有那么微妙的女性职业生涯障碍叫作"玻璃天花板"。因为这些行业过于关注成长的经验，所以"那些着重帮助男性员工晋升的组织应当打破影响女性员工获得成长的经验的障碍"。[17]

多元化的重要性

丰田公司的商业伙伴团队[18]

为了支持公司多元化劳动队伍的职业生涯开发，丰田公司组织了一项商业伙伴团队计划。丰田商业伙伴团队是公司的一个志愿群体，帮助其成员进行职业生涯开发和完成公司的商业目标。[19]比如，商业伙伴团队包括：非洲裔美国人联盟（提升公司非洲裔美国人的职业生涯开发，比如通过他们招募、开发和保留论坛的方式）、丰田拉丁裔员工开发、丰田亚裔美国人联盟和丰田女性领导力论坛。

➡ 直线经理和小企业的人力资源工具

员工职业生涯开发中的管理者角色

不管企业是否具有职业生涯开发计划，管理者自己都可以做一些事情来支持下属的开发需求。在职业生涯开发方面，直接主管对下属的影响是巨大的。一个优秀的直接主管可以通过现实绩效回顾和技能评价等方法，保证员工行走在正确的职业轨道上。在另外一个极端，如果一个直接主管对下属毫不在意，那么下属的进步也会迟滞。

比如，常规性的绩效评价和回顾可以发现员工的技能和业绩与工作需要之间的差距。即使像图 9-2 这样简洁的表格都可以起到一定的作用，其目标是帮助管理者将员工的绩效评价纳入部门的规划中。应向员工提供如图 9-1 所示的非正式职业生涯开发计划，及时通知下属关于公司的职业生涯相关福利，并且鼓励他们去使用这些福利。[20]

小企业申请表

除此之外，小企业主还可以做很多事情来促进员工的职业生涯开发。比如，小企业可以以低廉的价格提供一些有效的职业生涯开发相关培训。[21]比如，采用在线培训资源，提供CD 和 DVD 等教学工具来促进系统化、正规化的学习，让员工参加特殊的研讨会和协会会议，增进学习机会和社交机会，鼓励他们加入职业化的协会。

此外，小企业主对员工的优势、劣势和期望都非常了解，因此对员工感到舒适的工作更加敏感。给小企业员工一个培训和调任的机会，需要考虑的一些建议包括：

帮助员工提升自我。比如，给他们提供培训的机会来开发工作技能，并提供补贴。

运用包括职业生涯开发元素的在线评价系统，比如 www.halogensoftware.com 的 e-Appraiser。[22]

最后，一个小企业作者提供了一系列提升职业生涯开发的意见[23]，包括：

● 积极主动地参与自己的职业能力开发活动，让你的员工知道你珍惜这样的活动。

● 运用交互培训的方式。一旦员工掌握了工作技能，鼓励他学习一些互补性职位的技能，这样的交互式培训方法可以帮助员工全面提升技能，并且培养良好的商业嗅觉。当有员工生病时也能顶替上来。

● 提供一系列职业能力开发机会，比如工作场所的工作坊、研讨会和午餐会。

● 提升正式和非正式的导师制和员工间的同辈教练关系。

● 和员工一起创建一个职业生涯发展规划，以作为绩效评价流程的一部分。让员工至少

人力资源管理清单

A. 员工的主要优势
    1. _____
    2. _____
    3. _____

B. 需要提高/开发的领域
    1. _____
    2. _____
    3. _____

C. 开发计划：需要开发的领域
    1. _____
    2. _____
    3. _____
    4. _____

    开发战略：
_____
_____
_____
_____

D. 员工对绩效评价的评论：_____
_____
_____
_____

E. 评价者的评论：_____
_____
_____
_____

    在现职位上的潜力以及对未来职责的潜力：_____
_____
_____

员工签名：_____ 日期：_____
评价者签名：_____ 日期：_____
评价者主管签名：_____ 日期：_____

图9-2　绩效评价开发计划

资料来源："Sample Performance Review Development Plan" Copyright © 2012 by BLRBusiness & Legal Resources (www. HR. BLR. com). Reprinted with permission.

确认一个自己喜欢钻研的工作技能或者领域。

议一议

提供一个管理者指导你职业进步的例子，他做了什么？你认为本章开篇的弗雷德在处理保罗的职业生涯发展中做得如何？为什么？

9.2 提升教练技能

支持员工的职业生涯开发需求必须提升管理者的培训和导师指导技能。**教练辅导**（coaching）指的是教育、指导和培训下属。**导师指导**（mentoring）是指建议、咨询和指导。教练辅导聚焦于教授一些短期工作相关的技能。导师指导则专注于帮助员工解决长期的职业相关风险。主管人员经常需要对员工进行教练活动和导师指导。但是，由于越来越多的管理者都在领导训练有素的自我管理型团队，如何支持、教导和指导他们工作很快就取代了发布命令和完成工作。接下来的"构建你的管理技能"专栏展示了一些做法。

企业现在都明白了教练和导师指导的重要性。一项针对培训项目的调查显示，最高端的技能包括"对一个绩效问题进行教练辅导"（72%）、"沟通绩效标准"（69%）、"指导一项开发机会"（69%）和"实施绩效评价"（67%）。[24]

➡ 构建你的管理技能

如何做一个有效的教练

教练辅导和导师指导都要求分析技能和人际技能。之所以需要分析技能，是因为你很难向一个你不了解的人，就你不了解的问题提建议。之所以要求人际技能，是因为如果你不能引导人们转变的话，你也很难解决这些问题。

一些绩效情况并不需要教练辅导。比如，你的员工一开始学习工作技能的时候，或者是你员工的绩效评价并没有出现什么问题，你都不需要太多辅导。除此之外，你需要运用教练技术来辅导员工。

教练辅导不是告知员工如何去做。我们可以将教练辅导看成是包含四个步骤的流程：准备、计划、积极辅导和跟进。[25]这里的准备工作意味着理解问题所在，了解员工和员工的技能水平。在此你的目标是形成有关问题的假设。准备工作实际上是一个观察的过程。你应观察员工正在做些什么，观察工作流程以及其他员工同他的配合。此外，你还可以审查诸如生产率、缺勤率和怠工情况的数据。

计划阶段是第二个解决方案，或许使员工发生改变的最为有效的方式就是获得他对于自身哪里需要改变的积极认同。这包括对于其自身问题和改变内容的认同。实践中，你可以列出一份改变计划，其中包括要采取的步骤、措施和截止日期。

在对培训计划与受训者达成一致的基础上，你就可以正式开始实施指导了。你的工具箱当然包括上述内容。然而，人际沟通技巧是有效实施指导的关键。正如有人指出的，"有效的指导者会以受训者愿意倾听、回应和欣赏其价值观的方式提供观点和建议"。[26]

最后，不好的习惯往往会重复出现，因而有必要定期重新审查员工的行为。

图 9-3 展示了一个教练自我评价的清单，以此来评价你的教练技能。

询问自己的问题	是	否
在实施教练活动之前你是否做了计划？		
你是否严肃对待教练工作？		
你会就员工的职业生涯提出建议，而不仅仅是现有的绩效？		
你是否会倾听受训者对工作的顾虑？		
你是否在培训的过程中因材施教？		
你是否确认员工拥有做好工作的技能？或者开发这些技能的计划？		
你是否会设置较高的但是可以达到的目标？		
你是否会和员工合作来开发可选择的方案？		
你是否会及时地给予特定的积极或消极反馈？		
你的反馈是否会聚焦于员工的行为及其结果？		
你是否会持续性地确定对员工的绩效期望？		
你是否会听取受训者关于工作的意见？		
你是否提供鼓励？		

图 9-3　教练自我评价清单

资料来源：Based on *Coaching and Mentoring：How to Develop Top Talent and Achieve Stronger Performance*，by Richard Luecke.

做一个更好的导师

找一位导师——一位年长的人，在职业生涯问题上享有显赫的声誉，并能在职业生涯相关问题上提供指导和帮助。如果一名员工对自己的职业生涯感到不满，那么他就需要导师指导了。

导师指导既可能是正式的，也可能是非正式的。非正式的指导中，中高层管理者可能会自愿地帮助经验较少的员工，比如给他们一些职业生涯建议，帮助他们应对办公室政治。许多企业还设置了正式的导师制项目。企业为每位学徒指定了一名导师，对导师进行培训，使师徒两人加深了解。不管是正式项目还是非正式项目，研究表明，导师制能够显著地提高员工的职业满意度和促进职业成功。[27]

导师指导既有价值，但又有些危险。当导师能够以积极的方式影响下属和员工的时候，这种制度是宝贵的。但是，危险之处在硬币的另外一面。教练辅导聚焦于日常的工作任务，这些任务都是可以再度学习的，所以其消极面可以限制。导师指导聚焦于相对难以扭转的长期问题，而且经常要涉及人们的心理问题（比如动机、需求、资质和人际交往）。导师通常并不是心理医生或者受过训练的职业顾问，所以他在给予建议的时候一定要小心谨慎。

关于如何使主管成为一名更好的导师，现有的研究并没有太多令人惊奇之处。高效的导师会设置高的标准，也愿意投入导师所需的时间和精力，积极主动地引导学徒进入重要的项目、团队和职位。[28]有效的导师指导需要相互信任。信任的程度反映了导师的职业胜任力、持续性、交流能力和授权的意愿。[29]

然而，研究表明，传统导师方式的效力对于女性而言不及男性。比如，一项对近一年中拥有导师关系的员工的调查显示，一位首席执行官或者主管指导了 78% 的男性员工、69% 的女性员工。[30]这样的研究促使企业将女性员工置于更有影响力的"导师"的指导之下。比如，德意志银行（Deutsche Bank）发现一些女性高管离职后去了竞争对手的公司，于是开始让一些女性管理者与高管进行合作，接受后者的指导。导师们会为女性的晋升加油鼓劲。

学徒的责任

寻找到好的导师非常重要，但是学徒也必须负起责任来。选择一个合适的导师，这个导师一定会用客观的心态来指导你的职业生涯开发。向导师清楚地阐释你所期待的指导时间和建议，这样导师会更有可能同意你的问题。在谈到工作相关问题的时候要有所取舍。导师与你的关系不应该涉及太多个人生活上的问题。[31]

通过人力资源信息系统提升绩效

整合人才管理和职业生涯管理/继任计划

有各种各样的人才管理系统可以帮助企业整合绩效评价、开发、培训和继任计划的相关数据。比如，Kenexa Career-Tracker "帮助企业优化员工绩效管理、继任计划和职业生涯开发"。[32] Halogen eSuccession 能帮助企业 "识别那些能够支持 3～5 年企业战略的技能和能力，通过职业生涯开发和计划来培养那些高潜质员工……"。[33] Cornerstone Succession 将人才特征、职业生涯管理和内部招募整合到一起。[34] Sum-Total Succession Planning 支持 "全面的人才管理战略"，包括[35]：

- 360 度反馈：在继任缺口分析的过程中纳入同事间的能力评价。
- 职业生涯开发：当员工的职业生涯正在上升之时，设置那些能够填补能力、技能和行为缺口的计划。
- 薪酬管理：财务计划可以与未来的继任计划相联系，以固化财务激励的效果。
- 学习管理：给未来的职位设置学习通道和课程。
- 绩效管理：可以通过绩效评价来识别组织的高潜质的高端人才。
- 招募：Sum-Total Succession Planning 将现有的工作特征与继任计划相比较，需要的时候可以招募外部求职者。[36]

9.3　管理者的员工敬业度指南

职业生涯管理

经济全球化带来了很多的益处。对于从汽车到电脑再到航空旅行这样的产品和服务，全球化带来了更低的价格、更好的质量、更高的生产率和生活标准。然而，获得这些益处也要付出代价。全球化在带来成本缩减、联系紧密和生产改善的同时，也让劳动力开始分散在世界各地。对效率的追求使得企业开始裁员，希望用更少的人完成更多的工作。全球化引发了数以千计的公司兼并（很多目标都是 "去除冗余"），换言之，带来了裁员风潮。部分地由于这些原因，以及 2008—2009 年的经济萧条，美国的失业率从 4.5% 增加到了 8%，之后又降到了 6% 左右。

新心理契约

正如本章前面谈到的，这些变化很自然地使员工询问自己为企业忠诚工作的原因。他们可能会问"当你要准备削减成本的时候你就会把我解雇了，那么我为什么要忠诚于你呢？"正如《收好你自己的降落伞》（*Pack Your Own Parachute*）一书的作者所言，今天的许多员工都将自己视为自由人，即使自己能够在某个地方做出优异的工作业绩，他们也会准备马上去往另一家公司。昔日的心理契约意味着"你尽力为公司工作，我们照顾好你的职业生涯"，今天的心理契约是"只要在公司一天，就得尽力工作，忠诚对待公司。我们将为你提供开发性的机会，使你具备跳槽的条件，拥有一个成功的职业生涯"。今天的企业必须深入思考，在裁员压力面前，它们如何维持员工敬业度，并将自愿性流失降到最低，使员工的努力程度发挥至最大。

承诺导向的职业生涯管理

企业的职业生涯规划和开发程序可以实现这个目标。许多年前，心理学家亚伯拉罕·马斯洛（Abraham Maslow）认为，一个人最高层次的需求就是自我实现需求，也就是说期望成为他可以达到的最佳状态。[37]但是具有讽刺意味的是，许多公司根本就没有试图去满足这个需求，反而通过提供毫无挑战性的工作、独裁式的监督和减少工作机会来减少这种需求。

毫不奇怪的是，进取性的公司，比如赛仕和谷歌用了一种不一样的方式。它们采取了很多开发性的实践措施来保证所有的员工都具备使用和开发工作技能的机会。比如，软件巨头赛仕公司的首席执行官曾经说，公司努力创建一个关心员工个人和职业成长的文化。[38]一项调查显示，高绩效组织中有33%的人认为他们组织中的职业生涯开发计划有效提升了员工敬业度，而在低绩效组织中只有21%的人持相同的观点。[39]

关键之处在于，职业生涯开发计划如果管理得当，就可以传递出"企业关系到员工职业生涯成功"的积极信号，以此来赢得员工的高敬业度。在这些公司中，职业生涯开发计划不仅仅是提供教练辅导和工作坊（虽然这很重要）。比如，我们在第5章中看到联邦快递公司通过内部招募和晋升政策来促进员工职业生涯发展。这个计划最核心的部分是职业生涯记录和职位公告系统——工作变动申请人追踪系统（JCATS）。公司每周五通过这个系统在线发布职位空缺信息，所有申请这些职位的员工都会依据其业绩和服务年限获得一个分数，以此来决定其是否为职位的候选人。

此外，如果管理者仅仅将绩效评价看成是一个告知员工工作表现的过程，这将失去很多职业生涯开发的机会。绩效评价应该将员工绩效、职业兴趣和开发需求整合为一个职业生涯开发计划。以职业生涯为导向的绩效评价中，主管及其员工将后者的过往绩效、职业偏好和开发需求整合为一个职业生涯开发计划。

这些评价系统不一定是自动化的，但是正如前面提到的那样，一些有效的在线系统实际上是可以利用的。比如，哈罗根的在线评价系统让管理者识别与员工胜任能力和开发计划一致的开发活动。企业根据员工的需要来组织开发活动。

彭尼公司（JC Penney）的管理职业生涯方格法是另外一种可能的途径。该公司的管理绩效评价表格包括了一个清单，上面列举出公司所有管理职位和销售职位的头衔、功能和员工可能达到的职位层次。公司培训这些管理者来将员工的绩效、职业兴趣、公司需求整合到一起，来开发一个包括开发活动的职业生涯计划。

在年度绩效评价之前，员工及其主管先回顾一遍公司的职业生涯方格，这些方格包括了所有的管理职位（划分为运营职位、采购职位、人事职位和管理职位），也包括了一些特定的职位名称（比如区域销售经理）。公司还为每个职位提供了详尽的职位说明书。

这个方格还确定了一般的晋升路径。比如，当为一个管理代表考虑下一份工作任务的时候，主管就可以不仅仅考虑采购类职位，还可以考虑运营和人事职位。晋升路径可以在四种职位群组的一到两个职位层次之间贯通。比如，一名高级采购经理可能会被晋升至采购总经理的职位上。简而言之，彭尼公司的方格法体现了企业如何使用以职业生涯为导向的评价过程来指导管理者聚焦于员工的优势、劣势和职业前景来设计规划。[40]

其他的公司还采用了特殊的培训和开发计划来改进员工的职业生涯开发。接下来的"实践中的人力资源"专栏提供了一个例子。

➡ 实践中的人力资源

美敦力公司的职业生涯管理[41]

美敦力公司（Medtronic）是一家设计和生产高端医疗器械的公司，它高效深入的职业生涯开发计划提供了一个很好的例证。公司提供一系列高效职业生涯规划和开发的工具，可以帮助员工更好地了解自身的优势和劣势并发挥自己的潜能。这些工具包括：定制化的高效职业生涯开发计划，自我评价和反馈工具，导师计划，综合性的商业、工程和科学课程，学费减免的奖学金计划，以及在线的职位公告。

此外，新入职的 MBA 员工可以参加美敦力公司的领导力开发轮换项目。这个项目持续 2～3 年，需要在两个不同的地点完成持续 12～18 个月的工作任务。这种项目可以让员工更加深入地了解公司的运营。新员工要去不同的职能部门进行历练，包括临床、公司发展、财务、人力资源、信息技术、市场开发、运营和管制部门。

除了工作任务之外，参与者还要参与一系列开发性的工作，比如同辈指导项目、职能培训和领导力工作坊。参与者需要具备 3～5 年的专业型或相关领域的工作经验，MBA 学位，能够适应差旅生活，还能够在各种地理环境中寻求机会。

议一议

更深入地了解这个项目，并讨论为什么它能够积极地影响员工敬业度。

█ 9.4　管理员工保留和员工流失

员工流失率（员工离开公司的比例）在每个公司都不一样。比如，在酒店和餐饮业，每年员工自愿流失率在 50％左右；在教育行业，员工的自愿流失率大概只有 12％。[42]

当然，这仅仅反映的是员工自愿流失（比如为了更好的工作）的概率，还不包括员工非自愿流失（比如因为糟糕的绩效）的概率。[43]如果将二者结合起来考虑，那么数据是惊人的。比如，某些餐厅的员工流失率竟然达到了 100％，也就是说有的餐厅每年居然要把员工全部更换一遍。这样的成本是很大的，正如接下来的"作为盈利中心的人力资源"专栏所展示的。[44]

➡ **作为盈利中心的人力资源**

员工流失的成本

一个研究团队对一家拥有 31 名员工和 4 名主管的电话中心进行了分析，主要研究其员工离职带来的有形和无形的影响。[45] 有形的员工流失成本包括：招募、甄选、面试、测试的成本，以及在代替员工入职引导和培训期间，向这名员工支付的薪酬成本。无形成本包括新员工的生产力流失成本（因为他在刚开始工作时效率不会太高），因为新员工错误而返工的成本，以及对新员工进行教练指导的成本。研究者估计，一名员工的流失要造成大约 21 500 美元的损失。这个电话中心每年大约流失 18.6 名员工（大约 60% 的流失率），因此，每年因此造成的损失在 400 853 美元。通过采取措施来降低一半的员工流失率就可以为公司节省大约 20 万美元。

议一议

讨论你减少解雇员工的三个步骤。

管理自愿性员工流失

减少员工流失率需要识别和管理自愿性和非自愿性员工流失。[46] 我们将在本部分解决自愿性流失的问题，在接下来的部分解决非自愿性流失的问题。

管理自愿性员工离职问题需要识别其原因，然后再解决它们。不幸的是，识别原因的过程并不简单。对工作不满意的员工更有可能离职，但是不满意的原因千差万别。

图 9-4 展示了这些。[47] 有咨询师从 262 家至少拥有 1 000 名员工的美国组织中收集了相关数据。在这个调查中，绩效最高、奉献精神最足的员工列出的五项主要离职原因包括：薪资、晋升机会、工作生活平衡、职业生涯开发和健康福利。其他员工自愿性流失的原因还包括：不公平、不能倾听员工的声音、缺乏认可。[48]（有的时候，对管理和薪酬等问题，只需要问一句"你是否对此满意"，就能够很好地调查员工的态度。[49]）还有一些实际的原因也在影响员工流失率。比如，高失业率减少了自愿性流失，有的地方工作机会较少，流失率也较低。

员工离职并不一定是坏事。比如，流失低绩效的员工与流失高绩效的员工相比就没那么麻烦。诸如餐饮连锁公司 Applebee 这样的企业，甚至鼓励管理者进行区别对待，当他们减少高绩效员工流失率的时候，对他们进行奖励。[50]

减少自愿性流失的员工保留战略

在任何情况下，员工自愿性流失的原因都有很多，那么应该如何管理员工保留呢？这没有一定之规。管理者应当了解，保留员工是一个人才管理问题，最好的员工保留战略一定是需要多功能合作。比如，如果员工对工作不满意，感觉到自己不适合这项工作，或者觉得工资太低了，他们更有可能离职。企业要想解决这种问题，只能通过人才管理的方法和实践。换言之，员工流失（不管是自愿的还是非自愿的）一般都始于糟糕的甄选决策、不充分的培训、不敏感的评价和不公平的薪酬。因此，如果不考虑这些因素就去构建"员工保留战略"，只能说是徒劳的。[51]

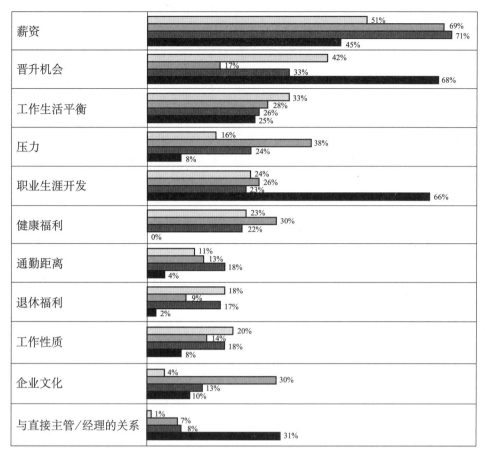

图9-4 高绩效员工离职原因分析

资料来源：Figure from "Aligning Rewards with the Changing Employment Deal" from *Strategic Rewards Report*, 2006-2007. Copyright © 2006 by Watson Wyatt Worldwide. Reprinted with permission of Towers Watson. All rights reserved.

一个保留员工的全面的方法

来自美国智睿咨询公司和罗致恒富公司（Robert Half International）的专家建议，应当采取如下方法建立一个全面的员工保留项目。

首先就是要定期跟踪那些离职的高绩效和高潜质员工。[52]然后，识别其中的原因。离职面谈可以为潜在的员工离职问题提供一些建议。还有很多企业运用态度调查来监测员工对监管和薪酬的感受。开门政策和匿名热线可以帮助管理层在士气失控之前就识别和修正这一问题。有的时候，分析情境可以带来简单的解决方案。比如，沃尔玛超市发现，当它提供对工作要求和时长的现实性预览的时候，员工的流失率显著下降了。识别问题以后，企业就可以采取下面的步骤来提升员工保留率。

员工流失最重要、最明显也最正确的解释就是低工资。特别是对于高绩效和关键员工，提高工资是许多企业最主要的工具。[53]

然而，有的时候人们并不是为了钱而离开的。比如，不适合某个职位的员工和有一个暴虐主管的员工更容易离职。因此，员工保留工作应该一开始就做，在招募甄选合适员工的时候就该考虑到。[54]甄选不仅仅是说选择员工，还要选择合适的上级。例如，联邦快递公司会对管理者定期进行态度测试，以检查上级是如何为下级考虑的。

此外，缺乏职业和专业发展前景会导致很多员工辞职。相反，一个考虑周到的培训和职业生涯开发项目会产生强大的动力促使员工留在公司。正如一位专家所说的："那些能感到公司关心自己发展和进步的员工很可能会留在公司。"[55]定期和员工讨论其在公司的职业生涯偏好和展望，并帮助他们明确自己潜在的职业生涯规划。而且，"不要等做完了绩效评价才意识到优秀员工对公司的价值"。[56]

如果员工不知道自己要做什么或者这么做的目的所在，他们是不会完成这项工作的。因此保留员工的一项重要工作是，明确员工的绩效要求和职责，让他们了解你对他们的期望。

心理问题也很重要。除了工资和福利之外，经常对员工的成绩予以认可是一种有效的非货币奖励。人际关系紧张的公司会促使员工离开，而让员工感到舒服的公司会让他们留任。

高绩效和高参与类型的实践也能提升员工的保留率。一项研究聚焦了一个电话中心的员工，发现当企业充分利用员工参与的实践时（比如问题解决团队和自我指导团队），离职、解雇和总体流失率都下降了。那些对员工"投资"更多的实践（比如晋升机会、提高工资、养老金和全职职位）都方能够降低员工流失率。[57]相反，绩效压力（比如紧张的绩效监控）与高员工流失率相关。[58]careerbuilder. com 和罗致恒富的调查显示，员工们将"灵活工作安排"和"电子沟通"视为两个最能够促使他们换工作的因素。[59]

最后，数据对于控制员工流失率非常重要。国宏互惠保险公司（Nationwide Mutual Insurance Co.）的管理者每个月都会收到一个"记分牌"，上面记录了员工流失率的数据。安联技术系统公司就运用商业分析中的"飞行风险模型"来估算员工离职的概率。[60]接下来的"全球人力资源管理实践"专栏展示了另外一种保留员工的方法。

社交媒体和人力资源

社交媒体转变了员工敬业度和保留流程。比如，诸如 globoforce.com 这样的网站使得每位员工的同事都能够评论和认可他人的表现，以此来提升公司内部的社会认可。供应商认为这样的方式可以显著提升员工敬业度和保留率。[61]

社交媒体还延缓了员工解雇的问题，而这个问题本来是很容易爆发的。当瑞银集团（UBS）解雇了 1 万名员工，这些人很快就诉诸推特，他们宣称，自己刚回到工作岗位的时候就发现被解雇了。[62]

➡ 全球人力资源管理实践

IBM 的新型劳动力

由于技术更新的加速，IBM 很快就需要一支具备不一样技能的劳动力队伍。公司本可以定期对其员工进行盘点，将不合适的人筛除。然而，IBM 并没有这么做，它采取的是一种按需人员配置战略，其目标是通过提供培训和教练技能来尽可能多地保留现有员工。[63]为了完成这项工作，IBM 每年花费 7 亿美元的预算来识别技能需求、定位短缺的技能，培训和评价管理者和普通员工。IBM 的按需人员配置战略做了两件事情。公司的战略是根据顾客需求提供快速演变的技术服务，而按需人员配置战略支持了公司战略。这个项目还通过将员工辞职和解雇率降至最低，来提升员工保留率。

议一议

讨论一下 IBM 在每年对按需人员配置战略投入高达 7 亿美元的情况下，是如何节约成本的。

工作撤离

不幸的是，自愿性流失只是员工撤离的一种方式。"撤离"通常意味着一个人将自己与某种情境隔离开来，这经常表现为员工对害怕或者不满的人的逃避。在工作中，工作撤离是指"在员工和工作环境之间设置物理或者心理距离的行动"。[64]

糟糕的出勤率和自愿性流失是员工撤离的两种方式。其他的工作撤离方式可能没有那么明显，也没有那么大的破坏性。比如，在大厅与同事闲聊，在工作间歇多次进行不必要的休息，逃避繁重的工作任务。[65]其他的员工在心理上开始"缺席"（心理撤离），有可能是在自己的办公桌上做白日梦，而不顾生产率的下降。[66]这样的员工是"身在曹营心在汉"。事实上，工作撤离的流程是渐进式的，通常从做白日梦开始，以离职结束。"当一名员工发现临时性的撤离不能解决问题的时候，这个员工就可能使用永久式的撤离，比如离职。"[67]

处理工作撤离[68]

因为许多员工曾有"离开"的意愿，所以与那些想要撤离的员工产生共鸣并不是难事。人们总是想要靠近那些让他们愉悦的情境，远离使他们感到糟糕的情境。更详细地说，"消极的情绪让人们意识到现在所处的情境是有问题的，这个意识会让他们采取行动"。[69]人们厌恶不快的、不舒服的情绪，喜欢愉快的、舒服的情绪。[70]关键之处在于，人们越是对情境有消极的情绪，越想要从情境中抽身而出。[71]

管理者可以构建一些减少工作撤离的战略，来减少工作的消极影响，提升其积极影响。因为潜在的积极影响和消极影响非常多，这就需要一个综合性的人力资源管理方法来解决。可见的消极影响包括：无聊的工作、糟糕的监管、微薄的工资、欺凌、缺少职业前景和糟糕的工作条件。潜在的积极影响包括：工作丰富化、支持性的监管、公平的工资、家庭友好型福利、惩戒申诉程序、职业生涯开发机会、健康和安全的工作环境、高士气的同事。[72]管理者可以通过面试、调查和观察来识别这些影响。

现在越来越多的员工通过智能手机和 iPad 将工作带回家处理，工作分离（不是工作撤离）并不一定总是坏事。两位研究者发现，工作分离有助于提升家庭生活的质量。他们建议构建一个系统来保证高质量的家庭生活。比如，企业和员工可就以下内容达成一致："周末不谈工作，晚餐后关闭手机。"[73]

■ 9.5　管理晋升和转岗

职业生涯规划和指导通常会包含晋升的决策。大部分人是追求晋升的，因为这意味着更高的工资、责任和工作满意度。对于企业而言，晋升可以提供机会来回报那些表现优异的员工，并且用忠诚可靠的员工来填补职位空缺。然而，晋升并不总是积极的。不公平感和暗箱操作会损害晋升。此外，越来越多的企业正在经历裁员，所以有的晋升可能意味着承接更具有挑战性的工作，而不一定是薪资更高的工作。因此，在公司的晋升过程中需要考虑一些决策。

➡ 了解你的雇用法律

建立管理晋升的指南

一般而言，企业的晋升流程必须与招募、甄选和其他人力资源行动一样，遵守同样的反歧视法律。比如，1964 年《民权法案》第七章包含了"就业的期限、环境和特权"。同样，1967 年《反就业年龄歧视法》也禁止以任何形式歧视年长员工或求职者的就业活动（包括晋升）。

企业应该建立保护系统，来确保晋升决策不会引起歧视性的诉讼和报复。比如，美国第五巡回法庭受理了一名女性员工关于主管报复的申诉。该员工声称，她之前举报了主管对自己的性骚扰行为，后来自己因为这件事被主管报复而晋升无望。[74]

一种保护自己不被申诉的方法就是要确保晋升程序是客观和清晰的。比如，美国第八巡回法庭认为，如果公司不能为晋升设置客观的政策和标准，那么有可能意味着就业歧视。[75]（在这个案例中，法庭发现这个社区大学没有持续性地运用同样的招募和晋升程序，也没有澄清职位空缺的条件和时间，而且没有告知申请的最后期限。）在另外一个案例中，企业因为面试绩效不佳的问题，拒绝了一名 61 岁员工的晋升。面试官认为这名员工没有体现出自信。[76]在这个案件中，法庭认为这种主观的判断很有可能会给被面试者造成不利影响，企业必须列举出清晰合理的决策事实依据。换言之，要运用客观的证据来支持你的主观晋升决策。关键的晋升问题还包括以下方面。

决策 1：资历还是能力

最重要的决策就是，根据资历、能力还是两者的结合晋升？

今天因对竞争优势的重视而更强调胜任能力。然而，这也依赖于一些因素。工会的合约中有的时候包含了资历的条款。公共服务相关规章制度也强调，在公共部门组织中更加重视资历而不是能力。

决策 2：如何衡量胜任能力

如果公司重视能力，那么我们该怎么测定能力呢？通过界定过去的绩效情况通常简单易行。但晋升还是需要依赖于那些能够预测候选人未来绩效的流程来确定。

不管怎么样，大部分企业用以前的绩效作为判断和指导未来绩效的标准。还有许多公司使用测试和评价中心的方法和诸如九宫格这样的工具，来评价可能会晋升的员工，识别潜在的高管人选。

比如，由于公共安全的重要性，警察局和军队倾向于使用系统化的工具来评价指挥官职位上的人选。对于警察来说，传统的晋升评价包含了一个书面的知识测试、一个评价中心测试、年资的考虑和根据近期绩效排名的评分。大部分的时候还包括个人记录回顾，包括对管理者相关教育培训和经历的检视，以及各种渠道的排名评价和对行为证据的系统评价。[77]

决策 3：正式流程还是非正式流程

很多公司都有一些非正式的晋升流程。它们不一定会发布职位公告，一些关键人物还会使用一些"不宜公开"的标准来做晋升决策。在这种情况下，员工们可能会推断人际关系可能比绩效更加重要，因此想通过努力工作来得到晋升的想法在公司中是很难实现的。

还有一些公司设置了正式公开的晋升政策和流程。员工通常会收到一个正式晋升政策，该政策对公司的具体标准有清晰的描述。职位公告政策则公布了企业对空缺职位公开的相关要求，这一政策将会对所有员工开放。实际上，许多企业设置了员工资格数据库，并使用了人员替代图和计算机化的员工信息系统。

决策 4：垂直、水平还是其他

晋升不一定是垂直向上的。比如，在公司裁员的情况下如何激励员工？你如何向对管理职位没有任何兴趣的工程师提供晋升机会？

这里有一些可行的方案。比如，英国石油公司的开采事业部就设置了两条职业路径：一条给管理者，一条给高绩效工程师这样的"个体贡献者"。在英国石油公司，个体贡献者可以晋升到不具备监管职能的高级职位，比如"高级工程师"。这些职位的经济回报和同等级别的管理职位是相匹配的。

另外一个选择是水平转岗。比如，将一名生产部门员工调任到人力资源部门，以开发他的技能和挑战他现有的资质。在一些情形下，即使员工在同一职位上也可能意味着晋升。比如，你可以让职位的工作内容更丰富，赋予职位更多的责任和机会。

多元化的重要性

性别差异

女性在职业发展的阶梯中还没有取得与他们数量相称的位置。在美国，女性占据了劳动力中的 40%，但是仅仅有不到 2% 的人达到了高管的位置。显性和潜在的歧视是造成这种情况的原因。在一项研究中，女性员工要想提升，必须在绩效评价中取得比男性更好的成绩。这意味着"女性员工的晋升标准比男性更加严苛"。[78]女性员工更容易遭遇障碍（比如被排除在正式网络之外），也更难获得开发性的工作任务。女性需要比男性更加主动才能获得这些任务。少数族裔的女性更具有风险，带有肤色的女性员工在私营企业中只有小部分能够获得专业型或管理型职位。[79]

遗憾的是，许多职业生涯开发计划都与少数族裔和女性员工的需求不一致。比如，很多这样的计划都没有考虑女性在家庭当中的角色。很多计划都假设职业生涯是一个持续性的通道，但是女性为了生育和家庭往往要中止一段工作时间，这显然没有被开发计划考虑在内。[80]很多人将这种阻碍女性员工职业生涯发展的显性和隐性因素称为"玻璃天花板"。企业为女性员工的发展去除这些天花板，可以采用以下几个步骤：

- 去除制度障碍：许多工作方法（比如晚上开会）看起来是性别中立的，但实际上对女性并不公平。
- 提升网络和指导：提升女性员工的社会网络机会，万豪公司（Marriott International）为女性员工设置了一系列领导力会议。演讲者向女性员工提供职业生涯开发的实用技巧，分享他们的经验。更为重要的是，会议还提供了一些非正式的机会（比如午餐），这可以让公司的女性员工建立联系。
- 打破"玻璃天花板"：打破"玻璃天花板"不能仅仅依靠首席执行官的命令，因为这样的问题往往是系统化的。正如一名专家所言："性别歧视的根源在于工作实践、文化规范和一些看起来公平的图景，人们根本没有意识到它，更不用说质疑它。"这些歧视的范围包括从晚上开会到高尔夫俱乐部会员等。
- 适应灵活性的职业路径：不灵活的晋升路径（比如你必须每周工作 50 小时，工作 8 年才能去申请合伙人的职位）可能会让女性员工（她们有更重的养育孩子的责任）处于不利的境地。在许多大型的会计公司，男性比女性更容易持续工作数十年并以此获得合伙人的身份。[81]一个解决方案是构建职业生涯阶梯（比如减少工作时长和灵活的年度计划），这可以让女性员工定期减少工作时间但同时留在职业发展轨道上。比如，德勤会计师事务所注意到它正在失去优秀女审计员，于是构建了一个更加灵活的工作安排。这让本来想要离职的女性留在了工作岗位上。[82]

转岗管理

转岗是从一个职位移动到另一个职位，通常并没有薪酬或级别的变化。企业将员工转岗是想替他找到一个更合适的职位，或者是将其放到一个更需要他的职位上。现在很多公司通过联合职位的方式来提升生产力。转岗可以给那些待岗员工一个完成新工作任务的机会，也能为其带来个人成长。员工因为诸多原因而寻求转岗，比如更感兴趣的职位、更多的便利（灵活的工作时间和工作地点等）、更好的晋升机会。一些晋升和职位转换可能需要员工去一个新的工作地点，这样的话，这种转岗就是物理位置上的转岗。这样一来员工就得在考虑职位的同时，还要考虑家庭的问题。

退休管理

对于许多员工来说，职业生涯以退休而告终。退休计划对企业来说是一件大事。在美国，25～34 岁的人口数量增长相对缓慢，35～44 岁的人口数量正在下降。因此，由于很多50～60 岁的员工都在走向退休，人才短缺已经成为严重的问题。再者，"在过去的一些年，企业都在关注缩小规模、降低成本而忽视了对其竞争力的潜在威胁——有才能员工的严重短缺"。[83]

许多企业为应对现在或即将到来的退休缺口，精明地挑选着人才弥补职位空缺。在一项调查中，出乎意料地有 78％的员工想在达到退休年龄后继续以某些身份工作（64％的人说他们想从事兼职）。只有大约 1/3 的人是出于财务原因继续工作；大约 43％的员工想像以前那样勤奋工作。[84]

因此，"退休计划"不仅能帮助在职员工平稳退休[85]，还能让企业保留因员工退休而流失的某些职位上的能力和技术。

　　关键问题是企业应当对即将到来的退休人员进行数量分析。这包括人口统计学分析（包括对公司员工的普查），确定公司员工退休平均年龄，还要分析退休对企业健康管理和养老金福利的影响。然后企业就能判断"退休问题的影响范围"，并针对现实问题来逐步解决。[86]

方法

　　那些想要吸引和保留退休员工的企业需要采取一些步骤，其中最主要的就是构建一系列能够鼓励和支持老年员工的人力资源政策。毫不意外，研究显示，那些更具奉献精神和忠诚度的企业员工更可能在退休年龄之后继续工作。[87]因此，最开始就要建立崇尚经验的文化。比如，美国 CVS 连锁药店发现传统的招募启事无法吸引老年员工，它就开始与全国老龄委员会（National Council on Aging）以及社区组织合作，来招募新的员工。CVS 连锁药店还阐明了对老年员工的推崇，并通过这样的方式欢迎老年员工："我们太年轻了，公司愿意招募老年员工，我们只看经验不看年龄。"[88]其他的公司修正了甄选程序，比如，一家英国银行取消了心理测试，用角色扮演的方式来替代，以发现员工应对客户的能力。

　　企业在保留老年员工方面有很多的选择，包括：提供兼职职位，将他们聘请为咨询顾问，提供灵活的工作安排，鼓励他们工作到退休年龄之后，提供培训来升级技术，构建一个阶段性的退休计划（让员工逐渐适应退休生活）。[89]

9.6　解雇管理

　　并不是所有的员工离职都是自愿的。一些职业生涯并不是以晋升或者荣休结束的，而是以解雇告终。**解雇**（dismissal）是指在员工非自愿的情况下终止与员工的雇佣关系。"应对"解雇问题的最好方式就是首先要尽量避免解雇员工。很多时候，解雇是由企业的雇用决策失误造成的。运用有效的甄选方式，其中包括各种评价测试、介绍信和背景调查、药物测试以及清楚地界定职位说明书，都可以减少企业解雇员工的需求。[90]

➡ 了解你的雇佣法律

自由解除雇佣关系

　　100 多年来，美国盛行的与解雇有关的规则是自由解除雇佣关系。**自由解除**（terminate at will）雇佣关系意味着在没有雇佣契约的情况下，企业或员工中的任何一方都可以自由终止雇佣关系。员工可以出于各种原因而按照自己的意愿离职，企业也同样可以因任何理由随时解雇员工。但是在今天，越来越多遭到解雇的员工向法院提起了诉讼，很多案件表明，企业不再拥有那么大的解雇权。

自由解除雇佣关系特例

　　为防止出现不正当解雇而采取的三种主要保护政策，已经削弱了自由解除雇佣关系规则，这三种保护政策分别是法定的例外情况、普通法规定的例外情况以及公共政策规定的例外情况。

首先是法定的例外情况。美国联邦和各州的公平就业机会和工作场所方面的法律都禁止实施几种特定类型的解雇。例如，1964 年《民权法案》第七章禁止企业基于种族、肤色、宗教、性别或国籍的歧视行为。[91]

其次，很多普通法规定的例外情况。例如，有些州的法院承认在企业雇用员工时是存在隐含契约的。因此，法庭可能会认为，如果企业在员工手册中保证只有在"有正当理由"的情况下，企业才会解聘员工，那么这种说法就属于自由雇用规则的一种例外情况。[92]

最后，根据公共政策规定的例外情况，如果法院认为一种解雇行为违反了明显的广为接受的公共政策（例如，企业不能因为员工拒绝实施违法行为而解雇他们），则法院会判定这是一种不正当解雇。

解雇的原因

企业解雇员工的原因主要有以下四种：工作绩效达不到要求；行为不当；不具备承担本职工作的任职资格；职位要求发生变化（或职位被撤销）。下面我们将分别加以讨论。

● **工作绩效达不到要求**（unsatisfactory performance）是指员工持续不能完成指定的工作任务或不能达到预定的工作标准。[93]具体的原因则包括缺勤次数过多、迟到、长期不能达到正常工作要求，或者是对公司、直接主管、同事等持一种敌对态度。

● **行为不当**（misconduct）是指有目的地蓄意违反企业的规章制度，在这些行为中可能还包括盗窃、行为粗暴以及不服从上级。

● **不具备承担本职工作的任职资格**（lack of qualifications for the job）是指员工尽管很努力，但是仍然无法完成指派给他的工作任务。如果员工确实是在努力工作，那么，企业就应当尽力想办法去帮助他们，比如说为他们重新安排工作。

● **职位要求发生变化**（changed requirements of the job）是指在企业改变了工作职位的性质之后，员工没有能力再去承担那个职位的工作。在这种情况下，员工本人可能还是很勤勉的，因此，合理的做法是尽可能地留用员工或将他们调到其他职位上去。

不服从上级（insubordination）是行为不当的一种，基本上是指不服从上级指示或者是违抗上级命令。盗窃、长期怠工、工作质量不佳等都是很明显的可以解雇员工的理由，但是对于不服从上级的行为，有时候却更加难以明确地界定。不过，有些行为通常还是很容易被认定为不服从上级的，比如[94]：

1. 直接漠视上级的权威。
2. 直接违抗或拒不服从上级的命令，特别是当着他人的面。
3. 故意蔑视公司明文规定的政策、规则、规章制度和程序。
4. 当众批评自己的上级。
5. 公然蔑视上级的合理指令。
6. 表现出对上级的轻蔑和不尊重。
7. 通过经常绕过直接主管提出申诉、建议或者采用其他政治策略来表示对指挥链的蔑视。
8. 参与（或领导）某种危害上级或者是试图挤走上级的活动。

解雇员工绝对不是一件令人愉快的事情，但是企业至少可以尝试让员工认为解雇的程序是公平的。[95]

第一，让员工解释他做了什么，为什么要这样做。当员工不理解被解雇的原因时，他显然会违背上级的命令。同样，当员工认为自己得到了解释，知道被解雇的原因以及企业做出解雇决策的程序时，更有可能觉得自己被解雇是公正的，认同解雇他们的公司，并且表示自己不会对过去就职的企业提起法律诉讼。

第二，设计一个完整的解雇流程（包括警告）和申诉流程。

第三，执行解雇决定的那个人非常重要。一项研究表明，和人力资源部门人员宣布解雇决定相比，让员工的主管宣布解雇决定更加能够让员工感觉到公平。还有一些企业采用了一些更加间接的方法，比如一项调查显示，有10%的企业用电子邮件的方式解雇员工。[96]2012年彭尼公司解雇了上千名员工，其中不少是在容纳几十人甚至上百人的会议室中一起被解雇的。[97]应由合适的人用人性化的方式进行解雇。

第四，解雇那些认为自己被不公正对待的员工更有可能引起诉讼。越来越多的企业运用遣散费来降低诉讼的可能性（见图9-5）。

遣散费的计算方法	支付遣散费的平均周数		
	高层管理人员	中层管理人员	专业技术人员
固定值	26	6	4
根据服务年限计算的可变周数			
1年	4	2	2
3年	7	5	5
5年	10	7	7
10年	20	12	10
15年	26	16	15
最大值	39	26	24

图9-5　按职位级别支付遣散费的平均周数

资料来源："Severance Pay：Current Trends and Practices," from Culpepper Compensation Surveys & Services website，July 2007. Copyright © 2012 Culpepper and Associates，Inc. All Rights Reserved. Reprinted with permission.

避免不正当解雇诉讼

不正当解雇（wrongful discharge）是指企业在不遵守法律或者是在违反企业与员工签订的明文或隐含契约的情况下解雇员工。（在事实上的解雇诉讼中，原告会声称，他之所以不得不辞职，是因为企业提供的工作环境让自己难以忍受。[98]）避免这类诉讼的时机是经理犯错和诉讼被提出之前。

避免不正当解雇诉讼要注意两件事情：一是遵从程序步骤；二是公平性保护措施。首先要做好有助于避免这类诉讼的基础工作。具体而言，步骤包括[99]：

● 要让求职者在雇用申请表上签字，并确保在表格中包括这样的陈述，即雇佣关系是没有固定期限的，企业可以在任何时候终止雇佣关系。

● 审查公司的员工手册，找出并删除有可能在不正当解雇诉讼中对企业的辩护造成不利影响的条款。例如，删掉"只能在有正当理由的情况下公司才会解雇员工"这样的条款。

● 以书面形式列出可能会导致惩戒和解雇的违法情况的规则。

● 如果规则被打破，要在证人那里获取员工角度的事件描述，最好让证人签字。然后具体调查该描述。

● 确保员工每年都会收到书面的评价。如果员工表现出不能胜任工作，要给员工警告并提供改进的机会。

● 仔细保存所有涉及员工的行动记录，例如员工的绩效评价结果、发给员工的警告或通知等。

● 最后，询问图 9-6 中列出的问题。

该员工受任何书面协议的约束吗？比如集体谈判协议？

这有可能是诽谤吗？

该指控可能涉及歧视吗？

其中涉及工伤赔偿吗？

是否发布并执行了合理的规章制度？

是否给过该员工解释违规行为或纠正不良绩效的机会？

事情发生后，是否在 24 小时内完成所有赔付？

是否向该员工解释过《统一综合预算协调法》（COBRA）赋予他的权利？

图 9-6　制定解雇决策前需要询问的问题

资料来源：Personal Law, 4th Edition, by Kenneth L. Sovereign. Copyright © 1999 by Pearson Education, Inc. Reprinted by permission of Pearson Education, Inc., Upper Saddle River, New Jersey.

管理者责任

有时，法院会判定管理人员对某些管理行为承担责任[100]，比如，《公平劳动标准法》所定义的企业包括"在涉及员工关系时，直接或者间接地代表公司利益的任何人"，这就意味着管理者个人也是企业的一部分。

避免承担个人责任需采取的措施

避免承担个人责任的方法有很多，可以采取以下步骤。

● 遵守公司的各项政策和程序。因为员工可能会宣称你没有遵守公司的相关政策和程序。

● 在实施惩戒的时候，尽可能不给员工增添情感痛苦（比如让某位员工当众收拾东西走人就会产生这种后果）。

● 不要在愤怒的时候采取行动，因为这时的行为看上去有损这种行动的客观性。

● 可以寻求人力资源部门的建议，以了解如何处理复杂的惩戒事务。

➡ **构建你的管理技能**

管理离职面谈

解聘员工是管理人员在工作中可能会遇到的最为困难的任务之一。[101]即使是在被解雇之前已经受到过多次警告，被解雇的员工往往仍然会表现出不信任，甚至采取暴力行为。下面是一些关于**解雇面谈**（termination interview）的指导原则：

1. 精心做好面谈准备。根据合益集团（Hay Associates）专家的意见，这方面的做法包括：

● 确保员工会如期到场。

● 不要通过电话通知员工。

● 面谈只需 10 分钟。

● 选择一个第三方场所，不要在自己的办公室里。

- 事先准备好员工协议、人力资源相关档案文件及解雇通知。
- 在面试之后预留时间，以备员工提出问题。
- 准备好在出现医疗或安全紧急情况时可用的电话号码。

2. 直奔主题，不要闲聊。在员工进入面谈现场之后，给他提供片刻的放松时间，然后直接将你的决定告诉他。

3. 说明情况。简要解释为什么要解雇他。例如，"你的产出比标准低 6％。在过去的 3 个月里，我们已经就此问题谈了好几次，但是没有解决这个问题，我们不得不换一种做法"。[96]记住，要强调具体情况，而不是强调员工个人的问题或者是其缺点（比如，"你的产出不达标"）。而且，强调这一决定是不可改变的最终决定。[102]

4. 倾听。从实用的角度来说，解雇面谈要持续几分钟的时间，一直到那位员工看起来能很放松地谈话，能比较心平气和地接受自己被解雇的事实，以及接受自己即将得到的补偿计划，包括遣散费等。

5. 检查遣散计划中的各项内容。简要说明遣散费、福利、可以寻求的办公室人员的帮助以及公司如何为他们提供证明信。（人力资源部门可能会重点跟员工谈这些问题。）但是，不要做任何超出既定遣散计划范围的承诺。

6. 确定下一步计划。被解雇的员工可能会感到迷茫，不知道自己下一步要做些什么。你可以告诉员工在面谈结束后可以去哪里。

重新谋职咨询

重新谋职咨询（outplacement counseling）是一个让专家为被解雇员工提供培训和咨询服务的正式过程，涉及的内容包括自我评价技术以及获取新职位的技能。这种服务通常是由企业外部的专业机构提供的。即将离职的员工（通常是经理级别的人）除了会得到咨询服务，还会在机构的本地公司拥有一定的办公空间和保密服务等。重新谋职咨询属于对被解雇员工提供的解雇支持或遣散计划中的一个组成部分。

离职面谈

很多企业都与出于各种原因而即将离开公司的员工进行**离职面谈**（exit interview）。这种谈话通常是在员工离开公司之前由人力资源部门来完成的；这种谈话的主要目的是了解员工对于工作或公司的看法和意见，从而帮助企业更好地认识到它在哪些方面做得好，哪些方面做得不好。在离职面谈中问到的问题包括："你当初为什么加入本公司？""当时公司方面对你所从事的职位所做的介绍是否准确、诚实？""你认为本公司是否存在某些特定的问题？"[103]由于女性员工和少数族裔员工通常更有可能较早辞职，因此，这可能是企业需要特别注意的一个问题。[104]

离职面谈的一个基本假设是，因为员工即将离开企业，所以他们应该会比较坦率地表达自己的看法。但事实上，企业从离职面谈中得到的信息也可能是有问题的。[105]研究人员发现，在离职面谈过程中，即将离职的人员中有 38％的人指责的对象是公司的薪资和福利，只有 4％的人责备自己的上级主管人员。但在员工离职 18 个月以后再去调查，24％的人指责的对象是自己原来的直接主管，只有 12％的人指责原来那家公司的薪资和福利。

由此看来，要想通过离职面谈发现真正的问题，可能还需要做进一步的挖掘。当然，离职面谈还是有一定用处的。例如，在位于美国宾夕法尼亚州东北部的 Blue Cross 公司所做的离职面谈中，许多员工都指出："这不是一个稳定的工作场所。"于是该公司就采取了相应的措施，以纠正那些继续留在组织中工作的人形成的这种错误认知。

离职程序

离职面谈只是离职程序的一部分。企业应该遵循一个清单，必须保证员工退还了所有办公设备的钥匙，并且终止了他所有电脑和数据库的密码使用权限。此外，企业还要确保进行合理的内外部沟通（比如向其他员工进行解释、支付工资等），确保员工及时离开，并且提供一些措施来保证安全。

临时性解雇与工厂关闭法

非惩戒性遣散可以由企业和员工任何一方发起。对企业来说，由于销售额和利润下降，可能就不得不进行临时性解雇或裁员。而员工则可能会因退休或为了追求更好的工作而离职。《员工调整与再培训通告法》（WARN Act，或称为《工厂关闭法》（Plant Closing Law））要求雇用员工人数达到及超过 100 人的公司，在关闭一家工厂或准备一次性解雇 50 名及以上的员工时，要提前 60 天发布通知。[106]

临时性解雇（layoff）一般是指企业让一部分员工离开工作职位一段时间，这通常不是一种永久性的解雇行为（尽管这可能会变成永久性的），而是暂时的，因此员工一般会预期这只是短期行为。然而，一些企业会把临时性解雇作为解雇或终止雇佣关系的说辞。在经济衰退的 2008—2009 年，美国企业总共实施了 51 000 次大规模解雇员工，使超过 500 万人失去工作。[107]

临时解雇程序

一项研究对一家公司的裁员程序进行了考察。在这家公司中，高层管理人员首先开会，做出了缩小经营规模以及缩短临时解雇员工的时间等方面的战略决策。这些高层管理人员还讨论了对于公司的未来发展而言，各种所需技能的相对重要程度。一线主管人员会对他们的下属进行评估，将他们手下那些没有加入工会的员工划分为 A、B、C 三个等级（工会会员则按工会合同规定来办，在实施临时解雇措施时根据工作资历来决定）。接下来，一线管理人员需要告知每一位下属，让他们知道自己的等级到底是 A、B 还是 C，然后告诉那些被评为 C 的员工，他们被组织定义为"冗余人员"，而他们是最有可能被临时解雇的。[108]

通过裁员和兼并来进行调整

裁员（downsizing）是指永久性地解雇相对较大规模的员工，这一般是出于降低成本和提高利润率的目的。裁员（有人称之为"生产率变革计划"）[109]需要对很多问题予以更细心的考虑和处理。

● 确保让该离开的人离开；这再次要求公司有一个有效的绩效评价系统。
● 遵从所有适用的法律，包括《员工调整与再培训通告法》。
● 确保企业在解雇过程中做到公平和公正。
● 对安全等问题的实际考虑，包括钥匙归还和确保员工离开的时候不带走任何禁止携带的物品。

● 降低留任员工的不确定性并消除他们的担忧。这通常会包括发布裁员后公告和计划，还包括举办会议让资深管理人员回答员工的各种疑问。

裁员并不是件愉快的事情，但也不一定就是不公平的。就临时性解雇发布提前通知和人际敏感性训练（例如在临时性解雇中管理人员表现出来的风度）都会有助于减轻其消极影响。[110]高绩效工作系统（比如丰田汽车工厂）中的解雇和员工离职更加具有破坏性。[111]因此，在不解雇员工的前提下降低劳动力成本就显得十分重要。可选择的方案包括：冻结或削减工资；在裁员之前冻结招募；就裁员问题展开真诚沟通，让员工有机会表达自己的裁员观点；在实施裁员的过程中做到公平和富有同情心。[112]

本章小结

1. 员工最终要为自己的职业生涯负责，但是企业和管理者也必须了解职业生涯管理的方法，这包括：建立企业的职业生涯管理中心，提供职业生涯规划工作坊，提供职业生涯开发预算，并且提供在线职业生涯开发工作坊和项目。最简单的方法就是进行职业生涯导向的绩效评价，这样就可以将绩效反馈和员工的职业期望结合到一起。主管也可以在职业生涯管理理中起到重要作用。

2. 要想使员工变得更好，需要提升教练辅导水平。理想状态下，教练辅导流程包括准备（分析问题）、计划（开发一个提升计划）、积极辅导和跟进。有效的导师能够设立高标准，投入时间，将学徒纳入重要的项目并且展示职业化的胜任能力和持续性。

3. 管理自愿性员工流失需要识别其原因然后再解决问题。综合性的员工保留计划包括多种因素，比如提升甄选流程，全面的培训和职业生涯开发计划，员工潜能开发计划，向员工提供有意义的工作、认可和奖励，提升工作生活平衡和构建一种支持性的组织文化。

4. 企业的职业生涯规划与开发可以有效提升员工敬业度。通过这个过程，企业可以支持员工来测试和开发职业目标，提升相关职业经验和技能。如果管理有效的话，企业的职业生涯开发计划可以体现出企业对员工职业生涯的关心。

5. 企业的晋升政策需要考虑的问题有：资历优先还是能力优先？如何衡量胜任能力？运用正式流程还是非正式流程？垂直、水平还是其他方向的晋升？一般而言，企业的晋升流程需要遵守各种反歧视法律，与其他的人力资源活动一样。

6. 解雇管理是管理者工作的重要部分。公司解雇员工的原因主要有以下四种：工作绩效达不到要求；行为不当（包括不服从上级）；不具备承担本职工作的任职资格；职位要求发生变化。然而，在解雇一个或多个员工的时候，要注意自愿终止合同的条例在很多州已经有不少例外。此外，为了避免不正当解雇，管理者在管理解雇过程时一定要特别小心。

讨论问题

1. 为什么企业的员工保留政策一定要体现全面性？IBM 的按需人员配置战略是否符合

全面性的要求？为什么？

2. 解释员工敬业度的重要性。如何提升员工敬业度？如果你是主管的话该如何提升员工敬业度？

3. 员工在职业生涯开发中的作用是什么？管理者和企业的作用分别是什么？

4. 列举有效提供教练辅导的四个步骤。一个职业足球教练应如何应用这四个步骤？

5. 讨论至少四种有效管理解雇的程序性建议。

6. 为什么运用人才管理的方法来提升员工保留率是值得推荐的？

7. 如果你是主管人员，该如何避免不当解雇的指控？

个人和小组活动

1. 很多人将 IBM 看作一个员工保留和员工敬业度方面的典范公司。浏览一下 IBM 的网站。在本章中，我们讨论了企业提升员工保留率和员工敬业度的方法，根据你在 IBM 网页上看到的信息，你认为 IBM 在这方面做了哪些工作？

2. 以 4～5 人的小组为单位，与两名管理者或教师会面。根据你们的讨论，以"我们大学里的教师晋升"为题写一篇短文。你认为这个流程怎么样？根据本章所学，你有什么提升这个流程的建议？

3. 以个人或小组为单位，选择两个职位（比如管理咨询师和人力资源经理或销售员），然后运用 O* NET 这样的资源来预测这些职业十年之后的需求。这些职业的前景如何？为什么？

4. 以 4～5 人的小组为单位，对一名小企业主或者人力资源经理进行访谈，以"公司所采取的减少自愿性员工流失"为题，写一篇短文。企业现在的员工流失率如何？你建议应该如何提升员工保留？

5. 本书附录中的人力资源师和高级人力资源师知识库列举了一些人力资源认证机构证书考试的必备知识。4～5 个人为一组做以下四个事情：（1）回顾附录知识；（2）识别本章中与附录相关的内容；（3）依据人力资源认证机构证书考试的内容，编写四个相关知识的选择题；（4）时间允许的话，在同学们面前展示你所在小组的题目，这样可以与别的小组的同学互相借鉴。

6. 几年前，一项对英国的大学毕业生的调查显示，虽然很多人还没有找到自己的第一份工作，但是大多数人都在计划"职业暂歇"，并在工作之外保持某项兴趣爱好。[113] 很多毕业生已经看到了他们的朋友正在"每周工作超过 48 小时"。职业生涯专家认为，这个研究表明现在许多的大学毕业生"不会再寻找那些薪水更高、声望更好的工作"。[114] 相反，他们在寻求将自己的工作和生活分割开来。他们希望在工作之余能有充足的时间来追求自己的兴趣爱好。如果你正在为这样的员工进行导师指导，你能给出哪三个建议？为什么？你认为企业可以如何调整，以应对这样的职业期待？

7. 诸如 Sporting News 这样的网站经常会有一个"最伟大的教练"的专题栏目（你也可以用谷歌搜索"最伟大的教练"）。[115] 看一下这个清单，找出两个人物。对他们进行网络搜索，看看他们有哪些行为成就了"最伟大的教练"这个称号。你在进行有效教练辅导的时候，如何借鉴这些行为？

8. 你会采用什么技术作为传统惩戒手段的替代方法？这种替代方法与组织公平存在何种联系？鉴于当今的企业对于高承诺度的员工有着很强的需要，谈谈你为什么认为这些替代方法很重要。

人力资源行动案例事件 1　谷歌公司的反应

表面上看，没有人认为员工保留会在谷歌公司成为一个问题。谷歌通常出现在"最佳雇主"的名录里，公司以优厚的福利项目著称，比如免费干洗服务、从旧金山出发的免费班车、丰厚的养老金、股票期权计划。作为一家成长迅速的公司，每年的求职者络绎不绝。因此，在2010年左右，当公司的员工流失率上升的时候，公司的人力资源部门的人员必须要决定做一些事情了。问题之一就是，在硅谷里有很多像谷歌这样有吸引力的公司，比如苹果和脸书。谷歌做的第一步就是提升员工工资，公司给所有员工加薪10%，还有一个1 000美元（免税）的假期奖金。但是，谷歌还需要采取其他的问题解决方案。[116]

问题

1. 基于本章所学习的内容，你认为谷歌可以采取哪些措施来留住员工？
2. 其他章节有哪些知识可以帮助谷歌提升员工保留率？
3. 运用网络搜索来确定公司应该最后采取哪些步骤？

人力资源行动案例事件 2　卡特洗衣公司：职业生涯规划项目

身在洗衣和清洁行业，职业生涯规划似乎并不是一项主要的任务，因为正如杰克所说："你只需要让员工去工作，让他们保持诚实就行了。"然而，詹妮弗认为给卡特洗衣公司的员工做职业生涯规划也并不是坏事。公司的很多员工都在这个没有出路的行业里工作了很多年，詹妮弗为他们感到不安。"或许我可以为他们提供一个更好的职业视角。"她认为。詹妮弗确信这样的职业生涯规划能够帮助她提升公司的员工保留率。

问题

1. 卡特洗衣公司开展职业生涯规划有何优势？
2. 有哪些人应该在这个规划之内？是所有员工，还是只有一部分？
3. 简要写出你认为洗衣店员工、柜员、经理应该具有什么样的职业生涯规划。

体验式练习　我们要去何方？为什么？

目的：积累分析和处理有关职业生涯偏好问题的经验。

必须理解的内容：学生必须十分熟悉本章中"职业生涯管理中的员工角色"这一部分，

以及使用 O*NET 的方法和本章的附录。

如何进行练习/指导：运用本章中"职业生涯管理中员工的角色"这一部分，以及使用 O*NET 的方法和本章的附录知识，分析职业生涯相关的倾向。根据这些分析，回答下列问题：

1. 这些研究建议的职业偏好有哪些？
2. 这些职业的前景如何？
3. 根据你的职业倾向及其前景，编写一份一页纸的职业生涯规划，包括职业倾向、目标和一个达到你职业目标的行动计划。

附录 管理职业生涯和寻找工作

每个人都应该为自己的职业生涯负责。在今天的劳动力市场中，明白如何找工作是非常重要的。

管理职业

很多人都不会为职业生涯思考太多。比如有的学生选择专业的时候仅仅考虑受欢迎的课程和教授，或者一些不便言明的心理动机。还有的人进入工作职位是因为"只能找到这份工作了"。如果必须要做一个基于事实的决策，那就是选择你的职业。第一步就是要充分了解你的兴趣、态度和技能。

识别你的职业导向

职业生涯指导专家约翰·霍兰德认为个性（包括价值观、动机和需求）是一个人职业生涯选择的决定因素。例如，一个有强烈社交导向的人会被那些需要人际活动的工作吸引而不是需要智力或体力的工作，这些人也就会更喜欢像社会工作一类的职业。霍兰德发现了六个这样的个性特征或是心理定位。[117]

1. 实际型导向。这些人喜欢涉及身体活动（技能、体力和协调）的职业，比如伐木工、农民和农业相关人士。

2. 研究型导向。这些人喜欢认知性活动（思考、组织、理解），而不是感觉性（感觉、行动、人际和情绪）工作。比如生物学家、化学家、教授。

3. 社会型导向。这些人喜欢人际交往活动，而不是智力或身体活动。比如心理医生、涉外服务和社会工作人员。

4. 传统型导向。这些人喜欢涉及结构化的、制度化的活动，将个人需求从属于组织需要。比如会计师和银行工作人员。

5. 企业型导向。这些人喜欢用口头语言活动来影响他人。比如管理者、律师和公共关系高管。

6. 艺术型导向。这些人喜欢自我表达、艺术创造和情绪表达以及个人活动。比如艺术家、广告高管和音乐家。

大部分人都有不止一个职业导向（他们可能是社会型、实际型和研究型）。霍兰德认为这些职业导向越相似，一个人在面对职业选择时的内心冲突就越少。为此，霍兰德设计了一个六边形图案（如图 9-7 所示），每个角代表一种职业导向。根据霍兰德的研究，两个职业导向离得越近，它们的可比性就越强。如果你排在第一和第二的职业导向挨在一起，那么你在选择职业的时候就会更容易。

识别你的技能

你可能拥有传统的职业目标，但是你是否拥有成为会计、银行家和信用经理的潜质取决于你的技能。因此，你需要识别你的技能。

资质和特殊人才

为了做好职业生涯规划，我们还需要对一个人的资质进行一系列测试，通用资质测验组系（GATB）就是其中的一种测试，大多数州的一站式职业生涯中心会有这种测试。这些工具测试包括智力和数学能力在内的各种各样的资质。你也可以采用专门化的工具来对机械理解力等进行测试。霍兰德的自我职业选择指导问卷也会提供一些对你资质的洞见。[118]

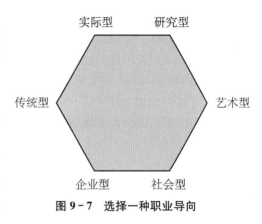

图 9-7 选择一种职业导向

O*NET

O*NET 提供了一个免费的综合性职业评价系统"我的下一步"（www. onetcenter. org/mynextmove. html）。其中包含了 O*NET 的兴趣特征工具，它可以基于员工个人兴趣、教育程度和工作经验为超过 900 个职位提供定制化的职业建议。用户可以获得技能、任务、薪水和职业就业前景的相关信息。[119]

识别你的职业锚

埃德加·沙因（Edgar Schein）认为职业生涯规划是一个持续的探索过程——在职业生涯中，一个人会逐渐意识到自己的才能、能力、动机、需求、态度和价值观，从而对自我有一个越来越明确的认识。沙因还认为一个人随着对自己了解的深入，会清楚地意识到自己有一个主导的职业锚——这是一种关切或真意，一旦你做出了某个（职业生涯的）抉择，你就不会再放弃它。

顾名思义，职业锚是一个人从事的各种职业的中心点；一个人在各种经历中通过逐步了解自己的才能与能力、动机与需求和态度与价值观，找到自己的职业锚。沙因通过自己在麻省理工学院（Massachusetts Institute of Technology）的研究，认为职业锚预测起来会很困难，因为它们是在不断演变的，必须通过持续的探索才能找到。一些人直到必须做出重大的决定时——例如是否接受晋升到总部去就职，或是要不要自己创业——才能意识到什么是自己的职业锚。在这个时候，一个人所有过去的经历、爱好、倾向和定位会汇集成一种有意义的形式，人们在做出职业生涯选择的时候也就会发现什么是自己的职业锚。通过对麻省理工学院毕业生的研究，沙因找到了五种职业锚。[120]

技术/职能胜任能力

拥有强有力的技术/职能职业锚的人往往会避免做出迫使他们进行综合管理的决策。相反，他们会做出能让自己继续在已有的技术或职能领域停留和发展的决策。

管理胜任能力

一些人对成为高管有强烈的动机，他们的任职经历也让他们确信自己有所需的技能和价值观。当他们被要求解释为什么有自信认为自己有职位所需的技能时，沙因所调查的人回答说，因为他们在三个联合的领域都有竞争力，所以自己是职位合格的候选人。而这三个领域包括：（1）分析能力——在信息不完全和不确定的环境下，能识别、分析和解决问题。（2）人际关系能力——能施加影响、管理、领导、指挥和控制不同级别的人。（3）情绪能力——能够为情感危机或人际危机所激励，而不是被它们摆布或为此精疲力竭；能够承担高度的责任而不会为其所困。

创造力

一些毕业生成为成功的企业家。在沙因看来，这些人有强烈的需要"来建造或创造完全是自己的东西——一种以自己名字命名的产品或过程、自己的公司以及能和自己成就相匹配的财富"。例如，一些毕业生成为大城市的采购员、建筑工、出租客；另一些则成功地创建了自己的咨询公司。

自主性和独立性

一些人似乎被自己的需要驱动自己做主，不想在大企业中为了升职、调动或薪酬而屈从于他人。这些人大多有强烈的技术或职能的定位。与其自己在某个组织中追求这样的定位，还不如成为独立的顾问，或在相对较小的企业做顾问成为他们的一分子。其他的人则成为商学院教授、自由作家，或开办小型零售企业。

保障性

几位毕业生十分关注长期职业生涯的稳定性和职业保障性。对于偏好地理保障的人来说，在熟悉的环境拥有稳定且有保障的职业生涯通常要比追求出众的职业生涯更重要，如果让他们选择后者就意味着让生活变得不稳定和没有保障，他们不得不去另一个城市工作。而对另一些人来说，保障性意味着组织保障。他们可能会选择成为公务员，因为这是一份终身的职业。他们更愿意让雇主决定自己的职业生涯会是什么样。

评价职业锚

为了认清自己的职业锚，你需要找出几张白纸，写出下面问题的答案[121]：

1.（如果有的话）你在高中的主要研究领域是什么？你为什么选择这一领域？对此你感觉如何？

2. 什么是你在大学期间的主要研究领域？你为什么选择这一领域？对此你感觉如何？

3. 你毕业后的第一份工作是什么（包括相关的服役经历）？你想在第一份工作中找到什么？

4. 当你开创自己的事业时，你的抱负是什么或者你的长期目标是什么？你改变过这些想法吗？什么时候？为什么？

5. 你对职位或公司的第一次主要改变是什么？你当时想在自己的下一份工作中寻找什么？

6. 你对职位、公司或职业生涯接下来的主要改变是什么？你为什么会接受或开创它？你期待在其中找到什么？（请对自己每一次职位、公司或职业生涯的改变分别回答。）

7. 回顾自己的职业生涯，你最享受哪些时期？你享受的这些时期是怎样的？

8. 在回顾的过程中，哪些时期让你感到不愉快？这些时期又是怎样度过的？

9. 你是否曾经拒绝过职位调动或升职？为什么？

10. 现在仔细看看自己刚才的回答和之前对五种职业锚的描述（技术/职能胜任能力、管理胜任能力、创造力、自主性和独立性、保障性）。基于自己的回答逐一打分，1表示最不重要，5表示最重要。

技术/职能胜任能力_____

管理胜任能力_____

创造力_____

自主性和独立性_____

保障性_____

你希望做什么

我们已经解释了职业技能、定位、职业锚和它们在选择职业时的作用。现在，进行另一项具有启发性的练习。在一张纸上回答下面的问题："如果你能获得任何工作，你希望是什么工作？"如果需要，你也可以自己创造一种职业，不用担心自己能不能做——只要是自己想做的就行了。[122]

识别高潜质职业

了解了技能和兴趣，对于选择职业而言只是成功了一半。你还必须识别哪些职业（根据你的职业导向、技能、职业锚和职业偏好）适合你，或者以后有哪些职业的需求会提升。

最有效率地了解、比较和对比职业的方法就是使用互联网。美国劳工部在线的《职业展望手册》（www.bls.gov/oco/）每年都会升级，并提供了数百个职位的细节描述和信息。O* NET 同样提升了一些职业需求。纽约州劳工部门也提供了一些职业群组的优质信息，比如人文经济、信息系统和工程科技。

一些州的一站式职业服务中心也是一个来源。在这些中心，求职者可以申请失业保险，注册州求职服务，与职业咨询师交流，运用电脑撰写简历，使用互联网，运用测试和职业图书馆（提供各种就业方面的数据和视频）。有的时候，求职者还可以运用免费电话、传真机和照片复印机来为找工作提供便利。

寻找合适的工作

你已经识别了自己的职业定位、技能和职业锚，已经选择了未来发展的目标职业。如果必要的话，你要着手准备培训和教育了。下一步，就是要在自己感兴趣的地域和公司选择一份工作。

在离开现在的职位之前，你需要确认离职是你想要做的事情。很多人错误地离开自己的职位，而实际上只需要小小的改变就能渡过难关。对工作的不满意，他们认为是职业或者工作本身造成的。但是，为什么要放弃律师去当老师，是因为这个职业，还是因为每周工作80 小时的工作强度？

比如，在仔细思考以后，你对你的职业和工作地点很满意，但是不喜欢工作的组织方式，那最好尝试修正一下。比如，考虑一下替代性工作方案，比如灵活的工作时间和电子交流，消除那些你最不喜欢的工作职能，或者寻找一些更具备挑战性的"延伸性任务"。[123]

工作搜索技巧

企业可以使用各种工具来寻找求职者，所以毫不奇怪的是，求职者也会使用很多相同的工具。

个人联系

一般而言，找工作和面试最流行的方法就是依靠个人联系（比如朋友和亲戚）来获得机会。[124]所以，尽可能让更多的人知道你找工作的事情和目标职位（当然，如果你现在有工作，又想要换一份工作，那最好不要让老板知道你搜寻工作的意愿。在这种情况下，只将这个消息告诉几位亲密的朋友，请他们出谋划策）。

社交媒体和人力资源

企业越来越多地使用社交媒体来进行招募，求职者应该确保他们的名字能够被找到。比如，求职者可以通过在推特上露面来提升自己的工作声望。那些在脸书上与一些公司建立联系的人可以更快地获得职位空缺的信息。每天在领英上花一些时间建立新的联系，并将这些链接与好友进行分享。[125]参加领英的企业群组，让自己被更多的企业看到，确保自己的简历是 pdf 格式的，能够在智能手机上打开。在企业的博客和网站的评论区发表评论，这样能够让你引起企业的注意。使用纸质简历的求职者越来越少，更多的人用社交媒体简历。社交媒体简历可以将文字、图片和员工个人简介整合到一起，发布在推特和领英这样的社交媒体上。[126]

最后，在发送工作邀请之前，记得你未来的雇主可能会在谷歌上搜索你，可能会查看你的脸书和领英主页。

在线工作公告和企业网站

大部分大型在线工作搜索网站（比如 monster.com）都有本地搜索功能。你也可以运用《华尔街日报》的职业生涯网站来根据职业和地域进行搜索。大部分大城市的报纸也有自己的在线职位清单。除了 monster.com 等在线工作公告工具之外，几乎所有的大公司和企业的网站上都有自己的定制板块。[127]比如，美国空调供应商（Air Conditioning Contractors in America，www.acca.org）和国际财务高管公司（Financial Executives International，www.fei.org）的网站能让行业内企业和未来的员工更好地满足互相的需要。记住运用可移动的服务设施，比如通过凯业必达的 iPhone 应用程序来评价工作。

回应广告

很多专家认为，回应广告很难获得工作机会，随着工作职位层次的提高，这种可能性越来越小。自动化的求职者跟踪服务现在能够在几秒钟的时间里浏览几千份简历，这让你的简历更难脱颖而出。毫无疑问，专业型职位和管理型职位最好的广告来源是《纽约时报》《华尔街日报》等你所在领域的专业期刊。

很多企业甚至都不接受求职信。对于那些仍然接受的企业，需要在材料中创建一个好的印象，检查拼写、风格、语法和整洁等简历要素，总之要让这份简历帮助你申请工作。在求职信的封面，一定要用一段话来展示你的背景和成就特别适合所申请的职位，你必须要清楚地回应公司的需求。[128]

注意不要回应那些"盲人广告"。一些高管搜寻公司在没有职位空缺的情况下也会发布广告，这只是为了占领市场。这时候有可能你会遇到自己的公司。

就业机构

就业机构在帮你寻找年薪 80 000 美元以下的职位方面非常在行，其实对于更高价值的职位来说，这些机构也是很有用的。企业经常通过付费给这些机构寻找专业人才和管理人才。假设你知道自己的求职目标，这时候你需要多看看当地报纸的周末版，以识别那些能够提供相应职位的机构。最好通过回应广告的方式主动接触三到四家机构。如果有合同能赋予机构安置你的排他权利，千万不要与这样的机构签合同。

高管招募

我们看到企业经常使用高管招募机构来寻觅高层次人才，经常还要为此支付一些费用。你可以发送自己的简历，并且用一张纸来简要总结你的求职目标，包括职位标识、目标公司、相关成就、当前薪酬和目标薪酬。然而，注意一些企业将自己称为高管搜索机构和职业顾问，但不是搜索机构。他们只是要求你支付一定费用，然后帮助你进行职位搜索。记住，求职者不需要向高管搜索公司支付费用。

职业顾问

职业顾问不一定能够帮助你找到一个工作，他们的专长是资质测试和职业咨询，他们身上的标签是"职业咨询"和"职业指南"。一位有经验的职业专家提供的心理测试和面试服务总价格在 400 美元左右。检查一下公司的服务、价格和指导你的那位顾问的资质。

高管市场顾问

每个人都应该为自己的职业生涯负责。在今天的劳动力市场中，明白如何找一份工作是非常重要的。

企业网站

大部分的大型企业都将职位空缺列在网站上，每一位认真找寻工作的人都应该使用这种宝贵的资源。做这种事情需要提前准备好简历。

撰写简历

你的简历还是非常重要的自我推销文件，有的时候能够决定你是否可以获得一次面试的机会。要避免过于冗长、阅读困难、打印错误和其他类似的问题。此外也不要使用同一套简历。对申请的每一个职位都制作新的简历，加入你的求职目标和相应的成绩。这里有就业咨询专家理查德·佩恩（Richard Payne）等人提出的关于简历的一些建议。[129]

介绍信息

在简历的最开始标注姓名、家庭住址、邮箱和座机或手机号码。

工作目标

下一步，描述你的工作目标。你应该将目标职位、目标区域（公司的类型和规模）以及吸引企业的特点用简短的话语进行总结。比如，"一家重视创造力的中等规模电子商务公司的市场经理"。

工作范围

对于每一个以前的工作，都要写一段这项工作的名称、直接和间接的汇报关系、直接下属的人数、所控制的人力资源预算和运营以及工作职责。

你的成就

这是你简历的核心，展示了你以前每一项工作中实施的一些具体行动及其原因，以及你行动的结果：回报。比如，"作为一名生产经理，我介绍了一种新的流程来代替过去那种高成本的手工焊接技术。这种新的流程将每个配件的装配时间从 30 分钟降至 10 分钟，将生产成本降低了 60% 以上"。对每项工作都运用以上的陈述方法。

长度

将你的简历控制在 1～2 页，包括教育背景、军队经历（如果有的话）等，将个人背景信息（兴趣、爱好、参加的协会）放在最后一页。

让你的简历可以扫描

对于今天的工作申请而言，撰写一份可扫描的简历是非常重要的。换言之，需要写一份求职者跟踪系统可以在线阅读的简历。在陈述你的资格的时候要注意运用有力的关键词。比如，一个培训者可能会使用"基于计算机的培训、交互式视频和团队催化师"等关键词和语句。

在线个人简介

许多企业都要求他们的管理者和专业人士将自己的个人简介贴在公司内网或者其他网站上。这些个人简介可以使得其他的员工知道同事的专业，也能吸引求职者的关注。撰写个人简介需要注意以下事项[130]：

● 提供细节。"你提供的信息越多，当有人搜索与你有类似经历的人的时候就越容易找到你……"

● 避免敏感主题。比如，不要讨论宗教和政治。

● 注意仪表。你的个人简介可能需要贴张照片，如果这样的话要穿着正式。

● 使得搜索更加容易。确保当有人搜索与你有类似经历或专业的人的时候能很容易找到你，比如"管理者""主管""工程师"。

● 运用缩写。缩写是很重要的，有人搜索的时候常常输入"MBA"而不是"Masters in Business Administration"。

● 运用数据。详细描述你的工作是如何为现有企业或者前任企业做贡献的。

● 来源证明。仔细地对你的在线简介进行来源证明，就像对你的简历一样。

提醒

最少在你的简历上标注日期（防止你的简历在老板的办公桌上待上两年）。还要附上一个声明，防止被未经授权的猎头公司进行传播。提前核查了解那些拥有你所投简历数据库权限的人。[131]

应对面试

你已经完成了所有的准备工作，现在你已经同负责面试的管理者有了一份计划。你需要做什么才能够在面试中脱颖而出？这里有一些建议。

做好准备

首先记住准备过程是最重要的。在面试之前，对企业、职位和负责招募的人都要做足功课。在互联网上搜索，查明在公司领域的重要事件、竞争对手及其表现。

发现面试官需求

在回答面试官的第一个问题的时候尽可能简短，同时多花些时间来发现面试官对员工的需求。运用开放性的问题，比如：你能多告诉我一些吗？

将你自己与个人需求相联系

一旦你发现面试官想要寻求的人才类型以及他想要解决的问题，那你就要根据需要来展示你的成就。[132]运用这样的话来开场："你提到的一个重要问题，我也遇到过。"然后提出这个问题，描述你的解决方案和结果。

展示良好形象和热情

良好的仪表、一次有力的握手和眼神接触这些细节都十分关键。有研究表明，往往在面试开始的前几分钟，面试官就决定了心目中的人选。一个好的第一印象可能会变差，但是这种可能性很少。糟糕的第一印象是很难克服的。

第4篇

薪酬管理和全面报酬

在第 3 篇"培训和人力资源开发"中，我们解释了如何引导、培训、评价、吸引和保留员工。在培训和评价员工以后，自然需要对他们支付薪酬。现在我们需要做的是创建公平的薪酬计划，实施员工福利和激励性薪酬计划。第 4 篇包括第 10 章"开发薪酬计划"和第 11 章"绩效薪酬与员工福利"。

　　第 4 篇学习的概念和技能会对战略性人力资源管理产生重要的影响。战略性人力资源管理是指在企业总体战略框架下对人力资源政策进行规划和执行，借以形成实现战略目标所需要的员工胜任能力和行为。仅仅完成对高潜质员工的甄选和培训工作还不够，还要让这些员工有工作的动力。在第 4 篇中，我们将会看到，要让员工具备这样的工作动力，需要对其施予公平及具有激励性的薪资、福利和绩效薪酬计划。在第 5 篇，我们将学习如何维持积极的员工关系。

第 10 章
开发薪酬计划

本章要点

- 决定薪酬水平的基本因素
- 职位评价方法
- 为管理类和专业类职位付酬
- 薪酬领域的当代趋势
- 管理者的员工敬业度指南：全面报酬计划

学习目标

学完本章后，你应该能够：

1. 讨论决定薪酬水平的基本因素。
2. 解释职位评价和确定薪酬水平的方法，并举例说明。
3. 解释如何为管理类职位和专业类职位确定薪酬水平。
4. 解释胜任能力薪酬和传统薪酬计划的差异。
5. 解释全面报酬在提升员工敬业度中的重要性。

引言

帕蒂（Patty）在芝加哥城外拥有一家 15 人的小型软件咨询公司。公司为诸如餐厅、商店这样的小企业提供安装库存跟踪软件等服务。帕蒂的员工包括五名软件咨询师、四名开发新业务的销售经理、一名秘书/接待员、一名办公室经理、一名会计和一名办公室文员。在过去的五年里，公司给员工支付薪酬主要是依据竞争公司相应职位的薪酬水平，但是帕蒂发现这种方式也会引起问题。比如，销售经理莫（Moe）最近对他说："帕蒂，我给公司带来了许多业务，但是我不明白为什么自己的工资居然和办公室经理詹妮（Jenny）一样，我的工作不值得更多的薪酬吗?"帕蒂说她会回答这个问题。

■ 10.1 决定薪酬水平的基本因素

员工薪酬（employee compensation）是指员工由于雇佣关系的存在而获得的所有形式的

经济性报酬。薪酬有两个主要构成部分，一是**直接经济报酬**（direct financial payments）（工资、薪金、奖金、佣金及红利等）；二是**间接经济报酬**（indirect financial payments）（如企业支付的保险以及带薪休假等形式的经济福利）。

企业支付直接经济报酬有两种基本的方式：第一种是基于时间或者基于绩效。对于绝大多数企业来说，基于时间来支付工资依然是主要的方式，比如，蓝领工人和办公室文员就是按照小时数或者天数来支付工资。其他的职业，比如管理者和网络设计师则是按周、月甚至是年来支付工资。

第二种是基于绩效。比如，计件工资将薪酬和员工生产的产品的数量结合到一起。销售佣金是另外一种以绩效为基础的薪酬。还有一些企业将计时工资和奖励计划结合到一起。

在本章中我们将解释如何为员工设计以时间为基础的薪资体系。第 11 章探讨以绩效为基础的奖励机制、福利和全面报酬。

确定员工的薪酬需要考虑以下四个基本要素：法律、工会、公司战略和政策以及公平性。

将薪酬与战略连接

薪酬计划应该首先实现公司的战略目标，因此管理者应该开发一项均衡报酬战略。这意味着创建一个全面的薪酬包，来产生那种公司需要的、可以支持和实现其战略的员工行为。[1]所以我们看到很多企业构建了一个全面报酬战略，这项战略整合了传统薪资、奖励和福利计划，还包括了更有挑战性的职位，以及职业生涯开发和认可计划。表 10-1 列举了一些在构建战略导向的薪酬政策时遇到的问题。

表 10-1　我们的薪酬政策是否支持我们的战略目标？

- 我们的战略目标是什么？
- 我们需要什么样的员工行为和技能来实现战略目标？
- 有哪些薪酬政策和实践（基本薪资、奖励计划和福利）可以产生公司需要的、可以支持和实现其战略的员工行为？

公平性及其对薪酬水平的影响

埃默里大学（Emory University）的一项研究展示了猴子对不公平薪酬的反应。他们训练猴子使用卵石来交易食物。有的猴子通过卵石交易到了葡萄，有的获得了香蕉。那些得到更甜的葡萄的猴子更乐意交出它们的卵石。但是得到香蕉的猴子看到别的猴子拿到了葡萄，生气地将卵石摔到了地上。[2]这可能表明，即使是更低等的灵长类动物在面对薪酬问题时，也希望得到公平的对待。

公平激励理论

对于更高等的灵长类动物——人，公平激励理论认为人拥有强大的动机来维持他所认为的贡献与回报之间的平衡。公平理论表明，如果一个人感觉到不公平，他的头脑中就会有一种紧张感，激励他来减少这种不公平感。有很多研究支持公平理论。[3]比如，一项研究发现，当零售员感觉到自己的工资是公平的时候，他们的流失率会显著地降低。[4]对一个人支付过高的工资有的时候会适得其反，因为"他们会感觉到愧疚和不舒服"。[5]

对于薪酬管理，管理者应该解决四种公平性问题。[6]

● 外部公平，指公司中某个职位的薪酬水平与外部公司中同类职位相比是否公平。

● 内部公平，指公司中某个职位的薪酬水平与同一公司中其他职位相比是否公平。

● 人际公平，指基于绩效水平，一个人的工资与本公司内相同或类似职位同事的工资相比是否公平。

● 程序公平，指"人们对薪酬分配决策的程序和流程的公平性感知"。[7]

解决公平问题

管理者采取各种方法来解决这四种公平性问题。比如，他们使用薪酬调查（看看别的公司薪酬水平如何）来监测和维持外部公平性，运用职位分析和比较（职位评价）来保证内部公平，运用绩效评价和奖励性薪酬来保证人际公平，用沟通、申诉机制和员工参与来保证程序公平。一些公司运用调查来监测员工的薪酬满意度。典型的问题包括：你对薪酬水平满意吗？你认为有哪些因素决定了你的薪酬水平？[8]

为了防止可能造成内部不公平的讨论，一些公司对薪酬水平进行了保密。这造成了正反两方面的影响。[9]对于外部公平而言，在线的薪酬网站比如 salary.com 提供了很多透明的信息。

一些重要的薪酬法律

企业在设计薪酬计划的时候不是完全自由的。有很多法律都会对最低工资、加班薪酬水平以及福利等事项做出具体规定。[10]1931 年《戴维斯-贝肯法》（Davis-Bacon Act）规定，美国劳工部有权为承包联邦政府项目的承包商所雇用的体力工作者和技术人员确定薪酬水平。1936 年《沃尔什-希利公共合同法》（Walsh-Healey Public Contract Act）规定了与政府签订 1 万美元以上合同的承包商在雇用员工时必须达到最低工作标准，包含最低工资、最长工作时间、安全和健康条款、每周工作 40 小时以上的 1.5 倍加班工资。**1964 年《民权法案》第七章**（Title Ⅶ of the 1964 Civil Rights Act）规定，在雇用、薪酬、工作待遇、工作条件以及就业特权等方面，禁止企业因为员工的种族、肤色、宗教信仰、性别或者国家来源实施歧视。[11]

1938 年《公平劳动标准法》

《公平劳动标准法》（Fair Labor Standards Act）最初是在 1938 年通过的，此后经过了多次修正，其内容包括最低工资、最高工时、加班工资、公平工资、工资记录以及与童工有关的条款。[12]这部法律覆盖了大多数美国的劳动者——实际上，它涵盖了所有生产或销售用于州际贸易和国际贸易产品的员工。该法案还覆盖几乎所有从事农业的员工。不过，州层面的公平劳动标准法并不在该法案的管辖范围之内。[13]

一个比较常见的条款是关于加班工资的规定。这部法案指出，对于在一周之内超过 40 小时的那部分工作时间，企业必须至少向员工支付相当于正常水平 1.5 倍的工资。因此，假如一名员工在某一周工作了 44 小时，那么多出的那 4 小时的工资都是平时工资的 1.5 倍。比如，一名员工每周工作 40 小时，每小时工资是 12 美元，那么他超出的 4 小时工作时间中，每小时可以获得 18 美元（12×1.5）的工资，即总共 72 美元。如果员工的加班发生在休假期间，那么企业在计算加班工资的时候还需要将加班时间以 1.5 的比例折算。这样的话上面的那名员工就可以获得 6 小时的加班时长，并据此获得加班工资。企业需要对员工往来公司的时间进行监测，以免出现员工自己计算额外工作时间，由企业支付加班工资的情况。[14]美国劳工部的智能手机应用程序[15]可以让企业独立地追踪员工的工作时间[16]。这种新型的应用有一个像 iPad 一样的触摸屏，通过即时照片和生物传感来防止伙伴之间相互包庇的情况。[17]

《公平劳动标准法》还确定了一个最低工资，它为该法案所覆盖的全体员工确定了一个工资底线（当美国国会提高最低薪酬水平的时候，它通常会提高所有劳动者的薪酬水平）。对于大多数被该法案覆盖的员工来说，2014 年的最低薪酬水平为每小时 7.25 美元。[18]（还有一些州和大约 80 个城市独自确定了更高水平的最低工资。例如，波士顿和芝加哥规定那些与城市签订合同的承包商的最低工资为每小时 8～12 美元。[19]）该法案还包括禁止使用童工的条款。这些条款禁止企业雇用 16～18 岁的青少年从事有毒有害的工作（比如采矿），并且严令禁止企业雇用 16 岁以下的童工。

■ 豁免性员工和非豁免性员工

某些特定类型的员工可以不受《公平劳动标准法》的管辖，或者不受其中某些条款的管辖，尤其是不受其中的加班工资规定的约束——这些员工就是所谓的"豁免性员工"。一位员工是否属于豁免性员工，主要取决于他所承担的工作职责、任务以及薪酬水平。高层管理人员、行政经理人员（比如办公室主任等）以及专业类员工（比如建筑设计师）等，通常都不受该法案中关于加班工资和最低工资规定的约束。[20]年薪在 10 万美元以上，并且仅仅承担豁免性的行政管理、经营或专业类工作职责的白领员工自动不受该法案中关于加班工资规定的管辖。其他那些年薪收入在 23 660 美元以下的员工自动受加班工资规定的保护（所以，每周的工资收入在 455 美元以下的员工都属于非豁免性员工，是能够得到加班工资的）。[21]图 10-1 列举了一些典型的豁免性和非豁免性职位。2014 年，美国总统奥巴马指示美国劳工部将豁免性员工的门槛从周薪 455 美元提升到 984 美元，也就是年薪约 5 万美元。[22]

豁免性职位	非豁免性职位
律师	律师助理
医生	会计员
牙医	有证书的执业护士
工程师（具有学位）	文员
教师	大部分秘书人员（尽管首席执行官的秘书可能是
科学家	豁免性员工）
注册护士	实验室技术员
总经理	
药剂师	
管理类员工*	

图 10-1　一些典型的豁免性和非豁免性职位

＊ 管理类豁免是针对以"维持企业运转"为主要工作的相对高层员工设计的。一些管理类职位序列的高层员工通常豁免，包括劳动关系和人力资源的员工，以及工资和财务（包括预算和福利管理）、记录维护、会计和税收、市场营销和广告（与直销不同）、质量控制、公共关系、法律和一些计算机相关工作（如互联网和数据库管理）。

如果一位员工不受《公平劳动标准法》中最低工资条款的管辖，那么，他也不受加班工资条款的约束。然而，还有一些员工则是永久性地不受加班工资条款管辖的，包括农业工人、出租车司机、外勤销售员以及电影院职员等。[23]

识别豁免性职位是棘手的。[24]正如前面提及的，一些职位——如高层管理人员和律师等——很显然是豁免性的职位，而其他一些职位——比如每年的薪酬水平在 23 660 美元以下的办公室职员——很明显属于非豁免性职位。然而，除了这些显而易见的可分类职位之外，在对其他职位进行归类前，对职位进行一番重新审视是非常明智的做法。比如，即使是主管们也在面对小时工资的诉讼，但他们说自己并没有监督管理 2～3 个下属。[25]图 10 - 2 提供了做这类决策时可以遵循的一个程序。除了那些显而易见的情况之外，都要认真地审视职位描述。例如，要确保这个职位确实需要任职者执行某种豁免性的监督职责。[26]最近有 11 个州与美国劳工部共同协调应对错误的职位分类。[27]

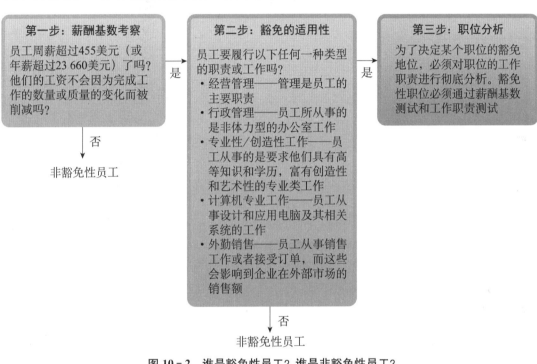

图 10 - 2　谁是豁免性员工？谁是非豁免性员工？

➡ 了解你的雇用法律

独立承包商

对于企业来说，一个人到底是员工还是独立承包商是一个持续讨论的议题。[28]一般而言，如果企业只拥有对这个人的结果进行控制的权力，而没有对其做事的内容和方式的控制权，那么这个人就是独立承包商。[29]

企业宣布一个人是独立承包商时，会带来一些优势。比如，这时候企业就可以不受《公平劳动标准法》加班工资要求的约束。另外，企业也不用支付失业保险税、社会保障税，也不用支付州和联邦的收入税或是这名员工的强制性薪酬。

不过，问题在于许多时候所谓的独立承包商名不副实。在决定和测试一个人是否为独立承包商的时候，并没有一定之规。一般而言，企业对一个人做事的内容和方式有越多的控制权，那么法院就越有可能将这个人认定为公司员工。联邦法院裁定大部分的联邦快递公司的卡车司机是独立承包商。虽然联邦快递公司鼓励这些司机快速完成工作，但这并不意味着公司能够控制司机快速工作时所采取的具体方式。[30] 图 10-3 列举了法院考虑的一些因素。美国国税局（IRS）也列举了一些规则，可以登录 www.irs.gov 查看。

将对员工的错误分类的风险降到最低，这需要一些步骤。[31] 首先，要与所有的独立承包商签订书面合同。其次，不要试图制定规则来禁止独立承包商为他人服务。最后，要求独立承包商提供自己的工具，并且与本公司的实体业务相分离。[32]

独立承包商

经理们需要使用下面的清单来区分出独立承包商，如果有三个问题的答案都是"是"，那么经理们就需要与人力资源部门一起来确定分类。

体现控制的因素：

	是/员工	否/独立承包商	不清楚
1. 需要遵守指南	☐	☐	☐
2. 要接受招募者的培训	☐	☐	☐
3. 其服务要被整合进业务之中	☐	☐	☐
4. 需要亲自提供服务	☐	☐	☐
5. 个人不能雇用和解雇助手	☐	☐	☐
6. 工作关系是持续性的或者是无固定期限的	☐	☐	☐
7. 工作时间就是当下	☐	☐	☐
8. 必须全身心投入工作	☐	☐	☐
9. 必须经过企业的引导，工作才能完成	☐	☐	☐
10. 不能控制命令或结果	☐	☐	☐
11. 提交口头或者书面报告	☐	☐	☐
12. 特定的时间区间内获得薪资	☐	☐	☐
13. 工作花费将会得到退还	☐	☐	☐
14. 可以得到工具和材料	☐	☐	☐
15. 没有特别多的投资	☐	☐	☐
16. 没有机会分享盈利或损失	☐	☐	☐
17. 不会牵扯到不同的公司	☐	☐	☐
18. 不会向公众提供服务	☐	☐	☐
19. 可能会被企业解雇	☐	☐	☐
20. 可以无责任地终止服务	☐	☐	☐

图 10-3　独立承包商

1963 年《公平薪酬法》

《公平薪酬法》（Equal Pay Act）是对《公平劳动标准法》的一个修正，它规定，在不同性别的员工所从事的工作大体对等的情况下，企业支付给其中一种性别员工的薪酬水平不能低于另一种性别员工所获得的薪酬水平。具体来说，如果工作本身所要求的技能水平、努力程度、需要承担的责任以及涉及的工作条件都相同，那么，两种性别的员工就必须获得同样的薪酬，如果两种性别员工之间存在薪酬差异，那么这种差异也必须是由工作资历、绩效加薪以及员工生产的产品数量和质量，或者"其他非性别要素"引起的。

1974 年《员工退休收入保障法》

《员工退休收入保障法》（Employee Retirement Income Security Act）保护政府机构和企业的员工不因养老金计划的失败而蒙受损失。此外，该法案还对既得权利设置了规章制度（既得权利指的是企业和员工在养老金账户中不得以任何理由支取的部分。员工支付的部分永远归他们自己享有）。《员工退休收入保障法》还对可转移权利（将一名员工的既得权利从一个组织转移到另外一个组织）进行了规范。该法案还包括了企业的信托标准，以防止养老金计划中的一些不诚实行为。

影响薪酬的其他法律规定

其他各种法律也会对薪酬决策产生影响。比如，《反就业年龄歧视法》禁止企业在就业的各个方面对年龄达到或超过 40 岁的员工实施歧视，其中也包括薪酬方面的歧视。[33]《美国残疾人法》也禁止企业在就业的各个方面，其中包括薪酬方面，对残疾人进行歧视。《家庭和医疗休假法》（Family and Medical Leave Act）为员工提供了一种工作保障性休假，它规定，当达到一定要求的员工在自己或其配偶生孩子时，或者是自己需要看护孩子、配偶或者父母时，有权获得最长达 12 周的停薪留职休假。政府的各种政令还要求联邦政府的承包商和二级承包商不得有歧视行为。

每个州都有自己的工伤补偿法律。这些法律向工作相关事故的受害者提供及时、确定、合理的补偿金。1935 年《社会保障法》（Social Security Act）规定为那些因为非自身原因失业的员工提供最多 26 周的工资补偿，还包括退休福利。联邦工资扣押法限制了企业每周扣留员工的收入，并且保护员工不受工资扣押引发的诉讼的困扰。

工会对薪酬决策的影响

对于加入工会的企业来说，工会方面的问题也会对企业的薪酬计划设计产生影响。1935 年《国家劳动关系法》（National Labor Relations Act），也称《瓦格纳法》，使员工有权成立自己的组织，进行集体谈判，同时还可以使员工出于其他互助或自我保护的目的而采取某些一致性的行动。从历史上看，薪酬水平一直是集体谈判的一个重要主题。不过，工会也就其他一些与工资有关的问题与资方展开谈判和协商，其中包括工资、健康保险和福利。

《瓦格纳法》创建了国家劳动关系委员会（National Labor Relations Board，NLRB）来监督企业的行为，以保证员工享有权利。比如，国家劳动关系委员会规定企业必须向工会递交一份关于员工工资曲线的书面解释。工会也拥有了解会员工资的权利。[34]

薪酬政策

公司的薪酬战略会落实到它们的工资政策中。比如，一家顶级的医院针对护士的薪酬政策可能使其起薪高于市场平均薪酬水平的 20%。工资政策能够影响企业的绩效和盈利能力，接下来的"作为盈利中心的人力资源"专栏展示了这一点。

管理者需要构建的工资政策包括许多方面。首先，强调资历还是绩效的问题。比如，联邦政府员工工资从第一级上升到第九级需要花 18 年时间。由于资历的标准比较客观，基于资历的工资在某种程度上具有一定的优势。但是，这种政策的不利影响在于，高绩效者可能会拿到和低绩效者一样的工资。基于资历的工资政策看起来过时了。然而，最近的一项研究显示，有 60％的员工认为他们公司高年资的员工拿到了最高的工资，而只有 35％的人说他们公司中高绩效者拿到了最高工资。[35]

如何区分高绩效者和低绩效者也是一个重要的薪酬政策问题。比如，多年来，玮伦鞋业公司（Payless ShoeSource）一直不管员工的绩效差异而为每一位员工提供同样多的加薪。但是，在其市场份额多年持续下滑之后，管理层决定重整公司的薪酬计划。这项计划确定了新的薪酬政策，更为明确地对高绩效员工和其他员工加以区别对待。[36]其他的工资政策还包括工资增长和晋升、加班工资、试用期工资、军队服务假期、陪审团责任和休假。工资政策影响了盈利能力，正如接下来的"作为盈利中心的人力资源"专栏显示的那样。

➡ 作为盈利中心的人力资源

韦格曼斯食品超市

战略性薪酬管理的基本目标是建立一个包括工资、奖金和福利的总奖励包，旨在引导员工表现出企业需要的行为，以支持和帮助企业实现竞争战略。

韦格曼斯食品超市（Wegmans Food）展现了这一点。自韦格曼斯在零售食品业里竞争，这个行业的利润就很低，还有一些在线零售业巨头（比如沃尔玛）推动了成本和价格降低。[37]企业一般的反应是降低员工的福利和成本。然而，韦格曼斯选择提供高于平均水平的工资和福利。[38]

韦格曼斯的薪酬战略似乎在起作用。公司的员工流失率（全职员工是 6％～7％，兼职员工是 38％）大大低于行业总体平均水平（47％）。[39]它的大型商店平均每周的零售额为950 000 美元，年销售额是 4 900 万美元，而沃尔玛超市的年销售额仅为 2 350 万美元。[40]公司人力资源部门负责人认为，如果公司善待员工，员工就会更好地服务顾客。[41]

议一议

韦格曼斯食品超市维持了较高的薪酬水平，为什么别的企业不这么做？

地理位置

由于不同国家生活成本的显著差异，为地理位置不同的管理者支付薪酬并不容易。比如，佛罗里达州的一名办公室主管每年的基本工资是 49 980 美元，在纽约这一数字是60 980 美元。[42]

企业运用不同的方式来处理调任者的生活成本差异。比如，企业为一名从亚特兰大调任到明尼阿波利斯的员工每年支付 6 000 美元的生活成本补贴，这名员工的年薪在 35 000～45 000美元之间。还有一些企业直接提升了员工的基本工资。不过，当你要把员工送到海外时，问题就会更加复杂。海外的员工一般都会收到生活成本补贴、搬家补贴、住房补贴、教育补贴和艰苦津贴（到生活相对艰难的国家工作）。[43]

→ **全球人力资源管理实践**

为外派员工支付薪酬

对于跨国公司来说，生活成本差异是一个特别重要的问题，比如法国和赞比亚的薪酬水平就差异很大。

那么，跨国公司如何为外派的海外员工支付薪酬呢？有两种国际化薪酬方案比较流行：母国标准法和东道国标准法。[44]

母国标准的薪酬计划中，员工的基本薪酬反映了其本国的薪酬水平。然后，该员工会得到一些额外津补贴来应对生活成本差异，如住房和教育成本。这种方法适用于短期的任务，也避免了每次因员工工作地点的变化而调整其基本工资。

东道国标准的薪酬计划中，公司将外派员工的基本工资与东道国的薪酬水平相匹配。换言之，当一个纽约的管理者被派到法国去以后，他的基本工资将与法国的同类职位工资相匹配。公司通常会给予生活成本、住房成本、教育成本以及其他津补贴。

大部分跨国公司都根据母国标准来为外派员工提供工资（因此，当美国跨国公司的一名法籍经理被派到了基辅工作，那他的基本工资往往会反映他母国的标准，也就是法国）。此外，他也会获得生活、住房、教育以及其他方面的津补贴。此外，如果员工因为海外工作要支付额外的赋税，企业往往也会解决这个负担。

10.2 职位评价方法

企业通常使用两种基本的方法来决定薪酬水平：以市场为基础的方法和职位评价方法。许多公司（特别是小公司）只是简单地使用以市场为基础的方法，也就是实施薪酬调查来决定相关劳动力市场中对特定职位的薪酬。企业然后使用这些信息为自己的职位定价。

相反，职位评价方法就是决定每个职位对企业的"价值"，然后对这些职位进行定价。这种方法有助于形成薪酬计划，这种薪酬计划既考虑了其他公司对相应职位的薪酬，也考虑到了每个职位对企业的价值。[45]我们将主要聚焦于职位评价的方法。

职位评价的定义

职位评价（job evaluation）是一个为了确定一个职位相对于其他职位的价值而对职位加以正式的、系统的相互比较的过程。职位评价最终要形成一个薪酬结构（或等级）。[46]职位评价的基本原则是：那些有更多任职条件、更多责任、更复杂工作职责的职位应该比那些没那么多要求的职位更具价值。

职位评价的基本程序是将一个职位与其他职位进行比较——比如，对职位要求任职者付出的努力程度、所承担的工作责任以及需要具备的技能等进行比较。如果你现在已经知道了如何（根据薪酬调查结果和薪酬政策）对关键性的标杆职位进行定价，并且你已经通过职位评价确定了公司中其他所有的职位相对于这些关键职位的相对价值，那么，你就做好了创建**市场竞争性薪酬计划**（market-competitive pay plan）的准备。这种计划既具有内部公平性（基于职位的相对价值），又具有外部公平性（当与别的公司薪酬水平进行比较的时候）。

薪酬调查

薪酬调查（salary survey）——对其他企业支付的薪酬水平进行正式或非正式调查——在为职位定价方面扮演了重要的角色。[47]不管管理者运用以市场为基础的方法还是使用职位评价的方法来为职位定价，他都需要运用薪酬调查。

企业一般通过三个途径来进行薪酬调查。第一，运用通过薪酬调查得到的数据来为标杆职位定价。这些标杆职位是企业的锚定职位，其他职位都要根据各自对于组织的相对价值，围绕这些职位来确定它们的位置（我们在下面将要解释的职位评价会帮助组织确定每一个职位的相对价值）。第二，通过正式或非正式的薪酬调查，了解具有可比性的企业支付给那些具有可比性的职位的薪酬水平，然后为 20% 左右甚至更高比例的职位直接确定薪酬水平（并不是相对于本企业中的那些标杆职位）。第三，在薪酬调查中收集像保险、病假、带薪休假等这样一些员工福利方面的数据，为企业进行员工福利方面的决策提供基础。

非正式的电话或互联网薪酬调查都有助于核查一些特定的议题，比如当一家银行想确认新招募的出纳的薪酬的时候，就可以使用这种方式。一些大型企业可以进行自己的正式薪酬调查，从其他公司收集薪酬数据。它们的问题包括员工数量、加班政策、员工起薪和带薪休假。[48]

商业组织、专业机构和政府机构薪酬调查　许多企业使用的薪酬调查信息来自咨询公司、专业性组织和政府机构。例如，美国劳工部所属的劳工统计局（Bureau of Labor Statistic，BLS）发布的全国薪酬调查（National Compensation Survey，NCS）就提供关于各种职业的薪酬、薪酬成本趋势以及福利方面的详细信息。

在美国，全国性的薪酬调查从每个州和哥伦比亚特区的所有企业收集数据，对 800 多个职位的薪酬数据细节信息进行了分析。现行员工数据调查是全国范围内生产和没有监督职能员工的月度工资信息调查，提供了关于生产奖金、佣金和生活成本提升方面的收入信息。全国薪酬福利调查提供了参加特殊福利项目（比如健康护理、福利计划和带薪休假）的员工薪酬数据。这些数据也显示了这些福利的细节情况，比如带薪休假的具体数量。从国际上看，美国劳工统计局将所有国际劳动力市场制造和生产行业员工的小时薪酬，根据当地货币的汇率与美元进行比较。

私人的咨询和高管招募机构（比如合益集团、华信惠悦全球数据服务公司、怡安集团）都提供了高管、中层管理者和董事会成员的薪酬数据。像美国人力资源管理协会和高管财务机构这样的专业性组织也提供其会员的薪酬调查报告。

运用互联网来进行薪酬调查　由于互联网的出现和普及，获取薪酬数据已经不再像过去那样神秘。表 10-2 总结了一些比较受欢迎的发布薪酬调查信息的网站。

许多这样的网站（比如 Salary.com）提供了全美范围内各种职位的薪酬水平，然后自动根据生活成本公式，调整产生各个地方的薪酬水平标准。要想马上获得现在你所在区域内某些职位（比如会计员）的薪酬水平，可以使用当地报纸的在线服务。比如，《南佛罗里达太阳哨兵报》（*South Florida Sun-Sentinel*）就使用了 careerbuilder.com 网站，并将当地所有职位的薪酬水平分类公布出来。

表 10 - 2 一些薪酬数据网站

主办者	网址	服务内容	不利的方面
Salary. com	Salary. com	根据职位类型、邮政编码以及职位描述来提供关于数百种职位的薪酬信息	需要根据当地的生活成本差异来对全国的平均薪酬水平信息加以调整
美国人事管理局	www. opm. gov/oca/09Tables/index. asp	提供按地区分类的美国联邦政府中的各种职位的薪酬信息	仅限于美国联邦政府中的那些职位的薪酬信息
Job Star	http：//jobstar. org/tools/salary/sal-prof. php	提供专门针对专业性职位的详细薪酬调查信息	需要对每一种专业查阅很多种薪酬调查数据
cnnmoney. com	cnnmoney. com	输入目前你的薪酬水平和居住城市后，这个网站能提供目标城市中可供比较的薪酬水平	需要根据当地的生活成本差异来对全国的平均薪酬水平信息加以调整

报酬要素

报酬要素在职位评价中起关键作用。管理者可以运用两种基本方法来对几种职位进行对比。首先，你可以采取根据直觉来进行判断的方法。这时，你可以仅仅是确定一种职位比另外一种职位更为重要，但是并不去深究为什么这种职位比另外一种职位更重要。另外一种方法则是，你可以根据这些职位都包含的一系列特定的基本要素来对它们进行比较。在薪酬管理领域，这些特定的基本要素称为**报酬要素**（compensable factors）。这些要素决定你对每个职位的具体工作内容的定义。它们还决定了一种职位如何与其他的职位进行比较，从而确定每一种职位的薪酬。

一些企业开发了它们自己的报酬要素。然而，大部分企业使用职位评价系统或是联邦立法提供的报酬要素。比如，美国的《公平薪酬法》所强调的就是四个报酬要素，即技能、努力、责任以及工作环境。合益集团的方法强调三个要素：掌握方法、问题解决和可靠性。[49]而沃尔玛的薪酬结构就是建立在知识、解决问题的能力以及责任要求三大要素的基础之上。

此外，报酬要素在职位评价中起关键作用，你通常运用报酬要素（比如技能）将职位与公司中其他职位相比较。然而，你使用的报酬要素依赖于职位。比如，"决策"可能对于管理职位来说很重要，对于清洁工而言则不重要。[50]

为职位评价做准备

职位评价是一个判断的过程，需要主管、人力资源专业人员、员工和工会代表的密切合作。主要步骤包括：识别项目的需求，进行合作，选择一个评价委员会。委员会接下来进行实际的评价。

识别职位评价的需求往往比较简单。比如，对相似的职位支付不一样的薪酬可能会导致高员工流失率、工作停滞和争议。管理者可能会对非正式地设置薪酬水平的方法表示不满。

员工可能会认为，系统化地评价他们的职位可能会降低他们的薪酬，所以争取员工的合作和支持非常重要。比如，你可以告知员工，通过实施职位评价项目，薪酬水平将不再由管理层决定，没有人的薪酬水平会因此受到不利影响。

职位评价委员会通常包括五名委员，大部分都是员工。管理层有权力参与其中，但是这样的话员工就会持怀疑态度。然而，人力资源专业人员需要在委员会中提供一些专业化的帮助。工会代表可以参加，但是不大可能参加。[51]一旦被任命，每名委员都会收到一份职位评价指导手册。

职位评价委员会主要行使三项职能。首先，它往往会确定10～15个**标杆职位**（benchmark jobs），对这些标杆职位进行评价，并将其视作职业锚和标杆，其他职位可以与之进行重要性和价值比较。其次，委员会可能选择一些报酬要素（通常是人力资源部门来做这个选择）。最后，委员会开始实施最关键的职能——真正地评价职位的价值。在这个步骤，委员会通常会使用以下方法中的一种：排序法、职位分类法和要素计点法。

职位评价方法：排序法

排序法（ranking method）是一种最为简单的职位评价方法，它通常依据某些总体性的要素——比如"工作难度"等——对每一种职位相对于其他所有职位的价值进行比较。在使用排序法时，通常需要遵循几个步骤，我们会在"构建你的管理技能"专栏中加以介绍。

➡ 构建你的管理技能

运用排序法进行职位评价的基本步骤

1. 获取职位信息。职位分析是第一步要做的工作。进行职位排序的基础通常是，准备好每一种职位的职位描述以及职位描述中包含的信息（比如"整体工作难度"等）。

2. 职位挑选和职位分组。对一个组织中的所有职位都进行排序通常是不现实的。通常的做法是根据部门或者职组（比如工厂中的生产性员工和行政事务类员工）来对职位进行排序。

3. 选择报酬要素。在排序法中，比较常见的做法是根据某种报酬要素（比如工作难度）来对作为一个整体的职位进行排序。然而，无论你所选择的报酬要素有多少，你最好向职位评价者仔细地解释这些报酬要素的定义，以使他们能够对这些职位做出具有一致性的评价。

4. 对职位进行排序。最简单的方法就是给每一位评价者提供一套职位索引卡片，在每一张卡片上写上对于某一职位的简要描述。然后让评价者将这些卡片按照从得分最低到得分最高的顺序加以排列。为了使得这一排序更加精准，有些管理者还采用交替排序法。在这种情况下，职位评价者在拿到所有的卡片以后，首先从中挑出得分最高和得分最低的，然后再从剩下的卡片中挑出得分次最高和次最低的卡片，如此反复，一直到所有的职位都排列完毕为止。表10-3描述了一种职位排序的情形。这家小型医院中的所有职位都按顺序从高到低排列好了，依次从经理排到勤杂工。相应的当前薪酬显示在职位名称后面的一列中。之后，有可能在那些已经排名的职位之间插入其他职位，并分配一个适当的工资率。这使我们能够比较每个职位的排名和当前的薪酬，看看我们目前的薪酬是否在内部实现了公平；基于此，我们可能会上调或下调一个职位的薪酬。在线程序（例如，访问 www.hr-guide.com）可以帮助你对你的职位进行排名（并检查排名）。[52]

5. 将职位评价结果加以合并。通常情况下，几位评价者需要各自独立完成对职位的排序。因此，评价委员会（或者企业）最后只需要简单地将排序结果加以平均就可以了。

6. 根据薪酬调查，将当前的薪酬与市场上其他企业的薪酬进行比较。接下来，我们在同一张表格中（中间一列）显示了市场中其他企业为类似职位支付的工资，这是基于我们进行的一项薪酬调查。这有助于确保薪酬在外部是公平的。

7. 制定新的薪酬表。最后，比较目前在每一个职位的薪酬和市场上其他人的薪酬，并决定（在这种情况下）通过提高每一个职位的薪酬来调整我们的薪酬水平。因此，最后一列显示了新的薪酬表。

表 10 - 3 杰克逊医院的职位排序　　　　　　　　　　　　　　　单位：美元

排序	现有年薪	薪酬调查中同等职位年薪	最后给出的年薪
1. 经理	43 000	45 000	44 000
2. 护士长	42 500	43 000	42 750
3. 簿记员	34 000	36 000	35 000
4. 护士	32 500	33 000	32 750
5. 厨师	31 000	32 000	31 500
6. 护士助理	28 500	30 500	29 500
7. 勤杂工	25 500	27 000	27 000

排序法是最简单的职位评价方法，也很容易解释。这种方法通常比其他方法花更少的时间，但是也有一些缺点。比如，"第四位职位"的价值可能是"第五位职位"的 5 倍，但是通过排序法你只知道这个职位比另一个职位排名更高。排序法对于那些不能支付费用使用更复杂系统的小企业更适用。对于它们而言，排序法是创建有市场竞争力薪酬水平的简单方式，也可以保证内部和外部公平性。

因素比较法也是一种特殊的排序方法，它要求对每个报酬要素进行排序（比如受教育程度、工作经历和复杂度）。今天已很少运用这种方法。

职位评价方法：职位分类法

职位分类法（job classification），或称**职位等级**（job grading）是另一种比较简单，同时也得到广泛运用的职位评价方法。在采用这种方法时，管理者需要将职位划分为不同的职位群，每个职位群中的职位在一些报酬要素上（比如技能和责任）有相似性。如果这些职位群中包括的职位是类似的，则这些职位群就被称为**职级**（classes）；如果这些职位群中包括的职位在完成工作的难度上是一样的，在其他方面却不同，我们将这些职位群称为**职等**（grades）。因此，在美国联邦政府的薪酬等级体系中，"新闻秘书"和"消防队长"可能都会被划到"GS-10"这一等级之中（GS 是"通用薪酬表"的英文首字母缩写）。另外，在职级系统中，佛罗里达州可能会将"第二级秘书"归为一个职级，将所有的"维修工程师"划入另外一个职级。

在实践中，将职位分类的方法主要有两个。一个是撰写职级或职等的说明书或概要（与职位说明书类似），然后将职位划入适合的类别当中。另一个是为每个职级编写一系列报酬要素规则（比如这个职级对独立判断、技能和体力有什么要求），然后根据这些规则将职位归类。

通常的程序是先选择报酬要素，然后根据这些要素在职位中的数量和层次撰写职级或职等说明书。比如，美国的职位分类系统运用以下可比要素：（1）工作难度；（2）接受和进行监督；（3）进行判断；（4）要求的创造力；（5）人际工作关系的性质和目的；（6）责任；（7）工作经历；（8）知识水平。根据这些报酬要素，评价者可以撰写出像图 10 - 4 那样的**职等定义**（grade definition）。图 10 - 4 中显示了美国联邦政府薪酬等级中的一个职等（GS - 7）的定义。然后，评价委员会对所有的职位说明书进行审查，将其与职等的说明书相比较，并以此为依据将职位归入对应的职等中。比如，联邦政府将汽车修理工、焊接工、电工和机械工归入 GS - 10。

职位分类的方法有一些优势。最大的优势是，不管运用哪种评价方式，大部分企业一般会将不同的职位划归职级或者职等之中，这样一来就不用对成百上千的单独职位进行定价。而职位分类法恰恰完成了这一工作。它的劣势在于，撰写说明书的过程有些困难，在分类的过程中也需要一些判断。但是很多企业都成功地运用了这种方法。

职等	任务性质	责任层次
GS - 7	在包含各种问题和情境的特定职能或项目领域，展示专业化的职责；根据职能或项目的目标持续地开发信息，识别相互关系并采取行动。	根据目标、重要性和最后期限的不同来分配任务；员工以独立的方式应对大部分的冲突；对是否完成工作、遵守政策进行评价；提供诸如规章、案例和政策陈述等需要解释和适应的指南。

图 10 - 4 职等定义示例

职位评价方法：要素计点法

要素计点法（point method）是一种量化的职位评价方法。它要求确定几个报酬要素，而且每个报酬要素都要包含不同的等级，然后根据每个报酬要素的等级分配点数，最后将这一职位在所有报酬要素上得到的点数相加，从而得到某一职位的总点数。假设对于报酬要素"责任"而言包含了五个等级。此外，假设你对每个报酬要素的每个等级都赋予不同的分数。在评价的时候，评价委员会决定每个职位的报酬要素的不同等级。最后得到的结果是每个职位的量化计分。要素计点法是最流行的职位评价方法。[53]我们将在本章附录的案例中使用要素计点法来制订一个市场竞争性薪酬计划。

打包的要素计点法

一些组织（比如合益集团、全美电子制造业联合会）开发了一些标准化的要素计点系统。数以千计的企业都在使用这些系统，这些系统中包括许多职位的现成的报酬要素、程度定义和计分评价方法。企业不需要太多修正就能使用它们。

工资曲线

当你运用要素计点法的时候，工资曲线就很有作用了。**工资曲线**（wage curve）描述了相对于每一个职位或职位评价等级所得到的点数或者排序情况，目前每个薪酬等级中的职位实际获得的平均薪酬水平。图 10 - 5 就是工资政策曲线的一个例子。其中，纵轴表示的是平均薪酬水平，横轴表示的则是职位价值或难度；然后，根据每一职位或职位等级所对应的薪酬水平把每个职位以散点描绘出来。工资政策曲线的目的是表明在以下两组数据之间存在的关系：一是通过某种职位评价方法所确定的职位的价值；二是组织目前对于某一薪酬等级中的所有职位支付的平均薪酬水平。管理者可以据此做一些比较（在一个或两个单独的图表上）："内部"工资曲线显示公司目前为员工工作支付多少，而"外部"工资曲线显示其他企业为这些工作支付多少。比较之后，管理者再决定是否调整每个职位的工资或工资等级。他还可以利用这条曲线来观察某一特定职位的薪酬是否低于工资曲线，这是该职位薪酬过高或过低的信号。

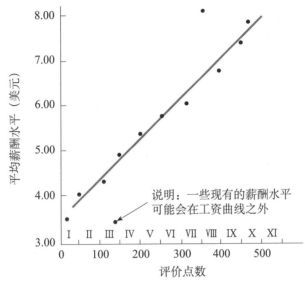

图 10 - 5　绘制工资曲线

薪酬等级

企业通常将同类职位（根据分数）划归不同的等级中，以更好地设计薪酬。这样一来，企业就不用计算数以百计职位的工资了，只需要聚焦于 10 或 12 个薪酬等级。[54] **薪酬等级**（pay grades）之中包括的职位是通过职位评价发现的具有相近难度或相似重要程度的多个职位。如果评价委员会是使用计点法来进行职位评价的，那么，在同一个薪酬等级中的职位都是所得到的总评价点数处于某个区间的职位。而在采用排序法的情况下，同一个薪酬等级中包括的职位是那些排序位置在相邻的 2～3 个序号之内的职位。如果采用的是分类法，那么，所有的职位当时就被自动划分到不同的职等或职级之中了。

薪酬区间和工资结构

最后，大多数企业都不会对某个特定薪酬等级中的所有职位仅仅支付一种水平的薪酬。比如，通用医疗公司不会对所有的会计员（从新人到老员工）支付同样的工资，即使他们都在一个薪酬等级内。企业通常还为每个职等（或职级）设置纵向的等级工资。这样的**薪酬区间**（pay ranges）通常是在薪酬等级内以垂直方格的形式出现，包括这个区间内的最低工资、中位工资和最高工资。（如图 10 - 6 所示，专家们称之为工资结构。该图展示了一个公司每个薪酬等级的区间范围。）

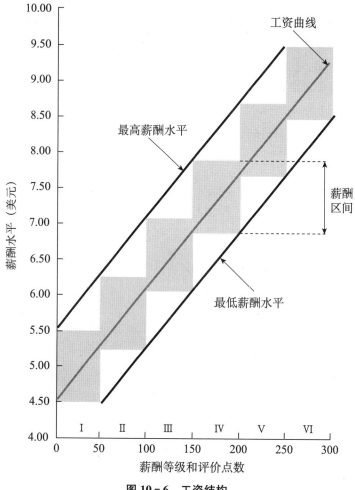

图 10-6 工资结构

　　另一种方式是，你可以在一个表格内（像表 10-4 那样）描述出每个职组和职等的薪酬区间。该表展示了联邦政府不同职等的薪酬区间。比如，被归入 GS-10 职等的员工根据其进入职等的时间、在该职等工作的年限和获得的绩效加薪，可以判断他的年薪为56 857～73 917美元。接下来的"直线经理和小企业的人力资源工具"专栏展示了如何制定一个职位的薪酬。

表 10-4　联邦政府工资表（2011 年 1 月）　　　　　　　　　　　　　　　单位：美元

等级	第1层	第2层	第3层	第4层	第5层	第6层	第7层	第8层	第9层	第10层
1	22 115	22 854	23 589	24 321	25 056	25 489	26 215	26 948	26 977	27 663
2	24 865	25 456	26 279	26 977	27 280	28 082	28 885	29 687	30 490	31 292
3	27 130	28 034	28 938	29 843	30 747	31 651	32 556	33 460	34 364	35 269
4	30 456	31 471	32 486	33 501	34 516	35 531	36 546	37 560	38 575	39 590
5	34 075	35 210	36 346	37 481	38 616	39 752	40 887	42 022	43 158	44 293
6	37 983	39 249	40 514	41 780	43 046	44 312	45 578	46 843	48 109	49 375
7	42 209	43 616	45 024	46 431	47 838	49 246	50 653	52 061	53 468	54 875
8	46 745	48 303	49 861	51 418	52 976	54 534	56 092	57 649	59 207	60 765

续表

等级	第1层	第2层	第3层	第4层	第5层	第6层	第7层	第8层	第9层	第10层
9	51 630	53 350	55 070	56 791	58 511	60 232	61 952	63 673	65 393	67 114
10	56 857	58 752	60 648	62 544	64 439	66 335	68 230	70 126	72 022	73 917
11	62 467	64 548	66 630	68 712	70 794	72 876	74 958	77 040	79 122	81 204
12	74 872	77 368	79 864	82 359	84 855	87 350	89 846	92 341	94 837	97 333
13	89 033	92 001	94 969	97 936	100 904	103 872	106 839	109 807	112 774	115 742
14	105 211	108 717	112 224	115 731	119 238	122 744	126 251	129 758	133 264	136 771
15	123 758	127 883	132 009	136 134	140 259	144 385	148 510	152 635	155 500	155 500

资料来源：www. opm. gov/policy-data-oversight/pay-leave/salaries-wages/2011/general-schedule/washington-baltimore-northern-virginia-dc-md-va-wv-pa-annual-rates-by-grade-and-step/，accessedSeptember 12，2013.

➡ 直线经理和小企业的人力资源工具

开发薪酬计划

开发薪酬计划对于小企业的重要性不亚于大企业。如果薪酬过高就会浪费金钱，过低又留不住人，如果内部公平性做得不好又会引来无数的加薪要求。

首先看市场薪酬。像领英和 Salary.com 这样的网站一般都会显示你所在地理区域的相关职位薪酬水平。周末版报纸的广告也可以为你想定价的职位提供一些类似的工资信息。州工作服务"一站式"办公室汇总了 O* NET 上许多职位的工资信息，这些机构急于与企业建立联系，都可以提供有用的数据。当地的大专院校的职业生涯中心也可以显示许多职位的工资状况。专业化组织也是专业人员薪酬水平的重要来源。

小企业可以通过其他的方式来使用互联网。股票之家传媒公司（StockHouse Media Corp）是一家国际化的在线金融产品和服务供应商，其员工遍布全球。该公司就使用互联网来决定公司员工的薪酬水平。比如，公司的人力资源经理通过电子邮件从人力资源管理协会等组织获取薪酬数据，并且定期在网上检视求职平台、企业网站和行业协会，以确定薪酬水平变动的趋势。[55]

如果你的公司人数超过 20 人，那么至少要进行一次职位评价。你需要职位说明书，这可以提供每个职位的性质和价值方面的信息。登录 O* NET 网站或者 JobDescription.com 可以找到一些有效的信息。

你可以很容易地将员工划分为不同的类别，比如管理类和专业类、办公室和文员类以及工厂人员。为这三类员工中每一类人选择一个或多个报酬要素。然后根据职位排序法对这些类别中的每个职位进行排序。

每个职位你都需要创建一个薪酬区间。一般而言，你首先要选择每个职位的平均工资作为区间的中点，然后以这个薪酬水平的 30% 为标准，将区间内的薪酬划分为五个区间（比如勤务人员的小时工资是 8～12.6 美元）。薪酬政策还需要包括假期工资、加班工资、工资支付方式（单周、双周、每月）、津补贴等。

议一议

对于类似帕蒂的拥有 15 人的公司，应该运用什么样的职位评价方法？为什么？你还建议做什么工作？

计算机化的职位评价

运用定量化的职位评价方法（比如要素计点法）可能会耗费很多时间。计算每个报酬要素的"价值"是一个很令人疲惫的流程。评价委员会需要对每个职位中的报酬要素进行讨论。然后，写下大家的共识性要素，并且计算每个职位的要素价值和排名。

计算机化的职位评价让这样的流程更加快捷。大部分这样的评价方法包括两个主要组成部分。[56]第一是结构化问卷，这一部分包含了诸如"输入向该职位汇报的所有员工的数量"这样的问题。第二是这个系统可能会使用数据模型。这样可以自动计算不同职位的分数。

10.3 为管理类和专业类职位付酬

为管理者和专业人员设计薪酬计划与普通员工的薪酬计划非常相似。基本的目标是一致的，那就是吸引、激励和保留优秀的员工。正如对生产工人和文员进行职位评价一样，对管理类职位和专业类职位同样要进行职位评价。

然而，其中还是有区别的。这些职位往往更多强调判断力和问题解决能力等难以量化的因素。此外，企业还更多地强调要根据员工的绩效、能力等因素来向管理类和专业类人员支付薪酬，而不是根据工作条件等静态的工作要求向他们支付薪酬。还有，企业要注意为高管提供有市场竞争力的薪酬。所以，职位评价虽然有效，但是在解决奖金、激励、市场薪酬和福利方面的作用就很有限了。

为高管和管理者付酬

一家公司高层管理人员的薪酬通常包括以下四个主要组成部分。[57]基本薪酬包括经常发放的固定薪酬，通常还包括一部分有保证的奖金——比如"不管公司到第四个财务季度是否盈利，都可获得相当于基本薪酬10％的奖金"——以及适当的分红。甲骨文公司（Oracle）的首席执行官年收入大概是9 600万美元，迪士尼公司的首席执行官年收入大概是3 710万美元。[58]短期奖励通常是针对短期目标达成——比如年销售额增长率——而支付的现金奖励或股票奖励。长期奖励通常包括股票期权等；这些计划通常赋予高层管理人员在一个特定时期内以一个特定的价格购买股票的权利。其目的是鼓励企业的高层管理人员采取有利于推高公司股票价值的行动。最后，高层管理人员福利和特权可能包括高层管理人员的补充退休计划、补充人寿保险以及健康医疗保险等，这些计划通常都不能得到税收方面的减免或者是需要高层管理人员与企业共同缴费。由于影响因素非常复杂，企业在做出高管薪酬决策时应该对税收和证券方面的法律保持敏感和关注。[59]

高管薪酬的决定因素

对于高管薪酬而言，职位评价所起的作用就很少了。传统上认为公司的规模和业绩显著地影响了高管薪酬。然而，一项从2000年初开始的研究发现，公司规模和业绩只对高管薪酬的30％有解释力。"在现实生活中，高管薪酬是由董事会决定的，需要考虑商业战略、公司趋势和长短期预期等因素。"[60]一项近期的研究发现，以下三个方面的因素能够在很大程度上说明高层管理人员的薪酬差异，即工作的复杂程度（控制幅度、直接负责的职能部门的数量、管理层级）、企业的支付能力（利润总额和投资回报率）、高层管理人员的人力资本状况（受教育程度、学习领域以及工作经验）。[61]在实践中，高管能够对董事会成员产生深远的影响，而在理论上是后者决定了他们的薪酬水平。所以，他们的薪酬有的时候也并不能公平地反映协商的结果。[62]

　　股东中的活跃分子和政府监管加强了对公司高管的薪酬限制。比如，由于受到股东的抗议，汇丰银行收回了对首席执行官的加薪计划。[63]

管理类职位评价

　　很多企业使用职位评价对管理类职位（高管以下的职位）进行定价。基本的做法是将所有的管理者职位都编入一系列职级之中，每个职级对应一个薪酬区间。

　　与非管理类职位一样，另外一种方法就是对管理类职位进行排名，将具有同等价值的职位归入同一职组。然而，公司还是采取职位分类和要素计点的方法。他们运用报酬要素（比如职责范围、复杂程度和工作难度）的方式。此外，职位分析、薪酬调查和微调工资曲线的方式也起到了一些作用。

为专业类员工付酬

　　在为专业类员工支付薪酬之前，企业首先要保证员工是法律规定的"专业类员工"。《公平劳动标准法》"对高管、管理者、专业人员和销售人员提供了从最低工资到加班工资的豁免性要求"。[64]然而，将某人称为"专业人员"并不意味着他就是。除了这名员工每周的工资要在 455 美元以上之外，他的主要职责必须是"通过高级知识产生绩效"，并且"这些高级知识必须是通过一系列长期专业的智力学习得来的"。[65]一家公司招募了一名高中毕业生作为豁免性的"二级生产设计专家"，每年的收入是 62 000 美元。这项工作要求 12 年的相关经验，但是没有教育背景的要求。法院裁决这项工作是非豁免性的。[66]

　　需要基于什么因素来支付薪酬也是一个问题。像工程师和科学家这样的工作所强调的报酬要素是创造力和问题解决力，但是这些因素都很难衡量。[67]此外，你如何来衡量绩效呢？比如，工程师的发明成功取决于公司市场的表现。企业也可以对专业人员用职位评价的方法。报酬要素可能包括问题解决、创造力、工作范围、技术知识和专业水平。

　　然而在实践中，公司很少只基于职位评价来为专业类员工支付薪酬。像创造力这样的要素很难衡量，其他一些要素也会影响专业人员的工作决策。硅谷的工程师之间的竞争就说明了这一问题。由于一些高工资专业类员工（比如谷歌操作系统团队的领导者）的离职，谷歌对其员工进行了 10% 的加薪。[68]许多谷歌公司的员工虽然待遇优厚，但还是觉得自己的薪酬不够高。一些人于是跳槽去了别的地方以寻求更多的挑战。很多员工认为取得更多收入的最好办法就是加入更年轻、发展更迅猛的公司，以寻求股票期权。

　　大部分企业因此都在采用市场定价的方式。它们尽可能地将专业类员工的薪酬向市场最高标准靠拢，以建立标杆职位的价值。然后，它们将这些标杆职位和其他专业类职位编入薪酬等级之中。每个专业类职位都有 4～6 个薪酬等级，每个等级都有很宽的薪酬区间。当专业类员工拥有全球竞争力的时候，这种方式可以帮助企业保持薪酬方面的竞争力。[69]

通过人力资源信息系统提升绩效

工资单管理

工资单管理往往是企业第一项计算机化或者外包的职能。管理工资系统需要跟踪每位员工的职位、工资、福利、加班、税收等事项，对每个工资项目进行录入计算，最后将相关支票和发票打印出来。这是一项耗时费力的工作，因为要遵守很多联邦、州和当地的工资、工作时间和其他方面的法律。

很多企业都在公司法规内部使用工资单管理软件包完成这项工作。财捷公司的"基本工资单"软件可以让企业"获取即时的支付单计算信息，比如收入、工资税和税费减免，然后自己将这些软件信息打印出来。基本工资单为你计算联邦和州的工资税，所以你可以很方便地计算联邦税和填写州税务支票"。[70]克罗诺思公司（Kronos）的"劳动力工资单"软件将工资记录自动化，并且提供自我服务项目。比如，"劳动力工资单"可以"让你的员工看到工资和收入历史记录，变更直接存款和 W-4 表格，打印 W-2s 表格，甚至可以算出它们的减免能够如何影响你的收入"。[71]

此外，还有很多企业将工资单管理的工作外包给供应商，比如 ADP。这些供应商提供了很多工资单处理方法。比如，小公司可能希望将工资数据传输给供应商的技术人员，而大型公司则是直接在线自动处理这些数据。为了决定选用哪些供应商，企业需要考虑它们的目标和潜在的经济收益，还有供应商的声望。美国人力资源管理协会根据企业的目标推荐了一些供应商。不要仅仅从经济的角度来考虑将这些职能外包，还要考虑将公司内部系统与供应商整合的意愿，以及税收申报标准化和提升自我服务的需求。[72]

📠 10.4　薪酬领域的当代趋势

企业向员工支付薪酬的方式是在逐渐演变的。下面我们将介绍几个重要的趋势：胜任能力薪酬、宽带薪酬、可比价值和董事会对高管薪酬的监管等。

胜任能力薪酬

有些人提出质疑：通过职位评价把不同的职位归入细分等级（比如，"第二级""第三级"等）的做法在今天高绩效的工作系统中是否会适得其反呢？这样的系统依赖灵活性、技能的多样化和团队合作。因此，如果谁说"那不是我的工作"，那么他是无法留在这里工作的。**胜任能力薪酬体系**（competency-based pay）（包括稍后介绍的宽带薪酬）能够避免上述问题。[73]它主要依据员工从事的工作而不是他们所任的职位来支付薪酬[74]在实践中，胜任能力薪酬通常也称为知识薪酬或技能薪酬。在胜任能力薪酬体系下，如果第一级职位中任职的员工去从事第二级职位的工作，那么他将基于第二级职位来获得薪酬，而不是第一级职位。胜任能力展示的是诸如知识、技能和行为这样的个人特质。为什么要根据员工达到的技能水平而不是他们分配的工作来向他们支付薪酬呢？这是因为随着越来越多的公司以团队为基础开展工作，你希望鼓励员工提升技能以适应工作轮换。

胜任能力或者技能薪酬计划通常包括五个主要部分：企业确定所需具备的特定技能；选择一种方法将员工的薪酬与其技能水平挂钩；建立一个能让员工获取这些技能的培训系统；

建立一个正式的胜任能力或技能测试系统；建立一个能够让员工在不同职位之间转换的工作设计系统。[75]比如，英国石油公司为每个职位列举出了每项技能（比如技术/专业技能）的最低标准。每当员工获得各个层次的技能的时候，他就可以获得相应工资的提升（"实践中的人力资源"专栏呈现了另外一个例子）。

最近的一项研究显示，只有12％的企业运用技能薪酬，13％的企业运用胜任能力薪酬。[76]在充满挑战的经济环境中，职位评价的效率通常要高于胜任能力薪酬带来的灵活性。

➡ 实践中的人力资源

捷尔杰公司的技能工资计划

捷尔杰公司（JLG）主要供应空中作业平台和桅杆设备。[77]公司构建了一套技能工资计划，根据员工展现的技能而非工作任务来支付薪酬。[78]捷尔杰公司将技能工资计划融入了现有的薪酬系统中，并使用一个计算机化的报告系统对其予以支持。

一旦员工掌握了新的技能，捷尔杰公司就会根据相关标准提升他的工资，这种工资的增加是与其技能增加带来的价值相匹配的。工资的调整是在常规的工资增长之上，每小时增加0.3美元。合格的员工在技能工资方面可以得到三次调整的机会。第一次调整是在六个月的试用期结束之后。第二次技能工资调整是在年度绩效评价之后。第三次是在年度绩效评价半年以后，技能工资每年都有调整的机会。

捷尔杰将所有的生产和运营员工都编入了职位族。一个职位族包含一系列相似工作活动和技能的职位。每个职位族都包含了一系列技能，包括与工作相关的技能和质量安全方面的技能。

为了决定员工是否符合技能工资增长的标准，需要比较员工现有薪酬水平和所在职位族目标薪酬水平的差异。目标薪酬水平又取决于职位族技能的掌握程度。如果员工现有的工资标准达到或者超过了目标工资，就不需要调整了。如果现有的工资低于这个标准，对于掌握了职位族要求技能的员工来说，他就可以得到工资调整。

议一议

回顾一下第4章中关于胜任能力的论述，尝试写下公司需要的三个胜任能力陈述。一个有效的胜任能力陈述包括三个要素：胜任能力概要、胜任能力熟练程度的行为描述、熟练程度的不同层次。

宽带薪酬

大多数企业的薪酬计划最后都要把职位分成很多职等或者职级，每一个等级还有一个对应的垂直的薪酬区间。例如，美国联邦政府的薪酬计划就包括18个主要的薪酬等级（从GS-1到GS-18），每一个薪酬等级都有自己的薪酬浮动区间。对于所承担的职位落在这些薪酬等级之中的每一位员工来说，他所在的薪酬等级就规定了其最低薪酬和最高薪酬。

这里的问题是，"如果用每一薪酬等级所包括的职位评价点数来衡量，每一薪酬等级的浮动范围到底应当多大合适呢？"薪酬等级的浮动区间过窄会存在不利之处。例如，如果你希望这个处于二级职位上的入学会承担某个恰好处于一级职位的工作，这位员工可能会拒绝接受这种工作的重新安排，因为他肯定不愿意降低自己的工资。同样，如果你想让这个人完成三级职位的工作，他也不一定会愿意，除非你将他的薪酬水平提升到三级职位对应的水平。因此，传统的等级制薪酬计划可能会造成组织在很多方面的不灵活。

正是由于这方面的原因，一些企业正在将它们的薪酬计划变成宽带薪酬。[79] **宽带薪酬**（broad-banding）意味着将薪酬等级合并为数量更少但是浮动范围更大的薪酬等级或薪酬宽带，在每一个宽带中都包括一些变动范围相对较大的职位和薪酬水平。图 10 - 7 展示了这样一个薪酬宽带。在这个例子中，企业原来的六个薪酬等级被合并成了两个范围更宽的薪酬等级或者"薪酬宽带"。

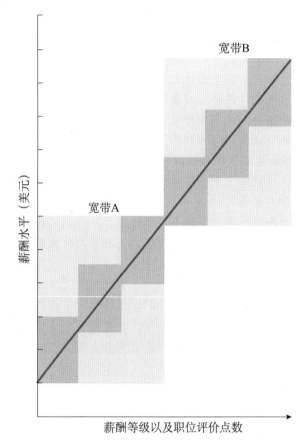

图 10 - 7　宽带薪酬结构及其与传统薪酬等级和薪酬区间的关系

公司可以为所有的职位（或者某些特定的职位组，比如专业性职位）创建宽带薪酬。每个宽带之间的薪酬范围是比较大的，因为这包括了最低薪酬等级的最低工资到最高薪酬等级的最高工资。例如，企业中原来一共有 10 个薪酬等级，每一个薪酬等级都包含 15 000 美元的薪酬浮动范围。当公司把 10 个薪酬等级合并为 3 个薪酬宽带时，每个宽带中的一系列职位所对应的最低薪酬和最高薪酬之间的差距可能就达到 40 000 美元或者更多。这是一个更大的薪酬范围，你可以更容易地让一名员工在宽带内的不同职位间移动，不用担心员工在传统相对狭窄的薪酬等级中移动。

优点和缺点

宽带薪酬的优点在于，为员工的任务分配提供更多的灵活性。[80] 比如，"有的员工需要在低层次的职位上开发一种特定的技能，在宽带薪酬中就可以得到比以往更高的薪酬水平。这在传统的薪酬系统中是不可能出现的情况"。[81]

另外，宽带薪酬有可能是令人不安的。有的人更喜欢明确地知晓他们职位的内容和头衔，对于他们而言，转换职位可能令人不安。[82]

可比价值

可比价值（comparable worth）指的是获得公司中相同价值的职位（不是相同工作）的女性员工得到的报酬应该与男性员工一样。因此，可比价值可能要比较不相似的一些职位，比如护士、卡车司机、秘书和技术工人。"可比价值"主要解决以下问题："从事公司中相同价值职位的女性员工得到的报酬是否应该与男性员工一样？"如果只是比较职位的相似性，那么这就将女性的工资局限于低收入职位中了，在这些职位中女性是占主体地位的。

1981 年华盛顿县政府诉甘泽案（County of Washington v. Gunther）就是可比价值的一个典型案例。俄勒冈州华盛顿县监狱的看守称遭受了性别歧视。华盛顿县政府粗略地衡量了职位的可比价值，通过要素计点法的方式发现男性的职位工作内容比女性多了 5%，但是男性获得的报酬却多了 35%。[83] 为什么对于可比价值类似的职位，薪酬水平差异却如此之大呢？最后，华盛顿县政府同意为以女性为主的职位中的 35 000 名女性员工，在超过 7 年的时间里支付总计 5 亿美元的工资增长额以平息这个诉讼。

可比价值对于职位评价来说是很有启示的。几乎所有上诉至法院的可比价值案件都包含了职位评价中的计点法。通过对不同的职位赋予分数，企业可以在不同的职位间进行比较。那么，企业是否需要使用这种要素计点法呢？可能最聪明的方法是根据自己适合的方式为每个职位定价，不过要保障女性员工能参与到每个职位的工作中去。换言之，排除那些有性别限制的职位。

多元化的重要性

工资缺口

尽管如此，美国的女性员工的收入大概相当于男性的 81%。[84] 一般而言，教育可能会缩小这样的工资缺口。[85] 这样的"工资缺口"虽然很糟糕，但其实已经有了一些改善：在 1979 年的时候，女性员工的收入只有男性的 62%。[86]

问题在于，这个缺口依然存在。比如，新入职的女医生的年收入比新入职男医生要少 17 000 美元。[87] 即使女性在工资方面取得了一些进步，但是这常常有一点误导作用。平均而言，全职男性员工每周要比女性员工多工作 5 小时。每年工作 50～52 周的人当中，男性占多数。女性在低收入职业领域工作的比例是失调的。[88]

这种男女收入的失调有很多原因，比如仍有不少企业认为女性员工的影响力比较小。此外，男性员工跳槽的也更多（在这个过程中得到加薪），而女性倾向于长期在收入更低的部门工作。[89] 不管怎样，这种缺口是企业必须要意识到并予以解决的。

董事会对高管薪酬的监管

出于多方面的原因，很多公司的董事会都在降低公司高层管理人员的薪酬。[90]《萨班斯-奥克斯利法案》（Sarbanes-Oxley Act）则使得高层管理人员在特定情况下要对监管公司财务的疏忽承担个人法律责任。2010 年《多德-弗兰克法案》（Dodd-Frank Law）赋予了利益相关者对工资的话语权。律师事务所也收到了很多关于公司高管薪酬的案子。[91]综合上述情况，从事高层管理人员薪酬业务的专业律师建议，董事会的成员（在大公司中，通常由董事会薪酬委员会决定高管薪酬）[92]应当问自己这样一些问题：

- 我们的薪酬委员会彻底认清自己的职责了吗？
- 我们的薪酬委员会正在咨询合适的薪酬顾问吗？
- 我们的薪酬委员会应当解决某些特定的高层管理人员薪酬问题吗？[93]
- 我们的薪酬确定程序能够证明我们的决策是尽心尽力且独立的吗？（这要求认真地商议和做好记录。）
- 我们的薪酬委员会恰当地传达了我们的决定吗？股东会做出何种反应？[94]

■ 10.5 管理者的员工敬业度指南

全面报酬计划

全面报酬是薪酬管理中一个日益重要的议题。人们之所以工作，不仅仅是因为工资和奖金，还想完成有挑战性的工作任务，得到尊重和欣赏。"全面报酬不仅包括薪资和福利，还包括在一个有动力的环境中个人及职业成长的机会。"[95]全面报酬既涵盖了传统薪酬计划中的薪资、奖金、福利和额外津贴，也包括非经济激励手段（比如认可、工作质量和性质、职业发展机会[96]、与管理者和同事良好的关系、组织公平、员工信任、感觉到价值和参与、晋升的机会[97]、良好的工作氛围[98]）。全面报酬计划还包括认可计划和工作再设计、电子交流计划、健康和福利项目以及培训和开发计划。

非现金性的奖励/认可计划（比如礼物卡、商品、认可）是这种薪酬计划的一部分。[99]比如，西弗吉尼亚州的杜邦工厂就安装了一种在线系统，员工互相之间可以给予认可，有95％的人很快就用到了这种系统。[100]国际健身控股公司（International Fitness Holdings）向员工提供了一种类似于脸书的应用程序，通过公布信息和发送私人邮件的方式来认可员工。[101]与 Globoforce.com 这样的网站有协议的企业可以提供在线认可系统。

全面报酬和员工敬业度

研究显示，如果想提升员工敬业度，就要强调全面报酬而不是基本工资。[102]比如，一项研究发现基本工资和福利与员工敬业度之间的联系非常微弱。[103]然而，当无形的报酬（比如认可、工作质量和性质、职业发展机会等）与基本工资和短期奖金激励结合到一起的时候，对员工敬业度有很大的促进作用。[104]

很显然，许多具备高敬业度的企业真正地将全面报酬纳入人力资源管理战略之中。比如，丰田公司将人力资源管理价值称为"丰田之道"，这些价值强调"雇用双方的互相信任""最大化地保持雇用的稳定，避免员工下岗和中止雇用""帮助员工提升技术技能""支持生产员工将工作与儿童看护、职业生涯支持和公司意识提升结合到一起"。迪士尼公司给员工提供了一个全面报酬包，包括基本工资和各种福利，以及职业生涯开发的机会。[105]

许多"最佳雇主"都有丰厚的报酬，同时也注重提供无形的报酬。比如，NetApp 公司的董事会副主席每天会见 10～20 名工作出色的员工。全食超市则将公开透明提升到了一个新的层次，其员工可以享受投票决定新招募人员、参观供应商和薪酬公开等权利。[106] 软件巨头赛仕公司则提供了激励性的工作、授权的管理哲学、灵活性的工作安排和开心快乐的工作。[107]

虽然非经济激励非常重要，但是许多企业还没有能够就此问题与员工展开充分的交流，这损害了非经济激励计划的效果。企业应该定期地发布全面报酬计划的声明，将公司提供的经济激励计划和非经济激励计划公之于众，并向员工阐释其重要性。[108]

本章小结

1. 要建立战略性薪酬计划，管理者首先需要了解决定薪酬水平的基本要素。员工薪酬包括直接经济报酬和间接经济报酬。确定员工的薪酬需要考虑四个基本要素：法律、工会、公司战略和政策以及公平性。最重要的法律因素包括《公平劳动标准法》，该法律规定了诸如最低工资标准和加班工资等要求。特定类别的员工可以不受特定法律的相关条款约束。1963 年《公平薪酬法》和 1974 年《员工退休收入保障法》也是很重要的法律。

2. 在保证内部、外部、人际和程序公平的情况下构建薪酬计划，需要包含几个方面：实施薪酬调查，决定每个职位的报酬要素，实施职位评价，将类似的职位归入薪酬等级，通过工资曲线为每一个薪酬等级定价，调整薪酬水平。

● 薪酬调查可以是非正式的电话调查或网络调查，也可以是通过商业组织、专业机构和政府机构的正式调查。

● 报酬要素是一个职位所包含的最基本的、企业应当对之支付报酬的要素，比如技能、努力、责任以及工作环境。

● 职位评价是为了确定一种职位相对于另一种职位的价值而进行的系统比较过程。

● 常用的职位评价方法包括排序法、职位分类法和要素计点法等。

● 一旦评价委员会使用职位评价来决定每个职位的相对价值，就需要为每个职位确定薪酬水平。将职位归入薪酬等级的方式可以优化这一流程。

● 评价委员会使用工资曲线来为每个职位进行定价，再对薪酬水平进行微调。

3. 为管理类和专业类职位定价需要考虑一些特殊事项。管理类职位薪酬通常包括基本薪酬、短期奖励、长期奖励以及高管福利和特权。对于高管工资而言，不仅仅要使用职位评价，还要考虑工作的复杂程度、企业的支付能力和高层管理人员的人力资本状况。

4. 在薪酬管理中我们需要解决几个重要的特殊议题。越来越多的企业开始从基于工作职责确定薪酬转化为基于胜任能力支付薪酬，这可以鼓励员工开发他们的胜任能力，以适应职位之间无缝转换的需要。宽带薪酬意味着将薪酬等级合并为数量更少但是浮动范围更大的薪酬等级或薪酬宽带，在每一个宽带中都包括一些变动范围相对较大的职位和薪酬水平。你可以更容易地让一名员工在宽带内的不同职位间移动，不用担心员工在传统相对狭窄的薪酬等级中移动。可比价值指的是获得公司中相同价值的职位（不是相同工作）的女性员工得到的报酬应该与男性员工一样。由于更多的利益相关者开始对过多的高管特权进行限制，董事会对高管薪酬的监督就成为一个重要的议题。董事会的人员应该运用高质量的建议和勤奋的工作态度以及独立的精神来构建高管薪酬计划。全面报酬计划整合了传统薪酬的要素，也包含认可计划和设计更具挑战性的工作等环节。

　　5. 研究显示，如果想提升员工敬业度，就要强调全面报酬而不是基本工资。比如，一项研究发现基本工资和福利与员工敬业度之间的联系非常微弱。然而，当无形的报酬（比如认可、工作质量和性质、职业发展机会等）与基本工资和短期奖金激励结合到一起时，对员工敬业度有很大的促进作用。

讨论问题

　　1. 豁免性职位和非豁免性职位有何区别？

　　2. 报酬要素和任职资格说明书有何关系？

　　3. 比较下列职位评价方法：排序法、职位分类法和要素计点法。

　　4. 宽带薪酬的优点和缺点是什么？你是否会建议你现有的雇主实施这样的计划？为什么？

　　5. 新闻里说大学校长年平均薪酬是 25 万美元左右，还有一些人挣得更多。比如，耶鲁大学的校长 2012 年的薪酬大约在 100 万美元。为什么大学校长的薪酬几乎和公司的首席执行官一样高？

　　6. 定义职位评价，并给出一个如何实施职位评价的实例。

　　7. 解释如何建立一个具有市场竞争力的薪酬计划。

　　8. 解释如何为管理类和专业类职位付酬。

个人和小组活动

　　1. 以个人或小组为单位，对初级会计员和初级化学工程师职位展开薪酬调查。你会采用哪些信息来源？你得到了什么样的结论？如果你是一家地方工程公司的人力资源经理，你会建议公司如何对这两种职位支付薪酬？

　　2. 以个人或小组为单位，为当地一家银行的柜员职位制定一项薪酬政策。假定一共有 4 名柜员：2 名是在 5 月份雇用的，另外 2 名是在 12 月份雇用的。在薪酬政策中应当包括这样一些内容：绩效评价、加薪、节假日薪酬、休假薪酬、加班薪酬、薪酬支付方法、出庭作证时的薪酬以及工时打卡要求等。

　　3. 以个人或小组为单位，到相关的互联网网站上进行搜索，确定在不同的城市中，拥有硕士学位以及 5 年工作经验的化学工程师、市场营销经理、人力资源经理的比较公平的薪酬浮动区间。在每一个城市中每一种职位的薪酬浮动范围以及平均薪酬水平分别是多少？地理位置对于不同职位的薪酬会产生影响吗？如果是，原因是什么？

　　5. 最近，美国的一些企业高层管理人员受到了猛烈的批评，因为与他们所在企业的绩效水平相比，他们的薪酬水平高得离谱。在众多的例子中我们仅列举两个：第一个例子是花旗集团某部门的一位负责人，其在 2009 年的奖金是 9 700 万美元；另一个例子是，美林集团（Merrill Lynch）在得到美国银行（Bank of America）的救援后，立刻支付了数千万美元的高层管理人员奖金。然而，大型机构投资者已经不再袖手旁观，不再是毫无怨言了。例如，退休金管理机构美国退休教师基金会（TIAA-CREF）对 50 家企业的高层管理人员薪酬状况提出了批评。你认为他们这样"小题大做"对吗？为什么？

人力资源行动案例事件 1　阿斯利康公司的不公平薪酬

《公平薪酬法》虽然已经颁布 50 多年了，但是美国的女性收入仍然只相当于男性的 81％，加起来相当于女性在一生中要失去 38 万美元的收入。

最近，美国劳工部的联邦合同合规项目办公室与大型药企阿斯利康公司（AstraZeneca）达成协议，要求该公司为女性销售代表总共补发 25 万美元的工资。[109] 阿斯利康与美国退役军人事务部（U. S. Department of Veterans Affairs）有总共 20 亿美元的合同，为美国军人提供药物。这样的合同意味着阿斯利康公司要受到行政命令 11246 号的约束，其中有一条就是政府的合同商（或次级合同商）必须要公平地向员工支付薪酬，不论其性别、种族、肤色、宗教和国家来源的差异。

在经过合规性审查以后，联邦合同合规项目办公室发现这家公司违背了行政命令 11246 号的精神，因为它没有保证女性员工得到公平的薪酬。在诉讼中发现，阿斯利康公司在费城的商务中心对女性员工的日常薪酬支付要比同样职位的男性员工少 1 700 美元。由于公司的薪酬政策，很多女性员工都不知道自己的工资要少这么多。除了进行经济补偿，联邦合同合规项目办公室还要审查阿斯利康公司在 14 个州的女性员工相关记录，如果发现工资歧视方面的问题，公司还需要进一步改正。

问题

1. 对于联邦合同合规项目办公室的这个案件，为什么女性销售代表拿到的工资会比男性少？

2. 我们的公司正在运用要素计点法来衡量职位的薪酬水平。现在销售代表是以基本工资的形式计酬的，没有依据绩效来设计激励性薪酬。假设我们继续使用要素计点法来评价职位，列举三个我们可以以此来保证案例中类似的问题不再发生的事项。

3. 你会推荐我们实施哪种薪酬政策？为什么？

人力资源行动案例事件 2　卡特洗衣公司：新的薪酬计划

卡特洗衣公司没有一个正式的薪酬结构，也没有薪酬区间和报酬要素。公司的薪酬水平主要是基于周边同业者的薪酬水平，同时杰克·卡特也努力确保公司内不同职责员工的薪酬水平的公平性。

杰克在制订公司薪酬计划时没有进行任何正式的薪酬调查。他会认真阅读每天的招募广告，并且从身边的朋友和本地洗衣和清洁商业协会等渠道进行非正式的薪酬调查。虽然杰克是以直觉的方式来支付薪酬，但实际上他的薪酬政策也有一些基本的原则。当他的同行都在遵循最低工资标准来支付薪酬的时候，杰克已经在普通薪酬水平的基础上给员工 10% 的上浮工资，他认为这种方法可以降低员工流失率，提升员工的忠诚度。杰克还认为应该对同一职位的男性员工比女性员工多支付 20% 的工资，这让詹妮弗很担忧。杰克的理由是：他们非常强壮，能在更长的时间里完成更多工作，此外他们还需要养家糊口。

问题

1. 公司是否应当根据职位评价来设置正式的薪酬结构？为什么？
2. 杰克比同行业多支付 10% 的薪酬，这种做法是否科学？应该如何决定呢？
3. 杰克对男性员工多支付工资是否明智？为什么？
4. 你认为詹妮弗应该如何建议修正公司的薪酬计划？

体验式练习　大学里的职位评价

目的：提供一个运用排序法来练习进行职位评价的机会。

必须理解的内容：全面地熟悉职位评价中的排序法，并且获得关于你们学院的院长、系主任以及教授的职位描述。

如何进行练习/指导：将整个班级分成若干小组，每个小组由 4～5 名学生组成。这些小组将运用排序法，对院长、系主任以及教授三个职位进行评价。

1. 运用排序法进行职位评价。你可以运用一种或多种报酬要素来进行排序。
2. 如果时间允许，每个小组可以派出一位发言人将本小组的排序结果写到黑板上。每个小组最终得到的结果大体相同吗？他们的评价结果区别何在？为什么他们的结果存在差异？

附录　如何运用要素计点法开发市场竞争性薪酬计划

许多公司是参考其他公司的薪酬来为本公司设定的职位定价的——这运用了基于市场薪酬的方法。然而，很多企业还是基于职位评价来制订薪酬计划。在市场竞争性薪酬计划中，某个职位的薪酬水平体现了该职位在公司中的价值，同样也反映了市场上同类工作的薪酬水平。因为要素计点法非常流行，我们将在本附录的案例中使用要素计点法来开发一个市场竞争性薪酬计划。[110]这个 16 步的计划从选择标杆职位开始。

1. 选择标杆职位。当企业拥有成百上千个职位的时候，就不可能也没必要对每个职位进行评价。因此，职位评价法的第一步就是选择标杆职位。标杆职位是所有职位群组中的代表。比如"会计员"就是一个具有代表性的职位（这样也较容易搜索市场上相似职位的薪酬水平）。[111]

2. 选择报酬要素。选择报酬要素主要依赖于传统方法（比如 1963 年《公平薪酬法》列举了四个报酬要素：技能、努力、责任以及工作环境）和战略考虑。比如，你公司的竞争优势是质量，那么你可能用"质量责任"来取代"工作环境"，或者将其列为第五个要素。[112]同样，"工作环境"在评价高管职位的时候也不必要。

企业需要仔细地定义每个因素，这样可以保证评价委员会的成员会持续性地应用这些报酬要素。图 10-8 展示了一个这样的定义（工作复杂度）。人力资源专业人员通常要给这些要素下定义。

要素定义：工作复杂度就是职位所要求的判断、首创性、聪明才智和复杂数据分析的总量。员工在工作时会面临不熟悉的问题、做出复杂决策和拥有自由裁量权吗？		
等级	分数	工作复杂度定义
第一级	120	工作是程式化的，包含了不需要过多思考的重复性活动，自动应用一些易懂的规则和程序。比如档案员
第二级	240	员工要遵循细节指导手册，不过，手册会对可供选择的方案做出规定，员工只能就此做出有限的决策。比如记账员和接待员
第三级	360	员工也需要遵循指导手册，但是由于需要考虑更多的可变因素，员工需要在上级指导下主动作为，并给出独立判断。比如助理护士
第四级	480	员工也需要遵循标准流程，但是由于需要考虑更多的非常规问题因素，员工需要主动作为，并运用独立判断分析情境，以修正过去的流程来适应当下的情形。比如护士
第五级	600	在这个职位上，员工需要运用独立判断和计划，以完成复杂的工作。在原则性的监督和指导之下独立解决问题。比如实习医生

图 10-8　工作复杂度的评分和程度定义

3. 为报酬要素赋予权重。选择好报酬要素以后，下一步就是决定每个要素的相对重要性（权重），比如，"技能"比"努力"重要多少？这是非常重要的一个环节，因为每个职位组中都有一些因素比其他因素更重要。因此，对于高管而言，"精神要求"就要比"体力要求"有更大的权重。在分配权重的时候我们假设所有报酬要素的总和是100%，然后将60%赋予工作复杂度，30%赋予努力，10%赋予工作环境。[113]

4. 为每个要素将比例转化为分数。接下来，我们将每个报酬要素的权重比例转化为分数价值。一般而言，假设总分是1 000分，在转化的过程中需要用1 000乘以每个报酬要素的权重，这将得到每个要素的最大分数。[114]在这个案例中就是：工作复杂度600分（1 000×0.60），努力300分（1 000×0.30），工作环境100分（1 000×0.1）。

5. 确定每个要素的等级。接下来将每个报酬要素划分为不同等级，并对这些等级进行定义，这样评价者就可以判断不同职位处于哪个等级。因此，对于"工作复杂度"这样的报酬要素可能就会有五个等级，从"工作是程式化的"到"运用独立判断"（参见图10-8）。一般而言，等级设置不要超过六个，实际数量取决于你的判断。因此，如果所有的员工要么是在安静有空调的环境工作，要么是在嘈杂、炎热的工厂中工作，那么这两个等级就可以组成"工作环境"。每个报酬要素的等级不一定相同，你可以限制必要的等级以区分不同的工作表现。

6. 确定每个要素等级的分数。评价委员会要决定每个职位的分数。为了完成这项工作，委员会审查每个职位，并且决定这个职位中报酬要素的等级。在这一步中首先要对每个报酬要素等级赋予分数。比如在我们的例子中，工作复杂度的等级有五个，那么我们可以简单地决定第一等级120分，第二等级240分，第三等级360分，第四等级480分，第五等级是最高分600分，为每个报酬要素的等级都赋予分数（见表10-5）。[115]

表 10 - 5 赋予要素及等级的分数

报酬要素	第一等级分数	第二等级分数	第三等级分数	第四等级分数	第五等级分数
工作复杂度 （总分 600）	120	240	360	480	600
工作努力程度 （总分 300）	60	120	180	240	300
工作环境 （总分 100）	20	40	60	80	100

7. 回顾职位说明书和任职资格说明书。职位分析的核心是决定职位包含的报酬要素的数量和等级。要完成这项工作，评价委员会需要不断地回顾职位说明书和任职资格说明书。正如我们在第 4 章中谈到的，管理者通过职位分析来识别职位的职责和责任，并以此来撰写职位说明书和任职资格说明书。理想状态下，职位分析中应该包括关于报酬要素的所有信息，这些都是企业构建薪酬计划的基础。[116]

8. 评价职位。从第一步到第七步都是提供关于职位评价的信息。评价委员会收集了标杆职位的职位说明书和任职资格说明书。

此后，评价委员会对每个职位的说明书和任职资格说明书进行审查，然后决定每个职位中每个报酬要素的等级。比如，对于中级机械师而言，评价委员会可能会将其工作复杂度列为第三等级，工作努力程度列为第一等级，工作环境也列为第一等级。

在了解每个职位的工作复杂度、工作努力程度和工作环境的等级之后，再结合之前对报酬要素的每个等级赋予的分数，我们就可以知道每个标杆职位所包含的工作复杂度、努力程度和工作环境各自的分数了。

最后，我们将这些分数加总得到职位的总体分数。[117]比如中级机械师的得分是 360＋60＋20＝440 分（根据表 10 - 5）。以此类推，我们可以根据每个职位的分数来进行排名。不过我们首先得确定市场竞争性薪酬计划和工资曲线。

什么是市场竞争性薪酬计划？ 每个职位的薪酬水平应该是什么样？当然，在职位评价中得分更高的职位的薪酬水平应该更高，但是问题在于，我们要使用哪种薪酬水平呢？是我们公司现有的内部薪酬水平，还是外部市场的薪酬水平？[118]

在**市场竞争性薪酬计划**（market-competitive pay system）中，一个职位的薪酬水平既需要在外部劳动力市场上有竞争力，也需要在内部的各个职位之间有竞争力。[119]简而言之，这种方法的基本程序就是将公司内部各个职位的薪酬水平与外部相似职位的薪酬水平进行比较，然后结合这两方面的信息来产生一个具有市场竞争力的薪酬计划。

运用工资曲线 工资曲线描述了相对于每一个职位或职位评价等级所得到的点数或者排序情况，目前每个薪酬等级中的职位实际获得的平均薪酬水平。图 10 - 5 展示了一个这样的例子。其中，纵轴表示的是平均薪酬水平，横轴表示的则是职位价值或难度。工资政策曲线的目的是表明在以下两组数据之间存在的关系：一是通过某种职位评价方法所确定的职位的价值；二是组织目前对于某一薪酬等级中的所有职位支付的平均薪酬水平。（我们看到很多企业都将职位编入职级或者职等，那么类似地，这样的工资曲线显示的就是每个职等薪酬水平与平均价值计点的关系。）工资曲线上的薪酬水平反映的是企业内部的情况，然而，当这些薪酬水平与外部市场薪酬水平不匹配的时候，就需要对其进行调整，其中的一种途径就是将内部工资曲线与外部市场工资曲线进行比较。我们将在接下来的部分进行这一步。

9. 画出内部工资曲线。为了研究每个职位分数与现有薪酬水平的关系，我们需要画出内部工资曲线。将每个职位的评价分数和企业现在支付的薪酬水平反映在一个坐标轴上（如图 10-9 所示），就产生了一个散点图。现在我们就可以画出一条工资曲线来显示这些分数是如何与薪酬水平相关的。我们画这条工资曲线的时候，要使得这条曲线能够最好地适应所有的散点（使曲线和散点之间的距离最小）。或者，我们可以使用回归分析的方法来实现，这种方法能够产生一个最佳的适应散点的曲线。图 10-9 中展示了这些结果。[120]

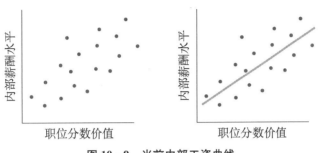

图 10-9 当前内部工资曲线

10. 实施市场分析：薪酬调查。接下来，我们要收集一些信息并给予外部市场同类职位的工资标准，来画一个外部工资曲线。我们在本章的前面部分学习了做薪酬调查的方法。[121]

11. 画出外部市场工资曲线。第 9 步中的现有/内部工资曲线是很有帮助的。比如，一个职位的薪酬水平与内部工资曲线相比，可以发现哪些职位的工资与公司其他职位相比是过高或是过低。（比如一个职位工资的水平是在工资曲线之上，那说明根据我们对职位赋予的分数，这个职位的薪酬水平太高了。）

但是现有/内部工资曲线无法显示这个职位的工资和外部公司相比的高低水平。这就需要我们画出一个外部市场工资曲线。

为了画出外部市场工资曲线，我们需要画出一个图 10-10 这样的散点图和工资曲线图。这个图可以显示公司内部职位的工资和外部公司相比的高低水平。

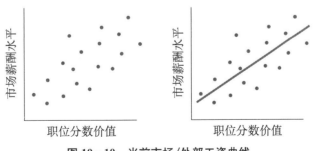

图 10-10 当前市场/外部工资曲线

12. 将内外部工资曲线进行比较和调整。那么，我们现行的内部薪酬水平和外部市场薪酬水平相比有何差异呢？这就需要我们在一个坐标轴中同时体现内部工资曲线和外部工资曲线（如图 10-11 所示）。外部工资曲线可能在内部工资曲线之上（意味着我们的薪酬水平较低），也可能在内部工资曲线之下（意味着我们的薪酬水平较高）。有的时候，某些职位的外部工资曲线会高一些，而其他的会低一些。[122]

根据内外部工资曲线的比较，我们可以决定如何来调整公司的薪酬水平。这就需要管理层做出决策。战略的考量可能会影响这样的决策。我们的战略要求我们支付比竞争对手更高的工资，还是更少的工资？比如，我们可能要将内部工资曲线上移（对每个员工加薪），也可能将内部工资曲线下移（冻结一段时间的工资增长），还有可能根据内部工资曲线来调整某些职位的工资。不管怎么样，我们这样的工资曲线的调整最后要达到内部公平和外部公平的目的。[123]

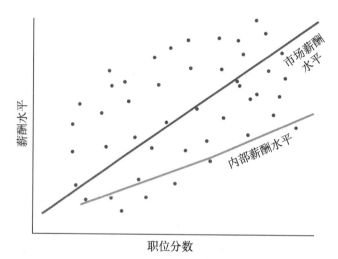

图 10-11　绘制内部和外部工资曲线

13. 开发薪酬等级。出于制订薪酬计划的考虑，我们将同类的职位编入一个职组。然后，我们就不需要处理数百个职位的工资，只需要聚焦于 10～12 个薪酬等级。每个薪酬等级都需要按照分数平均划分（比如，每个薪酬等级都包含 50～99 分的职位、100～149 分的职位和 150～199 分的职位）。由于每个等级的宽度都是相同的，最重要的事情就是决定要设置多少等级。对此没有任何标准，不过 10～16 个等级是比较普遍的。当然，当你有 1 000 个职位的时候，薪酬区间肯定要比 100 个职位多。

14. 建立薪酬区间。通用医疗公司不会对所有的会计员（从新人到老员工）支付同样的工资，即使他们都在一个同样的薪酬等级内。相反，企业还为每个职等（或职级）设置纵向的等级工资。这样的**薪酬区间**（pay ranges）通常是在薪酬等级内以垂直方格的形式出现，包括这个区间内的最低工资、中位工资和最高工资（如图 10-6 所示，专家们称之为工资结构。该图展示了一个公司每个薪酬等级的区间范围）。

开发薪酬区间　正如图 10-6 所显示的，工资曲线通常锚定了每个薪酬区间的平均薪酬水平。公司需要决定每个薪酬区间的最低工资和最高工资，比如在工资曲线的上下浮动 15%。作为一种替代方案，一些企业允许每个等级的薪酬区间更宽，这样体现了某些复杂职位绩效可变性的要求。正如图 10-6 显示的，很多企业都让不同的薪酬区间相互重合一部分，这样一来，某个拥有更多经验和资历更深的员工可能比上一个区间的入门级员工要挣得多一些。[124]

为每个薪酬等级设置区间的方法有几个好处。第一，企业可以更加灵活地应对劳动力市场。比如，这有利于吸引有经验的高收入员工到一个薪酬区间的顶点，因为如果按照入门级薪酬水平来吸引这些员工的话，肯定是很难的。第二，薪酬区间还为同一等级内不同绩效和年资的员工提供了空间。

薪酬专家有的时候使用薪酬均衡指标。**薪酬均衡指标**（compa-ratio）将员工的薪酬水平与薪酬区间的中点相比较。当这个指标是 1 的时候，意味着该职位的薪酬水平正好在薪酬区间的中点。如果超过 1，说明这个职位的薪酬水平超过了薪酬区间的中点，如果低于 1，就意味着低于薪酬区间的中点。薪酬均衡指标可以显示每个薪酬区间有多少职位在竞争性薪酬水平以上或以下。[125]

15. 解决剩余职位问题。在这一步，我们将职位评价聚焦于一些标杆职位。现在我们需要将剩余的职位纳入工资结构中。我们可以通过两种方式来完成这项工作。我们可以用相同的方法将剩余的职位评价一遍。或者，我们可以凭直觉将这些剩余职位纳入工资结构的相应部分中去，而不需要对它们进行评分和评价。对于那些和标杆职位相似的职位我们可以简单地将其纳入工资结构。对于那些我们不确定的职位则需要使用职位评价的方法。我们需要准确地给它们赋分并将它们准确地纳入相应的工资结构中。[126]

16. 纠正标准线之外的薪酬水平。最后，正如图 10-5 显示的那样，公司现有的对某一职位支付的薪酬水平会在工资曲线之内或者之外。这反映了现在该职位的薪酬水平与公司其他职位相比是过高还是过低。对于薪酬水平不足的职位，解决方案很简单，将那些工资不足的员工工资提升至薪酬区间的最低水平。

如果现有的薪酬水平在工资线之上，那就是另外一种解决方案了。这些职位的工资是有些膨胀的，超出了应有的界限。解决方案有以下几个途径。第一个解决方案是将该职位的薪酬水平冻结，直到统一的工资增长使得其他职位的薪酬水平上升到与之相称的水平。第二个解决方案是将员工晋升或者转岗到那些你可以合法地支付他们现有工资的职位上去。第三个解决方案就是将薪酬水平冻结六个月，这样你就可以对那些超过薪酬水平的员工进行晋升或者转岗。如果这些都做不到，就将员工的工资降低至这个区间的最高薪酬水平。

第 **11** 章
绩效薪酬与员工福利

学习目标

学完本章后，你应该能够：

1. 讨论员工个体的主要激励计划。
2. 列举并且定义最受欢迎的组织激励计划。
3. 定义员工福利。
4. 列举和讨论非工作期间的薪资和保险福利。
5. 讨论主要的退休福利。
6. 列举并讨论受欢迎的个人服务和家庭友好型福利。
7. 解释如何用福利来提升员工敬业度水平、生产率和绩效。

引言

马尔（Mal）似乎拥有你想要的一切关于旅行代理人的特点。他聪明，数学好，社交能力强，爱好旅行。丽萨（Lisa）认为他会是她的芝加哥旅行社很好的导游，所以她雇了马尔。但是三周后，她后悔了。上周有两次当顾客需要马尔的时候，他都没能及时关注到，周三的时候丽萨发现他在桌子上睡觉。"我们应该做什么来让他对工作认真起来？"丽萨问保罗（Paul），她的丈夫和商业伙伴。

我们在第 10 章讨论到的工资和福利计划只是企业薪酬支出的一部分。今天很多企业都提供奖励计划，包括年终奖。基本上所有的公司都提供保险计划这一福利。我们在本章关注奖励和福利，从员工个体激励计划说起。

■ 11.1　员工个体激励计划

在 19 世纪后期，弗雷德里克·泰勒（Frederick Taylor）使得**财务激励**（financial incentives）（提供给生产力水平超过预先设定水平员工的财务奖励）普及化。作为米德维尔钢铁公司（Midvale Steel Company）的主管，泰勒很关注他所称的"有组织的怠工"——员工以所能接受的最低水平工作。一些员工就有能力在 12 小时的工作后继续在家工作。泰勒知道如果他能在工作中利用这些能力，那么米德维尔钢铁公司的生产力就会提升更多。**生产力**（productivity）是输出（商品和服务）和输入（如劳动力和资本等资源）的比率。[1]为了追求更高的生产力，泰勒转向设计财务激励计划。

今天的企业使用很多激励计划。所有的激励计划都是跟绩效薪酬挂钩的，因为企业将员工的工资与绩效联系在一起。[2]**可变薪酬**（variable pay）通常意味着激励计划将一个团队的薪资与公司的利润挂钩（尽管一些专家用可变薪酬来包括员工个体激励计划）。[3]利润分享计划就是一个例子。[4]

个体激励计划：计件工资制

计件工资（piecework）是最古老也是最广泛的个体激励计划。这意味着企业为员工生产的每一个产品付钱。（当然，员工必须得到最低薪资，这个计划才能得到保证。）关键的问题就是生产标准。工业工程师通常是这样设立计件工资标准的：例如，以每小时生产的标准产品数量为标准。但在实践中，大部分企业都设立更为正式的计件工资。

直接计件工资（straight piecework）在结果和奖励之间设定了严格的比例，而不论产出量是多少。**标准小时工资计划**（standard hour plan）允许在企业和员工之间分享额外的生产利润。这样员工可以因为超过常规的产出而获得额外收入（比如计件工资）。[5]

员工激励和法律

有很多法律对计件工资和其他激励计划做出具体规定。比如在《公平劳动标准法》之下，如果奖励是以奖品或现金的方式发放，那么当计算员工加班工资的时候，企业必须要将奖励的价值计算在内。[6]如果一个员工在上周工作了 40 小时，每小时可以赚 10 美元，并且得到了 60 美元的额外奖励，那么他上周的实际每小时薪酬就是 460 除以 40，即 11.5 美元/小时。如果这样的话，应当为员工支付的加班工资就是 11.5 美元（而不是 10 美元）的 1.5 倍。

当然，一些特定的奖金不包括在额外计算的范围内。例如，圣诞节和礼物奖励不以小时为单位计算，或者说，这样的奖金非常重要以至于员工没有将它们看作工资的一部分，这样一来就没有必要将其包括在内了。

作为激励计划的绩效工资

绩效工资（merit pay）或者**绩效加薪**（merit raise）是公司根据员工的表现给员工的

工资涨幅。它与津贴的不同之处就在于它经常成为员工基础工资的一部分，然而津贴是一次性的付出。绩效工资这个术语经常被白领员工所用，尤其是专业员工、办公室和文书员工。

绩效工资经常是争论的焦点。支持者认为，不根据绩效对员工进行奖励只会挫伤员工的工作积极性，因为这会使他们形成一个观点：无论员工表现如何都会拿到奖金。反对者则认为，因为许多绩效评价是不公正的，所以根据这些评价向员工支付工资也就是不公正的了。[7]绩效工资计划的有效性取决于员工之间的差异。美国企业中最高层次员工的基础工资最近涨了5.6%，而最低等级员工的基础工资只涨了0.6%。[8]

还有一种方式是将绩效奖励与个人和组织的绩效联系在一起。在表11-1中，尽管组织表现一般，一个杰出的员工还是可以得到他薪酬总量70%的奖励。然而，尽管组织表现得很杰出，但是绩效表现欠佳的员工可能会拿不到奖金。

表 11-1　绩效奖励决定矩阵

员工绩效 （权重 0.5）	公司绩效（权重 0.5）				
	杰出	优秀	良好	一般	不及格
杰出	1.0	0.9	0.8	0.7	0
优秀	0.9	0.8	0.7	0.6	0
良好	0.8	0.7	0.6	0.5	0
一般	—	—	—	—	—
不及格	—	—	—	—	—

说明：要确定每个员工奖励的金额：（1）将员工的年度工资或截至6月30日的工资乘以其最高激励工资（由管理层或董事会决定，例如"每位员工薪酬的10%"）；（2）将所得的结果与该表中适当的百分比相乘。例如，如果一名员工在6月30日的年薪为4万美元，最高奖励为7%，如果她的表现和组织的表现都是"优秀的"，那么该员工的奖励为2 240美元（40 000×0.07×0.8）。

专业员工的激励计划

专业员工是那些运用所学专业知识来解决企业问题的员工，比如律师和工程师。

为专业员工做激励型工资计划是很有挑战性的。一方面，公司给专业员工的薪资已经很高了；另一方面，他们总是要完成高质量的工作。

然而，假定像谷歌工程师这样的专业员工只是为专业满足感而工作，反倒是不现实的。比如，谷歌会为重要项目的工程师支付更高的薪资。[9]当然，这样的专业人才往往还有成为百万富翁的潜力，因为他们大多有员工持股计划的支持。

双重职业阶梯就是做专业人员薪酬的另一种方案。在许多企业看来，员工只有从基础工程师做到管理层才能获得较高薪酬。然而，并不是所有的专业人才都想要走这条路。为此，许多企业为管理者和专业员工分别设置了职业路径，从而使后者即使做不到管理层也能获得高薪。[10]

非金钱激励和认可型的奖励

企业通常会将金钱激励计划与非金钱激励和认可计划结合起来。认可计划这个术语通常是指正式的项目，比如说月度明星员工项目。社会认可计划通常是指管理者和员工之间的一些非正式交流，比如表扬、赞成或是对工作表现的肯定。绩效反馈意味着对任务绩效提供一些数量或质量的信息，以此来维持或改变绩效。用一张图表向员工展示他们的工作绩效变化就是一个例子。[11]

企业已经开始统筹它们的认可计划。例如，Baudville 公司是一家工作认可计划的供应商，公司提供一种叫作"电子表扬"的电子卡片服务。企业用这个方法来传递对员工的赏识。财捷公司在几年前将自己的员工认可计划、服务年限、专利奖励计划和福利计划都委托给了奖励计划供应商 Globoforce 公司。一项对 235 名管理人员所做的调查表明，公司为激励员工而最常使用的奖励形式如下（从上到下依次为最常用到最不常用）[12]：

- 员工认可
- 礼品券
- 特别活动
- 现金奖励
- 实物奖励
- 电子或书面通知形式的表扬
- 各种培训课程
- 可变薪酬
- 工作-生活平衡型福利
- 集体旅游
- 个人旅游
- 抽奖机会

"直线经理和小企业的人力资源工具"专栏展示了一些激励计划。

➡ 直线经理和小企业的人力资源工具

正如你所看到的，员工的直线管理人员不应该只依赖于奖励计划来激励下属。其实，我们每天有很多机会去激励员工，却把这些机会白白浪费掉了。为了改善这种状况，我们需要遵循三条基本原则。

第一，激励员工的最佳选择，也是最简单的方法，就是确保员工有一个可行的、自己也认同的目标。如果员工不知道或者不认同自己的目标，即使对他们进行经济激励也没有意义。

第二，认可员工的贡献就是一个强有力的激励工具。各种研究表明，无论是单独使用认可计划，还是与经济性奖励结合起来使用，都能对工作绩效产生积极的影响。例如，在一项研究中，同时使用经济性奖励和认可计划的结果是服务型公司的绩效提高了 30%，这几乎是单独使用一种奖励形式所取得的效果的 2 倍。

第三，记住你可以在日常工作中使用多种积极强化手段来激励员工。图 11-1 展示了一个简短的清单。[13]

- 提供富有挑战性的工作任务
- 赋予他们选择工作活动的自由
- 在他们的工作中增添乐趣
- 给员工分配他们喜欢做的工作任务
- 当老板不在时，让他们代替老板行事
- 让他们在高层管理人员面前做演示
- 工作轮换
- 鼓励员工学习和持续改进
- 给予员工充分鼓励
- 允许员工设定自己的目标
- 赞美员工
- 在大家面前表示对员工的赞赏
- 向员工表达谢意
- "月度明星员工"奖励
- 特别表彰
- 更大的办公桌
- 更大的办公室或隔间

图 11 - 1　社会认可和相关正向强化措施

资料来源：Bob Nelson, *1001 Ways to Reward Employees*, New York: Workman Pub., 1994, p. 19; Sunny C. L. Fong and Margaret A. Shaffer, "The Dimensionality and Determinants of Pay Satisfaction: A Cross-Cultural Investigation of a Group Incentive Plan," *International Journal of Human Resource Management*, 14, no. 4, June 2003, p. 559.

议一议

你决定证明认可项目可以提升绩效。为了达到这一目的，你想表扬某人的绩效水平，看看他是否诚实地做出反应。你的实验会有什么样的结果？

社交媒体和人力资源[14]

一些新的社交软件能够让员工展示他们获得的奖励、贡献以及他们从同事那里得到的表扬。例如，登录 blog. intuit. com，在搜索框中输入 "7 种认可和奖励员工的移动应用"。[15] 像这样的应用软件能够激励员工之间的沟通。比如，其中的一个应用可以让员工和同事之间互相写留言"谢谢"来沟通，其他的应用可以让用户在他们的领英名片中得到积极的反馈。

工作设计

很多人不会在一开始就想到将工作设计变成一项激励计划。然而，工作设计实际上能够对激励员工和留住员工起到很重要的作用。哈佛大学商学院的一个研究表明，工作设计是员工敬业度的重要驱动力。韬睿惠悦的一个研究结果表明，有挑战性的工作在吸引员工的因素中可以排到第七位。[16]工作设计是企业全面报酬计划的一个重要组成部分。

"实践中的人力资源"专栏展示了企业是如何整合激励计划以提升利润的。

→ **实践中的人力资源**

在快餐连锁店中应用金钱和非金钱激励手段

两名研究者研究了美国中西部 21 家快餐连锁店的金钱和非金钱激励手段。[17]每个店约有 25 名员工和 2 名经理。研究者对经理们实施了培训，使他们可以识别出那些能够影响绩效的员工行为。例如，"在免下车服务窗口用双手提供服务""向顾客重复他们的需求"。[18]然后研究者用金钱和非金钱手段来激励这些行为。他们用以下这些指标来衡量店铺的绩效，包括总盈利能力（收入减去支出）、汽车通过时间和员工流动率。

金钱激励

一些餐厅的员工在展示了相关行为之后，得到了金钱方面的奖励，包括员工薪资中的总津贴。例如，一个经理对工作团队进行了观察。当这个团队展示出 50 种优秀行为（例如在休息时间工作）的时候，他就为所有员工增加 25 美元的薪资。当团队展现了 50～100 种优秀行为的时候，就给每个人的薪资增加 50 美元；超过 100 种行为的时候则增加 75 美元。随着员工逐渐学会工作中要求的行为，支出也逐渐增加。

非金钱激励手段

研究者训练一些餐厅的经理使用反馈和赞誉这样的非金钱激励手段。比如，每天结束的时候，经理向员工展示"汽车通过时间"这一指标的变化图表，向员工提供反馈。他们将这一图表按照顺时针排列出来，员工可以了解到餐厅的绩效表现。研究者同时训练经理们学会表扬员工的方法。例如，"我注意到今天汽车通过时间非常棒"。[19]

结论

这两个项目都很成功。金钱和非金钱激励手段都促进了员工和餐厅的绩效提升。[20]例如，用金钱激励手段的餐厅增长了 30% 的利润，用非金钱激励手段的餐厅增长了 36% 的利润。在同样的 9 个月的时间里，金钱手段激励组的汽车通过时间下降了 19%，非金钱激励组的汽车通过时间下降了 25%。金钱激励组的营业额增长了 13%，非金钱激励组增长了 10%。

以上研究为经理制订激励计划提供了如下启示：

- 员工必须有具体的挑战性目标。[21]
- 努力与回报之间的联系必须清晰。
- 确保动机（而不是糟糕的员工甄选）能够激励你期待的行为。
- 员工必须有这项工作所需的技能并且受过培训。
- 企业必须用绩效反馈来支持这个激励计划，这样员工会持续性地了解他们的表现。
- 经理需要收集激励计划效果的证据，确保它确实是影响着组织期待的绩效目标。[22]
- 将金钱和非金钱激励手段（比如认可）结合起来。

议一议

丽萨和保罗要你为公司制订一个激励计划，你应该如何运用本章中学到的知识？

销售员的激励

销售员的薪酬计划需要关注薪资、佣金及二者的组合。[23]

薪资计划

一些公司给销售人员支付固定的工资（偶尔也有一些激励，比如津贴、销售竞赛奖金等）。[24]当销售员的主要任务是寻找新客户和参加商业展示时，这种固定的薪资才有意义。美国北卡罗来纳州林肯市的一个别克汽车经销商就制订了这种固定薪资计划，适用于每月至少销售出 8 辆汽车的员工（每辆车都会加上一点保留津贴）。[25]

当销售员要转变销售区域或者调往新的岗位的时候，固定薪资计划可以发挥一定的作用。此外，固定薪资计划还能够培养员工的忠诚度。固定薪资计划的主要劣势在于，对高绩效员工激励作用不大。[26]

佣金计划

直接佣金计划根据工作结果为销售人员支付奖金。这样的计划可以激励产生高绩效的员工，因为他们看到绩效可以转化为奖励。销售成本与销售额是成比例的，而不是固定不变的，因此，公司的固定销售成本比较低。这个计划易于理解，便于计算。可供选择的方案包括：配额奖金（达到一定的销售额度）、直接佣金、目标管理项目（根据具体指标支付薪资）以及绩效排名项目（重奖高绩效员工，绩效较低的员工则几乎没有奖励）。[27]

然而这种计划也有问题。比如，如果设计得不好，销售员可能会专注于提升销售额，而忽视诸如推动难度大的产品销售这样的职责。[28]此外，在大多数公司，某一年度销售额的增长实际上是反映了上一年度销售的努力，换言之，即使销售员不做任何努力，销售额也会增长。如果今年的销售额并不是"新增"的，那为什么要基于今年的销售额向销售员支付佣金呢？[29]下面的"构建你的管理技能"专栏展示了一些实用指南。

➡ 构建你的管理技能

如何构建有效的销售激励计划

管理者到底如何为销售人员设计激励计划呢？你会发现有很多选择，但是绝大多数公司都采用固定薪资和佣金结合的方式来设计这一计划，一般而言固定薪资占 70%，奖励性薪资占 30%。这样一来既可以防止销售人员的下行风险（没有挣到一分钱），从公司的角度来说也不会对佣金失去控制。[30]然而，要想激励销售人员的优异表现，仅仅将固定薪资和佣金合理地结合到一起是不够的（当然这很重要）。要想最大限度地激励销售人员，记住以下规则[31]：

● 高绩效公司销售人员的奖励性薪资占所有现金收入的 38%，而低绩效公司的这一比例只有 27%。

● 高绩效公司里的销售人员拥有股权激励计划（或其他产权收益）的比例（36%）是低绩效公司（18%）的 2 倍。

● 高绩效公司销售人员每年要比低绩效公司销售人员多花 264 小时参与高价值销售活动（比如寻找潜在客户、做销售产品展示和总结）。

● 高绩效公司销售人员每年要比低绩效公司销售人员多花 40% 的时间在高潜质顾客身上。

● 高绩效公司销售人员要比低绩效公司销售人员少花 25% 的时间在事务性工作上（比

如填表），这让他们能够将精力集中在核心销售活动上。

许多企业用激励管理软件来跟踪并且控制销售任务。[32]例如，销售经理使用 VUE 薪酬管理软件，可以分析消费和绩效数据，进行"假设分析"和报告，并且对绩效进行趋势分析。[33]对于其他员工，也有许多企业用企业激励软件来跟踪成百上千的绩效数据，计算员工个人奖励。[34]这些系统能够将奖励性薪酬方案的计划、分析和管理过程自动化。[35]

对经理和高管的激励计划

高管的报酬由基础工资、短期和长期激励、额外津贴组成，这样的报酬应该与其他管理者和公司战略目标保持一致。因此，首先要问"我们的战略和目标是什么？"然后，决定公司高管为了达成这样的战略目标需要展示的长期行为（增加销售、削减开支等）。接下来，调整高管报酬中的每一个元素（基础工资、长期和短期激励、额外津贴），然后将它们打包到一个平衡的薪酬计划之中，使高管们能够得到激励，以实现公司的战略目标。其中的规则是，每一个薪酬元素都能够将高管的行为聚焦到公司战略目标的实现上。运用多元化的绩效标准是最佳的选择。[36]这包括财务绩效、战略目标实现的数量、董事会评估的绩效、员工生产力衡量和员工道德调查。

专家估计，一般而言，公司首席执行官的固定薪资占薪酬的 1/5，绩效奖金占 1/5，而长期激励计划（比如持股计划和长期绩效激励计划）占剩下的 3/5。[37]

《萨班斯-奥克斯利法案》

2002 年《萨班斯-奥克斯利法案》对各家公司制订高管奖励计划的方式产生了影响。美国国会通过该法案的目的是让公司的高层管理人员和董事会成员在决策中体现更多的责任感。一旦背离股东委托的责任，他们就必须对此负责。该法案还指出，如果一家上市公司由于行为不当而使财务报告不符合要求且被发回重新申报，则这些公司的首席执行官和首席财务官必须在随后的 12 个月内退还从公司得到的所有奖金、奖励性薪酬以及以股权形式支付的薪酬。[38]

短期的管理人员激励和年度奖金

企业正从长期激励计划更多地转向短期绩效激励计划。[39]大部分公司都采用**年度奖金**（annual bonus）的方式来激励管理者的短期绩效。这样的短期激励计划大概能够占到一个管理者总薪酬的 25％甚至更多。有四个因素影响一个人的年度奖金：资格、资金规模、个人绩效和准则。

资格

传统企业发放奖金是依据职位层次、基础工资和领导职务。有的企业仅仅根据职务层次、头衔和基本薪资水平来确定资格。[40]最近，许多企业为高管和管理层以下的员工提供"年度激励计划"，这个计划中管理层和员工同时参与。[41]这个变化表明，现在有更多的员工，而不仅仅是高层管理者对可衡量的贡献负责。

资金规模

如何决定年度奖金的规模有多大？有的企业（最近的调查中显示有 33%）用目标加总的方法。[42]它们会估计每个有资格的员工可能的奖金规模，然后把这些奖金加总起来，放到奖金池中。

许多企业（32%）会根据财务结果来支持短期奖励计划。例如，如果利润是 20 万美元，那么管理层的奖金则是 20 万美元的 20%，或者说是 4 万美元。大部分企业使用的经济手段不止一个，包括销售、份额分红和最流行的现金流。[43]

个人绩效和准则

决定个人实际奖励所得，需要先衡量个人的绩效，然后运用事先确定的奖金公式将其计算出来。通常情况下，企业为每一个具备资格的岗位设立目标奖金（还包括最高奖金，也许是目标奖金的 2 倍）。然后，管理者实际获得的奖励反映了他们的绩效水平。还有一些公司将短期奖金同组织和个人绩效联系起来。因此，管理者本来获得的最高奖金可以达 1 万美元，但是因为其绩效表现，在年终可能仅仅获得 2 000 美元。但是，一个人也许会收到额外的 3 000 美元奖金，这是根据公司当年的利润而支付的。这里的一个缺点就是，绩效不佳的员工也可能拿到奖金。避免这种情况的一个方法就是，将奖金设计成个人和公司的一个共同成果。如表 11-2 所示，根据员工的绩效表现，将目标奖金乘以一个系数：1、0.8 或者 0。绩效不好的管理者就没有奖金。

表 11-2　决定年度奖金的乘数方法

员工绩效 （基于评价，权重=0.5）	公司绩效（基于销售目标，权重=0.5）			
	杰出	优秀	一般	差
杰出	1.00	0.90	0.80	0.70
优秀	0.80	0.70	0.60	0.50
一般	0.00	0.00	0.00	0.00
差	0.00	0.00	0.00	0.00

注：要算出一名经理的奖金数额范围，需要将其可能获得的最高奖金乘以矩阵中合适的系数。

高管的战略性长期激励计划

为了避免管理者为获取短期利润而产生一些短期行为，企业开始用长期激励计划来影响高管们的决定。比较常见的长期激励计划包括现金、员工持股、股票、股票增值权和虚拟股票。百事公司的首席执行官在 2013 年时获得了 1 320 万美元的薪酬，其中包括 160 万美元的固定薪资、750 万美元的股票奖励以及 400 万美元的绩效奖金。另有额外的一些奖励，比如航空旅行。[44]

股票期权

股票期权（stock option）是一种在一定时间内以一个特定的价格来购买一定数量公司股票的权利。在实施股票期权的情况下，公司高层管理人员就会期望在未来行使自己的这种权利，即在未来的某个时间，根据今天的股票价格来购买公司股票，以从中获利。股票期权假设股票会持续上涨。[45]当股票市场不景气时，许多像谷歌和英特尔这样的公司会修改其持股计划，以增加公司可能的支出。[46]

股票期权的老毛病是，它往往无法产生有效激励，因为有些绩效不佳的管理者也能获得奖励。此外，一些公司的高层管理人员会操纵他们获得股票期权的日期，从而使他们的收益最大化。员工持股计划还有可能会激励高管们承担极大的风险去追求短期的利润。[47]一项针对标准普尔 1 500 家公司的首席执行官的研究发现，有 57％的管理者即使在公司绩效不佳的情况下依然获得了工资的增长。[48]

其他股票计划

现在的趋势是，将奖励与绩效目标更紧密地联系到一起。比如，除了股票期权计划，越来越多的公司在运用各种与绩效相关的激励方式。比如绩效限制性股票，根据这一计划，高管只有在完成绩效目标的前提下才能够获得他的股票份额。[49]再如限制性股票期权计划可以让高管不花费成本获得股票期权，但是必须在一定期限（比如五年）后才可以交易股票。企业的目的是在这段期限内把员工留住。[50]

股票升值权利计划允许员工交易股票期权，或者通过现金、股票结合的形式获得股票价格的增值。在影子股票计划下，高管们没有实际掌握公司的股票，而是以"单元"的方式获得公司的股票，在未来的一段时间，他们可以获得与股票升值等值的分红或者其他等价物。[51]公司还提供一系列激励手段来让高管留下来。**金色降落伞计划**（golden parachutes）是当公司所有权或者控制权发生变化时，企业支付给高管的一笔丰厚的报酬。比如，公司的金色降落伞条款可能会指出，如果公司的所有权发生变化，高管还可以一次性获得 200 万美元的报酬。[52]

■ 11.2　团队和组织激励计划

此前我们关注了员工个人的激励计划（比如高管奖金）。现在我们要关注团队以及公司范围内的所有员工的激励计划。

如何设计团队激励计划

很多公司越来越多地依靠团队来完成工作。因此也就需要去激励团队以实现其目标。**团队激励计划**（team incentive plans）根据公司的绩效表现来支付奖金。

现在的主要问题就是如何奖励团队的绩效表现，错误的选择可能是致命的。李维·施特劳斯（Levi Strauss）制订了一个基于团队总体产出的激励计划，而忽视了一些员工比其他员工更努力的事实。在这样的激励计划下，工作效率高的员工放慢了速度，生产效率也下降了，李维·施特劳斯不得已关闭了在美国的工厂。

然而公司经常使用的方式仍然是将群体绩效与奖励联系到一起，比如"每辆汽车的总体劳动时间"。[53]有一家公司就为其工作团队制订了这样一种团队激励计划：如果公司 100％地达到了其预定目标，则员工可以分享绩效改善带来的 5％左右的收益。公司用这 5％的收益所对应的金额除以员工数，就可以得到"每一股"的价值。然后，每个工作团队都会面临两个目标。如果团队达到了这两个目标，每个员工都能获得整份收益（除了他的基本薪酬之外）。如果团队只达到了一个目标，那么员工只能获得半份收益。如果两个目标都没有达到，员工将一无所获。这个计划的结果就是，员工的态度开始转变，并将团队的精力更加聚焦于公司战略目标。[54]

许多企业将团队激励计划提升到下一个层次。**组织范围内的激励计划**（organization-wide incentive plan）是所有员工参与的、将奖励与公司的绩效联系到一起的计划。这些计划包括利润分享计划、斯坎伦计划、员工持股计划。

利润分享计划

利润分享计划（profit-sharing plans）通常是指在一个财务年度结束时，大多数员工均可分享一份公司年度利润的计划。[55]利润分享计划有几种形式。在即时利润分享计划中，员工每个季度或者每年均可分享一定比例的公司利润。在现金计划中，公司将利润的一部分（通常是 15%～20%）作为奖励在固定的时间间隔中发放给员工。家得宝公司就为商店的员工准备了现金项目。如果商店达到了预期的财务目标，店员就会获得一笔奖金。在这个覆盖全公司的激励计划下，家得宝公司总计分发了 9 000 万美元的奖金。[56]

在延期利润分享计划中，公司会将现金存入每一位员工的退休信托账户中。[57]总之，企业会把一定比例或累进比例的企业利润放入利润分享基金池中。[58]然后，公司通常会根据员工基本薪酬的一定比例以及员工对公司利润的贡献来分配奖金。[59]员工的收入所得税会被延迟支付，直到退休或者退出该计划。

收益分享计划

收益分享（gainsharing）的目标就是通过使员工和公司共同分享劳动率提高带来的成本节约收益来鼓励员工提高劳动生产率。[60]常见的收益分享计划包括斯坎伦计划（Scanlon plan）、林肯计划（Lincoln plan）、卢卡尔计划（Rucker plan）以及生产率改善收益分享计划（Improshare plan）。一般而言，这些收益分享计划的特点就是：信奉劳资双方合作的哲学，确保员工都经过培训掌握工作技能，运用公式来将收益分配给员工。

这些计划的主要区别就是，企业对分配员工的奖金运用的公式不同。俄亥俄州林肯电气公司（Lincoln Electric Company）创制的林肯激励制度，就是让员工在有保障的计件工资基础上工作。公司根据员工年度绩效表现分配总年度利润（更少的税加上股票持有者分红的 6%，以及一些资金储备）。最近从几家医院和工厂获得的研究结果表明，收益分享计划能够提高生产力和病患护理的水平，能够减少顾客投诉。[61]例如，一些医院根据医生的业绩和努力来支付分享的收益。[62]

风险型薪酬计划

基于绩效支付薪酬对于企业的成本控制而言意义重大。基本薪资和福利占据了劳动力成本的一大部分，即使在销售额下降的情况下也不会有太大的变化。[63]而降低工资又会影响员工的士气，所以，如果不裁员的话就很难控制企业的劳动力成本。所谓的可变薪酬能够应对这一问题。**风险型薪酬计划**（earnings-at-risk pay plan）用员工正常收入的一部分（比如 10%）去承受一定风险。如果他们未能达到目标，这部分收入就会失去。如果员工超过了绩效目标，就可以得到额外的奖金作为回报。比如，将员工工资的 10％设置为可变薪酬，如果该部门达到了目标，员工除了能得到这 10％的资金，还能得到 3％的额外奖金。

员工持股计划

员工持股计划（employee stock ownership plans）是在整个公司范围内实施的一种计划，在这种计划下，公司把一部分股票（或用于购买这些股票的现金）交给一个信托机构，该机构负责为员工购买一定数量的公司股票。公司通常是根据员工年度薪酬总额的一定比例来提供股票或者资金，但是这一比例最高不能超过 15％。信托机构持有记在员工个人账户上的那些股票，在员工退休（或因其他原因不再在公司中工作）时再分配给他们——假定员工在公司中工作的时间足够长，从而有资格获得这些股票。

员工持股计划确实有一些优势。公司在将股票转移给信托机构时，可以享受与这些股票的公开市场价值相等的税收减免。而且，在向员工持股计划中的股票提供股息时，还可以申请收入所得税的减免。员工在从信托机构获得这些股票时，通常已经退休，因此不必再缴税。此外，美国《员工退休收入保障法》允许公司根据信托机构保管的员工股票来进行借贷，然后公司可以在税前而不是税后偿还贷款，这样，税收制度就对公司采用这种计划起到了另外一层推动作用。[64]

一些公司提供"综合股票期权计划"，所有或大多数员工可以参与其中。其基本思路是，与员工分享公司所有权更具有激励性和实际意义。[65]然而，根据现行税法，公司在授予期权时必须将其列为费用，从而降低了其作为"无成本"奖励的吸引力。因此，许多雇主如微软现在选择奖励股票而不是期权。[66]

▌ 11.3 福利和服务：当今的福利 _____

"你们提供的福利是什么？"这是许多求职者关注的第一件事情。**福利**（benefits）是员工薪酬收入当中非常重要的一个组成部分。它是指员工因为持续为企业工作而获得的各种间接的经济性或非经济性的报酬。[67]福利一般包括非工作时间的薪酬、健康与人寿保险以及儿童看护方面的服务等。

基本上所有的企业都提供健康保险。[68]员工福利占基本工资的 37％（或者说是总薪酬的 28％）。健康保险福利是最贵的，其他法定的福利（比如失业保险）紧随其后。图 11-2 总结了作为员工报酬支出的福利分类。

健康保险福利的成本在增长。例如，健康保险福利成本在近一年增长了 4％，而家庭健康福利的支出总额达到了 15 745 美元。企业还要处理新的《患者保护与平价医疗法》（Patient Protection and Affordable Care Act）所要求的关于成本的内容。[69]

法律问题在扩大化。联邦法律对一些福利（比如说社会保障）有强制的要求，而其他的一些福利在企业的自由裁量权范围内（见表 11-3）。然而，联邦法律同样对一些自由决定的福利（比如休假）有影响。而且企业必须遵循所在州的法律。[70]接下来我们要解决的是非工作时间薪酬、失业保险、退休福利和个人服务福利问题。

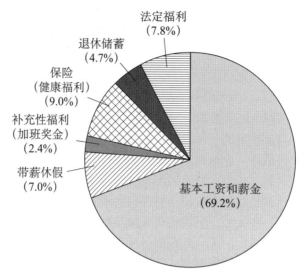

图 11 - 2　员工薪酬支出的各项比例

资料来源：www.bls.gov/news.release/ecec.nr0.htm，accessed September 16，2013.

表 11 - 3　一些要求和自由决定的福利

联邦和大多数州要求的福利	企业方面自由决定的福利*
社会保障 失业保险 工伤补偿金 《家庭和医疗休假法》规定的假期	残疾、健康和人寿保险 养老金 带薪休假、病假 个人事假、陪审员职责等 员工援助和咨询项目；家庭友好型福利（儿童看护、老年人看护、灵活工作安排和高管特权）

* 正如我们在本章中看到的，这些福利虽然不是联邦法律直接要求，但都会被联邦法律以某种形式监管。

■ 11.4　非工作时间薪酬和保险福利

企业比较有代表性地提供不同的非工作时间薪酬（又称为**补充性薪酬型福利**（supplemental pay benefits））以及保险福利。我们将从前者开始讨论。最常见的非工作时间薪酬包括失业保险、休假和病假。

失业保险

美国各州都制定了**失业保险**（unemployment insurance）或**失业补偿**（unemployment compensation）法案。失业保险是指在员工由于其他原因而非自身原因不能继续工作的情况下，每周得到的一定数量的福利。在大多数州中，这种福利的来源是企业缴纳的工薪税，而税率通常是可征税总薪酬的 0.1%～5%。尽管美国各州都有自己的失业保险法律，但是它们都遵循联邦政府的统一指导原则。一家企业需要缴纳的失业保险税率反映了企业的员工解雇率。许多州的失业率都在增长。例如，根据企业提出的历史数据，在经济衰退前马里兰州的失业保险税率降到了 0.3% 以下，而现在上涨到了平均每个员工2.2%～13.5%。[71]

➡ 构建你的管理技能

如何控制失业诉讼

失业保险并不保证每一个遭到解雇的人都享受失业福利，只有那些因为非自身错误遭到解雇的人才可以享受这份福利。因此，管理者在控制失业诉讼方面将起着重要的作用。第一，列出一份书面警告清单，以表明你曾经多次警告员工修正其行为。

第二，运用表 11-4 展示的清单来显示解雇行为源自员工自身的错误行为。

表 11-4　失业保险成本控制清单

- 将迟到、缺勤和警告提示记录在案。
- 在解雇员工之前对其进行多次警告。
- 制定一条规则，连续三天未请假缺勤的员工，视为自动离职。
- 在员工病假归来之时要求其出示诊断证明。
- 强制性要求书面的个人请假同意书。
- 确保员工在辞职书上签字。
- 如果员工没有按时回归，将解除工作通知书寄给他。
- 对员工糟糕的绩效进行记录。
- 要求直接主管记录处理问题的步骤。
- 记录员工拒绝建议和指导的行为。
- 要求所有的员工签署一份同意公司政策和规则的声明。
- 将对员工失业申诉的辩护记录在案（通常在 10 天以内）。
- 对申诉使用合理的术语，并且附上证据文件。
- 参加听证会并对没有根据的申诉反驳上诉。
- 检查每一个对员工个人生活的申诉。
- 常规性实施离职面试以产生反驳失业申诉的信息。

休假和节假日

很多企业都提供带薪休假福利。大概 90% 的全职员工和 40% 的兼职员工能获得平均 8 天的带薪休假。[72]美国最通用的带薪假期是新年、独立日、劳动节、感恩节和圣诞节等。[73]就平均情况而言，美国员工的平均带薪休假时间为：工作一年后可享受 9 天的假期；工作满 5 年可享受 14 天的休假；而工作满 10 年则可享受 17 天的休假。[74]

公司要做出一些与节假日相关的政策决定。当然，他们必须决定员工假期的数量以及带薪休假的具体分配。其他的一些节假日政策问题包括：员工会在假期中拿到他们的基础工资吗？或者说节假日的薪资是含根据平均收入（包括加班工资）发放？如果员工在节假日前一天和后一天不来上班的话会得到报酬吗？

越来越多的公司都在向更具弹性的休假制度发展。例如，IBM 超过 35 万名员工有至少 3 个星期的年休假。然而，IBM 并不会追究每个人到底休了多少天假，或者是什么时候休假。相反，员工只需要与他们的直接上级达成关于休假的非正式安排就行。[75]

像 www. hrtools. com 这样的网站提供了指导公司员工休假政策的样本。

➡ **了解你的雇用法律**

休假和假期的法律问题

尽管联邦法律没有要求休假福利，企业仍然要小心地制定休假的政策。例如，许多企业的假期薪资政策是允许累积（比如两周一次）。这么做，企业在员工离开公司时就能按比例支付假期薪资。如果一个企业的假期政策要求新的员工必须工作满一年才能获得带薪假期，那么如果这个员工在第一年离开公司的话就不会获得假期薪资。

病假

病假（sick leave）是指当员工因为疾病而不能工作时，企业仍然为员工支付薪酬。大多数公司的病假政策都允许员工在一个规定的病假期内——通常是每年最多 12 天左右——享受全额的薪酬待遇。病假的时间长短往往是按每工作一个月可享受一天病假的比例来确定的。

这里的一个主要问题是：尽管许多员工都是在确实生病的情况下才休病假的，但也有些员工不论是否真的生病了，都把病假当作一种事假来休。一项调查发现，员工真正的病假只占所请病假的 45%。家庭事由（27%）、个人需要（13%）和"精神权利"（9%）等是提到的其他一些原因。[76]

社交媒体网站可能会使一些因病假离职的员工陷入麻烦。在一个案例中，一个员工请了一天病假，说慢性病痛使她不能坚持工作。但她在请假的那天上传了一张喝酒的照片到社交网站上，有人将这张照片发送给了她的领导。公司以缺勤为名开除了她，而且上诉法庭也支持企业的决定。[77]

企业用一些策略来减少过多的病假缺勤。一些企业在年终的时候对没有休病假的员工进行奖励，按照每日工资对没休的病假天数进行补偿。问题是，有合理病假理由的员工也可能会坚持来上班。在万豪酒店，员工可以将病假换成其他福利。其他企业会去详尽调查请病假的员工，比如说对请病假的员工进行家访。[78]

很多企业选择了带薪休假储蓄计划。[79]这种做法实际上是将病假、节假日和休假合在一起储蓄起来。例如，一家医院每年给员工 25 天假期（10 天公休假、3 天个人假期、12 天病假），员工平均使用了 12 天病假当中的 5 天。[80]带薪休假储蓄计划允许新员工累积 18 天的假期（重大灾难假期另当别论）。带薪休假储蓄计划减少了缺勤。[81]

一些企业将集中管理缺勤计划（使缺勤管理更加完整）。有前瞻性的缺勤管理始于分析。例如，有多少人在缺勤；企业花了多少钱来代替缺勤员工；什么样的部门会有缺勤问题。[82]之后，再实施一些有效的解决方案，比如严格的缺勤审查。接下来的"作为盈利中心的人力资源"专栏会展开说明。

➡ **作为盈利中心的人力资源**

在驾驶及车辆牌照办事处减少缺勤率

当朱迪斯·惠特克（Judith Whitaker）成为英国驾驶及车辆牌照办事处主任的时候，她面对的是居高不下的病假缺勤率。[83] 在 2005 年最高峰的时候，办事处平均每个员工有 14 天的病假缺勤，造成了大约 2 000 万美元的损失。

新的主任发起了应对缺勤率问题的倡议。[84] 他们确立的目标是在 2010 年将缺勤率减少 30％，办事处主任制定了缺勤管理的具体目标，并监测目标的实现进程。办事处使用了新的方法来方便员工轮班，并出台了更有保障的请假政策。此后，办事处的年度缺勤率迅速下降到每个员工每年 7.5 天。（2007 年左右，维基百科上这家机构的标签就是高病假率（平均每人每年有 3 周）。[85]）在 2009 年到 2010 年，提升的出勤率使得办事处的生产力提升了 7％，换算为金钱就是 4 800 万美元。

产假和《家庭和医疗休假法》

产假是一项很重要的福利。有一半的工作者都是女性，而她们中有 80％的人在工作生涯中都会怀孕，还有一些人是单亲家庭。在《反怀孕歧视法》的规定下，企业必须同意怀孕员工的孕假，就像企业同意其他员工请假一样。病假政策在一定程度上依赖于 1993 年颁布的《家庭和医疗休假法》。在该法案中，有几项条款这样规定[86]：

1. 雇用员工数在 50 人以上的企业必须为符合条件的员工（无论男性还是女性）提供最长达 12 周的非带薪休假，供员工在患严重疾病，需要生育或领养孩子，需要照顾患有严重疾病的孩子、配偶或父母时使用。

2. 企业可以要求员工把他们没有用完的带薪病假或年休假作为该法案所规定的 12 周休假权利的一个组成部分。

3. 员工在非带薪休假期间有权享受医疗保健福利，享受的条件和待遇与他们在工作期间是一样的。

4. 在绝大多数情况下，企业必须保证，员工在休假结束之后能够重新回到原来的工作岗位或者是相同级别的岗位上，并且不会遭受任何福利损失。

其他的法律也适用于病假。根据《美国残疾人法》，如果一个合格员工因为身体不适，要请病假以达成合理的便利，那么这样的病假是允许的。在许多州的员工薪酬法律之下，当员工遭遇工伤的时候可以请假。

➡ **了解你的雇用法律**

产假的法律问题

管理者们想要避免不必要的请假，就要了解《家庭和医疗休假法》。例如，如果要依据《家庭和医疗休假法》来请假的话，员工需要总计至少为企业工作过 12 个月，还需要在过去连续的 12 个月中工作 1 250 小时甚至更多（不仅仅按支付薪酬的时间算，有的人是带薪休假）。[87]如果这些不符合，那么休假就不被允许。

企业批准请假（包括在《家庭和医疗休假法》的规定之下请假）的程序包括：

● 直到请假的理由明确才能批准员工请假。

● 如果请假是医疗和家庭的原因，企业要从医生那里得到病情诊断证明才能批准请假。

● 用标准的表格来记录员工应该在哪天回来上班，而事实上如果在没有得到官方批准的延长休假时间情况下还没回来上班的话，公司可能会终结与该员工的雇佣关系。

遣散费

许多企业都提供**遣散费**（severance pay），即当企业与一位员工终止雇佣关系时向员工支付的一种一次性补贴。企业支付遣散费还是有些道理的。这是一种人道主义的姿态，而且有利于塑造良好的公共关系。此外，大多数管理人员都希望员工在打算离职的时候提前告知他们。因此，企业在解雇一位员工时向他们支付一笔遣散费的做法也是合情合理的。另外，发放遣散费的做法还有利于防止那些心怀不满的被解雇员工去起诉企业。遣散费计划还可以对被裁的员工提供一些经济上的帮助。一项调查显示，参与调查的组织中有 82% 都制定了遣散费政策。[88]

员工被解雇的原因极大地影响了遣散费的发放。有 95% 的下岗员工收到了遣散费，但是因为绩效不佳而被解雇的员工当中，只有 1/3 的人获得了遣散费。遣散费的最高标准视对象而定，管理层员工最高可以获得 39 周的工资，而其他员工最高可获得 30 周的工资。[89]在受访企业中，大约有一半的企业在遣散费方面做出的规定是这样的：对于白领员工和豁免性员工来说，在企业中每服务满一年，就支付相当于一周薪酬的遣散费；约 1/3 的公司也对蓝领员工制定了类似的政策。[90]如果企业自己要求（比如在员工手册中提出）支付遣散费，那么它的"自愿性"计划必须与《员工退休收入保障法》中的附加条款相一致。[91]

补充失业救济金

在汽车行业，关闭工厂来减少存货或者改变机器化生产都是很正常的，被解雇的或者是暂时解雇的员工就需要依靠失业救济金。正如名字所暗示的，**补充失业救济金**（supplemental unemployment benefits）通过为失业员工提供现金支付，来为他们失业后的薪酬提供补充，以帮助这些人维持失业后的基本生活。

各种保险类福利

企业也会提供一些强制的或自愿的保险福利，比如说工伤保险和健康保险。

工伤保险

国家制定**工伤保险**（worker's compensation）方面法律的目的在于，向工伤事故受害者及其抚养对象或赡养对象提供可靠、及时的收入补偿以及医疗福利，而无论工伤事故的责任方是谁。美国的每个州都有自己的工伤保险法律及其管理委员会，有些州还建立了自己的保险计划。然而，大多数州都要求企业通过政府授权的私人保险公司来为员工建立工伤保险。

这些公司向企业收取的全年保费的数额在一定程度上取决于该企业的事故率和索赔率。

工伤保险福利的提供方式既可以是货币型的，也可以是医疗服务型的。如果员工因工伤而死亡或残疾，那么，企业应当向员工或其受益人支付一笔现金，这笔钱的数额根据员工过去的收入确定——通常是根据员工的服务周数，依照员工过去平均周工资的 1/2～2/3 来进行补偿。在大多数州中，领取工伤保险福利的时间长度是有限制的——比如最长不超过 500 周。如果工伤造成了员工身体的某部分缺失（如失去了一只手臂），那么即使员工可以重返工作岗位，企业仍然需要根据法定的伤残条款来向员工支付一些额外的福利。除了这些现金福利之外，企业还必须向员工提供各种必要的医疗、手术和护理费用。《美国残疾人法》有关条款禁止企业询问员工有关工伤保险的历史。此外，如果企业拒绝让一名因工伤享受保险员工回到工作岗位上，或者是没有为他提供合理的便利，都有可能引起《美国残疾人法》的相关诉讼。

工伤保险福利仅仅适用于因工受伤或患上与工作有关的疾病这两种情况，因此，只有员工是在工作岗位上受伤或患病时，员工才能享受工伤保险。至于工伤的责任是否在员工本人则无关紧要。比如，企业指导员工在接触机器时带护目镜，有一名员工没有带护目镜因此眼睛受到了损伤，公司仍然要为他支付工伤保险。

控制员工的工伤保险成本

控制工伤保险的费用成本是很重要的。企业的保险公司通常会为工伤申诉赔付，但是企业的保费会体现出申诉的数量。[92]

有几个方法来减轻工伤保险的申诉。比如，筛选出易发生事故的员工；在设备中减少可能会发生事故的条件；减少可能会导致这些要求的事故和健康问题，比如说，通过制定有效的安全和健康项目，遵守政府关于安全生产标准的要求；还有，尽管一些工伤保险是合法的，但还有一些却不是。如果工伤中只有模糊的事故细节，缺少目击证人或者延迟报告，那么都可能不会被认定为工伤。[93]

其他的员工成本控制技术包括监测健康项目供应商的费用表和医疗账单。[94]个案管理最近非常流行，它是指由注册护士等专门对员工进行个案管理，以监测和协调员工受到的护理。[95]

援助受伤的员工并且能够让他们快速返回工作岗位是很重要的。律师的介入以及漫长的申诉过程都影响员工的申诉成本。[96]许多公司设立了康复项目，比如说物理治疗来帮助员工正常返回工作岗位。

住院保险、健康保险和残疾保险

住院保险、健康保险和残疾保险能够给员工提供因工作以外的事故而治疗的费用。[97]许多企业从人寿保险公司、灾害保险公司、蓝十字（医院费用）、蓝盾保险公司（医师费用）中购买保险。还有一些人与健康保障组织和供应商订立合同。企业和员工通常都需要对这些计划做出贡献。表 11-5 就列举了一些通行的健康福利项目。

因此，绝大多数企业都向它们的员工提供各类住院保险、健康保险和处方保险。这些保险对所有员工开放（包括非试用期的新员工），而不管他们的身体状况到底如何。最基本的医疗保险包括支付住院费用、手术费用和医护费用。还有的医疗保险提供"大病医疗"，以应对一些重大疾病的影响。

绝大多数企业的健康计划还包括医生面诊、眼睛护理和牙医服务方面的健康消费。还有一些计划包括诊断性医患会面、视力护理、听力护理和处方药。残疾保险提供了因生病或者意外造成的薪水损失。当正常的病假支付结算以后，相应的保险也会到位。如果员工遭遇残疾，残疾福利可以保障其 50%～75% 的基本工资水平。

许多企业把加入**健康维护组织**（health maintenance organization，HMO）作为提供住院保险或医疗保险的一种替代方式。健康维护组织本身是一个医疗组织，其中包括许多专家（如外科医生、精神科医生等），它在社区医疗保健中心之外独立运营，为支付一定费用的员工提供医疗服务。员工通常会有一个"看门人"医生，预约专家需要征得"看门人"医生的同意。健康维护组织从企业收取一笔固定的年费，不管它是否需要为其员工提供服务。

自选医疗服务组织（preferred provider organizations）则是健康维护组织和传统医患关系之间的一个桥梁。[98]与健康维护组织不同的是，自选医疗服务组织让员工选择自己想要的医疗服务提供者（例如医生），员工不需要经过"看门人"医生的同意就能接触到他想见的医生。这些医疗服务提供者同意提供一定的控制。企业中有不少都在转向自选医疗服务组织。[99]

表 11-5　提供通行的健康福利的企业所占比例

处方药保险计划	98%
牙科保险	96%
邮购处方计划	90%
心理健康保险	89%
健康维护组织	86%
意外事故伤残保险	83%
视力保险	82%
避孕保险	82%
脊椎推拿保险	80%
员工援助计划	77%
长期残疾保险	77%

资料来源：www.shrm.org/Research/SurveyFindings/Articles/Documents/13 - 0245% 202013 _ EmpBenefits _ FNL.pdf，accessed April 4，2014.

心理健康福利

心理健康疾病占了公开报道残疾的 24%，比致残性伤病、呼吸系统疾病、心血管疾病和癌症的数量都要多。[100]

心理疾病的成本也在增长。大范围的毒品和酒精问题是造成心理疾病的元凶。此外，要求企业提供最低心理健康福利的州越来越多。另外，心理健康问题也引发其他健康问题。《心理健康平等法》（Mental Health Parity Act）要求提供最基本的心理健康福利。它同样禁止企业将心理健康福利同其他疾病医疗福利混淆在一起。[101]

➡ **了解你的雇用法律**

2010 年《患者保护与平价医疗法》

在《患者保护与平价医疗法》之下，有 50 名以上全职员工的企业就要提供最低水平的医疗保险，否则就必须依据 2014 年的标准支付罚金。为了达到合格标准，一个员工必须每周至少工作 30 小时或者一个月工作时长至少为 130 小时。[102]2010 年这一法律由奥巴马总统签署生效，企业也开始面临一系列截止日期。例如，企业必须根据法律第二条的声明来上报健康保险福利的价值。在 2013 年 1 月 1 日，企业灵活支付的保险费用被限制到了 2 500 美元。[103]到 2018 年，如果企业的医疗保险福利成本要比门槛设定的消费高（比如说覆盖家庭的福利限制是 27 500 美元），就要对 27 500 美元以上的部分支付 40% 的税。已经提供独立覆盖的个人和小组健康计划需要将员工的年龄扩大到 26 岁。[104]

在这个法案之下，每个州（必要的时候也可能是联邦政府）都会经营公共健康保险交流项目，实际上就是买卖保险的市场。为了不让企业减少健康医疗保险，并且为员工提供其他的健康医疗保险项目，法律会对 50 名员工以上的不提供健康保险项目的企业进行罚款，其标准按照每名员工 2 000 美元支付。

然而，法案的最后期限一直在变化。在 2013 年的时候，管理层将《患者保护与平价医疗法》中的一些条款暂停。它将企业为员工提供健康保险的截止时间延迟到了 2014 年。而且它提供了新法律依据，有意提供医疗保险的单位可以有两年缓冲时间（也就是直到 2015 年），来确保它们保险对象的资格。

在美世咨询的一个调查中，企业认为这个法案能提高它们健康医疗保险的支出。[105]有报道称企业想要缩减它们的健康保险项目，并将全职员工改为一周工作少于 30 小时的兼职员工。大概有 43% 的企业认为，它们的员工会为健康医疗保险项目付出更多。[106]其他企业通过计算发现，交罚金比提供健康医疗保险要便宜得多。[107]

《统一综合预算协调法》

《统一综合预算协调法》要求大部分私人企业为离职的员工和他们的家人提供健康保险福利，通常是在员工离职 18 个月后。[108]员工之前的雇主需要支付这笔钱。更重要的是，企业不想要离职的员工在离开后受伤。因此，新员工必须要了解《统一综合预算协调法》中的权利，而且所有离职的员工需要签署协议，来表明他们同意并理解法律所赋予的权利（参见图 11-3 中的清单）。

其他法律

其他相关的联邦法律，例如 1974 年《员工退休收入保障法》就为私人企业中大部分自愿的养老金和健康计划设定了最低标准。[109]1996 年《新生儿母亲保护法》 （Newborn Mother's Protection）禁止企业激励产后的母亲在法律规定的最短期限内回到工作岗位上。提供医疗保险的企业必须遵守 1974 年《医疗保险可转移性与责任法》中的保护隐私条款。[110]企业必须为 65 岁以上的员工提供和年轻员工一样的医疗保险，尽管他们也适用联邦法律的医疗保险。其他的相关法律包括《美国残疾人法》《反怀孕歧视法》《反基因信息歧视法》等。[111]

企业所需的健康保险风险控制工具

企业正在努力控制健康护理的支出。[112]

	是	否
你是否为团体健康护理计划中的个体做好了记录？		
你是否对中止健康护理计划的员工做好了记录？		
你是否对团体健康护理计划中减少的时长做了跟踪？		
你是否对团体健康护理计划中死亡的员工做了记录？		
你是否对团体健康护理计划中请假的员工做了记录？		
你是否对团体健康护理计划中残疾的员工做了记录？		
你是否对团体健康护理计划中的退休员工做了记录？		
你是否对员工的住址做了记录？		
你是否对获得《统一综合预算协调法》福利的员工住址做了记录？		
你是否要求员工提供一个他们已经了解了《统一综合预算协调法》权利的书面证明？		
你是否有一个系统，能够识别哪些员工按时支付了《统一综合预算协调法》中规定的额外费用？		
你是否具备一个系统，以识别那些已经为其他健康计划所覆盖而不适用于《统一综合预算协调法》的员工？		
你是否对那些关于《统一综合预算协调法》的来电做了记录？		
你是否对计划中的变化做了记录？		
你是否对额外费用的计算方式进行了记录？		
你是否对拒绝纳入《统一综合预算协调法》的员工姓名进行了记录？		
你是否对员工拒绝纳入《统一综合预算协调法》的原因进行了记录？		

图 11-3　《统一综合预算协调法》中的记录清单

资料来源："COBRA Record-Keeping Compliance Checklist." Copyright © 2012 by BLR-Business & Legal Resources (www. HR. BLR. com). Reprinted with permission.

大部分控制成本的努力都始于监测和评估健康保险的成本。[113]许多企业邀请了专家来帮助它们削减成本开支，还有一些企业通过与供应商进行激烈的谈判来降低成本。[114]对于许多企业而言，减免支付和共同支付都是减少健康护理成本的手段。例如，22%的企业在2011年提供网络服务的时候有至少1 000美元的免赔额。[115]2003年的《医疗保险现代化法案》允许企业建立免税的健康储蓄账户。[116]在企业和员工将相关的资金存入账户后，员工和他们的家人可以用这个账户来支付小额的医疗成本。[117]这个计划假定员工会因此来选择更低价的医疗服务而避免更高的免赔额。[118]IBM将退休人员从其支持的项目中移除出去，然后使用固定津贴在私人保险交易中心为他们购买保险。[119]

企业也在采取其他计划步骤。在固定缴款医疗保健计划之下，员工能拿到特别的金额分配来操作医疗保险成本，而不是用特殊的健康护理福利包和不设上限的成本。[120]许多企业为未来的退休人员减少有补贴的健康保险。[121]许多小公司加入"福利购买联盟"中，以抱团的方式挑选福利项目。其他的福利项目鼓励"医疗旅行"，让员工到国外更便宜的地方就医。[122]其他的企业招募"病人支持者"，比如雇用一些在线护士，通过计算机仪器来检视病人的病况（并且在独立医生的咨询帮助之下）然后推荐治疗方案。[123]

其他的计划保证受扶养人也在保险覆盖范围之内。[124]在将近600个企业中大约有19%的企业有配偶排除政策，就是说如果员工的配偶在它们的企业那里也有保险的话，员工这边就将他的名额排除掉。[125]企业要求接受保险的员工利用医疗责任组织（ACO）。这个组织会帮助企业对保险成本的预算进行评估[126]，同时也会让员工知道他们的保险福利的成本。[127]例如，阶段性地给员工寄去清单，列举员工每项保险福利的费用。在线选择系统允许员工选择他们自己认为最好的福利项目。不像有的福利项目给员工一生的保险金额为 100 万美元或者更多，限制性医疗保险计划方案每年的预算是 2 000～10 000 美元，同时保险费会相应低一些。[128]下面的"作为盈利中心的人力资源"专栏提供了另外一种方案的例子。

➡ 作为盈利中心的人力资源

医生通过电话问诊

Rent A Center 公司的健康计划覆盖了超过 12 000 名员工，公司正在寻找更适合员工且能减少成本的医疗健康计划。公司同 Teladoc 公司签署了协议。Teladoc 公司的医生通过电话提供健康咨询。在最初的 16 个月中，Rent A Center 公司节省了 770 000 美元的医生咨询和医院诊疗费用，其中也包括因员工生产率流失带来的损失。

这似乎是一个双赢的计划。远程医生咨询对员工是免费开放的，而去医生办公室则至少需要 20 美元。而且，医生 24 小时在线，通常在 30 分钟之内解决问题。如果需要的话，他们会开抗生素的处方。对于 Rent A Center 公司来说，这相当于为它多创造了 770 000 美元的收益。[129]

健康计划

许多疾病是可以避免的。[130]许多企业因此提供一些预防性的服务措施。[131]例如，怡安翰威特（Aon Hewitt）医疗健康调查显示，企业认为最重要的三项健康护理工作是："通过正面或负面激励促进持续性的医疗健康行为的改变"、"在工作地创建一种健康的文化"（例如健康标准、灵活的时间安排来锻炼身体）、"奖励健康提升"。[132]临床预防项目包括乳腺 X 光片和一些常规的身体检查。沃尔格林公司为企业提供健康保障项目，比如现场乳腺 X 光片的检查。[133]企业需要检查健康项目供应商的相关资质和证书。[134]健康提升和疾病预防项目包括一些研讨会程序，用以讨论如何促进健康的提升。[135]高端的健康计划趋向于身材管理、压力管理、老人健康提升和戒烟项目。[136]惠而浦（Whirlpool）为不吸烟的人提供了价值 500 美元的保险折扣（但是暂停了 39 个自称是不吸烟却在工厂外面吸烟员工的工作）。企业将员工的健康费用同他们的健康表现行为联系在一起。[137]许多健康计划的要求都简单并且花费较少，比如说在饮料售卖机中买健康的饮料、午饭后散步等。[138]

医疗服务索赔审计

行业要求标准的医疗索赔误差在 3％左右，但是一个调查显示，实际的财务误差是 6.3％。行业要求实际金钱索赔误差率是 1％，而在实践中，金钱索赔支付是 3.4％。所以，确立失误的标准并且严格地进行审计是减少企业健康保障项目成本最直接的方法。[139]

长期护理

随着 20 世纪 60 年代的"婴儿潮"一代员工年龄的增长，他们的长期健康护理计划就是一项重要的福利。1996 年《医疗保险可转移性和责任法》减少了企业和员工从收入所得税中扣除健康保险项目的费用，使得这一福利更具有吸引力。[140]企业同样可以为几类长期护理提供健康保险福利，比如说成人日托服务、生活协助和长期看护。

人寿保险

除了住院治疗和医疗福利，许多企业还提供**团体人寿保险**（group life insurance）福利。员工可以从团体计划中享受较低的利率。而且，团体保险计划包括新的、非试用期员工在内的所有人，不管他们的健康状况如何。

总体来说有三个关键的人寿保险政策需要阐明：福利支付计划（人寿保险的数额一般与员工的年度收入挂钩）、补充福利（退休后的人寿保险覆盖比例）以及个人支付方面的政策（员工支付的总量和占比）。

意外死亡及残疾保险为人身保险做了补充，如果发生意外人身伤亡或者残疾事件的话就会采用这个保险。

兼职员工和应急员工的福利

美国大约有 1 900 万兼职工作者（每周工作少于 35 小时）。大部分公司为这些兼职员工提供休假、病假和假期福利，超过 70％的公司提供健康医疗保险福利。[141]《患者保护与平价医疗法》强制性地提出这些要求。此外，企业不应该将兼职员工划分为"独立承包商"而取消对他们的福利保障。[142]

➡ 直线经理和小企业的人力资源工具

福利和员工租借

许多小企业无法支付我们在这一章所讨论的福利内容，它们为此采用"员工租借"的方法。

简单来说，员工租借公司（也叫作专业化雇主组织），承担了小企业部分甚至是全部的人力资源相关事务，员工的薪酬支付也都转到了租借公司的业务中。通过这种方式，租借公司成为企业员工记录的管理者。因此，租借公司成为员工的法定雇主，通常会处理与员工相关的问题，比如招募、雇用（在客户公司的监管之下）、纳税（社会保障支付以及失业保险等等）。

保险和福利通常有巨大的吸引力，即使是团体成员只有 20 人或 30 人，其人身保险和健康保险率也可能很高，这个时候租借公司就会介入。刚才说过，租借公司现在是法律上的雇主。员工就是一个大的保险团体的一部分，同时还包括企业以前的员工。这样一来，小企业就可以支付以往难以承担的福利。

为了应对这些供应商，管理者应该同租借公司有详细的合同计划来确定服务的内容，包括优先权、责任和警告。[143]一旦这个租借公司同其他公司合并，合同期结束后，新的公司可能会要求小企业对系统进行一些改变。那么如果小企业要延续合同的话可能得改变一些系统。[144]

■ 11.5 退休及其他福利

社会保障

社会保障（social security）提供三种形式的福利。大家所熟悉的退休福利是指员工按照美国《社会保障法》的要求投保，到 62 岁或者更晚时候退休以后能够得到收入补贴。第二种福利叫作抚恤金。这种福利是在员工按照美国《社会保障法》的要求投保的情况下，不论员工死亡时的年龄有多大，其家属每个月都能得到收入补贴。最后一种福利是伤残补贴。这种福利是在员工完全丧失劳动能力的情况下，员工本人（及其抚养或赡养的对象）每个月都能得到的收入补贴，但享受这种收入补贴的前提条件是员工要符合相关要求。美国的国家社会保障系统还执行一种医疗保险计划，该计划为 65 岁或 65 岁以上的老人提供各种健康服务。[145]

根据美国《社会保障法》的规定，"完全退休年龄"是指 65 岁，即通常的退休年龄。然而，完全退休年龄目前却在向后推：对于那些出生于 1960 年及以后的员工来说，他们的完全退休年龄已经延长到了 67 岁。社会保障基金的来源是根据员工的工资征收的税收，这笔税是由员工和企业平摊的。截至 2014 年，美国社会保障基金征税的收入上限为 11 700 美元。企业和员工需要各支付 7.65% 的保费。[146]

养老金计划

养老金计划（pension plans）是指为退休员工提供一定收入的计划。然而在现实中，只有大约一半的员工在工作期间参加了某种养老金计划。

我们可以用三种不同的方法来对养老金计划进行分类。第一种分类方法是缴费型养老金计划和非缴费型养老金计划；第二种分类方法是有税收优惠计划和无税收优惠计划；第三种分类方法是固定收益制计划和固定缴费制计划。[147]在缴费型养老金计划中，员工需要向养老金计划缴纳一定的保险费，而在非缴费型养老金计划中，企业会向养老金计划缴纳全部费用。在享受税收优惠的养老金计划（它们有资格享受美国国税局的税收优惠待遇）下，企业向养老金计划缴纳的费用可以享受相应的税收优惠（比如税收减免）。而在无税收优惠的养老金计划中，员工和企业在缴纳养老保险费用时能够得到的税收优惠就很少了。[148]

在**固定收益制计划**（defined benefit plans）中，员工的养老金水平是明确的或提前确定的。员工可以提前知道他们将来在退休时能够享受到的养老金福利水平。这怎么可能呢？这种固定的养老金福利水平通常是根据一个公式确定的，而这个公式通常会将员工在退休时能够领取的养老金数量确定为员工退休前收入（比如，员工在退休前 5 年的平均年收入）的一定百分比，然后乘以员工为这家企业服务的年限。[149]由于税法的改变以及其他原因，固定收益制计划现在只是企业年金福利计划的少数。[150]

固定缴费制计划（defined contribution plans）只确定企业和员工分别应当在员工的退休基金或储蓄基金中缴纳的保险费数额。在这里，缴纳的保险费数额是固定的，而未来领取的养老金却不是。在固定收益制计划中，员工在退休前就可以确定自己在退休后可以得到的养老金数额。而在固定缴费制计划下，员工将来退休后能够领取的养老金数额却是取决于已经向养老金计划中缴纳的保险费数额以及整个退休基金的投资收益。固定缴费制计划在当今企业中越来越普遍，这是因为它的管理相对容易，享有的税收待遇也更为优惠。此外，养老金的**可转移性**（portability）——使那些在退休之前就离开公司的员工能更方便地带走他们之前积累下来的养老金——得到了强化。[151]

401（k）计划

401（k）计划是一种比较流行的固定缴费制计划，这种计划是基于《国内税收法》（Internal Revenue Code）的第 401（k）条款建立的，因而称为 **401（k）计划**（401（k）plans）。在这个计划中，员工授权企业从自己的税前薪资中扣除一部分投到利润分享或股票红利计划中，或者投到员工所选的各种投资选择（如互助基金）中。这部分钱是从税前收入中扣除的，所以除非员工退休（或者是需要从 401（k）计划中将钱取出来），否则，他们暂时是不必为这笔钱纳税的。有些企业也会按相同比例向 401（k）计划注入资金。员工可以决定扣除的部分金额，最多可以达到美国国税局规定的法定上限（现在大约是 15 000 美元）。企业一般都会委托投资公司（比如忠诚资本公司）来管理 401（k）计划，并进行恰当的投资。[152]

员工要谨慎地选择他们 401（k）计划的供应商，企业对 401（k）计划的收支管理也是非常重要的，必须要严格监测和管理基金。[153]

其他计划

401（k）计划是员工**储蓄和节俭计划**（saving and thrift plan）的一个例子。[154]在储蓄和节俭计划中，员工将他们挣的钱的一部分存入一个基金，然后企业全部或者部分地匹配这个基金的份额。**员工股票期权计划**（employee stock ownership plan）指的是公司每年向信托公司贡献一定数额的税后金额股票。参与这项计划的员工可以在退休后最终获得股票的使用权。

养老金固定收益福利计划的一个问题就是，你要拿到尽可能多的退休金必须等到退休，计算的方式是将退休之前的工作年龄算进去。固定缴纳计划中，你的养老金就可以更具流动性。你可以保留它到任何时候，直到下一任企业的退休金计划开启。而**现金余额计划**（cash balance plans）就是复杂的混合成果，它既有固定收益计划的稳定，又有固定缴纳计划的流动性优势。延迟计划在增值方面更有期待性。[155]企业每年都会为员工的退休金计划注入一部分资金，而员工就会从账户中赚取利息。[156]

➡ 了解你的雇用法律

退休金计划和法律

一般而言，制订一个计划不可能离开专家的帮助。[157] **1975 年《员工退休收入保障法》**（Employee Retirement Income Security Act of 1975）就是一个基本法。它需要员工提供书面养老金计划文件并且遵守相关规定，比如企业养老金计划的负责人。[158]《员工退休收入保障法》保护企业的养老金和健康计划资产，要求计划的控制人从参与者和受益者的利益出发，合法地进行活动。企业和员工如果想要其养老金支付符合条件并且得到减税，需要遵守恰当的所得税的法律。在劳动关系的法律之下，企业必须参与到福利项目的管理中来。创造就业和员工援助法案提供了企业应如何管理福利项目的指南，规定了企业在计算养老金价值时的退还率。

养老金福利担保公司

根据《员工退休收入保障法》，美国政府还建立了**养老金福利担保公司**（Pension Benefits Guarantee Corporation，PBGC）来监管养老金计划，并叫停那些没有足够资金保证员工的既得养老金权利的养老金计划。但是，养老金福利担保公司所要保障的是固定收益制的养老金计划，而不是固定缴费制的养老金计划。此外，对于年满 65 岁而在 2010 年被终止养老金计划的人，养老金福利担保公司付给个人的养老金总额最高不超过每年 5.4 万美元。[159]

养老金既得权益

既得基金指的是企业和员工在养老金账户中不得以任何理由支取的部分。员工支付的部分永远归他们享有。在《员工退休收入保障法》的规定下，养老金授予员工的既得权益必须基于三项准则之一确定。第一项是选择一次性既得养老金权利授予（cliff vesting），员工获得企业的配对性投入（如果有的话）的非收回性权利期限是 3 年。也就是说，员工必须在第 3 年末获得企业的配对性投入（如果有的话）的非收回性权利。第二项是选择阶段性既得养老金权利授予，养老金计划的参与者必须能按如下的程序获得公司配对投入的非收回性权利：两年后获得 20%，然后在接下来的每年都得到 20%，这样，在第 6 个年头就能获得 100% 的非收回性权利。第三项是选择允许更快速的权利授予，比如一年以内。

养老金和提前退休

为了削减员工或其他目的，一些企业鼓励员工提前退休。许多这样的计划是以为特定员工（50 岁以上）提供"**提前退休窗口**"（early retirement window）的方式实现的。"窗口"意味着在一个限定的时间内，员工可以申请提前退休。金钱上的激励往往包括提高退休福利与现金支付。

不过，提前退休计划有时候也可能适得其反。比如，威瑞森电信公司就加强了退休福利，以鼓励 12 000 名员工退休，结果有超过 21 000 名员工接受了这一计划。公司不得不重新配置 16 000 名管理人员。[160]

另外一个潜在的问题就是歧视。如果操作不当，年纪大的退休员工可以对提前退休计划进行质疑，认为这是一种变相逼迫他们退休的方式。

通过人力资源信息系统提升绩效

福利沟通和网站

很多企业都在自己的福利网站上添加了很多新的服务项目。除了提供像自主注册这样的项目之外，USAA 保险公司的网站（www.usaa.com）还帮助员工达到更好的工作-生活平衡。例如，通过点击"今天，我感觉……"这个菜单，员工就可以用一系列的词语来做出回答（例如"有压力"），从而就可以从上面得到关于如何应对压力（就这个例子而言）的建议。[161]波音公司的薪酬与福利网站还可以让员工得到关于他们的薪资、奖金、福利、养老金，甚至是儿童看护服务提供商等方面的实时信息。[162]在这里，企业应确保员工定期获取有关他们所得福利价值的实例。[163]

▇ 11.6　个人服务和家庭友好型福利

休假、保险和退休福利已经占到了福利成本的一大部分，大部分企业还提供其他各种服务型福利。

个人服务

个人服务福利包括员工援助、教育补贴、信贷联盟和社交娱乐机会。[164]

比如，**员工援助计划**（employee assistance programs）主要为员工解决诸如精神健康咨询、个人法律及财务咨询、儿童与老人看护和领养服务等难题。[165]超过 60% 的大公司都提供这样的服务。有研究表明，员工援助计划解决最多的就是个人精神健康问题，排第二位的是家庭问题。[166]大部分公司是与麦哲伦卫生服务公司（Magellan Health Services）和信诺行为健康公司（CIGNA Behavioral Health）这样一些专业机构签订合同，由这些机构负责提供各种必要的服务。[167]

不过，对于参与该项计划的主管、秘书和辅助性员工等所有人而言，他们必须明白保密的重要性。此外，还要保证对相关文件进行加密，对获取信息的资格进行限制并监控，将可识别信息降至最低。要有法律意识，比如，在大多数的州，员工援助计划的供应商必须将虐待儿童的行迹向政府机构报告，同时要保证所有的供应商满足职业和州执业资格的要求。

家庭友好型（或工作-生活平衡）福利

有一些趋势改变了福利计划的图景。比如，有更多的双职工家庭、更多的单亲家庭、更多的女性员工和更多的超过 55 岁的员工。[168]这些压力使得很多企业都开始实施"**家庭友好型（或工作-生活平衡）福利**"（family-friendly（or work-life）benefits）计划[169]，我们来看一些相关的例子。

儿童照料补贴

企业员工经常为了寻找可靠的儿童照料机构而分散工作精力。为了防止出现这种情况，企业可以使用各种不同的方法。一些企业会对儿童照料机构进行调查，并向员工推荐一些机构。其他的公司创立了自己的儿童照料机构，并对其进行补贴。比如，阿伯特实验室（Abbott Laboratories）就花费 1 000 万美元，在芝加哥北部的公司总部建立了儿童照料机构，为 400 位公司员工的子女提供日间照料服务。[170]

病童福利

一项研究表明，最近工作日当中的意外缺勤率高攀至 2.4%，每次缺勤都为员工造成了 700 美元左右的损失。越来越多的公司都在提供紧急儿童照料服务。比如，一个孩子的常用保姆离开了，公司就可以提供帮助。得州仪器公司（Texas Instruments）创立了一个在线数据库，员工可以在紧急情况下通过数据库寻找保姆。[171]

其他工作相关的福利

企业提供了各种其他与工作相关的福利。[172]大部分企业还提供老人护理服务（通常是照顾员工父母）的福利。例如，福特汽车公司就提供了一项福利，用以分析员工年老亲人的需求，并对提供相应护理服务提供建议。[173]全美老龄委员会在 www. benefitscheckup. org 网站上有福利项目查询的功能。谷歌网站也同样列举了一些福利项目，例如领养帮助、谷歌儿童中心、旧金山的往返大巴服务、干洗服务、儿童照看服务以及现场问诊和牙医服务。[174]家得宝公司提供了一项"从鼻子到脚全覆盖"的宠物医疗保险服务。药品零售商 CVS Caremark 为了留住老员工还特地为他们准备了一些福利。它的"雪鸟项目"允许药剂师在佛罗里达州度过冬天，然后在暖和一些的时候再回到东北地区工作。[175]

非现金福利是另外一种选择。[176]一项调查显示，吸引员工的非金钱福利项目有：灵活的工作时间安排、有学习培训和发展晋升的机会、提供带薪休假、提供出国工作的机会。[177]

多元化的重要性

家庭友好型福利和关键因素

衡量这类项目的收益率是不容易的。[178]最关键的因素就是企业要不断检视（经常是减少）这些福利。即使是谷歌这样以福利著称（城市中的免费公交车、校园里的日间护理服务和餐厅）的公司，曾经在福利方面将其他企业远远抛在后头，现在也削减了一些福利。

同居伴侣福利

当企业向员工提供同居伴侣福利时，通常意味着员工的同性或者异性同居伴侣有资格接受等同于员工的丈夫、妻子或其他法定赡养对象所能享受的福利（其中包括医疗保健、人寿保险等）。例如，诺思罗普·格鲁曼公司（Northrop Grumman Corp. ）将同居伴侣福利扩大到覆盖在纽波特纽斯船厂（Newport News Shipyard）工作的 9 500 名领取薪酬的员工。[179]

根据 1996 年《婚姻保护法》（Defense of Marriage Act），美国任何州或其他行政区域都不必像对待员工的配偶那样去对待员工的同性同居伴侣。然而，2013 年美国联邦最高法院中止了《婚姻保护法》的部分内容。这个裁决规定，在同性恋合法的州结婚的同性夫妇，与异性恋夫妇享有同等的联邦健康、税收、社会保障和其他福利。[180]2013 年，美国联邦劳工秘书处宣布，《家庭和医疗休假法》规定的配偶假期条款同样适用于同性夫妇。[181]2014 年，大法官埃里克·侯德（Eric Holder）表示，联邦政府对密歇根州的同性婚姻表示认可，而在此之前的法庭裁决却试图中止这一提议。[182]

高管特权

高管特权只适用于最高层的管理者。这种特权包括一些实质性的福利（比如乘坐公司的飞机），也包括一些非重要的福利（比如私人浴室）。还有一些特权包括管理层贷款（高管可以进行股票买卖）、财务咨询和搬迁福利。这些福利的形式通常包括补贴贷款，购买高管现有的房产和为高管重新安家付费。上市公司需要对这些特权进行逐条记录（如果总额超过10万美元的话）。

灵活的福利项目

员工比较喜欢自主地选择他们的福利计划，自助餐福利计划可以满足他们的需要（专家将**灵活的福利计划**（flexible benefits plan）等同于**自助餐福利计划**（cafeteria benefits plan））。自助餐福利计划就是为员工提供福利预算，员工可以根据个人喜好来选择。这项计划的前提有两个：第一，企业必须限制每个员工福利包的总额。第二，员工的福利包必须要包括强制性的福利，比如社会保障、员工补偿金和失业保险。员工可以在年中的时候改变计划，比如由于护理费，他们想改变一些计划。[183]美国国税局需要员工的正式书面报告，其中包括福利计划项目和选择福利的流程步骤。[184]

自助餐福利计划有几种不同的分类。为了给员工更多的灵活性，70%的企业为员工提供了灵活支出账户，这可以用来开展医疗和其他保险福利。这个选择需要员工进行税前支付（美国国税局会资助一些员工的开支）。为了激励员工选择这个计划同时不需要支出太多的现金，许多企业提供了信用卡服务，以帮助员工在他们的医疗服务机构或药房买药使用。[185]核心加期权计划为员工提供了一系列服务（比如医疗保险等），这一般是强制性的。除了这些必须选择的福利项目之外，员工可以自由选择其他的福利项目。[186]

灵活工作安排

灵活时间安排（flextime）是一个员工的工作日时间围绕着中午的时间来展开的计划，比如说从上午的11点到下午的2点。[187]员工可以自由决定他们工作的开始和结束时间，比如说上午的7点到下午的3点。[188]在实际中这个计划通常会给员工1小时左右的灵活调整余地，在上午9点之前或者下午5点之后。

其他工种比如说飞行员和医院的护士不是像传统的一周5天40小时那样工作。这样的员工都有压缩周计划。他们每周的工作天数少，但是每天工作的时间更长，比如说一周4天，一天10小时。

工作场所弹性制（workplace flexibility）意味着用信息科技工具（例如iPad）来武装员工，让员工无论身处何地都能开展工作。[189]第一资本金融公司（Capital One Financial Corp.）有一个"未来工作计划"。在该计划下，员工从公司得到能无线上网的笔记本电脑和黑莓手机等移动技术工具。这个计划似乎使工作场所满意度提高了41%，员工从同事那里获取信息的时间缩短了31%，还使认为工作场所的群体生产率得到提高的员工数增加了53%[190]（参照下面的"作为盈利中心的人力资源"专栏的例子）。另外，雅虎公司的著名口号是"让员工在身边工作"，即将远程办公的员工请回到办公室里。[191]

➡ 作为盈利中心的人力资源

内斯租赁控股公司

正如许多企业一样，成本控制也是内斯租赁控股公司（NES Rentals Holdings, Inc.）的战略。公司主要生产升降机之类的建筑机械。[192]如何在控制成本的同时还能维持良好的声誉，成为公司面临的主要问题。

公司的办法是将员工送回家办公。今天，芝加哥办公室有 3/4 的客服、信息采集、财务和其他后勤办公人员每周都有一定的时间在家工作。[193] 实施了这样的政策之后，公司的生产力提高了 20%，员工离职率在下降。他们所需要的办公场地也不用那么大了。据估计，这一远程办公的政策能够给公司每年节省 350 000 美元。这样一来，远程办公的员工福利也成为支持公司战略的方式。[194]

其他的灵活工作安排

工作分担机制（job sharing）指的是允许两个或者更多人共享一个全职工作。例如，两个人分享一个一周 40 小时的工作，一个员工在早晨工作，一个员工在晚上工作。工作分担机制是指在经济下行时期，通过暂时减少工作时长来避免解雇员工。在这样的机制下，400个员工可能每周只需工作 35 小时，而不是一口气解雇 30 个员工。

接下来的"直线经理和小企业的人力资源工具"专栏展示了小企业可以为员工提供的特殊福利。

➡ 直线经理和小企业的人力资源工具

成本低廉的小企业友好型福利

即使没有大公司的资源，小企业老板也能为员工提供大公司不能提供的福利。比如[195]：
● 提供额外的休息时间。例如，夏天的时候周五下午休息。
● 提供压缩的工作周。在夏天的时候提供压缩的工作周，让员工享受更长的周末。
● 在关键时刻提供奖金。小企业老板更愿意知道他们的员工在生活中发生了什么事情（比如员工有了新生儿），然后提供特殊的奖金。
● 提供灵活性。例如，如果员工有个人问题，老板可以帮助他们制定一个弹性的工作时间表，这样就可以帮助他们解决自己的问题，而不是感到要陷入麻烦。[196]
● 带他们聚餐。尤其是在辛苦工作一周之后，拿到一个销售大单之后，偶尔提供免费的餐食，比如带员工吃个午饭。
● 让员工感觉到像主人一样。让员工参与到主要的决策当中，让他们直接对接客户，给他们客户反馈，同他们共享公司的绩效数据，让他们参与到公司的经济成功中。
● 确保他们有工作所需要的工具。有很高积极性的员工只是完成了一半的任务，还要确保他们有工作所需要的工具，比如必备的培训、程序、电脑和其他工具。
● 持续地表扬出色的员工。不要错过任何一个给员工提供表扬和认可的机会。[197]

简单的退休福利

大约有 75% 的大公司提供退休福利，而只有 35% 的小公司提供退休福利。[198] 这里有一些特殊的方法可以为小公司的员工提供退休福利。2006 年《养老保障金法》（Pension Protection Act）提供了一种与 401（k）计划混合的新型退休福利。[199] 该计划仅仅面向员工少于 500 人的企业，它将小企业从复杂的退休金计划中解放出来。[200]

也许小企业提供退休福利最简单的方法，就是通过一个员工储蓄激励对等缴费退休计划

(SIMPLE IRA plan)。在这个计划当中，企业必须对传统的员工个人退休账户负责。这些计划是为拥有少于100名员工并且没有其他退休福利计划的小企业准备的。企业需要联系有相关财务资质的机构，并且填写表格。银行、互惠基金和保险公司需要确保合同的有效性。[201]这个计划的管理成本非常低，企业支付的部分也可以扣除税款。每个员工都是100％受保障的。[202]一般而言，企业支付需要和员工支付对等，员工给自己存1美元，企业就要对应给员工存1美元，总额不得超过工资总额的3％。金融机构通常会处理该计划的文件和报告工作。

11.7　管理者的员工敬业度指南

美国开市客的薪酬计划

尽管很难与沃尔玛的低成本和低价格竞争，开市客零售公司（Costco Wholesale Corp.）还是击败了沃尔玛的山姆会员店（Walmart's Sam's Club）。开市客是如何做到的呢？它的策略与沃尔玛的低薪制度一样，它为员工支付更多的工资，因此提高了员工的工作积极性、生产力以及顾客服务水平。[203]比如，开市客为美国国内超过90 000个员工支付了大约90％的健康保险费用。[204]

开市客并没有使用调查来衡量员工的工作积极性。公司的人力资源总监认为，他们通过"副产品"来监测员工的敬业度，比如员工的离职率和生产力指标。[205]通过这些衡量标准，开市客的员工敬业度计划似乎是奏效的。公司每个员工每年的销售额是50万美元，而沃尔玛的山姆会员店每位员工只有34万美元。[206]开市客的员工离职率远远低于同行业，员工保留率是非常高的。[207]而且，在过去的五六年中，沃尔玛的员工走上街头罢工，同时其顾客源也有一部分转向了网上购物平台，然而开市客的销售额却增长了39％，股票价值增长了1倍。[208]正如开市客的首席执行官说的那样："我只是认为人们需要生活的工资和健康福利。"[209]实际上，像诺德斯特龙公司（Nordstrom）和货柜商店（Container Store）这样的大型零售连锁商一直提供良好服务，它们对待员工的方式非常好，这也为它们带来了财务上的成功。[210]

开市客对待员工的态度也是很友好的。公司为员工支付21美元的时薪（不包括加班时间），这基本上是联邦政府规定的最低小时工资7.25美元的3倍。[211]对比之下，美国沃尔玛公司的全职员工的工资是每小时12.67美元。[212]开市客最早为员工提供的工资是每小时11.5美元，即使是这样也远远超过了最低工资。[213]

开市客的员工福利在同行业中也是非常具有竞争力的。[214]它没有提供全覆盖的福利，但是它将福利延伸到了员工的配偶、孩子和父母。在工作90天之后，全职员工就能享受工作福利，兼职的员工是在工作180天之后能享受。他们的员工福利包括[215]：

● 健康福利：全职员工可以从两个健康福利中选择一个，其中一个包括医疗服务、医师服务和医疗器械服务。

● 牙科护理：包括两个牙科护理计划，一个是核心牙科计划，另一个是有更多自由选择的牙科计划。

● 药物项目：大部分开市客商店都有药房，有一些员工只需要 5 美元就能买到通用名药。

● 视觉计划：大部分开市客商店都有光学中心，视觉计划为员工每只眼睛提供最高 60 美元的检测支持，此外还有选带框眼镜和隐形眼镜的年度津贴。

● 401（k）计划：开市客将员工第一年的 1 000 美元收入中的每一美元匹配 0.5 美元，每一年度最多匹配 500 美元。

● 独立护理支持计划：所有具备资格的员工都可以在这个计划之下，为儿童照料和成人保险支付税前的费用。

● 护理网络：好市多的员工一旦进入公司，员工及其家庭就可以被纳入护理网络计划。该计划中有很多外部专业咨询师，他们可以为员工解决个人、工作和家庭挑战。

● 自愿性短期伤残保险：在一些州，伤残保险并不是强制性的。那些每周工作 3 小时，并且过了 90 天试用期的小时工将会自动纳入这种短期伤残保险。

● 长期伤残保险：他们为所有符合条件的员工提供这方面的保险。

● 人寿保险：他们无条件为符合条件的员工提供基本的人寿保险和意外险。

为了帮助员工从这些计划中获得最大价值，www. costcobenefits. com 网站提供相关领域的医生和相关服务的查找功能。开市客同样向员工敞开大门，为他们提供和高层经理沟通的机会。[216] 这就是公司员工的工作积极性和生产力水平都非常高的原因。

本章小结

1. 一些激励计划很适合个人，计件工作就是一个员工会得到他所做的项目数量的每一个应得报酬的总和。绩效工资则是根据员工的工作表现来支付奖励报酬。非金钱手段的激励也是很重要的，包括表扬员工和颁发证书以及员工获得的旅行机会等。许多老板用企业的人力资源管理激励系统来使这个操作自动化。对于销售人员来说，激励是由他们的销售额来决定的。大部分公司都有年度津贴奖励来鼓励和表扬经理短期绩效表现。实际上奖励通常与个人和组织都相关，是二者结合的结果。长期的激励手段包括股票期权、"金色降落伞"、股票升值权利计划等。

2. 随着越来越多的老板喜欢组队完成工作，团队激励变得越来越重要了。团队激励的主要问题就是给团队成员的奖励是根据个人绩效还是根据团队绩效，这两方面各有利弊。组织范围内的激励计划是大部分员工都可以参与的。这些包括员工可以分享公司利润的利润分享计划。收入分成计划是指员工达到生产目标后获得收入分成。股份所有权计划是指员工可以获得公司的股份。

3. 福利是指非金钱手段的激励和支付奖励，是为员工更好地在公司工作准备的，包括健康与人寿保险、退休金、带薪休假和儿童看护等。

4. 企业提供了一些带薪休假和保险的福利。失业保险是为暂时由于一些非员工本人的原因而无法工作的员工提供的。病假工资是为生病而无法工作的员工提供的。成本降低策略又对一些不合格的带薪休假做出整改。《家庭和医疗休假法》要求员工提供最多 12 周的休假原因证明。遣散费是为解聘员工支付的一次性费用。大部分企业也提供一些需要的或者是自愿的保险福利。员工工伤补偿法律要求为工作事故提供医疗保险福利。住院、健康和疾病保险增长迅速，大部分企业的健康计划都提供了最基本的住院和手术保险。当一个员工被解雇时，他应该知道他的权利。

5. 社会保障是一个为 62 岁及之后退休的员工提供的联邦项目，和其他福利一样。许多企业都有津贴计划，包括员工退休之后的津贴和员工因病不能工作之后的津贴。固定福利计划包括决定退休福利的标准。401（k）计划就是个例子。《员工退休收入保障法》要求企业有书面的津贴文件，还要建立养老保险公司来监管员工的津贴计划。关键的津贴政策应包括员工的需求和测试。

6. 大部分企业也提供一些个人的服务和家庭友好型的福利。这些包括信贷联盟、员工援助和儿童照料补贴等。灵活的福利是一些可以根据员工个人偏好开展的福利。一些企业转向员工租赁公司来利用他们的优势来为员工提供更好的福利。企业也在执行灵活的工作安排，包括弹性工作时间、压缩的工作周以及其他的灵活工作安排，比如轮班制。

7. 开市客的人力资源管理策略与沃尔玛不同，它给员工的工资更高，因此能提高员工的工作积极性、提升生产力水平并能够提供更好的客户服务。一个例子就是开市客为超过 90 000 名国内的员工提供了大约 90％ 的健康保险费用。

讨论问题

1. 对比六种类型的激励计划。

2. 什么是绩效加薪？你认为对员工提供绩效加薪是一种好的做法吗？为什么？

3. 你在申请经理职位的工作，并且正在就工资和福利进行谈判。你会问企业关于福利的什么问题？请描述你想要为自己争取的福利包。

4. 什么是失业保险？一个组织是否应该为所有被解雇的员工提供失业保险？解释你如何将所在组织的失业保险税降至最低。

5. 解释《员工退休收入保障法》是如何保障员工获得退休金的权利的。

6. 什么是可转移性？你认为这对于一个刚上大学的学生来说是否重要？

7. 《家庭和医疗休假法》的主要条款是什么？

8. 描述主要的退休福利。

个人和小组活动

1. 以个人或小组为单位，为以下几种职位制订一项奖励计划：化学工程师、工厂厂长以及二手汽车销售员。在制订这些奖励计划时你需要考虑哪些方面的因素？

2. 位于美国东南部的一所大学最近为教师制订了一项"教师奖励计划"。这一方案要求该大学每个学院中的教师委员会为所属教师中大约 40％ 的人提供 5 000 美元的加薪（不是奖金），加薪的依据是教师在本科教学活动中的工作效果以及他们每年的教学课时量。这种奖励计划存在哪些方面的优点和潜在缺点？你认为这种计划被教师们接受的程度如何？你认为它能够达到预期的效果吗？

3. 附录 A 中列举了要通过人力资源认证资格考试所需的知识，比如说战略管理、工作规划、人力资源发展。4～5 个学生一组来完成以下四项工作：（1）复习附录；（2）识别本章中和附录相关的知识；（3）写出四道你认为在考试中可能会出现的多选题；（4）如果时间允许，在全班同学面前展示你们的题目，并与剩下的小组互相交换题目。

4. 以个人和小组为单位，调查你所在地区的失业率和相关法律。写一个关于你所在地区的失业法律的总结。假设 X 公司有 30％的年度解雇率，计算一下该公司在你们地区的失业率占比。

5. 你是一家只有 40 人的小公司的人力资源顾问。目前该公司只提供每年 5 天的带薪休假、5 天的带薪节假日以及失业保险这样的法定福利。请列出你认为该公司应该提供给员工的福利，并说明你为什么会建议该公司提供这些福利。

人力资源行动案例事件 1 　福利争议

几年前，南加利福尼亚州食品店员工的罢工使得该州大型超市陷入了困境。因为员工罢工的人数大约 70 000 人，加上涉及的事件比较特殊，全国的工会组织和企业都在密切关注这一罢工事件。2004 年年末，许多城市的食品店工会合同都面临到期，许多人认为南加利福尼亚州罢工事件的解决方式可能会形成一个范式。

引起罢工的主要问题是员工的福利问题，特别是员工该如何支付健康保险费。在已有合同基础上，南加利福尼亚州食品店员工有极其丰厚的健康福利项目。比如，他们无须为他们的健康福利支付费用，并且只要 10 美元就可以看医生。然而，这样丰厚的健康福利项目的背后，却是南加利福尼亚州零食商连锁店为每位员工每小时支付 4 美元。

大型零售商连锁店不建议减少它们既有员工的福利项目。然而它们建议，新进人员需要被纳入新的福利项目蓄水池中，并为他们自己的福利保险项目每小时支付 1.35 美元。这就意味着新员工的保险需要他们自己每周缴费 10 美元。如果这 10 美元不足以覆盖健康保险的费用的话，他们需要为此支付更多，要不就没有办法享受这项福利了。

这对所有利益方来说都是很困难的问题。对于零售店的老板而言，高昂的健康福利成本削弱了其竞争优势。当前的员工害怕削减他们的福利项目。对于工会而言，它们不喜欢看到两极分化，一方员工享受着丰厚的福利，而另一方（新招募员工）的福利却相对微薄，这些新进员工在加入工会的那一刻就会心怀不满。

问题

1. 假设你在处理这个争议。讨论五种创新性的方案来解决这个问题，并且不用让员工为他们的福利项目支付更多的钱。

2. 从连锁店的角度来看，什么是两极分化的福利（其中一方有优越的福利保险项目）的缺陷？你建议如何解决这种问题？

3. 从工会组织角度来看，什么是两极分化的福利项目的缺陷？你会如何应对这样的处境？

资料来源：Based on "Settlement Nears for Southern California Grocery Strike," by James F. Peltz and Melinda Fulmer from *Los Angeles Times*，February 26，2004.

人力资源行动案例事件 2　卡特洗衣公司：奖励计划

到底是应当给卡特洗衣公司的员工支付小时工资还是激励工资，这一问题一直困扰着杰克·卡特。

他的基本政策是向员工支付小时工资，但是管理人员能够得到年终奖，而年终奖的基础则正如杰克所说的那样，反映了"他们管理的洗衣店在这一年中的工作做得好不好"。

不过，他正在考虑在一家洗衣店中采用奖励计划。杰克知道，一名熨衣工每小时能熨25件上装（夹克、连衣裙和衬衫），但是大部分员工都达不到这个理想标准。有一个例子，一位叫沃特（Walt）的熨衣工的小时工资是8美元，但杰克注意到，不管他的工作量有多少，沃特总是会在下午3点钟结束工作回家，所以他每星期都能够得到300美元的报酬。比如在假期中，有很多衣服需要熨烫，他每小时能熨烫22～23件上衣（其他人熨烫裤子），因此在得到300美元之后，他仍然可以在下午3点准时离开洗衣店，去接他放学的孩子。但是当店里的活不是那么紧的时候，他的生产率就会下降到每小时只能熨烫12～15件上衣，所以在一周结束时，他能得到的收入大概不超过280美元，也并没有比工作繁忙时更早一点回家。

杰克跟沃特谈了好几次，尽管沃特每次都承诺更加努力地工作，但杰克后来很清楚地看到，无论如何，沃特都能在每周很轻松地赚到300美元。杰克还感觉到，沃特需要养家糊口，不管店里繁忙还是清闲，他都并不想让自己赚到的钱低于他的"目标"工资。问题在于，沃特每天从事熨烫工作的时间更长，蒸汽锅炉和压缩机就不得不在更长的时间里保持马力，仅燃料费都要上涨到每小时6美元的水平。由于燃料费用降低了总利润，所以杰克需要找到某种方法，在不解雇沃特的情况下解决这个问题。

杰克的解决方法是，告诉沃特自己不再对他支付每小时8美元的工资，从今以后，沃特每熨烫一件衣服，将会得到0.33美元。杰克想，在这种情况下，沃特熨烫一件衣服的报酬为0.33美元，那么，只要他每小时能够熨25件衣服，他的工资实际上就会有小幅上涨。由于他每小时熨烫更多件衣服，洗衣店就能早一点关掉机器。

总的来说，这个试验运行良好。沃特现在一般每小时能够熨烫25～30件衣服。他下班更早了，由于薪酬水平小幅上升，他也能挣到目标工资。但是也出现了两个问题：一是沃特的工作质量有所下降；二是洗衣店的管理人员不得不每小时花一两分钟来检查沃特在那一个小时的时间里熨烫了多少件衣服。除此之外，杰克非常满意这项奖励计划的实施效果，他在考虑是否能够将这项计划推广到其他员工和其他洗衣店。

问题

1. 这项计划应该推广到其他洗衣店中的熨衣工吗？

2. 其他类型的员工（污渍清洁员和柜台员工）也应该实行类似的奖励计划吗？为什么？如果要实行，具体应当如何实行？

3. 对熨衣工来说，你认为是否存在一种更好的奖励计划呢？

4. 洗衣店管理者的职责是确保工资总额不超过销售收入的30%，而且要确保燃料费用和供货费用分别约占销售收入的9%。管理者也能通过确保周到的客户服务和良好的工作表现来影响销售额。詹妮弗和她的父亲在制订针对门店管理者的奖励计划时，你会向他们提供什么建议呢？

体验式练习　**修正福利包**

目的：为小企业者提供福利计划。

必须理解的内容：要非常熟悉本章中的材料。要复习第 10 章的内容然后和同学们分享你所想出来的小企业福利计划。

如何进行练习/指导：将整个班级分成若干小组，每个小组由 4～5 名学生组成。你们的任务是这样的：玛利亚·科特斯（Maria Cortes）在迈阿密经营一家小型人力资源招募办公室，打算为她的 24 名员工提供保险福利。当前的福利是每年 7 天带薪休假和 5 天病假。在她的公司中，除了她本人，有 2 个经理、17 个全职员工和 5 个秘书人员。在既定的时间内，你们小组应该为这家公司创建一个既能保持公司规模又能满足公司需求的福利包计划。

第5篇

员工关系和劳动关系

在第 4 篇"薪酬管理和全面报酬"中，我们解释了如何创建公平的薪酬计划，实施员工福利和激励性薪酬计划，以激励员工提高绩效并留在公司。然而，高绩效不仅仅需要金钱来保障。在第 5 篇，我们将注意力转移到如何创建一个安全、充满希望和相互尊重的工作环境，包括积极员工关系、公平和伦理对待、积极的工会关系和员工安全计划。第 5 篇包括第 12 章"保持积极的员工关系"、第 13 章"劳动关系和集体谈判"和第 14 章"提升职业安全与员工健康、风险管理"。

第 5 篇学习的概念和技能会对战略性人力资源管理产生重要的影响。战略性人力资源管理是指在企业总体战略框架下对人力资源政策进行规划和执行，借以形成实现战略目标所需的员工胜任能力和行为。要产生这些员工胜任能力和行为，还需要企业为员工提供一个安全、能够自我实现和充满尊重的工作环境。在第 5 篇中，我们将会看到，管理者应该如何实施能够产生积极员工关系和安全工作环境的人力资源政策。

第 **12** 章
保持积极的员工关系

本章要点

- 员工关系
- 构建和保持积极员工关系的项目
- 伦理型组织
- 员工惩戒管理
- 管理者的员工敬业度指南：如何成为"最佳雇主"

学习目标

学完本章后，你应该能够：

1. 定义员工关系。
2. 至少从四个方面来描述如何管理员工关系。
3. 解释道德行为的含义。
4. 解释公平惩戒的含义。
5. 回答问题：公司如何成为"最佳雇主"？

引言

恩里克（Enrique）在纽约布鲁克林市康尼岛一家著名的全日餐厅做服务员已经有几年时间了，他很喜欢这份工作，但是苦于往来通勤。除非他能在凌晨1点离开餐厅，否则他很难赶上开往他家皇后镇的快连列车。如果赶不上这趟车的话，本应45分钟的车程可能就会变成2.5小时。一天晚上，两个吵闹的外地人在他负责的餐桌一直待到夜里12点45分。当恩里克告诉他们自己要在15分钟之内下班时，这两个人非常大声地呵斥了他。恩里克的主管走了过来，要求他必须到顾客用餐结束之后才能离开，而这样一来他几乎就要等到凌晨2点才能离开。恩里克跟着主管来到厨房，对他说："让别的人来管这件事，我必须要回家。"这名主管却回答："恩里克，如果你不喜欢在这里工作，有很多人会喜欢的。"

■ 12.1 员工关系

即使仅仅工作了几天时间，人们也会很清楚有哪些公司是更好的雇主。我们在本章中介绍的一些公司（比如韦格曼斯超市、赛仕软件和谷歌）不断地出现在"最佳雇主"的名单中，同时也有一些公司陷入了劳工问题和负面压力。这个事实说明，一些公司的员工关系的确比别的公司要好。

员工关系（employee relations）指的是通过构建和维持积极的雇佣关系，来达到满意的生产率、激励、员工士气和纪律，并且打造一个积极、有生产力和有凝聚力的工作环境。[1]不管你是在招募员工，管理工会活动，要求员工加班，还是完成其他工作，最好让员工和你在同一个战壕里。许多企业开始努力构建积极的员工关系，因为它们相信这么做的话可以赢得竞争优势。管理员工关系一般是人力资源部门的工作，也是人力资源资格认证考试需要测试的一个话题。

12.2 构建和保持积极员工关系的项目

企业可以做很多事情来构建积极的员工关系，比如提供好的培训、公平的评价和有竞争力的工资和福利。很多企业还构建特殊的"员工关系项目"来保持积极的员工关系。这些项目包括员工公平对待项目，通过沟通来提升员工关系，开发员工认可项目，运用员工参与项目，使用公平和可预测的惩戒程序。我们先来看看如何保证公平对待。

确保公平对待

不管谁受到不公平的对待，都会认为这样的公司不具备伦理。不公平的对待会降低员工士气、增加员工压力，并且对员工绩效造成消极影响。[2]那些滥用权力的主管人员的下属更有可能会辞去工作，同时报告说自己的工作满意度和生活满意度更低，而且压力更大。[3]

当主管人员的不当行为得到上级领导层支持的时候，员工遭遇这种不公平对待的情形会更加严重。[4]如果有人目击了主管的不当行为，比如看到一名同事正在遭遇不公平对待，那么这会引起更多的不利反应（比如更多的非伦理行为）。[5]在工作中，**公平对待**（fair treatment）反映在很多具体的行为上，包括"员工受到信任""员工受到尊重"等（参见图 12-1）。[6]

对于管理者来说，公平地对待员工的理由更显而易见。一个明显的原因是黄金法则。不公平对待的受害者会表现出更多的工作场所越轨行为，例如，盗窃以及蓄意破坏。[7]不公平对待的受害者还遭遇了健康状况的滑坡、压力和心理问题。[8]不公平感可以导致员工及其家庭成员或者同事的紧张感。[9]具有不当行为的主管会降低下属的绩效水平，甚至会促使下属展示破坏性行为。[10]对公平的感知会使员工的组织承诺度提高，对组织、工作以及领导的满意度提高，同时表现出更多的"组织公民行为"。[11]

一项调查证实了上述观点。这项调查的对象是大学教师，询问他们认为学校在对待他们时的程序公平和分配公平的情况。（**程序公平**（procedural justice）是指公平的程序，而**分配公平**（distributive justice）则指公平的结果。）程序公平的调查问项包括："总的来说，我们学院或学校的工作程序允许我们提出提供更多信息的要求，以澄清做出某一决定的理由。"分配公平的问项则包括："考虑到我所承担的责任，我认为自己在得到的奖励方面是公平的。"这些教师还参加了组织承诺方面的调查，其中的问项包括："我可以很自豪地告诉别人，我是这个学院或学校的一分子。"这些教师的学生也接受了调查，其中的问项包括："这位教师投入了很大的精力来规划本门课程的内容。""这位教师非常理解我们的需求。""这位教师能够公平对待我们。"

你所在的组织在大多数情况下是什么样的？如果你的组织符合下列问项的描述，请选"是"，若不符合，请选"否"，若感到不确定，请选"？"。

在我所在的组织中：

1. 员工会因工作干得好而受到表扬	是	？	否
2. 主管人员对员工大吼大叫（R）	是	？	否
3. 主管人员对员工厚此薄彼（R）	是	？	否
4. 员工受到信任	是	？	否
5. 员工的抱怨会得到有效处理	是	？	否
6. 员工会得到孩童般的精心对待（R）	是	？	否
7. 员工受到尊重	是	？	否
8. 员工的问题和困难会得到快速响应	是	？	否
9. 组织会对员工说谎（R）	是	？	否
10. 员工提出的建议被忽视（R）	是	？	否
11. 主管人员辱骂员工（R）	是	？	否
12. 员工辛勤工作受到赏识	是	？	否
13. 主管人员威胁员工要开除或解雇他们（R）	是	？	否
14. 员工受到公平对待	是	？	否
15. 同事之间相互帮助	是	？	否
16. 同事之间相互争论（R）	是	？	否
17. 同事之间相互贬低（R）	是	？	否
18. 同事之间相互尊重	是	？	否

图 12 - 1　人际对待的公平性感知量表

说明：R 表示该问项反向计分。

资料来源："The Perceptions of Their Interpersonal Treatment Scale: Development and Validation of a Measure of Interpersonal Treatment in the Workplace" by Michelle A. Donovan, from *Journal of Applied Psychology*, 1998, Volume 83 (5).

调查结果令人印象深刻。那些认为自己所受到的对待具有较高程度的程序公正和分配公正的教师，对于他们所在的学校和工作的承诺度也更高。不仅如此，这些教师的学生也说他们在教学上投入了较大的精力，表现出更多的亲社会行为以及对学生更加公平，并且对他们有更加积极的反应。[12] 在这个案例中，不公平地对待教师可能会给大学带来很大的负面影响。公平对待他人可以提升员工的承诺度和工作绩效。

有时工作场所中的不公平难以察觉，但有时也会非常明显。例如，会计助理只有每周 7 天都工作或出差才能成为合伙人的不成文规定，将很多职场母亲无形中挡在合伙人的晋升通道之外。但有些不公平则难以察觉。例如，有些主管人员是工作场所中的"暴徒"。一项对 1 000 名美国员工的调查得出的结论是，45％的员工说他们的上级辱虐下属。[13]

然而不幸的是，欺凌和辱虐（让某人面对骚扰和不当对待）实际上是一个很严重的问题。美国政府认为欺凌行为体现在以下三个方面：

- 权力不平等：欺凌他人的人运用权力来控制和伤害，而被欺凌的人很难保护自己。
- 造成伤害的意愿：偶然的行为不是欺凌。实施欺凌行为的人有目的性地伤害某人。
- 重复：对某人和某个群体造成的欺凌行为是不断重复的。欺凌的形式可能包括：
  - 口头性：取绰号，取笑。
  - 社交性：散布谣言，故意停止某人的工作，破坏友谊。

● 身体性：击打，拳击，推搡。

● 网络欺凌：运用互联网、手机和其他电子技术来欺凌某人。

毫无疑问，作恶者需要受到惩罚。然而，某些人的行为方式却让他们更有可能成为受害者。[14]这些"受害者"包括服从性受害者（看起来更焦虑、谨慎、安静和敏感）、积极型受害者（展示侵略性行为）和低自我决定型受害者（让别人做决定）。

不管不公平对待是显性的还是隐性的，企业都需要采取措施来将其危害降至最低。企业必须肩负这样的责任来保证所有的员工都得到公平对待和尊重（员工之间也能够相互尊重）。[15]我们在前面的章节已经探讨过一些方法。比如，招募有能力和通情达理的主管，保证公平工资，构建公平绩效评价系统，执行要求公平对待员工的政策。此外，惩戒程序也有助于减少不公平性。

但是除此之外，保持积极的员工关系还需要一些沟通项目，使得员工可以表达他们的观点，将问题反映给管理层。我们接下来看看这一部分。

通过沟通项目来提升员工关系

许多公司采用沟通项目来提升员工关系。首先，一个合理的假设是，当员工随时了解情况的时候，他们对企业的感觉会更好。比如一个大学的网站上就标注："我们会让自己的员工完全了解我们的政策、流程、实践和福利。"[16]这所大学运用开门政策来鼓励员工和管理者之间的沟通，运用员工手册来提供基本的雇用信息；通过网站、电子邮件和备忘录来展现学校的活动和相关信息。[17]

双向交流的机制能够使管理层知晓员工的困扰。正如一名作者所言："没有人会喜欢抱怨，但是对于那些想要解决不公平对待问题和维持积极员工关系的企业而言，解决员工的申诉是非常重要的。"[18]可以通过主办员工焦点小组、设立巡视员和提供建议箱，运用网络和电话热线的方式来完成这些工作。有的企业委托热线供应商来提供服务。这个供应商会为企业设置热线，同时接受员工的评论，并且就员工关注的问题向企业提供持续的反馈以及定期的评价。离职面谈（我们在本书前面的章节谈到过）是另外一个提升员工关系的例子。[19]主管还可以使用开门政策和走动式管理等非正式手段来询问员工事情的进展。

运用组织氛围调查

同样地，员工态度、士气和氛围的调查在员工关系中起着重要的作用。企业运用调查的方式来为员工的态度"把脉"，这些态度是针对组织领导力、安全感、角色规范、公平和薪酬的感知。了解这些态度可以知道员工关系努力的方向。区分态度调查、满意度或者士气调查和氛围调查的标准是偏主观的。一些专家将**组织氛围**（organizational climate）定义为公司员工对组织心理环境的感知。比如对员工福利的关注、监管行为、灵活性、欣赏、伦理、授权、政治行为和报酬等。[20]

很多这样的调查是现成的。比如，一项美国人力资源管理协会的调查运用1分（很低程度）～5分（很高程度）的量表来让员工回答问题。这些问题包括："总体而言，你对主管是否满意？""总体而言，你对工作是否满意？""你的团队是否有高质量的工作？""你出色的工作业绩能否引来同事的认可和尊重？"[21]还有一些企业自己创制了调查。比如，联邦快递公司就有这样的调查项目。

开发员工认可计划

如组织氛围调查这样的双向交流可以提升员工关系，但是还有其他的员工关系项目。最为典型的就是员工认可和奖励计划，特别是全公司范围内的正式项目，比如"月度明星员工"奖励。一家贸易杂志报道了穆雷供应公司（Murray Supply Co.）的认可计划。这家公司为全体员工提供了一个特殊晚宴，在晚宴上发放安全驾驶奖、服务年限奖、年度分公司明星员工奖和公司明星员工奖。[22]穆雷供应公司都是在这样的晚宴上发放奖品，让获奖者享受"粉丝"的欢呼。一项美国人力资源管理协会的调查发现，参与者中有 76% 的组织具备了这样的认可计划，还有 5% 的公司准备在一年内实施这样的计划。[23]

构建这样的认可和服务计划需要做好计划。[24]比如，构建服务奖励计划就需要审查现有员工的工作年限，并建立一个有意义的奖励期限（比如一年或者五年）。这个计划包括：设置预算、选择奖励方案、设计监测奖励发放的流程、定期评价项目的成功。同样地，构建一个认可计划要求开发认可的标准（比如客户服务、成本削减等），创建提交和回顾提名者的表格和程序，选择有意义的认可奖励，设计认可奖励的实际流程。

运用员工参与项目

当员工以积极的方式参与到公司的活动中去以后，员工关系也有可能得到提升。所以，员工参与也是一个有用的员工关系战略。

让员工参与到公司的讨论和解决问题的过程中可以提供很多益处。员工可以知道更多提升工作流程的方法，因此询问他们的意见就是提升绩效最有效的办法。让员工参与到问题解决的过程中能够有效提升他们对流程的自主感。这也向员工传递了一个信号：他们的意见很宝贵，也因此会提升员工关系。企业使用各种各样的途径来提升员工参与度。一些企业组织了焦点小组。焦点小组包含了一组员工，他们将与指定的促进者合作，通过互相交流观点和态度来讨论一个特定的问题或事件。

社交媒体与人力资源

一些企业运用诸如书签式的社交照片分享网站 Pinterest 来鼓励员工参与。[25]红门互动公司（Red Door Interactive）运用 Pinterest 网站上的"圣迭戈办公室灵感"项目来鼓励员工对新办公室的内部设计、建筑和装修提意见和建议。[26]

运用员工参与小组

企业还可以使用各种类型的团队来获得员工参与，以解决组织范围的问题。**建议团队**（suggestion team）是以临时性的分析任务（比如如何降低成本和提升生产率）为主的临时团队。一家航空公司将包裹处理员工和地勤人员分开编入不同的小组，运用网络将不同小组的组员连接起来，共同进行头脑风暴等活动来提出建议。[27]还有的企业通过半永久性质的**问题解决小组**（problem-solving teams）来将这种流程正式化。[28]这个小组通常包括一名主管和 5～8 名来自类似工作领域的员工。[29]

质量圈（quality circle）是一种特殊的问题解决团队，通常由 6～12 人组成。这些人每周碰面一次，解决工作中的问题。[30]这样的团队首先要就问题分析技术（包括数据分析）进行培训，然后开始运用问题分析程序（识别问题、甄选问题、分析问题、解决问题、让高管层审查问题）来解决相关工作领域的问题。[31]

在很多企业，一些经过特殊训练的、自我管理的员工在没有上级监督的情况下工作。对于很多企业而言，这样的团队标志着员工参与的最高水平。**自我管理/自我指导工作团队**（self-managing/self-directed work team）是指在面对一项特殊任务时，由 8～10 位经过精心挑选、培训和授权的员工组成的小团队。这一团队进行自我运营，通常几乎没有外在指导监督。[32]这里的特殊任务可能是指讴歌汽车的数字仪表盘，也可能是一项保险申诉。在任何情况下，这样的团队都具备两个特点。挑选、培训并授权团队成员完成几乎所有的工作；这样的工作通常指向一个特定的目标和服务。

比如，通用电气公司在北卡罗来纳州达勒姆县的飞机发动机工厂就使用了自我管理团队。工厂的员工以小组的方式工作，直接向工厂厂长汇报。[33]在这样的团队里，团队成员"互相培训，自己编制并跟踪预算，开发自己的量化标准，提升每个流程和产品，创建新产品的样品"。[34]正如另一家公司的副总裁对团队所说的："人们都在谈论世界市场、顾客需求、竞争对手产品、流程优化，而这些本来是管理者应该思考的问题。"[35]

运用建议系统

大部分企业都认为员工的建议（通过员工参与和奖励、提升员工关系）可以显著地为组织节约成本。比如，前几年的一项涉及 47 家公司的研究显示，它们在一年的时间内总共从建议计划中节省了 6.24 亿美元，征集到超过 25 万条建议，企业采用了其中的 9 300 条建议。[36]此外，员工很喜欢这样的项目。在近期的一项针对 497 名员工的研究中，有 54% 的人说他们每年都要提出超过 20 条建议，还有 24% 的人说他们每年提出 10～20 条建议。[37]接下来的"实践中的人力资源"专栏提供了一个例子。

➡ 实践中的人力资源

成本有效性建议系统[38]

纽约州奥斯威戈县的洛克希德·马丁公司（Lockheed Martin）开发了"成本有效性提升"建议系统，以对生产线上的员工进行鼓励和认可。通过成本有效性提升项目，员工可以在线提交自己的建议。当地的管理者和项目协调人（或者是更高层级的管理者）对这些建议进行评价和批准。在这个特别的项目中，平均每个被采纳并实施的建议为公司节约大约 77 000 美元，整个项目每年可以节约 1 亿美元。

今天的建议系统和几年前"建议箱"的方式相比更加复杂。[39]最主要的提升就是管理者构建和交流建议的流程。一位设计和实施建议系统的公司领导者列举了一些关键因素，它们可以有效提升建议系统的有效性[40]：

- 高级管理者支持；
- 简捷的提交建议流程；
- 评价和实施建议的流程；
- 有效的公开和交流项目；
- 聚焦于关键组织目标的项目。

议一议

基于以上知识，为一个小百货商店设计一个一页纸的员工建议系统。

■ 12.3　伦理型组织

正如一位作者所言，维持好的员工关系最重要的原因是，这是一件最正确的事情。[41] 相反，很难想象一个不符合伦理的组织会有好的员工关系。[42] 我们会在本章重点关注伦理问题。**伦理**（ethics）是指"规范个人或群体行为的若干准则"，即人们在决定应该采取什么行为时参照的标准。[43] 当然，并不是所有的行为都会遇到伦理问题。[44] 比如，买一个 iPad 就不是个伦理问题。伦理决策通常源于道德问题。道德是社会公认的最高行为标准。道德涉及基本的是非问题，例如谋杀、撒谎以及诽谤等，以及如何对待他人。

伦理和员工权利

当然，很少有哪个社会完全依靠管理人员的道德或公平感来确保他们所做的事情是正确的。事实上，大多数社会都会为此制定很多法律。这些法律列举了很多员工权利和义务。比如美国的《民权法案》第七章赋予员工在怀疑自己因种族问题而遭遇歧视时上诉的权利。图 12-2 列举了员工享有各种权利的一些法律领域。

- 请假和休假权
- 休工伤假和病假权
- 竞业禁止协议方面的权利
- 员工在公司政策方面的权利
- 惩戒方面的权利
- 个人资料保密权
- 员工养老金权
- 员工福利权
- 推荐权
- 犯罪记录方面的权利
- 员工精神方面的权利
- 与受诽谤有关的权利
- 与受欺诈有关的权利
- 与受攻击和殴打有关的权利
- 与受到忽视有关的权利
- 政治活动权利
- 工会/团体活动权
- 举报权
- 工伤保险方面的权利

图 12-2　员工享有法定权利的一些领域

尽管听起来比较让人吃惊，但法律确实在引导道德行为上远远不够完善，因为有些事可能是合法的但在道德上不正确，或是道德上正确但并不合法。无故解雇一位 39 岁且已有 20 年工龄的员工可能并不违反法律，但是有些人会认为这种决策是不符合伦理的。正如有人所说的："伦理意味着根据你的立场做出决策，而不是根据法律做出决策。"[45]

是什么在影响工作场所的道德

人为什么要做坏事？这很复杂。但是，一项对 30 多年来的道德研究的最新回顾得出结论，决定个人做出道德选择的因素有三个。[46] 作者将其文章命名为《坏苹果、坏箱子和坏水桶》。这个名字道出了文章的结论，即没有单一的"确凿证据"。"坏苹果"（指那些倾向于做出非伦理决策的人），需要与"坏箱子"（很容易导致非伦理决策的伦理情境因素）打交道，同时在"坏水桶"（促进或防止非伦理选择的环境因素）的环境中工作。这三种因素共同决定了一个人的道德选择会是怎样的。下面的讨论总结了其研究发现。

人（谁是坏苹果）

人们在工作中往往会带入自己的伦理是非标准，所以每个人都要为自己的大部分选择负起责任。

比如，研究者对首席执行官进行了调查，以研究他们对两个问题的反应：窃取竞争公司的技术机密和向外国官员行贿。研究者总结发现，与公司的特征等外部因素相比，首席执行官自己的认知能力会显著地影响他们的决策。[47]最自律的人道德认知的水平也最高，从而在做出决策和施行道德原则时会进行周全的考虑。你如何评价自己的伦理水平？图12-3展示了一个简短的自我评价表。

工作中科技的使用，使得组织中新老伦理问题交织出现。将你的答案与其他参与者的答案相比较。		
办公室科技	**礼物和娱乐**	**真伪**
1. 是否因个人原因使用办公室的邮件系统？（是/否）	7. 从供应商手中收到价值多少的礼物可能会带来麻烦？（25美元；50美元；100美元）	15. 由于工作中的压力，你是否曾经假装生病而请了病假？（是/否）
2. 是否运用办公室设备帮助你的孩子或配偶处理学校作业是错误的？（是/否）	8. 送给老板一个价值50美元的礼物是不可接受的。（是/否）	16. 因为工作压力，你是否抢过其他人的功劳？（是/否）
3. 工作日在办公电脑上打电子游戏是不正确的？（是/否）	9. 获得老板一个价值50美元的礼物是不可接受的。（是/否）	
4. 在办公电脑上进行网络购物是不正确的？（是/否）	10. 从供应商那边获得两张总共价值200美元的足球票是否合适？（是/否）	
5. 责备你的一个突然失灵的技术错误是不符合伦理的？（是/否）	11. 获得两张总共价值120美元的戏票是否合适？（是/否）	
6. 运用办公设备登录色情图片网站是不符合伦理的？（是/否）	12. 获得一张价值100美元的节假日食物包是否合适？（是/否）	
	13. 拿一个价值25美元的礼品券是否合适？（是/否）	
	14. 你是否可以接受在供应商会议上获得一份价值75美元的抽奖？（是/否）	

图12-3　《华尔街日报》的工作伦理测试

资料来源：Ethics and Compliance Officer Association，Waltham，MA and The Ethical Leadership Group，Global Compliance's Expert Advisors，Wilmette，IL.（printed in the *Wall Street Journal*，October 21, 1999：B1-B4).© 1999 by Ethics and Compliance Officer Association. Reprinted by permission. All rights reserved.

什么样的道德情境造就有道德风险的（坏的）情境

但是，不仅仅是个人，决策的类型也是很重要的。比如，一些研究者发现看起来"微不足道的"道德困境更容易导致非伦理选择。什么是"微不足道"呢？这里的影响因素包括：对非伦理选择下的受害人的总体伤害、该行为导致伤害的可能性、可能被该行为影响的人数。因此，在看起来不那么严重的情境下，人们更有可能做一些错误的事情。换言之，这并不意味着有重要事件的时候，人们就不会做坏事。这仅仅意味着人们在面对小事情的时候可能会犯一些伦理性的错误。

"坏水桶"是什么？——影响道德选择的外在因素

最后，这些研究者得出结论，"我们的调查结果表明，组织创建的坏的或好的社会环境（也就是'水桶'）会影响个人层面的道德选择"。[48]具体而言，如果公司的氛围是"自私自利"，那么更有可能引发不符合伦理的选择。强调员工应当关注每个人的利益则会产生更加道德的选择。此外，"如果公司有很强的道德文化来明确界定可接受和不可接受的行为（例如通过领导角色模范）的范围，也会使工作场所的不符合伦理行为减少"。[49]

基于以上研究结果，我们接下来将对影响工作中的道德选择的因素进行更加仔细的讨论。

管理者创造伦理型组织的步骤

减少工作相关压力

如果员工在工作中的非伦理行为仅仅是出于个人利益，那么这可能还能够理解（即便不可宽恕）。关于工作中的非伦理行为的一件很可怕的事情是，这些行为往往并不仅仅是受个人利益的驱动，而是因为外在的压力。正如一位高管在法庭上说的："我也知道自己这样做不对，但公司当时遇到了我自认为属于短暂性的困难，因此想要通过做这些事情来保住这家公司。"[50]

一项研究从来自六个不同层级的员工和管理者的回答中总结出导致道德滑坡的主要原因。[51]对于大部分员工而言，"面临工作日程的压力""面临过高的财务或业务目标""帮助公司渡过难关"是三个最主要的因素，"促进本人的事业发展或谋求经济利益"则排在最末位。[52]因此，防范这样一种压力的出现是阻止道德滑坡的方式之一。

言行一致

顶住来自上级的压力也是一件难事。例如，一份报告表明，"当员工认为他们的直接主管表现出合乎道德的行为时，工作场所中的不良行为发生的频率会大大降低"。[53]下面是一些直接主管如何有意（或无意）让下属误入歧途的例子：

● 告诉自己的员工，他们可以去做任何有助于达到结果的事情。
● 为了保证工作任务按时完成，让高绩效员工超负荷工作。
● 在非伦理行为发生时，从别的角度来看待这个问题。
● 把别人的工作成果据为己有或者把责任推脱给他人。[54]

除了伦理准则，一些公司会要求员工做一个快速的道德测试，以评估他们将来会做的事情是否符合公司的行为准则。例如，雷神公司（Raytheon）要求员工在遇到道德困境时问自己这样一些问题：

- 这样做合法吗？
- 这样做正确吗？
- 这个决定会影响到谁？
- 这样做符合雷神公司的价值观吗？
- 这种做法在事后会让人"感觉"如何？
- 如果这件事在报纸上报道出来，人们会怎样看？
- 这种做法会对公司产生负面影响吗？[55]

制定伦理政策和准则

伦理政策和准则是表明公司在道德问题上的严肃态度的另一种方式。举个例子，IBM的伦理准则就对消费、礼物和娱乐等做出了规定。

任何 IBM 的员工或其直系亲属，不得接受来自供应商、客户或任何商业关系人的任何恩惠、礼物或金钱，也不能接受有可能被认为是因为商业关系而送出的礼物或恩惠。在这里，"被认为"意味着如果你在地方报纸上看到这件事，你会不会质疑这礼物与商业关系有关？IBM 的员工也不能向客户、供应商或其他任何人赠送有重大价值的金钱或礼物，只要这有可能被视为是出于获取商业优势的目的。[56]

执行规则

然而，如果只是制定准则却不执行也毫无用处。正如一项伦理调查总结的，"管理人员对伦理准则的强调会通过工作上的强制力来降低违法和败德事件发生的可能性，但最有用的还是对伦理准则的严格执行"。[57]伦理审计通常用来解决利益冲突、收受贿赂、员工歧视以及公司信息非法入侵等问题。[58]一项研究显示，控制欺骗的一些措施，比如热线电话、不打招呼的审计、反腐败培训和强制休假，都可以将偷窃行为减少 50%。[59]很多公司，例如洛克希德·马丁公司任命了专门的首席伦理官。[60]

鼓励"吹哨人"

一些公司鼓励员工在发现公司腐败行为的时候，运用热线电话等方式来"吹哨"。比如，根据《多德-弗兰克法案》，美国证监会（SEC）制定了"吹哨人奖励"政策来激励那些报告公司不道德行为的人。[61]公司还追踪可能存在的对吹哨人的报复行为。[62]

建立正确的组织文化[63]

组织文化（organizational culture）被定义为"一家公司的员工共享的、具有本组织特色的价值观、传统和行为方式"。价值观是一种关于什么是对、什么是错，以及什么应当做、什么不应当做的基本信仰。（"诚信第一"就可能是一种价值观。）价值观非常重要，因为它们会引导并规范行为。因此，对员工的管理和行为塑造就有赖于塑造他们用来作为自己的行为指南的价值观。公司文化就要传递一个清晰的信号，告诉大家哪些行为是可接受的，哪些行为是不能接受的。例如，如果管理人员确实信奉"诚信第一"，那么在他们所遵循的书面规则以及他们所做的事情中就应该反映出这种价值观。在道德问题上，管理人员需要思考的是向员工传达不仅仅是清晰的，而且还是正确的信号。下面是一些指导原则：

● 阐明期望。首先，明确你在那些自己认为非常关键的价值观方面的期望。例如，IBM的伦理陈述就清晰阐明了公司对伦理问题的严肃态度。

● 言行一致。员工会从上级的行为中得到信号。管理人员应当是"说到做到"的。他们不能一方面说"不要捏造财务数据"，另一方面自己却那样做。

● 提供物质支持。对管理者倡导的价值观进行物质上的强化。例如，他们提供的奖金、绩效评价标准以及所使用的惩戒程序等，都在员工应当做什么以及不应当做什么方面传递了强烈的信号。你会对伦理行为提供报酬或进行惩戒吗？[64]

接下来的"直线经理和小企业的人力资源工具"专栏演示了可以将这种方法应用于小企业。

➡ **直线经理和小企业的人力资源工具**

小企业伦理

当人们谈到非伦理行为的时候，经常会想起一些大公司。然而，许多研究显示中小企业和大企业一样容易遭遇伦理问题。

比如，一项对20家中小企业的调查显示，行贿、腐败交易、不诚实行为都是这些企业的经营常态。[65]还有一些企业用一些很巧妙的手段进行腐败交易。在海外经营的时候，有一家美国企业与当地的公司达成"战略联盟"，由后者承担一些"脏活"（比如贿赂当地政府官员），美国公司的管理者却能够保持干净。

为什么中小企业应该对非伦理行为保持警惕呢？这里有几个原因。与大公司不同，小企业没有首席伦理官，没有伦理热线，也没有相应的伦理培训。此外，对于一个十亿美元级别的大公司而言，如果会计挪用了1 000万美元的公款可能只是个麻烦。但是对于一个千万美元级别的小企业来说，如果销售人员带走了100万美元，那么公司可能就会走到尽头。

小企业主可以使用以下步骤来建立有效的伦理项目。第一，总结公司现有的与伦理相关的活动。[66]即使是对本章里提到的一些活动（比如伦理准则、培训和内部控制）进行自我审计也是必要的。第二，创建一个行为准则（上网搜索行为准则可以看到很多例子），让它更加清晰、更好执行。第三，培训员工。这种培训不需要很复杂。比如，一名专家建议，可以由公司的管理者开发一些涉及伦理问题的情境，告诉员工哪些行为是符合伦理的，并与之进行讨论。第四，让员工反馈问题变得更加简单，这样他们就可以便捷地向你提供一些非伦理行为的线索（开门政策和匿名建议箱是很好的例子）。此外，最重要的是践行你的承诺，在小企业，老板或者首席执行官常常露面，员工可以从他身上找到相关的伦理信号。

招募正确的人

一位作者说："从道德方面来说，对一个组织进行调整的最简单办法就是去雇用更符合道德要求的人。"[67]企业可以在招募材料中强调伦理道德问题，甚至可以在求职者开始求职之前就开始这一过程。可以运用诸如诚实性测试以及背景调查来剔除那些不符合条件的求职者。可以问他们这样一些行为方面的问题，例如，"你看到过有人在工作过程中违反规定吗？你当时是怎么做的？"[68]最后，公平地对待求职者。"如果潜在的求职者认为雇用程序并没有公平地对待每一个人，他们很可能（也）会认为，道德行为其实并没有那么重要。"[69]

进行伦理培训

从各种实用目的来说，伦理培训应该是强制性的。自 1991 年以来，美国联邦政府的审判指南对那些受控存在非伦理行为，但实施了伦理行为准则和培训的公司降低了处罚的力度。[70]2002 年《萨班斯-奥克斯利法案》使得伦理培训更加重要。

伦理培训通常包括向员工说明如何识别伦理困境，如何运用伦理框架（例如道德行为准则）来解决问题，以及如何以符合伦理的方式来开展包括员工惩戒在内的各种人力资源活动。[71]培训应当强调在这些伦理选择背后隐含的伦理基础，还有公司对诚信以及伦理的高度承诺。此外，高层管理人员的参与也会强化这些承诺。[72]在线的伦理培训工具包括 SkillSoft 公司的"管理者的商业伦理"（Business Ethics for Managers）。[73]

现在一些企业将过去的成套的伦理培训转化为与公司相关的定制化培训。比如，雅虎公司让一个供应商制作了一部涵盖雅虎全球范围内公司伦理情境的动画片。这部 45 分钟的动画片包括了雅虎的行为准则和《反海外腐败法》（Foreign Corrupt Practices Act）这样的法律文件。[74]

报酬和惩戒制度

员工希望组织对非伦理行为给予严厉的惩罚，对伦理行为进行奖励。[75]企业对有非伦理行为的高层管理人员也应当施以惩戒，而不仅仅是对普通员工这么做。[76]

建立员工隐私政策[77]

对于大多数人来说，侵犯个人隐私既是一种非伦理行为，也是一种不公平行为。法院认定的侵犯员工个人隐私的四种主要类型包括：非法入侵（例如对更衣室和浴室进行监视）、公开员工私人事务、披露员工医疗记录以及将员工的姓名和肖像用于商业用途。[78]在实践中，背景调查、对员工下班后的行为和生活方式进行监控、药物检测、工作场所搜查以及对员工在工作场所中的活动进行监控等，是引发隐私诉讼最多的原因。[79]

由于在线系统、智能装置和类似推特这样的工具的普及，工作场所的隐私日益成为一个具有挑战性的问题。[80]几年前，美国新泽西州的一家公司要为其员工在工作期间使用公司电脑散布未成年人色情录像而负法律责任。[81]一家公司一开始的时候向员工发放 iPod 作为奖励，后来却发现，员工因为非法下载音乐而堵塞了公司的服务器。[82]安全则是另外一个需要考虑的问题。一家公司指出，一个"4G 容量的 MP3，例如第一代的迷你 iPod，就能将公司的很多资料带回家"（有人将这个过程形象地称为"iPod 式啜食"）。因此，允许员工在上班时间使用 iPod 似乎需要制订一些特别的计划和政策。[83]

➡ 了解你的雇用法律

电子监控

企业如何平衡隐私问题和自我保护问题呢？关于工作场所的监控，有两个主要的法律限制。一是《电子交流隐私法》（Electronic Communications Privacy Act），二是从法庭裁决中衍生出来的对隐私侵犯的普通法律保护，比如，在没有得到员工允许的情况下，将员工的隐私公之于众，以此来损坏员工名誉的行为。《电子交流隐私法》是一项联邦法律，可以对企业监控口头交流和电子通信进行限制。不过这个法案也有两个例外。第一个是"商业目的例外"，当企业证明其做法是合法的商业行为的时候，法律允许企业监控交流。第二个是"共识例外"，当员工同意企业对他的交流进行监控的时候，可以适用这条规则。[84]

电子监听是合法的，或者说至少在一定程度上是合法的。例如，美国联邦政府的法律以及大多数州的法律都允许企业在日常商务过程中监听员工的电话，但是，一旦发现员工的谈话明显属于私人性质而非商务性质，企业就必须停止监听。此外，企业也可以监控自己的电子邮件系统，因为那毕竟是它自己的财产。然而，现在的一些法庭案例显示，和以前相比，企业在监控电子邮件方面的权利更少了。[85]

为安全起见，企业应当首先发布电子邮件和网上服务的使用准则。这会提醒员工，本企业的电子邮件系统应当仅仅用于商务目的。企业应当让员工签署一份如图 12-4 所示的那种电子邮件及电话监控确认声明。很多员工可能会认为他们通过公司邮件系统进行的邮件往来是可以公开的，但他们通过公司电脑但使用个人邮箱账户的邮件往来则是不可以公开的。不过这也不一定对。律师应该审查公司的电子邮件政策，但是，至少要弄清楚员工应该对自己的邮件和互联网适用没有隐私例外的原则。[86]还要强调通过公司电子邮件系统接收和传输的所有信息都是公司财产，而不是私密的。[87]

我理解 XYZ 公司会定期地对通过公司电子邮件系统创建、发送和接收的任何电子邮件进行监控。因此，我理解我的邮件交流可能会被目标人群之外的人阅读到。我还理解 XYZ 公司定期监控电话交流，比如提升客户服务质量的电话。

签名：　　　　　　　　　　　　　　　日期：

打印姓名：　　　　　　　　　　　　　部门：

图 12-4　电子邮件及电话监控确认声明

在工作场所进行录像监控需要更加谨慎。在工作场合对员工进行录像监控一般不会有什么大问题。但是一家波士顿公司必须要为 5 名员工支付 20 万美元的赔偿，因为这家公司秘密地在员工更衣室安放了监控摄像头。[88]

一项调查发现，在员工人数超过 2 万人的大型企业中，41％的公司有专门的人员来审阅员工的电子邮件。[89]96％的企业阻止员工访问互联网上的成人网站；61％的企业阻止员工访问游戏网站。[90]还有一些公司会检查员工的个人博客或脸书主页，以调查员工是否泄露工作相关信息。[91]即使这样宽泛的监控也逐渐变成一个问题，正如"作为盈利中心的人力资源"专栏展示的那样。

➡ 作为盈利中心的人力资源

监控和盈利

如今的员工监控已远远不仅意味着对电话的监听。纽约的布朗克斯黎巴嫩医院（Bronx Lebanon Hospital）运用生物识别扫描仪来确保早上打卡签到的员工确实是其本人。[92]虹膜扫描可以算得上最精确的权威设备了。美国联邦航空管理局（Federal Aviation Administration）运用这种技术来控制员工对信息系统的使用权。[93]一些雇主如美国联合包裹服务公司用全球定位设备来监控它的卡车的具体行踪及其生产力。[94]

这些监控手段引发了隐私问题，但是也带来了利润。[95]比如，很多企业都会定期使用专门的软件（通常是秘密进行的）来监测员工在网上都干些什么。当一家公司发现自己的员工提出越来越多的获得加班费的要求时，它安装了一种新型的软件，结果发现很多员工每天都要花好几个小时的时间在网上购物，而不是在工作。类似这样的监控很有可能导致员工隐私争议。为了提升生产效率，英国百货连锁商店 Tesco 要求配送中心的一些员工戴上"摩托罗拉手臂终端"，这样可以记录员工装卸和扫描货物时的速度。[96]

医生常说："是药三分毒。"任何药物即使是阿司匹林，如果滥用的话都会非常危险。对于企业而言，两难之处在于享受监控带来的利润的同时，如何将因此带来的伦理和隐私问题最小化。

议一议

如果企业让你戴上"摩托罗拉手臂终端"，你会怎么想？为什么？你会做何反应？

▍12.4　员工惩戒管理

正如我们在本章前面谈到的，积极的员工关系是构建在信任基础之上的。而主观性的、不公平的惩戒行动和流程会极大地伤害信任和员工关系。惩戒的目的是让员工在工作中有合理的表现（这里"合理的"指的是遵守公司的各项规章制度）。当员工违反了这些规章制度时，对他们进行惩戒就很有必要。[97]

三大支柱

管理者要建立公平的惩戒程序，需要基于三大支柱：明确的规章制度、渐进式惩罚系统以及申诉程序。[98]

明确的规章制度

一个可接受的惩戒程序首先需要建立一整套明确的惩戒规则和制度。规章制度主要是用于解决员工偷窃、破坏公司财产、工作时间饮酒以及不服从上级命令等问题。违反规章制度的例子包括：

1. 工作绩效不佳。每位员工都应当正确有效地完成自己的工作任务。

2. 工作中饮酒或吸食毒品。无论是在上班时间还是在上班的路上，饮酒或者吸食毒品都是被禁止的。

规章制度的作用是提前告知员工，让他们知道什么样的行为是可以接受的，什么样的行为是不可以接受的。在雇用新员工的时候就应当告诉他们并且最好是以书面的形式告诉他们，哪些行为是被公司禁止的。员工手册中通常会包括公司的各项规章制度。

渐进式惩戒系统

渐进式惩戒系统是有效惩戒的第二根支柱。惩戒手段通常包括口头警告、书面警告、停职以及解雇。惩戒措施的严重程度主要取决于违规行为的类型及其发生的次数。举例来说，大多数公司都会对首次出现的无故迟到现象提出警告。若无故迟到达到 4 次，则解雇就是通常会采用的惩戒措施了。

申诉程序

除了制定规章制度和采取渐进式惩戒手段之外，在惩戒程序中还需要包括一个申诉程序。联邦快递公司确保公平对待项目体现了这个特点，我们会在本章后面对其进行讨论。

申诉的过程是重要的，但是不一定要很严厉。企业可以通过运用申诉程序来减轻不公平惩戒行为的影响。但有些管理行为是很难纠正的。比如，那些侵犯员工个人和（或）社会认同感的行为仍然很难得到纠正。[99]

多元化的重要性

惩戒过程中的男性和女性

有一种观点被一些持反对意见的研究人员称为"恶妇假说"，这种观点认为，当一位女性没有按照男性以及其他女性认为她应当表现的那种方式来行事时，那么，与犯同样罪行的男性相比，无论是男性还是其他的女性，通常都会对此做出过激的反应，对这位女性给予更为严厉的惩罚。[100]

尽管这种观点从表面上看似乎很荒谬，但至少有一项很细致的研究似乎对这种观点提供了支持。在这项调查中，360 名商学院在读的本科生和研究生共同审查了一起劳动争议仲裁案件。这个案件涉及一男一女两名员工，两人在各自企业中的工作记录相似，任职年限也差不多。两个人都因为违反了公司关于酒精和药物滥用方面的规定而遭到解雇。这起案件将其中一名员工描绘成有更为严重的违反公司规定的行为：这位更应当受到处罚的员工（在这项研究的前一部分是那位男员工，而在研究的后一部分则是那位女员工）竟然把违禁物品带到公司了。这些学生需要通过两种不同的方法来达成一致，以解决这项由于解雇而引发的争议。

在这项研究中，研究者发现，男学生和女学生都对这位女性员工持有偏见。针对这起案件中的女员工，这些男学生和女学生都提出了给予更为严厉处罚的建议。正如研究人员所得的结论："作为决策者的女性似乎与男性一样，倾向于对女性施加比对男性更为严厉的惩罚。"接下来是一些操作指南。

➡ 构建你的管理技能

如何惩戒一名员工

即使你是一个《财富》500 强企业的管理者，在面临对员工实施惩戒行为的时候，你也可能发现身边并没有相关的规定。一个错误就可能会导致耗费成本的申诉，甚至是法律的制裁。为了避免这些错误，主管人员需要掌握的有用的公平惩戒指南有[101]：

● 确保有证据支持惩戒员工错误行为的决定。仲裁者经常会说"企业对于惩罚员工的行为没有充足的证据"，以此来驳回企业的上诉。

● 确保员工的正当程序权受到保护。当企业的申诉明显地违反既定程序的时候，仲裁者通常会扭转这种申诉和中止这种行为。[102]比如，员工有机会为自己辩护吗？

● 充分地警告员工因自己不当行为而受到惩戒的后果。让员工填写一些如图 12-5 所示的表格。

- 宣称员工违反的那些规定应该与工作环境的有效和安全运行"存在合理联系"。
- 在实施惩戒之前，对事件进行公正且充分的调查。
- 调查行动应当能够得到员工存在大量不当行为的证据。
- 公正、无歧视地运用所有的规则、命令和惩戒措施。
- 惩戒应当与员工的不当行为及其过去的工作存在合理的联系。
- 赋予员工寻求咨询的权利，比如，所有工会的员工都可以在有可能对其进行惩戒的面谈中带上一名工会代表。
- 不要伤害员工的尊严，比如在公共场合惩戒员工。
- 倾听员工的呼声。
- 一定要记住，提供证据的责任在你身上。在美国，除非被证明有罪，这个人一定是清白的。
- 了解事实。不要基于传闻或是自己的笼统印象来做出惩戒决定。
- 不要在发怒时做决定。
- 学习并遵守公司的惩戒申诉流程。一些公司在命令链之外推荐了一些中立的巡视员和咨询师，当员工遭遇惩戒问题的时候可以向他们咨询意见。[103]

尖端电信公司惩戒行动和警告报告

员工姓名：＿＿＿＿＿＿＿＿＿＿＿＿＿＿＿＿

员工部门：＿＿＿＿＿＿＿＿＿＿＿＿＿＿＿＿

错误行为发生的日期：＿＿＿＿＿＿＿＿＿＿＿＿　今日日期：＿＿＿＿＿＿＿＿＿

描述事件和错误行为（包括目击者）：＿＿＿＿＿＿＿＿＿＿＿＿＿＿＿＿＿＿＿＿

＿＿＿＿＿＿＿＿＿＿＿＿＿＿＿＿＿＿＿＿＿＿＿＿＿＿＿＿＿＿＿＿＿＿＿＿＿＿

＿＿＿＿＿＿＿＿＿＿＿＿＿＿＿＿＿＿＿＿＿＿＿＿＿＿＿＿＿＿＿＿＿＿＿＿＿＿

事件目击者：＿＿＿＿＿＿＿＿＿＿＿＿＿＿＿＿＿＿＿＿＿＿＿＿＿＿＿＿＿＿＿＿

如果错误行为违反了尖端电信公司的政策和规则，将这些政策规则列举出来。

＿＿＿＿＿＿＿＿＿＿＿＿＿＿＿＿＿＿＿＿＿＿＿＿＿＿＿＿＿＿＿＿＿＿＿＿＿＿

＿＿＿＿＿＿＿＿＿＿＿＿＿＿＿＿＿＿＿＿＿＿＿＿＿＿＿＿＿＿＿＿＿＿＿＿＿＿

员工对错误行为的解释：

＿＿＿＿＿＿＿＿＿＿＿＿＿＿＿＿＿＿＿＿＿＿＿＿＿＿＿＿＿＿＿＿＿＿＿＿＿＿

＿＿＿＿＿＿＿＿＿＿＿＿＿＿＿＿＿＿＿＿＿＿＿＿＿＿＿＿＿＿＿＿＿＿＿＿＿＿

采取的行动：

＿＿＿＿＿＿＿＿＿＿＿＿＿＿＿＿＿＿＿＿＿＿＿＿＿＿＿＿＿＿＿＿＿＿＿＿＿＿

＿＿＿＿＿＿＿＿＿＿＿＿＿＿＿＿＿＿＿＿＿＿＿＿＿＿＿＿＿＿＿＿＿＿＿＿＿＿

如果在接下来的几周时间里员工再次做出类似的错误行为，他可能受到以下惩戒：

＿＿＿＿＿＿＿＿＿＿＿＿＿＿＿＿＿＿＿＿＿＿＿＿＿＿＿＿＿＿＿＿＿＿＿＿＿＿

主管签名：＿＿＿＿＿＿＿＿＿＿＿＿　员工签名：＿＿＿＿＿＿＿＿＿＿＿＿

打印姓名：＿＿＿＿＿＿＿＿＿＿＿　打印姓名：＿＿＿＿＿＿＿＿＿＿＿

图 12 - 5　员工惩戒报告

无惩罚措施的惩戒

传统的惩戒有两个潜在的缺点：一是没人喜欢受到惩罚；二是惩戒往往只能获得员工的短期服从，而不是企业通常想达到的那种长期合作。

采用无惩罚措施的惩戒（或者称为非惩罚性惩戒）的目的就是避免上述两个方面的缺点。这种做法一方面能够获得员工对规章制度的接受，另一方面又减少了惩戒本身的惩罚性质。下面就是其基本做法[104]：

1. 口头提醒。目的是让员工同意在将来避免出现同样的违规行为。

2. 如果在六周之内重犯，则发出正式书面警告并将副本放入员工个人档案。此外，与员工进行第二次私下讨论，同样不带有任何威胁的成分。

3. 提供一天的带薪"决策假"。如果在六周左右的时间内再犯，则为员工提供一天的带薪假期，让员工在家里好好思考一下，这份工作到底适不适合自己，他是否想遵守公司的规章制度。在员工回到工作岗位之后，让员工告诉你他是否决定遵守公司的规章制度。

4. 如果在接下来的一年中没有再犯，则可从员工个人档案中撤出带薪停职记录。但如果不当行为再次发生，那么通常来说，下一步就是解雇他们了。

这种无惩罚性的惩戒程序在某些特殊情况下并不适用。比如，如果员工有犯罪行为或者在工作场所打架斗殴的行为，则可能应当立即予以解雇。

■ 12.5　管理者的员工敬业度指南

如何成为"最佳雇主"

在本章一开始，我们就提到有些公司比其他公司更适宜工作，因此我们将聚焦于这些公司的管理者是如何运用一些项目来培育积极的员工关系，使本公司成为一个最适宜工作的地方（最佳雇主）。本部分主要探讨三个案例。

最佳雇主

每年都会有一些机构发布"最佳雇主"名单，其中最著名的当属《财富》杂志公布的"100 家最佳雇主"排行榜。[105] 最佳雇主机构（Great Place to Work® Institute，www.greatplacetowork.com）每年都会进行一系列广泛的跨国调查，通过询问员工的工作感受来确定最适宜工作的公司。《财富》杂志的排行榜正是基于这一调查。最佳雇主机构对"最佳雇主"的定义为：工作中员工能够信任同事，胸怀荣誉感，享受与同事工作的氛围。[106] 这一机构认为那些在"最佳雇主"名单上的公司"拥有最高水平的信任感，最强的员工敬业度并且展示了最佳的应用管理实践和项目"。从员工的角度来看，在"最佳雇主"公司工作的员工能够信任同事，胸怀荣誉感，并且能够享受与同事工作的氛围。[107] 我们现在探讨三个《财富》杂志公布的"100 家最佳雇主"：赛仕公司、谷歌公司和联邦快递公司。

赛仕公司：福利、信任和工作生活平衡

赛仕公司的总部在北卡罗来纳州，在《财富》500 强的前 100 名公司中，有 90 家公司

都采购赛仕公司的商业分析软件和服务。这在同行业中是出类拔萃的。[108]赛仕公司成立于1970年，这家私人企业因其福利的质量和对员工工作生活平衡的支持闻名于世。现在，赛仕公司在全球范围内有超过13 000名员工，一半以上的人都在北卡罗来纳州的公司总部工作，每年可以产生23亿美元的盈利。

当人们提到赛仕公司的员工关系时，第一件想到的事情就是公司极其出众的员工福利项目。该项目包括：每年3~4周的公司资助的假期，带薪病假，灵活的工作安排，11天的带薪休假，有竞争力的薪酬，公司资助的人寿保险和意外险，退休计划，退休人员健康保障安排，综合性医疗计划，牙医福利，视力计划（包括在得克萨斯州奥斯汀市和凯里市的工作场所健康中心），工作场所娱乐和健身中心，员工援助计划，内部伙伴福利，家庭病假，带薪产假和凯里市的工作场所儿童护理中心（依据年资获得资格，所以通常要等很长一段时间）。[109]

这些福利看起来很棒，但实际上这些福利很多都是为了提升公司的员工关系。许多公司都将"以人为本"作为经营哲学，赛仕公司却一直都将公司的盈利能力放在最重要的地位。比如，在2008年的晚些时候，经济萧条正在加速，大多数企业都通过减少支出甚至是解雇员工来应对经济问题。2009年，赛仕公司的创始人吉姆·古德奈特（Jim Goodnight）通过网络向全球范围内13 000名公司员工宣布，公司不会解雇任何一个人。[110]据称，赛仕确实没有解雇一名员工。[111]赛仕公司还采取了很多措施来提升员工的信任，比如让公司员工有灵活自由的工作时间安排，并让最佳雇主机构对其员工进行独立调查，调查的内容包括一些关于信任的关键因素：公开交流、尊重、职业生涯通道和"待人如人"。[112]

这些措施对于赛仕公司有何影响？正如一名长期性员工所说的："我根本无法想象我会离开赛仕，我有这种感觉已经很久了，如果某人向我提供两倍的薪水让我离开，我也根本不会考虑。"[113]在软件公司，员工流失率一般在20%左右，而赛仕公司只有3%，这也从另一个方面反映了公司福利项目的影响力。[114]一个研究者在研究了赛仕公司的福利政策之后，他估计这样低的员工流失率可以每年为公司节省6 000万~8 000万美元。另外一个例子是，让员工在工作现场就能够看病可以平均为每个员工节约几个小时去医院看病的时间。[115]这些措施显然提升了员工敬业度、士气和生产力，这都是不能用价值衡量的。

谷歌公司：幸福和人事分析

当谷歌公司的创始人拉里·佩奇（Larry Page）和谢尔盖·布林（Sergey Brin）开始建造谷歌大厦的时候，他们就想将公司变成一个适宜工作的地方。为此，他们还向赛仕公司求助。两位创始人与赛仕公司的高管见面，还派了一个团队过去学习，以更好地理解赛仕公司成为"最佳雇主"的秘诀。[116]

这也是为什么谷歌公司是为数不多的、在员工福利方面达到甚至超过赛仕公司的组织。除了健康护理福利和灵活工作安排（还有通过持有股票期权成为百万富翁的可能性）之外，谷歌的福利还包括工作现场的干洗服务、保龄球馆、餐厅、工业园往来交通服务和睡眠舱。[117]正如谷歌公司说的："我们只是去除一些障碍，让谷歌的员工在工作内外都能够专注于自己喜欢的东西。我们一直在搜寻可以增进谷歌人健康和幸福的特殊渠道。"[118]

除了员工福利的宽度和深度之外，真正让谷歌公司一枝独秀的是它用科学的方法来提升员工的健康和幸福。在谷歌公司，保持积极的员工关系是具有高度的解析性的（一个作者说谷歌是个"快乐的机器")。[119]谷歌公司将它的人力资源部门称为"人的运营部门"(员工将其简称为 POP),并且雇用了一些社会科学家和谷歌的人事分析团队一起来创建"人与创新实验室",共同来研究如何让谷歌人变得更加幸福快乐。[120]谷歌将其员工的福利水平提升到了一个在外人看来荒谬的水平。[121]社会科学家对中层管理者技能、提醒员工支付 401(k)计划等常规问题几乎都不感兴趣,相反,他们聚焦于一些更重要的问题。[122]比如,当分析团队发现女性员工的流失率非常高,他们推断谷歌公司的新晋宝妈们的离职率是全体员工流失率的 2 倍。[123]这项研究的成果是,对员工的产假进行再设计,对这些母亲给予 5 个月的全工资福利产假。这项新的计划让谷歌公司的女性员工离职率减半。[124]为了支持这项分析方法,谷歌通过各种渠道支持员工的反馈,从他们期待的薪酬到工业园新自行车的设计都一一包括。[125]所以,谷歌公司成为一家幸福快乐的公司也就不足为奇了。

联邦快递公司:保证公平对待

在过去的 15 年里,联邦快递公司有 12 年进入《财富》杂志"100 家最佳雇主"排行榜。有一些机制,比如卓越的福利、有竞争力的薪酬和内部晋升机制都可以解释这个现象。然而,最重要的原因可能是,联邦快递公司通过交流机制构建信任。

调查反馈行动

联邦快递公司的调查反馈行动就是一个例子。联邦快递公司包括了一个匿名评价以使得员工可以表达自己对公司和管理者的感觉,以及对服务、工资和福利的感受。因此,每个管理者都有机会运用这些结果来设计提升奉献精神的项目。[126]

调查反馈行动包含了三个阶段。第一阶段是每年都对员工进行一个标准化的匿名问卷调查。这个问卷旨在设计那些员工工作中的促进和阻碍因素。一些样本问题包括:"我可以告诉管理者我的想法""我的管理者将他的期望转达给我""管理者会倾听我的顾虑""上级管理层会从我这个层次上收集意见""联邦快递公司对我们的顾客做了很多好的事""我的工资很公平"。

团队调查的结果将汇总至管理者那里。为了保证匿名性,小型的业务单元不能看到自己的结果。这些结果将与其他类似工作单元的结果一道,汇总到一个 20～25 人的部门领导层团队手中。

第二个阶段是管理者和他的工作团队之间的反馈过程。这个阶段的目标是识别特定的问题、审查问题的原因并且开发计划来解决这些问题。管理者要接受相关培训来应对可能的问题。比如,假设那些低分数的调查项目是"我可以随心所欲地向管理者敞开心扉",那么管理者就需要经过培训来回答"我的哪些做法让员工认为我对他们不关心?"

反馈结束之后,第三个阶段就是行动计划阶段。在这个阶段,管理者需要列出一系列解决员工顾虑和提升绩效的方案。这种计划从四个方面进行总结:顾虑是什么?你的分析是什么?原因是什么?该怎么解决?

联邦快递公司的保证公平对待程序

现在有许多公司(特别是工会化的公司)都向员工提供发泄不满的渠道。这种申诉渠道可以保证员工的不满得到倾听和公平对待,而工会化的公司也不会对这种公平对待造成垄断。即使是在非工会化的公司,正式的申诉程序也能够提升管理层和员工的和谐关系。

联邦快递公司的保证公平对待程序可以被视作申诉程序的加强形式，因为它比大部分申诉程序都要更进一步，甚至能够将申诉直接通向公司的最高管理层。这样的后果有两个：员工的抱怨不会累积，所有的管理者在做出不公平行为之前都会三思，因为他们的决定可能会被老板知道。[127]联邦快递公司的保证公平对待程序对所有公司员工开放，它包含了有争议性的绩效评价、惩戒程序、影响个人申诉的中止雇用、不公平的晋升机制或职位变动。[128]

人力资源部门可以向员工提供保证公平对待程序包来发起申请。这个程序包里有：一个包含员工姓名和工作历史的列表；一个跟踪申诉每个步骤的表格；管理层理性意见（比如可应用的政策和流程）的空白部分；人事部门的书面记录和关键文件（中止雇用信等）。还有一些空白部分留给目击者证词、医疗声明和培训记录。员工必须要在提起申诉之前与主管一道尝试解决问题。

步骤　联邦快递公司设计了一个由三个步骤组成的申诉程序。[129]第一步，管理人员审查。申诉者在 7 天之内向某位管理人员（经理、高级经理或总监）提交书面的申诉申请。部门主管首先回顾所有相关信息；与申诉人会面；然后决定是赞成、修改还是推翻之前的管理行为；最后以书面的形式将决定意见传达给申诉人和部门的人力资源负责人。

如果申诉者对第一步的决定不满意，就会进入第二步——部门高层管理人员申诉。申诉者可以向本事业部的副总裁或者高级副总裁提交一份书面申诉申请。

第三步是公司高层管理委员会上诉审查。申诉者可以在第二步决定做出后的 7 天之内向员工关系部门提交书面申诉。然后该部门会展开调查，并为公司高层申诉审查委员会整理出一份申诉案件档案。这个高层申诉审查委员会——由首席执行官、首席运营官、首席人事官以及三位高级副总裁组成——会对所有的相关信息进行审查，然后决定到底是维持或推翻原来的处理决定，还是重新组成一个委员会对申诉案件进行审查，或者是采取其他某种合适的行动。

当对上诉问题产生疑问的时候，一个由五个人组成的"审议委员会"的作用就会体现出来。其中两位成员由员工从董事会提供的名单中选拔，另外三名由董事会从员工提供的名单中选出来。委员会的主席则从主任及以上级别的管理层选出。

"最佳雇主"的人力资源哲学

赛仕、谷歌和联邦快递互不相同，它们与其他公司也不一样，所以，这些公司的一些奏效的方法在别的公司不一定有同样的效果。比如，赛仕公司是私有的，所以和其他大部分公司相比，它的老板可以更为容易地应对短期的利润波动，并做出优厚福利项目和不让员工下岗的决策。谷歌公司进行一系列聪明的战略调整，所以，当经济形势下行的时候，它的管理者还能够聚焦于保留员工而不是将他们解雇。联邦快递公司作为"最佳雇主"之一，最近也遭遇了一些劳动关系法律问题，比如有的司机不想成为独立合同商，于是向公司提起了诉讼。

在学习完以上三个公司的实践以后，任何一个管理者在构建积极的员工关系方面至少可以获得以下启示。比如，这些公司的管理者都努力构建信任和确保公平对待员工（比如，通过开门政策和公平对待程序来监测员工的态度）。此外，他们通过一系列方式（比如员工认可计划、参与计划、伦理准则、氛围调查和双向交流机制）来展示对员工的深层次的尊重和"以人为本"。

但是，管理者从这些案例中获得的最重要的启示可能是这些人力资源实践基础背后的人力资源哲学。我们说人们的活动经常是基于他们对某些问题的基本假设，这在人力资源管理中尤为适用。你对人的基本假设是什么：他们能被信任吗？他们讨厌工作吗？为什么他们会有如此表现？他们如何才能够被信任？这一切组成了你的人力资源管理哲学。你所做的人事决策是什么：招募什么样的人？如何培养人？你的领导风格是什么？等等。这些都反映了这个基本的哲学。

塑造你的人力资源管理哲学的动力之一，来自你所在组织的最高管理层。不管这种哲学有没有被明确提出来，人们都可以从组织各个层次及部门的行动交流中感受到。谷歌的创始人希望他们的员工幸福，所以他们从公司创立的那一刻开始就在做这项工作。联邦快递公司的创始人弗雷德里克·史密斯的理念是，"当人被放在最重要的位置的时候，他们会有最好的表现，接下来公司的业绩也会提升"。联邦快递公司将内部晋升的政策和其他政策——比如年度员工态度调查、员工认可和回报项目、领导力评价流程、广泛的员工沟通、员工申诉程序联系到一起，以此来提升员工的敬业度和奉献精神。[130]同样的道理，赛仕公司的首席执行官曾经说："我们努力工作以创造一种文化，来鼓励创新、鼓励员工尝试新的事物，使他们不会因尝试而遭到惩罚，关注员工个人和职业的发展。"[131]这样的人力资源哲学可以解释为什么这些"最佳雇主"如此优秀。

本章小结

1. 员工关系指的是通过构建和维持积极的雇佣关系，来达到满意的生产率、激励、员工士气和纪律，并且打造一个积极、有生产力和有凝聚力的工作环境。

2. 直线经理和人力资源经理可以采取一些步骤来构建积极的员工关系。不公平地对待员工会降低士气、增加压力并且会对员工产生消极影响。管理者使用沟通项目、认可计划和员工参与项目来构建积极的员工关系。

3. 伦理是管理个体或群体行为的规则，人们借此决定应该有怎样的行为。工作场所的伦理受很多因素的影响，包括个人因素、组织因素、上级压力、伦理政策和准则、组织文化。人力资源经理可以使用很多方法来影响伦理和公平对待问题。比如让甄选流程公平化和透明化，建立伦理培训项目，对符合伦理的工作行为进行奖励。

4. 无惩罚措施的惩戒能够获得员工对规章制度的接受，同时也减少了惩戒本身的惩罚性质。管理者要建立公平的惩戒程序，需要基于三大支柱：明确的规章制度、渐进式惩戒系统以及申诉程序。管理者在实施惩戒的时候需要遵守一些指南，比如惩戒应当与员工的不当行为及其过去的工作存在合理的联系；在实施惩戒之前，对事件进行公正且充分的调查；不要伤害员工的尊严；等等。

5. 在学习完"最佳雇主"比如赛仕公司、谷歌公司和联邦快递公司的案例之后，任何一个管理者在构建积极的员工关系方面至少可以获得一些启示。比如，这些公司的管理者都努力构建信任和确保公平对待员工。此外，他们通过一系列方式来展示对员工的深层次的尊重和"以人为本"。这些公司构建人力资源管理实践是基于信任、尊重和关心他人职业成长的人力资源哲学。

讨论问题

1. 讨论影响工作场所道德行为的因素。

2. 至少举出四种人力资源经理可以用来提高工作场所道德水平的措施。

3. 举例说明公平惩戒的四种方法。

4. 讨论联邦快递公司的保证公平对待程序与你所在的学校的学生申诉计划的相同点与不同点。

5. 解释如何在惩戒过程中确保公平，尤其要讨论实施惩戒的先决条件、惩戒指南以及一些非惩罚性的惩戒手段。

6. 你会采用什么技术作为传统惩戒手段的替代方法？这种替代方法与组织公平存在何种联系？鉴于当今的企业对于高承诺度的员工有着很强的需要，谈谈你为什么认为这些替代方法很重要。

7. 讨论四种可以运用于影响工作中伦理行为的人力资源工具。

8. 给员工关系下定义，至少列举出四种员工关系管理的方法。

个人和小组活动

1. 以个人或者小组为单位，访问你们公司或大学的管理人员，以确定你们公司或大学在多大程度上在努力建立一种双向沟通，并说明具体使用的计划是何种类型的。管理人员认为这些计划是有效的吗？员工（或是教职工）对这些正在使用的计划的看法是什么？

2. 以个人或小组为单位，找到你们学校的学生手册副本，以确定你们学校的学生在多大程度上能通过正式的程序来提起申诉。根据你们与其他同学的接触，你们认为这是一种有效的申诉渠道吗？为什么？

3. 以个人或小组为单位，搞清楚你们学校的学术惩戒程序的性质是什么。你认为这种程序有效吗？在学习本章知识的基础上，你会建议学校对这一程序做哪些修订？

4. 选择两家公司，其中一家（比如赛仕软件公司）员工关系非常和谐，而另外一家正好相反。运用你能搜集到的资料撰写一个两页纸的报告，列举出这两家公司在员工关系上产生差异的原因。

人力资源行动案例事件 1 安然公司、伦理与组织文化

对很多人来说，安然公司至今仍然是道德沦丧史上的一个典型案例。在20世纪90年代和21世纪初，安然公司主要从事天然气和电力的批发经营。但安然公司本身并不提供天然气或电力，它只是作为天然气和电力的供应商与顾客之间的中介来赚钱。尽管我们并不清楚全部的细节，但是鉴于安然公司所从事业务的类型以及安然公司并不拥有这些资产这一事实，安然公司的会计程序很不一般。例如，标明该公司的资产和债务情况的利润表和资产负

债表让人很难看明白。

结果就是，由于缺乏财务透明度，安然公司的管理人员得以使公司的财务状况看起来比实际情况要好得多。外部专家在 2001 年开始质疑安然的财务报表。很快，安然公司就倒闭了，法院宣判安然公司的多名高层管理人员犯有操纵公司对外公布的资产和盈利性等罪行。很多投资商（包括很多安然公司的前员工）都损失了自己在安然公司的全部或大部分投资。

事后再来回顾这样的道德沦丧事件，似乎总是要比在事前就预计到事情的发展容易得多。然而，安然事件中发生的道德沦丧却比一般情况更令人困惑。正如一个作者最近写到的：

> 安然公司具备完整的伦理道德计划和守法计划所要求的各种要素：伦理行为准则、报告系统以及由（公司的高层管理人员）出面拍摄的关于公司愿景和价值观的培训视频。[132]

对于这家在表面上看似道德水平很高，实际上却在其他管理人员（以及董事会）没有注意的情况下做出了如此多非伦理决策的公司，专家给出了很多种解释。其中包括"公司的高层管理人员蓄意隐瞒信息"，还包括更具心理学意义的解释（例如员工不愿意与自己的上级有矛盾），还包括"在决策制定过程中存在令人吃惊的非理性因素"。[133]

但对于这种看似道德水平很高，实际上却道德败坏的公司，最有说服力的解释可能是与组织文化有关。这里的基本逻辑是，决定员工的行为是否符合道德要求的并不是规章制度，而是员工觉得他们应该怎么做。例如（总的来说，并非仅仅针对安然公司），道德高级职员协会（Ethics Officer Association）的理事长是这样解释的：

> 我们是一个法治社会，我们制定了一系列的法律。同时我们假设，如果你清楚这些法律，那么你就会按法律的要求行事。但是，猜猜看会出现什么情况？你永远无法制定出足够多的法律来告诉我们，在这个世界的任何一个角落，在每个星期的每一天的每时每刻，我们应该怎么做。我们应该开发人们的批判性思维和批判性推理能力，这是因为我们今天需要处理的大部分道德问题都处在道德的灰色地带。事实上，过去的一年中，几乎每个立法机构都出台文件说明，除了法律规定之外，企业还需要创建合乎法律要求的道德标准和公司文化。[134]

那么，人们怎样才能识别和衡量公司是否有"符合道德要求的文化"呢？健康的道德文化主要包括以下几点特征：

- 员工对自己以及他人的行为有责任感。[135]
- 员工可以自由地提出问题和自己的担忧，而无须担心受到报复。
- 管理人员会在要求员工做到的事情方面首先做到以身作则。
- 在需要做出一些很难的决定时，管理者会传达诚实的重要性。

问题

1. 基于本章所学习的内容，用不多于一页纸的篇幅来总结一下你对安然公司的道德沦丧所做的解释。

2. 据说，当一个证券分析师试图质疑安然公司的显得很异常的会计报表时，该公司的首席执行官公开用一种很粗俗的语言来形容这位分析师，而安然公司的员工却认为自己的首席执行官这么做很幽默。如果这种传闻是真的，这种情况说明安然公司的道德文化出现了什么问题？

3. 这个案例和本章中的内容都想说明组织文化对伦理行为的影响。你认为组织文化在安然公司扮演了什么样的角色？请举出五个例子来说明安然公司的首席执行官本来可以采取哪些措施来创建一种健康的、符合伦理道德要求的文化。

人力资源行动案例事件 2 卡特洗衣公司：确保公平对待

身在洗衣和清洁行业，卡特父女总是坚定地认为，不能允许员工在店里吸烟、吃东西或者喝饮料。因此，当詹妮弗走进一家洗衣店，看到两位员工正在柜台上吃午饭的时候，她感到非常惊讶。在柜台上的盒子里有一张很大的比萨饼，两位员工一边喝着可乐，一边吃比萨饼和纸碟上的三明治。这让人看起来感到很脏，而且他们还把油和苏打水溅到了柜台上。尽管店里有一个大排风扇在开着，店里依然充满了洋葱和意大利香肠的味道。这样的情境会让顾客很倒胃口，而柜台上的狼藉还可能会弄脏顾客的订单。

尽管这确实是一个很严重的问题，但是詹妮弗和她父亲都觉得，不能仅仅因为员工在柜台上吃饭就立即解雇他们，其中的部分原因肯定是这家洗衣店的经理容忍了下属的这种行为。现在的问题是，他们也不知道该怎么办。看起来面对这件事情，他们所要采取的应该是比警告严重一些，但是比解雇又轻一些的处罚。

问题

1. 如果你是詹妮弗，你会怎么做？为什么？

2. 卡特洗衣公司应该建立一套惩戒系统吗？

3. 如果你认为应该建立这种惩戒系统的话，那么这套系统中应该包含哪些内容？你会怎样建议这个系统处理像员工在柜台上吃饭这种不符合规定的情况？

4. 你会怎样处理这家分店的经理？

体验式练习 惩戒的困境

目的：积累分析和处理有关员工关系和惩戒的经验。

必须理解的内容：学生必须十分熟悉以下案例提供的信息以及我们在本章中的讨论。

你是一名美国联邦政府机构的中层管理者，一直以来你就有一名很难打交道的下属可能成为非法。近期，虽然你已经多次提醒他不要迟到，他还是每次迟到15分钟。你想对这名下属进行惩戒。然而，当你在 www.opm.gov/er 上看到了相关信息和建议之后，你不清楚是否能给他惩戒。

如何进行练习/指导：以5～6个学生为一组对班级进行分组，每一组都要回答以下问题：

1. 网站上提到了基于绩效的行动和不利行动，你是否有惩戒这名员工的充足理由？

2. 这名员工拥有哪些申诉的渠道？

3. 根据网站上的信息，我们有哪些员工关系管理的技巧可以使用？

学习目标

学完本章后，你应该能够：

1. 简要介绍美国劳工运动的历史。
2. 解释员工敬业度是如何影响工会化的。
3. 讨论美国主要的联邦劳动关系法的本质。
4. 讨论集体谈判的主要步骤。

引言

梅琳达（Melinda）不知道该如何是好。她是艾薇儿电子公司（Avril Electronics）的办公室主任，在她眼中每一个同事都是乐于一起工作的。然而，有一天吉姆（Jim）走到她跟前说，想在公司成立一个工会。梅琳达的第一反应是告诉吉姆别这么做："我不知道为什么，吉姆。我们就像一个家庭，我们不需要也不想看到任何一个同事不高兴。"

13.1 劳工运动

美国有超过 1 400 万劳动者加入了工会——大约占全美劳动力人口总数的 11.3%。[1]这些人不仅有蓝领工人、专业人士、运动员，甚至包括时装模特等。[2]在有些行业——其中包括运输业和公用事业领域，超过 26% 的员工都是工会会员[3]——甚至劳动者要高于 20%。在美国联邦政府、州政府以及地方政府的 2 000 万公共部门员工中，大约有 40% 的人加入了工会。[4]工会成员的比例在各个州也不一样，在纽约州有 20%，而在北卡罗来纳州这一比例降到 4%。最近美国 7 个大型工会组织形成联盟，意在积极地将工人组织起来。所以在美国，工会仍然是一股强大的力量。

此外，武断地认为工会只会对企业带来负面影响的想法也是错误的。例如，有时候工会通过提升员工的专业水平以及促使公司的管理实践变得更加系统化，是可以起到帮助企业改进绩效的作用的。在一项研究中，与护士没有加入工会的医院相比，在护士加入了工会的医院中，心脏病导致的病人死亡率要低 5%～9%。[5]

在美国，对工会活动的支持一直以来都非常流行，但在今天工会也面临着一些压力。比如，威斯康星州和新泽西州面临的预算问题使其正在想办法削减公共组织雇员的数量、养老金和薪酬。

本章中我们将一起学习工会是如何应对这些问题的。

工人为什么要组织起来

专家们花费了大量时间和经费来研究工人加入工会的原因，但这个问题并没有一个简单的答案。工资是个很重要的因素，例如，近期的工会会员周薪中位数为 943 美元，而非工会会员的周薪中位数则为 742 美元。[6]工会员工通常要享受更多的节假日、病假、不带薪休假、保险福利、长期残疾福利和其他福利。在许多行业里，工会还可以降低裁员和削减工资的影响。[7]

但工资不是唯一的因素。通常组建工会的根源在于，工人相信只有通过组织起来加入工会，才有可能公平地"分得一杯羹"，保护他们免遭管理层的欺压和不公正对待。问题的关键在于，低员工士气、对失去工作的恐惧和不恰当的沟通（不好的员工关系）都会引发工会运动。一位劳动关系律师说："工会带来的最主要的好处是，企业不能随心所欲地解雇你了，而是必须给出充足的理由才能解雇，否则你可以就此申请听证和仲裁。"[8]例如，一位在沃尔玛负责卖鲜肉的员工说，当他刚上岗时，主管许诺他能参加管理技能培训并且有机会升至主管。该员工开始工作并为上班方便贷款买了一辆车。然而，当他在工作中背部受伤时，他的主管再也没有提过管理技能培训的事。面对高昂的汽车贷款以及在感到自己受骗的愤怒下，他找到了零售业工作者工会，后者随后派了一名组织者到沃尔玛内部组建工会，最后这些负责卖鲜肉的员工的投票结果是同意组建和加入工会。一周后，沃尔玛竟宣布取消鲜肉现场切售的形式，一律改为销售包装冷鲜肉的形式，这样沃尔玛就再也不需要那些负责切售鲜肉的员工了。[9]

■ 13.2 管理者的员工敬业度指南

员工敬业度和工会化

还有什么是员工加入工会的原因？我们可以合理地假设，一个更具有敬业度的员工会更加支持他的公司，而不大可能支持工会。事实上正是如此。

现代调查公司（Modern Survey）进行了一项调查，来衡量员工想要被工会代表的意愿、对公司的信心、对高级管理层的信心和员工敬业度等指标。该项调查发现，赞成加入工会的员工中有 50％的人缺乏敬业度，而反对加入工会的员工中只有 20％缺乏敬业度。该研究的结论是："关注组织内的员工敬业度水平可以帮助培育管理层与员工之间积极的关系，并降低劳动力工会化的意愿。"[10]

盖洛普公司的另一项调查可视为对现代调查公司结论的补充。比如，盖洛普对超过 500 个组织的员工敬业度调查结果显示[11]：

- 45％的非工会会员员工敬业度较高，而只有 38％的工会会员员工敬业度高。
- 有 22％的非工会会员员工的敬业度在最高的 1/4 区间内，而在工会会员员工中这一数字为 17％。
- 从盖洛普的员工敬业度数据库中可以看出，有 26％的非工会会员员工的敬业度在最低的 1/4 区间，而在工会会员员工中这一数字为 34％。

这些研究结论并不意味着公司中那些敬业度高的员工就不支持工会，或者说工会会员员工就缺乏敬业度。这些研究是相关的，它们仅仅证明员工敬业度和工会活动是一同变化的。同样的管理政策（比如公平对待系统和优秀员工福利）可能会造成员工敬业度提升和非工会化。但是整体而言，这些研究表明某些步骤（比如优厚的福利、信任构建和保证公平对待）能够提升员工敬业度并且减少工会化的可能性。

工会想得到什么

总的来说，我们可以认为工会主要有两个方面的目标：一方面是寻求工会的保障性；另一方面是改善工会会员的工资、工时、工作条件和福利。

工会保障性

首先（并且可能也是最重要的），工会要寻求自身的保障性。它会努力争取能够赢得代表一家企业中的员工的权利，并且努力成为能够代表该企业中的全体员工的唯一谈判代表。（这样它就能够为全体员工，也包括没有加入工会的员工，进行集体合同的谈判。）工会可能采取的保障方式有五种：

1. 封闭型企业。[12]这种企业只雇用工会会员。这种工会保障形式已不多见，主要存在于某些行业中（例如印刷业）。只有不到 5％的工会合同属于此种类型。

2. 工会制企业。这种企业可以雇用非工会会员，但这些人必须在规定的时间过后加入工会，并缴纳会费。（如果不加入工会，他们可能会被解雇。）这种类型的工会合同大约占到 73％。工会和企业还倾向于对工会制企业的某种变通形式进行协商（例如，当工会合同期满时允许一些年龄较大的员工退出工会）。

3. **工会代理制企业**（agency shop）。在这种情况下，那些不属于工会会员的员工也必须缴纳等额的工会会费（这里的一个基本假设就是：工会所做的努力会惠及全体员工）。

4. 工会会员优先企业。在这种企业中，工会会员可以得到优先录用，但企业仍有权雇用非工会会员。

5. 会员资格保持型企业。员工不必加入某一工会。但是，受雇于该企业的工会会员在工会合同期内必须保持自己的工会会员身份。大约有 4％的工会合同属于此类。

并不是所有的州都赋予了工会这样一种权利，即要求工人必须先加入工会，才有可能得到雇用。**工作权利**（right to work）概念所描述的恰恰是："州法律或宪法相关条款禁止将加入工会作为雇用条件之一。"[13]《塔夫托-哈特利法》（早期的劳动关系法）没有把工会列为非法组织，但确实允许各州阻止各种形式的工会保障。这种要求实际上可以理解为，在这些州中组建工会可能成为非法。近期，美国一共有 23 个州通过了工作权利法。[14]几年前，俄克拉何马州成为第 22 个通过工作权利法的州。一些人认为，工作权利法的通过——以及大量的制造业工作岗位的减少——可以解释为什么俄克拉何马州的工会会员人数在接下来的 3 年中急剧下降。[15]工作权利对工会的会员数量有着不利的影响。[16]

为会员改善工资、工时、工作条件和福利

一旦工会在某一公司中的地位有了保障，它就会开始为会员努力争取改善工资、工时和工作条件。典型的劳资协议还允许工会参与其他一些人力资源管理活动，包括员工的招募、甄选、薪酬决定、晋升、培训以及解雇等。

劳联-产联

美国劳工联合会和产业组织联合会（American Federation of Labor and Congress of Industrial Organizations，AFL-CIO）（以下简称劳联-产联）是一个由美国大约 56 个全国性工会和国际性工会自愿组织起来而形成的联盟。原本分设的劳联和产联于 1955 年合并为劳联-产联。对于许多美国人来说，劳联-产联就是工会的同义词。

在劳联-产联和其他大多数美国工会中，其组织结构分为三层。工人加入当地的工会，这是他们工作的地方。这样的地方工会又是国家工会的一个分支。比如你是底特律的一名教师，你就属于当地工会的一员，而这个工会又是它们的全国性的组织——美国教师工会的几百个地方分支的一个。第三个层面就是国家性的联盟，比如劳联-产联。

工会联合会的会员处在不断的变动之中。服务业员工国际工会（SEIU）是一个不断壮大的、拥有超过 220 万会员的组织；它还包括最大的健康护理工会（拥有超过 110 万注册护士、执业护士和医生）。此外，还有全美第二大的公共雇员工会（拥有超过 100 万联邦和州政府雇员）。几年前，服务业员工国际工会、卡车司机国际联合会、美国食品和商品工会、美国农业工人工会和劳工国际工会等代表制衣和服务业工人的工会都离开了劳联-产联，然后建立了它们自己的联合会，起名为"改革制胜联盟"（the Change to Win Coalition）。[17]这些工会占劳联-产联 1/4 的会员人数和预算。它们新组建的联合会计划比劳联-产联更为积极地将工人们组织起来。[18]

一些人认为这些联合会是工会运动最主要的部分。但其实不然。比如教师工会的主席可能比劳联-产联的副主席更有权力。而现实的情况是，劳联-产联的主席能产生非凡的政治影响力。

■ 13.3　工会与法律

1930 年以前，美国并没有专门的劳工法律，也没有要求企业与员工进行集体谈判，实际上也没有限制企业对工会采取的行为，使用间谍、整理黑名单以及解雇工会煽动者的现象十分普遍。许多企业强迫员工签订"黄狗契约"，即资方可以借此要求员工不加入工会，并将其作为得到雇用的一个条件。当时，大多数工会可以使用的武器——甚至罢工——都是非法的。

这种一边倒的情形一直持续到大萧条时期（大约 1930 年）。从那以后，为了适应公众态度、价值观以及经济形势的变化，劳工法律经历了三个很清晰的发展时期：从对工会的"积极鼓励"，到"有条件鼓励与规范管理"，到最后发展成"对工会内部事务实施具体规范管理"。[19]

积极鼓励时期：《诺里斯-拉瓜迪亚法》（1932 年）与《国家劳动关系法》（1935 年）

1932 年《诺里斯-拉瓜迪亚法》（Norris-LaGuardia Act）拉开了积极鼓励工会活动的新时代的帷幕。它保护每一位员工"不受干涉、限制或强迫"地进行集体谈判的权利。它宣布不可强迫员工签订"黄狗契约"，并且限制法院对诸如和平纠察活动以及支付罢工的做法发布禁令（或停止令）的权力。[20]

但是，这项法案在限制企业采取各种可能的手段来对抗劳工组织方面所起的作用甚微。因此，美国于 1935 年通过了《国家劳动关系法》（National Labor Relations Act，又称《瓦格纳法》（Wagner Act）），以加强《诺里斯-拉瓜迪亚法》的力度。它通过以下规定实现了这一目的：（1）禁止某些不正当的劳动关系行为；（2）规定用秘密投票选举的方式和多数的原则来确定一个企业中的员工是否愿意组建工会；（3）建立了**国家劳动关系委员会**（National Labor Relations Board，NLRB）来执行上述两项规定。

国家劳动关系委员会除了监督工会选举是否得到实施外，还定期发布解释性规章。例如，大约有 600 万员工处于工会的临时保护下。国家劳动关系委员会规定派遣员工可以加入永久性员工组建的工会，只要他们的劳务派遣公司指派他们来此工作。[21]

企业的不正当劳动关系行为

《瓦格纳法》认为，企业采取的以下五种不正当的劳动关系行为属于"违法"（但不构成犯罪）：

1. 企业"干涉、限制或强迫员工"行使得到法律准许的组建工会的权利是不正当的。

2. 公司方代表主导或干预工会的组建或管理活动的做法是不正当的。根据上述《瓦格纳法》的第一条和第二条的规定，不正当劳动关系行为包括：贿赂员工、使用公司的间谍系统、为避免被工会化而搬迁企业、将支持工会的人列入黑名单等。

3. 禁止企业以任何方式歧视参加合法工会活动的员工。

4. 禁止企业仅仅因员工对公司提出"不正当劳动关系行为"的指控，就解雇或歧视员工。

5. 企业拒绝与员工通过正式选举产生的代表进行谈判的做法属不正当劳动关系行为。[22]

工会可以向国家劳动关系委员会提出不正当劳动关系行为方面的指控（见图 13-1）。国家劳动关系委员会会对这种指控进行调查，并决定是否要采取相应的行动。该委员会可能采取的行动包括：驳回指控；请求对企业发出禁令；要求企业暂停和终止不正当的劳动关系行为。

1935—1947 年

1935 年《瓦格纳法》通过后，工会会员人数迅速增长。当然，这种增长状态也受到了其他一些因素的影响，比如经济形势好转、工会领导人比较强硬等。但是到了 20 世纪 40 年代中期的第二次世界大战结束之后，这一趋势开始转向。主要是当时出现的一系列声势浩大的战后罢工导致公共政策开始转向，转而应对当时许多人认为的工会势力过大局面。

国家劳动关系委员会对雇主的指控		
说明：申请人需向不正当劳动关系行为发生地的国家劳动关系委员会负责人提交此表原件和四份复印件。	无须填写此栏	
	案件编号：	归档日期：
1. 涉案雇主		
a. 雇主名称：	b. 雇员人数：	
c. 雇主地址： d. 雇主联系人：		e. 电话号码：
f. 雇主地址类型（工厂、矿场、批发市场）： g. 主要产品或服务：		
h. 上述雇主实施了《国家劳动关系法》8（a）第一款以及第_____款中所指出的不正当劳动关系行为，并且这些不正当劳动关系行为对商业造成了不当影响。		
2. 该指控的证据（具体的事实、姓名、地址、涉案工厂、时间、地点等） 通过上述证据可以证实雇主存在干预、限制和强迫员工的行为，危害到了《国家劳动关系法》第7章所保障的那些员工权利。		
3. 提起诉讼一方的名称（如果是劳工组织，请填写全称，包括当地分支组织的名称和编号）		
4a. 详细地址： 4b. 电话号码：		
5. 所属的国内或国际劳工组织的全称（如果是劳工组织提起诉讼，请填写此栏）		
6. 声明 我声明，我已经核对过上述陈述和指控，并保证我所提供的这些信息属实。 签字：_____ 地址：_____ 电话：_____ 日期：_____		
此表中的信息若存在蓄意弄虚作假，填写者将受到罚款或监禁（根据美国宪法第18章第1001节）。		

图 13-1 国家劳动关系委员会 501 表：提起不正当劳动关系行为指控

资料来源：National Labor Relations Board，http：//www.nlrb. gov/.

有条件鼓励与规范管理时期：《塔夫托-哈特利法》（1947 年）

《塔夫托-哈特利法》（Taft-Hartley Act）（或称《劳动关系法》（Labor Management Relations Act））反映出美国公众对工会热情的消退。它修正了《瓦格纳法》，通过以下四种措施来对工会加以限制：（1）禁止工会采取不正当的劳动关系行为；（2）列举员工作为工会会员所拥有的权利；（3）列举企业所拥有的权利；（4）允许美国总统临时性地禁止工会举行全国紧急罢工。

工会的不正当劳动关系行为

《塔夫托-哈特利法》列举了禁止工会采取的几种劳动关系行为：

1. 它禁止工会限制或强迫员工行使其受法律保护的谈判权利。

2. 工会为了鼓励员工获得工会会员资格，促使企业以任何一种方式对员工实施歧视的做法均属不正当劳动关系行为。

3. 工会拒绝诚心诚意地与企业就工资、工时以及其他雇用条件进行谈判的做法属不正当劳动关系行为。

员工的权利

《塔夫托-哈特利法》也保护员工的权利不受工会侵犯。例如，许多人认为，强制性的工会主义侵犯了美国公民享有的结社自由这一基本权利。于是，美国有 19 个州（主要是南部和西南部的一些州）颁布了新的工作权利法。这使得签订必须是工会会员才能获得雇用的劳动合同条款是违法的。

总之，《国家劳动关系法》限制工会采取不正当劳动关系行为的程度，不如对企业的限制那样严格。它只是说工会不能约束或强迫员工，然而，"要想让国家劳动关系委员会认定工会存在不正当劳动关系行为，工会必须首先有违法行为出现，或者是实施了威胁、明显强迫或恫吓员工的各种活动"。[23] 具体情况包括殴打、威胁使用暴力、实施经济报复以及集体封锁工作场所的合法进出通道等。一个典型的例子是，在图案制作公司诉国家劳动关系委员会（Pattern Makers v. National Labor Relations Board）一案中，当工会发现一些会员退会或者在罢工中返回工作岗位时准备对这些人进行罚款，而最高法院裁定工会的这种行为是违法的。[24]

企业的权利

《塔夫托-哈特利法》同样也明确赋予了企业某些权利。比如，该法案赋予企业充分表达自己对工会组织的看法的自由。例如，作为一名管理人员，你可以告诉你的员工，你认为工会是没有价值的、对经济有害的、不道德的。一般来说，你甚至可以暗示员工：工会化以及随之而来的高工资要求，可能会导致工厂被永久性关闭（而不是搬迁到其他地方去）。在合适的情况下，企业还可以披露工会暴力和腐败方面的记录。事实上，这一法律对企业的唯一限制是：企业必须避免对正在准备做决定的员工采用威胁、许诺、强迫和直接干预的手段，即不得威胁员工自己将实施报复，不得强迫员工，也不得许诺给员工提供某种利益，等等。[25]

此外，企业还不能做以下两件事：（1）在 24 小时内就要进行工会选举时，在工作时间会见员工；（2）当员工在自己的家中或企业的办公室里时，建议员工对组建工会投反对票（虽然当员工在工作场所或日常聚会的地方时企业可以这样做）。

全国紧急罢工

《塔夫托-哈特利法》还允许美国总统干预**全国紧急罢工**（national emergency strikes）。对这些"可能威胁国家安全和健康的罢工"（例如钢铁公司员工的罢工），总统可以任命一个调查委员会，并根据该委员会的报告，发布 60 天之内限制罢工的命令。如果在此期间劳资双方没有达成和解，总统可以将限制罢工的命令延期 20 天。在这个最后的期限里，员工通过秘密投票来确定是否愿意接受企业的最后条件。

对工会内部事务实施具体规范管理时期：《兰德勒姆-格里芬法》（1959 年）

20 世纪 50 年代，美国参议院的一些调查委员会揭露了某些工会的一些声名狼藉的行为，结果导致了 1959 年《兰德勒姆-格里芬法》（Landrum-Griffin Act）的出台。该法案正式名称为《劳资报告与披露法》（Labor Management Reporting and Disclosure Act）。其最终目的是保护工会会员免遭工会违法行为的侵害。该法案还修正了《国家劳动关系法》。

首先，该法案包含了一个关于工会会员权利的议案。此外，它还规定了工会会员在工会办公机构候选人的提名方面享有的某些权利。它还确定了工会会员有起诉工会的权利，并保证未经正当程序（比如一系列指控和公平听证会），不能对工会会员进行罚款或停职处理。

该法案还规定了工会的选举规则。例如，全国性工会必须采用某种投票方式，至少每五年进行一次选举。它规定了何种人可以担任工会管理人员。例如，被证明犯有重罪的人在定罪之后的五年之内不得担任工会管理人员。

美国参议院的调查员还发现了一些臭名昭著的企业采取的不道德行为的案例，而《兰德勒姆-格里芬法》增列了许多非法企业行为。例如，公司不再能够通过收买员工来引诱他们拒绝工会。因此，强化工会又逐渐成为一种趋势。

当今的劳动法律

当我们学习完本章之后可以发现，未来几年，劳动法律面临的环境压力是更为有利，还是更加严峻，这个问题的答案并不清晰。另外，我们可以看到工会正在推动新的立法活动以持续提升工会的影响力。此外，现实的经济情况（如州预算的缩减和与日俱增的竞争压力）和演变的公众观点也在弱化员工加入工会的行为。[26]

社交媒体和人力资源

劳动管理方面的律师通常会建议企业就员工使用社交媒体发布特定的管理政策。这些政策往往要求员工确认自己的任何观点不代表公司立场，在工作时间不能使用社交媒体，以及禁止员工发布对于公司的不当言论。[27]

然而，最近国家劳动关系委员会的决定表明，这样的限制可能违反了《国家劳动关系法》对员工权利（比如说在与同事讨论工作环境问题时采取"具体的行动"）的保障。起初，国家劳动关系委员会认为，企业限制员工就公司问题发表不尊重的言论是可接受的。但是，接下来的国家劳动关系委员会的裁决甚至对这一问题都提出了质疑。[28]至少有一名劳动管理方面的律师建议，不能发布任何诸如此类的社交媒体政策。[29]

■ 13.4　集体谈判过程

什么是集体谈判

一旦工会成为员工的代表，就会确定资方与劳方在某一天会面，并就劳资协议进行协商。在劳资协议中将包括有关工资、工时及工作条件等方面的具体条款。

那么，到底什么是**集体谈判**（collective bargaining）呢？《国家劳动关系法》的定义是：

集体谈判的目的是，企业与员工代表共同履行以下义务：在合适的时间会晤，并真心诚意地就工资、工时以及雇用期限、雇用条件等问题进行磋商，或就协议进行谈判，或就引发的任何问题进行讨论，或应任何一方的要求签署已达成协议的书面合同，但是这种义务并不强迫任何一方必须同意某个建议或要求任何一方做出让步。

通俗地讲，这就是说，法律要求劳资双方就工资、工时以及雇用期限和雇用条件等进行有诚意的谈判。我们会发现法庭判决澄清了哪些条款可以进行谈判。

什么是诚意

诚意谈判（good-faith bargaining）是指劳资双方通过沟通和协商，就对方的建议提出相应的意见和建议，双方为达成协议而尽可能做出合理的努力。它并不意味着一方强迫另一方同意某个建议，也不要求任何一方做出任何特殊的让步。在实践中，诚意谈判包括的职责有：会见对方代表的义务；应员工要求，资方为其提供有效谈判所需的信息的义务以及无论工会派出谁做谈判代表都能合理地接受。[30]

在国家劳动关系委员会和法庭评判谈判参与方是否履行诚意谈判义务时，被评价方的行为是重要依据。[31] 以下列示了几种违背诚意谈判义务的情况：

1. 表面谈判。谈判走过场，而不打算真的形成任何正式协议。

2. 无建议和要求。国家劳动关系委员会认为，提出建议是确定谈判一方在总体上是否有诚意的一个积极因素。

3. 拒绝提供信息。企业必须根据工会的要求为其提供信息，以便工会能够理解和理性地讨论在谈判中提出的问题。[32]

4. 拖延策略。法律要求双方会晤，并"在合理的时间以及合理的间歇期间内进行磋商"。[33] 显然，拒绝与工会碰面的做法就是不履行法律要求企业承担的义务的表现。

5. 妥协意愿不足。即使不要求任何人做出让步，但妥协的意愿是有诚意谈判的重要因素。

6. 单方面改变条件。这是企业缺乏在谈判中达成协议的诚意的明显迹象。

谈判小组

工会和资方都要派遣谈判小组参加谈判，双方的谈判小组通常会在坐在谈判桌旁之前做好调查。工会代表已经了解工会会员的愿望，并且与相关工会的代表交换过意见。

资方利用一些技术和程序来为谈判做准备。首先，它要准备好作为谈判立场的数据。它会收集工资和福利方面的数据，包括与当地工资水平进行比较的情况以及对同行业内相同岗位上的工资水平所做的评估。资方还将计算当前劳资合同的成本，并确定按工会要求增加的成本，其中包括总成本和每个工时的成本。它将利用来自员工争议的信息和来自基层主管的反馈信息来确定工会的要求可能是什么，从而准备好如何进行辩论和还价。

➡ 作为盈利中心的人力资源

一位专家这样说："我最常见到的错误是，人力资源管理专业人员来参加谈判，却没能理解他们正在谈判的内容可能产生的经济影响。例如，工会要求新增三天假期。这听起来好像并不多，但在一些州，如果员工离开该企业，企业需要对其未用的假期付酬。因而你的一项决定可能会导致企业把这一责任一直承担下去。"[34]

议一议

你认为雇主最应该聚焦于哪三种最大的劳动力相关支出？怎么解决这一问题？

谈判主题

在实践中，谈判主题分为自愿性谈判主题、非法谈判主题和强制性谈判主题。

自愿性（或允许的）谈判主题（voluntary (or permissible) bargaining items）不是强制性的，也不是非法的。只有在资方和工会双方同意的前提下，它们才能成为谈判内容的一个组成部分。任何一方都不能强迫对方就自愿性主题进行谈判。任何一方不得因对方拒绝就自愿性主题进行谈判而不签署劳动合同。退休福利就属于此类主题。

非法谈判主题（illegal bargaining items）是法律禁止谈判的内容。例如，在执行工作权的州中，同意只雇用工会会员的条款是非法的。

图 13-2 中介绍了 70 多个**强制性谈判主题**（mandatory bargaining items）中的一部分，法律规定，对这些主题的谈判是强制性的。它们包括工资、工时、休息时间、解雇、调动、福利以及遣散费等。其他如药物检测等，也随着法律的发展而被纳入其中。

强制性谈判主题	自愿性谈判主题	非法谈判主题
工资率	赔偿金	封闭型企业
工资	工会事务的管理权限	根据种族隔离员工
工作小时数	退休员工的养老金福利	对员工区别对待
加班费	集体谈判的范围	
轮班	合同中是否包括基层主管人员	
节日	合同中的第三方，例如国际工会组织	
假日	工会标签的使用	
遣散费	对不公正雇用行为指控的处理	
养老金	餐厅价格	
保险福利	合同续签	
利润分享计划	集体谈判小组的成员	
圣诞节奖金	罢工者的雇用	
公司住房补贴、餐补等		
员工安全		
工作绩效		
工会保障		
劳动关系		
员工药物检测		

图 13-2　集体谈判项目

谈判阶段[35]

实际谈判通常要经过几个阶段。[36]第一，双方提出各自的要求。在此阶段，双方对某些问题通常会存在很大的分歧。因此，劳方谈判者会使用"蓝色天空"这样的词语来描述要求（比如游泳池、包括情人节在内的 17 天带薪休假）。第二，双方降低各自的要求。在此阶段，双方用某些要求来交换其他的利益，这叫作"交易点"。第三，小组委员会进行调查。双方联合组成小组委员会，努力找出合理的解决方案。第四，双方达成非正式解决意见，然后双方的谈判委员会成员返回，与各自的决策者协商。工会代表要非正式地与其上级以及工会会员进行意见核对，资方代表则要与高层管理人员核实意见。最后，一旦一切就绪，双方就起草并签署正式协议。下面的专栏为谈判提供了若干建议。

➡ **构建你的管理技能**

如何谈判

达成一份令人满意的劳动关系协议是需要协商技巧的。有经验的谈判者会使用杠杆、愿望、时间、竞争、信息、诚信和判断来使其在谈判中处于有利位置。杠杆是指使用那些能够帮助自己或阻碍对方的因素，使对方处在达成协议的压力下。[37]你可以用作杠杆的因素包括必要性、愿望、竞争和时间。[38]例如，工会了解企业需要快速（时间）完成一笔订单，利用这一点就可以使企业在谈判中处于劣势。

同样，一些合同条款（例如介绍退休金福利）也可能是十分关键的。然而，一旦企业将自己这方面的意图表现得太明显，就会使自己处于不利地位。竞争也是重要的。相比于告知工会你有其他的选择（比如，将工厂迁往国外），没有什么比这更有说服力的谈判条件了。时间也会使谈判朝有利或不利的方向发展。

当然，正如我们所说的，"知识就是力量"。对于对方和当前情况的了解可以使你处于有利地位。此外，对方可能正在判断你是不是在说大话，因而诚信也很重要。最后，好的谈判者需要判断力："在争取权利最大化和达成协定之间平衡"的能力。[39]接下来总结了其他一些谈判要点[40]：

1. 明确每一个谈判主题的目标，并理解该目标成立的前提条件。
2. 从容不迫。
3. 若有疑问，要与同事开会商讨。
4. 充分掌握能够支持自己观点的确切数据。
5. 对自己的主张总是保持一定的弹性。
6. 不要只在意对方所说的和所做的，还要找出相关的原因。
7. 重视保全对方的面子。
8. 时刻注意对方的真实意图——不仅注意对方的目标，还要注意目标的优先顺序。
9. 做一个善于倾听的人。
10. 树立一个公正而稳定的形象。
11. 学会控制自己的情绪并将此作为一种手段。
12. 在完成每个谈判步骤的过程中，确信你知道它与其他所有谈判步骤之间的关系。
13. 用你的目标来衡量谈判的每一个步骤。
14. 密切关注重新探讨的每个条款的用词，具体的某个词或短语常常成为后期纠纷的源头。
15. 记住，集体谈判是一个妥协过程。世上没有独占全部利益的好事。
16. 考虑到现有谈判对未来几年的影响。
17. 不要过于诚实、毫无保留，以致过度妥协。[41]

僵持、调解和罢工

谈判双方达成最终解决方案的前提是每件事都进展得很顺利，没有无法逾越的分歧。如果有的话，双方就会宣布谈判陷入僵局。例如，几年前国家曲棍球联盟（National Hockey League）告知国家劳动关系委员会，它与曲棍球球员工会的集体谈判陷入了僵局。谈判双方必须打破僵局才能最终签署协议。

僵持局面通常是因一方的要求远远超过对方的出价而形成的。有时，僵持局面可以通过"第三方"（诸如调解人或仲裁人等没有利益在其中的第三方）来化解。如果第三方也不能化解僵局，则工会可能会号召工会会员停工或罢工，对资方施加压力。

谈判者可以利用三种类型的第三方干预来打破僵局：调解、实情调查和仲裁。在**调解**（mediation）过程中，一个中立的第三方努力帮助谈判双方达成协议。调解员通常会与双方举行会议，确定双方各自的立场，然后从中找到一些继续进行谈判的共同立场。例如，2009年美国航空公司飞行员工会在与公司就签订一项新合同的集体谈判中申请联邦调解。

调解员需要与双方沟通自己对发生罢工的可能性所做的评估，以及可能达成和解的一揽子方案等。他们无权规定条款或要求哪一方做出让步。然而，他们有可能在某些问题上摆明立场，扮演领导者的角色。

在某些特定的情况下，例如处于全国性的紧急争议状态时，就可以任命一位实情调查员。**实情调查员**（fact-finder）是一个中立的第三方，他要调查存在争议的问题并就合理的解决方案提出公开建议。

仲裁（arbitration）是最后一种第三方干预形式，因为仲裁员通常有权确定和规定解决方案。与调解和调查不同，仲裁可以保证解决僵持局面。在实施约束性仲裁的情况下，双方必须接受仲裁员的裁定。在实施非约束性仲裁的情况下，双方则可以不接受。仲裁也可以是自愿性的或强制性的（换言之，由政府机构强制要求的）。在美国，自愿的约束性仲裁最为普遍。

然而，仲裁可能并不总是像它应该的那样公平。在一项对过去20年间在代表棒球球员的工会和球队之间发生的仲裁案例进行调查的研究中，61%的情况下仲裁员支持了球队。研究者总结说，（至少在棒球领域）"仲裁员个人偏好"会导致对棒球球员的歧视，特别是对那些拉美裔球员。[42]

各种公共机构和专业机构都可以充当仲裁者和调解者。例如，美国仲裁协会（AAA）为企业和工会提供了数千种仲裁和调解服务。美国政府的联邦调解机构下设的仲裁办公室列出了一份清单，列明了有资格听证和处理与集体谈判协议运用有关的争端的仲裁机构名单。图13-3是企业或者工会用来向联邦仲裁和调解服务机构（FMCS）申请仲裁或调解服务的表格。

罢工

罢工是一种停止劳动的方式，罢工一共有四种类型。**经济罢工**（economic strike）产生于双方不能就劳资合同条款达成一致的情形。工会号召会员采用**反不正当劳工活动罢工**（unfair labor practice strike）来抗议企业的非法行为。**野猫罢工**（wildcat strike）是在劳资合同期内发生的未经批准的罢工。**同情罢工**（sympathy strike）是一个工会为支持另一个工会发起的罢工而举行的罢工。

罢工并不是集体谈判不可避免的结果。研究显示罢工是可以避免的，只有当集体谈判中出现误解时才会发生罢工。这些误解包括工会领导者和普通员工之间意见的分歧以及对谈判双方目标的误解。[43]

联邦政府劳动关系部门 致联邦仲裁和调解服务机构的通知	
通知处理单位：联邦仲裁和调解服务机构	
此通知是关于：	
□初始合同	认证编号：
□重新谈判合同	重新谈判时间：
□现有合同到期	到期时间：
联邦仲裁和调解服务机构介入此次集体谈判的其他要求：	
有关争议调解的要求：	
联邦机构的名称（其分支的名称）：	
该机构地址：_____ 　邮编：_____	
联系人：_____ 　区号和电话：_____	
国内工会或所属总工会的名称：	
地址：_____ 　邮编：_____	
联系人：_____ 　区号和电话：_____	
进行仲裁和协调的地点	
地址：_____ 　邮编：_____	
员工中大约有多少人参与此次集体谈判：_____ 　员工总数：_____	
此通知是以谁的名义：工会□　　联邦机构□	
提交此通知的官员的名字：_____ 　区号和电话：_____	
地址：_____ 　邮编：_____	
对于争议的调解需要双方签字	
签字（政府机构）：_____ 　日期：_____ 　签字（工会）：_____ 　日期：_____	

图 13 - 3　调解服务申请表格

资料来源：Federal Mediation and Conciliation Service.

罢工的可能性和严重性取决于参与者"罢工的意愿"。[44] 比如，若干年前，美国职业棒球大联盟（Major League Baseball）的老板们放任球员罢工，甚至停摆整个赛季。因为他们一致认为，球员们拿了太多的工资，正在毁掉整个比赛，而只有这种越界的做法才能防止这样的情况再次发生。[45]

设置纠察是在一次罢工期间出现的第一种活动。其目的是将存在劳资争议的事实公之于众，这通常会鼓励其他人不要与正面临罢工的企业做生意。

在面临罢工的时候，企业可以采取以下几个方面的措施：一是关闭受影响的区域，停止运营，直到罢工结束。二是为减少罢工对企业产生的影响，将工作外包出去。三是继续运营，或许能够用一线主管人员和其他不参加罢工的员工来代替罢工者。第四个选择是雇用新员工来替代罢工者。在经济罢工中，这样的替换可能是永久性的，并且企业可以不必为以后从罢工中返回工作岗位的员工提供职位。国家劳动关系委员会在后来的裁决中对上述条款做出了一定限制。如果员工的罢工是为了抗议不正当的劳动关系行为，则企业不能永久性替代这些罢工者。如果罢工者申请回到原职位工作，企业必须无条件重新雇用他们。当某个航空公司用 1 500 名工人替代了参加罢工的技工时，罢工就彻底瓦解了。[46] 有的企业还与罢工安保公司合作，以确保罢工期间的安全。[47]

其他选择

劳资双方都还有其他一些可用于化解僵局，以达到本方目的的武器。例如，工会可以诉诸联合施压运动。联合施压运动是工会进行的一种有组织的活动，其目的是通过给公司的其他工会、股东、董事、客户以及政府机构等施加压力（这种压力通常是直接的），从而对公司施加压力。例如，公司董事会的一名成员可能发现工会组织其会员对该董事自身的业务实施**联合抵制**（boycott）——不与其做生意。因此，作为组织在美国设厂的外国汽车公司工人运动的一部分，全美汽车工人联合会（UAW）在美国的本田、戴姆勒、丰田和日产的销售商中设置了纠察队。[48]

内部游戏就是工会通过一些特定的手段，比如通过放慢工作速度、拒绝加班、向政府机构提出大规模指控、在没有收到基层主管的详尽指令时拒绝工作，以及进行其他一些破坏性的活动，比如请病假等，让企业看到阻止或破坏生产所产生的后果。

企业可以通过闭厂来打破禁令。**闭厂**（lockout）是指企业拒绝提供工作机会。在这种情况下，它将员工关在工厂大门之外，不让他们从事他们的工作（从而得不到工资）。国家劳动关系委员会通常不会把闭厂的做法视为不正当劳动关系行为。只有在企业出于法律禁止的目的而采取闭厂措施的情况下，国家劳动关系委员会才会将闭厂视为一种不正当的劳动关系行为。而努力达成有利于企业的解决方案这种做法本身，并不是法律所禁止的。今天，企业较少使用闭厂这种手段，在员工愿意继续工作（即使在谈判桌上出现僵局）的情况下，企业通常也不会停止运营。[49]

企业还可以通过别的途径来应对压力。波音公司的工会近期反对其在华盛顿州的集装公司的妥协行为，于是波音公司开始考虑将集装公司转移到南加利福尼亚州。于是，波音公司在华盛顿州的员工不得不同意了这一决定。[50]

如果认为对方正在采取可能会对己方造成不可挽回的损害的行为，则企业和工会都可以请求法院颁布禁令。为了获得这种禁令，国家劳动关系委员会必须向地区法庭证明存在某种不正当的劳动关系行为——例如企业干预工会组织活动的行为——如果不颁布禁令将损害另一方的法定权利。（例如，企业对工会活动实施干预或者工会正对那些试图接触国家劳动关系委员会反映情况的员工实施报复。）禁令颁布的前提是国家劳动关系委员会给出不正当劳动关系行为的证明。禁令是法院强制一方或双方恢复或终止某种行动的一种法院命令。[51]

劳资合同协议

真正的合同协议可能是一份 20～30 页甚至更长的文件。合同的主要章节一般涵盖以下主题：

1. 资方权利；
2. 工会保障和代扣会费；
3. 争议处理程序；
4. 争议仲裁；
5. 惩戒程序；
6. 薪酬水平；
7. 工时和加班；
8. 福利：休假、节假日、保险、养老金；

9. 健康与安全规定；

10. 基于资历的员工保障条款；

11. 合同终止日期。

合同管理：处理争议

劳资协议的达成并不是集体谈判的最后一个步骤，因为总会有有关劳资协议中各条款的具体含义的争议。争议处理程序通常就是用来处理这类问题的。这种程序提供了一种有序的制度，企业和工会都可以通过它来确定某种行为是否违反了劳资合同。争议处理并不一定要重新商定条款，可能只是对条款中涉及的休假时间、惩罚措施和工资等问题进行澄清。最近，克利夫兰布朗队（Cleveland Brown）的主教练由于一名球员没有付清在酒店消费的 3 美元的水钱而对其实施 1 701 美元的罚款。结果其他一些球员立刻向国家橄榄球联盟（NFL）提出申诉。[52]

员工可能会将几乎任何涉及工资、工时或雇用条件的因素作为提出争议的依据。惩戒和资历问题（包括晋升、调动和解雇）是最难解决的问题。其他问题则包括因职位评价和工作任务分派、加班、假期、奖励计划以及节假日而引发的争议。

有时，争议处理过程会失控。例如，几年前，美国邮政工人工会第 482 地方工会的会员对位于弗吉尼亚州罗诺克的邮政局的邮件处理厂提出了 1 800 起争议（通常的争议率为每年 800 起）。显然，这些员工是在反对工作变化，其中包括邮政局在进一步实现邮件处理自动化方面所做的努力。[53]

争议处理程序

无论争议的起源是什么，现如今许多公司（几乎是所有组建了内部工会的公司）都会为员工提供某些途径去表达不满并进行相应的解决。争议处理程序自然而然是劳资协议的一部分内容。但是，即使是在那些没有内部工会的公司，这样的争议处理程序也能够很好地确保劳动关系的和谐。

争议处理程序一般包括多个步骤。例如，第一步可能是填写表格。第二步可能是争议者和工会代表与争议者的直接上级进行非正式会晤，努力探讨解决问题的办法。如果他们没有找到解决问题的办法，这位员工便可以提出正式争议，员工、工会代表与员工直接上级的上级进行会谈。第三步就是提出争议者、工会代表与更高一级的管理人员会谈。如果高层管理人员和工会不能达成一致意见，争议就可能进入仲裁阶段。

处理争议的最佳做法就是培育一种良好的工作氛围，从根本上消除可能的争议。在员工的不满情绪发展成为争议之前，要锻炼你识别、诊断和纠正可能引起员工不满的原因（比如不公正的绩效评价、不公平的工资或沟通不畅等）的能力。然而在实践中，争议可以减少，却不能完全消除。因此解释协议中某个条款的具体含义总是必需的。下面的"构建你的管理技能"专栏提供了一些指南。

➡ 构建你的管理技能

争议处理指南[54]

一位专家指出了争议处理中应该做和不应该做的事情。[55]一些关键的因素如下：

应当做的：

1. 基于争议最后会导致仲裁这样一种假设去调查和处理每起争议案件。

2. 与员工讨论他们的争议，充分听取他们的意见。

3. 要求工会明确声称企业违反了哪些具体的合同条款。

4. 遵守合同规定的争议处理时限。

5. 走访争议事实发生的工作区域。

6. 确定是否有证人。

7. 核查争议者的人事档案。

8. 全面检查过去的争议记录。

9. 平等对待工会代表。

10. 私下展开争议讨论。

11. 让你的上级充分了解出现争议的问题。

不应当做的：

1. 与工会会员单独讨论争议案件——争议者本人应当在场。

2. 与员工个人达成与劳资协议不一致的安排。

3. 在公司有错的情况下迟迟不采取补救措施。

4. 被动地受以往做法的约束。

5. 面对工会时放弃作为管理者应当行使的权利。

6. 根据所谓的"公平"原则来解决争议。相反，你应当坚持劳资协议的规定。

7. 就劳动合同之外的主题进行谈判。

8. 把惩戒或解雇管理人员的要求作为仲裁的主题。

9. 针对争议提供冗长的书面答复。

10. 用解决一起争议的做法来换取员工撤销另一起争议。

11. 以自己没有自主权为由拒绝处理争议。

12. 同意对劳动合同进行非正式的修正。

13.5　工会的未来

多年来，位于美国纽约州西部的建筑贸易工会一直在它保护的建筑前放置巨大的充气老鼠气球，以此来进行抗议。然而，最近它放弃了这种做法，而是采用更为"商业友好的办法"。正如当地管道工工会的经理所说的那样："我们过去 15 年来的抗议思路并没有为我们带来更多的支持者，我们反而被视为麻烦制造者……现在我们将通过公共关系的方式改变外界对我们的固有看法。"[56]

工会会员为什么会减少

美国工会的人数在逐年减少，在 1983 年整个劳动力队伍中有 20％的员工（1 780 万人）是工会会员，而这一数字在 2013 年只有 11％（共 1 400 万人）。[57]

一些因素导致工会会员减少（过去的 60 年里，这种情况一直在持续）。传统上，工会多吸引蓝领工人入会，而最近由于服务业和白领的兴起，蓝领工人的比例正在不断下降。此外，包括激烈的国际竞争在内的一系列经济因素也导致工会面临未来的巨大压力。全球化加剧了竞争，而竞争又迫使企业削减成本提高生产率。这导致工会的生存空间受到挑战。其他的一些因素，诸如卡车、航空、通信领域的放松管制（增加了竞争），设备和工厂的更新换代，管理不善，新科技，以及相关劳动法律（比如《职业安全与健康法》和《民权法案》第七章）的完善，都给工会和工人带来压力。糟糕的经济环境对工会来说也并不是有利因素，这导致公共部门和私营部门都在缩减预算，使得公共政策对工会更加不利，在公共部门中也减少了 100 万个工会职位。此外，席卷美国航空业的破产行动，通常也是以法院对工会员工不利的合同条款告终。[58]比如，一位破产法庭的法官给了 Patriot Coal 公司一项权利，使得数以千计的矿工、退休人员和被赡养人的工资和福利受到大幅度削减。[59]最显著的影响是，这些举措让无数工会会员永久性离开工作岗位。

现在工会在做什么

当然工会不会坐以待毙眼看着其会员人数下降，而最近的人数回升正反映了其新策略的效果。改革制胜联盟（其成员多来自劳联-产联）的优先工作顺序能够帮助我们更好地理解工会的新战略。第一件事是帮助组建工会，这样，他们就能够发动强有力的工会运动来为美国工人争取工作报酬；如果将同一行业中的所有工人联合起来，就能够为每一位员工的利益同当今的大型跨国公司进行谈判。[60]

在实践中，这就意味着如下几件事：改革制胜联盟将会在组织国内劳动者方面变得非常积极；它将关注组织女性和少数族裔工人；它将更多关注临时工和劳务派遣工；以及将目标更多地锁定在具体的跨国公司。[61]

工会正变得越来越积极主动。工会正推动美国国会通过员工自由选择法案。这一法案的通过将使企业阻止工人加入工会变得更加困难。该法案还规定，如果公司和工会没能通过谈判在 120 天内达成一致协议，则通过约束性的仲裁来确定第一份劳资合同的条件。[62]为了对企业施压，工会还采用集体诉讼的方式来支持那些未设立工会的企业中的员工利益诉求。[63]此外，工会还越来越多地与"替代劳动组织"合作，这些组织为提升员工的福利和工作条件而奔走呼吁，但其本身并不是工会组织。[64]

合作性条款

虽然新闻报道经常强调"对手型"劳资关系，但是劳资关系的历史也包含了很多合作的关系。

比如，大约 50 年前，通用汽车公司和丰田公司创建了一个联合公司，叫作新联合汽车制造公司（NUMMI）。新联合汽车制造公司在加利福尼亚州的弗里蒙特市重新开张了一家通用汽车工厂，这家工厂曾经因为严重的劳资关系问题而关闭了一段时间。新联合汽车制造公司希望将通用汽车公司的市场专业能力和丰田公司的团队管理系统相结合。[65]新联合汽车制造公司希望和全美汽车工人联合会一起在工厂中实施一项新型的合作哲学。他们一致同意，劳资双方应该以团队的形式合作，让员工在决策过程中发表意见，然后用最低的成本制造最高品质的汽车。比如，新联合汽车制造公司将员工送到日本去进行三周的持续质量改进和团队合作培训。以往通用汽车公司的 95 个职位组变成了 3 个技能组和 1 个非技能组，2 400 个小时工以 5～10 人为单位被编入小组，在 15 个工作任务中进行轮转。[66]新联合汽车制造公司减少了主管的人数，很快就取得了成功（虽然最后这个合资公司被取消了）。

从那以后，很多劳资合约都包括一个合作性合约，这个合约要求工会和管理层达成一到两项合作条款。这些条款需要遵循下列合作性主题之一（根据在合约中出现的频率降序排列）[67]：

- 合作意愿；
- 承诺合作的声明；
- 回顾双方共同意愿的委员会；
- 传统议题的决定；
- 就业安全的保障；
- 承诺高绩效实践；
- 有关战略问题的决策；
- 全面合作。

在一个极端，美铝公司的合约包含了一个全面的"合作性伙伴条款"。这里面包含了劳资双方的共同决策委员会和在严酷的市场环境下保障员工安全的承诺。[68]而在另外一个极端，很多条款只是包含了一个合作的意愿。接下来的"实践中的人力资源"专栏展示了合作的另外一面。

➡ **实践中的人力资源**

美国的劳资合作和工人理事会

全美汽车工人联合会在田纳西州查塔努加市的大众工厂没能实现工会化，在选举中赞成票 626 张，反对票 712 张。这一消息甚至震惊了大众公司的管理层。这种惊讶的来源在于，大众公司实际上是支持工会化活动的，它甚至表示，将在工厂中组建在德国经常取得成功的工人理事会。[69]工人理事会是由员工选出的正式的员工代表小组，这些小组的成员每月都会与管理者会面，讨论禁烟政策、裁员等各方面问题。[70]（劳资共决也是德国的一项常见的规定。**共决**（co-determination）指的是员工享有法定权利，参与公司政策制定，可以选择自己的代表到公司的监督层。）[71]正如大众汽车公司的首席执行官所言："工人理事会是我们成功的秘诀。"[72]

大众汽车公司还想在查塔努加市的工厂中设立工人理事会，但是美国的劳动法律可能会阻碍这一进程，除非允许工人通过选举的方式组建工会。许多年前，有些公司就想成立一个"虚假工会"来应付法律的要求，但是很快就被禁止了。虽然工人理事会是合法的，但是许多专家认为，让非工会员工代表进行薪酬、解雇方面的谈判的做法可能不会被法律允许。

合作型劳资关系战略

管理层应当运用什么战略来提升工会和管理层的合作呢？一项研究指出，毫无疑问，"工会与管理层合作型的关系可以克服障碍，以提升组织竞争优势"。[73]但是这项研究也指出，如果想要达到这个目的的话，企业需要转变思维方式，避免破坏性的劳资关系，强调合作型的关系构建。[74]强调公平和信任的战略可能会提供一定的帮助。

<h1 style="text-align:center">本章小结</h1>

1. 工会运动是重要的。超过 1 400 万美国员工加入了工会。工会组建的意义不仅仅在于更多的薪酬或者更好的工作条件，还包括为员工提供工会保障。工会保障可能有五种形式：封闭型企业、工会制企业、工会代理制企业、工会会员优先企业以及会员资格保持型企业。

2. 在积极鼓励工会发展时期，《诺里斯-拉瓜迪亚法》与《国家劳动关系法》获得了通过，标志着国家法律从抑制工会到激励工会组建的转变。上述法律规定了禁止的不正当劳动关系行为的类型，提出了可以进行秘密投票选举以及推动建立国家劳动关系委员会。《塔夫托-哈特利法》反映了国家既支持工会组建又对其加以约束。该法列举了员工在工会中的权利、企业的权利等，并允许美国总统临时禁止全国紧急罢工。此外，它还规定了某些有关工会的不正当劳动关系行为。例如，它禁止工会限制会员实施受保障的谈判的权利。而且企业被明确赋予了表达对工会看法的权利。《兰德勒姆-格里芬法》反映了对工会内部事务进行详细规定的阶段。它的颁布起源于对过去工会和企业错误做法的认识，进而规定了一系列工会会员的权利。（例如，它确保员工有起诉其所在工会的权利。）

3. 在有诚意的集体谈判中，诚意意味着劳资双方必须尽可能做出各种合理的努力来达成协议，双方针对对方的建议提出相应的匹配性意见。有关集体谈判的建议包括：不要焦急、有所准备、发现原因以及成为一个好的倾听者等。如果集体谈判过程进展得不顺利，谈判双方就会进入谈判停滞阶段。而解决措施是第三方介入，包括调解、调查和仲裁。有时会发生罢工。应对罢工的措施包括替换劳动者等。而联合抵制和闭厂是劳资双方使用的另外两种策略。争端是集体谈判过程中不可避免的。协调员、仲裁员、争议处理程序以及协商都是处理争端的重要方法。然而，绝大多数公司在这方面做得不够好。企业至少可以通过以下三种方式减少争端：企业需要政策鼓励员工彼此之间的公平和尊重，企业应当以一种能够培养信任的方式行动，并且当争端出现时，一些人际冲突处理技巧比其他方法更有用。

讨论问题

1. 简要描述美国工会的历史和结构。
2. 讨论联邦劳动关系法的本质。
3. 讨论集体谈判的主要步骤。
4. 解释工会会员人数减少的原因以及工会采取了哪些措施。
5. 阐述为什么员工会加入工会，以及成为工会会员的优缺点。
6. 诚意谈判的含义是什么？举例说明什么样的谈判是不够诚意的。
7. 定义何为谈判停滞、协调和罢工，并解释能够摆脱停滞状态的技术。

个人和小组活动

1. 假设你是一家小型制造工厂的管理人员，适用于你们工厂大多数员工的工会合同将要到期。请以个人或小组为单位，讨论如何为工会合同的谈判做好准备。

2. 以个人或小组为单位，利用互联网查找公司管理层和工会在谈判过程中形成僵局，但最终又化解了僵局的案例。描述导致双方僵持的问题。他们是如何化解僵局的？最后的结局是什么？

人力资源行动案例事件 1　与美国编剧协会的谈判

美国编剧协会（Writers Guild of America，WGA）和美国电影电视制片人联盟（Alliance of Motion Picture & Television Producers）之间的对话开始变得紧张，之后局势变得更糟。在第一次会晤中，双方没能达成任何协议。正如《法律与秩序》（Law & Order）制片人迪克·沃尔夫（Dick Wolf）所说："会议室里的每个人都为此担心。"[75]

在所有的问题上双方都存在很大分歧。然而，最大的问题是如何对从新媒体形式（例如，当电视节目被刻录成光盘或者放在网络上时）获得的收入进行分配。这位制片人说，他们想要一种利润分享系统，而非现在的剩余分享系统。在现在的剩余分享系统下，只要作品被播放一次，编剧就能从中得到收入（例如当《欢乐单身派对》（Seinfeld）在首播后再次播放时）。美国编剧协会的高层管理者还做了其他一些功课。例如，他们争辩道，电影院的数据说明，2002—2006 年，制片商从广告和认购费中获得的收入上涨了 40%。[76]编剧希望能从中分得部分收入。

形势变得越来越紧张。在经过几次最初的会谈之后，一位制片人代表说："我们可以拭目以待，看哪一方将取得这场鏖战的胜利。问题的关键在于，双方是愿意做出适当的让步，首先达成一份协议，然后再各自回去医治自己的伤口——这对双方来说都不是最坏的结局——还是说，在达成协议之前，双方都继续停工，让大家都承受对彼此没有好处的持续损害。"[77]然而，在双方会晤了六次之后，情况似乎是"双方唯一能够达成共识的一点是，任何实质性的谈判都尚未发生"。[78]

2007 年 10 月，美国编剧协会要求其会员给予罢工授权，制片人指责说，编剧协会是在拖延一切协商，直到现在的合同到期（10 月末到期）。电视制片人协会主席指出："我们已经进行了六轮谈判，而编剧协会的领导者在会议上的表现只有沉默和不配合……我们尝试着触及主要议题，但对方的领导者却一言不发……很明显，对方根本不是在进行有诚意的谈判。"[79]作为证据，电视制片人协会指出，有一次编剧协会的领导在集体谈判开始后不到一个小时就离场了。

双方都知道谈判时间的紧迫性。秋季和春季正是电视剧的旺季。因而，编剧现在举行罢工要比等到夏季再举行罢工所产生的影响会更大。毫不令人惊讶，到了 2008 年 1 月，人们能够看到一些明显的举动。在电视制片人协会内部的一次单独谈判中，电视制片人协会同其各制片人就编剧关注的诸如如何分配新媒体收入等问题达成了协议。[80]2008 年 2

月，双方最终达成了协议。新的合同是"双方长期谈判的直接结果，这样一场包括美国编剧协会管理者、迪士尼公司和新闻集团高层管理人员在内的马拉松似的谈判，终于在周五结束"。[81]

问题

1. 电视制片人协会指责美国编剧协会没有进行有诚意的谈判。他们这样说的含义是什么？你认为制片人协会给出的证据足以证明他们提出的这种指责吗？

2. 美国编剧协会最终确实举行了罢工。罢工开始后，制片人方面采取了哪些策略予以反击？你认为美国编剧协会又采取了哪些策略？

3. 这是一场在专业从事创作的编剧和电影电视制片人之间产生的冲突。在你看来，这会使它在某些方面有别于生产汽车和卡车的工人与汽车公司或卡车公司之间的冲突吗？为什么？

4. 举例说明在这场谈判中，谈判技巧扮演了何种角色。

人力资源行动案例事件 2　卡特洗衣公司：争议处理

在走访卡特洗衣公司的一家分店时，詹妮弗十分惊讶地被一位公司的老员工乔治（George）拉到停车场旁边。乔治跟詹妮弗说，他由于上个周四迟到而被扣两天工资。"我实在是很沮丧，但是在这里，店面经理的话似乎就是法律，不能违背，并且似乎任何想争论的人能采取的唯一方式就是像现在这样在停车场见到你或者你父亲。"詹妮弗为这个事实所震惊，并向该员工许诺她将调查并同她父亲商讨这个问题。在驱车回总部的途中，她开始仔细琢磨卡特洗衣公司能够采取的备选方案。

问题

1. 你认为卡特洗衣公司有必要建立正式的争议处理程序吗？为什么？

2. 基于你对卡特洗衣公司的了解，列出你认为适合该公司的争议处理程序的框架。

3. 除了争议处理程序，你认为卡特洗衣公司还可以采取哪些措施确保类似的争议和抱怨能够为高管获悉？

第 14 章

提升职业安全与员工健康、风险管理

本章要点

- 员工安全与健康：引言
- 引发事故的原因
- 如何预防事故
- 管理者的员工敬业度指南：美利肯公司通过员工敬业度造就世界一流的安全标准
- 工作场所健康：问题与对策
- 职业安全和风险管理

学习目标

学完本章后，你应该能够：

1. 介绍职业安全和健康管理局并说明它是如何运作的。
2. 详细说明三种引发事故的原因。
3. 阐述如何避免工作中的安全事故。
4. 描述一个公司应该如何运用员工敬业度来提升工作场所安全。
5. 阐述工作中的主要健康问题以及预防措施。
6. 讨论职业安全和风险管理项目中的关键要素。

引言

詹妮特（Janet）感到非常不好受。她已经在快洁干洗店（QuickClean Drycleaning）的经理位置上工作三年了，从未有人出过任何事故。但是今天，干洗店的洗涤工莫（Moe）在清洗衣物的时候，不小心把化学试剂弄到眼睛里去了。大家急忙把莫送到了急救室。詹妮特必须想出办法，确保类似事件不再发生。

■ 14.1 员工安全与健康：引言

为什么说员工安全与健康非常重要

提供安全的工作条件之所以重要，首先一点就是因为工作场所的事故数量多得惊人。比如在最近的一年里，约有 4 405 名美国工人死于工作场所事故。[1]美国劳工部报告指出，每年美国超过 300 万工人由于工作中的事故而受伤、致病。[2]实际上职业伤害和职业病的工人数量要高出这个数字 2～3 倍（一些企业隐瞒不报）。[3]而且这还没考虑这些事故对员工及其家属带来的影响。在一次调研中，有超过 80％的员工认为工作场所安全比最低工资、病假和婚假更为重要。[4]正如接下来的"作为盈利中心的人力资源"专栏展示的，安全还能够影响公司的成本和收益。

➡ 作为盈利中心的人力资源

提升安全可以提高利润

很多人认为在安全项目上节约开支能够削减成本，其实不然。安全事故造成的经济损失非常大，比如医疗成本、员工薪酬和流失的生产率。[5]糟糕的安全实践甚至会导致工资率的提高，因为在更高危的职位上，工资率自然更高。[6]

比如，一项研究发现，在加利福尼亚职业安全与健康机构四年来调研的公司中，伤病申诉每减少 9.4％，员工薪酬成本减少 26％，而且公司的销售、信用评级和雇用效果也不会有显著的不利影响。[7]一项对首席财务官的调查发现，企业每为伤病预防花费 1 美元，就能够得到 2 美元的产出。有 40％的首席财务官认为，有效的工作场所安全措施能够带来的最大收益就是"生产力"。[8]一家林木产品公司投入 5 万美元用于员工培训和安全提升项目之后，5 年内减少了 100 万美元的成本。在美国，与工作相关的听证会每年要给企业造成 24.2 亿美元的损失，而这些损失本应该通过护目镜、耳塞和培训就能解决。[9]所以带有讽刺意味的是，提升安全实际上是降低成本、提高收益的最有效方法。

议一议

假设这正确的话，为什么还有那么多管理者在安全方面减少投入？

管理者在安全方面的角色

对安全的关注往往是从最高管理层开始的。对直接主管强调要"注意安全"和对员工强调要"安全地工作"都是无效的，除非高层管理人员对安全问题给予足够的关注。[10]

从历史上看，杜邦公司的事故发生率比其他公司要低得多。其中有部分原因是整个公司对安全问题的重视。下面这段话将这一点阐释得非常清楚。

> 据我所知，把安全放在首要位置的最好例子是德国的杜邦公司。每天早晨，杜邦聚酯和尼龙工厂的经理及其助手在 8 点 45 分碰面，回顾过去 24 小时的情况。他们讨论的第一件事不是生产，而是安全。只有在他们检查完事故和险情报告，并确信已经采取了行之有效的纠正行动之后，他们才会接下去检查产量、质量以及成本事宜。[11]

雇主需要把对安全的承诺通过政策和公开进行制度化，并给予安全问题重点考虑。[12]佐治亚-太平洋公司（Georgia-Pacific）规定，如果管理者不能将事故率降低一半，就将他们的奖金分红扣除 30％，通过这样的方式来降低薪酬成本。ABB 公司要求高管至少每个季度对设备、工作现场和项目进行安全巡视。[13]基层管理人员在员工安全方面也起着关键的作用。

下面的"直线经理和小企业的人力资源工具"专栏体现了这一点。

➡ 直线经理和小企业的人力资源工具

基层主管在安全问题中的角色

在检查完工人们在一个 4 英尺深的沟里安装管道的现场作业后，职业安全和健康管理局的一名检察官传讯了企业，因为其违反了在深沟里进行挖掘作业的员工要有"楼梯、阶梯、坡路或其他安全出口"的规定。[14]一旦沟渠塌方，员工要有快速离开的通道。

在大多数案件里，企业对安全负有最基本的责任，而基层的主管人员则负责日常的安全检查。在这个事故中，这名主管没有完全尽到日常检查的责任。最后沟渠坍塌了，一些员工受了重伤（也对公司造成了数千美元的损失）。

不管你是一个《财富》500 强公司信息技术部门的经理，还是挖掘机的管理人员，抑或是洗衣店的管理者，都必须每天进行安全巡视。正如一个安全顾问所说的："每天到你的工作场所转一转——无论是户外作业还是室内制造，或者是在其他任何可能接触到危害安全的地方——是你工作的必不可少的一部分。"[15]

安全巡视的内容取决于你的工作。比如，建筑工地和干洗店中都有其自身的风险点。不过，总体上看，你可以利用后面图 14-4 中的安全检查核查清单来确定问题。

议一议

请停下手中的工作看看四周，列出四项潜在的风险点。本章开篇中的詹妮特将如何运用图 14-4 的清单呢？

管理者的职业安全法律

"为了确保国家的每一位员工都处在安全和健康的工作环境之中，保护我们的人力资源"，美国国会通过了 **1970 年《职业安全与健康法》**（Occupational Safety and Health Act of 1970）。[16]该法案覆盖了大多数企业，未覆盖的企业只包括自我雇用企业、只雇用自家近亲的农场主，以及已经受其他联邦机构保护或其他法律保护的工作场所。虽然该法案中的条款通常不适用于州政府和地方政府的机构，但适用于联邦政府的机构。

根据该法案的规定，美国在劳工部内设立了**职业安全和健康管理局**（Occupational Safety and Health Administration，OSHA）。该组织的基本使命是制定和执行几乎适用于美国所有劳动者的安全和健康标准。现在，职业安全和健康管理局及其全国的分支机构总共有 2 200 名员工。[17]在检查人员人数有限的情况下，它最近关注"公正而有效的执行力"，它结合了延伸服务、教育和执行协助以及职业安全和健康管理局同企业之间的合作计划（如"自愿防护计划"）。[18]

职业安全和健康管理局的标准和记录程序

职业安全和健康管理局根据"总则"的标准条款开展工作，它要求每一家企业：

应当为每位员工提供不存在正在引起或可能引起员工死亡或身体受到严重伤害的公

认危险因素的工作和工作场地。

为了实现这个基本使命，职业安全和健康管理局负责发布具有法律强制性的标准。这些标准非常全面，几乎覆盖了可以想到的各种危险情形，并且十分详细。图 14-1 所介绍的是脚手架栏杆管理标准的一小部分。

栏杆不少于或等于 2 英寸×4 英寸，高度不低于 36 英寸且不高于 42 英寸，必要时安装 1 英寸×4 英寸的木料或同等材料制成的栏杆，还要有脚踏板，要安装在离地面或楼面不少于 10 英寸的脚手架敞口处。脚踏板最低高度为 4 英寸。应该根据本部分 a（17）条的规定安装安全网。

图 14-1　职业安全和健康管理局标准范例

资料来源：Occupational Safety and Hazard Administration（OSHA）.

根据职业安全和健康管理局的规定，有 11 名或以上员工的企业必须对发生的职业伤害和疾病进行记录并提交报告。职业病是指由于接触与工作相关的环境因素而引起的任何反常情况或失调状态。这包括因吸入、吸收、吞咽或直接接触有毒物质或有害媒介而引起的急性或慢性疾病。

如图 14-2 总结的，企业必须对所有的职业病都予以报告。[19]

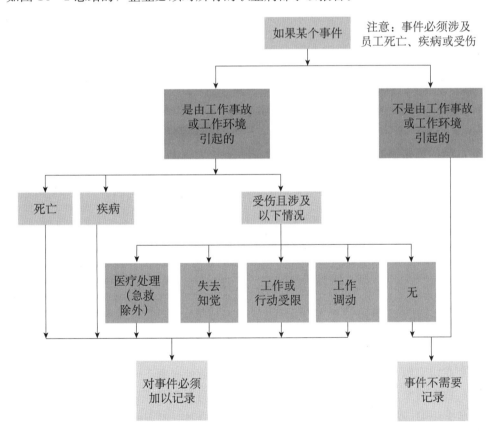

图 14-2　企业必须根据《职业安全与健康法》报告哪些事故

企业还必须对大部分职业伤害予以报告，特别是那些导致医疗处理（不同于急救）、失去知觉、工作受限（损失了一个至多个工作日）、行动受限以及工作调动的职业伤害。[20] 如果工伤事故导致一名员工死亡或五名及以上员工住院，则任何企业，无论其规模大小，都必须向距离最近的职业安全和健康管理局办公室做详细报告。[21]职业安全和健康管理局目前的规定使得企业在报告职业伤害和职业病方面的工作更加精简。[22]

职业安全和健康管理局检查与传讯

职业安全和健康管理局通过检查和传讯（如果需要）来执行其规定的各项安全标准。检查通常是不会预先通知的。如果没有企业的同意，它就不能进行未经授权的检查。[23]

检查重点

但是，职业安全和健康管理局仍然广泛地采用检查的方式。职业安全和健康管理局采用"最严重的优先检查"的方法来确定检查的优先顺序。从重视程度的最高到最低，优先顺序的排列分别是：迫在眉睫的危险、重大灾难事故和死亡事故、员工投诉、高风险行业检查和追踪检查。[24]职业安全和健康管理局在最近一年进行的检查就超过了9.5万次。[25]

检查过程

职业安全和健康管理局检查人员调查各种违法事实，但是有些容易出问题的领域，比如脚手架、坠落保护、不当的沟通风险，似乎更容易吸引他们的注意力。

在检查人员向当地的职业安全和健康管理局办公室提交报告之后，如果要进行传讯的话，区域主管决定传讯的内容。**传讯**（citations）的内容包括向企业和员工通知他们所违反的规定和标准、设定的整改期限。

处罚

职业安全和健康管理局也可以进行罚款。一般而言，它的罚款除了要考虑违法的严重程度，还要考虑企业的规模、遵守法律的情况以及企业的诚意等因素。对故意或多次严重违法行为，一般处罚5 000～70 000美元，而实际的罚款额可能比这高得多（有时甚至会达到上百万美元）。职业安全和健康管理局区域主管可能会达成修改传讯和罚款的和解协议，以避免长时间的法律争端。职业安全和健康管理局在与企业协商之后，发出传讯和罚款同意书。[26]

在实际过程中，职业安全和健康管理局必须从独立的职业安全与健康审查委员会（Occupational Safety and Health Review Commission，OSHRC）那里得到最后的命令，才能执行罚款。虽然上诉程序已经比前几年快了很多，提出抗辩的企业可能依然要上诉若干年。

检查人员及其上级并不只检查某些特定的危险领域，还检查系统的安全隐患。比如，可能会造成企业负有职业安全和健康管理责任的因素包括：缺少系统的安全方法；没有定期的安全会议；没有对安全审计的建议做出回应；没有定期检查工作场所。[27]

很多企业以有些恐惧的眼光看待职业安全和健康管理局的检查，这是可以理解的。不过，图14-3中的应对职业安全和健康管理局检查的指南有利于确保检查顺利通过，其中包括"检查检查人员的证件"和"陪同检查人员进行检查并做好详细记录"等。[28]接下来的"直线经理和小企业的人力资源工具"专栏解释了小企业是如何来获取职业安全和健康管理局的帮助的。

最初接触

- 在负责相关事务的本公司管理人员或职业安全和健康管理局的协调员到达现场之前，限制检查人员的进入。
- 检查检查人员的证件。
- 询问该检查人员为什么来检查公司的工作场所：是收到了投诉，还是例行来访？
- 如果是因收到投诉来检查，你有权知道投诉者是不是现有的员工，尽管不能知道这个人的姓名。
- 通知公司的律师，应当由律师审查所有的文件和信息。

召开会议

- 确定准备检查的重点和范围。
- 讨论保护涉及商业机密的区域程序，进行员工面谈并形成记录。
- 向检查人员表明公司已经制订了安全计划。如果你们公司的文件做得完善并且是及时更新的，检查人员可能就不会到工作现场去了。

巡视检查

- 陪同检查人员进行检查并做好详细记录。
- 如果检查人员拍照或摄像，那么你也应拍照或摄像。
- 索取所有物质样本的复制品和所有检测结果的复印件。
- 为检查人员提供帮助和协助，但不要主动提供信息。
- 在可能的范围内，应立即纠正检查人员确定的任何违法问题。

图 14 - 3　应对职业安全和健康管理局检查的指南

企业和员工的职业安全和健康管理责任与权利

根据《职业安全与健康法》，企业和员工都有相应的责任和权利，例如，企业必须履行其义务，提供"一个没有公认的危险因素的工作场所"；有责任熟悉强制性的职业安全和健康管理局标准；有责任检查工作场所的条件，确保其符合适用的标准。

员工也有权利和责任，但他们不能因为承担自己的责任而被传讯。例如，员工有责任遵守所有相应的职业安全和健康管理标准，遵守企业所有安全与健康规定，以及向上级报告危险情况。员工有要求保障工作安全与健康的权利，而不用担心因此受到惩罚。企业不得惩罚和歧视向职业安全和健康管理局投诉工作安全与健康方面危险的员工。[29]但是，企业必须"努力避免员工违反安全规定，必要的时候还要采取惩罚措施"。[30]

➡ 直线经理和小企业的人力资源工具

免费的现场安全和健康服务

小企业在安全管理方面会遇到特殊的挑战。由于没有自己的人力资源管理人员或安全部门，小企业往往不知道应该到哪里去寻求提高员工安全保障水平的帮助。[31]

美国职业安全和健康管理局免费为当地企业提供安全和健康服务。该组织的专家来自政府机构，通常会提供关于工作场所的建议。创业者可以联系最近的职业安全和健康管理局地区办事处，向专家咨询。根据该局相关规定，这种安全和健康咨询服务与职业安全和健康管理局的监管活动是完全分离的，不会有传讯和处罚的过程。

为了向职业安全和健康管理局咨询，创业者可以申请一项自愿咨询服务。申请通过后，企业与一位安全专家开会，会后专家对企业问题进行走访调查，然后再开一次总结会，总结会上创业者与专家就调查报告展开讨论。随后，顾问会给企业发送一份详细的报告，对所发现的情况加以分析。企业只需要及时改正工作安全与员工健康方面的棘手问题。

■ 14.2　引发事故的原因

导致工作场所事故的基本原因有以下三个：偶然事件、不安全的工作条件、不安全行为。偶然事件（比如走过玻璃窗的时候正好有人用球打碎了那块玻璃）会导致事故，但或多或少超出了管理人员的控制。因此我们将集中讨论不安全的工作条件和不安全行为。

不安全的工作条件

不安全的工作条件是引发事故的一个主要原因。比较明显的因素包括：

- 脚手架缺陷；
- 设备防护不当；
- 线路磨损；
- 危险的机械或设备操作程序；
- 不安全的存放，如超载；
- 照明不足；
- 通风不畅。

这个问题的解决办法是识别并消除这些不安全的工作条件。职业安全和健康管理局标准的主要目的就是阐明引起事故的机械和物理条件。管理者还可以利用不安全工作条件的清单。另外，《今日环境健康与安全》（*Environmental Health and Safety Today*）杂志的官方网站（http://ehstoday.com/）也是一个比较好的安全、健康和工业卫生信息的来源。

虽然事故在任何地方都可能发生，但有些区域的危险性更高。大多数劳动事故发生在叉式起重机、独轮手推车，以及其他加工和搬运区域周围。最严重的事故通常发生在金属和木工机器和锯附近，或者发生在齿轮、滑轮以及飞轮之类的传送机械周围。

安全氛围

英国石油公司深水地平线钻井平台发生爆炸之后，舆论将矛头指向了钻井平台的管理者，指责他们忽视了大量的警告，对安全问题马虎大意。

实际上，并不是所有与安全事故相关的工作条件都像脚手架断裂那样明显。有时，工作场所会因为不良的"安全氛围"而深受其害。换句话说，一系列的心理因素滋生了员工表现出不安全行为的土壤，使工作场所深受其害。

一项较早的研究关注了英国北海地区海上石油工人发生的重大事故。[32]由于公司要尽快完成任务，从而产生了一种巨大的精神压力。处于强大压力下的员工，同时又处于缺乏安全的氛围中，例如，主管人员从来不提安全问题，这样一些因素就导致了事故的发生。

另一项关于安全氛围研究的参与者是一些护士，她们在美国42家大型医院工作。研究人员通过"该单位的护士管理者重视安全"这一项目来衡量医院的安全氛围。结果表明，

"安全氛围能够预测用药错误、护士背部受伤、尿路感染和患者的满意度"。[33]

其他的工作条件因素

工作进度和疲劳也影响事故率。在每个工作日开始的 5～6 小时里，事故率一般不会有明显增加。但超过这个时间，事故率增长就会超过工作时数的增加。[34]这部分是疲劳所致，部分是由于夜班期间更容易发生事故。

同样，在季节性解雇率比较高的工厂事故发生率高，在员工有敌意、被扣发许多工资以及生活条件很差的地方事故发生率也比较高。短时间的压力因素如工作场所温度过高、光线太暗、工作场所拥挤等也都和事故率紧密相关。

不安全行为

实际上，仅仅通过减少不安全的工作条件因素是不可能彻底消除安全事故的。有时候人本身就会引起事故，而且没有人能够完全避免以下不安全行为：

- 乱扔物品；
- 以不安全的速度运行或工作；
- 挪动、调节和分离安全设备，使安全设备无法运行；
- 吊装不当。

目前对于员工展现出不安全行为的原因还没有一个合理的解释。有时，正如前面提到的，工作条件可能给不安全行为的滋生提供了温床。比如，那些压力过大的石油钻井工人即使知道如何才能做得更好，仍然会表现出不安全行为。有时候，员工没有就安全的工作方法接受足够的培训。一些企业没有向员工说明正确的安全程序，员工就简单地养成自己的（通常是不好的）工作习惯。[35]

易出事故的员工有哪些人格特征

不安全行为可以使最成功地减少不安全工作条件的努力徒劳无功，而且，遗憾的是，对于造成这种问题的原因还没有明确的答案。[36]人们直觉上会认为特定的人群比其他人更容易引发事故，但是相关的研究结果比较复杂。[37]一项深入研究的结果表明，一些"屡出事故者"仅仅是因为非常不走运，或者比其他人更详细地报告了自己的事故而已。然而，有越来越多的证据表明，具有某些人格特质的人更容易引发事故。例如，易冲动的、寻求刺激的、极度外向的以及不认真的（这里指的是不太严谨、不太可靠）员工更容易引发事故。[38]

此外，在某一岗位上有事故倾向的人，在另一个岗位上可能并非如此。开车就是一个例子。与提出车辆保险索赔申请相关度较高的人格特质包括权利意识（"认为他们没有理由不开快车"）、不耐烦的（"总是匆匆忙忙"）、冲动的（"交通信号灯变绿之后第一个冲出去"）以及注意力不集中（"常常因为接打手机、吃饭等事情分心"）。一项在泰国进行的研究有类似的发现，即容易发生事故的司机一般都有争强好胜和易怒的性格。[39]

■ 14.3　如何预防事故

在实践中，减少事故的方法主要有两种：（1）减少不安全的工作条件；（2）减少不安全行为。在大公司里，通常由首席安全官（也叫"环境健康与安全官"）来负责安全。[40]在小企业中，安全方面的职责则由直线经理、一线经理和人力资源经理来共同承担。

减少不安全的工作条件

减少不安全的工作条件永远是企业的第一道防线。安全工程师应当通过工作设计来消除或减少工作中的物理风险。有时候排除不安全的工作条件的解决方案很容易找到，例如，工作时失足和摔倒常常是由杂物或地板湿滑所致。企业和安全专家可以一起合作排除掉这样的潜在危险因素，例如，可以在厨房里铺上防滑垫，在活动的机器旁边安装护栏。对机器而言，员工可以使用紧急停止装置来切断电源。[41]锁定/标定是一个关闭设备（比如电锯）的正式程序，以防止漏电或者能源泄漏等意外。这需要关闭设备，并且贴上"设备损坏"的标签。[42]管理者可以运用图 14－4 中的问题清单或者接下来的"构建你的管理技能"专栏来识别风险。

CD-574 表 (9/02)
美国商务部适用于基层主管人员以及安全项目经理办公室的安全检查核查清单

姓名：		部门：
地址：		日期：
签名：		

此清单旨在协助基层主管人员以及安全项目经理进行安全与健康管理检查。内容包括一般的办公室安全、人体工程学、火灾预防、电力安全等问题。如果回答了"否"，则需要纠正问题。如果有问题，可以向安全审查办公室寻求帮助。登录美国商务部安全审查办公室的网站 http://ohrm. doc. gov/safetyprogram/safety. htm，可以得到更多信息。

工作环境

是	否	问题不适用	
○	○	⊙	所有的工作区域都干净、卫生、整洁吗？
○	○	⊙	光照充足吗？
○	○	⊙	噪声过高吗？
○	○	⊙	通风足够吗？

地面、工作场所表面

是	否	问题不适用	
○	○	⊙	在走廊和过道中有没有可能绊倒人的堆积物品？
○	○	⊙	在厨房、洗手间的瓷砖地面上，有没有水和湿滑物品？
○	○	⊙	在地毯以及小块地毯上有没有撕破或绊倒人的危险？
○	○	⊙	所有楼梯都有固定扶手吗？
○	○	⊙	提供了防滑的踩踏表面吗？
○	○	⊙	到头顶上的区域取物品提供梯子吗？物品存放安全吗？
○	○	⊙	存放文件的抽屉在不用时锁上了吗？
○	○	⊙	定期检查客运、货运电梯了吗？在现场能够看到检查的认定证书吗？
○	○	⊙	地面上的坑或裂痕被覆盖或用其他方式保护起来了吗？
○	○	⊙	当走廊或过道被抬升到高出相邻地板或地面48英寸以上时，提供标准护栏了吗？
○	○	⊙	存在不安全或有瑕疵的家具吗？
○	○	⊙	暖气和空调的通风口上有覆盖物吗？

人体工程学

是　否　问题不适用

○　○　⊙　为员工提供正确抬举重物的技术了吗？

○　○　⊙　为了预防一般的人体工程学问题，工作台进行改装了吗？（例如，椅子的高度可以使员工的双脚平放在地面上，大腿与地面平行；电脑屏幕的上端略低于视线；键盘与肘部一样高。关于工作台改装的更多信息，请登录美国商务部安全审查办公室网站 http://ohrm.doc.gov/safetyprogram/safety.htm）。

○　○　⊙　在需要的地方提供机械帮助或仪器了吗？如抬举重物设备、手推车、小车等。

○　○　⊙　每年对员工关注的人体工程学问题进行调查了吗？

紧急信息（张贴）

是　否　问题不适用

○　○　⊙　万一发生紧急情况，很容易找到张贴的紧急电话号码吗？

○　○　⊙　对员工进行紧急程序培训了吗？

○　○　⊙　张贴消防疏散程序或图表了吗？

○　○　⊙　在储存危险废物的每个区域张贴紧急信息了吗？

○　○　⊙　在电话附近张贴已经建立的工作场所应急信息了吗？

○　○　⊙　在显眼的地方张贴职业安全和健康管理局的海报以及其他要求张贴的海报了吗？

○　○　⊙　提供足够的急救用品并进行适当维护了吗？

○　○　⊙　在医疗援助到达之前，为了应对员工受伤与疾病状况，提供充足的训练有素的急救人员了吗？

○　○　⊙　在工作现场提供防火与紧急行动计划的副本了吗？

○　○　⊙　有危险警告标识或警告牌用来警告员工存在相关危险吗？

预防火灾

是　否　问题不适用

○　○　⊙　易燃液体如汽油等妥善存放在安全罐中，并置于防火柜中了吗？

○　○　⊙　手提式灭火器分布恰当吗？（可燃距离不超过 75 英尺，易燃距离不超过 50 英尺。）

○　○　⊙　培训员工如何使用手提式灭火器了吗？

○　○　⊙　这些手提式灭火器每个月进行目测检查，每年进行维护吗？

○　○　⊙　放置手提式灭火器的地方没有遮挡并张贴标签了吗？

○　○　⊙　产生热量的仪器放置在通风良好的地方了吗？

○　○　⊙　火灾报警站被清楚地标明且没有遮挡吗？

○　○　⊙　在喷淋设备下保持适当的空隙（如 18 英寸）了吗？

紧急出口

是　否　问题不适用

○　○　⊙　那些既不是出口也不能通向出口，但是可能会被误认为是出口的门、走廊或楼梯，标记"非出口""通往地下室""通往库房"等了吗？

○　○　⊙　有足够数量的安全出口吗？

○　○　⊙　安全出口没有被堵塞或锁住，从而不会阻碍员工立刻逃走吗？

○　○　⊙　安全出口提供了妥善的标识或照明吗？

| ○ | ○ | ⊙ | 明确标示了安全出口的方向吗？ |

○　○　⊙　在使用建筑物时，如果不用钥匙或其他特殊知识，从紧急出口方向到出口的大门都是敞开的吗？

○　○　⊙　存在这样的出口吗——员工从出口离开，却到达了存在火灾危险的区域？

电气系统

（在这部分检查中，请让设施维护人员或电工跟随协助）

是　否　问题不适用

○　○　⊙　所有的电线和电缆都连接完好且安全吗？

○　○　⊙　电源插座没有超负荷吗？

○　○　⊙　使用固定布线而不是软线或延长线了吗？

○　○　⊙　配电板和断路器的周围区域没有遮挡吗？

○　○　⊙　高压电服务室处于锁好状态吗？

○　○　⊙　电线的布线没有接触尖锐物品且清晰可见吗？

○　○　⊙　所有的电线都是接地的吗？

○　○　⊙　所有的电线都状态良好（例如没有拼接、磨损）吗？

○　○　⊙　所有的电器都是得到（例如保险商实验室等）批准使用的吗？

○　○　⊙　电扇有不超过 0.5 英寸的防止手指接触的保护装置吗？

○　○　⊙　加热器得到保险商实验室认证，且安装过热自动关闭装置了吗？

○　○　⊙　加热器远离可燃物且放置在通风良好的地方了吗？

○　○　⊙　在配电室中，所有电器的电线管和外壳都是固定的吗？

○　○　⊙　为插头、容器、工具、仪器处的软线或延长线提供夹子或其他安全手段且有安全电线护套吗？

○　○　⊙　对于所有电器许可的准备、安全操作、维护工作，提供了足够的工作、维护场所了吗？（600 伏特以下 3 英尺，600 伏特以上 4 英尺。）

物品存放

是　否　问题不适用

○　○　⊙　储存架、货架具有承载预期存放的物品的能力吗？

○　○　⊙　货架是否很安全，货物不会掉下来？

○　○　⊙　办公设备是否处于稳定状态，不会掉下来？

图 14 - 4　安全检查核查清单

资料来源：Office of the Chief Information Officer，United States Department of Commerce. http：//ocio. os. doc. gov/s/groups/public/@doc/@os/@ocio/@oitpp/documents/content/dev01 _ 002574. pdf，accessed October 15，2013.

➡ 构建你的管理技能

引发事故的机械与物理环境清单[43]

1. 室内总体管理

● 数量足够且宽敞的通道——没有材料堆在通道中

● 使用后安全存放零件与工具——不要放在可能使它们滑落的危险位置

● 平坦和坚固的地面——没有引起跌倒或摔跤的有缺陷的地面或斜坡

● 垃圾箱或垃圾桶——安全放置和正确使用

- 安全堆放材料——不要太高或太靠近洒水莲蓬头
- 所有的工作区域清洁干燥
- 出口通道和大门处没有障碍物
- 过道要干净，标记正确，没有各种管线通过

2. 材料处理设备和运输

所有的运输方式，无论是电动的还是手工的，务必仔细核查，确保下列各项均处于正常工作状态：

- 刹车——正确调试
- 操控轮不要太松
- 预警设施——安装到位且正常运转
- 轮子——放置安全，充气适当
- 燃料和汽油——数量足够且种类恰当
- 无松动部件
- 电缆、钩子或链子——无磨损或缺陷
- 负载安全
- 存储正确

3. 梯子、脚手架、阶梯、楼梯等

以下各项是检查重点：

- 直梯的落脚处安全
- 护栏或扶手
- 梯面不滑
- 没有裂痕也不摇晃
- 梯子存放适当
- 梯子延伸部分状态良好
- 踏板

4. 电动工具（固定的）

- 防护操作要点
- 保护装置适当调试
- 齿轮、皮带、轴、配置受到保护
- 脚踏板受到保护
- 备有清洗机器的刷子
- 充足的照明
- 放在地板的适当位置
- 适当调试工具或材料
- 机器周围有充分的工作空间
- 控制钮容易接触
- 戴防护镜
- 处理粗糙或尖利材料的人要戴手套
- 操作机器的人不戴手套，不穿宽松的衣服

5. 手工工具和各种工具

● 处于良好状态——无裂开、磨损或其他缺陷

● 存放适当

● 使用正确的工具

● 在必要的情况下佩戴护目镜、防毒面具和其他个人防护设备

6. 喷漆

● 防爆电子设备

● 油漆和稀释剂正确存放在经批准的金属容器里

● 灭火器充足且适当，便于获取

● 工作场地存货最少

7. 灭火器

● 性能正常、标志明确

● 便于获取

● 数量充足且适合完成相关操作

工作风险分析

一名耶鲁大学学生的头发被卷入运行的车床当中，她因此受到了严重的伤害。**工作风险分析**（job hazard analysis）是一种在风险发生之前，对其进行识别和去除的系统化的方法。职业安全和健康管理局认为，"工作风险分析聚焦员工、工作任务、工具和工作环境之间的关系"，其目标是让潜在的风险达到可接受的水平。[44]

假设一名风险分析师正在巡视耶鲁大学的科学实验室，以识别潜在的风险。进行工作风险分析需要检查环境并回答以下问题。

1. 哪些方面可能会出现问题？学生的头发或者衣服都有可能触碰到车床，其中旋转的部分会拉住头发并将其卷入机器。

2. 结果是什么？由于学生的身体或者头发被卷入机器，她可能会受到严重的伤害。

3. 为什么发生事故？学生工作时靠机床太近，或者走路时离机床太近，或者去拿机床旁边的材料时，事故都有可能发生。

4. 还有其他哪些因素导致事故发生？速度是一个关键因素。事故发生得很快，一旦头发被卷入机器，人很难迅速脱身。

基于工作风险的分析，我们可以采取相应的措施。由于此类事故发生很快，单靠培训可能很难解决问题。车床的区域应当有保护装置，此外，还可以对设备进行一些调试，比如要保证，只有当学生通过脚踏的方式让车床运转时，机器才能启动。

业务安全检视

在 2011 年日本北部的核电站爆炸事故之后，很多人想知道，国际原子能机构（IAEA）是否进行了必要的安全检视工作。**业务安全检视**（operational safety reviews）由相关机构做出，以确保它们监管下的组织遵守了所有的安全法律、规章、命令和制度。比如，在国际原子能机构的业务安全检视项目中，国际专家团队将对核电站进行深入的业务安全检视。[45]

个人保护设备

美国防盲协会（Prevent Blindness America）估计，在美国，每年有超过 70 万工人在工作中眼睛受伤，而其中 90% 的伤害是可以通过佩戴安全护目镜避免的。[46]

在采取措施排除不安全的工作条件之后，管理人员还可以让员工穿戴个人防护设备。记住，减少不安全的工作条件（如关闭嘈杂的设备）应当永远是预防事故的第一选择，其次才是管理控制（如工作轮换以减少长期接触危险的情况）。然后是穿戴个人防护设备。[47]

让员工穿上个人防护设备可能是一件很困难的事。防护服的穿着性能很重要[48]，除了能提供可靠的保护，防护装置应当比较合身之外，还应当易于保管、维护和修理；柔韧灵活和重量较轻；能给人以舒适感并减少压力；纹理粗糙，容易穿脱，容易清洁、处理和回收。[49]

多元化的重要性

保护易受伤害的工人

在营造安全和健康的工作环境时，企业要对那些易受伤害的工人保持特别的关注。其中包括年轻人、移民、老人和女性。[50]（《公平劳动标准法》虽然对年轻人做危险性工作有着严格的规定，但是最近一年有 64 名 18 岁以下的儿童死于工作相关伤病。[51]）

比如，一位安全公司的首席执行官表示："几十年来，在设计眼睛和面部保护措施的过程中，女性被忽视了。"今天，有更多的产品尺寸更小了。[52]

同样，随着越来越多的工人延迟退休，更多的老年工人在从事制造工作。[53]他们可以把这些工作干得更有成效。随着年龄的增长，他们会出现很多潜在的生理变化，包括力量变弱、肌肉灵活性降低以及反应变慢等。[54]这意味着企业要采取一些特殊的措施，如设计出能减少超重货物、提高光照水平的工作。[55]老年工人的死亡率大概是年轻工人的 3 倍。[56]

减少不安全行为

员工的不安全行为甚至能使那些最好的安全措施失效。有时候，断开安全开关等不安全行为并非员工故意为之，但是很多时候情况并非如此。在工作中，没有注意到移动或静止的物体以及湿滑的地板往往会引发事故。[57]而且，具有讽刺意味的是，"通过机械或者个人防护设备来保证安全降低了工人的危机意识，反而导致不安全行为增多"。[58]

然而，仅仅告诉员工"一定要小心"是不够的。实际上，减少不安全行为需要一个过程。

通过人员甄选来减少不安全行为

心理学专家已经能够成功地针对某些特殊的职位筛选出容易引发事故的求职者。最基本的方法就是识别出在特定工作中容易引发事故的人格特征，然后再决定在这项人格特征上的得分是否能够预测出工作中的事故。再次以驾驶为例。把性格急躁和具有攻击性的送货司机筛除出去是非常明智的。[59]

提供安全培训

安全培训能够减少不安全行为。这对新员工来说尤其重要，企业应当教给他们安全工作规定和程序，警告他们哪里存在潜在的危险，并帮助他们建立安全意识。安全海报也能够提供帮助。

职业安全和健康管理局的标准所需要的远超过培训。员工必须展现出他们到底学到了什么内容。（比如，职业安全和健康管理局关于呼吸的标准就要求每个员工必须能够检查、戴上和取下呼吸器。[60]）职业安全和健康管理局提供了两个宣传手册：《职业安全和健康管理局培训要求》和《工作场所的健康》。[61]当然，安全方面的培训不仅仅是要合乎标准，更重要的是减少事故。最没有效果的培训就是运用讲座、电影、阅读材料和视频，而最有效的培训则运用行为模仿、模拟和实践培训。[62]

通过人力资源信息系统提升绩效

基于网络的安全培训项目

企业还可以通过网络来寻求对安全培训项目的支持。例如，"安全百分百"（www. puresafety.com）网站就能帮助企业创建自己的培训网页，网页中还包括了一条"来自安全指导人员的信息"。一旦企业创建了安全百分百网页，就能够通过网站，将其他公司提供的健康与安全课程补充到自己的页面上。这些课程本身可以通过不同的格式编排，其中包括视频培训和幻灯片展示等。该网站还为企业开发了新教程，修改了原有教程。职业安全和健康管理局、美国职业安全与健康研究所（National Institute for Occupational Safety and Health，NIOSH）和其他大量的私人供应商也提供在线的安全培训方案。[63]

加利福尼亚州的大学联盟想对区域内 10 所大学的 5 万名员工进行强制安全培训，于是开发了一个在线培训项目。这一项目的培训时长是两小时，内容包括学习职业安全和健康管理局规定的基础课程、互动练习和培训者反馈。[64]

使用海报和其他宣传方式

企业可以运用多种工具来激发员工安全意识。[65]安全海报是其中的一种，能够帮助减少不安全行为。不过，企业应当把安全海报和其他方式结合起来以减少不安全的工作条件与行为，比如甄选与培训等。[66]

安全奖励计划也很有效。[67]位于加利福尼亚州的金鹰精炼厂（Golden Eagle refinery）就出台了这样的奖励计划。在 28 项安全活动中，员工参加其中的一项或多项，如召开安全会议、参加应急培训等，就能获得"金鹰翅膀"积分。通过累积分数，员工最多每个月能多赚 20 美元。[68]

职业安全和健康管理局认为这些计划没有减少实际事故或疾病，只是减少了报告的事故和疾病。[69]一种解决方法是，强调"非传统奖励"，比如认可计划。[70]在任何情况下，奖励计划不能取代全面安全计划。[71]接下来的"实践中的人力资源"专栏描述了正强化安全项目的实际例子。

➡ 实践中的人力资源

进行正强化

许多企业运用正强化项目来提升安全性。这些项目通常会运用绩效报告图表和直接上级支持的方式，向员工提供持续的正向反馈，以塑造员工的安全行为。

研究者介绍了一个面包店的项目。[72] 这个新型安全项目包括培训和正向强化项目。首先，研究者为员工设立了一个合理的安全目标（观察到的安全行为）。接下来，员工要接受一个 30 分钟的培训活动，在这个活动中他们要观看被研究者在工厂活动的幻灯片。比如，在一张幻灯片中，主管爬上了一台传输机，而另一张幻灯片显示一名主管正在传输机周围行走。看完这些不安全行为之后，员工需要描述"哪里不安全"。然后，研究者将同样行为的安全规范操作演示一遍，再解释安全行为规则（远离传输机，不要爬上去或者在机器下面）。

培训过程结束之后，主管人员向员工展示他们培训前的安全记录（观察到的安全行为）。主管人员鼓励员工，为了他们自己的安全，为了降低工厂成本，以及扭转工厂在安全生产方面的过低排名，要主动设置自己的安全目标。然后研究者呈现幻灯片，列上一些安全规定。

每当观察者在工厂中四处走动收集数据的时候，他们就会张贴出一张图表，上面显示工厂员工集体展示的安全行为的比例，并给予员工积极的反馈。员工们可以将现有的安全表现和过去的安全表现以及设定的目标进行对比。此外，当员工展现出安全行为之后，主管及时给予表扬。在这些措施之下，工厂的效益有了极大的提升。

强化安全文化

企业和基层主管应当通过自身认真对待安全问题的表率创造注意安全的文化。一项研究通过以下问题来衡量企业的安全文化："每当我的主管看到工作按照安全的程序完成的时候，他都会提出表扬"以及"我的主管会在工作中和员工讨论安全问题"。在这里员工对主管的安全承诺形成了一致认识。然后，员工对工厂安全文化的认知会显著地影响其接下来几个月的安全行为。[73]

按照一位安全专家的说法，具有安全文化的工作场所能够表现出：

1. 团队合作，管理人员和员工共同参与到安全问题中；
2. 在安全问题上高度透明、相互配合的沟通和合作；
3. 对卓越的安全的共同愿景（特别是认识到：所有的事故和伤害都是能够避免的）；
4. 把关键的安全职能分配给特定的个人或团队；
5. 持续识别和纠正工作场所安全问题和风险的努力。[74]

同样，创造一个支持性的监管环境也是很重要的。"组织可以对基层主管进行培训，使其成为更好的领导者，强调团队和社会支持的重要性，并构建安全的价值观，以此来营造一个支持性的监管环境。"[75]

制定安全政策

企业正式发布的安全政策应该强调，预防安全事故是企业的重中之重，企业将会采取切实措施来减少或消除安全事故和工伤事件。

制定损失控制目标

制定需要完成的特定的安全目标。例如，可以以每名全职员工损耗工时的工伤频率来制定安全目标。

进行定期的安全和健康检查

要借助核查清单，参见前面的"实践中的人力资源"专栏以及图 14 - 4，对所有可能引起安全与健康问题的因素进行例行检查。对所有事故和"准过失"进行调查，并建立一种让员工向管理人员通报危险情况的制度。[76]安全审计包括两层含义，它既指利用图 14 - 4 的清单进行实际的安全检查，同时也指企业对安全数据进行整理和分析，如安全事故、工人赔偿申请和工伤引起的误工等。衡量指标包括与安全行为和程序一致性的比例，以及有害结果的比例，如损伤率。[77]有效的安全管理需要识别这些关键指标并且及时监测。其他指标还包括：通过有效样本衡量工作场所暴露的问题比例，以及消极结果（比如受伤）的比例。[78]

大多数安全专家都认为不安全行为是大部分事故的原因。解决的方案就是要识别并改正员工所做出的不安全行为。基于行为的安全意味着观察员工在工作中的行为（安全行为和不安全行为都包括在内），然后通过培训和反馈来改正那些不安全行为。这项工作一开始需要专家列举出一系列不安全行为的清单。然后定期让直接主管或其他人：观察每位员工的行为；完成不安全行为的清单检查；对安全行为进行正强化，并且改变不安全行为。[79]

企业还运用安全意识项目来提升员工的安全行为。**安全意识项目**（safety awareness programs）使得训练有素的基层主管对新进员工进行总体安全风险和简单防护措施方面的入职引导。比如，道路安全意识项目就涵盖了很多安全方面的议题，比如不同速度下的刹车距离。

组织一个安全委员会

员工安全委员会能够提升工作场所的安全性。比如，当空气中的锯末成为困扰 Boise Cascade 公司的难题时，公司的管理层就组建了员工安全委员会。安全委员会的作用是监控安全问题，并培训成员如何识别危险。在和处理木片的员工进行商谈之后，安全委员会成员发现，木片是产生锯末的来源，之所以会有锯末飘散到空气中是因为员工把木片从一个区域传送到其他的区域。因此他们很快就解决了这个问题。[80]下面的"实践中的人力资源"专栏展示了一个例子。

图 14 - 5 总结了以上所有的以及其他的安全措施。[81]

- 减少不安全的工作条件。
- 减少不安全行为。
- 采用海报及其他宣传方式。
- 提供安全培训。
- 进行工作风险分析。
- 鼓励基于行为的安全措施。
- 进行运营安全检查。
- 培育安全文化。
- 采用正强化。
- 强调高层管理人员的安全承诺。
- 强调安全。
- 制定安全政策。
- 制定特定的损失控制目标。
- 定期进行安全与健康检查。
- 监测工作超负荷和压力。
- 制定安全意识项目。
- 制定测试项目。
- 向"零瑕疵"迈进。

图 14-5　减少工作事故的安全措施

➡ **实践中的人力资源**

沙特石化公司的安全项目

位于沙特阿拉伯朱拜勒市的沙特石化公司（Saudi Petrol Chemical Co.）的安全保卫经理表示，他们公司优异的安全记录是员工们极端重视安全的结果。[82] 员工们参与了每一项安全过程。他们在安全委员会中服务，召开日度和月度的安全会议，并且实施工作安全分析。

安全肇始于公司的高管层。公司的高管代表组成了管理健康安全委员会。这个委员会每个月都会召开例会，审查事故报告，建立健康和安全目标，审查安全数据并且赞助安全项目。

自新员工入职的第一天起，公司就培育他们"安全第一"的文化。比如，鼓励新员工在入职引导阶段参加安全培训。6 周以后，新员工会专门参加一个安全培训，公司管理者会强调健康、安全的重要性和环境政策。员工每个月还要参加部门层次的安全培训，讨论部门的安全问题和建议。他们要与本部门的安全委员会一起实施月度安全审计，审视和记录部门工作的安全问题，并提交安全建议（每月大概有 60 条建议）。员工必须要上报每个安全事件和准安全事件，每年要上报大约 600 个安全事件。

议一议

基于本章所学，为什么这个公司拥有良好安全记录？

14.4 管理者的员工敬业度指南

美利肯公司通过员工敬业度造就世界一流的安全标准

美利肯公司（Milliken & Company）创建于 1865 年，主要设计、制造和销售化学制剂、地板材料、保护性纤维和纺织品。公司在全球范围内有 39 个制造基地，拥有超过 7 000 名员工（其中有 100 位从事创新性研究的博士）。这个私营企业因其创新产品、高员工敬业度和世界知名的以员工敬业度为基础的职业安全项目而享誉世界。美利肯公司是世界范围内唯一一个连续 15 年都被评为"最有道德的公司"的企业。[83] 合益集团对美利肯公司员工进行了一个调查，通过询问员工奉献精神、组织自豪感和授权方面的问题，发现高达 80% 的员工具备了积极的敬业度。[84]（事实上，在大部分美利肯工厂，员工经常是在没有管理者的情况下工作。[85]）公司的工作场所伤病率非常低，这意味着它是世界上最安全的公司之一。[86]

美利肯公司的安全项目

美利肯公司的安全项目有几个重要的特点。在组织方面，每个工厂都有一个由 16 名员工组成的安全指导委员会，用来监管规则和程序、环境、火灾和紧急情况、流程风险、人体工程学、个人防护设备、物资资料处理以及职位安全意识等。[87]

安全指导委员会依靠自上而下的目标设置，通过分解联邦、州和美利肯的基本安全指南来指导其方向。每周委员会都要召开会议进行沟通，将这些目标细化为具体的指标（比如每位员工每小时事故率），供下级委员会实现。每个下级委员会每周都要进行审计，来保证工厂的安全活动持续地提升。

安全流程的关键之处在于以参与为基础的员工敬业度项目。公司的安全流程几乎都是以员工为参与的主体。比如，员工参与了安全指导委员会的人员配置，每周提交"提升机会"建议，对每个建议进行审查并提出反馈。很多企业将"员工参与"和"敬业度"当成是抽象的概念，但美利肯公司将其量化了，例如在员工参加安全指导委员会的行动方面，作为一个培训者或者安全问题专家实施审计，或者从事特定安全项目工作。此外，为了赢得员工敬业度，该项目还授权员工来影响工厂的安全，比如培训每位员工去完成自己的"安全任务"。[88] 所有的员工都接受了培训来对同事给予安全方面的评论，而且都有在观察到实施安全行为的员工时，为其提供"建设性反馈"或"欣赏性反馈"的权力。每位员工还要接受培训以使用美利肯公司的安全跟踪系统。这个工具帮助员工确保安全建议、安全审计结果和其他安全日程可以被跟踪和确定。[89] 每个工厂中的安全指导委员会要调查所有的安全事件并发现其原因。[90] 最重要之处在于，这是一个由员工负责的项目，所有的员工都积极地参与到这个安全项目之中。

最后，美利肯公司通过庆祝和意识系统来支持它的安全流程。这里，公司通过庆祝会的形式来认可员工在安全方面的努力，比如当员工进入会场的时候让啦啦队进行欢呼庆祝。

美利肯公司基于员工敬业度的安全流程非常有效，引来成百上千的公司学习如何达成更高的安全标准。美利肯公司甚至拥有一个绩效解决方案部门来帮助其他公司确立特殊的安全流程。[91]

14.5 工作场所健康：问题与对策

工作场所的有些健康危险不像没有防护的设备或者湿滑的地板那样明显。许多危险（如霉菌）是看不见的，是生产过程的一个副产品。还有滥用药物等是员工自己制造出来的问题。无论是哪种情况，与那些明显的危险（如湿滑的地板）一样，这些健康危险都会对工人的健康与安全构成威胁。工作场所典型的危险有：化学和其他危险物质，如石棉；酗酒；工作压力；人体工程学风险（如令人难受的设备）；传染病；烟雾；生物性危害（如霉菌和炭疽）。[92]

化学、空气质量与工业卫生

职业安全和健康管理局对 600 种化学品的接触限度标准做出了规定。这些有危险的物质要求采取对空气取样以及其他防护和预防措施。许多管理人员没有充分认识到这些危害的普遍性。

管理这些危险属于工业卫生的范围，包括识别危险、评估危险和控制危险。首先，负责员工健康与安全的管理人员（可能要和主管或员工的团队一起）识别可能存在的危险。这通常包括在工厂进行走动式调查等活动。

识别出某种可能的危险之后，就要对其进行评估。评估是为了确定危险的程度。这通常要衡量某种危险物质的数量，把它与某些标准进行比较，并决定这种危险是否在可容忍的范围内。[93]

最后，要控制危险，也就是采取措施降低或消除这些危险。在这个问题上，个人防护用具（如面罩）是最后的选择，而不是首选。在依赖这些东西之前，企业必须安装一些工程上的控制设施（如密封或通风设备），并且采取一些管理上的控制措施（包括培训、提升后勤管理）。这是职业安全和健康管理局的强制性要求。[94]

石棉、硅、铅和二氧化碳是引发呼吸系统职业病的四大元凶。在这些物质中，石棉成为人们主要担心的问题。这在某种程度上是因为在 20 世纪 70 年代以前，石棉就广泛运用于建筑物中。

对石棉而言，职业安全和健康管理局的标准要求企业采取以下措施。首先，要求无论在什么时候，只要企业预计石棉水平会上升到允许限度（每立方厘米 0.1 根纤维）的一半，就必须对空气进行监控。其次，要求通过工程设计控制（墙、特殊过滤装置等）使石棉水平符合职业安全和健康管理局的标准。[95] 只有在必须通过其他方面的努力才能符合标准的情况下，企业才能利用防毒面具。

➡ **了解你的雇用法律**

风险沟通

在诸如干洗店这样的企业中，仅仅流于表面的审查可能并不能发现其中的危险。比如，干洗化学制剂可能会进入员工的眼睛，致使眼睛失明。在职业安全和健康管理局的规定之下，企业必须和有可能接触到这些危险品的员工进行风险沟通。职业安全和健康管理局近期修订的风险沟通标准中指出："为了保证工作场所的安全，危化品的风险标志必须清楚，并且能够为员工所理解。"职业安全和健康管理局的风险沟通标准（HCS）要求开发和发布此类信息。职业安全和健康管理局认为，化学品制造企业和进口商必须将标签和安全数据表格提供给顾客。此外，所有的雇主必须将标签和安全数据表提供给有暴露风险的员工，并对其进行培训，使其能够合理地应对化学品。[96]

一般而言，企业应该就整个安全与保障的议题与员工进行广泛交流，比如安全政策、设备安全流程、减少暴力的政策和流程，以及如何应对自然和人为的灾难。[97]

酗酒和滥用药物

酗酒和滥用药物是在工作中普遍存在的严重问题。酗酒者中有 2/3 的人从事全职工作。[98]而滥用药物的员工数量大概在 1 300 万人。[99]大约 15% 的美国劳动力（约 1 900 万人）"在过去的一年中，至少有一次在办公场所醉酒，他们或在上班前饮酒，或在工作时饮酒"。[100]员工酗酒每年给美国企业带来的损失是 2 260 亿美元，比如高缺勤率和事故。[101]

许多企业从进行药物检测入手来处理酗酒和滥用药物问题。[102]企业在正式雇用员工之前对求职者进行药物检测正变得越来越普遍。很多州制定了对从事高风险行业的工人强制进行随机药物检测的制度。例如，新泽西州要求对电力工人进行随机药物检测。[103]

对于药物检测是否能够减少工作事故，目前还存在争论。有研究认为雇用前的测试只能筛选出一半滥用药物的员工，因此，持续的随机药物检测是明智的。一项对三家酒店进行调查的研究认为，雇用前的药物检测对减少工作事故几乎没有任何作用。但是，将雇用前检测和随机药物测试结合起来使用，就能够有效地减少工作事故。[104]

应对滥用药物问题

理论上讲，一个无药物工作场所计划包括五部分内容：

1. 无药物工作场所的相关政策；
2. 主管培训；
3. 员工教育；
4. 员工援助计划；
5. 药物检测。

这种政策至少应该规定："禁止员工使用、拥有、转让和销售非法药物。"同时还应该说明出台这项政策的理由，以及违反它的后果（从纪律惩戒到解雇）。应该由培训主管监控员工的绩效，并对和药物相关的绩效问题保持警惕。

工具

很多工具可以用来筛选出酗酒者和吸毒者。针对酗酒者的应用，最广泛的自陈式甄选工具是包含 4 个问题的 CAGE 测试和包含 25 个问题的密歇根酗酒甄选测试（Michigan Alcoholism Screening Test，MAST）。前者询问的问题包括：（1）你曾经试图减少酗酒吗？（2）你曾经因为被批评喝酒而恼怒吗？（3）你曾经因为喝酒感到愧疚吗？（4）你是否有过一早醒来的第一件事就是"镇定一下心神"？[105]

表 14-1 是一个预示酗酒相关问题的显在行为模式的图表。你可以看到，酗酒相关问题包括从酗酒早期阶段的迟到到晚期阶段的持久的无法预料的缺勤等一系列问题。[106]

表 14-1　预示可能酗酒的外在行为模式

阶段	酗酒的一些可能标志	酗酒可能引起的绩效问题
早期	迟到 说谎 早退	工作效率低 无法按时完成任务
中期	经常缺勤，尤其是在周一 同事认为其行为不稳定 情绪波动 焦虑 在午饭后迟到 连续多天缺勤	发生工作事故 受到老板警告 绩效显著下降
晚期	个人疏忽 步履蹒跚 引发暴力行为 眩晕、健忘 可能在工作时喝酒	经常摔倒或发生事故 受到严厉处分 基本上不能胜任工作

资料来源：Gopal Patel and John Adkins Jr.，"The Employer's Role in Alcoholism Assistance," *Personnel Journal*，62，no. 7，July 1983，p. 570；Mary Anne Enoch and David Goldman，"Problem Drinking and Alcoholism：Diagnosis and Treatment," *American Family Physician*，February 1，2002，www. aafp. org/afp/20020201/441. html，accessed July 20，2008；Ken Pidd et al.，"Alcohol and Work：Patterns of Use，Workplace Culture，and Safety," www. nisu. flinders. edu. au/pubs/reports/2006/injcat82. pdf，accessed July 20，2008.

将雇用前药物检测和持续的随机药物检测结合起来最为有效。雇用前药物检测可以阻止那些吸毒人员到这些进行检测的企业求职或工作。（一项研究发现，超过 30% 使用药物的全日制员工说，他们不太可能会到进行就业前筛选的公司就业。[107]）有些求职者会设法逃避检测，例如，购买"干净"的样本。有些州的法律将在药物检测中的欺诈行为认定为犯罪，包括新泽西州、北卡罗来纳州、弗吉尼亚州、俄勒冈州、南卡罗来纳州、宾夕法尼亚州、路易斯安那州、得克萨斯州和内布拉斯加州。[108]然而，最新的一种唾液检测解决了"干净样本"的问题，而且实施的成本更低。[109]

工作压力和工作倦怠问题

有时，酗酒和滥用药物是由工作压力引起的。[110]美国西北互利人寿保险公司（Northwestern National Mutual Life）发现，在所有参与调查的员工中，有 1/4 的人认为工作是他们生活的压力来源之一。甚至那些从事高科技工作的员工，如计算机工作者，都承受着很大的压力。[111]

各种与工作相关的因素，如工作进度、工作速度、工作保障、上下班路线、工作场所噪声、不健全的监督、顾客和客户的数量和特性等，也会导致员工产生巨大的压力。[112]但是没有任何两个人的反应会完全一样，因为个人因素也会影响压力。[113]例如，**工作狂**（workaholic）以及总是感到有一种力量驱使自己按时完成工作任务的人，常常将自己置于比别人更大的压力之下。

工作压力对企业和员工都有严重的后果。个人方面的后果包括焦虑、沮丧、愤怒和各种身体问题，如心血管疾病、头疼、安全事故，甚至是早期的阿尔茨海默病。[114]工作压力也会给企业带来严重后果，包括工作成果的质量和数量下降，缺勤率和人员流动率上升。一项针对4.6万名员工的研究表明，处于高压力下的员工的健康护理支出比低压力的员工高出46%。[115]丹麦的一项研究表示，那些压力过大的护士心脏病发病率要高出一倍。[116]但是并非所有的压力都是负面作用，比如，有些人在截止时间快到的时候效率更高。

减轻自己的工作压力

有许多方式可以减轻压力，其中包括一般的补救方法，比如睡得更多，吃得更好，找到更合适的工作，寻求咨询顾问，以及设计每天的活动。很多专家建议采用以下方法减轻工作压力[117]：

- 与同事和员工建立有益的、愉快的合作关系。
- 解决与他人的冲突。
- 每天都要找时间远离杂事，放松身心。
- 偶尔离开办公室，以改变环境和情绪。
- 写下困扰你的问题以及每个问题的解决办法。
- 参加一些没什么压力的活动，比如体育运动、社交活动等，或投入到你的个人爱好之中去。
- 为自己设置一些现实的目标和完成期限，对目标完成情况定期进行检视。
- 准备一个任务清单，并按照重要性进行排序。每天都对这个清单进行回顾，并且根据排序来安排自己的工作。
- 向自己的父母、朋友、咨询师、医生或者牧师寻求帮助，告诉他们你身上的压力和面对的问题。

冥想是另外一种选择。找一个安静恬适、灯光柔和的地方，舒服地坐下，集中精力思考，或者数深呼吸的次数，或者想象一个安静的地方，比如说海滩。当你又要走神时，及时把你的思路拉回到你的呼吸或者海滩上。[118]

企业能够做什么？

企业也能够发挥相应作用帮助员工减少工作压力。实际上，员工同其直接上级的关系，是员工工作时心里是否平静的重要影响因素。

一家英国公司采用了一种缓解员工压力的三级方法。[119]第一是一级预防，确保正确的工作设计和工作流程；第二是干涉，包括员工个人的评价、用来发现工作压力和工作中个人冲突来源的态度调查以及基层主管人员的干预调停等；第三是通过员工援助计划和咨询项目的方法进行恢复。一家医院引入了一项现场礼宾服务计划来帮助员工减轻工作压力，主要是帮助员工邮寄账单和制订假期计划等。[120]几年前，世界银行的员工承受着巨大的压力。一家冥想教学公司的培训人员每周在世界银行举办几次冥想课程。员工普遍感觉到这些课程非常有用。[121]企业意识到员工健康计划能够减少工作压力。比如，他们不仅关注像体重管理和戒烟这样的计划，还将计划扩展到了压力大和心情沮丧等方面。[122]

工作倦怠

工作倦怠（burnout）与工作压力密切相关。专家将工作倦怠定义为：由于过分努力地追求不现实的工作目标而导致的体力和脑力资源全面耗竭。它是一个慢慢累积的过程，通过一系列的症状逐渐显露出来，这些症状包括易怒、沮丧、欺骗和怨恨。[123]

出现工作倦怠的员工应该怎么做呢？在《如何克服成功的高成本》（*How to Beat the High Cost of Success*）一书中，赫尔伯特·费登伯格（Herbert Freudenberger）博士建议[124]：

● 打破你的模式。首先，你是做不同的事情，还是反复做同样的事情？你的生活越丰富多彩，你就越能有效地预防工作倦怠。

● 定期完全放下工作。安排出专门用于进行内省的时间，在此期间，你可以完全摆脱日常工作，（可能独自）去思索你现在身处何处，未来将去往哪里。

● 根据其内在价值重新评价你的目标。你设立的目标是符合实际的、可达到的吗？这些目标真的值得你做出牺牲吗？

● 思考你的工作。不如此紧张，你可以同样做好工作吗？

有一种能够减少工作倦怠的方法，即在下班之后就把工作丢到一边。在一个研究中，心理学家运用"回家后，我会忘记工作"[125]这样的问题来衡量员工的心理超然度。结果发现，那些下班后仍然心系工作的员工，在一年后的情绪耗竭程度会更高。此外，一项近期的研究表明，"对于那些没有体力活动的员工而言，工作倦怠和失落往往体现得最为强烈。对于那些需要高体力活动的职业而言，工作倦怠的感觉反而没那么强烈"。[126]

情绪低落

工作中的心理健康问题并不只包括工作压力和工作倦怠。[127]例如，《美国医学学会杂志》（*Journal of the American Medical Association*）的一篇研究文章经过计算，认为情绪低落的员工因为缺勤和工作绩效低下，每年给美国企业带来的损失高达 440 亿美元。[128]

企业要更加努力，以确保情绪低落的员工能够充分利用企业提供的支持性服务。情绪低落是一种疾病，仅仅告诉员工"赶紧摆脱它"是不会起任何作用的，这正如告诉一名心脏病患者"不要工作这么累"一样。一项调查发现，尽管大约 2/3 的大企业提供了员工援助计划，其中涵盖了员工的情绪低落问题，但是在情绪低落的员工中，只有 14％ 的人说他们使用过这些计划。[129]企业要培训主管人员识别情绪低落的警示信号，包括持续的情绪悲伤、睡眠不足、食欲不振、注意力难以集中以及对过去喜欢的活动不再感兴趣等，然后使员工乐意接受相关的服务，这将有助于解决员工情绪低落的问题。

电脑屏幕带来的健康问题以及预防措施

虽然计算机显示器技术在不断进步，但是仍然存在与显示器相关的一些健康问题。比如眼部烧灼感、眼痒、流泪、眼疲劳以及眼痛等。后背和脖子疼也是非常普遍的。使用计算机的员工通常还可能发生累积性运动技能失常，例如，腕管综合征，这是反复以不舒服的角度使用手臂造成的。[130]职业安全和健康管理局没有制定适用于电脑工作场所的具体标准，只有一些通用的标准，例如辐射、噪声和用电危险。[131]

根据美国国立卫生研究院的描述，累积性运动技能失常包括腕管综合征、滑囊炎、肌腱炎等。产生这些问题的原因通常是，员工为了解决一些问题（如反光），而不得不将身体保持在一个不恰当的位置。这通常会影响重复性工作的员工，比如装配生产线上的员工或者使用电脑的员工。企业可以通过一些项目来调整员工工作节奏，减少问题的发生。[132]

美国职业安全与健康研究所就使用电脑屏幕提出了一些一般性的建议，具体如下：

1. 员工在电脑前每工作 20～40 分钟就应该休息 3～5 分钟，利用这段时间做其他工作，如复印文件。

2. 在设计时尽可能增大工作台的灵活性，使之能够适应操作者个人特点。例如，使用椅背中间有支撑的可调式座椅。不要待在一个地方太长时间。

3. 使用窗帘、适当的终端屏幕罩、凹光或间接式照明等装置减轻眩光。[133]

4. 对员工进行全面的上岗前视力测试，以确保适当矫正视力，减少眼疲劳。

5. 让使用者坐在其手腕与肘处在同样高度的位置上。

6. 将显示器放置在与操作者眼睛持平或低于眼睛高度的位置上，并与眼睛保持 18～30 英寸的距离。

7. 让手腕轻轻放在垫子上以便有支点。

8. 让脚平放在地板或脚凳上。[134]

传染病

由于很多员工在各个国家间来往，因此，监测和控制传染病已经成为一个非常重要的安全问题。[135]

企业可以采取一些措施防止传染病进入并在工作场所扩散。这些措施包括：

1. 严密注意疾病控制中心（Centers for Disease Control，CDC）的旅行警告。疾病控制中心会提出旅行建议和旅行警告，可以在 www.cdc.gov 上找到这些信息。

2. 为从疫区返回的员工提供例行的医疗检查。

3. 禁止其他员工在 10 天内接触从疫区返回的员工或访客，特别是那些与疑似病例有过密切接触的人。

4. 如果员工有发烧或呼吸道症状，让他们待在家里。

5. 定期清洁工作场所和办公设备的表面，把含有酒精的清洁剂放到容易拿到的地方。

6. 把休息时间错开。提供不同的午餐时段，避免过度拥挤。

特殊的情况引发特殊的要求。例如，2009 年疾病控制中心建议那些对感染甲型 H1N1 流感病毒的病人进行健康护理的员工应当佩戴特殊的口罩以避免感染。[136]

工作场所吸烟问题

某种程度上讲，工作场所的吸烟问题越来越严重。例如，特拉华州、康涅狄格州、加利福尼亚州和纽约州等都已经在绝大多数工作场所实行禁烟。[137]但吸烟问题仍将是困扰企业和员工的一个难题。高昂的健康保险和火灾保险费用，以及缺勤率的上升、生产率的下降（比如，烟民每隔 10 分钟就要出去抽烟），都会给企业带来巨大的损失。

总的说来，只要企业不把吸烟作为某种歧视的代用手段，是可以不雇用吸烟者的。"不雇用吸烟者"的政策并没有违反《美国残疾人法》（因为吸烟没有被视为残疾）。总体而言，这一政策也没有违反联邦法律。[138]然而，有 17 个州和哥伦比亚特区禁止歧视吸烟人员。[139]现在许多州和城市禁止在室内吸烟，它们会为吸烟者划定专门的室外吸烟区域。大部分的州和自治市现在也禁止在室内公共场所吸烟。

大部分企业已经出台了工作场所禁烟计划。而在这些企业中，78%的吸烟员工说，这项禁烟计划并没有促使他们离开企业。[140]所以，同时提供戒烟福利帮助非常重要。疾病控制中心把戒烟政策（同阿司匹林治疗和儿童疫苗一起）列为企业所能提供的福利中最物有所值的福利。[141]威尔克集团（WEYCO）首先对员工进行为期 15 个月的警告，同时提供戒烟援助，然后开始解雇或者赶走所有吸烟的员工。[142]

戒烟计划不仅仅要为戒烟支付费用。一项包含治疗和选择药物的戒烟计划每月要为计划内的成员支付 0.45 美元。但是，这能够避免每年每名吸烟者离职所造成的 210 美元的损失（通过减少与吸烟有关的心脏病医疗费用）。[143]

14.6 职业安全和风险管理

工作场所安全与员工伤病的风险相关。工作场所安保则需要保护员工远离内外部的安全风险（比如犯罪分子和恐怖主义威胁）。[144]美国人力资源管理协会指出，工作场所安全计划需要解决的任务包括：正式的安全智能，保护公司的知识产权（比如非竞争性合约），开发风险管理计划，建立偷盗和欺骗防护程序，防护工作场所暴力和安装安全保护程序等。[145]

许多企业都有安全计划。[146]美国人力资源管理协会发现，85％的会员组织都有某些类型的风险防护计划。[147]许多公司还对可疑的包裹设置了特殊处理程序，并对其员工展开紧急撤离培训。

企业风险管理

你制订的安全计划反映了你想要解决的风险类型。公司面临着很多风险，其中只有一部分是指向员工的健康和安全的。潜在的风险包括：自然灾害风险、财务风险、计算机系统风险等，然而，人力资本风险也是很高的。这包括我们在本章中讨论的风险类型，以及不充分的人员安置计划。[148]

识别公司在安全和其他方面的危险情况属于企业风险管理的范畴，企业风险管理是指识别危险、制订计划降低危险，并且真正地降低这些危险。作为其风险管理的一部分，沃尔玛会问这样的问题："什么是危险？我们如何应对这些危险？"[149]在这里，减少犯罪（前面对此进行了讨论）和强化安全保障是两个重要的方法。

工作中的暴力问题

对员工施加暴力已经成为工作场所的一个严重问题。[150]在最近的一年里，发生了 506 起工作场所谋杀事件，受害者超过 200 万人。[151]一项较早的估计认为，工作场所的暴力问题给企业每年带来的损失超过 40 亿美元。[152]一项研究把欺凌行为称为工作场所的"沉默的流行病"，因为"虐待行为、威胁和恐吓经常不被报告"。[153]可悲的是，很多这类暴力行为都是在亲密的伙伴之间实施的。[154]根据一项近期的研究，29％知晓或者经历过工作场所暴力问题的员工对此都没有任何表现。[155]然而，很多这样的袭击都包括了一名现在或以前的工作同事或者配偶。[156]而且工作场所的暴力并不仅仅针对员工，有些暴力还阴谋破坏公司的财物。

你能够预测并避免很多工作场所的事故。《风险管理杂志》（Risk Management Maga-zine）估计，大约 86％的工作暴力在早期就能被同事发现，这些同事能够在事故发生之前就向管理人员报告以引起他们的注意。然而，在大多数案件中，管理人员几乎无所作为。[157]

男性比女性更容易在职场遭遇致命性的伤害，但是女性更容易成为工作袭击中的受害者。《性别动机暴力法》（Gender-Motivated Violence Act）对那些女性员工成为受害者的企业提出了相关法律责任要求。[158]在工作场所的女性被害案件中，有超过 3/4 的袭击是由不熟悉的人做出的。家庭成员、同事和熟悉的人也有可能作案。具体的提升安全措施包括更好的照明、移动保险箱以及其他类似的措施。女性员工应该拥有拨打内部热线和加入员工援助计划的权利。

人力资源经理可以采取几个具体措施去减少工作场所暴力事件。加强安全措施是企业应对工作场所暴力的第一道防线，不管这种暴力来自同事、顾客还是其他人。从图 14 - 6 中可以看到职业安全和健康管理局对加强安全措施的建议。

- 改善外部照明。
- 利用移动保险箱最大限度地减少放在手头的现金。
- 设立标识，声明此处只有少量现金。
- 安装无声报警器和监控。
- 增加值班人员。
- 对工作人员进行有关解决冲突和非暴力反应的培训。
- 在深夜和凌晨高危险时段关闭设施。
- 制定持枪政策，如"严禁公开或秘密地携带枪械以及其他危险或致命性武器进入工作场所"*。

图 14 - 6　加强工作场所的安全措施

* "Creating a Safer Workplace: Simple Steps Bring Results," *Safety Now*, September 2002, pp. 1 - 2. See also L. Claussen, "Disgruntled and Dangerous," *Safety & Health* 180, no. 1 (July 2009), pp. 44 - 47.

改进员工甄选工作

工作场所的袭击事件中，有 30% 来自同事。因此筛除掉那些有暴力倾向的员工是企业进行防卫的另一道防线。

个人因素和情境因素与工作场所的暴力行为有关系。那些在"易怒"性格（对环境充满敌意的倾向）方面得分较高的人更有可能在工作场所发生暴力行为。至于情境因素，人际不公平和领导力不足能够预测针对主管的暴力行为。[159]

企业能够在雇用之前就筛除掉那些在工作场所攻击倾向明显的求职者。要拿到求职者的详细求职申请书，弄清求职者的工作经历、受教育背景以及推荐人的意见。[160]在面试中可以询问这样的问题："什么会使你受挫？""谁是你认为最差的主管，为什么？"[161]某些背景情况表明必须对求职者做更深入的背景调查。危险信号包括[162]：

- 在工作经历中有一段没有加以说明的空白期；
- 简历或求职申请表中存在不完整的或虚假的信息；
- 负面的、不利的或虚假的推荐意见；
- 在过去的工作中发生过不服从行为或暴力行为[163]；
- 存在与骚扰行为或暴力行为有关的犯罪历史；
- 对过去离职的原因不加解释或解释不可信；
- 有滥用药物或酗酒的历史；

● 在个人的工作或生活中存在极不稳定的情况，比如经常换工作或者在不同地区之间迁移；

● 执照或资格证书已失效或遗失。[164]

进行有关工作场所暴力的培训

企业还应当对主管人员进行培训，使他们能识别暴力事件发生前的线索。这些线索包括[165]：

● 工作内外的暴力行为；

● 证明一个人存在丧失行为意识的古怪行为；

● 过度的对抗或反社会行为；

● 性攻击行为；

● 孤立主义或孤独倾向；

● 具有暴力暗示的不服从行为；

● 对批评做出过度反应的倾向；

● 对战争、枪械、暴力、大灾难过分感兴趣；

● 犯有严重违反安全规定的犯罪行为；

● 在工作场所持有武器、枪支、刀具；

● 侵害他人隐私权，比如搜查他人的办公桌或悄悄跟踪；

● 长期抱怨，经常提出不合理的争议；

● 有报复导向或者报复态度。

美国邮政服务公司（U. S. Postal Service）采取了一系列措施来减少工作场所中的袭击案件。这些措施包括更多的背景调查、药物检测、新雇用员工为期 90 天的试用期、更加严格的安全保卫（包括一条让员工报告威胁的热线）以及培训管理者创建更加健康的文化。[166]接下来的"构建你的管理技能"专栏列举了解雇高危员工指南。

➡ **构建你的管理技能**

解雇高危员工指南

解雇高危员工时，应该：

● 计划好会议的各个方面，包括时间、地点、出席人员和进程安排。

● 要有安保人员在场。

● 告诉员工他不能再接触公司的财产。

● 召开会议的房间应该有门直通出口。

● 确保解雇过程简短并切中要害。

● 确保在会议上员工返还所有的公司财产。

● 不要让员工再回到自己工作的地方。

● 在周初的早晨召开会议，以便员工有时间联系就业顾问和支持小组。

● 提供尽可能多的遣散费。

● 切忌进行宣扬，以维护员工的自尊。[167]

建立基本的安全计划

工作场所安保则需要保护员工远离内外部的安全风险，这通常是从设备安全开始的。正如一名公司的安保人员总结的，"工作场所安全不仅仅是安装一个预警系统"。[168]理想状态下，一项完整的公司反犯罪项目应该从以下几个方面着手[169]：

1. 公司哲学和对犯罪的政策。确保员工知晓，公司对于犯罪行为实施零容忍政策。

2. 对求职者进行调查。进行全面的背景核查。

3. 犯罪意识培训。在入职引导和培训期间阐明公司对犯罪的严正立场。

4. 风险管理。建立并沟通在危险中采取的行为，比如炸弹危险、火灾和其他危险情况。

从最简单的意义上讲，建立基本的安全计划需要以下步骤：分析现有的危险水平；建立机械、自然安全和组织安全系统。[170]

安全计划首先要分析企业现有的危险水平。企业应该在安全专家的帮助下评估公司的安全状况。符合逻辑的做法是从明显存在的危险开始进行分析，例如，邻居情况怎么样？你的设施或者其他个人是否会给工作场所带来问题？对于前期的风险分析要注意考察以下六个方面：服务台通道，包括紧急按钮的需求；内部安全，包括安全的洗手间和更明显的出口；权力机关介入，特别是在当地法律执行过程中，如有紧急程序发生，则需要权力机关介入；邮件处理，包括筛选和公开的邮件；撤离，包括撤离的程序和培训；支持系统，包括数据存储。

在对现有的危险水平进行评估后，企业转而需要注意改善工作场所安全状况的三个方面：自然安全、机械安全和组织安全。[171]自然安全是指利用工作场所的自然或人工条件来减少安全隐患。例如，是不是有太多通道，阻碍了控制设施入口？

机械安全是指利用诸如锁、入侵报警器、门禁控制系统、监视系统等安全系统，有效地降低人员监控需要。[172]例如，在门禁安全方面可以利用一些生物鉴定扫描仪，识别一个或多个指纹、视网膜或声音，从而保证工作场所的安全。[173]

最后，组织安全是利用优良的管理来提高安全水平。例如，要对安全保卫人员进行适当的培训和激励，要吸引大家参与各种安全活动。还要确保安保人员签署了界定他们职责的书面文件，特别要明确他们在火灾、电梯被困、泄密、医疗急救、非法侵入、可疑包裹、骚乱和工作场所暴力中的职责。[174]

应急计划和经营的可持续性

紧急情况可能是火灾、侵犯等情况造成的，这需要企业提供设备的可持续性和应急计划。[175]这些计划包括早期风险预警、外部应急沟通和撤离沟通计划。理想状态下，预警系统应该是第一位的。企业需要遵循预警的提示，并且向员工提供紧急情况的信息和下一步行动计划。许多企业还使用社交网络和短信沟通。[176]

处理健康问题的计划也很关键。[177]例如，在心脏骤停的紧急情况下，早一些采用心肺复苏术并使用外部除颤器等都是非常必要的。这些设备应该置于易得到的位置，而且应该有一个乃至多个员工接受过使用这些设备的培训。[178]企业还需要在紧急情况下设置经营可持续性计划。企业可以在网站上设置一个安全专题区域，列举一些必要的信息，比如运营时间、设备开放安排、可替换的工作地点，方便员工进行交流。[179]风险计划需要包括构建一个命令中心，以及在灾难来临时员工的识别信息（包括相关职责）。美国小企业管理局（SBA）在 www. preparemybusiness. org 网站上提供了经营连续性的相关信息。

社交媒体和人力资源

像推特这样的社交媒体工具可以快速地将一些紧急信息传递给分散的个人。若干年前康涅狄格州的布里奇波特市受到了一次龙卷风袭击，城市管理者运用推特来提示一些风险点，比如停电和道路中断。此外，在飓风桑迪袭击美国东北部的时候，应急管理者、公共事业公司等使用社交媒体来分享避难所的位置。[180]

恐怖主义

企业可以采取以下步骤来保护员工和公司财产不受恐怖袭击的危害。这些步骤现在在很多工作场所都很常见，包括：

- 检查每个进入公司的人的证件。
- 仔细检查邮箱。
- 提前组建一个精干高效的"风险管理机构"，以保证遭到恐怖威胁后能够临时保持公司正常运营。
- 预先确定在哪种情况下你将关闭企业，以及相应的关闭程序是什么。
- 用相应的程序将风险管理小组整合起来。
- 制订撤离计划并保证出口标识明确和保持畅通。
- 委任一名员工同家庭和公司场所外的员工交流。
- 在工作场所附近找一个逆风的地点，用作撤离人员的停留区域。
- 提前委任一些员工，负责在撤离停留区域查点员工人数。
- 制定紧急短信通知政策和程序，以告知受到影响的员工可能存在紧急状况。[181]

"全球人力资源管理实践"专栏详细地介绍了这些内容。

➡ 全球人力资源管理实践

应对恐怖主义

恐怖主义是一个严重的议题。即使是将员工送到声称安全的国家，也不能保证不会出问题。例如 2011 年，麦德斯全球解决方案公司（Medex Global Solutions）从埃及撤离了 500 名客户的员工及其家人。而实际上公司已经提示它的客户当地存在风险。[182]鉴于此，企业不得不采取措施来更好地保护它的外派员工和外国员工。因此，企业实施了更广泛的安全计划，例如在必要的时候确保员工安全的营救计划。很多企业都会购买情报服务来监测潜在的恐怖主义威胁。一家情报机构的负责人估计，这样的服务每年的花费为 6 000～10 000 美元。[183]

商务旅行

怎样让商务旅行者远离犯罪本身是一种专业范畴的事情，但在这里还是可以给出一些建议[184]：

- 对外派员工提供一些一般性的培训，让他们了解一些有关在国外旅行、生活以及将要被派驻的地方等知识。这样，当他们到达目的地时，就更容易适应当地的环境。

● 告诉他们不要引起别人的注意，不要让别人关注到他们是美国人，比如不要穿着带有美国国旗或徽章的衣服，或者不要购买美国品牌的汽车等。

● 让商务旅行者在尽可能接近飞机起飞的时间抵达机场，并且在等待的时候避开交通主干道，从而使他们不被人注意到。

● 在外派员工的汽车和家中设置足够多的安全保卫系统。

● 告诉员工在上班时要经常改变出发和到达时间，上下班时也要经常走不同的路线。

● 让员工通过定期查询比如美国国务院提供的旅游咨询服务以及领事馆提供的相关信息，来了解与当地犯罪和其他问题有关的一些最新动态。[185]

● 建议员工始终保持自信。身体语言可能会吸引歹徒，那些看起来就像受害者的人经常会真的成为受到伤害的人。[186]

本章小结

1. 职业安全和健康管理局旨在确保每一名员工都有安全和健康的工作场所。职业安全和健康管理局的标准非常完备和详细，并通过工作场所的检查体系来执行。职业安全和健康管理局检查人员能够提起传讯，并向区域检查人员建议罚款数目。

2. 引起事故的基本原因有三个：偶然事件、不安全的工作条件和不安全行为。

3. 有很多方法可以减少事故。其中一个就是减少不安全的工作条件，另一个就是减少不安全行为，比如可以利用甄选和配置、培训、正强化、宣传和领导的安全承诺等方法。

4. 酗酒、滥用药物、压力和心理健康是四种非常重要并且日益增多的员工健康问题。酗酒尤其是个严重的问题，它能够显著地降低组织绩效。可以利用惩戒、解雇、内部咨询和外部机构等方法来处理这些难题。

5. 工作场所的安全依靠自然安全、机械安全和组织安全。

讨论问题

1. 介绍职业安全和健康管理局并说明它是如何运作的。
2. 详细说明三个引发事故的基本原因。
3. 阐述工作中的主要健康问题以及预防措施。
4. 介绍职业安全和健康管理局的基本情况——它的目的、标准、检查、权力和责任。
5. 说明基层主管在安全问题上的作用。
6. 说明什么会导致不安全行为。
7. 说明员工如何减少工作压力。

个人和小组活动

1. 以个人或小组为单位，回答这样一个问题："是否存在所谓的'有事故倾向的人'这样一回事?"用你实际了解到的似乎存在某种事故倾向的人的例子加以说明。

2. 以个人或小组为单位,整理出一份清单,列举哪些工作或学校中的因素会使你产生功能失调性压力。你是用什么方法来应对这些压力的?

3.《职业风险》(Occupational Hazards) 杂志向我们提供了一些信息,这些信息描述了当美国职业安全和健康管理局向美国司法部提交起诉书,起诉企业故意违反职业安全和健康管理标准时所发生的一些事情。在 20 年间,美国职业安全和健康管理局总共就 119 起严重事故向美国司法部提起了刑事诉讼,认为企业存在故意违反职业安全和健康管理标准的情况。司法部拒绝受理了其中 57% 的案件,其中一些是由于其他原因没有受理。在剩下的 51起案件中,63% 的案件是司法部通过预审程序解决的,这样就没有涉及入狱的惩罚。所以,整体上算起来,在职业安全和健康管理局向美国司法部提起的 119 起诉讼案件中,只有 9 起案件导致至少一名被告入狱。"司法部真丢人",它受员工家属委托,指控一家公司的创始人应当对在工作时间被害身亡的员工负责。低定罪率的一个可能原因是,这些案件中的犯罪行为通常都是轻微的犯罪,并不是重罪,而司法部主要关注那些涉及严重犯罪的案件。了解了这个信息之后,你认为这会对企业及其管理者管理他们的安全计划产生何种影响? 为什么?

4. 最近,在俄亥俄州东托莱多市的一个建筑工地上,一台 315 英尺高、200 万磅重的起重机倒塌,造成 4 名工人死亡。你认为像这样悲惨的事故是可以避免的吗? 如果可以避免,你会建议总承包商采取哪些步骤来避免这样的惨剧发生?

5. 3~4 人为一组,用 15 分钟的时间,绕着教室所在的大楼或者你所在的地方走一走,列出你将会向大楼所有者建议的可能的自然安全、机械安全和组织安全措施。

6. 附录中的人力资源师和高级人力资源师知识库展示了人力资源认证考试必备的知识,包括战略管理、人员规划和人力资源开发等。4~5 人一组,完成以下四项工作:(1)复习附录的内容;(2)找到本章中与附录相关的内容;(3)根据你对人力资源认证的考试要求的理解,写出 4 道选择题;(4)如果时间允许,选择本组中一位同学将问题向全班展示,由其他组的同学回答。

人力资源行动案例事件 1　新安全与健康计划

动中学公司 (LearnInMotion) 是一家网络公司,通过在线和 CD/DVD 向员工提供培训。乍看起来,网络公司是你认为安全和健康危险最小的地方之一,梅尔 (Mel) 和詹妮弗 (Jennifer) 就是这样认为的。那里没有机械运行的危险,没有高压线路,没有切割或举重物,也肯定没有铲车式大车。但是,那里也存在着安全与健康问题。

例如,就引起事故的条件而言,网络公司存在的一个问题就是有许多的电缆和电线。有连接计算机主机与显示器、服务器的电缆,有的电缆常常是从某些计算机连接到各个打印机上。某办公室中有 10 部电话,所有的电话都连着 15 英尺长的电话线,它们总是迂回缠绕着桌子和椅子。实际上,考虑到这间办公室几乎没有所谓的无线电缆,且只有不到 10 名员工,其电缆数量之多的确令人惊讶。在安装专家为该办公室布线(如电源线、高速电缆、电话线、防盗警报器以及计算机)的时候,他们估计需要使用的各种线缆长达 5 英里。尽管大多数线缆藏在墙壁或天花板里,但还是有许多线缆在办公桌之间以及门口绕来绕去。

有几位员工已经在试图减少被电线绊倒的情况发生，因为无论什么时候，只要他们站起来，塑料椅就会压住离他们最近的电线。但是，还是有许多电线没有被保护起来。有时，员工自己带来包装胶带，试图将他们觉得特别麻烦的地方（比如横跨门口的地方）的电线捆扎起来。

电缆和电线只是比较明显的可能引起事故的工作条件之一。该公司的程序员在离开该公司之前曾试图修理主服务器，当时各个科室的用电仍很正常。到他离职时，剩下的员工不是特别清楚他拧过哪些螺丝，但他们知道正如某位经理说过的那样，这位程序员"曾经在屋子里到处修理"。他没出什么事，但情况仍然令人不安。虽然他们还没有收到任何投诉，但每个员工都长时间使用计算机进行工作，因此，他们可能会出现腕管综合征，同样，还会出现诸如眼疲劳和背部疲劳之类的问题。

最近发生的一起事故尤其令他们感到害怕。该公司让独立承包商负责在纽约和其他两个城市配送公司的课程图书和课程光盘。一名配送员在一个交会路口骑车时，被一辆汽车撞倒。幸运的是，这名员工没有受伤，但自行车的前轮被轧毁了，这种极端危险的情况使公司的两位老板——梅尔和詹妮弗认识到，他们缺少安全计划。

该公司的两位所有者不仅担心物理工作条件问题，对工作压力以及精力耗竭等潜在的健康问题也有些担心。虽然公司在物质条件方面可能是（相对而言）安全的，但就其对工作时间和工作完成日期的要求来看，员工的工作压力也是相对比较大的。对于员工来说，他们从上午7点30分或8点开始，一直工作到夜里11点或12点，每周至少工作5天，有时甚至需要工作6～7天，这些都是司空见惯的。该公司刚刚调整了工作日历，要求5名员工连续3周每周工作70小时。

至少，梅尔和詹妮弗都相当明确地认识到，他们必须在实施健康与安全计划方面做些努力。现在，他们希望你——他们的管理顾问来帮助他们实施这方面的计划。以下是他们希望你为他们做的事情。

问题

1. 根据你所掌握的健康与安全方面的知识以及你了解到的与他们公司类似的其他企业的情况，制作一份清单，列出员工以及其他人在动中学公司面对的潜在危险条件。公司应当做些什么才能减少最为严重的5种潜在危险？

2. 对于他们来说，建立一套程序来淘汰那些有工作压力倾向或事故倾向的人是否可行？为什么？如果可行，他们应当如何进行筛选？

3. 写一篇有关下列主题的短文："为了使全体员工的工作行为更加安全，我们应当做些什么？"

4. 根据你所了解的情况以及其他网络公司正在做的事情，写一篇有关以下主题的短文："为了减少公司现在面临的工作压力和工作倦怠问题，我们可以做些什么？"

人力资源行动案例事件2　卡特洗衣公司：激励安全行为

在洗衣和清洁企业，员工的安全和健康是一个很重要的问题。每一家洗衣店都是一个小型的生产厂，在那里，有以高压蒸汽和压缩空气为动力的机械，在高温、湿滑的条件下清洗、清洁和熨烫衣物，不断地产生化学水蒸气，而且在清洁过程中还要使用腐蚀性的化学物品。高温蒸馏器不断"煮"着清洁剂，以去除杂质，使清洁剂得以重新使用。如果在这个过程中出错，比如将过多的蒸汽注入蒸馏器中，就会发生沸溢，也就是说，沸腾的化学溶剂会喷出蒸馏器，喷到地上和人身上。

由于存在这些危险，并且在这些洗衣店里不断产生有危险的化学废料，几家政府机构（包括职业安全和健康管理局、环境保护局）已经就这些企业的管理制定了严格的准则。例如，在每一家洗衣店中都必须张贴海报，让员工知道自己在与哪些危险的化学物品打交道，同时让他们知道处理这些化学物品的正确方法。必须让专门从事废料管理的企业来收集和恰当处置这些危险废物。

卡特洗衣公司（同样也是其他洗衣店主）长期面对的问题是，清污工通常不愿意戴安全护目镜。并非他们所使用的所有化学物质都要求戴安全护目镜，但是有些化学物质，比如用来清除衣物锈污的一种溶剂，就是非常危险的。它被装在特殊的塑料容器中，因为它能溶解玻璃。有些员工觉得戴安全护目镜可能很麻烦，让人有些不舒服，也容易被弄脏影响视线。杰克发现，总是很难让员工自觉戴上护目镜。

问题

1. 企业应该如何识别需要纠正的危险因素？利用图 14 - 4 和"构建你的管理技能"专栏中的信息及清单，列举至少 10 种在干洗店中存在的潜在危险条件。

2. 对于企业来说，建立一种淘汰有发生事故倾向的人的程序是可取的吗？如何建立这种程序呢？

3. 为了让所有的员工表现出更安全的工作行为，你会向卡特洗衣公司提出哪些建议？为了让那些应当戴安全护目镜的员工戴上护目镜，你会向公司提什么建议？

4. 详细说明你将如何激励这些员工戴安全护目镜。

体验式练习　我们学校的安全性怎么样

目的：练习确定不安全的工作条件。

必须理解的内容：你应当熟悉本章所提供的材料，尤其是有关不安全的工作条件的材料以及图 14 - 4 中的内容。

如何进行练习/指导：将全班分为练习小组，每组 4 人。假设每个小组都是一个由学校安全工程师组成的安全委员会，其职责是确定和报告在学校建筑物内及其周围存在的各种可能的不安全工作条件。每个小组都要在这些建筑物内及其周围进行 45 分钟的检查，并列出可能存在的不安全工作条件。（利用图 14 - 4 和"构建你的管理技能"专栏提供的检查清单。）

在大约 45 分钟之后回到教室。每组应指定一人发言，在白板上列出本组认为已经确定的不安全的工作条件。总共有多少项不安全的工作条件？你们认为这些条件也违反了职业安全和健康管理局的标准吗？你们将怎样进行核查？

第6篇

人力资源管理的特殊议题

本书的第1～5篇，着重介绍了人力资源管理的基础知识，包括招募、甄选、培训、评价和为员工支付报酬以及为员工提供一个积极和安全的工作环境。在第6篇"人力资源管理的特殊议题"中，我们主要考察全球化和小型创业公司两种特殊情境下的人力资源管理。第6篇包括专题A"全球人力资源管理"和专题B"小企业及创业公司的人力资源管理"。

专 题 **A**

全球人力资源管理

本章要点

● 人力资源与全球化经营
● 国际员工甄选相关议题
● 外派员工的培训和保留
● 全球人力资源管理：如何实施全球人力资源管理系统

学习目标

学完本专题后，你应该能够：

1. 列举全球化经营带来的人力资源挑战。
2. 回答问题："选拔外派管理者和选拔国内管理者有何不同？"
3. 讨论员工归国计划成功的关键因素。
4. 列举成功设计和实施全球人力资源管理计划的几个主要问题。

■人力资源与全球化经营

对于国内外的公司来说，全球化经营的重要性显而易见。比如，在过去30年里，美国的进出口总额已经增长至原来的9倍，近期已经达到了47万亿美元的数字。[1]这样的形势就给企业提出了很多有趣和有挑战性的管理任务。如今管理者必须能够在全球范围内组织和执行他们的市场、产品和生产计划。例如，福特汽车最近颁布了一个名为"同一个福特"的新战略，旨在将类似的福特汽车推广到全球。

走向海外还意味着企业必须着力解决全球性的人力资源管理问题。例如，"我们应该在欧洲聘用当地人还是直接派美国人过去？""我们要怎么评估亚洲员工的绩效并支付薪酬？"[2]

全球化经营的人力资源管理挑战

应对全球人力资源管理挑战并非易事。企业在海外要面临不同国家在政治、社会、法律和文化方面的差异。

只在美国本土经营的公司可以享有相对稳定的经济、文化和法律变化因素。尽管美国的劳动力队伍充分体现了多元化的文化和民族背景，但美国毕竟是一个资本主义社会，其公民共享的那些价值观有助于淡化文化差异。每个州和每个城市也会有自己的一套法律体系，这会影响到人力资源管理实践，但联邦法律的基本框架会对就业歧视、劳资关系、安全与健康等问题制定法律原则的指导。同样，美国内部的政治风险也比较小。政治风险指的是"任何可能对公司的长期盈利或价值有不利影响的政府行为或出于政治动机的事件"。[3]举个例子，阿根廷总统决定将国家的石油行业全部国有化。

但在海外经营的公司就没法享有这种同质性带来的好处了。例如，尽管欧盟国家的标准化进程加快，各国的法定最低年休假天数还是有很大差异。这里的问题就在于，由于人力资源管理政策和程序需要适应不同国家的差异，因此跨国公司的人力资源管理会更加复杂。

同样的道理，在一个国家行得通的事到了另一个国家就可能会碰壁。某项奖励计划可能在美国很奏效，但若在东欧国家就可能会遇到阻碍，因为那里的员工需要按周发放工资来购买生活用品。尽管存在国家间的差异，企业还是需要建立有效的人力资源管理政策，既符合各个国家的实际情况，又符合公司的整体利益。[4]地理上的距离越远，挑战就可能越大。例如，位于西雅图的星巴克人力资源经理要如何追踪海外高级经理的绩效呢？

什么是全球人力资源管理

企业需依赖**全球人力资源管理**（international human resource management，IHRM）来处理上述人力资源管理挑战。我们可以将全球人力资源管理定义为：企业用来应对全球化经营相关的人力资源挑战的人力资源管理概念和技术。全球人力资源管理的主要问题聚焦点是：在全球范围内管理公司外派员工（例如，甄选、培训，并为他们支付薪酬）；对当地员工进行甄选、培训和支付薪酬；比较、应用和管理不同国家的人力资源管理实践。

国家间的差异如何影响人力资源管理

海外人力资源管理的挑战不仅仅源于地理距离（尽管这确实很重要），更难的问题在于处理不同国家和人们之间在文化、政治、法律和经济上的差异。这些差异产生的结果就是，在某个国家行得通的事情在另一个国家可能碰壁。

文化因素

不同的国家在文化方面差异很大——换言之，不同国家的人遵循的基本价值观以及这些价值观在该国艺术、社会活动和行为中表现出来的形式都是不同的。文化差异意味着在相同或相似情境下，不同国家的人做出的反应会不一样。

由吉尔特·霍夫斯泰德（Geert Hofstede）教授所做的一项经典研究则揭示了其他方面的一些国际文化差异。霍夫斯泰德认为不同的文化在五个维度上有显著差异：权力距离、个人主义、果敢性、不确定性规避和长期导向。比如，霍夫斯泰德认为，不同的社会在权力距离方面是不同的——也就是说，在一个机构中所拥有的权力较小的那些成员，在多大程度上接受权力分配的不平等。[5]霍夫斯泰德教授得出了这样的结论：对权力不平等的接受程度在一些国家（如墨西哥）比在另一些国家（如瑞典）要高一些。[6]这样的差异会导致个体行为的区别。

这样的文化差异会对公司的人力资源政策产生影响，某种程度上是通过塑造公共政策和法律来实现的。例如，一项近期的研究显示，权力距离能够显著地影响首席执行官和其他员工的工资差异。[7]

法律因素

参与全球化竞争的国家必须熟悉其所进入国家的相关法律。比如，在印度，雇用超过100人的公司在解雇员工的时候就必须得到政府的许可。[8]在巴西，如果没有"正当的理由"就解雇员工，可能面临员工职业生涯收入4%的罚款。[9]另一个例子就是，美国自由雇佣政策在欧洲是不存在的，欧洲的企业要想解雇或临时解雇工人，是一件既耗时间又费金钱的事情。在许多欧洲国家，**工人理事会**（works councils）和**劳资共决**（co-determination）是工人参与解决法律纠纷的重要形式。[10]

经济体制

类似地，不同的经济体制也会导致不同国家之间的人力资源管理实践差异。经济体制有市场经济、计划经济和混合经济三种类别。在市场经济国家，政府在决定商品的供销和定价中起的作用很小；在计划经济国家，政府要决定商品的供销和价格；在混合经济国家，还有不少的行业仍在政府的管控之下，也有一些商品是市场定价和生产的。

在劳动力成本方面，菲律宾是每小时2.01美元，美国和德国则分别是每小时35.53美元和47.38美元，在挪威则高达每小时64.15美元。[11]相比于美国劳动者每年2～3周的带薪休假，法国劳动者在一年中每服务满一个月，就享有2天半的带薪休假时间。

实例：欧盟

要说明文化、经济和法律等差异对雇佣政策的影响，欧盟是最好的例子。在过去的20多年中，在前欧洲共同体中独立存在的各个国家，统一成立了一个包括商品、服务、资本甚至劳动力在内的共同市场，这个共同市场称为欧盟（EU）。商品在欧盟各个国家之间流动的关税被取消了，同时，员工在不同欧盟国家之间变换工作的自由度更大了（除了某些例外）。单一货币欧元的诞生也进一步模糊了这些国家之间存在的各种差异。

在欧洲开展业务的公司必须调整它们的人力资源政策和做法，来适应欧盟的指令和各个国家的具体就业法律。这些指令基本上都是在整个欧盟范围适用的法律，其目标在于将所有成员国联合起来（尽管每个国家也可以按自己的意愿实施这些指令）。例如，欧盟关于就业确认的指令要求企业为员工提供关于他们雇用条件的书面条款。然而，这些条款在不同的国家之间也不一样。[12]在英国，法律要求企业以书面的形式详细说明雇用合同的内容，其中涉及工资率、员工入职的日期、工作小时数、休假权利、工作地点、惩罚规则以及争议处理程序等诸多方面的内容。而德国却并不要求企业提供书面雇用合同，它仍然习惯于让一个人来详细说明关于工作内容和工作条件等方面的具体事项。

指令和国家法律之间的相互影响意味着企业的人力资源管理实践必须因国而异。例如[13]：

- 最低工资：大多数欧盟国家都有最低工资方面的规定。有些国家设有全国性的标准，有些则允许企业和工会自行决定它们的最低工资水平。
- 工作时间：欧盟规定劳动者每周的工作时间最长不得超过48小时，而大部分欧盟国家设定在40小时左右。
- 终止雇用：欧洲国家在解雇员工时，预通知时间是不一样的。西班牙没有预通知时间，意大利必须要提前两个月。

国际员工甄选相关议题

今天，国际人力资源管理越来越关注如何行使全球化的人力资源职能。比如将国内的绩效和薪酬实践运用到国外。然而，为海外机构填补职位空缺向来就是全球人力资源管理的核心。这个过程包括识别并筛选出适合职位需要的候选人，然后将其配置到合适的职位上。

国际员工配置：母国员工还是当地员工

整体来说，我们将跨国公司的员工分为以下类型：外派员工、母国公民、当地员工，以及第三国公民。[14] **外派员工**（expatriates）是指在某国工作的非某国公民。**母国公民**（home-country nationals）是指在公司总部所在国（即母国）工作的该国公民，如果他们被派到国外的话就称为外派员工。**当地员工**（locals）（也称为东道国公民）是指在公司的海外分支机构所在国工作的当地公民。**第三国公民**（third-country nationals），即来自母国和东道国之外的其他第三国的员工——比如，被一家美国跨国银行派往上海分行工作的一位法国籍高级管理者。[15]

为什么选择当地员工

在跨国公司的管理者中，当地人是其主要的员工来源，这主要是出于以下几个方面的原因。在美国国内，从海外引进人员来工作是很有挑战性的事情，因此有必要使用美国的本地员工。（依据现行法律规定，美国企业在向美国劳工部提交外籍劳工认证要求之前，必须首先尝试招募美国劳动者。[16]）

在海外雇用当地员工，一项重要考虑是用工成本。有的公司还没有意识到外派员工的成本。据安捷伦科技公司（Agilent Technologies）估计，维持一位外派员工在海外工作一年所需费用相当于外派人员年薪的 3 倍。但是当安捷伦科技公司把它的外派项目外包出去时，却发现费用更高了。于是。该公司大幅削减了外派人员的数量。[17]但是成本问题也可能会产生相反的影响。举个例子，由于很难吸引管理培训生到相对工资较低的服务职位工作，一些美国连锁酒店企业会选择从国外招聘员工来填补这些职位。最后，政治因素也是不得不考虑的问题。如果跨国公司更多地使用当地员工，东道国政府和公民可能会将其视为"更好的公民"。

为什么外派员工

当然，使用外派员工——可以是母国员工，也可以是第三国员工——去担任海外分支机构中的管理职位的理由也有很多。其中，技术能力方面的原因是最主要的，换言之，跨国公司常常无法在海外分支机构的所在地找到具备相应技术条件的求职者。此外，许多跨国公司还将在国外成功地度过一段外派工作生活，视为高层管理者开发过程中的一个必要的步骤。可控制性也是很重要的。这里的一个基本假设是：来自母国的管理者已经完全融入公司的政策和文化之中，因此他们更有可能执行总部的指示。

然而，一个主要的发展趋势仍然是：雇用东道国的当地人。派遣员工到国外的费用高昂，外派人员也越来越担心安全问题，返回本国的外派人员通常会在一两年后转到其他的企业去就业，教育条件的差异也使得许多高质量的求职者不愿意接受外派工作。此外，在近来的全球经济衰退背景下，企业在外派员工身上支出的高昂费用也使得外派员工更缺乏吸引力了。一项调查发现，47％的美国跨国公司还维持着现有的外派员工规模，只有18％的公司有所扩张，而35％的公司正在减少外派员工的数量。[18]然而，最近的一项调查显示，有大约一半的全球型企业准备成倍地增加向中国等国家外派的员工数量。[19]正如接下来的"作为盈利中心的人力资源"专栏所谈到的，人力资源团队必须控制外派员工的成本。

➡ **作为盈利中心的人力资源**

减少外派成本

由于向海外项目外派员工的成本高昂，企业的人力资源团队在控制和削减成本方面起的作用就很大了。美世公司（Mercer，一个在全球范围内向企业提供咨询、外包和投资项目的公司)[20]的一项研究提供了一些削减成本的步骤。首先，企业开始增加短期任务的数量。这种短期任务成本低廉，也不必像长期任务那样需要向海外派出员工及其家庭。此外，该研究显示，有一半的公司正用当地员工来代替外派员工。除了聚焦于降低成本之外，许多企业还在检视它们的其他政策，比如住房、教育、探亲假和外派人员津贴、附加费用等（比如生活成本津贴、生活质量附加补贴)。[21]

议一议

这些政策会不会让外派员工变得更困难？为什么？

其他解决办法

现在，除了外派人员和当地人员以外，还有一些其他选择。一项调查表明，78％的受访企业中存在某种形式的"本土化"政策。这是一种把母国的员工转移到国外子公司作为"永久转移人员"的政策。在这种情况下，企业就不会把这些员工（他们中的多半都被认为是本来就想移居国外的人）当成是外派人员了，而是会当成比如说在法国当地雇用的员工。[22]例如，IBM最近将5 000个职位从美国转移到了印度，原本来自印度的员工就回去填补了这些职位。尽管这些员工要接受印度当地的工资水平，他们依然选择回到印度工作。

离岸经营正变得越来越流行。离岸经营是指将制造或是电话中心这样的业务单元转移到国外，从而雇用国外员工来从事以前由国内员工从事的工作。然而，离岸经营需要一系列人力资源决策作支持。IBM商业咨询服务公司（IBM Business Consulting Services）对企业就人力资源在离岸经营中的作用进行了调查。[23]人力资源可以为管理层提供以下帮助[24]：

● 理解当地劳动力市场，例如劳动力市场的规模、教育层次以及外语水平等。

● 弄清公司现有的与雇用相关的声望将如何影响在当地的外包业务。

● 决定公司应当以何种方式将当地劳动力融入母公司的组织结构中。例如，那些从事与战略性客户相关工作的人员（例如工程师）可以直接成为正式员工，而所从事工作不那么具有战略性的人则最好保留独立合同工身份或是通过第三方公司派遣的方式。

● 处理技能短缺。[25]这通常需要从当地其他公司挖人，这就需要充分利用如签约奖金、高工资以及其他员工保留政策（例如，更多的晋升机会）。

● 找出那些能降低流失率的"杠杆"手段。这些杠杆手段包括：更多的培训和开发项目，职位设计和工作环境改善，更高的工资福利待遇，以及职位晋升机会。

其他的公司外派项目则采用交易型团队的做法。该团队是由分散在不同国家活动的员工组成的。[26]比如欧洲的一家饮料制造商就组建了一支由来自 5 个国家 13 名员工组成的"欧洲生产任务突击队"。这支突击队的任务就是分析公司在欧洲设厂的数量、规模和地理位置。[27]大部分的团队都是在虚拟的空间工作沟通而不是面对面沟通。虚拟交易型团队就是地域上分散的员工运用通信手段和信息科技来完成组织任务的一种团队模式。

价值观和国际员工配置政策

我们已经看到，像技术能力和人员流失率之类的很多因素会决定一家公司在海外分支机构到底是使用当地人员，还是使用外派人员。但影响此类决定的因素还不止这些。有些高层管理者就是更倾向于"外派员工导向"。

专家有时把跨国公司高层管理者的价值观划分为三种，即**民族中心主义**（ethnocentric）、**多国中心主义**（polycentric）以及**全球中心主义**（geocentric），不同的价值观会产生不同的公司行为和政策。[28]在一家民族中心主义大行其道的公司里，"一种占主导地位的态度就是：母国公司的态度、管理风格、知识、评价标准以及管理者都应当比东道国的任何同类事物更受尊重"。[29]在奉行多国中心主义的企业中，"有这样一种自觉的信念：只有东道国的管理者才能真正理解当地市场的文化和行为，所以，海外分支机构应该由当地人来进行管理"。[30]持有全球中心主义观点的高层管理者则认为，他们必须在全球范围内寻找公司的全部管理者。这种观点的一个基本假设就是：适用于某个特定职位的最优管理者人选可能会出现在企业开展经营活动的任何一个国家。

以上三种不同的价值观产生了三种不同的全球员工配置政策。在民族中心主义的国际员工配置政策中，公司海外分支机构中所有的关键管理类职位都是由母国员工承担的。一个奉行多国中心主义的跨国公司通常会用东道国的员工来承担海外分支机构的管理职位，而在公司总部则主要使用母国的员工。全球中心主义的人员配置政策是"在整个组织范围内寻找适合某个关键职位的最佳人选，而不考虑这位候选人的国籍"。

伦理准则

企业既然在不同的国家中开展经营活动，就需要确保其海外员工也能遵守本公司制定的伦理准则。但是要做到并不容易。一家企业要想输出自己的伦理准则，需要做的不仅仅是让海外员工同样使用面向美国员工的手册。仅仅依靠这种手册还可能会引起很多别的问题。例如，只有很少的国家奉行"自由雇用"政策，所以即使是包含了自由雇用免责声明的员工手册"也可能会成为具有约束力的合同"。[31]

有些时候，企业主要关注的事情可能是制定既遵循美国法律，同时又具有跨国影响的全球通用标准。企业应当就歧视、骚扰、贿赂和《萨班斯-奥克斯利法案》等制定相关政策。对于其他一些企业，其主要关注的问题则可能是强制执行一些行为准则。最近，一家公司被处以 1 000 万美元的罚金，因为该公司被指控在涉及 5 400 万美元的政府合同中向韩国官员行贿。[32]

外派管理者的甄选工具

企业在甄选国内管理者和外派管理者时，在程序上显然会有许多相似之处。比如，在任何一种情况下，候选人都必须具备完成工作必需的技术知识和技能，以及作为一位成功的管理者所必需的智力和人际关系能力。测试是广泛运用的技术。

然而，我们还是要看到，外派工作与在本国工作确实存在很大差异。外派员工（以及他的家人）需要与在截然不同的文化中生活的同事相处，而且还要承受独在异乡的压力。尽管如此，最近的一项研究得出结论，"传统上和理论上，很多关于外派人员的选拔似乎都只是基于候选人在母国的工作绩效表现"。[33]而候选人是否能适应新的文化则另当别论。

因此，国际任职选拔应该包括现实工作预览和适应性考察程序。[34]即使是在高度工业化的国家（例如法国），外派工作还是会存在语言障碍、乡愁或孤独的侵袭，以及子女适应新朋友的需要。现实工作预览包括在未来的新工作中可能遇到的问题，以及东道国文化的优点、缺点或特殊风俗等。总之，在这一问题上的基本原则就是：提前"把一切该想的都想到"。[35]

在此类研究的结果中，外派人员的适应性往往被认为会对外派工作的成功具有重要影响，因此适应性考察有时就成为外派人员甄选过程中的一个重要组成部分。一般来说，这种适应性考察都是由心理学家或精神病学家完成的，这种甄选过程的目的是对外派人员（及其配偶）成功适应外派工作的可能性进行评估，同时使他们意识到在向海外迁移的过程中可能会遇到哪些问题（比如对子女的影响等）。很多企业在挑选外派候选人时，都重视候选人的工作经历、教育背景、语言技能等能证明他们确实可以成功地在另一种不同的文化环境中生活和工作的特质。甚至候选人的暑期海外旅行经历或者是参加过外国留学生项目等，也能使企业相信此人在到达海外之后，能够顺利地适应当地的环境。

多元化的重要性

将女性管理者派往国外

尽管女性在美国企业的中层管理者中占 50％，但是在外派人员队伍中，她们却只占到了 21％。虽然相比于 20 世纪 80 年代的 3％和 2005 年的 15％来说，这一比例已经有了很大的提高，但仍处于较低的水平。[36]为什么很多公司不愿意将女性管理者派往国外工作呢？

事实上，近年来，阻碍女性员工从事外派工作的刻板印象依然存在。[37]一般的外派任务都是由直线管理者指派的，而他们中的大部分人都认为女性不想到国外去工作，也不愿意把家搬到国外去，或者是不能让其配偶一同搬到国外。[38]但事实上，这项调查发现，其实女性也想获得外派的机会，她们并没有那么不乐意搬家到国外，她们的配偶也没那么不乐意跟随她们搬到国外。

安全是另一个方面的问题。企业倾向于认为女性外派员工更有可能成为犯罪的受害者。但大部分受访的女性员工却说，与男性相比，女性的安全问题并没有严重多少。有人说过："其实，外派人员是男人还是女人并不重要。只要那是个危险的地方，对谁来说那个地方都是危险的。"[39]

对某些文化的恐惧，也是一个常见的问题。在某些文化中，女性必须遵循一些特殊的规则，例如在着装上的要求等。但正如一位外派员工所说的那样："即使是在那些严苛的文化背景下，一旦他们意识到女性能把工作做好，而且表现出了她们的胜任能力，这个问题也就不会那么严重了。"[40]

企业采取了很多方法来消除上述这些误解，并且派遣更多的女性到国外去任职。例如，设定一个程序来识别那些愿意被外派到国外的女性员工（在吉列公司（Gillette），主管人员利用绩效回顾过程来识别下属的职业兴趣，其中包括对从事外派工作的兴趣）；通过培训经理了解员工对从事外派工作的真实感受及其担心的安全和文化问题是什么；让成功的女性外派员工帮助企业招募潜在的外派女员工，并和她们一起探讨外派的好处和问题；为外派员工的配偶提供到国外工作的支持；等等。[41]

社交媒体和人力资源

诸如 www. linkedin. com（参见其全球外派网络）和 www. expatfinder. com 对于外派员工和考虑海外谋职的人来说是绝佳的渠道。这些网站可以提供关于海外雇用的信息、建议和支持。[42]

如何避免海外任职失败

当外派员工没有按计划回归时，企业应该知道，他们的外派任务很有可能失败了。弄清海外任职为何会失败本身就是企业的分内之事。其中有两个至关重要的因素：外派员工的人格特征和家庭压力。

在人格特征方面，对于海外任职来说，成功的外派员工一般比较外向、易相处，而且情绪稳定。[43]一项调查发现，这三种个人特征与外派员工结束外派任务的意愿负相关；而责任心则与外派绩效正相关。此外，社交能力与跨文化适应能力之间呈正相关关系。因此，毫无疑问，善于交际、外向、有责任心的人最有可能很好地适应新的文化环境。[44]此外，个人意向也很重要。例如，那些渴望得到外派机会的员工会更加努力地适应国外的工作环境。[45]类似地，那些对工作更加满意的外派员工也更容易适应国外的工作任务。[46]还有研究发现，产生文化适应问题的最主要原因不是母国文化与东道国文化之间的巨大差异，而是外派员工自身的适应能力。[47]有些人有很强的文化适应力，他们到哪里工作都能习惯；而有些人则到哪里工作都难以适应。[48]

然而，有研究揭示了这么一个事实：家庭压力等非工作因素在外派工作任务失败的原因中占了很大的比重。正如一个作者所言[49]，海外任职失败很少是因为员工个人难以适应工作的专业要求，而多是由于家庭或个人原因，或多是因为在甄选过程中对跨文化适应能力的关注不够。[50]

管理者可以提供海外工作和生活的真实预览，仔细挑选（外派候选人及其配偶），改进入职培训（比如与刚刚归国的员工谈论海外任职的挑战）。其他的建议包括：缩短外派的任期、使用基于网络的视频技术和群体决策软件，来促进全球虚拟团队在不同地方同时开展业务[51]，并且建立"全球伙伴"计划。这样的话，以往外派归国的管理者可以给予新的外派员工建议，如办公室政治、行为准则或是何处寻求紧急协助。[52]

甄选趋势

外派员工的甄选状况似乎在改善。可供使用的外派人员甄选业务公司数量正在增加。目前企业的甄选经常基于技术/职业技能、外派意愿、海外经验、人格特征（比如灵活性）、领导技能、团队合作技能、甄选过程中的以往绩效表现等。这也是为什么最近美国公司的海外员工提前归国率正在下降。[53]

■外派员工的培训和保留

外派员工的入职引导和培训

尽管成功的外派工作要求企业对外派员工进行准确的岗前引导以及系统的培训，然而大多数美国公司在这方面所做的却是"形式多于内容"。高管们认为当外派员工接受特殊培训（比如语言和文化）之后，他们的海外任务会执行得更好。然而实际上很少有公司真正这么做。

许多供应商能够为外派前的员工提供一揽子的跨文化培训项目。总体上这些项目运用讲座、模拟、视频和阅读的形式。一个培训项目可以为参训员工提供以下培训内容：（1）外派国家的历史、政治、商业规则、教育体系和人口统计学特征的背景知识；（2）理解文化价值观是如何影响知觉、价值和交流的；（3）用实例展示外派中遇到的困难，以及如何克服这些困难。[54]其他的目标还包括：提升自我意识和跨文化理解力；提供解决焦虑问题的机会；减少压力和提供相关战略。[55]另外，还可以让员工个人及其家庭在国外的工作和日常生活中更好地与他人互动。[56]语言培训是外派员工最基础也是效果最明显的培训。比如日本软银集团（Softbank）在收购了斯普林特公司（Sprint Nextel）以后，为其员工提供了一个10 000美元的奖励计划，以表彰英语测试中的最佳学员。而对于日产公司的日本经理来说，语言培训长久以来一直是一个关键环节。[57]

企业越来越多地利用回任的管理者作为培训资源。例如，博世公司（Bosch）就定期举办研讨会，让那些刚刚从国外回来的外派人员将他们的知识和经验传授给即将出国的员工及其家属。

外派期间的培训

将培训项目从外派前扩展到外派期间越来越重要。例如，金佰利克拉克公司（Kimberly-Clark）对外派员工在海外任职期间的培训是每年38小时。[58]星巴克将新近的管理培训生带至总部所在的西雅图，让他们"了解西部海滨城市的生活方式以及公司的非正式文化"，同时还能学习管理本地公司所需的专业知识。[59]除此之外，一些课堂培训计划（如伦敦商学院的培训项目）也为海外高层管理者提供了各种受教育的机会。图 MA - 1 介绍了一些开发全球管理者的培训项目。

> - ABB 公司每 2～3 年就会将全世界 500 多名管理者轮换到不同的国家，以培养全球管理人员队伍，支持其全球战略。
> - 百事公司的一项对其海外管理者的入职培训项目是，带他们到美国的饮料分装工厂进行为期一年的工作。
> - 英国电信（British Telecom）使用非正式的导师项目来引导外派员工逐步了解将被派往的国家，现有的外派员工会与外派候选人就预期的文化因素进行讨论。
> - 本田美国分公司会对其美籍主管和管理者进行大量有关日本语言、文化和生活方式的培训，然后将他们送往东京的母公司进行最长达三年的交流。
> - 通用电气公司希望它的工程师和管理者拥有全球视野，而不管他们是否会被派到国外任职。公司会向他们提供定期的语言和跨文化培训，这样的话他们就能随时准备好与来自世界各国的员工开展业务。

图 MA - 1　开发全球管理者的培训项目

资料来源：*International Organizational Behavior*, 2nd ed., by Anne Marie Francesco and Barry Gold. Copyright. © 2005 by Pearson Education，Inc. Reprinted and electronically reproduced by Pearson Education，Inc.，Upper Saddle River，New Jersey.

国际管理者的绩效评价

有几个方面的因素使对外派人员的工作绩效进行评价变得非常复杂。不同国家之间的文化差异就是其中一个。在一些文化中，公开交换意见，即使是批评意见也是很常见的，但在另一些文化中，这就不太能接受，因为"面子"是件大事。

另一问题就是，应当由谁来对外派人员的工作绩效进行评价。很显然，当地的管理层应当在外派人员的绩效评价中起到一定的作用，但是不同国家之间的文化差异可能会导致绩效评价出现一定的变形。（比如，如果一位秘鲁国籍的直接上级发现从美国外派来的一位管理者采取了参与式决策方式，而这种决策方式并不太适合当地的文化传统，这位上级就可能会在对这位美籍外派人员进行绩效评价时做出某种消极评价。）而母国总部的管理者由于与外派员工相隔甚远，所以无法对外派员工进行有效的绩效评价。[60]

关于改善外派管理者绩效评价的一些建议如下：

1. 把握不同外派工作任务的难度等级，使绩效标准适用于不同的情况。

2. 在对外派人员实施绩效评价的过程中，在国外当地工作的管理者的评价应当比母国总部管理者所做的评价占更高的权重。

3. 如果必须由母国总部的管理者来填写书面绩效评价结果，那么最好让这位评价者请一位过去曾经在海外同一地方工作过的管理者来为自己提一些建议。

国际化薪酬管理

计算外派员工薪资的一种最为普遍的方法是，使员工在不同国家中工作时的购买力水平均等化，这种方法就是通常所说的资产负债表法。[61]资产负债表法的一个基本理念是：每一位外派员工都应该享受与他们在国内工作时相同的生活标准。

在采用资产负债表法确定外派人员的薪酬时，员工在母国工作时的5～6种主要消费项目是关注的焦点。表MA-1展示了一个从美国外派到中国上海的员工的资产负债表。美国国务院预计，中国上海的生活成本是美国芝加哥的128%。[62]在这个例子中，这位管理者的年薪是16万美元，她需要在美国缴纳的所得税税率为28%。其他的一些成本则是根据国外生活成本指数确定的，这些成本指数在"美国国务院国外生活成本、季度补贴以及辛劳程度差别指数"中会公布。[63]"实践中的人力资源"专栏提供了具体的例证。

表MA-1　资产负债表法（假设在美国的基本年薪为16万美元）　　　单位：美元

每年的开支	美国芝加哥	中国上海 （等价美元）	补贴
住房和水电等	35 000	44 800	9 800
商品和服务	6 000	7 680	1 680
税收	44 800	57 344	12 544
可自由支配收入	10 000	12 800	2 800
总计	95 800	122 624	26 824

为了帮助外派员工管理其在国内和国外的税收负担，大部分企业都会选择采用分散工资支付方法，例如，它们会将外派员工的工资，一半在国内支付，另一半在国外支付。[64]

➡ **实践中的人力资源**

西麦斯公司的外派人员薪酬

西麦斯公司（CEMEX）是一家跨国建筑业供应商。该公司的外派员工可以获得相当于工资 10% 的外派奖金。根据外派国家的具体情况，有些员工可以获得艰苦补贴。在一些比较舒适的国家是没有这份补贴的，而在孟加拉国这样的国家则可以获得相当于工资 30% 的艰苦补贴。此外，公司还负责外派员工的住房以及大学之前孩子的教育费用。该公司的员工还可以带领全家享受每年一次的家庭休假，其配偶能够接受语言培训。西麦斯公司会把所有外派员工的工资加总，使之符合当地的税务法律。如果公司的一名高管年薪是 15 万美元，如果外派的话将每年花费公司 30 万美元。[65]

议一议

在防止外派任务失败方面，西麦斯公司有哪些正确的做法？

激励性薪酬

尽管情况正在有所改变，但欧洲企业使用以绩效为基础的激励性薪酬的情况仍然比美国企业要少一些。欧洲公司传统上强调有保证的年薪以及整个公司范围内的年终奖。不过，欧洲企业现在也正朝着激励性薪酬的方向发展。然而，它们仍然需要克服很多障碍，其中之一就是更多地强调绩效工资的想法。企业还需要将激励性薪酬与当地实际情况联系起来。在东欧，员工通常会将他们可支配收入的大部分用于购买食物和必需品。因此，相比于美国员工而言，他们要求固定基本工资的比例会更高。[66]

不过，激励性薪酬在很多国家都很流行。在日本，员工在年终时通常会得到相当于其年薪总额一半左右的利润分享奖金。在亚洲，激励性薪酬非常流行，甚至生产工人也不例外。为了维持群体的和谐，团队奖金是一种比较可取的做法。[67]

海外安全和公平待遇

出于多方面的原因，外派员工在海外的安全是全球员工的一个重要问题。对安全和公平待遇的要求不会因为国界而停止。此外，不管在什么情况下，让海外的员工没有在国内的员工安全或公正，都是难以合情合理的。

外派归国：问题及其解决思路

一个在海外工作 3 年的外派员工，每年的基本工资约为 15 万美元，如果算上额外的生活成本、交通费和家庭福利，公司为此要付出约 100 万美元。[68]外派员工可能会遇到的一个非常令人不安的处境是，40%～60% 的外派员工在回国后的 3 年之内就离开了公司。[69]考虑到公司为了培训和派遣这些高潜质的人到国外去任职而做出的巨大投入，显然公司应该尽可能地努力将这些人留在公司中。

然而一项研究发现，只有 31% 的受访公司有对管理者的正式的归国方案。[70]正式的归国方案可能会非常有用。一项调查发现，如果企业中有这种正式的外派人员归国方案，则外派人员在回国后辞职而去的比例就只有 5%，而在那些没有制定这种方案的公司中，外派归国人员辞职的比例则高达 22%。[71]

外派归国的步骤

外派人员归国方案的核心和指导原则是：确保外派员工及其家庭成员不会觉得公司不再

关心他们了。例如，一家公司有一个非常有效的包括三个组成部分的外派员工归国方案。[72]

第一，公司为每一位外派人员及其家庭成员都配备了一位心理学专家，这些心理学专家都受过归国问题方面的训练。这些心理学专家会在他们出国前与他们会面，与他们探讨在国外期间可能会遇到的各种挑战，还会一起评估他们在多大程度上能够适应新的文化，并且在员工的整个外派期间都会与他们保持联系。

第二，公司确保外派员工感觉到他们对公司总部发生的各种事情仍然保持着一种"在圈内"的状态。例如，公司给外派员工指派一名导师，还定期将外派人员召回公司总部去与同事进行社会交往。

第三，当外派人员及其家庭成员该回国时，公司会提供正式的归国服务。在外派人员的海外工作任务结束前大约 6 个月时，心理学专家和人力资源代表会与外派人员及其家庭成员会面，从而让他们开始为回国做好准备。例如，他们帮助员工规划好未来的职业发展方向，帮助他们更新自己的简历，并开始帮他们在回国后与上司取得联系。[73]

不过最终的分析表明，企业为了留住外派回任员工能做的最简单的事就是，更加重视他们的外派经历。正如一名外派回任员工所说："公司没有物质上的奖赏，也没有职位上的晋升或积极影响，因此，在我眼里，公司并不看重我外派的经历。"这样的感觉很可能会促使回任员工到其他公司寻找工作机会。[74]在全球化的组织中建立一个能够跟踪员工工作转换的系统是非常必要的。造成归国员工离职的一个原因就是，企业没有足够重视他们的新技能和胜任力。[75]

全球人力资源管理

如何实施全球人力资源管理系统

随着很多企业越来越依靠本地员工而不是外派员工，海外员工的甄选、培训、绩效评价、薪酬以及其他人力资源管理实践的本土化就成为企业的首选之策。考虑到人力资源管理实践中的跨文化差异，人们可能会问这样一个问题："如果一家企业试图在全球各分支机构中建立一套标准的人力资源管理系统，这样的做法现实吗？"

一项研究表明，答案是肯定的。简单来说，这项研究的结果表明，在一些具体的人力资源管理政策方面，企业必须尊重国外当地管理者的意见。不过，总的来说，研究结果也发现，在不同国家之间实行差别较大的人力资源管理没必要，甚至并不可取。关键是你如何实施这套全球人力资源管理系统。

在这项研究中，研究者与来自六家跨国公司——安捷伦科技、陶氏化学、IBM、摩托罗拉、宝洁和壳牌石油——的人力资源管理者进行了面谈，同时还征求了很多国际人力资源顾问的意见。[76]这项研究的总体结论就是，那些成功地实施了全球人力资源管理系统的企业都运用了多种最佳实践。这使它们可以在全球范围内实施统一的人力资源政策和实践。这里的基本理念是建立一种全球各分支机构中的员工都可以接受的并且有利于企业更为有效地实施管理的人力资源管理系统。图 MA－2 对此做了总结。下面我们将分别考察这三个方面的要求。

开发一套更有效的全球人力资源管理系统

确立自己的全球人力资源管理政策和实践时，这些企业通常会采取两种最佳实践。

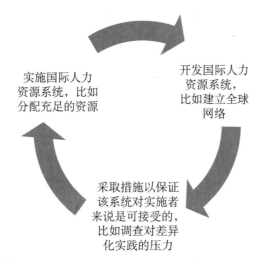

MA－2 开发全球人力资源系统的最佳实践

● 形成全球人力资源网络。为了减少阻力，全球化的人力资源经理应当将自己视为全球人力资源管理网络这个整体中的一部分。[77]要将当地的管理者视为平等的伙伴，而不只是执行者。例如，最佳实践中的公司组建若干全球团队来帮助自己建立新的人力资源管理系统。

● 记住，与具体方法的标准化相比，结果和胜任能力的标准化更为重要。例如，IBM在全球范围内使用的几乎是一个标准化的招募和甄选程序。然而，"由谁来进行面试（雇用经理还是招募经理），或者预先筛选过程是通过电话还是当面完成这样的细节问题，则会因国家不同而异"。[78]

使全球人力资源管理系统更容易被接受

这些企业会实施三种最佳实践来使自己建立的全球人力资源管理系统能够被全球各地的管理者接受。这些最佳实践包括：

● 记住：只有真正的全球性组织才会更容易建立全球人力资源管理系统。这些企业不仅仅是建立全球统一的人力资源管理系统，它们所做的每一件事情都是全球化的。例如，真正的全球化公司要求自己的管理者在全球团队的基础上开展工作，在全球范围内寻找、招募和配置员工。正如壳牌石油公司的一位经理所说，"如果你是一家真正的全球化企业，那么你从这里（即美国）招募可以立刻到荷兰去工作和生活的员工，反之亦然。"[79]这种全球化思维方式使得每一个地方的管理者都更容易接受建立一套标准化的人力资源管理系统的思想。

● 调查来自差异化的压力并确定其合理性。当地管理者会坚持："你不能在这里这么做，因为我们的文化不同。"但研究人员发现，这些所谓的"差异"通常并没什么说服力。例如，当陶氏化学公司想在海外推行使用在线招募和甄选工具时，海外的招募经理说，他们的管理者不可能去使用这些工具。在对这些假定的文化障碍进行调查之后，陶氏化学公司仍然实施了这套新的制度。[80]

● 尝试在强公司文化背景下工作。创建了强组织文化的公司会发现，在地理位置相距甚远的员工之间达成一致变得更加容易。例如，正是由于宝洁公司形成的统一的招募、甄选、培训和给予员工报酬的方式，其管理者对于共享价值观有着强烈的感受。宝洁公司鼓励在管理者中形成较高的一致性。新员工很快就学会了从"我们"的角度而不是从"我"的角度来思考问题。他们学会了重视认真、一致、自律以及有条理的工作方式。在价值观上具有这种全球一致性，就使得企业更容易在全球范围内建立和实施标准化的人力资源管理实践。

实施全球人力资源管理系统

有两种最佳实践有助于确保全球一致的人力资源管理政策和实践得到实施。

● 尽量多沟通。记住一件事："有必要与在每个国家工作的决策者以及在当地实施和使用这套系统的人保持联系。"[81]

● 提供充足的资源。例如，如果母公司总部不能提供额外的充足资源来支持国外机构实施新的职位分析程序，那就不要对当地的人力资源管理部门开展此类活动。

本专题小结

1. 国际化经营几乎对所有的行业而言都非常重要，因此企业必须在管理上更加国际化。国家之间的差异会对企业的人力资源管理过程产生影响。例如，文化差异会导致价值观和态度在独断性和人道主义取向上的差异，从而使不同国家的人在行为和反应上有所区别。而经济和劳动成本因素会决定人力资源的重心是效率还是其他方面。在不同国家，劳资关系，尤其是员工、工会和企业之间的关系，会影响公司的人力资源管理具体政策。

2. 为海外任务选拔外派员工，意味着要依据那些能够预测他们成功适应全新环境的特征来进行筛选。这样的特征既包括"稳定的"特征，也包括"可变的"特征，这些特征包括适应性和灵活性、自我导向、工作知识和动机、人际关系技能、文化开放性，以及家庭情况等。适应性甄选尤其强调，候选人的家庭成员能够成功地适应海外环境是甄选过程的重要步骤。

3. 海外经理的培训一般强调的是文化差异、态度对行为的影响，以及东道国的实际知识。计算外派员工薪资的一种最为普遍的方法是，使员工在不同国家中工作时的购买力水平均等化，这种方法就是通常所说的资产负债表法。企业会评估个人收入所得税、住房、商品和服务以及其他一些自由支配的费用，然后支付一定的补贴，使员工在国外的生活水平与国内保持一致。

4. 那些能够顺利实施全球人力资源系统的企业都能够应用一些最佳实践。基本理念是，要开发那些能够为世界范围内员工所接受，并且企业也能够有效运用的系统。

讨论问题

1. 列举全球化经营的人力资源挑战。
2. 列举并描述在培训外派候选人时应当遵循的步骤。
3. 设计和推行全球人力资源系统时，要特别注意哪几个问题？
4. 举例说明国家间的差异会如何具体地影响人力资源管理者。

5. 外派候选人需要接受哪些方面的特定培训？这些培训与传统的多元化培训有哪些相似之处，又有哪些不同之处？

6. 对一位外派员工的绩效进行评价与对一位在公司总部工作的管理者进行绩效评价存在哪些方面的不同？你将如何避免在对外派员工进行工作绩效评价时可能遇到的那些特殊问题？

人力资源行动案例事件 1　"老板，我想我们有麻烦了！"

中央钢制门业公司（Central Steel Door Corp.）已经有大约 20 年的成功经营历史了，该公司主要销售一种钢制的工业用门以及这种门的零部件和配套装置。该公司目前的业务主要集中在美国和加拿大，其业务是逐渐从纽约地区向外扩展的，首先是发展到了新英格兰地区，然后又扩展到了大西洋沿岸，最后再沿大西洋沿岸穿过美国的中西部和西部，一直进入加拿大。公司所采取的基本扩张战略一直都是相同的：选择一个合适的地区，设立一个营销中心；然后雇用一位当地的销售经理，让这位地区销售经理来帮助公司为这一分销机构配备人员并雇用一些当地的销售员。

但令人遗憾的是，公司所采取的这种传统的招募和雇用销售人员的做法，却无法成功地帮助其向海外延伸。随着新的欧洲货币的诞生，中央钢制门业公司总裁麦尔·费舍尔（Mel Fisher）决定将公司的业务向海外拓展，进入欧洲市场。但是，公司的海外拓展进程非常不顺利。他以在《国际先驱论坛报》（International Herald Tribune）上刊登招聘广告的形式，连续花了三周的时间试图找到一位销售经理——这份报纸的很多读者都是欧洲的商业人士或者是在欧洲生活和工作的美国公司的外派人员。此外，这则招聘广告还在这份报纸主办的网站上刊登了大约一个月时间。然而，尽管如此，费舍尔只收到五份求职简历。而在这五份求职简历中，只有一位求职者似乎还可以，另外四份求职简历都来自那些被费舍尔称为"游魂"的人——这些人似乎把一生中的大部分时间都花在了从一个国家到另一个国家的无休止旅行之中，他们偶尔需要停下来在路边的咖啡店里享受咖啡的味道。当费舍尔问他们最近三年都在做什么时，其中的一个人告诉费舍尔，他在"走路"。

该公司的其他全球人力资源管理活动也同样遇到了问题。费舍尔把两位美国销售经理派往欧洲，让他们临时主持欧洲机构的运营，但他却忽视了应当为外派管理者制订一项整体性的薪酬计划，从而使他的员工能够负担在德国和比利时生活时产生的相对较高的生活费用。结果，其中一人在形势比较好的时候工作了半年就离开了公司。而更让费舍尔吃惊的是，他收到了比利时政府的通知，说他的销售经理欠了几千美元的地方税。这两位经理在当地雇用了大约 10 名员工来为位于欧洲的这两个营销中心工作。由于没有全职的欧洲地区销售经理，公司的销售水平始终令人失望，因此，费舍尔决定解雇在这两个营销中心大约一半的员工。然而，事情却没有这么简单。费舍尔突然接到了他派往德国的临时销售经理打来的紧急电话，这位经理在电话中说："我刚刚被告知，所有的员工都必须有书面的雇用合同，而且无论在何种情况下，如果我们没有提前一年通知员工，我们不能解雇任何人。这里的地方政府已经插手这件事了。老板，我想我们有麻烦了！"

问题

1. 根据本专题的内容以及案例中的情形，列举出费舍尔到目前为止在全球人力资源管理方面已经犯下的 10 种错误。

2. 如果让你来雇用一位欧洲当地的销售经理，你会如何完成这项工作？为什么？

3. 如果你是费舍尔，你现在会做些什么？

小企业及创业公司的人力资源管理

- 小企业面临的挑战
- 运用互联网和政府工具来支持人力资源管理工作
- 利用规模小的优势：熟悉性、灵活性、公平性、非正式性和人力资源管理
- 管理人力资源系统、流程以及文档工作

学习目标

学完本专题后，你应该能够：

1. 解释为什么人力资源管理对小企业很重要，说明小企业人力资源管理有什么不同。

2. 举出四个相关的例子，来说明创业公司如何使用互联网和政府提供的各种工具来支持小企业的人力资源管理活动。

3. 列举出五项措施，来说明创业公司如何利用自己的小规模来提升人力资源管理效能。

4. 描述你是如何为新成立的小企业建立初始人力资源系统的。

■小企业面临的挑战

就美国目前的经济状况而言，小企业这样的称谓实际上有点名不副实。这是因为在美国的劳动力大军中，一半以上的人都在小企业里工作。[1]作为一个群体来说，小企业不仅在每年新创办的大约 60 万家企业中占到了绝大多数，也是经营规模增长最快的企业（小公司的业务增长速度要快于大公司）。小企业每年贡献了美国经济中 3/4 的就业增长——换言之，在美国提供的新增工作岗位中，小企业提供的岗位占了绝大多数。[2]

从统计数据来看，大多数大学毕业生在工作的头几年中要么会为小企业工作，要么会创建属于自己的小公司——所雇用的员工人数少于 200 人的公司。因此，任何对小企业（或者人力资源管理）感兴趣的人，都需要理解人力资源管理在小企业中和在大型跨国公司中存在怎样的差异。

小企业人力资源管理的特殊性

小企业人力资源管理的特殊性主要源于以下四个方面：企业规模、工作重心、非正式性

以及创业公司特质。

企业规模

首先，我们很少看到一家真正的小企业——比如所雇用的员工人数少于 90 人的小企业——会拥有专职的人力资源管理人员。[3] 常见的情况是，只有当一家公司所雇用的员工人数达到 100 人，它才有能力雇用一名人力资源管理专业人员。但这并不是说小企业就不需要处理各种人力资源事务。因为即使是只有五六个人的一家零售店，也必须实施员工招募、甄选、培训以及薪酬支付等工作。只不过在这种情况下，通常都是企业主以及（有时候）其助理来完成这些人力资源管理方面的文档工作以及其他一些相关任务。美国人力资源管理协会的人力资本标杆管理研究发现，即使是那些员工数量少于 100 人的公司，每年也得花上大约相当于两名工作人员全职工作的时间来处理各种人力资源管理问题。[4] 当然，这些工作通常都是由老板自己每天工作更长的时间来完成的。

工作重心

小企业的经营者把更多的时间用在了人力资源管理之外的其他问题上，这不仅仅是由小企业的规模决定的，还源于创业公司所处的现实情况。例如，一个研究者对英国的小型电子商务公司进行了一项研究，他得到的结论是：尽管人力资源管理问题确实很重要，但是对于这些小公司而言，却并非公司的头等大事。他指出：

> 由于在时间、资金、人员以及专业知识等方面都缺乏资源，一家典型的中小企业的管理者所面临的组织压力被认为集中在其他一些方面，包括财务、生产和市场营销等，至于人力资源管理的重要性则相对较弱。[5]

非正式性

上述情况导致的一个结果就是，人力资源管理活动在小规模的企业中趋于更加不正规。例如，一项研究分析了大约 900 家小企业（有家族性的，也有非家族性的）的培训实践。[6] 这些企业的培训通常都是以非正式的方式完成的，在培训方法上主要强调通过同事和直接上级来进行在职培训。

正如一位研究者所说，由于小企业必须针对所面临的各种竞争性挑战来做出快速调整，这就意味着小企业必须以一种基于短期的、非正式的、被动反应性的方式来处理晋升、绩效评价以及休假等方面的问题。[7]

创业公司特质

创业公司是"创业者在风险条件下创建的企业"，从零开始创建一家新的企业总是会有风险的。因此，创业者需要高度敬业且富有远见。研究者认为，小企业的相对非正式性在一定程度上是由创业公司的独特个性造成的。创业公司的领导者总是倾向于有较强的控制欲（当然还有其他一些特征）："企业所有者往往会将自己的个性和管理风格强加于企业中的各种内部事务，包括企业的主要目标和发展方向、工作条件和各种政策、企业的内外部沟通风格以及这种风格传递给员工的方式。"[8]

启示

以上四种差别对小企业来说意味着可能要面临一些人力资源管理相关的风险。

第一，如果小企业主不进行基本的人力资源管理，那么他将会在竞争中处于不利地位。如果小企业不使用一些工具（如网络招募）来减少不必要的支出，最终的经营结果可能也没有那些竞争对手（大公司）好。

第二，缺乏专业的人力资源管理知识。[9] 即使是在规模稍大的小企业中，也最多只有1～2名人力资源管理专业人员，但他们要负责全部的人力资源模块。这就使得创业公司很容易忽视某些特殊领域的问题，例如公平就业机会法律或者劳动安全。而这将会产生法律问题或其他问题。

第三，小企业可能不会完全遵守有关薪酬的法律法规。包括：如何支付加班工资，区分企业正式员工和独立承包商。

第四，文书工作的重复会导致效率低下和数据输入错误。企业一系列与人力资源管理相关的表格（医疗登记表格等）都需要填写员工信息，对于这些不使用人力资源信息系统的小企业，一旦员工信息发生变化就得手动更改全部的表格。这一工作耗时、低效且容易出错。

为什么人力资源管理对小企业如此重要

最近一家报纸的文章称，一家小型软件创业公司在被社交媒体报道出有性骚扰事件之后，陷入了动荡不安的状况。从这个故事中可以得到这样的教训，虽然很多创业公司认为人力资源工作并不重要，但是实际上它们当中绝大多数在创业之初就非常需要人力资源专业知识。用文章中一位专家的话来说就是，认为人力资源工作只是一本员工手册是一种错误的认识。创业公司需要一个更为系统的人力资源体系。[10]

事实上，与那些人力资源管理实践的效果较差的小企业相比，那些形成了有效的人力资源管理实践的小企业所产生的效益要好得多。[11] 例如在研究了168家快速成长的家族所有制的中小企业后，研究者发现，相比于表现一般的企业，高速增长的小企业更重视培训与开发、绩效评价、招募甄选、维持员工士气和提供有竞争力的薪酬。"这些发现说明，（在小企业中）人力资源管理确实对企业的绩效有积极的影响。"[12] 接下来的"作为盈利中心的人力资源"专栏会讲到这一点。

对很多小企业而言，有效的人力资源管理也是获得与留住大客户的一个必备条件。大多数供应商（以及它们的供应商）必须遵守国际质量标准。也就是说，大客户为了遵守质量管理体系标准（ISO 9000）的要求，"要么会直接检查（小供应商）是否制定了特定的人力资源管理政策，要么会要求它们在某些特定的方面——比如培训和工作设计方面——（为满足客户的要求）做出某些必要的改变"。[13] 我们在本专题中将讨论特定的创业公司能够改善其人力资源管理实践的方法。我们将首先从互联网和各种政府工具开始讨论。

➡ 作为盈利中心的人力资源

汽车销售商

卡洛斯·莱兹马（Carlos Ledezma）成功地运营着一家汽车销售公司。他的经营策略是吸引回头客，这些客人都喜欢和他公司那些长期的、友善的员工打交道。[14]为了达到这一目的，他采取了以顾客为中心的人力资源管理战略。他对每一位求职者都进行了测试，以做到人职匹配。他还对新员工展开了为期一周的入职引导，介绍公司的使命和文化以及职位的要求。然后，他为每一位新员工指定了一名老员工进行为期 90 天的导师指导。[15]在这 90 天里，新员工每卖出一辆车，他的导师将获得 50～100 美元的奖励。在最近的一年里，莱兹马在培训上花了 15 万美元。

莱兹马的人力资源政策为他的公司带来了超过行业平均水平的利润。顾客喜欢与全心投入、有竞争力的长期员工打交道。员工流失率在 28% 左右，平均每名员工任职年限是 8 年，这些都远超平均水平。

议一议

根据我们在本书其他章节中学到的知识，写一篇短文来谈谈卡洛斯·莱兹马在人力资源管理方面做对了什么。

■运用互联网和政府工具来支持人力资源管理工作

城市车库公司是得克萨斯州一家快速增长中的汽车服务公司。该公司展示了小企业如何运用现代科技来赢得竞争优势。[16]在这个快速成长的公司里，原先采用的雇用程序是首先让求职者提交一份书面求职申请，然后进行一次面试，接着就决定是否雇用这位求职者。这个程序不仅占用了管理者太多宝贵的时间，而且并不是很有效。城市车库公司采取的解决方案是从托马斯国际公司购买在线的人格特征分析测试。现在，求职者只需经过一个简单的申请和背景核查程序，就可以开始参加一个时长为 10 分钟、涉及 24 个问题的人格特征分析测试。城市车库公司的员工将答案输入人格特征分析软件的系统中，在两分钟内就能得到测试的最终分析结果。

正如城市车库公司所表现的那样，在涉及人力资源管理方面的问题时，小企业所有者不一定非要向竞争对手示弱。而改变劣势的一个途径就是运用基于互联网的各种人力资源管理资源。另外一种方式则是充分运用美国政府所提供的各种免费资源。下面我们将会看到小企业该如何去做。

遵守就业法律

对于创业公司而言，遵守联邦就业法律是一件棘手的事。例如，在现行法律之下，创业公司的管理者需要知道："能问求职者什么问题？""必须支付加班工资吗？""必须报告这次事故吗？"

为解决上述问题，企业就应当首先明确自己适用哪些联邦就业法律。例如，员工不少于15 人的企业应当遵守 1964 年《民权法案》第七章，而员工不少于 20 人的企业应当遵守1976 年《反就业年龄歧视法》。[17]小企业的创业者可以在联邦机构的网站上找到它们需要解决的法律问题的答案。

美国劳工部

美国劳工部的"就业第一步：法律顾问"会帮助小企业判断自己适用哪些法律（见图 MB-1）。首先，小企业创业公司需要在网站上回答几个问题，例如"你们公司或组织在这一年中最多雇用了或即将雇用多少员工？"

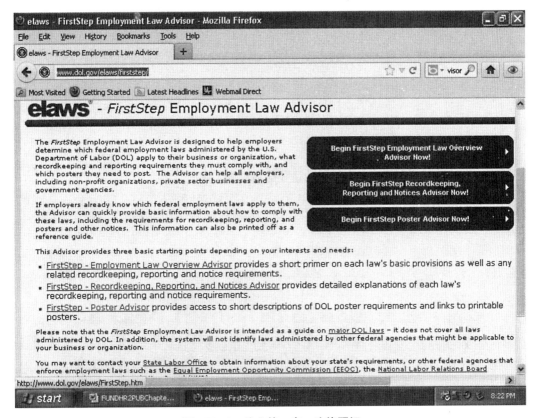

图 MB-1　就业第一步：法律顾问

资料来源：U. S. Department of Labor，www. dol. gov/elaws/firststep，accessed July 17，2014.

在回答完所有问题之后，创业公司能看到结果。页面会显示："基于您刚才提供的信息，劳工部的下列法律适用于您的公司或组织。"[18] 对于一个典型的小企业，这些法律可能会包括：《消费者信用保护法》（Consumer Credit Protection Act）、《员工测谎保护法》（Employee Polygraph Protection Act）、《公平劳动标准法》、《移民与国籍法》（Immigration and Nationality Act）、《职业安全与健康法》、《安保服务人员就业与再就业权利法》（Uniformed Services Employment and Reemployment Rights Act）以及《吹哨人法》（Whistleblower Act）等。

美国劳工部的一个链接提供了关于《公平劳动标准法》的信息。它包含几个特定的"在线法律顾问"，每个"顾问"都对一些问题提供了实践性指导，这些问题包括何时支付加班工资等。图 MB-2 列出了来自该网站的"顾问"。

- "覆盖范围与雇用状况顾问"帮助企业确认哪些员工是受到《公平劳动标准法》保护的。
- "工时顾问"提供的信息可以帮助企业确定：哪些在与工作有关的活动上花费的时间被《公平劳动标准法》认为属于"工作时间"，从而是必须支付工资的。
- "加班保障顾问"帮助企业确定哪些员工是不受《公平劳动标准法》关于加班规则约束的，即可以不对这些员工支付最低工资和加班工资。
- "加班计算器顾问"可以根据用户提供的信息，帮助他们计算出在一个薪酬支付周期中应当支付的加班工资额。
- "童工规则顾问"可以回答与《公平劳动标准法》中青少年雇用条款有关的问题，其中包括年轻人在什么年龄可以工作以及可以从事哪些类型的工作。
- "第 14（c）部分顾问"帮助用户了解专门适用于残疾人的最低工资要求。

图 MB-2 美国劳工部在线法律顾问举例

资料来源：www.dol.gov/elaws/，accessed July 17，2014.

美国公平就业机会委员会网站上包含许多信息，比如：小企业能在不接受调查或不通过法律诉讼的情况下解决一项指控吗？

美国职业安全和健康管理局

美国劳工部职业安全和健康管理局的网站（www.osha.gov）同样为小企业提供了指导（见图 MB-3）。职业安全和健康管理局同样有一个方便的链接，可以查看到它制作的小企业手册。其中对小企业所有者提供了很多实用信息，包括特定行业的安全和事故核查清单等。

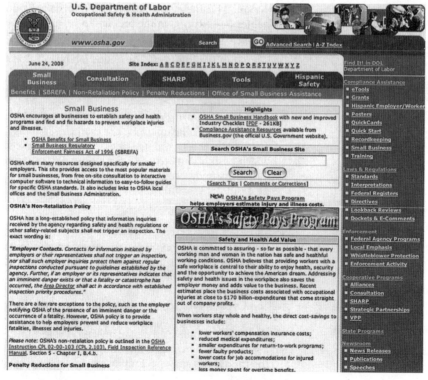

图 MB-3 美国职业安全和健康管理局网站

资料来源：U.S. Department of Labor，www.osha.gov/dcsp/smallbusiness/index.html.

雇用计划、人员招募与甄选

在撰写职位说明书以及建立求职者数据库方面，各种互联网资源可以帮助小企业所有者做到与那些大的竞争对手一样有效。美国劳工部的 O* NET 在线职位系统（http://online. onetcenter. org）就是这方面的一个很好的例子。它的在线助手使得小企业所有者能够迅速创建准确而专业的职位说明书和任职资格说明书。

小企业的创建者可以使用网上招募工具。例如，企业很容易在凯业必达一类的网络招聘网站上发布职位信息，也可以在专业协会网站上发布信息，还可以在当地的报纸网站上发布信息。

社交媒体和人力资源[19]

小企业可以通过社交媒体来招募求职者。比如，企业可以在领英上发布职位空缺和拓展经营网络。一个企业可以通过发布自己的简介、优良的住宿条件和工业联盟中的会员条件来吸引领英上的求职者。在推特上，企业可以快速地发现求职者的用户名、照片、状态更新和转发情况，以发现该求职者是否能分享一些有用的信息。小企业应该聚焦于那些能够对它们有意义的社交媒体。比如，如果你要寻找一个脸书方面的市场专家，那就上脸书去寻找。或者在 Instagram 上寻找摄影师，在脸书和领英上寻找对公司业务有帮助的专家。同时也要看看你的竞争对手是如何运用社交媒体来进行招募的。

社交媒体招募也会带来一些风险。比如当与一个在脸书上显示有宗教背景的求职者面谈后，如果企业拒绝录用这样的求职者，那就要小心陷入歧视的指控。

对于小企业来说，一到两个雇用失误就可能影响巨大。在线的招募前测试和招募后测试被广泛地使用。对于提升小企业招募和甄选效果的建议包括：

● 选择合适的网站。选择那些定位于特定行业或城市的招聘网站，这样可以尽量排除不相关的求职信息。[20]例如，jobing. com 拥有 19 个州 41 个城市的招聘网站。beyond. com 则拥有超过 1 500 个特定行业团体。

● 让过程自动化。自动化的求职者处理系统对于小企业来说并不昂贵。例如，来自 Taleo、Nu View Systems 和 Accolo 的系统会收取简历并帮助自动监控整个过程。Nu View 会立即向求职者提出一些问题，并剔除那些没有所需资历的求职者，例如那些学历未达到标准的人；这套系统每个月只会向每位用户收取 6～15 美元。[21]

● 在线测试。在线测试可以测试求职者的打字速度、对快书软件（QuickBooks）的熟悉程度，甚至是电话销售的能力。举例来说，PreVisor 和 Kenexa 网站提供将近 1 000 项在线测试，而每项测试收取几美元到 50 美元不等。[22]

● 利用你的社交圈子。请朋友或员工推荐合适的人选，或者通过领英、脸书等社交网站来寻找。许多企业在领英上发布职位信息。一位企业主说："每位求职者都有现有员工为之担保，因此我并不需要再花大量时间来筛选他们的简历。"[23]

● 使用在线录像。在宾夕法尼亚州伯利恒市，Interview Stream 公司在收取了 30～60 美元之后会把在线视频面试录下来。该公司还会通过电子邮件给求职者发送一条邀请链接。当登录到链接网页后，网页上会有面试官提出公司事先准备好的问题的视频，与此同时，网络摄像头会拍摄求职者的回答。企业也可以让求职者重新面试并再次录制下来。招聘经理就能在闲暇时间观看这些视频。[24]

遵守法律

由于小企业主经常面临时间压力，他们可能不习惯检查在网上或实体商店购买的测试是否符合法律规定。当然，一些测试供应商本身会帮助小企业检查测试过程的合法性。例如，我们已经知道的万德里克公司会把检查你的职位说明书作为其服务的一部分。最为保险的方法是让测试供应商保证测试是合法的。

培训

尽管小公司的培训资源不能与像通用电气这样的大公司相比，但是网络培训可以以相对低的成本，为小企业提供它们过去可望而不可即的专业性员工培训。这些网络培训供应商包括私人供应商（如 www. puresafety. com 等）、中小企业管理局（www. sba. gov/sitemap）和美国制造商协会（NAM）。美国培训与开发协会（www. astd. org）也是一个寻找培训服务供应商的好地方。

绩效评价和薪酬

小企业主可以很方便地链接到在线绩效评价和薪酬服务。例如，Employee Appraiser 公司（www. employeeappraiser. com/index. php）有一个超过 12 个维度的评价选择表，包括可靠性、主创性、沟通能力、制定决策能力、领导能力、判断能力、计划和生产能力等。[25]在这个评价表中，每一个维度又包含了各种绩效因素。哈罗根软件（Halogen Software）的电子评价系统则是另一个很好的例证。[26]

同样，由于薪酬调查缺乏便捷的途径，小企业保证薪酬的外部竞争性一度很困难而且很耗时。如今，像 www. salary. com 一类的网站，就能帮企业很容易地判断当地工资水平。

员工安全和健康

对于小企业所有者来说，安全是一个非常重要的问题。欧洲的一项研究发现，大多数工作场所中的事故以及一些严重的工伤事故都发生在员工人数不足 50 人的小公司中。[27]（这也并不让人惊讶，因为大部分人都在为小企业工作。）美国职业安全和健康管理局除了提供各种指导手册之外，还为一些小企业所有者提供其他几种免费的服务。[28]职业安全和健康管理局会免费为当地企业提供安全和健康服务。另外还有职业安全与健康卓越计划，用以确认小企业主的安全意识已经达到较好水平。[29]

■利用规模小的优势：熟悉性、灵活性、公平性、非正式性和人力资源管理

小企业需要充分利用自身的优势，因此，在与员工打交道时，小企业应当首先利用自己规模小这样一个特点。规模小可以理解为企业对每一位员工的优势、需求、家庭状况等都很熟悉。规模小的优势还可以转化为公司的人力资源管理政策与实践方面可以享有的相对灵活性和非正式的优势。如前所述，小企业经常需要快速适应竞争挑战等外部环境的变化。这往

往意味着创业公司倾向于"在短时间内以非正式的、被动反应式的方法"来解决晋升、绩效评价以及休假等问题。[30]然而，正式化和灵活性并不总是有效。

简单、非正式的员工甄选程序

比如，小企业主可以运用很多简单的方法来提升员工甄选的效果。运用有效的面试流程是其中一种，工作样本测试是另外一种。工作样本测试就是要求求职者完成职位中的任务。这类测试有明显的表面效度（它们应当清楚地衡量实际工作职责）并且便于使用。工作样本测试的过程简单。它将工作主要职责分解成一些相关的任务集合，然后让求职者完成一个样本任务。

培训的灵活性

小企业同样会用非正式的方法对员工进行培训与开发。例如，对欧洲的 191 家小企业和 201 家大型企业的研究表明：小企业的培训与开发方式更为非正式。许多小企业并不会系统地跟踪管理者的技能需求，而且只有不足 50% 的小企业（相比之下有 70% 的大型企业）有职业生涯开发项目。[31]小企业也更倾向于将管理技能开发的培训放在与企业相关的特定竞争力上（例如，如何销售本公司的产品）。[32]它们这么做一方面是因为公司的资源有限；另一方面是不想为可能离开的管理者进行培训投资。

四步培训过程

无论资源是否有限，小企业都必须有培训过程。下面是一个简单有效的四步培训过程。

第一步：编写职位说明书。详细的职位说明书是培训的核心。列出每个职位的所有任务，并且总结每个任务的完成步骤。

第二步：建立任务分析记录表。小企业的创业公司可以使用简化的任务分析记录表（见表 7-1），记录表有六列，体现了任务要求和技能要求。比如第一列列出明确的任务，包括每项任务需要完成哪些工作，以及完成每项任务的步骤。第三列列出所需的绩效标准（以数量、质量、精度等形式表示）。

第三步：开发作业指导书。接下来，为该职位开发一个作业指导书（见表 MB-1）。作业指导书会展示每项任务的步骤及其关键点。

表 MB-1　作业指导书示例

任务操作步骤	应当记住的关键点
1. 打开机器	无
2. 设置裁纸宽度	仔细读标尺——防止尺寸裁错
3. 把纸放在裁剪托盘上	确保纸张放置齐整——防止边缘不齐
4. 把纸推到裁纸刀上	确保纸张放置紧凑——防止边缘不齐
5. 用左手抓住安全器	不要松开左手——防止手碰到裁纸刀
6. 用右手抓住裁纸刀释放器	不要松开右手——防止手碰到裁纸刀
7. 同时推裁纸刀和安全器	保持双手在杆上——防止手碰到裁剪托盘
8. 等待裁纸刀收回	保持双手在杆上——防止手碰到裁剪托盘
9. 抽出纸张	确保裁纸刀已经收回；双手松开释放装置
10. 关闭机器	无

第四步：准备职位培训项目。工作培训手册至少要包括职位说明书、任务分析记录表和

作业指导书——将它们编纂成培训手册。也许还会包括职位的简明概要和介绍，以及关于该职位同企业或办公室其他职位关系的图示或说明。

企业同样还需要决定采用哪种培训资料。让现有员工或管理者作为培训者是一个简单有效的在职培训项目，这就只需要我们之前提到的材料。但是，根据工作的性质或受训者的数量，可能会需要制作或购买专门的培训资料。对于诸如管理人员或簿记员，小型服务供应商就提供了多媒体培训项目包。

非正式的培训方法

培训专家史蒂芬·科维（Stephen Covey）认为即使小企业不建立昂贵的培训项目，也能通过许多其他途径进行与工作有关的培训。他的建议包括[33]：

- 为特殊人群支付培训费；
- 利用在线培训的机会；
- 建立一个 CD 或 DVD 图书馆，以便在通勤时间为员工提供系统严格的培训；
- 鼓励员工之间分享经验；
- 在可能的时候，派员工去专门的研讨会或学术会议进行学习和协作；
- 通过让员工相互学习来建立一种学习文化。

福利和报酬的灵活性

家庭与工作研究所（Family and Work Institute）对 1 000 家小型和大型企业的福利政策进行了调查。这个研究项目对弹性工作制、儿童看护援助、医疗保健等福利计划进行了考察。[34]毫不奇怪的是，这一研究发现，大公司往往比小企业提供内容更为广泛的总体福利计划。然而，很多小企业通过提供更为灵活的福利计划来应对比自己规模更大的竞争对手。"它们发现了小企业是如何将小规模转化为团结的组织氛围的，这些小企业让员工随时了解公司的新闻和财务状况，赢得了员工的信任，提供频繁的绩效反馈又赢得了员工的忠诚。"[35]在拥有 90 名员工的 ID Media 公司，首席执行官会在每位新员工入职的第一天为他们举办一个欢迎早餐会。"这表明她想认识我们并想听到我们的想法。"一位新员工说。[36]

灵活性文化

此项研究发现，规模小的公司正是由于老板每天都能与员工进行沟通和交流，因而彼此之间有更高的熟悉度，而这种熟悉程度更有利于培养一种"灵活性文化"。最为重要的是，"当员工遇到工作和生活之间的冲突时，管理者能够提供更多的支持和理解"。[37]位于加利福尼亚州长岛的沃德家具公司（Ward's Furniture）的情况就充分体现了这一点。在沃德公司的 17 名员工中，大多数人都已经在公司工作了 10～20 年。公司所有者布拉德·沃德（Brad Ward）把这种成就部分地归功于公司总是愿意根据员工的需求做出相应的调整。例如，员工可以共担一些工作职责，并且有部分时间在家里办公。因此，沃德家具公司就是一个利用小企业的灵活性来提升员工工作生活福利（额外休假、缩减工作时间、灵活日程、员工认可等）的典型例子。此外，比如员工储蓄激励对等缴费退休计划也体现了灵活性的作用。

公正性与家族企业

大多数小企业都是家族企业，这种企业的老板以及其中的一位或多位管理人员（也可能是员工）都是一个家族的成员。

这种情况下，作为一名非家族成员的员工工作起来不那么容易。不公正地对待家族成员和非家族成员的做法可能也会破坏员工的公平感。[38]减少这种"公正性"问题需要采取很多步骤，其中包括：[39]

- 确定基本原则。一位家族企业顾问指出：

> 在雇用员工的过程中，就应该让求职者（尤其是管理职位的候选人）知道，他们将来在公司中是否会有一席之地，或者是否存在潜在的晋升机会。最重要的一点是，要让员工形成更加清晰的期望，其中包括员工在公司中享有的权利以及决策权的大小等事项。[40]

- 公平对待员工。家族企业中大部分员工都知道，他们不会受到与家族成员完全一样的对待。然而，他们确实希望你能够公平对待他们。从某种程度上说，这就意味着你要努力避免产生"家族成员以牺牲他人的利益为代价来获益的不公正现象"。[41]正是由于这方面的原因，在很多家族企业中，家庭成员都注意避免购买豪华汽车等奢侈品。

- 正视家族事务。家族成员在工作中的不和与紧张会影响到其他员工的工作，并降低他们的士气。因此，家庭成员必须正视他们之间存在的分歧并设法加以解决。

- 消除特权。家族成员"应当注意避免任何可能会导致其他员工认为他们在工作任务或职责安排方面要求得到特殊待遇的行为"。[42]家族成员应该在上班时比其他员工提前到岗，更加努力地工作，并且比其他人更晚下班。还需要明确指出，家族成员必须通过自己的努力获得晋升。

利用专业性雇主组织

很多小企业老板面对与人事管理有关的各种问题都会发愁，最终决定把所有或者大部分人力资源管理职能外包给外部的供应商。[43]这些供应商通常称为专业性雇主组织（PEO）、人力资源外包服务提供商（HRO）或有时所称的员工或职员租赁公司。图 MB-4 总结了寻找专业性雇主组织和与其合作的方针。

管理人力资源系统、流程以及文档工作

简介

想象一下经营着总共只有 5 位员工的一家零售店需要完成的各种文档工作吧。首先，招募和雇用一位员工可能需要撰写招募广告，设计雇用申请表，审查面试名单以及各种证明材料——例如，受教育程度证明、移民身份证明等，可能还要审查推荐人电话单。然后，可能还需要签订一份雇用合同、保密协议、竞业禁止协议以及雇主补偿协议等。为了雇用一位新员工，你可能还需要进行员工背景调查，制作一份新员工注意事项清单，制作预扣税表格以及新员工数据表等。一旦员工开始入职工作，还需要对他们的工作情况进行跟踪，你需要——这仅仅是一个开始——一张人事信息数据表、员工每天和每周的工作时间记录表、按小时计酬员工的周工作时间表以及费用报告表等。接下来还要有绩效评价表、奖惩通知、职位说明书、员工离职记录表、缺勤记录以及就业推荐反馈表等。

小企业所有者应当谨慎挑选专业性雇主组织并处理好与它们之间的合作关系，相关的一些建议如下：

- 进行需求分析。提前弄清楚本公司想要解决的人力资源管理问题。
- 审查你正在考虑的所有专业性雇主组织所提供的服务项目，然后确定到底哪一家能够满足你的所有需求。
- 考察这家公司是否可信。到目前为止还没有针对专业性雇主组织的评价制度。不过，位于美国阿肯色州小石城的雇主服务保证公司（Employer Services Assurance Corporation, www.Esacorp.org）对于加入该组织的专业性雇主组织会员的财务、审计和运营标准都有更高的要求。
- 核查这家公司的银行账户、信用记录以及专业推荐材料。
- 了解员工福利的资金来源。是全包还是要部分自行缴费？谁是第三方管理者或运营方？此外，还要确保从签订合同的第一天起能够得到服务。
- 检查与专业化雇主组织签订的合同是否符合所在州的雇用法律要求。
- 仔细检查服务协议的内容。双方的责任和义务都已经划分清楚了吗？
- 调查这家公司的从业时间。
- 询问这家公司将通过何种方式提供服务。面对面的方式、电话的方式还是网络的方式？
- 询问需预付的费用有哪些以及这些费用的确定方式。
- 定期确认工薪税和保险费支付无误，并查看所有法律方面的问题是否都得到了正确处理。

图 MB-4　寻找专业性雇主组织和与其合作的方针

资料来源：Robert Beck and J. Starkman, "How to Find a PEO That Will Get the Job Done," *National Underwriter*, 110, no. 39, October 16, 2006, pp. 39, 45; Lyle DeWitt, "Advantages of Human Resource Outsourcing," *CPA Journal*, 75, no. 6, June 2005, p. 13; www.peo.com/dnn/, accessed April 28, 2008; Layne Davlin, "Human Resource Solutions for the Franchisee," *Franchising World*, 39, no. 10, October 2007, p. 27; www.workforce.com/ext/resources/archive_media-afiles/White%20Paper-%20What%20is%20a%20PEO-.pdf? 1372871757, accessed September 16, 2014.

　　这些刚刚提到的清单还只是企业人力资源管理事务所涉及的政策、程序和文档工作中的一个很小的部分。在你只有一两名员工的时候，你或许还可以用脑子记住一切，或者仅仅是为每一项人力资源活动写一份单独的备忘录，然后放进每一位员工的档案里。但是如果你的员工不止几个人，你就需要创建一个包括各种标准化表格的人力资源管理系统了。随着公司发展壮大，你可能会希望本企业人力资源管理系统的很多组成部分——例如薪酬发放、绩效评价等——都实现电子化。

手工人力资源管理系统的基本构成

　　规模非常小（比如员工人数在 10 人左右）的企业的所有者往往是先从手工人力资源管理系统开始的。从实践的角度来看，这通常意味着获取和创建一整套标准化的人事表格，这套表格既要涵盖人力资源管理的各个方面——招募、甄选、培训、绩效评价、薪酬管理、安全管理等，同时还要包括能够针对每一位员工来组织所有这些信息的方式。

各种基本表格

　　即使是在一家小企业，所需的各种表格的数量也是相当多的，表 MB-2 中列举的表格可以体现这一点。[44]要想获得手工人力资源管理系统中需要包括的各种基本表格，一种比较好的方法就是从网站或者与此类似的一本表格汇编书或 CD 入手。你可以根据自己的具体情况对从这些途径得到的表格进行修改。一些办公用品商——例如欧迪办公用品公司（Office Depot）和史泰博办公用品公司（Staples）——也出售这种成套的人事表格汇编。比如，欧迪办公用品公司既销售各种单独的人事表格，也销售包括以下表格等在内的一套"人力资源管理工具箱"：求职申请表、雇用面试表、背景核查表、员工记录表、绩效评价表、警告通知、离职面谈记录表以及请假申请表，外加一份法律诉讼预防指南。[45]此外，该公司还提供一套员工记录文件夹（强烈推荐使用）。企业可以用这种文件夹来为每一位员工形成一整套文件；在文件夹的封皮上可以印上每位员工的信息，包括姓名、入职日期、公司福利等。

表 MB－2　一些重要的就业表格

新员工表格	现任员工表格	员工离职表格
求职申请表	员工状况表	退休人员手续清单
新员工入职清单	员工身份变更申请表	解雇手续清单
面试表	员工信息记录表	《统一综合预算协调法案》通知
推荐材料核查表	绩效评价表	失业申明
推荐材料电话反馈报告	警告通知	离职面谈记录表
员工亲笔签署确认书	休假申请表	
雇用合同	试用通知表	
员工免责声明表	职位说明书	
试用期评估表	试用期评价表	
	直接存款确认书	
	缺勤报告表	
	惩戒通知书	
	员工申诉表	
	费用报告表	
	401（k）选项确认书	
	工伤报告	

其他来源

有几家直接邮寄产品目录的营销公司也同样提供各种人力资源管理方面的材料。例如，HRdirect 公司（www. HRdirect. com）就提供各种成套的人事表格，其中包括短期和长期员工申请表、求职者面试表、员工绩效评价表、职位说明书、离职面谈记录表以及缺勤记录和报告表。此外，还有各种不同的遵守法律法规要求的表格，包括标准化的反性骚扰政策以及《家庭和医疗休假法》通知表，还有各种海报（例如，按照法律要求，企业必须张贴的关于《美国残疾人法》和《职业安全与健康法》的相关信息）。

位于佛罗里达州的 G. Neil 公司（www. gneil. com）是另外一家可直接邮寄产品目录的人力资源管理材料公司。除了各种完整成套的人事表格、文档和海报之外，该公司还提供与以下各种主题有关的手工人力资源管理系统表格，例如出勤记录、职位分析以及用于追踪休假申请和安全记录的表格。它还有一个完整的人力资源管理"启动"工具箱，其中包括在一个手工人力资源管理系统中需要有的 25 种基本表格的副本。这些表格包括雇用申请表、考勤记录表、绩效评价表、薪酬/员工身份变更通知表、缺勤报告表、休假申请及批准表，这些都包含在一个文件夹中。

人力资源管理任务的自动化

随着小企业的不断成长，依靠手工系统来进行人力资源管理越来越困难。对于一家拥有40或50名以上员工的公司来说，在管理出勤记录表和绩效评价表等方面花费的时间可能会倍增至数周。因此，中小企业往往就是从这个时候开始将它们的各项人力资源管理工作实施计算机化处理的。

系统软件包

在这方面仍然有各种可用的资源。例如，许多网站上都有人力资源软件供应商的分类目录。[46]这些公司实际上提供针对各种人事工作的软件，从福利管理到工伤保险管理，再到遵守法律要求、员工关系、薪酬，还有工时以及出勤管理系统等。

G. Neil 公司出售的软件包中包括出勤监控、员工信息记录、职位说明书撰写、员工手册编写以及电子化绩效评价的实施。www. HRdirect. com 和 www. effeortlesshr. com 等网站也提供很多软件及在线工具，来帮助企业编写员工手册、维护员工的各项信息记录（包括姓名、地址、婚姻状况、家庭人数、紧急联系人与电话号码、入职日期以及工作经历等）、撰写绩效评价结果、创建职位说明书、跟踪员工出勤记录及每位员工的工作小时数、安排员工的工作日程表、创建组织架构图、薪酬管理、开展员工调查、规划和跟进员工培训活动，以及遵守美国职业安全和健康管理局制定的各项规章制度等。这些系统都可以在云端备案。[47]

人力资源信息系统

随着企业的成长，企业就会需要集成的人力资源信息系统（HRIS）了。我们把人力资源信息系统定义为：相互关联、协同工作的系统，通过收集、处理、存储和传播信息，帮助企业制定决策，协调工作，控制、分析和形象化人力资源管理活动。[48]因为人力资源信息系统的各个组成部分（如记录保存、薪酬管理、绩效评级等）都是整合在一起的，所以企业可以重新设定人力资源管理工作的职能。一个公司的人力资源信息系统会自动判断提薪、转岗和公司内部的其他表格应当向谁发送，并会及时地发送给恰当的经理予以审核。当一位经理签署通过了，它就会再自动发送给下一位经理审核批准。如果有人忘记了某项文件，系统就会智能地提醒相关人员直至该工作完成。

人力资源信息系统外部服务供应商

现在许多公司都在提供人力资源信息系统包，如自动数据处理公司、商业信息科技公司（Business Information Technology）、人力资源微系统公司 （Human Resource Microsystems）、Lawson Software 公司、甲骨文公司、SAP 公司等。

人力资源和内网

创业公司越来越多地设立基于公司内网的人力资源信息系统。例如，LG&E 能源公司就利用内网进行福利交流。员工可以登录福利的页面，（和查看其他事务一样）查看公司的 401（k）计划的投资选择，查看公司对医疗和牙科计划的常见问题的回答，还能报告家庭情况的变动。人力资源内网的其他用途包括：内部招聘和求职者追踪；培训注册；提供电子工资条；发布电子员工手册；让员工更新个人资料和登录个人账户，例如 401（k）账户。

本专题小结

1. 小企业的人力资源管理工作与大企业不同，主要有四个原因：企业规模、工作重心、非正式性以及创业公司特质。为此，有以下一些启示。首先，小企业相对简单的人力资源管理实践会置企业于竞争的劣势，这也给创业公司带来一定的风险。其次，小企业缺乏人力资源管理的专业技术。再次，规模更小的企业可能会对潜在的工作场所起诉没有足够的重视。创业的小企业可能会没有完全遵守薪资条例和其他法律。最后，重复劳动和文书工作会导致效率低下和数据输入错误。

2. 美国劳工部的"就业第一步：法律顾问"会帮助企业（尤其是小企业）判断自己适用哪些法律。美国劳工部的一个链接提供了关于《公平劳动标准法》的信息，其中包括一些"在线法律顾问"。公平就业机会委员会的网站也提供了一些重要信息，既包括有关公平就业机会委员会的信息，也有像《民权法案》第七章一类的信息。美国劳工部所属的职业安全和健康管理局的网站上同样为小企业提供了大量信息；还有一些有用的链接，如小企业的职业安全和健康管理手册。O* NET 系统对于编写职位说明书很有帮助。小企业可以进行网络招募。

3. 小企业要利用自己的优势，在处理员工事务上要利用自己规模小的特点。规模小可以理解成对每位员工优势、需求、家庭状况更加了解。规模小还可以理解成公司人力资源管理政策和实践的相对灵活性和非正式性。即使不像大企业那样财大气粗，小企业也能够为员工提供大企业无法比拟的工作-生活平衡福利。小企业的员工招募、甄选和培训工作都很不正规。利用工作样本测试就是一种很好的解决方法。

4. 即使是小企业，也会有大量的与人力资源管理相关的文书工作。很小的企业通常先会有一个手工人力资源管理系统。这通常意味着获取和组织一系列的标准化人事表格，涵盖了人力资源管理工作的方方面面——招募、甄选、培训、评价、薪酬和安全，还意味着组织这些信息的方法。欧迪办公用品公司、史泰博办公用品公司和一些直邮目录公司会提供各种各样的人力资源文档。随着企业的成长，中小企业开始用电脑处理一些人力资源管理工作。例如，G. Neil 公司就销售标准化的软件包，该软件包可以监控出勤记录、保存员工记录、创建职位说明书、创建员工制度手册和进行员工评价。

讨论问题

1. 阐述为什么人力资源管理工作对小企业很重要。

2. 阐述创业公司该如何利用网络和政府工具来支撑人力资源管理工作，并列举出四种方法。

3. 阐述创业公司应如何利用规模小的特点——相互熟悉、灵活性和非正式性——来改善人力资源管理工作，并至少举出五个例子。

4. 为了找到专业性雇主组织，聘用它并同它展开工作，你会怎么做？

5. 举例说明你会怎样为新的小企业设置人力资源管理系统。

6. 举两个例子说明小企业如何为员工提供退休计划。

人力资源行动案例事件 1　卡特洗衣公司：新的薪酬计划

卡特洗衣公司没有正式的薪酬结构，没有薪酬区间，也没有报酬要素。薪酬的基本水平是按照同业者的普遍情况制定的，同时杰克为了维护一种表面上的公平性，也会根据不同员工承担的不同职责调整他们的薪酬。

毋庸置疑，杰克在确定公司的薪酬时并没有进行薪酬调查。他会认真阅读每天的招聘广告获取同行业的薪酬信息，也会向自己在当地洗衣和清洁商业协会的朋友做一些非正式的调查。虽然杰克为员工发工资的策略是"略高于行业水平"，但还是有几条基本的薪酬制度影响着公司的工资计划。尽管当地许多同行只为员工提供最低工资水平，但是杰克仍然坚持在自认为的平均工资水平上再为员工多发 10％，他认为这样一方面可以降低员工的流动率，另一方面也能培养员工的忠诚度。杰克的女儿詹妮弗对父亲的薪酬制度倍感忧虑，因为即使是做同样的工作，男性员工工资要比女性员工高出 20％。对此她父亲解释说："他们非常强壮，能工作更长的时间，完成更多工作，此外他们还需要养家糊口。"

问题

1. 这家公司现在是否需要建立起一个基于完整的职位评价的正式薪酬结构呢？为什么？

2. 杰克应怎样利用像 O*NET 之类的网上免费资源来建立起必要的薪酬结构呢？

3. 你觉得支付比平均工资高出 10％ 的工资是个好主意吗？为什么杰克会这么认为呢？

4. 杰克应怎样利用网上的政府资源来判断自己的男女同工不同酬的制度是否合理？如果不合理，请解释其原因。

5. 具体而言，你觉得詹妮弗在尊重现有薪酬制度的情况下该怎么做呢？

人力资源师和高级人力资源师知识库

人力资源师和高级人力资源师的资格认证测试都是取自下面的知识库。这一知识库中列举了人力资源专业人员的职责和应当具备的知识。人力资源师和高级人力资源师知识库是由人力资源方面的理论专家进行严格的实证分析后构建的，同时也得到了人力资源专业人士广泛的调查和论证。这一知识库定期更新，以适应最新的人力资源实践。本书的所有测试都是基于知识库中的职责和知识提炼出来的。

■如果法律改变

我们（在人力资源认证机构工作的人士）意识到雇用方面的法律经常发生变化。每一名候选人都应该了解在考试开始时已经生效的人力资源法律法规。

下面展示的百分比分别对应的是在人力资源师和高级人力资源师考试中所占的比重。

战略性经营管理（12%；29%）

对组织的使命、愿景、价值观和战略目标进行开发、贡献和支持；制定政策；引导变革过程；评价人力资源工作对组织的贡献。

职责

（1）对财务、商业发展、市场、销售、运营和信息技术等组织运营的内部相关渠道信息进行分析解释，使其为组织战略目标的实现做出贡献。

（2）对商业环境、产业实践和发展、科技发展、经济环境、劳动力资源、法规环境等组织运营的外部相关渠道信息进行分析解释，使其为组织战略目标的实现做出贡献。

（3）作为有贡献的伙伴参与组织的战略规划过程。

（4）与组织内部关键人员建立战略联系，以影响组织的决策制定。

（5）与组织外部社区中的关键个人和组织建立联系或同盟，以协助组织战略目标的实现。

（6）开发和运用人力资源衡量指标，来评价人力资源工作对组织战略目标实现的贡献度。

（7）开发和执行管理组织变革的战略，用以平衡组织需要、员工需要和其他利益相关者需要。

（8）开发组织人力资本管理计划，并将其与战略规划联系到一起。

（9）提升组织核心价值观和伦理行为的开发及交流。

（10）通过行为模仿、沟通和教练行为来强化组织的核心价值观和期望行为。

（11）开发和管理人力资源预算，使其与组织的战略目标和价值观保持一致。

（12）在组织预算开发和监控的过程中提供相关信息。

（13）对变革的法律法规环境及其对组织的潜在影响进行监测，采取合适的、积极的步骤来支持、修正或者反对变革。

（14）开发政策和程序以支持公司治理水平。

（15）通过检查和评估人力资源政策对组织的潜在风险，来参与到风险管理的过程中。

（16）对供应商筛选和外包（比如人力资源信息系统、福利和工资）过程进行识别和评价。

（17）参与战略决策制定，并积极地参与组织结构设计活动（比如组织流程再造、收购和兼并、离岸经营和多元化管理等）仅适用高级人力资源师。

（18）决定整合技术工具和系统的战略应用（比如人力资源信息系统、绩效管理工具、求职者跟踪系统、薪酬工具、员工自我服务技术等）。

本书中出现的章节	相关知识
1、3	1. 组织的使命、愿景、价值观、经营目标、具体目标、计划和流程
2、10、12、13、14	2. 法律和管制过程
1、3 和篇首	3. 战略规划和实施
3	4. 管理职能，包括计划、组织、指导和控制 5. 提升创造性和创新性的技术
12	6. 公司治理流程和章程
1、3、5 和专题 A	7. 组织流程再造、收购和兼并、离岸经营和多元化管理的转换技术（仅适用于高级人力资源师）

人员规划和雇用（26%；17%）

对渠道、招募、雇用、入职引导、继任计划、员工保留和离职项目进行开发、实施和评价，以确保其员工的能力可以实现组织的长期目标和短期目标。

职责

（1）保证人员规划和雇用行为与联邦、州和地方的法律法规保持一致。

（2）识别组织短期和长期的人员需求（比如组织流程再造、收购和兼并、劳动力增加和减少等）。

（3）进行职位分析，编写职位说明书，确定职位所需的胜任能力。

（4）识别并记录职位的关键职能。

（5）根据任职资格说明书和胜任能力要求，建立招募的标准。

（6）分析劳动力市场规律，发现那些能够满足人员需求的趋势（比如 SWOT 分析、环境扫描、人口统计学特征等），仅适用于高级人力资源师。

（7）对内部人员和外部劳动力市场具备的技能进行评价，以决定符合要求的求职者的有效性，合理利用第三方供应商或者机构。

（8）识别内部和外部求职者的来源（比如员工推荐、在线职位表、简历银行等），实施招募方法。

（9）评价招募方法和来源的有效性（比如成本收益率、每位招募人员的成本和填补职位所需的时间）。

（10）开发相关战略，提升组织对符合条件的求职者的吸引力。

（11）开发并实施求职者跟踪、面试、测试、推荐信、背景核查和药物筛查等甄选程序。

（12）撰写并发出入职邀请，在必要时展开谈判。

（13）管理申请发出后的雇用活动（比如执行员工合同、完成 I9 就业资格验证、协调重新安置、组织体检）。

（14）实施并管理相关过程，使非美国籍的求职者能够顺利地在美国合法地工作。

（15）对新入职员工、再次雇用的人员和转岗人员的入职引导过程进行开发、实施和评价。

（16）对员工保留战略和实践进行开发、实施和评价。

（17）对继任计划进行开发、实施和评价。

（18）开发和实施自愿性和非自愿性的组织离职程序，包括对强制性减员的计划。

（19）根据要求开发、实施和评价美国仲裁协会的活动。

本书中出现的章节	相关知识
2、4、5、6、专题 B	8. 与人员规划和就业相关的联邦、州和地方的法律法规（比如《民权法案》第七章、《美国残疾人法》、《反就业年龄歧视法》、《退伍军人就业与再就业法》、《联邦政府机构员工甄选程序统一指南》、《移民改革与控制法案》、《国内收入法》等）
3、4、5、6	9. 对过去和现在的人员配置效率进行定量分析（成本收益分析、每位雇用人员的成本、甄选通过率、不利影响）
5	10. 招募渠道（比如网络、机构和员工推荐）
5	11. 招募战略
5	12. 可替代人员（比如临时性员工、独立承包商、外包、工作分享和兼职）
4、5	13. 人员规划技术（比如继任计划、人员预测）
2、6	14. 甄选工具/方法的信度和效度
6	15. 运用和解释甄选测试（比如心理/人格测试、认知测试、运动/体能评价、管理评价中心等）
6	16. 面试技巧（比如行为面试、情境面试和小组面试） 17. 重新安置的实践
10、11	18. 人员招募和保留中全面报酬的影响
5、专题 A	19. 国际人力资源和劳动力全球化对人员规划及雇用的意义（仅适用于高级人力资源师）
9	20. 自愿性和非自愿性流失、裁员、重组和新工作介绍的战略及实践

续表

本书中出现的章节	相关知识
4、5、6、7、8、9	21. 内部人员评价技术（比如技能测试、技能库、人口统计学分析等）和雇佣政策、实践和流程（比如入职引导和人员保留）
5	22. 企业营销和品牌策略
13	23. 谈判方法和技巧

人力资源开发（17%；17%）

对员工培训和开发、绩效评价、人才和绩效管理、员工的特殊需求进行开发、实施和评价，以确保员工的知识、技能、能力和绩效满足当前和未来组织及个人的需要。

职责

（1）确保人力资源开发项目与联邦、州和地方的法律法规保持一致。

（2）实施需求评价，以识别和确立人力资源开发活动中的优先次序（仅适用于高级人力资源师）。

（3）开发、选择和实施员工培训项目（比如领导技能、性骚扰防护、电脑技能），以提升个人和组织有效性。其中还包括培训项目设计和从培训中获取反馈（比如调查、培训前和培训后测试）。

（4）通过人力资源指标（比如参与者调查、培训前和培训后的测试）来评价员工培训项目的有效性（仅适用于高级人力资源师）。

（5）设计一系列包含人才评价、人才开发和高潜质员工配置的人才管理项目，并对其进行实施和评价（仅适用于高级人力资源师）。

（6）开发、选择和评价绩效考核流程（比如绩效工具、绩效排名、绩效薪酬和绩效周期等）。

（7）对绩效评价参与者实施培训项目（仅适用于人力资源师）。

（8）对绩效管理项目和流程进行开发、实施和评价（包括目标制定、职位轮换和晋升）。

（9）开发、选择、实施和评价项目（比如弹性工作制、多元化创新和外派人员管理），以满足员工特定的需要（仅适用于高级人力资源师）。

本书中出现的章节	相关知识
2、7、8、9	24. 确保人力资源开发项目与联邦、州和地方的法律法规保持一致（比如《民权法案》第七章、《美国残疾人法》、《反就业年龄歧视法》、《退伍军人就业与再就业法》、《联邦政府机构员工甄选程序统一指南》）
7、8、9	25. 职业生涯开发与领导力开发的理论和实践
7	26. 组织发展理论与实践
7	27. 通过培训开发技术以建立一般化或特定的培训项目
7	28. 培训方法、推动技巧、指导方法和项目推进机制
4、7	29. 任务或过程分析

续表

本书中出现的章节	相关知识
8	30. 绩效评价方法（比如工具、排名和评价表）
8	31. 绩效管理方法（包括目标制定、工作轮换和晋升）
大部分章节的专栏、专题 A	32. 全球化的应用问题（比如国际法、文化、当地员工管理方法和实践、社会规范等）。仅适用于高级人力资源师
7	33. 评价培训项目有效性的技术，包括运用人力资源指标（比如参与者调查、培训前和培训后的测试）
7	34. 数字化学习
7	35. 导师指导和高管教练

全面报酬（16%；12%）

对涉及所有员工群体的薪酬福利项目进行开发/筛选、实施/管理和评价，以确保组织战略目标、短期目标和价值的实现。

职责

（1）确保薪酬福利项目与联邦、州和地方的法律法规保持一致。

（2）对基于内部公平性和外部竞争性的薪酬项目和工资结构进行开发、实施和评价，以确保支持组织的战略目标和短期目标以及价值。

（3）管理工资职能（比如招募新员工、减薪、调整和中止雇用）。

（4）进行福利项目需求评价（比如标杆比较、员工调查）。

（5）对薪酬福利项目进行开发/筛选、实施/管理和评价，以确保组织战略目标、短期目标和价值的实现（比如健康福利、退休管理、员工持股、健康计划、员工援助计划、休假等）。

（6）就薪酬福利项目与员工展开沟通和培训。仅适用于人力资源师。

（7）对外派员工和外国员工的薪酬福利项目进行开发/筛选、实施/管理和评价。

本书中出现的章节	相关知识
2、10、11、13	36. 有关薪酬、福利和税收的联邦、州及地方法律
10、11	37. 全面薪酬战略（比如薪酬、福利、健康、报酬、认可和员工援助）
3	38. 与薪酬福利项目相关的预算和会计
10	39. 职位评价方法
10	40. 职位定价和工资结构
5、10	41. 外部劳动力市场和经济因素
10、11	42. 薪酬方案（比如激励型薪酬、可变薪酬、奖励薪酬）
10、11	43. 高管薪酬方案。仅适用于高级人力资源师
10、11	44. 非现金薪酬方案。仅适用于高级人力资源师
11	45. 福利项目（比如健康福利、退休管理、股票认购、健康计划、员工援助计划、休假等）

续表

本书中出现的章节	相关知识
10、11、专题 A	46. 国际薪酬法律和实践（比如外派员工薪酬、法定权利、法条选择等）。仅适用于高级人力资源师
10、11	47. 与全面报酬管理相关的信托责任。仅适用于高级人力资源师

员工关系和劳动关系（22%；18%）

对雇主和员工间的工作关系进行分析、开发、实施/管理和评价，以保持一种能够平衡两者之间需求和权利的关系和工作环境，以支持组织战略目标、短期目标和价值的实现。

职责

（1）确保员工关系和劳动关系活动与联邦、州和地方法律法规保持一致。

（2）通过赢得员工投入（比如焦点小组、员工调查和员工会议）评价组织气氛。

（3）实施组织变革活动，以适当地回应员工反馈。

（4）开发员工关系项目（比如报酬、认可、折扣、特殊活动）来提升积极的组织文化。

（5）实施员工关系项目以提升积极的组织文化。

（6）通过运用衡量指标（比如离职面谈、员工调查）来评价员工关系项目的有效性。

（7）建立工作场所政策和流程（比如衣着规范、出勤、电脑使用规范），监测其实施和执行过程以确保可持续性。

（8）开发、管理和评价惩戒处理程序、绩效改善政策和流程。

（9）解决员工申诉问题，确保与联邦、州和地方的相关雇佣政策一致。必要的时候利用专业资源（比如法律咨询、仲裁专家和调查员）。

（10）为其余非工会组织化的地域进行积极的员工关系战略开发和指导。

（11）参与包括合同谈判和管理在内的集体谈判活动。仅适用于高级人力资源师。

本书中出现的章节	相关知识
2、9、12、13	48. 在工会和非工会环境中运用联邦、州和地方法律。比如反歧视、性骚扰、劳动关系和隐私法律（比如《瓦格纳法》、《民权法案》第七章）
12	49. 促进积极的员工关系的方法（比如焦点小组、员工调查和员工会议）
12	50. 员工参与战略（比如员工管理委员会、自我指导工作团队、员工会议）
12	51. 个人雇用权利
8、9、12、13	52. 工作场所行为（比如缺勤管理和绩效提升）
13	53. 不公平劳动关系实践
13	54. 集体谈判过程、战略和流程（比如合同谈判和管理）。仅适用于高级人力资源师
10、11、12	55. 积极的员工关系和非物质报酬

风险管理（7%；7%）

开发、实施/管理和评价相关项目、计划和政策，以提供一个安全、有保障的工作环境，使组织免于安全方面的责任。

职责

（1）确保工作场所的卫生、安全、安保和隐私活动都与联邦、州和地方法律法规保持一致。

（2）识别组织安全项目的需求。

（3）开发/选择、实施/管理职业伤害、疾病防护、安全激励和培训项目。仅适用于人力资源师。

（4）开发/选择、实施和评价相关计划和政策，以保护员工和其他个人，使得组织的损失和责任降到最低（比如紧急响应、撤离、工作场所暴力、药物滥用、回归工作政策等）。

（5）就上一条中提到的计划，同员工展开交流和培训。

（6）开发和监测经营可持续性和灾难恢复计划。

（7）就上一条中提到的计划，同员工展开交流和培训。

（8）开发内外部隐私保护政策（比如身份盗窃、数据保护、遵守电子交换法案、工作场所监测）。

（9）管理内外部隐私保护政策。

本书中出现的章节	相关知识
2、11、14	56. 联邦、州和地方关于工作场所的卫生、安全、安保和隐私活动的法律法规
11、14	57. 职业伤害和疾病补贴计划
14	58. 职业伤害和疾病防护计划
14	59. 工作场所的安全、健康、安全执行机构的调查程序
14	60. 工作场所安全风险 61. 工作场所安保风险（比如偷窃、公司泄密、资产和数据保护、消极怠工等）
14	62. 潜在的暴力行为和工作场所暴力环境
14	63. 总体的健康和安全实践（比如撤离计划、风险沟通、人体工程学等）
14	64. 事故和紧急响应计划
12、14	65. 内部调查、监测和监督技术
11、14	66. 与药物滥用和依赖相关的议题（比如症状识别、药物滥用测试、惩戒）
14	67. 经营可持续性和灾难恢复计划（比如数据存储与恢复，可替代的工作地点和程序） 68. 数据完整性技术与科技（比如数据分享、防火墙）
7	69. 需求分析和评价

续表

本书中出现的章节	相关知识
专题 B	70. 第三方合同谈判和管理，包括征求意见书的开发 71. 沟通交流技能和战略（比如现场展示、协作、影响力、外交辞令和敏感度）
2、4、6、8、13、14、专题 B	72. 组织范围内的文书要求要符合联邦和州的相关要求
7	73. 成人学习过程
7、11	74. 激励概念和应用
7	75. 培训技术（比如电脑端的培训、课堂培训和在岗培训） 76. 领导力概念和运用 77. 工程管理概念和应用
2、多数章节	78. 多元化概念和应用 79. 人际关系概念和应用（比如人际和组织行为）
1、12	80. 人力资源伦理和职业标准
大多数章节的专栏、专题 B	81. 支持人力资源活动的技术（比如人力资源信息系统、员工自我服务、电子学习）
3、大多数"作为盈利中心的人力资源"专栏	82. 定性和定量的方法，以及分析、解释和决策相关的工具（比如人力资源衡量指标、成本收益分析、财务分析等）
7	83. 变革管理方法
4	84. 职位分析和职位说明书方法 85. 员工记录管理（比如电子化和纸质记录、员工保留、解雇等）
3、4	86. 职能模块间人力资源活动和项目的关系 87. 组织结构的类型（比如矩阵式、直线式）
3	88. 环境扫描概念和应用
12	89. 评价员工态度、观点和满意度的方法（比如观点调查、态度调查、焦点小组访谈）
3	90. 预算和会计基础概念
14	91. 风险管理技术

资料来源：www.hrci.org.

综合案例

班达克汽车公司

吉姆·班达克（Jim Bandag）在帮助父亲（家族企业的创始人）管理公司 10 年之后，于 2012 年接管了家族的汽车零部件销售生意。位于伊利诺伊州的班达克汽车公司（Bandag Automotive）有大约 300 名员工，通过两个渠道来销售汽车零部件（消声器、车灯、引擎部件等）：一个是在零部件服务站和修理店销售，另一个是通过 5 家班达克汽车零部件商店销售。

吉姆父子一直努力让公司组织结构图尽可能简洁。公司现在有一名全职财务主管，5 家分店各有一名经理，一名监管区域配销的经理，还有吉姆的行政助理。吉姆（和偶尔工作的父亲）负责市场和销售。

吉姆的行政助理负责公司的日常人力资源管理工作，但是公司把大多数人力资源工作都外包给了外部服务商，包括一家员工代理机构——这家机构负责招募和甄选、监控和执行 401（k）计划、进行薪酬管理。班达克汽车公司的人力资源管理系统有几乎所有标准化人力资源表格，包括申请表、绩效评价表，还有班达克用来监测 5 家商店员工的"忠诚度"测试等，这些表格是从一家人力资源供给公司购买的。公司会进行非正式的薪酬调查，看看地区内的其他企业为相同职位支付多少报酬，然后用这些结果作为奖励年度业绩增长的依据（实际上这种奖励就是对生活费的一种调整）。

吉姆的父亲只是以一种传统的方式来打理生意。他通常在公司里到处走走，与员工聊聊，看看有没有什么问题，有时甚至会给员工临时借款帮他们渡过难关——比如，员工的孩子生病，或是房子首付不够时，都会帮他们一把。相反，吉姆自己则会淡漠许多，他并不会像父亲那样享受和员工亲密的关系。但是吉姆并不专横或偏私。他只是在意提升班达克的财务绩效，他的所有决策（包括人力资源有关的决策）通常都是趋向于削减成本。他的习惯思维是少放假比多放假好，低福利比高福利好，而在出现诸如员工的孩子病了需要请几天假时，他并不会灵活地处理。

因此，公司在过去的几年中销售和利润有了大幅的增长，但是陷入了人力资源或公平就业方面的问题，也就不奇怪了。例如，一家店的员工亨利（Henry）最近找到吉姆的行政助理，向她表达了对自己被解雇的愤怒，并考虑起诉公司。原来在亨利的上一次绩效评价中，他的主管评价说亨利的技术工作做得很好，但就是"和同事交流有严重的困难"。亨利不断地和同事争执，不断地在向他抱怨工作环境。于是分店经理向吉姆报告，亨利让"整个工作环境变得很糟糕"，正因为如此（尽管他听闻亨利有严重的精神问题并对此感到很遗憾），他觉得应当解雇亨利。吉姆也批准了解雇申请。

嘉文（Gavin）则带来了另外一个问题。他为班达克工作了 10 年，是坚持到现在仅有的两位老员工之一，还是一家分店经理。就在吉姆·班达克接管了生意之后，嘉文引用《家庭和医疗休假法》请假去做髋关节手术，当时吉姆也批准了他的申请。目前为止，一切看似风平浪静，但是当嘉文休假回来后，他却被吉姆告知他的职位被取消了。公司决定关闭原先嘉文所在的店，并在距离一家购物中心 1 公里的位置开设一家更大的新店，并且为新店任命了新的经理来代替嘉文。但是公司还是为嘉文留了个（非管理）职位——柜台营业员，并保持之前的薪酬和福利不变。即便如此，"这个职位和我之前的不一样，"嘉文还是坚持说，"它和之前职位的声望有差距。"他认为根据《家庭和医疗休假法》的规定，公司应当给他安排与之前相同或相当的职位，这就意味着公司应当给他一个和他请假前相似的管理岗位。吉姆对此却不赞同。他们似乎要付诸法律行动了。

这段时间内班达克的另一个事件就是，为公司效力了 6 年的财务主管米利亚姆（Miriam）在 2012 年除请了 12 周的产假（这是《家庭和医疗休假法》规定的），还多请了 3 周假——这是班达克的延长病假项目。在米利亚姆回来上班 4 周后，她向吉姆·班达克询问，每周能不能有几小时的工作在家完成，这样就是每周大约有一天在家工作。吉姆当时拒绝了她的请求，并在大约两个月后解雇了她。吉姆解释说："对此我感到非常遗憾。这件事和你的怀孕没有关系，但是我们有足够的理由解雇你——你的月度预算晚了几天，我们有足够的证据认为你伪造了文件。"她反驳说："我不在乎你这会儿的理由，因为我怀孕才是你真正解雇我的原因，你知道这是违法的。"

吉姆觉得只要在这些诉讼中捍卫公司的利益，自己就会心安，尽管他并不想在这些诉讼中花费时间和金钱。但是，他在和同事吃午餐时的听闻大大削弱了他的自信，因为他们相信吉姆会因为其中的一起案件吃"大亏"。吉姆向朋友解释说，一位在自己公司从事卡车养护服务的员工之前申请司机的工作，他想当配销部的卡车司机，但是吉姆因为他耳聋拒绝了他的申请。吉姆（他的妻子偶尔说他，"从没有人因为你遵守了制度而表扬你"）认为让耳聋的人做卡车司机是件荒谬的事。他的朋友恰巧在为美国联合包裹服务公司（UPS）工作，他告诉吉姆，美国第九巡回上诉法庭最近判决 UPS 违反了《美国残疾人法》，因为它没有考虑一位耳聋者驾驶该公司小型车辆的申请。

虽然吉姆的父亲已经处在半退休状态，但是公司最近公平就业问题的突然增多让他很苦恼，尤其是在这么多年风平浪静之后。但是他并不能确定应该怎么办。尤其是把公司交给儿子管理这么多年后，他不愿意再把自己推回到公司运营决策之中。但他又担心短期内吉姆会被这样的事情弄得心力交瘁，而长期来看，班达克汽车公司会被这样的事情拖累。吉姆的父亲找到了你，想向你咨询人力资源管理的问题，他问了你如下问题。

问题

1. 在给定的班达克汽车公司的规模和你知道的其他情况下，要不要重新组织该公司的人力资源管理职能呢？如果需要，为什么？又该怎么办呢？

2. 如果有的话，你会做些什么来改变或改进现有人力资源系统、流程和实践呢？

3. 你觉得吉姆因为某些员工造成了恶劣的氛围而将其解雇，他的主张是合法的吗？如果是，这是为什么呢？我们又该怎么办呢？

4. 我们必须把嘉文安排在与之前相同或相当的职位上，是这样吗？还是我们只要把他安排在同之前有相同工资、奖金和福利的岗位上就行了？

5. 财务主管米利亚姆声称我们是因为她怀孕而在报复她，我们提出的绩效问题也只是掩人耳目而已。你觉得公平就业机会委员会和法院会站在她那边吗？不管怎么样，我们现在该怎么办呢？

6. 耳聋的员工因为我们拒绝他成为公司司机的申请而威胁说要起诉。我们应当怎么办？这又是为什么呢？

7. 10 年之前我们只有一起公平就业指控，最近几年却有了四五起。对此该怎么办呢？这是为什么呢？

说明：本案例基本是基于实际情况，只是班达克是一家虚构的公司。

资料来源："The Problem Employee: Discipline or Accommodation?" *Monday Business Briefing*, March 8, 2005; "Employee Says Change in Duties after Leave Violates FMLA," *BNA Bulletin to Management*, January 16, 2007, p. 24; "Manager Fired Days After Announcing Pregnancy," *BNA Bulletin to Management*, January 2, 2007, p. 8; "Ninth Circuit Rules UPS Violated ADA by Barring Deaf Workers from Driving Jobs," *BNA Bulletin to Management*, October 17, 2006, p. 329.

安吉洛的比萨店*

安吉洛（Angelo）是在纽约北部的布鲁克林区长大的，想开一家比萨店。在他还是个孩子的时候，他有时会到当地的比萨店中待几个小时，看着那里的人揉面，把面平整成圆饼坯，然后一圈一圈地撒上番茄酱。从大学读完市场营销专业后，他就直接回到布鲁克林，开办了自己的第一家安吉洛比萨店。他强调店面内部环境要干净、明亮；比萨要有分明的绿色、红色和白色；食材要新鲜、天然。安吉洛的店在 5 年内获得了成功，并且他还开设了另外 3 家分店，正在考虑开设加盟店。

他急于扩张自己的公司。大学的 4 年教育让他了解了做企业家和当经理的区别，作为企业家或者小老板，他知道自己独自管理整个企业的运营有明显的优势。在只有一家店和几个员工的时候，他自己就能做所有的决定，还能盯紧收款机（独立地管理好财务），联系新的供货商，监督食物被偷偷外带的情况，自己一个人就能管理整个餐馆的服务。

当店面扩张到 3 家的时候，他感觉事情越来越有挑战性了。他又分别为两家新店雇用了经理（这两个人都是之前跟他一起工作过多年的），但是在店面的运营培训方面，他显然做得不够，因为他认为这两个人跟随他干了这么久，应该已经知道很多开店的知识。但现在他已经发现企业正面临人力资源管理的问题，他知道除非自己有一套系统能照搬到各家分店，依靠这套系统来传授各门店经理（或加盟商）必要的管理知识和开店的专门技术，否则自己无法继续扩张分店数量，或不能专注于自己开设加盟店的想法。安吉洛没有适当的培训项目来教给各分店经理如何运营一个餐馆。他简单地认为通过跟自己一起工作，他们就会知道该怎么办（结果证明是错误的）。正因为如此，由于缺乏适当的培训，新的经理都是从零开始从事管理工作。

安吉洛有几件特别担忧的事，首先就是要寻找并招募到合格的员工。他曾经读过全国独立商业教育基金会（National Federation of Independent Business Education Foundation）的最新的《国家小企业调查》（*National Small Business Poll*）。其中说 71% 的小型企业主找到

---

* © Gary Dessler, Ph. D.

合格的员工是"困难的"。此外，"如果考虑到人口统计学因素和教育因素，要找到合格的员工就会更加困难"，这就又加剧了招聘到好员工的困难。无独有偶，有一天安吉洛读了一份经济报告，发现每个行业都招不到足够多的优秀员工。而小型企业尤其危险，因为该报告指出：大型企业能把许多工作（尤其是入门级的工作）外包，而且更大的企业有能力支付更具吸引力的福利，也有能力对员工进行培训。小型企业很少能有这样的规模经济，它们没法把工作外包，也没法建立大的培训项目来帮企业把未经培训的新员工培养成熟练的工人。

虽然招聘到足够的员工是安吉洛最大的问题，但是招聘到足够诚实的员工却更让他伤神。安吉洛回忆说，他在商学院的一门课上学过，美国的公司每年会因为员工偷窃损失4 000亿美元。据粗略估算，平均到每位员工每天是9美元，而一家典型企业每年的损失大约是12 000美元。此外，像安吉洛的比萨店一样的小企业更难以幸免，因为不足100人的企业尤其容易发生员工偷窃这种事。为什么小企业这么容易发生这种事呢？也许是因为它们缺乏处理此类事件的经验。更重要的是因为在小企业很可能是一位员工从事多种工作，例如订货和付货款同时由一个人完成。这往往容易导致偷窃，经理们又总是想方设法地减少偷窃。除此之外，当生意主要依靠现金结算时，偷窃的风险会上升得很明显。在比萨店中，许多人吃午餐就是买一两块比萨饼，再买一瓶可乐，他们大多是付现金，很少有刷信用卡的。

而且，安吉洛并不只担心员工偷钱，他们会偷企业的整个创意，他就有过这样的教训。他以前想到有个绝佳的地点可以开家分店，他还打算让自己现在的一位员工去管理那家店。但是，就如他所言，这位员工盗用了他的点子——他的客户和供货商资源，以及该去哪里买比萨饼的面团，该去哪里买番茄酱，每样东西的成本，如何装修店铺，该去哪里买烤箱，店铺陈设，等等。这位员工立刻辞职开起了自己的比萨店，而且这家店离安吉洛之前计划的地点很近。

毫无疑问，安吉洛在招聘到好员工时遇到了麻烦。当餐饮业遇到员工离职时，生意会很难做。许多餐馆每年的员工流动率为200%～300%，因此有的岗位每年得先后招聘两三名员工。就像安吉洛说的："我们这里每个月有两三个员工辞职。"他又说："我们是高产量的店，虽然（为了一周7天每天都营业）我们每家店大约需要6名员工，但是到头来却只有三四个人，为此我和经理们都是提心吊胆。"

同时，店里的小时工也存在严重的问题："小时工的问题让我们忐忑不安，"安吉洛说，"会有很多人来应聘，我和我的经理们也愿意雇用他们，也不用花多少时间培训他们，但是能工作久一点的最多几周后就离开了，还有的人刚来就走了。"在过去的两年中，安吉洛的3家分店换了3位经理——"他们就摔门而去"，安吉洛描述说，他觉得部分原因是没有好的员工，让这些经理的每一天都过得很煎熬。一般而言，当经理或企业主招聘不到足够的员工（或员工缺勤）时，他们大约80%的时间就得自己去完成这些工作。所以，这些经理通常得一周工作7天，每天工作10～12小时，许多人一天到头会累得精疲力竭。一天晚上，安吉洛一个人做了3个人的工作，客人们又愤愤地离去，这让他倍感绝望，他当时就想再不能随便雇用员工了，必须更加理性地对待员工甄选问题。

安吉洛觉得自己得有个正规的监督程序。他说："如果从中学到了什么，那就是宁可直截了当地拒绝不合格的员工，也不能把他们招来还要忍受他们的低效率。"他还觉得自己能判断企业员工所需的特质。例如，他知道有的员工的个性就不适合当服务员。安吉洛说：

"在我看来，过度自信和过度内向等特质的人都不适合做服务员。"

由于是一家本地公司，安吉洛通过在当地两家报纸上发布招聘信息招募员工，他还被其中一些回复以及自己为此经历的事情"震惊"了。许多求职者会在电话上留下语音信息（安吉洛和其他员工都太忙而没有时间接电话），但因为安吉洛觉得没有电话礼仪的人也不会对客人有礼貌，一些求职者就被"直接剔除了"。他很快发现，自己即使是招一两个人也得撒一张很大的网。许多人就由于留言的原因被排除了，而约见面试的又有一半不会来。安吉洛曾经上过人力资源管理的课程，因此（他说道）："我应当更了解人力资源管理。"但是他的雇用决定几乎只是通过一次面试（他偶尔翻翻他们的推荐信）。总的来说，他的人力资源工作并不奏效。他没有做好招募工作，即使招到了，那些员工也是问题百出。

他在寻找什么样的员工？其中一点就是员工要有服务意识，还要彬彬有礼。例如，以前的一位员工说过几次不敬的言语，其中一次是当着一位顾客的面。在这个员工来的第三天，安吉洛对她说"我觉得我们店并不适合你"，然后她就被解雇了。安吉洛对此解释说："我也觉得很难受，但是所做的这一切都是为了这家店好，我不会让任何人毁了这家店。"安吉洛想找到可靠的人（这个人迟早会出现）、诚实的人、能随叫随到的人。

安吉洛的比萨店只有最基本的人力资源管理体系。安吉洛在当地就业机构办公室买过几张求职申请表，也很少用其他什么表格。安吉洛会让自己的会计审查公司的会计账簿，自己也会在每周结束计算每位员工的薪水并亲自为他们写支票。培训则完全是在职培训。安吉洛会亲自培训他们。他觉得那些今后会成为分店经理的员工，也会按自己培训他们的方式培训新员工（结果证明这样各有利弊）。安吉洛支付的工资"略"高于通行工资水平（他是通过报纸广告确定的），但可能并没有为不同素质的员工支付足够的差别工资。如果被问到作为雇主自己的名声如何，安吉洛可能会回答说自己是一个坦率和直接的人，虽然很和蔼但也很固执，会对员工一视同仁，只是因为没有足够的组织和培训经验，组织会有些混乱，而自己的名声也会受损。现在他找到你，向你问几个问题。

问题

1. 我的战略是（希望能）扩张分店数量最终实现连锁加盟，同时也要保证提供高质量的新鲜食材。和我的战略相关的人力资源管理的三项特定言外之意是什么（包括特定的政策和实践）？

2. 指出 5 个我现在的人力资源管理错误，并简单讨论。

3. 设计一张结构化面试表格，这样我们能用来招聘：（1）分店经理；（2）服务人员；（3）柜台人员/比萨饼制作者。

4. 根据你对安吉洛比萨店的了解以及对一些比萨店的实地访问，你认为安吉洛的比萨店该怎样进行员工甄选呢？请写出一页的纲要。

说明：本案例基本是基于实际情况，只是安吉洛比萨店是一家虚构的公司。

资料来源：Dino Berta, "People Problems: Keep Hiring from Becoming a Crying Game," *Nation's Business News*, 36, no. 20, May 20, 2002, pp. 72 - 74; Ellen Lyon, "Hiring, Personnel Problems Can Challenge Entrepreneurs," *Patriot-News*, October 12, 2004; Rose Robin Pedone, "Businesses' $400 Billion Theft Problem," *Long Island Business News*, 27, July 6, 1998, pp. 1B - 2B; "Survey Shows Small-Business Problems with Hiring, Internet," *Providence Business News*, 16, September 10, 2001, pp. 1B; "Finding Good Workers Is Posing a Big Problem as Hiring Picks Up," *The Kiplinger Letter*, 81, February 13, 2004.

谷 歌*

《财富》杂志最近把谷歌公司评选为"100 家最佳雇主"，对此人们鲜有质疑。谷歌公司提供的各种福利有免费通勤车（通勤车上配有无线网，旧金山湾区也在员工的接送范围之内）、无限期的病假、每年数次费用全包的滑雪旅行、免费的美食、5 次免费在线医师咨询、每推荐一位新员工奖励 2 000 美元、免费注射流感疫苗、一个巨大的泳池、在线加油服务、在线洗车服务、排球场、周末派对（TGIF party）、免费在线洗衣干衣（还有免费清洁剂）、乒乓球、桌面足球，还有免费的名人演讲。对许多人来说，是美食和点心让谷歌变得与众不同。例如，人力资源主管史黛西·苏利文（Stacey Sullivan）最爱公司 Plymouth Rock 咖啡屋的爱尔兰燕麦片配鲜莓，这家店就在谷歌的"全民行动"小组附近。"我有时候会梦见它。"她说。工程师贾·费兹帕特里克（Jan Fitzpatrick）最喜欢谷歌 Tapis 餐馆的生鲜，这家餐馆就在谷歌校园的路的尽头。当然还有股票期权——新员工还可能得到 1 200 份期权来购买谷歌的股票（现在每股价值 480 美元）。事实上，谷歌的许多老员工正是因为持有谷歌的股票而成了百万富翁。

在这方面，谷歌人有共同的特质。他们才华横溢，以团队为中心（团队工作很普遍，尤其是大项目）和有强劲的动力。《财富》把他们描述成"几乎无一例外"认为自己是这个星球上最有趣的人，外表是无忧无虑的，内心又是 A 型的——很热情、不达目的不罢休。他们工作也非常认真（凌晨 3 点工程师还在走廊为谷歌搜索的一个新算法而讨论不休，这种情况屡见不鲜）。他们还以团队为中心，以至于为了能"把问题解决"，他们会放弃宽敞的办公室而挤在狭小的会议室。在谷歌的历史上，谷歌人都以优异成绩从名校毕业，例如斯坦福大学、哈佛大学和麻省理工学院。许多年来，谷歌甚至都不会考虑雇用平均成绩低于 3. 7 的人——尽管它也考虑过得 B 的理由。谷歌不会雇用独行侠，它喜欢能和大家一起工作、爱好广泛的人（在谷歌没有兴趣和特长的人会被视为异类）。谷歌还希望员工有成长的潜力。公司的扩张如此之快，它想雇用那些能被提拔五六次的员工——它说这还是保守估计，因为它想通过雇用这样的高素质人才来确保员工能跟上公司和部门扩张的步伐。

谷歌的起薪很有竞争力。有经验的工程师初始年薪是 130 000 美元（外加前面说过的 1 200份股票期权）。刚毕业的 MBA 的年薪是 80 000～120 000 美元（对应的股票期权会少一些）。最近谷歌大约有 10 000 名员工，而最初它只是由 3 个人在一间租来的车库成立的。

当然，一家公司从 3 位员工扩张到 10 000 名员工，从默默无闻变成身价数千亿美元，讨论它的"问题"可能会显得不合时宜，但是毫无疑问，伴随着谷歌的高速成长，它在管理上面临一些问题，尤其是"全民行动"小组会遇到很多巨大的挑战。现在让我们看看这些挑战。

首先，正如前面所说的，谷歌是 24 小时运营，工程师和其他一些通宵工作的人必须完成项目，帮助公司向员工提供一揽子服务和发放薪酬，这些服务和薪酬必须可以支撑他们的这种生活方式，维持他们的工作和生活的平衡。

另一个挑战是谷歌在财务上的巨大成功是一把双刃剑。虽然在新员工招募上，谷歌会比竞争对手——例如微软公司和雅虎公司——更胜一筹，但是谷歌的确需要某种方法来应对越

---

* © Gary Dessler，Ph. D.

来越多的退休人员。多数谷歌人的年龄在 20～30 岁，但是许多人因为股权计划变得很富有，他们便萌生了退休的想法。一位 27 岁的工程师因为在搜索个人电脑项目的表现而获得了 10 万美元的创始人奖励，就想离开"创办自己的公司"。同样，一位前工程副总裁（带着谷歌的股权奖励）去追寻自己对天文学的热爱了。设计 Gmail 的工程师也退休了（当时他 30 岁）。

另一个挑战是，这里的工作不仅时间长，而且很紧张。谷歌的环境是以数字为中心的。例如，现在我们看看典型的每周一次谷歌用户界面设计会议。玛丽萨·迈耶（Marisa Meyer）是公司的副总，负责搜索产品和用户体验，她一般主持这样的会议：会上员工要设计谷歌产品的外观和体验，大约有 12 位谷歌员工围坐在会议桌旁，敲击着键盘。在这个两小时的会议中，玛丽萨需要评估各种各样的设计提案，包括从微小的调整到新产品的整体布局。之前，她会给每个团队分配一定的时间，墙上就有一个数字时钟以秒来计数着每组的耗时。陈述者必须快速阐明自己的想法，还要回答各种问题——例如"如果把侧边的按钮放在页面顶端，用户会有什么反应？"此外，一切以数字为重——例如，没有人会说"这个按钮用红色会比较好看"——团队观点的陈述者必须掌握可用性试验数据，例如，数据会告诉大家喜欢红色的人占多少，喜欢其他颜色的人又有多少。就在陈述者回答这些问题的时候，墙上的时钟还在走着，一旦到了规定的时间，这组的展示必须结束，而下一组将会开始他们的展示。因此谷歌的工作费力又紧张，谷歌人必须提前做好功课。

成长同样会削弱谷歌"改变世界，追求创新"的文化，而谷歌的知名服务正是在这种文化中成长起来的。甚至共同创始人谢尔盖·布林也认为随着谷歌的成长，当初不怕出丑的精神也在减少。用一位高管的话来说就是，随着企业的壮大，保持当初的创新精神和小企业的感觉会很难，对任何行业都是这样。

如今谷歌已经真正全球化，创建合适的文化更是个挑战。例如，谷歌力求自己在世界各地的每一处机构都能实现相同的财务和服务收益，但是由于不同国家的法律和税收政策不同，它很难实现这一点。给不同地方的人提供相同的福利比它看起来要重要。所有这些福利让谷歌员工享受轻松的生活，也能帮他们实现工作-生活的平衡。保持工作和生活的平衡是谷歌文化的核心，但是随着企业的成长也受到不少挑战。一方面，它希望所有的员工都能非常努力地工作；另一方面，它又觉得有必要帮员工维持某些平衡。正如一位经理所说，谷歌承认，"我们要努力工作，但是工作并不是生活的全部"。

招募是又一个挑战。虽然谷歌并不缺乏求职者，但是想要保持成功，吸引到合适的人就尤为重要。在谷歌工作需要某些特质，如果一开始就能吸引到合适的人才，那么员工监管也就会变得很容易。例如，谷歌需要吸引那些特别聪明、热爱工作、有趣、能承受压力、有广泛兴趣和灵活性的人。

随着企业变得全球化，它在海外招募和建立员工队伍面临着许多挑战。例如，谷歌在欧洲正在引入一种新的垂直的基于市场的结构，它需要为搜索引擎吸引更多的商业广告。（通过垂直的基于市场的结构，谷歌意图聚焦于关键的垂直产业，例如旅游、零售、汽车和科技。）为了在海外从头建立这些产业群，谷歌把自己的美国金融服务集团的前管理者提升为欧洲垂直市场的主管。谷歌还同时在招募所有欧洲主要市场的垂直产业群的管理者。每位垂直市场的管理者还要培训自己的市场部（零售、旅游等），帮助谷歌吸引到新的广告商。就在最近，谷歌在欧洲有 12 家办事处，其中伦敦的办事处在 2 年之内扩张了 3 倍，共计 100 位员工。

但是，谷歌面临的最大挑战可能是为员工甄选做好准备，如今公司每年必须招聘上千名员工。刚开始时，谷歌的求职者一般要经历 12 场或更多的面试，而且录用的门槛相当高，以至于有很好的工作经验但是大学成绩平平的人常常遭到拒绝。但是最近甚至是谷歌的共同创立者也承认，安全分析员为招聘设立的门槛太高了，这会限制公司的发展。在谷歌创立的前几年，公司的一位创始人几乎要面试每位求职者，然后才决定是否雇用他们，甚至直至今天，一位创始人要看了所有人的履历后，他们才能被录用。

一位求职者的经历恰能说明谷歌公司现在面临的问题。公司面试了一位 24 岁的年轻人，他想应聘企业的通信工作。公司在 5 月的时候联系了这位求职者，然后在两次电话面试之后，邀请他去了总部。在那里他又被 6 个人分别面试，然后在自助餐馆吃了顿免费的午餐。公司还要求他交了几项"家庭作业"，包括一份个人陈述和一份市场计划。在 8 月的时候，谷歌又邀请他参加第二轮面试，并且这一轮还有四五次面试。与此同时，他决定还是为一家新创公司效力，接受了一家新成立的网络即时通信公司的工作。

谷歌的新人力资源部领导是通用电气的一位前行政官，他说谷歌正在努力为公司和求职者之间的相互了解寻求平衡，同时也在加快进程。为此，谷歌在所有现有员工中进行了一项调查，想努力找出与谷歌成功有关的员工的特质。在调查中，员工要回答的问题会涉及大约 300 个变量，包括标准化测试中他们的表现，他们第一次使用电脑是多少岁，以及他们会几门外语。然后，谷歌的调查团队会把这些答案同每个员工的 30 或 40 项绩效因素做对比。于是他们能找到一些员工特质，以后招聘中也许就会专注于这些特质。谷歌还在从之前的自由面试转向更具结构化的面试。

问题

1. 谷歌把个人特质和员工在调查中的表现联系起来，并以此作为评判求职者的标准。你对这种行为怎么看？换句话说，你觉得这是一个好主意还是坏主意？对你的判断做出解释。

2. 很明显，谷歌给员工提供的福利会耗费许多成本。就你对谷歌的了解和通过本书中的介绍，假设你正在向分析谷歌绩效的安全分析员做一个展示，你会为这些福利做怎样的辩护？

3. 如果你想招聘到周围最聪明的人，你会怎样进行招募和甄选？

4. 谷歌为了维持成长和扩张战略，想找到（在各种特质之中）特别聪明、工作勤奋、有灵活性、还能维持工作-生活平衡的员工。列出 5 项你认为谷歌已经实施或需要实施以维持自己的战略的具体的人力资源政策或实践，并解释你的答案。

5. 你认为谷歌在试图改变组织文化、薪酬体系和海外运营方式时，应当考虑哪些因素呢？

6. 考虑到谷歌所看重的价值观和文化，简要描述你认为在新员工入职引导上公司需要有的 4 项特定的活动。

资料来源："Google Brings Vertical Structure to Europe," *New Media Age*, August 4, 2005, p. 2; Debbie Lovewell, "Employer Profile—Google: Searching for Talent," *Employee Benefits*, October 10, 2005, p. 66; "Google Looking for Gourmet Chefs," *Internet Week*, August 4, 2005; Douglas Merrill, "Google's 'Googley' Culture Kept Alive by Tech," *eWeek*, April 11, 2006; Robert Hof, "Google Gives Employees Another Option," *BusinessWeek Online*, December 13, 2005; Kevin Delaney, "Google Adjusts Hiring Process as Needs Grow," *Wall Street Journal*, October 23, 2006, pp. B1, B8; Adam Lishinsky, "Search and Enjoy," *Fortune*, January 22, 2007, pp. 70 - 82; www. nypost. com/seven/10302008/business/frugal _ google _ cuts _ perks _ 136011. htm, accessed July 12, 2009; Adam Bryant, "The Quest to Build a Better Boss," *New York Times*, March 13, 2011, pp. 1, 7; Mark C. Crowley, "Not A Happy Accident: How Google Deliberately Designs Workplace Satisfaction", www. fastcompany. com/3007268/where-are-they-now/not-happy-accident-how-google-deliberately-designs-workplacesatisfaction, accessed September 16, 2014.

魔法消音器公司*

魔法消音器公司（Muffler Magic）是内华达州的一家快速成长的连锁汽车服务中心，一共有 25 家连锁店。它的前身是 20 年前罗纳德·布朗（Ronald Brown）开办的一家内燃机消音器修理店，随后它又在不同的地方建立了连锁店。公司还扩展了自己提供服务的范围，从内燃机消音器更换发展到了换机油、刹车服务和引擎修理。如今，人们可以在魔法消音器公司找到各种基本的汽车修理服务，从轮胎修理到内燃机消音器修理再到引擎修理。

汽车修理服务是个艰苦的行业。这家店的老板基本是依靠他雇用和保留的员工提供服务，最有经验的技师很容易就为略高的工资，收拾行囊投奔街角的竞争对手。同样，这个行业的生产率也很重要。店铺的最大开销就是劳动力成本。汽车修理服务商通常不是按照自己服务的价格收费，而是基于行业的标准水平收费，例如换火花塞，或修理漏了的散热器。例如，某人来更换一个新的交流电发电机，更换它的时间一般是 1 小时，而技师却用了 2 小时，这样服务中心就会在这笔交易中损失不少利润。

质量同样是一个永恒的问题。例如，"返工"就是最近魔法消音器公司面临的一个问题。最近一位顾客来更换刹车片，店里也为她这样做了。不巧的是，当她开走还没到两个街区的时候就发现她的刹车上没有一点力量。幸运的是，她开得比较慢，她用手刹慢慢地把车停了下来。原来当时技师没有完全拧紧零件，刹车液流光了，这样车也就没了刹车的动力。一个月前也有个类似的问题，一位（不同的）技师更换风扇带，但忘了给散热器加液体。客户的车还没开过四个街区就温度过高了，魔法消音器公司不得不更换整个引擎。当然，这样的问题不仅会影响企业的利润，而且屡次发生还会影响公司的口碑。

从组织结构上看，魔法消音器公司大约有 300 名员工，布朗和其他几位经理（包括一位财务主管、一位采购主管、一位市场主管和一位人力资源经理）共同管理公司。它还有三位区域经理，各区域中的八九位服务中心经理分别向他们报告。在过去的三年中，公司新开了几家服务中心，但是整个公司的利润不升反降。部分原因是，这些利润的下降使布朗发现随着公司的成长，运营越来越困难。（"你所能实现的已经到了极限。"他的妻子说。）

公司仅有最基本的人力资源系统。公司现在使用的申请表是人力资源经理通过网上下载的表格修改得到的，公司还使用标准员工状态变更申请表、签到表、I9 表等，这些表是在一家人力资源服务中心买的。培训完全是在职培训，公司希望招聘到的有经验的技师接受过充足的培训，为此，服务中心的经理通常会问求职者一些工作的基本行为的问题，通过这些问题，经理试图了解求职者的技能。但是，大多数招聘来换轮胎、修理刹车片、更换内燃机消音器等的技师是没有经验、没有接受过培训的。他们将会在工作岗位上接受服务中心经理或其他更有经验的技师的培训。

布朗面临着几个人力资源问题。他说其一就是在招聘员工的时候，他面临着"立即决策"的问题。从理论上说，甄选员工时他必须仔细审查每位员工的推荐信和工作道德；从实际的角度看，由于 25 家店的人员需求巨大，只要有"活着的"求职者来应聘，中心的经理通常都会雇用他们。求职者就只需要回答一些汽车修理的基本的面试问题，例如："如果一辆 2006 年产的凯美瑞过热，你觉得这是什么问题，你又会采取哪些措施呢？"

---

* ⓒ Gary Dessler，Ph. D.

员工安全也是个问题。也许汽车服务中心并不是最危险的工作场所，但是有许多潜在危险。员工需要处理的问题有锋利的工具、油腻的地板和工具，尤其是高温（例如内燃机消音器和引擎），同时高速转动的引擎上又有风扇叶片。服务中心经理可以做些基本工作来确保安全，例如要求油一旦溅出来就要立即擦掉。但是现实中，对很多问题却是束手无策，例如，技师需要在引擎转动的时候检查它。

面对魔法消音器公司的利润不升反降，布朗的人力资源经理把这些归结为财务问题。当说到员工问题时，他说："你所得到的取决于你所付出的。"如果你为技师提供高于竞争者的工资，你就能得到更好的技师，他们工作干得好还能在公司待得更久——这样利润就提升了。于是人力资源经理安排布朗和当地大学一位讲授薪酬管理的商学教授会面。人力资源经理还请教授用 7 天时间来观察各个服务中心，分析现状，然后提出一个薪酬计划来解决公司的质量和生产率的问题。在随后的会议上，教授对公司薪酬制度的变革提出了三点基本建议。

第一，她发现魔法消音器公司存在"绩效主义"——换句话说，就是员工即使病了也会工作，因为如果他们请假企业就不会给他们发工资，公司没有"病假"之说。不过只是通过那几天，教授也不能恰当地估算出公司的绩效主义有多严重。但是，她在观察中发现，每家店基本都有一两名员工会带病工作，他们不是感冒就是流感，而似乎这些人真正工作的时间也就只有一半（但是他们却得到全天的工资）。因此，对有 25 家连锁店的魔法消音器公司来说，每周会损失 125～130 天的工时。教授建议公司可以在员工理由正当的情况下每年给他们 3 天带薪病假。但是，布朗反驳说："现在我们只会为低效率的员工损失半天的薪水，但是你的建议却要让我们损失整天的薪水？"教授说她会再仔细考虑他的意见。

第二，教授建议为技工设立技能工资计划。她建议基于每位员工特定的技术和能力，给他们设立不同的级别，可以用字母表示（从 A 到 E）。A 类技工是团队的领导，他们需要有卓越的检修故障的技术，还要有能力管理和指导其他技工。相反，E 类技工是没有经过多少培训的新学徒。其他技工根据各自的技术和能力，分别进入相应类别。

在教授设定的体系中，A 类技工或团队领导要分配和监控自己区域的所有工作，但是通常不需要亲手修理。团队领导要诊断故障，监控和培训其他技工，并在交车前亲自试驾。在这样的计划下，每位技工会获得固定的小时工资，例如：

A 类技工每小时 25～30 美元；

B 类技工每小时 20～25 美元；

C 类技工每小时 15～20 美元；

D 类技工每小时 10～15 美元；

E 类技工每小时 8～10 美元。

第三，为了直接解决生产率的问题，教授建议在每天工作结束前，各位服务中心经理要分别计算每个技工团队的生产率，在每周结束时也要进行类似计算。她建议把生产率评比表挂在显著位置用来每天查看。而且，每周技师团队会根据生产率高低获得不同现金奖金。对于生产率的计算，教授建议可以用总营业收入劳动时间除以总付酬劳动时间。

经过一番调查，教授说现在全国平均劳动生产率是 60%，只有运营最好的服务中心能达到 85% 或者更多。据她的粗略估计，公司能达到行业平均水平（大约是 60%——也就是说，在发工资的 100 个小时中只有大约 60 小时在创造价值）。（当然，这并不完全是技工的错。技工需要休息，需要吃午饭，而且某个特定的服务中心也可能某天或某周会没有足够的生意，技工就只好闲坐在一起等待下一辆车驶入。）教授建议把劳动力效率的目标定为80%，并且把每个团队每天的效率写在纸上并贴在工作场所以给他们提供额外的反馈。她建议如果团队一周的生产率能从 60% 提高到 80%，那么他们这周就可以得到工资的 10% 作为额外奖金；如果团队生产率在 80% 以上，那么生产率每提高 5%，技工就可以得到额外的5% 的周工资作为奖金。（如此，如果一位普通技工的周工资是 400 美元，他的团队周生产率从 60% 提高到了 80%，他在周末就能得到额外的 40 美元。）

在会议之后，布朗先生感谢教授提供的建议，并告诉她自己会仔细考虑并及时和她联系。在开车回家的路上，布朗一直思考自己该怎么办。他必须决定是否实行教授建议的病假政策和是否实行效率工资计划。但是，在做决定之前，他想确保自己明白现在的决策背景。例如，公司的激励工资是不是真的有问题，还是问题要更加严重？此外，教授提议的激励计划是怎样影响团队的工作质量的？魔法消音器公司的确需要推行病假政策吗？布朗有许多问题需要考虑。

问题

1. 写一页总结提纲，针对人力资源各项职能（招募、甄选、培训等），列出三四项你对布朗的人力资源管理的建议。

2. 请为布朗的服务中心经理对有经验技工的面试，设计一个包含 10 道题目的结构化面试题。

3. 如果你是布朗，你是否会采纳教授对绩效主义问题的对策？换句话说就是：你是否推行带薪病假呢？请阐明原因。

4. 如果你正在向布朗提供建议，你是否建议他推行教授的技能工资和激励工资计划？为什么？如果可以改动计划，你是否会建议推行？如果你要修改建议，请详细说明你的改动想法，并说明原因。

说明：本案例基本是基于实际情况，只是魔法消音器是一家虚构的公司。

资料来源：Drew Paras, "The Pay Factor: Technicians' Salaries Can Be the Largest Expense in a Server Shop, as Well as the Biggest Headache. Here's How One Shop Owner Tackled the Problem," *Motor Age*, November 2003, pp. 76–79; Jennifer Pellet, "Health Care Crisis," *Chief Executive*, June 2004, pp. 56–61; "Firms Press to Quantify, Control Presenteeism," *Employee Benefits*, December 1, 2002.

英国石油公司得克萨斯炼油厂*

2010 年英国石油公司还在墨西哥湾继续开采原油，但这不禁使人回忆起多年前那场悲剧。2005 年 3 月，英国石油得克萨斯炼油厂发生爆炸并引发大火，造成 15 人死亡，500 人受伤，这是美国 10 年来最严重的工业事故。对这场灾难展开了三起调查，一起是英国石油的内部调查，一起是美国化学安全管理委员会（U. S. Chemical Safety Board）的调查，还有一起是经英国石油申请由美国前国务卿詹姆斯·贝克（James Baker）牵头、包括 11 位成员的独立调查。

从当时的背景来考虑这三起调查结果，可以很好地理解在现有的管理体系下英国石油10 多年来一直推行的削减成本、强调利润的战略。调查的基本结果是成本削减的战略是以

---

* © Gary Dessler, Ph. D.

牺牲得克萨斯炼油厂的安全为代价的。回顾调查中的发现会对我们有所启示。

根据美国化学安全管理委员会主席卡罗尔·梅里特（Carol Merritt）所说，他们的调查发现"英国石油的全球管理在 2005 年 3 月之前就已经意识到了维护、开销和基础设施的问题"。很明显，面对早前的众多事故，英国石油已经采取了一些安全改善措施。但是，它主要通过强调员工的安全行为和遵守程序来降低事故率。事故原因（根据美国化学安全管理委员会的说法）是"灾难性的安全风险没有被排除"。例如，该委员会认为，"现场的设备设计不安全且老旧，而且有让人不能接受的防护措施的缺乏"。从根本上说，委员会的调查发现英国石油的预算削减导致得克萨斯炼油厂的安全状况不断恶化。梅里特女士说："在这样的使用很久的工厂中，削减用于安全和维护的预算而没有全面评估这对灾难性事故的风险的影响程度，是不负责任的。"

现在看一些细节，美国化学安全管理委员会发现，在 2004 年对英国石油的 35 家分公司，包括得克萨斯炼油厂（英国石油最大的炼油厂）的内部审计发现，它们都有共同的明显的安全漏洞，包括缺乏领导能力和"系统潜在问题"，例如对不遵守基本安全规则的放任和对安全管理体系及工序的监管不力。具有讽刺意味的是，在大爆炸的前一年，美国化学安全管理委员会发现英国石油在得克萨斯工厂的员工受伤率下降了 70%。不幸的是，这只是说明每个员工经历的事故在减少。而更大、更根本的问题是设备老化导致的爆炸风险仍然存在。

美国化学安全管理委员会发现得克萨斯工厂的爆炸和该厂多年来发生的主要事故的模式是一样的。实际上，在这个工厂过去的 30 年里，平均每 16 个月就有一位员工死亡。委员会还发现发生爆炸的设备是一个已经过时的设计，大多数炼油厂和化工厂已经淘汰了这种设计，有些关键部件还失灵了。还有一些事故先例，10 年来可燃气体一直在同一个设备中排放，这和如今发生爆炸的是同一个。2003 年的一次外部审计发现，得克萨斯炼油厂的基础设施和资产状态很差，还存在"支票簿心态"——用来控制风险的预算不够。具体来说，委员会发现在 1998—2000 年，英国石油削减了 25% 的固定成本，这不幸地影响了维护支出、净支出和炼油厂的基础设施。此外，委员会还发现在 2004 年，炼油厂发生了 3 起重大事故，有 3 人遇难。

英国石油自己的内部调查报告认为得克萨斯工厂的问题并不是最近才产生的，相反是多年累积的结果。据说英国石油当时正在着手解决这些问题。它的调查发现"没有证据表明有任何人有意识地、故意地采取行动或蓄谋对其他人产生危害"。英国石油的报告说："最近这些事故中表现出来的行为和举动的原因是复杂的，团队花了很多时间来试图了解它们——很明显工厂多年来要求进行协同和有承诺的行动，并进行了一些努力。"英国石油认为有五个原因导致了这次大爆炸：

● 工作环境影响了工人的性格，他们开始抵制变革，并且缺乏信任。

● 没有树立安全、绩效、降低风险优先的意识，而且没有通过管理来强化这些意识。

● "复杂组织"里的变化导致了责权不清、沟通不畅。

● 危险意识不强和安全意识不高导致工人们接受了高风险，这种风险比同类设备风险高出很多。

● 缺乏危险早期预警体系，没有对工厂的老化程度做出独立的评估。

经英国石油申请，由美国前国务卿贝克任主席的 11 人专门委员会对这次事故的调查报告中包含了具体的结论和建议。贝克的专门委员会调查了英国石油的公司安全监督、公司安全文化，以及英国石油在得克萨斯的工厂及其他工厂的安全管理体系。

从根本上说，贝克的专门委员会认为英国石油并没有提供有效的对安全工序的领导，调查中的 5 家炼油厂（包括得克萨斯的工厂）没有把安全作为核心价值观。

像美国化学安全管理委员会一样，贝克的专门委员会发现英国石油最近几年在强调个人安全，实际上也的确提高了个人安全性，但是没有强调工序的全面安全，错误地把"改善个人受伤率等同为美国炼油厂的生产工序安全水平"。实际上，通过调查被误读的改善了的个人受伤率，贝克的专门委员会发现英国石油有种盲目的自信，认为自己正确地解决了工序的安全风险。他们还发现得克萨斯工厂的安全文化并没有一个合适的安全文化所必需的积极、信任和开放的环境。贝克的专门委员会还发现：

● 为了有效地支持或维持工序安全水平，英国石油没有一贯地确保给这方面分配足够的资源。

● 英国石油炼油厂的人事工作被公司的琐事"压得不堪重负"。

● 管理者和设备维护人员经常加班工作。

● 英国石油对事件的关注都是短期的（没有长期一贯的坚持），分散的管理体系和企业文化赋予了工厂管理者很多自由决断的权利，却"没有明确界定工序安全的预期、责任或义务"。

● 在 5 家炼油厂中并没有共同的、统一的工序安全文化。

● 公司的安全管理体系没有确保内部工序安全标准和生产项目是匹配的。

● 英国石油的行政管理既没有收到炼油厂的具体信息，表明某些工厂存在工序安全缺陷，也没有对它收到的信息进行有效反馈。[①]

贝克的专门委员会对英国石油提出了一些安全建议，包括：

1. 公司的管理层必须对工序安全进行监管。

2. 公司应当建立工序安全管理体系——对炼油厂的风险加以识别、降低和管理。

3. 公司应当确保工人有足够的工序安全知识和技术。

4. 公司应当引入"利益相关者"，在每家炼油厂建立积极、信任和开放的工序安全文化。

5. 英国石油应当清晰地界定预期和工序安全水平的权责。

6. 英国石油最好将对炼油生产线工序安全的支持协调一致。

7. 英国石油应当建立一整套绩效水平指标，以有效地监控工序安全。

8. 英国石油应当建立和推行有效的工序安全审计制度。

9. 公司的董事会应当监控专门委员会建议的推行情况，并监控炼油厂的后续工序安全表现。

10. 英国石油应当转型成为工序安全管理的公认的行业领导者。

在提出建议的时候，专门委员会特别批评了当时的首席执行官布朗（Browne），"事后看来，专门委员会认为如果布朗展示了合适的领导才能，对工序安全负起了责任（就像他对气候变化的反应那样），炼油厂的安全等级或许就会高一些了"。

总的来说，贝克的专门委员会发现英国石油的高层领导对安全没有进行"有效的领导"。

---

① 这些发现和以下的建议来自 "BP Safety Report Finds Company's Process Safety Culture Ineffective," *Global Refining & Fuels Report*，January 17，2007。

问题根源可以追究到组织的最高领导层，追究到公司的首席执行官和几个高级助理官员。贝克的专门委员会强调高层管理责任的重要性，例如，他们说："英国石油的高层领导应当统一对工序安全的看法，对工序安全水平建立合理的预期，而这些都是必需的。"他们还说英国石油"对决策的制定没有进行有效的领导，使美国的炼油工人知道人们对自己的工序安全水平的预期是什么"。

大约在爆炸一年后，首席执行官布朗卸任了。大约在同一时间，鉴于得克萨斯的事故，一些英国石油的股东要求把公司执行官和董事会成员的红利同公司的安全和环境状况挂钩。在 2010 年墨西哥湾深水钻井平台爆炸并起火之前，这一切都化为云烟。

问题

1. 书中把伦理定义为"管理个体或群体行为的规则"，特别是一个人在决定应该做什么时的标准。英国石油安全事故的频发标志着安全体系的崩溃，在多大程度上你会认为这同样标志着公司道德体系的瓦解？你又如何论证自己的观点？

2. 美国职业安全和健康管理委员会的标准、政策和规则是不是旨在解决像得克萨斯炼油厂这样的问题呢？

3. 很明显在大爆炸的前一年炼油厂有 3 人死亡，并且在过去 30 年内平均每 16 个月就有 1 人死亡，美国职业安全和健康管理局的强制检查却忽视了这些明显可能导致潜在灾难性事故的风险，对此你如何解释呢？

4. 书中对"如何防止事故"列出了许多建议。根据你对得克萨斯工厂大爆炸的了解，你认为这起事故告诉你防止事故的三个重要步骤是什么？

5. 根据你在第 14 章中所学知识，除了贝克的专门委员会和美国化学安全管理委员会的建议之外，你对英国石油还有什么别的建议吗？如果有，你的建议是什么？

6. 请解释英国石油的战略性人力资源管理是怎样支持公司的整体战略的？这对一直以来把人力资源战略和公司的战略目标联系起来，有什么启示？

资料来源：Sheila McNulty, "BP Knew of Safety Problems, Says Report," *The Financial Times*, October 31, 2006, p. 1; "CBS: Documents Show BP Was Aware of Texas City Safety Problems," *World Refining & Fuels Today*, October 30, 2006; "BP Safety Report Finds Company's Process Safety Culture Ineffective," *Global Refining & Fuels Report*, January 17, 2007; "BP Safety Record under Attack," *Europe Intelligence Wire*, January 17, 2007; Mark Hofmann, "BP Slammed for Poor Leadership on Safety, Oil Firm Agrees to Act on Review Panel's Recommendations," *Business Intelligence*, January 22, 2007, p. 3; "Call for Bonuses to Include Link with Safety Performance," *The Guardian*, January 18, 2007, p. 24; www.bp.com/genericarticle.do?categoryId=9005029&contentId=7015905, accessed July 12, 2009; Steven Greenhouse, "BP Faces Record Fine for '05 Blast," *New York Times*, October 30, 2009, pp. 1, 6; Kyle W. Morrison, "Blame to Go Around," *Safety & Health*, 183, no. 3, March 2011, p. 40; Ed Crooks, "BP Had Tools to End Spill Sooner, Court Told," www.ft.com/cms/s/0/40d7b076-2ae8-11e3-8fb8-00144feab7de.html?ftcamp=published_links%2Frss%2Fhome_uk%2Ffeed%2F%2Fproduct#axzz2gZshHFOc, accessed October 2, 2013; Daniel Gilbert and Justin Scheck, "Judge Hammers BP for Gulf Disaster," *The Wall Street Journal*, September 5, 2014, pp. B1, B2.

术语表 *

行动学习（action learning）：培训技术的一种，它使得管理培训生可以全日制地到其他部门去分析并解决问题。(7)

消极影响（adverse impact）：某些企业在管理实践中所产生的一种总体性不良后果，它使得在员工雇用、调动或晋升等方面，有较大比例的少数族裔劳动者和其他受保护群体劳动者被淘汰出局。(2)

积极的反歧视行动（affirmative action）：企业付出额外的努力来雇用和晋升那些属于受保护群体的劳动者，特别是那些未被充分代表的群体中的劳动者。(2)

1967 年《反就业年龄歧视法》（Age Discrimination in Employment Act of 1967）：该法案禁止企业对某一特定年龄的劳动者实施歧视，它特别保护那些年龄在 40 岁以上的劳动者。(2)

工会代理制企业（agency shop）：工会保障的一种形式。在这种企业中，即使是未加入工会的员工也要向工会缴纳会费，其基本假设是：工会在保护劳动者利益方面所做出的努力实际上会使所有员工都受益，无论其是否加入了工会。(13)

非常规性配员（alternative staffing）：运用非传统的招募渠道。(5)

《美国残疾人法》（Americans with Disabilities Act，ADA）：要求企业必须针对残疾人的情况提供合理的便利；禁止企业对残疾人进行歧视。(2)

年度奖金（annual bonus）：一种与公司盈利能力密切相关的管理者短期绩效激励计划。(11)

求职者跟踪系统（applicant tracking systems）：一种能够帮助企业吸引、收集、筛选、汇总和管理求职者信息的系统。(5)

求职申请表（application form）：提供了求职者教育背景、工作经历以及技能等信息的表格。(5)

学徒制培训（apprenticeship training）：一种结构化的培训方式，通过课堂指导与在岗培训相结合的方式提升员工的技能。(7)

仲裁（arbitration）：一种最为权威的第三方干预形式。仲裁者通常有权决定争端解决办法，并且负责监督其执行。(13)

权力（authority）：做出决策、指挥他人工作以及发布命令的权力。(1)

行为模仿（behavior modeling）：培训技术的一种，其做法是，首先向受训者展示模范的有效行为是什么样子，然后让他们在一个模拟的环境中来扮演一些角色，最后由指导者对他们提供反馈并做出评价。(7)

---

* 术语后括号内的数字代表术语所在的章。

标杆职位（benchmark job）：一个用来锚定企业工资等级的职位，其他职位通过与该职位进行价值比较来确定工资等级。（10）

福利（benefits）：指员工因为持续为企业工作而获得的各种间接的经济性或非经济性的报酬。福利一般包括非工作时间薪酬、健康与人寿保险以及儿童看护方面的服务等。（11）

真实职业资格（bona fide occupational qualification，BFOQ）：如果企业要求求职者必须属于某一宗教信仰、性别或国家来源，则企业必须能够证明这种要求是组织的正常运行所必需的。这种要求是在美国 1964 年《民权法案》中具体规定的。（2）

联合抵制（boycott）：员工以及其他一些利益群体拒绝购买或使用某些企业的产品的做法。（13）

宽带薪酬（broadbanding）：将薪酬结构划分为几个更为宽泛的薪酬区间，每个区间都包含相对宽泛的职位和薪酬层次。（10）

工作倦怠（burnout）：指为了达到某种不现实的工作目标而做出过分努力时所导致的体力以及脑力的全面耗竭。（14）

经营必需（business necessity）：要求企业能够证明自己的歧视性雇用规定是出于非常重要的经营目的，而这种规定是法律允许的。（2）

商业流程再造（business process reengineering）：通过整合步骤的方式再造商业流程，以便小型的多功能团队来完成以往由各独立部门完成的工作。（4）

职业生涯（career）：员工在若干年里所从事的职位。（9）

职业生涯开发（career development）：人们一生所经历的一切与其职业探索、确立、成功和圆满相关的活动。（9）

职业生涯管理（career management）：使员工更好地理解、开发并最有效地利用其职业技能和兴趣的过程。（9）

职业生涯规划（career planning）：一个详尽的规划程序，通过使人们意识到个人的技能、兴趣、知识、动机以及其他的特质并制订行动计划来实现特定的职业目标。（9）

案例研究法（case study method）：一种对管理人员进行开发的技术，它首先向管理人员提供一份关于组织当前存在的问题的描述性书面文件，然后要求他们对问题进行诊断并提出解决问题的办法。（7）

现金余额计划（cash balance plans）：该福利计划下企业每年都会将员工工资的一定比例注入其养老账户中，然后员工可以获取一定的利息。（11）

传讯（citations）：一种告知企业或员工在工作场所中违反了某种法律规定或标准的法律文件。（14）

1991 年《民权法案》（Civil Rights Act of 1991）：该法案将提供证据的责任重新界定给企业，并且允许法庭对违法者处以补偿性赔偿金和惩罚性赔偿金。（2）

职组（classes）：根据一定的规则将职位归类，比如独立判断技能、体能等。职组通常包括相似的职位。（10）

封闭型企业（closed shop）：工会保障的一种形式，它要求企业只能雇用工会会员。这种要求目前在某些行业（如印刷行业）中依然存在。（13）

教练辅导（coaching）：教育、指导和培训下属。（9）

劳资共决（co-determination）：员工享有法定权利参与公司政策制定，可以选择自己的代表到公司的监督层。（13）

集体谈判（collective bargaining）：企业与员工代表就劳资协议进行谈判的过程。(13)

校园招募（college recruiting）：选派公司员工到大学校园里，对大学生求职者进行预先筛选并且在毕业班中建立求职者人才池。(5)

薪酬均衡指标（compa-ratio）：该指标反映的是单个员工的薪酬相对于部门或者企业薪酬范围的中点值的比例。(10)

可比价值（comparable worth）：当从事相同工作的女性员工得到的报酬比男性员工少的时候，女性员工可以根据可比价值的概念提出指控。(10)

报酬要素（compensable factor）：一个职位所包含的最基本的、企业应当对之支付报酬的要素，比如技能、努力、责任以及工作条件。(10)

胜任能力模型（competency model）：它提供了员工较好地完成工作所需的胜任能力（知识、技能和行为）的概览。(7)

基于胜任能力的职位分析（competency-based job analysis）：根据员工在做好职位工作的过程中必须具备的可衡量的、可观察的、行为化的胜任能力来对职位进行描述。(4)

胜任能力薪酬（competency-based pay）：根据员工技能和知识的广度、深度和类型来对其支付薪酬，而不是根据其职位头衔确定薪酬标准。(10)

竞争优势（competitive advantage）：一切能够使组织所提供的产品和服务与市场上的竞争者相区别并可以借此增加企业市场份额的因素。(3)

竞争战略（competitive strategy）：为了明确企业如何建立并加强在市场上的长期竞争地位而制定的战略。(3)

压缩的工作周（compressed workweek）：一种员工周工作日缩减，但是每天工作时间延长的日程安排。(11)

构想效度（constructive validity）：构想效度是指一个测验实际测到所要测量的结构的程度，而这种结构对完成工作非常重要。(6)

内容效度（content validity）：具备内容效度的测试工具应当包含求职者在实际工作中所需要完成的任务以及所需具备的技能的样本。(6)

控制实验（controlled experimentation）：一种对某一培训方案的有效性进行评价的方法，在运用这种方法时，通常会在受训者接受培训之前和培训之后进行两次测试，并且设置一个对照组。(7)

公司战略（corporate strategy）：一种战略类型，它明确了公司有哪些业务领域以及这些业务领域之间的联系方式。(3)

效标关联效度（criterion validity）：效度的一种，它表明测试分数（预测指标）与实际工作绩效（标准）是相关的。(6)

交叉培训（cross training）：培训员工去做各种不同的任务和工作，以提升其灵活性和岗位轮换的能力。(7)

数据分析（data analytics）：运用新型的数据收集软件来挖掘员工数据，以更好地识别员工成功或者失败的原因，从而做出人事决策。(6)

《戴维斯-贝肯法》（Davis-Bacon Act）：规定了联邦政府出资的建设项目中员工的工资水平。(10)

固定收益制养老金计划（defined benefit pension plan）：一种包含某一固定的养老金福利计算公式的退休福利计划。(11)

固定缴费制养老金计划（defined contribution pension plan）：一种确定了企业必须向员工的养老金账户或储蓄账户中缴纳具体费用的计划。（11）

工作日记/日志（diary/log）：员工每天做的工作记录，其中包含每项任务所需要的时间。（4）

数字仪表盘（digital dashboard）：通过电脑屏幕上的图表，用电子图表的形式向管理者展示企业人力资源计分卡中各项指标的完成进度。（3）

直接经济报酬（direct financial payments）：以工资、薪水、奖励、佣金和分红的方式支付工资。（10）

歧视（discrimination）：基于员工所处的群体而对其实施特殊的对待方式。（2）

解雇（dismissal）：企业在员工非自愿的情况下与其终止雇佣关系。（9）

差别影响（disparate impact）：企业在采用某些雇用规定或制定、实施某些制度时，在不经意间对那些受到保护的特定员工群体造成了消极影响。（2）

差别对待（disparate treatment）：企业在采用某些雇用规定或制定、实施某些制度时，蓄意对那些受到保护的特定员工群体造成消极影响。（2）

分配公平（distributive justice）：在分配报酬和惩戒员工的时候，保证实际结果和产出是公平公正的。（12）

多元化（diversity）：企业劳动力群体在人口统计学意义上具有多元性，特别是在民族、性别、文化、国家来源、残疾状况、年龄和宗教等方面表现出多种多样的特点。（专题A）

裁员（downsizing）：一家企业减少（通常是大规模减少）自己所雇用的人员数量的过程。（9）

提前退休窗口（early retirement window）：在一定期限内，员工可以申请提前退休，其激励措施包括提高退休福利和可能的现金补偿。（11）

风险型薪酬计划（earnings-at-risk pay plan）：该计划将员工的部分工资收入进行风险投资，如果没有达到目标将会有损失风险，同时如果超过目标的话将有较大的收益。（11）

经济罢工（economic strike）：因为未能就包括工资、福利以及其他雇用条件在内的合同达成一致而导致的罢工。（13）

《电子交流隐私法》（ECPA）：该联邦法案的目的是限制企业监控口头及电子通信。（12）

电子绩效支持系统（EPSS）：一系列的电子化的工具和屏幕显示，可以使得培训、文档记录和电话支持更加自动化。这种方法应用到实践当中，可以比传统的方法更为快捷、便宜和有效。（7）

员工援助计划（employee assistance program，EAP）：企业为员工提供的一种正式计划，其目的在于，当员工出现酗酒、赌博和压力过大等问题时，对他们提供咨询以及（或）加以治疗。（11）

员工薪酬（employee compensation）：员工由于与企业之间的雇佣关系而从企业获得的所有形式的经济性报酬。（10）

员工入职引导（employee orientation）：一个向新员工提供与企业有关的基本背景信息的过程。（7）

员工招募（employee recruiting）：为企业职位空缺寻找和吸引求职者的过程。（5）

员工关系（employee relations）：通过构建和维持积极的企业-员工关系，来达到满意的生产率、激励、员工士气和纪律，并且打造一个积极、有生产力和有凝聚力的工作环境。

（12）

《员工退休收入保障法》（Employee Retirement Income Security Act，ERISA）：提供给政府机构和企业中员工，以保护他们不因养老金计划的失败而蒙受损失。此外，该法案还对既得权利（企业和员工在养老金账户中不得以任何理由支取的部分。员工支付的部分永远归他们享有）设置了规章制度。（10）

员工持股计划（employee stock ownership plan，ESOP）：一种高质量的、减税的股票津贴计划。在这种计划中，企业将自己的一部分股票交给一个信托机构，而这部分股票将始终用于在员工中分配。（11）

员工敬业度（employment engagement）：员工在心理上参与、联系和奉献于工作的程度。（1）

公平就业机会委员会（Equal Employment Opportunity Commission，EEOC）：根据《民权法案》第七章成立的一个委员会，该法案授权此委员会调查关于工作歧视的申诉，并且代表申诉的一方来提起诉讼。（2）

1963 年《公平薪酬法》（Equal Pay Act of 1963）：该法案要求，无论员工的性别如何，企业都必须对从事同等工作的人支付相同的薪资。（2）

伦理（ethics）：管理个体或群体行为的规则，人们借此决定应该有怎样的行为。（12）

民族中心主义（ethnocentric）：这一概念是对跨国公司而言的，指认为母国公司的态度、管理风格、知识、评价标准以及管理者优于东道国的一切同类事物。（专题 A）

高管教练（executive coach）：一个外部的顾问。该顾问首先得到高管人员的优缺点信息，然后为高管人员提供建议，以帮助其强化优势，克服弱点。（7）

离职面谈（exit interview）：企业与即将离开公司的员工进行的面谈，旨在获得有关岗位或其他相关事情的信息，以帮助企业洞察组织存在的问题。（9）

外派人员（expatriates）：被调到非母国工作而并不是当地公民的员工。（专题 A）

实情调查员（fact-finder）：作为中立的第三方来对争议双方的问题进行调查，并提出解决问题的合理建议者。（13）

《公平劳动标准法》（Fair Labor Standards Act）：该法案就最低工资、最高工时、加班工资以及童工保护等问题做出了规定。该法案经过了多次修订，适用于大多数员工。（10）

公平对待（fair treatment）：反映了一系列具体的行动，比如"员工受到尊重"和"员工被充分信任"。（12）

家庭友好型福利（family-friendly benefits）：一些诸如儿童看护或者健身设备的福利，以使得员工实现工作生活平衡。（11）

联邦快递公司的公平对待保证计划（FedEx guaranteed fair treatment）：联邦快递公司充满活力的申诉程序。该程序旨在保证公平的员工对待，包括管理人员审查、向部门高层管理人员申诉和最后的高管委员会审查。（12）

财务激励（financial incentives）：为产出超出设定工作标准的员工支付的财务报酬。（11）

灵活的福利计划（flexible benefits program）：企业为了满足员工对不同福利的偏好而设计的个性化福利计划。（11）

灵活时间安排（flextime）：该计划下员工的白天工作时间是可调整的，比如上午 11 点到下午 2 点。（11）

401（k）计划（401（k）plan）：依据美国《国内税收法典》的 401（k）部分制定的贡献计

划。（11）

职能战略（functional strategies）：一种战略类型，用以明确为了帮助企业实现竞争战略中的目标，各个职能部门将采取的行动。（3）

收益分享（gainsharing）：一种鼓励员工通过共同努力达成生产率目标并分享生产率改善带来的收益的激励计划。（11）

性别角色刻板印象（gender-role stereotype）：一种将女性配置到某种职位（经常是非管理类职位）的倾向。（2）

全球化（globalization）：公司将销售、所有权和制造活动推向海外市场的趋势。（1）

黄金降落伞计划（golden parachute）：是指作为企业的高级管理层，在失去他们原来的工作后，公司从经济上给予其丰厚保障。（11）

诚意谈判（good-faith bargaining）：是指劳资双方通过沟通和协商，就对方的建议提出相应的意见和建议，双方为达成协议而尽可能做出合理的努力。（13）

职等定义（grade definition）：对于每个职等中不同职责和知识层次的书面描述。类似的职位就会被归入职级或职等中去。（10）

职等（grades）：类似于职组的职位分类系统，虽然职等经常会包括不同的职位，比如秘书、机械师和消防员。职等的描述是根据分类系统中的薪酬要素确定的。（10）

图尺度评价法（graphic rating scale）：图尺度评价法是一种列举了工作范围和绩效取值范围的评价工具。主管人员在评价下属的过程中，在最能够体现下属绩效水平的分数上打钩或者画圈。（8）

格里戈斯诉杜克电力公司案（Griggs v. Duck Power Company）：最高法院通过此案界定了不公正歧视的概念。在这一案件中，煤炭处理工职位的一位求职者起诉杜克电力公司，因为该公司要求该职位的求职者必须是高中毕业生，而格里戈斯则宣称这种要求属于非法歧视。在这起案件中，法院陈述了三点对公平就业法律产生重大影响的原则，包括：歧视行为并不一定必须是故意违法的；如果雇用方面的规定对受保护群体中的成员产生了不对等的影响，则这些雇用规定必须是与工作相关的；证明雇用要求是与工作相关的举证义务置于企业一方。（2）

团体人寿保险（group life insurance）：向企业或者包括新员工在内的所有员工提供低利率的保险业务，不管这些员工的身体状况如何。（11）

公平对待保证计划（Guaranteed Fair Treatment Process）：联邦快递公司的申诉程序，旨在保证在管理层检查、办公室投诉和高管委员会方面得到公平的对待。（12）

健康维护组织（HMO）：指一种在收取固定预付费用后，为特定地区主动参保人群提供全面医疗服务的体系。参加者在缴纳保险费后，看病时只需支付少量挂号费就能够享受全方位的医疗服务。（11）

高绩效工作系统（high-performance work system）：指能带来高员工绩效的一整套人力资源管理政策和实践活动。（3）

母国公民（home-country nationals）：跨国公司总部所在地的员工。（专题 A）

人力资源审计（HR audit）：一种人力资源管理分析工具，通过该分析工具企业衡量组织目前处于何位置以及决定需采取哪些行动以改进其人力资源管理职能。（3）

人力资源计分卡（HR Scorecard）：一种人力资源管理工具，衡量人力资源管理职能在产生实现企业战略目标所需的员工行为方面的效率和有效性。（3）

人力资源管理（human resource management，HRM）：为了完成一个组织中的"人"方面的工作，或者是完成一个管理职位上与人力资源有关的任务而制定和实施的各种政策和实践，其中包括招募、甄选、培训、支付报酬以及绩效评价等。(1)

人力资源衡量指标（human resource metric）：用来评价各项人力资源管理活动进展情况的财务性和非财务性指标。(3)

非法谈判主题（illegal bargaining items）：法律禁止在集体谈判中协商的一些问题，比如，在执行工作权的各州中，同意只雇用工会会员的条款就属于非法。(13)

间接经济报酬（indirect financial payments）：通过福利性财务项目（比如保险）支付员工的报酬。(10)

企业内部开发中心（in-house development center）：在公司内向有潜质的管理者提供现实的工作任务，以开发其管理技能。(7)

不服从上级（insubordination）：有意不理会或不服从上级的权威或合法的命令；在公开场合批评责备上级。(9)

兴趣测试（interest inventory）：一种员工开发和甄选工具，用以将员工现有的兴趣同其他职业员工的兴趣相比较，以决定员工合适的职业。(6)

全球人力资源管理（international human resource management）：一种人力资源管理的概念和技术，企业用以应对其国际运营过程中的人力资源管理问题。（专题 A）

面试（interview）：一种通过询问和员工的口头回应获取信息的过程。(6)

工作辅助（job aid）：在工作现场提供的一系列指导手册、表格或其他类似方法，以对员工提供支持。(7)

职位分析（job analysis）：确定一个职位所需履行的职责、要求的技能以及雇用何种人来承担这一职位比较合适的程序。(4)

职位分类法（job classification method）：一种将同类工作划分到一个职组中的方法。(10)

职位说明书（job description）：列举一个职位所承担的职责、责任、工作汇报关系、工作条件以及监督职责等——它是职位分析的一个结果。(4)

工作扩大化（job enlargement）：为员工分派额外的同等级别工作。(4)

工作丰富化（job enrichment）：重新设计工作，以使其增加员工对职责、成就、成长和认可的感知。(4)

职位评价（job evaluation）：为了确定一种职位相对于另一种职位的价值而进行的系统比较过程。(10)

工作风险分析（job hazard analysis）：一种在风险产生之前识别并去除的系统化的方法。这种分析聚焦于员工、任务、工具和工作环境之间的关系，最终达到降低风险至可接受水平的目的。(14)

工作指导培训（job instruction training，JIT）：将每项工作任务的步骤和关键点列出来，据此对员工进行每一步的培训。(7)

职位空缺公告（job posting）：将职位空缺通告给员工（通常是以文字形式在公司内网或公告栏中张贴）的做法。在职位空缺公告中通常列出关于空缺职位的一些基本特征，比如任职资格说明书、上级职位名称、工作时间安排以及薪酬水平。(5)

职位轮换（job rotation）：这是一种管理技能培训技术，其主要做法是将受训者从一个部门调动到另一个部门，增强工作团队绩效，扩大他们的工作经验范围，并发现他们各自的

优势或不足，从而为他们胜任公司中未来更重要的职位做好准备。（4）

工作分担机制（job sharing）：两位或两位以上员工分享一项全职工作。（11）

任职资格说明书（job specification）：一份列举某一个职位在"人员要求"方面的内容的文件，其中包括从事某一职位上的工作所必需的教育、技能、人格特点等——它是职位分析的另外一个结果。（4）

工作要求矩阵（job requirements matrix）：一种对员工工作内容、方式和动力的更为复杂的描述。该矩阵阐释了每项工作任务的目的和职责对知识、技能、能力及其他特征的要求。（4）

《兰德勒姆-格里芬法》（Landrum-Griffin Act）：旨在保护工会会员不受工会违法行为影响的法律。（13）

临时解雇（layoff）：员工被告知要暂时离岗，但是当有工作机会后，又会被管理层召回。（9）

终身学习（lifelong learning）：企业给员工提供在其就职期内持续学习的机会，旨在确保员工有机会学习胜任工作所需的技能并扩大他们的视野。（7）

直线经理（line managers）：得到组织授权来指挥下属的工作并负责完成组织任务的管理人员。（1）

当地员工（locals）：跨国公司海外分支机构所在国的员工，也称东道国公民。（专题 A）

闭厂（lockout）：企业拒绝为员工提供任何工作机会的情形。（13）

会员资格保持型企业（maintenance of membership arrangement）：员工不必要一定成为工会会员。然而，企业的工会会员必须要在合同期内保持会员身份。（13）

管理评价中心（management assessment center）：让管理人员或者即将成为管理人员的人在一个假设的情境中完成各种现实性的任务，然后对他们的表现做出分数评价的做法。管理评价中心通常包括对这些人进行各种测试以及玩一些管理游戏。（6）

管理技能开发（management development）：指一切通过传授知识、改变态度或提高技能等手段来改善当前以及未来管理者的管理绩效的努力。（7）

管理游戏（management game）：是管理技能开发技术的一种，在这种情况下，管理人员分为几个小组，各小组通过在一个模拟现实的计算机环境当中做决策来相互竞争。（7）

管理过程（management process）：指计划、组织、人事、领导、控制等五种基本的管理职能。（1）

管理者（manager）：负责组织目标的实现并管理组织成员努力水平的人。（1）

管理（managing）：实现五种基本职能：计划、组织、人事、领导、控制。（1）

强制性谈判主题（mandatory bargaining items）：在集体谈判中，如果谈判的一方提出则另外一方必须进行谈判的条款——比如薪资问题。（13）

具有市场竞争力的薪酬计划（market-competitive pay system）：该薪酬体系下，员工的工资率在相关的劳动力市场上具备竞争力。（10）

调解（mediation）：一个中立的第三方介入争议，从而力图帮助争议双方达成协议的干预过程。（10）

导师指导（mentoring）：建议、咨询和指导。（9）

绩效工资/加薪（merit pay /merit raise）：根据员工个人的工作绩效来确定的薪资增长。（11）

微型工作培训和评价（miniature job training and evaluation）：一种甄选程序，企业会对求职者进行培训使其承担一个工作任务，再对其绩效进行评价。（6）

使命陈述（mission statement）：对于"我们企业处于何业务领域"这一问题的概括性回答。（3）

全国紧急罢工（national emergency strikes）：有可能会"危害到国家的健康和安全"的全国性罢工事件。（13）

《国家劳动关系法》（《瓦格纳法》）（National Labor Relations Act）：该法案禁止某些不正当的劳动关系行为，规定了用秘密投票选举的方式和多数的原则来确定一个企业中的员工是否愿意组建工会，等等。（13）

国家劳动关系委员会（National Labor Relations Board，NLRB）：根据《瓦格纳法》建立的一个机构，其主要作用是调查任何一方提出的关于某一方的不公正劳动关系行为的申诉、组织秘密选举投票并按照大多数原则来确认某一企业的员工是否愿意组建工会。（13）

疏忽雇用（negligent hiring）：由于没有采取适当的防护措施而雇用了背景有问题的员工。（6）

疏忽培训（negligent training）：没有对员工进行充分的培训，以使得员工对第三方造成了伤害。（7）

九宫格（9-box matrix）：在人员规划中，九宫格在横向显示了三个层次（优秀、达到绩效、没有达到绩效），在纵向也展示了三个层次（符合晋升要求、在现有职位上存在发展空间、在现有职位上不大可能发展）。（7）

1932 年《诺里斯-拉瓜迪亚法》（Norris-LaGuardia Act of 1932）：该法案被视为鼓励工会活动的开端，它保证每一位员工都有在"不受干预、限制或强迫"的情况下参与集体谈判的权利。（13）

《职业安全与健康法》（Occupational Safety and Health Act）：美国国会于 1970 年通过的一项法案，其目的是"尽可能地确保本国每一位男性和女性劳动者在安全、健康的环境中工作，以保护我们的人力资源"。（14）

职业安全和健康管理局（Occupational Safety and Health Administrations，OSHA）：美国劳工部下设的一个机构，其主要任务是为几乎所有的美国劳动者制定工作场所安全与健康标准。（14）

联邦合同合规项目办公室（Office of Federal Contract Compliance Programs，OFCCP）：这一机构负责执行行政命令以及确保联邦政府合同承包商执行合同。（2）

按需招募服务（on-demand recruiting services）：为了支持特定项目等而采用的短期招募服务，不需要花费成本去保留那些传统的招募公司。（5）

在职培训（on-the-job training，OJT）：在员工工作时对他进行相关培训。（7）

组织安全检查（organizational safety reviews）：一些机构对组织安全进行的检查，以确保组织能够遵守所有的安全法律、法规、命令和规则。（14）

组织（organization）：由一群人组成，这些人有各自被指派的角色并且通力合作实现该组织目标。（1）

组织结构图（organization chart）：该图可以显示组织范围内的工作分配、职位名称以及职位间的汇报和沟通关系。（4）

组织氛围（organization climate）：公司员工对组织心理环境的感知。比如对员工福利的关注、监管行为、灵活性、欣赏、伦理、授权、政治行为和报酬等。（12）

组织文化（organizational culture）：组织成员所共享的能将自己与其他组织区别开来的价值观、传统和行为方式。（12）

组织发展（organizational development，OD）：组织变革的一种特殊方法，成员自己制定和执行组织所需要的变革方案。（7）

组织范围内的激励计划（organization-wide incentive plan）：一种所有员工能够参与的激励计划，该计划将员工报酬与组织绩效联系起来。（11）

重新谋职咨询（outplacement counseling）：一种为被解雇员工提供培训和咨询服务的系统过程，其中涉及运用自我评价技术以及帮助他们获得新的职位等。（9）

薪酬区间（pay ranges）：在一个薪酬等级内的一系列步骤或层级，通常基于服务年限。（10）

薪酬等级（pay grade）：包括了难度大体相当的职位。（10）

养老金福利担保公司（Pension Benefits Guarantee Corporation，PBGC）：用来监管养老金计划，并叫停那些没有足够资金保证员工的既得养老金权利的养老金计划。（11）

养老金计划（pension plan）：为到达一定年龄的退休员工或因为残疾不再工作的员工提供一定收入的计划。（11）

绩效分析（performance analysis）：判断是否存在绩效缺陷并且确定能否通过培训或其他手段（例如工作调动）来纠正这种绩效缺陷的过程。（7）

绩效评价（performance appraisal）：通常包括以下三个方面的内容：（1）制定工作标准；（2）根据这些标准对员工的实际工作绩效进行评价；（3）为激励员工消除绩效缺陷或者继续保持优良的绩效水平而向员工提供反馈。（8）

绩效管理（performance management）：识别、衡量和开发员工个人及团队绩效，并将他们的绩效与组织目标联系到一起的持续性的过程。（8）

人员替代图（personnel replacement charts）：这是一种人事记录，主要用于表示企业内部员工的现有工作绩效以及是否具备晋升的潜力。（5）

计件工资制（piecework）：按照工人在单位时间内所加工的产品数量（如每小时生产多少件或者每天生产多少件）来计算劳动报酬的一种工资制度。（11）

要素计点法（point method）：一种职位评价的方法，以确定一系列薪酬因素及其在薪酬决定中的权重。（10）

多国中心主义（polycentric）：一种管理哲学，其中心理念为使用当地员工来填补职位。（专题A）

可转移性（portability）：离职员工能够优先于退休人员拿到他们累积的养老金。（11）

职位分析问卷（position analysis questionnaire，PAQ）：用于收集关于职责和工作责任的定量信息的问卷。（4）

职位替代卡（position replacement card）：为每个职位准备的一种卡片，上面显示了可供替代的人员和任职资格等。（5）

工会会员优先企业（preferential shop）：在雇用方面，加入工会的劳动者可以得到优先录用，但企业仍可以雇用非工会人员。（13）

自选医疗服务组织（preferred provider organizations）：让员工选择自己想要的医疗服务提供者，这些医疗服务提供者与企业、保险公司和第三方机构都有合作，并同意提供一定的折扣。(11)

《反怀孕歧视法》（Pregnancy Discrimination Act，PDA）：这是对《民权法案》第七章的修正案，它禁止由于女性员工"怀孕、生育或相关医疗状况"而对她们实行性别歧视。(2)

问题解决小组（problem solving team）：识别和研究工作流程并解决工作相关问题的团队。(12)

程序公平（procedural justice）：在分配报酬或者惩戒的过程中保持程序的公平公正。(12)

流程图（process chart）：显示了从工作投入到产出各个环节的工作流程。(4)

生产率（productivity）：投入（劳动力和资本）除以产出（商品和服务）的比率。(11)

利润分享计划（profit-sharing plan）：一种能够让员工来分享企业利润的计划。(11)

项目制学习（systematic learning）：一种工作技能的系统教学方法，包括提出问题、回答问题和根据员工回答情况及时给予反馈。(7)

受保护群体（protected class）：少数族裔和妇女等受到包括《民权法案》第七章在内的公平就业机会法律保护的群体。(2)

任职资格数据库（qualifications or skill inventories）：在确定被晋升和提拔的内部候选人时所使用的一种人工或者计算机化的信息资料，它详细记录了员工的教育背景、职业和发展兴趣、语言能力、特殊技能等方面的情况。(5)

质量圈（quality circle）：一种特殊的问题解决团队，通常由6～12人组成。这些人每周碰面一次，解决工作中存在的问题（12）

排序法（ranking method）：这是一种最简单的职位评价方法，其做法通常是根据各种职位的总体难度来对每一种职位进行排序。(10)

比率分析（ratio analysis）：这是一种运用比率来确定组织未来人力资源需求的预测技术，比如，它通过销售额与员工人数之间的比例关系来预测组织未来的销售人员需求。(5)

现实冲击（reality shock）：一些职场新人高度期待、热切盼望新工作，结果现实中这份工作既无聊又没有挑战性。(9)

招募金字塔（recruiting yield pyramid）：关于招募广告和邀请面试人员、邀请面试人员与面试人员、面试人员与录取人员、录取人员与实际入职人员之间的比较。(5)

信度（reliability）：当对同一个人用同一种工具或对等的工具来进行多次测试时，所得到的分数具有一致性。(6)

逆向歧视（reverse discrimination）：对非少数人群的求职者和员工的歧视行为。(2)

工作权利（right to work）：该术语用来描述州法律或者宪法条文禁止将工会会员作为雇用的前提条件。(13)

角色扮演（role playing）：一种在现实管理情境下让培训者扮演某种角色的培训技术。(7)

安全意识项目（safety awareness program）：该计划让直接上级在对新入职员工进行引导时，教会他们处理常见安全风险和做好简单防护措施。(14)

薪酬调查（salary (or compensation) survey）：一种旨在确定当前通行薪资水平的市场调查。一项良好的薪资调查能够提供一些特定职位的相应薪资水平数据。(10)

储蓄和节俭计划（saving and thrift plan）：该计划中员工将其收入的一部分放到基金里，企业则对这部分资金进行部分或者全部的匹配。(11)

散点分析（scatter plot）：一种有助于找到两种变量之间关系的图表方法。(5)

自我管理/自我指导工作团队（self-managing/self-directed work team）：在面对一项特殊任务时，由 8~10 位经过精心挑选、培训和授权的员工组成的小团队。这一团队进行自我运营，通常几乎没有外在指导监督。(12)

遣散费（severance pay）：一些企业在解雇员工时向他们提供的一笔一次性补贴。(11)

性骚扰（sexual harassment）：一种与性有关的骚扰活动，它在目的上或者效果上会对某人的工作绩效产生较大的不良影响，或者是导致工作环境变得具有胁迫性、敌对性或侵犯性。(2)

病假（sick leave）：当员工因病离岗的时候为他支付的薪酬。(11)

社会责任（social responsibility）：企业应当整合资源，以实现社会福利的增加而不仅是公司老板或者股东利益的扩大。(12)

社会保障（social security）：联邦层面的福利计划包含三种类型——在 62 岁及以后享受退休收入；对死亡员工（不管其去世的年龄有多大）家属的福利支出；对残疾员工及其家属的福利支出。这些福利只有当员工根据《社会保障法》规定上了保险之后才能享受。(11)

职能经理（staff managers）：向直线经理提供帮助和建议的管理人员。(1)

股票期权（stock option）：在未来的某个时点上可以以今天的股票价格来购买某一既定数量的公司股票的权利。(11)

直接计件工资（straight piecework）：根据员工制作或者销售单位产品的数量来对其进行付酬的一种激励计划。在员工生产结果和回报之间有着严格的比例关系。(11)

战略性人力资源管理（strategic human resource management）：制定和执行有效的人力资源管理和实践活动以期能够产生实现企业战略目标所需的员工能力和行为。(3)

战略管理（strategic management）：通过将组织自身的能力同外部环境需求相匹配来明确和执行组织使命的过程。(3)

战略规划（strategic plan）：为了保持其竞争优势，企业有关如何使其内部的优势和劣势同外部的机会和威胁相匹配的计划。(3)

战略（strategy）：公司为了在面对外部机会和威胁的情况下平衡自己的内部优势和劣势，从而保持竞争优势而制定的一种长期规划。(3)

战略地图（strategy map）：通过一张图表概述实现公司成功所需的主要活动的因果关系链。(3)

战略性指标（strategy-based metrics）：用以衡量当前活动同组织战略匹配程度的指标。(3)

结构化情境面试（structured situational interview）：在这种面试中，面试官会拿预先准备好标准答案的与空缺职位相关的问题问所有求职者。(6)

继任计划（succession plan）：系统地识别、评价、开发组织领导力以提升绩效的持续过程。(7)

建议团队（suggestion teams）：以临时性的分析任务（比如如何降低成本和提高生产率）为主的临时团队。(12)

补充性薪酬型福利（supplemental pay benefits）：对非工作时间的福利，比如失业保险、休

假和假日工资、病假工资等。(11)

补充性失业福利（supplemental unemployment benefits）：在某些因业务不佳或体制转换而关闭的产业提供"有保证的年收入"。这些福利由公司支付，是一种补充性的失业福利。

同情罢工（sympathy strike）：一个工会因支持另外一个工会的罢工而举行的罢工。(13)

《塔夫托-哈特利法》（Taft-Hartley Act）：又称《劳动关系法》，该法案禁止工会采取某些不公正的行为，并列举了作为工会会员的员工所应当享有的权利，同时它也列举出了企业所享有的权利。(13)

人才管理（talent management）：指对组织内员工实施人力资源规划、招募、培训开发、管理以及支付薪酬的环环相扣的管理过程。(4)

任务分析（task analysis）：为了确定一个职位要求任职者所具有的技能而对该职位进行的详细研究。(7)

任务陈述（task statement）：能够展示一项工作任务的内容、完成方式、知识技能和态度要求及任务目标的书面信息。(7)

团队激励计划（team incentive plan）：对特定工作团队设定的一个生产标准。当团队成员超出生产标准时将得到激励薪酬。(11)

自由解除雇佣关系（termination at will）：在双方未签订劳动合同的情况下，企业和员工中的任何一方均可以由于任何原因而终止雇佣关系。(9)

解雇面谈（termination interview）：告知员工他已经被解雇这样一个事实的面谈过程。(9)

测试效度（test validity）：指一种测试、面谈或者其他测量方式在多大程度上确实衡量出了它所要衡量的东西或者达成了它预定要实现的功能。(6)

第三国公民（third-country nationals）：指来自母国和东道国之外的其他国家的员工。（专题A）

360度反馈（360-degree feedback）：从员工的上级、下属、同事以及内部或外部顾客那里收集关于某个员工的所有绩效信息。(8)

1964年《民权法案》第七章（Title Ⅶ of the 1964 Civil Rights Act）：该法案的这一章规定，企业在进行雇用决策时，任何针对种族、肤色、宗教、性别或国家来源等实施歧视是违法的。(2)

培训（training）：向新员工传授完成工作所必需的基本技能的过程。(7)

转岗（transfer）：转任公司中其他职位的做法。(9)

趋势分析（trend analysis）：通过对一家企业过去的人员需要进行分析来预测其未来一段时期中的人力资源需求的一种方法。(5)

反不正当劳工活动罢工（unfair labor practice strike）：一种为抗议企业的非法行为而举行的罢工。(13)

工会渗透（union salting）：这是工会的一种组织策略，它让那些实际上已经被工会全日制雇用的劳动者被那些未觉察到这一事实的企业所雇用，从而在该企业中充当一个秘密的工会组织者。(13)

工会制企业（union shop）：工会保障的一种形式，在这种企业中，企业可以雇用非工会会员，但是一旦被雇用，他们就必须在一个预定的时间内加入工会并且缴纳会费（如果他们不这样做，就会被开除）。(13)

效用分析（utility analysis）：展现了与没有使用一种甄选方法之前相比，实施该甄选方法后人员甄选质量提高的程度。（6）

总体效度（validity generalization）：在没有更进一步研究介入的情况下，一种测试在某种情境下的效度可以应用到另外一种情境中。（6）

可变薪酬（variable pay）：与生产率和利润率相关的任何工资计划。通常采用一次性打包支付的方法。（11）

虚拟课堂（virtual classroom）：通过专门的协同软件，使远程学习者可以利用台式电脑或笔记本电脑参与现场实时的视听讨论，并可以借助写字板进行在线交流以及共同学习演示文稿中的内容。（7）

虚拟交易型团队（virtual transnational teams）：虚拟交易型团队就是地域上分散的员工运用通信手段和信息科技来完成组织任务的一种团队模式。（专题 A）

愿景陈述（vision statement）：一个对公司总体方向的整体陈述，展示了公司将要走向何方。（3）

1973 年《职业康复法》（Vocational Rehabilitation Act of 1973）：这项法案要求联邦政府的合同承包商必须为残疾人的就业采取积极的反歧视行动。（2）

自愿性（或允许的）谈判主题（voluntary（or permissible）bargaining items）：在集体谈判中属于既不是非法也不是法律强制要求的这样一些谈判项目——集体谈判中的任何一方都不能强迫另外一方就这些项目进行谈判。（13）

工资曲线（wage curve）：一种用来表达职位的价值及其平均工资水平之间的关系的曲线。（10）

《瓦格纳法》（Wagner Act）：该法案禁止劳资双方当中的任何一方采取某些类型的不正当劳动关系行为，并且明确了在确定一家企业的员工是否愿意组成工会时，必须进行秘密的投票选举并且要遵循大多数原则。（13）

1936 年《沃尔什-希利公共合同法》（Walsh-Healey Public Contract Act 1936）：1936 年制定的联邦法律，对超过 1 万美元的政府合同规定规定了最低工资待遇和工作环境相关要求。（10）

网络学习 2.0（web 2.0 learning）：利用诸如社交网络、虚拟世界（比如第二人生）等在线技术进行学习，同时通过博客、聊天室、书签分享和 3D 工具来整合同步和异步的信息系统。（7）

野猫罢工（wildcat strike）：在集体合同有效期间，在未得到授权情况下举行的罢工。（13）

工作分享（work sharing）：在经济下行时期，临时性地减少一群员工的工作时间的方法，以防止员工的下岗行为。（11）

工作狂（workaholic）：那种经常驱使自己必须准时完成工作计划的人。（14）

工伤保险（workers' compensation）：在出现工伤事故时，向受到伤害的员工及其抚养对象支付的收入以及医疗福利——不需要考虑工伤事故的过错方是谁。（11）

工作流分析（workflow analysis）：对工作流程中每个工作环节进行细节研究。（4）

人员规划（workforce planning）：决定公司应当填补哪些职位，以及如何填补职位的过程。（5）

工作场所弹性制（workplace flexibility）：为员工提供信息技术工具使得他们能够随时随地完成工作。（11）

工人理事会（works councils）：由员工选出的正式的员工代表小组，这些小组的成员每月都会与管理者会面，讨论禁烟政策、裁员等各方面问题。(13)

不正当解雇（wrongful discharge）：不合法或违反契约的解雇行为，其中包括：不符合法律规定的解雇；不符合雇用合同条款规定的解雇或者是不符合企业通过求职表、员工手册或其他承诺所表达出来的意思的解雇。(9)

图书在版编目（CIP）数据

人力资源管理基础：第 4 版 /（美）加里·德斯勒著；
江文译 . -- 北京：中国人民大学出版社，2021.4
（人力资源管理译丛）
ISBN 978-7-300-28851-2

Ⅰ.①人… Ⅱ.①加…②江… Ⅲ.①人力资源管理
Ⅳ.①F243

中国版本图书馆 CIP 数据核字（2020）第 257159 号

人力资源管理译丛
人力资源管理基础（第 4 版）
［美］加里·德斯勒　著
江　文　译
Renli Ziyuan Guanli Jichu

出版发行	中国人民大学出版社			
社　　址	北京中关村大街 31 号		**邮政编码**	100080
电　　话	010 - 62511242（总编室）			010 - 62511770（质管部）
	010 - 82501766（邮购部）			010 - 62514148（门市部）
	010 - 62515195（发行公司）			010 - 62515275（盗版举报）
网　　址	http://www.crup.com.cn			
经　　销	新华书店			
印　　刷	涿州市星河印刷有限公司			
开　　本	787 mm×1092 mm　1/16		**版　　次**	2021 年 4 月第 1 版
印　　张	33.25 插页 1		**印　　次**	2023 年 8 月第 2 次印刷
字　　数	838 000		**定　　价**	75.00 元

尊敬的老师：

您好！

为了确保您及时有效地申请培生整体教学资源，请您务必完整填写如下表格，加盖学院的公章后以电子扫描件等形式发我们，我们将会在 2～3 个工作日内为您处理。

请填写所需教辅的信息：

采用教材				□ 中文版　□ 英文版　□ 双语版
作　者			出版社	
版　次			ISBN	
课程时间	始于　　年　月　日		学生人数	
	止于　　年　月　日		学生年级	□ 专科　　　□ 本科 1/2 年级 □ 研究生　□ 本科 3/4 年级

请填写您的个人信息：

学　　校			
院系/专业			
姓　　名		职　称	□ 助教 □ 讲师 □ 副教授 □ 教授
通信地址/邮编			
手　　机		电　话	
传　　真			
official email（必填） （eg：×××@ruc.edu.cn）		email （eg：×××@163.com）	
是否愿意接受我们定期的新书讯息通知：　□ 是　□ 否			

系/院主任：＿＿＿＿＿＿＿（签字）

（系 / 院办公室章）

＿＿年＿＿月＿＿日

资源介绍：

——教材、常规教辅资源（PPT、教师手册、题库等）：请访问 www.pearsonhighered.com/educator。（免费）

——MyLabs/Mastering 系列在线平台：适合老师和学生共同使用；访问需要 Access Code。　　　（付费）

地址：北京市东城区北三环东路 36 号环球贸易中心 D 座 1208 室（100013）

Please send this form to：copub.hed@pearson.com

Website：www.pearson.com

中国人民大学出版社　管理分社

教师教学服务说明

中国人民大学出版社管理分社以出版工商管理和公共管理类精品图书为宗旨。为更好地服务一线教师，我们着力建设了一批数字化、立体化的网络教学资源。教师可以通过以下方式获得免费下载教学资源的权限：

★ 在中国人民大学出版社网站 www.crup.com.cn 进行注册，注册后进入"会员中心"，在左侧点击"我的教师认证"，填写相关信息，提交后等待审核。我们将在一个工作日内为您开通相关资源的下载权限。

★ 如您急需教学资源或需要其他帮助，请加入教师 QQ 群或在工作时间与我们联络。

中国人民大学出版社　管理分社

🔔 **教师 QQ 群**：648333426(工商管理)　114970332(财会)　648117133(公共管理)
教师群仅限教师加入，入群请备注 (学校＋姓名)

☎ **联系电话**：010-62515735，62515987，62515782，82501048，62514760

📠 **电子邮箱**：glcbfs@crup.com.cn

📍 **通讯地址**：北京市海淀区中关村大街甲 59 号文化大厦 1501 室（100872）

管理书社

人大社财会

公共管理与政治学悦读坊